最高人民法院
裁判要旨精选

———— 上 册 ————

最高人民法院审判管理办公室 编

人民法院出版社

图书在版编目（CIP）数据

最高人民法院裁判要旨精选 / 最高人民法院审判管理办公室编. -- 北京 : 人民法院出版社, 2025. 4.
ISBN 978-7-5109-4508-3

Ⅰ. D925

中国国家版本馆CIP数据核字第2025ZZ1777号

最高人民法院裁判要旨精选

最高人民法院审判管理办公室　编

策划编辑	赵　刚　陈晓璇　张　奎	
责任编辑	杨佳瑞　马　倩　白　鸽　姚丽蕾	
封面设计	尹苗苗	
出版发行	人民法院出版社	
地　　址	北京市东城区东交民巷27号（100745）	
电　　话	（010）67550638（责任编辑）　67550558（发行部查询）	
	65223677（读者服务部）	
客服QQ	2092078039	
网　　址	http://www.courtbook.com.cn	
E－mail	courtpress@sohu.com	
印　　刷	三河市国英印务有限公司	
经　　销	新华书店	
开　　本	787×1092毫米　1/16	
字　　数	2536千字	
印　　张	132.5	
版　　次	2025年4月第1版　2025年4月第1次印刷	
书　　号	ISBN 978-7-5109-4508-3	
定　　价	498.00元（全3册）	

版权所有　侵权必究

前 言

统一法律适用，不仅是人民法院履行宪法法律职责、维护社会公平正义的必然要求，也是深化司法体制改革、建设公正高效权威的社会主义司法制度的应有之义。党的十八大以来，最高人民法院深入贯彻落实习近平法治思想，出台了一系列文件，并通过制定司法解释、发布指导性案例、落实类案检索制度、规范专业法官会议机制、强化审判委员会职能作用等一系列举措，积极推动统一法律适用，促进类案同判。

裁判要旨编纂是发掘审判资源、总结审判经验、统一法律适用的重要举措，有助于进一步提升审判执行工作质效。最高人民法院将其作为年度重点工作任务加强部署，对本院生效裁判开展系统化、常态化梳理，深入总结提炼审理中形成的价值理念、司法经验和裁判规则，推动构建具有鲜明中国特色、实践特色、时代特色的审判理论体系和话语体系，不断丰富和发展中国特色社会主义法治体系内涵。

最高人民法院依据裁判要旨梳理提炼方案和规则，组织本院各审判业务部门对近年来生效裁判进行全面梳理，对近年来审结案件梳理提炼了裁判要旨。本院各部门推荐资深法官、业务骨干组成专业研究小组，对裁判要旨进行了审核。各庭专业法官会议对裁判要旨再次进行讨论和修改，作为统一法律适用、类案强制检索、辅助法官办案的重要参考。

为广泛发挥裁判要旨在统一裁判尺度、提高审判质效和公信力、弘扬社会主义核心价值观等方面的重要作用，现将这些裁判要旨按照民商事、环境资源、海事海商及仲裁司法审查、知识产权、行政、国家赔偿、执行等专业进行分类整理，汇编成书。本书裁判要旨突出实践性、实效性，围绕具体案件诉讼参与各方所争议的主要问题归纳总结裁判规则，以说明和解决法律争议问题为目标，集中展现了法官的司法理念、裁判思路和法律适用方法，对全国法官及其他法律从业者具有积极的参考价值。

本书编写组

2025 年 4 月

总目录

民商事篇

法人 3
民事行为效力 6
代表 8
溯及适用 11
物权 12
抵押 29
质押 37
公司担保 42
保证合同 64
其他担保纠纷 82
合同订立 91
合同效力 99
合同履行 125
合同的保全、变更和转让 137
合同权利义务终止 150
违约责任 158
买卖合同 167
土地使用权合同 180
房地产开发经营合同 185

房屋买卖合同	204
借款合同、民间借贷	217
金融借款合同	272
金融不良债权转让、追偿合同	310
租赁合同	316
融资租赁合同	330
保理合同	338
建设工程合同	344
其他合同纠纷	473
合伙	487
股东资格确认	492
请求变更公司登记	497
股东出资	498
股权转让	514
股东知情权	546
公司决议	547
盈余分配	549
损害公司利益责任	558
人格混同及损害债权人利益	576
公司减资	586
公司解散	589
公司清算	597
对赌协议	604
其他公司纠纷	606
票据付款请求权	609
票据追索权	610
伪造票据	613

破产债权确认	615
职工破产债权确认	630
取回权	632
破产抵销权	638
公司别除权	639
破产撤销权	640
破产管理人责任	644
债务人财产认定	646
其他破产纠纷	647
信托	656
证券	663
保险	675
劳动争议	679
不当得利	682
婚姻家庭	688
产品责任	690
财产保全损害责任	692
财产损害赔偿	710
其他侵权纠纷	720
管辖	724
当事人	734
诉讼代理人	745
证据	747
证明责任	761
调解	767
保全	770
司法强制措施	772

诉讼费 773

审理范围 774

重复起诉的受理 776

仲裁的受理 785

其他受理问题 787

缺席判决 794

先行判决 797

二审 798

再审 802

执行和解 828

涉外案件法律适用 831

民刑交叉 833

民事案件诉讼时效 850

限制出境复议 854

第三人撤销之诉 855

执行异议之诉 899

追加被执行人之诉 1070

执行分配方案异议之诉 1077

环境资源篇

环境公益诉讼 1081

资源开发利用类 1085

环境资源行政诉讼 1091

海事海商及仲裁司法审查篇

船舶碰撞损害责任 1097

海上人身损害责任 ……………………………………………………… 1098

海上、通海水域货物运输合同 …………………………………………… 1099

海上旅客运输合同 ………………………………………………………… 1110

航次租船合同 ……………………………………………………………… 1111

港口货物保管合同 ………………………………………………………… 1113

海上货运代理合同 ………………………………………………………… 1116

船员劳务合同 ……………………………………………………………… 1118

国际货物多式联运合同 …………………………………………………… 1119

海上、通海水域保险合同 ………………………………………………… 1121

独立保函 …………………………………………………………………… 1124

其他海事海商纠纷 ………………………………………………………… 1127

申请确认仲裁协议效力 …………………………………………………… 1129

申请撤销仲裁裁决 ………………………………………………………… 1181

申请执行仲裁裁决 ………………………………………………………… 1225

认可香港特别行政区法院判决 …………………………………………… 1245

认可澳门特别行政区法院判决 …………………………………………… 1246

认可台湾地区法院判决 …………………………………………………… 1247

申请承认外国法院判决 …………………………………………………… 1249

知识产权篇

著作权 ……………………………………………………………………… 1257

商标 ………………………………………………………………………… 1285

专利 ………………………………………………………………………… 1323

植物新品种 ………………………………………………………………… 1393

集成电路布图设计 ………………………………………………………… 1399

商标许可合同 ……………………………………………………………… 1401

技术合同 …………………………………………………………………… 1402

特许经营合同 1413

不正当竞争 1415

垄断 1436

计算机软件 1441

商标行政诉讼 1445

专利行政诉讼 1479

行政篇

受案范围 1499

主体资格 1543

证据 1574

起诉与受理 1578

行政处罚类 1614

行政强制类 1625

许可批复类 1641

征收补偿类 1647

行政登记类 1693

政府信息公开类 1700

行政复议类 1712

行政裁决类 1737

行政协议类 1738

行政赔偿类 1756

履行职责类 1794

其他行政类案件 1805

国家赔偿篇

- 无罪逮捕赔偿 ……………………………………………………………… 1821
- 无罪错判赔偿 ……………………………………………………………… 1823
- 刑事违法查封、扣押、冻结、追缴赔偿 ………………………………… 1825
- 殴打、虐待、怠于履行职责赔偿 ………………………………………… 1826
- 违法采取对妨害诉讼的强制措施赔偿 …………………………………… 1830
- 错误执行赔偿 ……………………………………………………………… 1831

执行篇

- 执行依据 …………………………………………………………………… 1837
- 执行的申请和受理 ………………………………………………………… 1844
- 财产保全与先予执行 ……………………………………………………… 1858
- 抵押 ………………………………………………………………………… 1860
- 查封、扣押、冻结 ………………………………………………………… 1863
- 评估、拍卖、变卖、以物抵债 …………………………………………… 1877
- 清偿顺序 …………………………………………………………………… 1891
- 利息计算 …………………………………………………………………… 1895
- 到期债权执行 ……………………………………………………………… 1899
- 案外人异议 ………………………………………………………………… 1907
- 当事人及其变更、追加 …………………………………………………… 1912
- 执行担保 …………………………………………………………………… 1927
- 执行和解 …………………………………………………………………… 1928
- 参与分配 …………………………………………………………………… 1935
- 强制措施和间接执行措施 ………………………………………………… 1936
- 执行回转 …………………………………………………………………… 1944
- 终结执行 …………………………………………………………………… 1950

执行与破产衔接 …………………………………………………… **1954**
行政案件的执行 …………………………………………………… **1955**
刑事裁判涉财产部分的执行 ……………………………………… **1956**
仲裁裁决执行 ……………………………………………………… **1964**
不予执行公证债权文书 …………………………………………… **1966**
其他执行案件 ……………………………………………………… **1968**

上册

民商事篇

● 法人
1. 公司与股东之间人格相互独立 / 3
2. 盖有公司印章的起诉状并不当然代表该公司的真实意思 / 4
3. 法人分支机构代表行为的效力应如何判定 / 5

● 民事行为效力
1. 当事人对欺诈事实的证明不能够排除合理怀疑的，是否认定该事实存在 / 6
2. 股权转让合同关系下产生的竞业限制义务的认定 / 7

● 代表
1. 公司对于担任"虚职"的"高管"相关行为未加限制或者未对外合理告知的，公司应对该行为承担责任 / 8
2. 行为人的行为是否构成表见代理 / 9
3. 公司员工的收款行为是否对公司发生法律效力 / 10

● 溯及适用
《民法典》可以溯及适用的条件中"更有利于保护民事主体合法权益"不仅指权利人一方的权利 / 11

● 物权
1. 双方当事人的土地租赁关系终止后，承租人投资修建的房屋如何补偿 / 12
2. 探矿权到期后未能获批延续，自然资源行政主管部门应当如何承担民事责任 / 13

3　按份共有的权利分配形式适用于不动产或者动产的所有权，而非债权 / 14

4　采矿权转让方在转让合同中有煤矿无产权争议之承诺，却未能履约致采矿权过户无法完成，受让方是否有权行使不安抗辩权暂不支付转让款，以及应否承担相应违约责任 / 15

5　公司财产所有权与股东的股权、公司债权之间的关系不能混淆 / 17

6　缺乏合法许可手续的建造行为不能当然取得建筑物所有权 / 18

7　认定合法占有建筑物专有部分的买受人业主身份，并非承认其当然享有所有权 / 19

8　在后设立的租赁权不得对抗在先设立的抵押权，抵押权人实现抵押权时不受"买卖不破租赁"的限制 / 20

9　因单位内部建房、分房等而引起的占房、腾房等房地产纠纷，人民法院应依法不予受理或驳回起诉 / 21

10　按份共有的厂房实物分割不利于发挥共有财产的整体经济价值，应当对折价或者拍卖、变卖取得的价款予以分割 / 22

11　原判决经以物抵债执行完毕后被撤销，被执行人申请执行回转原物不能时，申请执行人应否赔偿 / 23

12　土地使用权存在争议的，建设者是否可以就地上建筑物和构筑物主张物权请求权 / 24

13　买受人在查封期满后基于合法占有请求侵权人返还原物，应予支持 / 25

14　具有合法依据前提下对房产的合法占有应当予以保护，合法占有人可以行使占有返还请求权 / 26

15　当事人就同一标的物的转让签订多份协议时，当事人之间权利义务应当如何认定 / 27

16　名义抵押权人与实际权利人之间有关抵押权归属的约定不得对抗善意第三人 / 28

◉ **抵押**

1　未经法定代理人同意、追认，限制行为能力人签署的与其智力、精神健康状

况不相适应的担保合同应认定为未成立，其不承担担保责任，因其对担保合同的签署无过错，亦无须承担缔约过失赔偿责任 / 29

2 债权人未主张以抵押物抵偿债务，是否属于怠于行使债权的行为 / 30

3 以建筑物和其他土地附着物、建设用地使用权等不动产抵押的，在登记机关未对担保范围进行明确登记时，应当结合登记情况、法律规定及当事人约定情况对担保范围予以确定 / 31

4 最高额抵押权是否应附随主债权转让 / 32

5 水务局能否作为电站整体资产抵押的登记机关 / 33

6 村民代表会议未经村民会议授权，即讨论决定用村集体财产为他人借款提供抵押担保，抵押担保合同无效 / 34

7 拆迁人与被拆迁人将已办理抵押登记的房屋约定为拆迁安置房的，不影响抵押权人行使抵押权 / 35

● 质押

1 虽未签订质押合同，但主合同中包含了质押条款，应认定双方达成质押合意 / 37

2 质押合同生效但未办理登记情况下，权利人可在质押物的价值范围内向质押人主张违约责任 / 38

3 应收账款已登记但不能特定化，权利人不能享有优先受偿权 / 39

4 债权人与债务人虚构应收账款进行质押，善意质权人可请求债务人承担质押责任 / 40

5 已办理质押登记手续的股权出质人能否以《债务确认协议书》和《股权质押合同》非其签署为由，主张该股权质押不对其发生法律效力 / 41

● 公司担保

1 法定代表人越权签订合同，对方当事人知道或者应当知道的，该合同对公司不产生效力 / 42

2 善意相对人对上市公司担保行为的审查义务 / 44

3 《公司法》第16条第1款规定不应作为判断公司对外合同效力的唯一依

据 / 45

4 公司提供关联担保，未出具公司股东会决议，是否应承担保证责任 / 46

5 一人有限责任公司对外提供担保时，担保合同效力的认定 / 47

6 公司法定代表人越权担保的法律效力 / 48

7 公司对外担保的决议要件认定 / 49

8 质权人仅以已办理出质登记而不能证明登记时应收账款真实存在的，不得对该应收账款主张优先受偿 / 50

9 公司管理不善，应对管理人员擅自使用公司证章担保的行为承担过错责任 / 51

10 债权人明知上市公司对股东或实际控制人提供担保未经股东大会决议，上市公司不承担保证责任 / 52

11 未根据上市公司公开披露的信息订立的、为该公司股东提供担保的担保合同，对该公司不发生效力，该公司不应承担担保责任及赔偿责任 / 53

12 一人有限公司实际控制人以公司名义提供担保的，公司是否承担保证责任 / 54

13 公司应当对分公司未经授权所实施的无效民事行为向债权人承担相应的过错赔偿责任 / 55

14 公司实际控制人以公司资产为自身利益提供担保受益，可能存在有损公司利益或者其他债权人权益的情形，应认定为无效 / 57

15 公司分支机构以登记在自己名下的房产对外提供担保应当取得公司授权 / 58

16 公司未经股东会决议对外提供担保是否有效 / 59

17 一人有限责任公司为其股东或者实际控制人提供担保时，由股东行使股东会的决定权 / 60

18 相对人在接受公司提供的担保时，对有关公司决议负有必要的形式审查义务 / 60

19 公司为公司股东或者实际控制人提供担保，必须经股东会或者股东大会决议 / 61

20　一人有限责任公司执行董事的签字是否具有相当于董事会决议的效力 / 62

● 保证合同

1　减轻主合同中债务人债务虽未经保证人同意，保证人仍应对变更后的合同承担担保责任 / 64

2　保证人上诉主张应在判决主文中列明承担保证责任后享有追偿权的，应在判项中予以明确 / 66

3　双方在合同中的实际履行行为可以认为当事人已经协商一致变更合同 / 67

4　合同中明确约定了实现债权的费用中包括了律师费的，保证人应当承担该部分保证责任 / 68

5　债权人在保证期间届满前向保证人提起诉讼请求其承担保证责任后，又撤回起诉的，能否认定债权人在保证期间内向保证人主张了权利 / 69

6　法院认定的实际借款人与当事人约定的借款人不一致时，不能直接判令原保证人承担保证责任 / 70

7　生效判决遗漏连带担保人的申请再审案件应予再审 / 71

8　公证笔录可否认定为保证合同的约定内容 / 72

9　认定保证合同无效的民事裁判生效后，人民法院已经根据债权人申请提审该案，债权人基于该保证合同无效另行提起的赔偿诉讼应予驳回 / 73

10　破产重整计划中明确以股抵债债权人未获清偿的，不能视为债权已经全额受偿 / 74

11　借贷双方未经保证人书面同意对借款展期，保证期间仍依原合同约定计算 / 75

12　最高额保证合同保证期间的认定问题 / 76

13　未对保证人签字真实性进行审查，仅因保证人未到庭抗辩即判决其承担保证责任错误 / 77

14　反担保保证期间的计算问题 / 78

15　对负有举证证明责任的当事人提供的证据，应当符合高度盖然性的证明标准 / 79

16　保证合同对当事人免责情形的约定应优先适用 / 80

17　双方约定"无条件、不可撤销"的保证合同不属于独立保函 / 81

其他担保纠纷

1　被担保的债权既有物的担保又有人的担保的，债权实现方式应当如何确定 / 82

2　担保合同仅写明被担保的最大本金金额，对主债权约定不明的，是否可认定担保成立 / 84

3　金融借款合同纠纷中债权人请求抵押人承担因实现债权产生的律师费能否支持 / 85

4　债务人以自己的财产出质的，债权人可否直接按约定向其他担保人主张权利 / 86

5　诉讼保全担保费属于实现债权的合理费用 / 87

6　普通合伙企业未经全体合伙人同意为借款人提供担保，出借人能否主张该担保行为有效 / 88

7　担保合同无效，主张担保人因过错承担责任的权利归属于债权人而非债务人 / 90

合同订立

1　和解协议的受要约人超过合理阶段作出的承诺视为新要约 / 91

2　基于信赖利益订立合同产生的损失，应当依据损失与缔约过失行为之间是否存在因果关系来综合判断 / 93

3　当事人一方尚未在合同书上签章，但已经履行主要义务，对方接受时，该合同成立 / 94

4　当事人未签字盖章但合同已实际履行的，不影响合同的成立 / 95

5　行政机关就合同内容形成的内部会议纪要，未经相对方同意不具有直接约束合同相对方的效力 / 96

6　备忘录的法律性质认定 / 97

7　判断合同系本约还是预约的根本标准为双方是否有意在将来订立一个新的合

同 / 98

- **合同效力**

    1 放弃违约金调整请求权的约定是否有效 / 99

    2 法律、行政法规规定应当办理批准、登记等手续的合同效力认定 / 100

    3 超出债权转让目的之债务处置的效力认定 / 101

    4 认定表见代理相对人善意无过失，可以综合考虑代理行为实施的场所及代理人与被代理人的关系等因素 / 102

    5 当事人恶意串通将生效判决项下权益转让而损害第三人利益的，转让行为无效 / 103

    6 受让方与转让方以不合理低价受让股权，损害了第三人合法权益的股权转让合同应无效 / 104

    7 除相对人知道或应当知道外，负责人超越权限订立的合同有效 / 105

    8 高息揽储有关储蓄存款合同效力的判断 / 106

    9 法院对合同效力的审查是否受当事人主张的限制 / 107

    10 行政法规规定的行政审批事项已经由法律的修改调整为备案管理，不应再以审批与否认定合同效力 / 108

    11 关于原告是否系与本案有直接利害关系的公民、法人和其他组织的认定 / 109

    12 不动产买卖合同不以能否办理物权登记作为生效依据 / 110

    13 认定合同相对人应当知晓法定代表人超越权限签订合同的考量因素 / 111

    14 单方赎回承诺不论是否对外披露，均对承诺人产生效力 / 112

    15 人民法院应当基于当事人主张的可撤销事由对合同效力进行审查，而不能无视当事人的主张，依职权对全部的可撤销事由进行全面审查 / 113

    16 当事人之间关于土地出让金以奖励形式返还的条款是否有效 / 114

    17 国家规定的公益性海域不能以委托管理的方式变相出租经营 / 115

    18 侵害优先购买权是否构成合同无效的理由 / 116

    19 合同既约定转让山地所有权又约定转让山地使用权的，是否全部认定无

效 / 117

20　隐藏行为违反管理性强制性规定是否应认定为无效 / 117

21　有效合同当事人应当按照约定全面履行合同义务 / 118

22　合同约定一方投入资金购买医用设备后按约定方式收回投资本息并参与利润分成，该约定是否无效 / 119

23　合同约定以确保项目公司在特定的价格区间内竞到国有土地使用权作为先履行条件的，是否必然无效 / 121

24　债权人无权请求确认与其无直接利害关系的债务人和次债务人之间的合同无效 / 122

25　双方虚构债权债务关系签订的债权转让协议无效 / 123

26　合同无效的赔偿范围仅限于信赖利益损失，不包括可得利益损失 / 124

● 合同履行

1　政策调整是否构成情势变更，应依据当事人可预见性、是否对一方明显不公平等因素予以认定 / 125

2　当事人约定由第三人履行的，合同利益归属于当事人而非第三人 / 126

3　付款人不能以收款人未开具发票为由拒不履行付款义务 / 127

4　当事人关于当未来某一不确定事实发生时双方履行债务的约定，应被视为关于履行期限的约定 / 128

5　合同一方当事人未履行在先合同义务的，对方当事人有权拒绝相应的履行请求 / 129

6　代为接受履行的第三人未获授权不能主张原合同权利 / 130

7　对合同约定内容是否为笔误的判断，应结合条款的整体内容、逻辑、合同目的综合认定 / 131

8　合同成立以前已经发生客观情况变化，不构成情势变更 / 132

9　技术开发主体应向合同相对方就合同内容予以充分告知、说明 / 133

10　不能确定履行顺序的双务合同，不适用先履行抗辩权和不安抗辩权 / 134

11　行政规范性文件规定学生公寓住宿费价格保持不变，是否属于情势变

更 / 135

12　先履行抗辩权的行使须合同双方互负债务且存在对价关系 / 136

⦿ 合同的保全、变更和转让

1　债务人对外转让财产的行为被撤销应当满足的条件 / 137

2　债务加入的认定问题 / 138

3　债权人代位权的构成要件 / 139

4　债务转移的认定 / 141

5　债务加入人向债权人履行债务后无权向原债务人的保证人追偿 / 142

6　债权人转让财产的行为将会降低其清偿能力的，债权人有权撤销 / 143

7　债务加入的认定 / 144

8　债权人仍对债权享有权益，未脱离该债权债务关系的，不应认定为债权转让 / 145

9　债务人并未丧失或并未可能丧失履行债务能力的情况下，债权人无权要求解除合同，代位权人亦不能就该合同代位行使解除权 / 146

10　债权人行使代位权不以债务人无其他财产可供执行为必要条件 / 147

11　代位权诉讼中次债权到期是否要求次债权确定 / 148

12　债务人与案外人的有偿交易对价合理，债权人请求撤销的，人民法院不予支持 / 149

⦿ 合同权利义务终止

1　合同纠纷中同时履行抗辩权的认定 / 150

2　买卖合同一方构成根本违约，守约方的合同解除权应当在合理期限内行使 / 151

3　诉讼中用以主张抵销债务的债权须属确定债权 / 152

4　合同因非金钱债务不能履行陷入僵局，当事人可请求解除合同 / 153

5　当事人解除合同的诉讼请求已获人民法院判决支持，其又以原审认定解除合同错误为由申请再审的，不予支持 / 154

6　合同解除后协助办理生产许可证变更手续属于恢复原状合同义务 / 155

7 船舶租用合同约定租用内河船舶从事海上航行作业，承租人以合同目的无法实现为由请求人民法院确认合同已于出租人收到其解除通知时解除的，人民法院应当予以支持 / 156

  8 提出合同解除意向不能直接等同于单方解除合同 / 157

● 违约责任

  1 既约定违约金又约定定金的，当事人可以选择适用违约金或定金条款向对方主张违约责任 / 158

  2 储蓄合同案件中银行能否以自身无过错免责 / 159

  3 超出主合同标的额 20% 的定金部分应如何认定 / 160

  4 如何依据可预见性原则认定损失赔偿范围 / 161

  5 损失赔偿额应相当于因违约所造成的损失，不得超过违约方订立合同时预见到或者应当预见到的因违约可能造成的损失 / 162

  6 认定预期利益损失，是否以合同继续履行的结果是盈利还是亏损为要件 / 164

  7 当事人请求调整违约金时的举证责任分配 / 165

  8 委托人向拍卖人承诺同意以交易保证金的同等数额承担违约责任的处理 / 166

● 买卖合同

  1 在合同约定不明确的情形下，可以依据合同实际履行情况进行综合判断，探寻当事人的真实意思 / 167

  2 即便买卖合同的上游供货方并未实际供货，买受人依然确认已经取得货物，仍构成买卖合同的实际履行 / 168

  3 信息网络买卖合同管辖纠纷中，通过邮寄方式交付的，收货地的人民法院具有案件管辖权 / 169

  4 托管经营模式下托管人能否就单笔交易向被托管企业主张权利 / 170

  5 买受人未在约定的检验期间对商品质量提出异议的，能否对出卖人主张产品质量责任 / 172

  6 买卖合同中买卖双方违约责任应根据合同约定及交易习惯明确 / 173

  7 虚假买卖合同不能构成对真实借款合同的担保 / 174

8 债务人在诉讼时效届满之后主动向债权人发出复核账目用询证函，可视为同意履行债务 / 175

9 买卖合同与承揽合同如何区分 / 176

10 拍卖人未披露其尚未掌握的信息不构成对如实披露义务的违反 / 177

11 判断买卖合同的约定属于附条件生效还是附期限生效的约定，应不违背合同严守原则 / 178

12 依法成立的合同，对当事人具有法律约束力 / 179

● **土地使用权合同**

1 转让方未取得转让合同所涉全部国有土地的使用权，转让合同是否具有法律效力 / 180

2 国有土地使用权分割转让给个人的合同，未经政府批准是否影响合同效力 / 181

3 出让方未违约，受让方延迟交纳土地出让金的，不能要求调减违约金 / 182

4 双方约定将土地实际成交价超过基准价的部分款项奖励给受让方，实为返还土地出让金 / 183

5 土地使用权出让方应对移交土地承担瑕疵担保义务 / 184

● **房地产开发经营合同**

1 在对合作项目进行收益分配的条件已成就的情况下，应按合同约定进行收益分配 / 185

2 合资、合作开发房地产合同无效，项目已完工未结算的情况下，一方当事人请求对方返还预先支付的分配款项不应得到支持 / 186

3 "共担风险"特征是认定合作开发房产合同的关键 / 187

4 债务人未按约定向第三人支付款项作为债务给付时，债权人是否有权向债务人主张给付 / 188

5 为债务的清偿增加一种履行方式并不影响原债务给付义务的承担 / 189

6 依据当事人双方的行为可以推定双方之间存在合作合同关系 / 190

7 合作开发协议项下房屋所有权及拆迁主体的认定 / 191

11

8 合作一方可否因项目停工解除合作协议，并要求返还投资款 / 192

9 当事人的损害赔偿请求在另案已获得支持，又起诉主张补偿性违约金的，不应予以支持 / 193

10 违反《招标投标法》强制性规定的委托代建合同属无效合同 / 194

11 合同纠纷中违约责任条款的选择 / 195

12 双方均不具备房地产开发经营资质的，合作开发房地产合同的效力认定 / 196

13 当事人过错导致司法鉴定无法进行需承担相应不利后果 / 197

14 在无书面合同且双方对交易模式陈述不一的情况下，出资方仅就合同的部分履行主张权利的，应当承担相应举证责任 / 198

15 以提供出让土地使用权、资金等作为共同投资且约定分配利润、分担风险的，系合作开发房地产合同关系 / 199

16 以集体所有土地为标的签订的用于商品住宅的房地产开发合同是否有效 / 200

17 如何判断被投资公司向投资人转账的性质 / 201

18 合作协议解除后的可得利润是否应以工程全部完成的总利润为基数计算 / 202

19 合作开发房地产合同中联营合伙人承担共同付款责任是否有悖合同相对性规则 / 203

● **房屋买卖合同**

1 业主委员会对于业主共有事项和物业共同管理事项，可以自己名义提起诉讼 / 204

2 签订房屋买卖合同但约定购房款返还时间等内容的当事人，是否可以取得房屋所有权 / 205

3 解除权人未在法定或约定期限内行使权利，且催告对方履行合同义务，此后主张解除合同的，不予支持 / 206

4 房屋买卖合同中，双方均有违约行为，合同已无继续履行基础的，法院可判

决解除合同 / 207

5　未明确约定未销售完毕的房屋由出卖人购买，是否应认定为包销合同 / 208

6　小区业主反对出售房屋及用于特殊经营，是否可以认定出卖人所售房屋具有重大瑕疵、出卖人具有丧失或可能丧失履行其合同义务的能力 / 209

7　房屋买卖合同解除后是否可请求按照逾期付款利息标准计算损失 / 210

8　一方违约致使合同目的不能实现的，另一方可以解除合同 / 211

9　商品房销售宣传内容未在商品房买卖合同中明确约定，是否可认定为合同内容 / 212

10　房屋认购书不具备《商品房销售管理办法》第16条规定的商品房买卖合同主要内容的，不能认定为合法有效的商品房买卖合同 / 213

11　当事人之间签订的商品房买卖合同是否为双方之间的借款提供担保的认定 / 214

12　开发商在营销过程中隐瞒楼盘设计用途和功能致使购房者违背真实意思签订房屋买卖合同的，合同可撤销 / 215

13　人民法院可以参照鉴定意见，综合考虑设计变更项目内容、工期延误合理性等因素，酌情确定因设计变更导致的工期延误费用 / 216

● **借款合同、民间借贷**

1　债权人于起诉前将债权转让，但未通知债务人的，其具有原告资格 / 217

2　债权人应当对债权仍未获得清偿的事实承担举证证明责任 / 218

3　权益受到实质影响的当事人虽然在判项中没有直接承担责任，也有权提起上诉 / 219

4　未约定履行期限的合同诉讼时效起算点 / 221

5　借款合同中关于借款用途的约定，是否影响借款合同性质的认定 / 222

6　未经法庭质证的调解协议确定的事实能否作为认定案件事实的根据 / 223

7　企业间借贷未违反效力性强制性规定的，应当认定有效 / 224

8　保证期间内债权人书面催告债务人还款，保证人复函协商解决的，产生诉讼时效中断的法律效果 / 225

9 债权人未依法取得放贷资格，多次对外大额借款且不能说明资金来源的，借款合同无效 / 226

10 原告仅依据金融转账凭证主张民间借贷关系成立时，证明责任如何分配 / 227

11 认定民间借贷本金数额如何适用推定规则 / 228

12 金融机构通过没有实质性服务的合同收取服务费用，是否属于变相收取利息 / 229

13 套取银行承兑汇票是否属于套取金融机构信贷资金的行为 / 230

14 公司公章能否对公司产生相关确认效力，应着重审查盖章行为是否确实出于公司的真实意思表示 / 231

15 债权人以发送信件方式向债务人送达债权催收通知，需形成有效送达才能产生诉讼时效中断的效力 / 232

16 部分清偿中"债务人负担较重的债务"应以债务人是否因清偿该笔债务而获得更多获益为标准进行审查判断 / 233

17 抵押权人未同意抵押人提出的抵顶清算报告，是否属于怠于行使担保物权、恶意扩大利息的情形 / 234

18 因诉讼发生的合理律师费不属于民间借贷法定利率保护上限中的其他费用 / 235

19 职业放贷人的范围应界定在合理范围内，是否构成职业放贷人，可参考当地法院具体认定标准加以判断 / 236

20 约定投资方只享有利润而不承担风险的投资协议，属于借款合同 / 237

21 一人公司及其股东在承担债务时的举证责任分配 / 238

22 夫妻一方所负担保债务，用于该方家族经营的企业法人生产经营的，不应认定为夫妻共同债务 / 240

23 担保合同的当事人是否可以约定对将来的债务提供担保 / 241

24 公司总经理对外签订借款合同，合同主体应当如何认定 / 242

25 担保责任的成立以被担保的债权存在为前提 / 243

26 在当事人形成相互担保的商业合作模式下，担保合同即使未经公司机关决议亦应有效 / 244

27 债权人主张案涉借款属于夫妻共同债务，依法应当承担举证责任 / 245

28 在审判实践中如何判断实际出借人 / 246

29 当事人约定利息后又形成对账协议，对账协议未明确利息，是否属于利息约定不明的情形 / 247

30 主张自己系名义借款人的，应当承担举证责任 / 248

31 对借贷真实性的判断，应结合当事人提供的证据、借贷习惯做法、当事人抗辩等情况进行认定 / 249

32 民间借贷纠纷中关于委托借款关系的认定 / 250

33 应如何认定民间借贷中的职业放贷人和套取金融机构资金高利转贷 / 252

34 协议约定一方出资后不承担经营风险，只收取固定收益的，应认定构成借贷法律关系 / 253

35 关于合同中约定的咨询费、顾问费应否支持问题 / 254

36 因自身原因导致股权转让无效，能否拒绝支付借款 / 255

37 以向金融机构借款购买破产债权，债权人与债务人之间的关系不同于民间借贷，不构成"套取金融机构贷款转贷" / 256

38 向不特定多数对象借贷扰乱金融市场秩序的借款合同的效力认定 / 257

39 民间借贷事实是否发生应当综合借贷金额、款项交付、当事人经济能力等因素判定 / 258

40 名为典当、实为借贷的合同是否有效 / 259

41 法定代表人以个人名义借款实际用于公司生产经营的认定 / 260

42 银行负责人超越职权向自然人借款是否有效 / 261

43 出借人主张的律师费超出借款人预见范围，法院能否酌情认定 / 262

44 合同未约定时，借款利息所涉个人所得税、增值税应由谁承担 / 263

45 应围绕当事人诉请的实质内容确定以何种法律关系对案件进行审理 / 264

46 应依据当事人的真实意思表示来认定当事人之间的权利义务关系 / 265

47 表见代理的认定问题 / 266

    48 将先前企业拆借资金转为转贷合同借款的，该出借行为无效 / 267

    49 职业放贷属于从事非法金融业务活动，借款合同应认定为无效 / 268

    50 以订立买卖合同作为民间借贷合同担保的认定 / 269

    51 以现金方式进行民间借贷的，人民法院应结合借贷金额、款项交付、当事人的经济能力、当地或者当事人之间的交易方式、交易习惯、当事人财产变动情况以及证人证言等，综合判断借贷事实是否发生 / 270

    52 债务人明知委托贷款方与受托人之间的委托代理关系，相关借款合同可直接约束债务人与委托贷款方 / 271

● **金融借款合同**

    1 适用商事外观主义应当坚持诚信原则 / 272

    2 不动产抵押担保未办理抵押登记的，不影响抵押担保责任的承担 / 273

    3 为偿还借款而签订的以物抵债协议的真实意思表示认定 / 275

    4 合同约定"对不能按时支付的利息计收复利"是否包含贷款逾期利息 / 276

    5 善意相对人对代理人表见代理行为是否尽到合理审查义务 / 277

    6 担保权人应提交证据证明确实存在担保人所担保的主债权 / 278

    7 借款人在收到信托贷款后随即向出借人支付优先回购权维持费，是否构成预先扣除利息 / 279

    8 冒用法定代表人身份承担过错责任而非合同责任 / 280

    9 具有唯一对应性的两个编号的借款合同，对应的抵押担保已办理抵押登记的，应视为抵押权依法设立 / 281

    10 以固定基数确定的担保责任，并不因债权人部分受偿而减免 / 282

    11 土地使用权抵押权是否及于土地上已存在的在建工程完成部分 / 283

    12 金融机构以提供服务为名变相收取利息的认定 / 284

    13 能否依据保证人与贷款用资利益的关联度、人员身份及提供保证的能力等因素免除保证人保证责任 / 285

    14 委托贷款合同是否属于民间借贷合同 / 286

15	贷款合同中借贷双方恶意串通损害担保人合法权益的，担保人不应承担抵押担保责任 / 287	
16	保证人与主债权人存在两份以上最高额保证合同，在借款合同未明确约定的情况下，债权人可选择根据任一份最高额保证合同主张权利 / 288	
17	债权人在债务人违约情形下直接扣收款项的，能够产生债务清偿后果 / 289	
18	双方形成以票据贴现形式实现的金融借款法律关系时，贴现行可选择行使票据权利或主张合同权利 / 290	
19	借款合同解除后，合同中关于利息及复息的约定不再适用 / 291	
20	权利人对同一债权中的部分债权主张权利，诉讼时效中断的效力及于剩余债权 / 292	
21	应收账款债务人向质权人确认应收账款的真实性即应依法承担相应的偿付责任 / 294	
22	判断担保范围应以担保合同约定为准 / 295	
23	国资委在企业法人变更登记时作出的债务承担承诺的效力 / 296	
24	名为债权转让和不良资产合作清收，实为另行收取利息的合同，效力应按隐藏的真实法律关系予以处理 / 297	
25	最高额担保的最高债权额是否还包括约定金额之外的利息、违约金及实现债权的费用等 / 298	
26	当事人对自己提出的主张有责任提供证据 / 299	
27	金融借款法律关系中能否以委托方式申请借款 / 300	
28	针对同一债权，原保证人未在新担保合同上签字是否需要继续承担保证责任 / 301	
29	循环借款状态下债权到期日超出约定的循环额度使用期限的认定 / 302	
30	金融借款合同纠纷中《最高人民法院关于适用〈中华人民共和国民法典〉有关担保制度的解释》第9条的适用 / 303	
31	债权人在全国或省级有影响的报纸上，就不良资产债权刊发清收公告的，能否认定为向保证人主张了权利 / 304	

32 国家机关出具保证担保性质的《承诺函》是否构成保证及如何承担责任 / 305

33 当事人放弃权利的，原则上以明示为准 / 306

34 质押担保的主债权人在接受应收账款质押时未尽到基本审核义务的，对应收账款不享有优先受偿权 / 307

35 债权人在人民法院裁定批准重整计划之前向担保人撤回破产债权申报的，可要求债务人继续清偿债务 / 308

36 借款人对银行利息计算结果提出异议但未能提供证据证明或予以合理说明的，应承担举证不能的后果 / 309

● **金融不良债权转让、追偿合同**

1 不良债权转让中的计息停止问题是否需要严格遵守《最高人民法院关于审理涉及金融不良债权转让案件工作座谈会纪要》的适用范围 / 310

2 金融不良债权转让案件中，债务人提起转让合同效力诉讼，债权受让人提起债权诉讼，并非必须予以合并审理 / 311

3 涉及非国有企业债务人的金融不良债权转让纠纷案件，应当参照适用《最高人民法院关于审理涉及金融不良债权转让案件工作座谈会纪要》的规定，认定债权受让人无权向非国有企业债务人主张不良债权受让日之后发生的利息 / 312

4 金融机构曾经是否提起过实现担保物权之诉，不影响金融机构转让债权的效力 / 313

5 借款人与贷款银行以虚假意思表示所实施的债权转让及资产委托管理行为无效 / 314

6 超过诉讼时效期间，债务人在催款通知单上签字或盖章的行为能否导致诉讼时效重新起算 / 315

● **租赁合同**

1 一个案件同时涉及多种法律关系时，应以该案涉及的纠纷是否属于民事纠纷来确定是否属于民事诉讼受案范围 / 316

2　合同一方行使单方解除权给相对人造成损失的是否应承担责任 / 317

3　租赁合同中预期可得利益损失的计算方式 / 318

4　对租赁合同中"×年+×年"租赁期限的解读，应充分尊重当事人真实意思表示 / 319

5　起诉索要租金及申请强制执行，均属催告意思表示 / 320

6　关于出租主体发生变化是否导致承租人产生投资损失的认定 / 321

7　主张抵销的债权未确定能否适用抵销的法律规定 / 322

8　企业破产后未收回的国有划拨土地的租金仍应给付 / 323

9　对租赁合同中承租人根本违约的认定 / 324

10　能否以存在事实上的租赁关系为由判令支付租金 / 325

11　租赁合同项下当事人就扩建费用的承担未明确约定的情况下，如何认定责任主体 / 326

12　出租人虽有违约行为但不影响承租人合同目的实现的，承租人不享有法定解除权 / 327

13　出租人原因导致承租人无法使用房屋的，如何认定相应损失 / 328

14　国有资产出租未依规评估、招标、审批的，不属于导致合同无效的法定事由 / 329

● **融资租赁合同**

1　融资租赁合同解除后租赁物价值的认定及返还款项的确定 / 330

2　合同一方当事人仅将其部分合同债权转让给第三人，还保留其他合同债权及合同债务的，不影响其合同当事人的身份 / 332

3　能否依据当事人签订融资租赁合同而认定融资租赁法律关系 / 333

4　备案登记的融资租赁合同与实际履行的融资租赁合同不同，能否认定存在两个融资租赁关系 / 334

5　融资租赁合同中，承租人未按约定期限支付租金的，出租人可根据合同约定主张逾期利息 / 335

6　售后回租交易构成融资租赁法律关系 / 337

◉ **保理合同**

1. 应收账款债权人和债务人虚构应收账款债权,违反约定解除基础交易合同,导致保理人损失的,构成共同侵权 / 338

2. 不存在应收账款的,保理关系不能成立 / 339

3. 主合同当事人双方协议以新贷偿还旧贷,除保证人知道或者应当知道的外,保证人不承担民事责任 / 340

4. 职务外观并不包含相应职权的,不构成表见代理 / 341

5. 应收账款债务人向保理人出具承诺书对转让债权金额、付款账户等确认后,不能以意思表示不真实为由主张不承担责任 / 342

6. 保理人与应收账款债权人之间借新还旧的约定并不能当然改变保理人与应收账款债务人之间的债权债务关系 / 343

◉ **建设工程合同**

1. 承包人按发包人指令以收取的工程款代为偿还发包人其他债务或退还发包人的行为,是否影响担保人责任承担及承包人建设工程价款优先受偿权范围 / 344

2. 发包人不得以案涉工程已经实际销售为由主张承包人不享有建设工程价款优先受偿权 / 345

3. 转承包合同未约定结算标准应如何确定实际施工人的工程价款 / 346

4. 建设工程价款的利息不能优先受偿 / 348

5. 建设工程承包合同无效,但建设工程经竣工验收合格,实际施工人请求参照合同约定支付工程价款的,法院应予支持 / 349

6. 当事人就同一建设工程订立的数份建设工程施工合同均无效,但建设工程质量合格,应参照实际履行的合同结算建设工程价款 / 350

7. 施工合同解除,承包人行使建设工程价款优先受偿权的起算时间如何确定 / 351

8. 当事人按约定比例进行合作分成,对合作中增加的成本亦应当进行合理分担 / 352

9 对于当事人多次变更诉讼请求的情形下，其是否主张工程价款优先受偿权的认定 / 353

10 工程违法转包，实际施工人对发包人的诉请不能突破合同相对性 / 354

11 转包合同约定的管理费应否支持 / 355

12 工程未竣工结算，能够根据约定确定应付工程价款时间的，发包人破产管理人确认债权的时间不能作为建设工程价款优先受偿权的起算时间 / 356

13 是否为实际施工人应结合是否订立书面协议、是否组织施工、是否实际发放工人工资等因素综合进行判断 / 357

14 建设工程价款优先受偿权的享有，不以工程完工并竣工验收为前提 / 358

15 施工人在发包人的破产程序中申报建设工程价款优先权的，应符合有关行使期限的规定 / 359

16 发包人收到竣工结算文件后未在约定期限内答复，是否应按照竣工结算文件计算工程价款 / 360

17 建设工程施工合同约定发包方代缴营业税，"营改增"后能否判令承包人开具增值税发票 / 361

18 拆迁工程的承包人因违约行为不能实现合同目的的认定标准 / 362

19 当事人对建设工程的工程量有争议且未验收的，是否可以按照向总承包人移交同一工程时确定的工程量进行认定 / 363

20 房屋置换协议中双方当事人权利义务关系的认定 / 364

21 非发包人的相对人不享有建设工程价款优先受偿权 / 365

22 将工程进度款支付的约定变更为承包人垫资施工，应认定为对合同的实质性变更 / 366

23 双方在中标合同备案后签订补充协议变更工程价款支付方式的，是否构成合同实质性内容变更 / 367

24 BT合同中投资方与建设方之间就案涉合同融资属性的资金安排，并不必然免除建设方向施工方支付工程款的义务 / 368

25 BT项目模式中是否认定投资建设方为发包人身份 / 369

26　发包人不能向无合同关系的实际施工人反诉主张违约责任 / 370

27　签订实际履行合同并施工后，再招投标并签订备案合同的，两份合同均无效 / 371

28　以工程款判决作出之日为建设工程价款优先受偿权起算点的主张不能成立 / 372

29　发包人能否以承包人未开具发票为由拒绝支付工程款 / 373

30　无效建设工程施工合同中的让利条款可否作为确定工程价款的依据 / 374

31　不是必须进行招标的建设工程通过招标的方式进行发包的，建设工程施工合同是否因违反《招标投标法》的强制性规定而无效 / 375

32　建设工程价款优先受偿权的行使方式 / 376

33　有瑕疵的工程签证如何认定 / 377

34　不应将光伏电站并网发电以及承包人在诉讼过程中向发包人邮寄告知函和钥匙的情形认定为发包人擅自使用 / 378

35　施工方所提交的技术交底资料的证明效力应高于先期形成的施工方案 / 379

36　发包人向实际施工人的付款行为应视为其支付工程款的行为 / 380

37　依法应招标投标而未招标投标的建设工程施工合同无效 / 381

38　当事人对建设工程价款结算达成协议，一方当事人申请对工程造价进行鉴定的，人民法院不予准许 / 382

39　建设工程价款优先受偿权是法定优先权利，其享有者"承包人"不包括实际施工人 / 383

40　当事人达成执行和解协议并履行完毕，再审申请应如何处理 / 384

41　行政机关基于行政管理职责作出的意思表示不应视作债务加入或担保行为 / 385

42　BT投资合同中建设方通过自有资金或业主融资完成建设项目并由业主回购的，业主不具备发包人主体资格 / 386

43　建设工程合同履行过程中瑕疵验收签证的效力如何认定 / 387

44　发包人逾期结算并不必然导致以承包人提交的竣工结算文件作为结算依据

45 为履行合同支出的前期费用如何认定 / 389

46 原告提起诉讼应当符合《民事诉讼法》规定的起诉条件 / 390

47 当事人在合同无效情形下所获利益不应大于合同有效时所获利益 / 391

48 代建单位与发包人就支付工程款责任所作约定能否约束承包人 / 392

49 发包人审核承包人报送的结算资料期间自何时起算 / 393

50 挂靠的实际施工人不适用《最高人民法院关于审理建设工程施工合同纠纷案件适用法律问题的解释（二）》第 24 条规定 / 394

51 《总包合同》中约定禁止转包或分包，承包方通过招标程序选定实际施工方，并向发包方报备审核且发包方予以认可的情况下，承包方与施工方的分包合同是否无效 / 395

52 发包人的后期改建行为能否免除承包人的质量保修义务 / 396

53 违法转包方与实际施工人在工程竣工验收后签订《财务结算协议书》能否作为双方结算及确认工程款支付情况的依据 / 397

54 承包人出具虚假的工程款收款证明后，就其实际未获清偿的工程款是否享有建设工程价款优先受偿权 / 398

55 当事人在判决作出后，另行单方委托其他鉴定机构对鉴定结论进行审核的意见可否作为定案依据 / 399

56 建设工程施工合同纠纷中，当事人申请对案涉工程进行造价鉴定，法院允许并已进行造价鉴定，据以作出判决，二审判决生效后，当事人又申请以审计结果作为结算依据并据以申请再审的，不予支持 / 400

57 借用有资质的建筑施工企业名义签订建设工程施工合同的施工人可否以发包人为被告主张欠付工程款 / 401

58 没有资质的实际施工人借用有资质的建筑施工企业名义签订的建设工程施工合同无效 / 402

59 并非真实意思表示的备案合同不能作为结算依据 / 403

60 当事人一方自行委托审计形成的报告可否作为认定工程价款的依据 / 404

61 工程质量问题可修复解决，人民法院在支持发包人有关修复费用等损失诉求的同时，可判令承包人就已完工部分的折价或拍卖价款享有优先受偿权 / 405

62 内容不完整的工程结算协议不影响一方主张权利 / 406

63 合同当事人在开工进场后未对约定的场地"暂定尺寸"明确异议，是否可推定为以默示方式认可场地尺寸 / 407

64 实际施工人应对其身份及施工关系成立承担举证责任 / 408

65 建设工程材料供应商货款不属于建设工程价款优先受偿权的范围 / 409

66 单方提交的工程决算书可否作为认定工程款的依据 / 410

67 未查明发包人所欠承包人的工程款具体数额即判令发包人向实际施工人承担工程款支付责任的，属于认定基本事实不清 / 411

68 当事人约定分期支付工程款的，建设工程价款优先受偿权行使期限自最后一期工程款应付款之日起算 / 412

69 仅为工程承包流转环节一环且未实际施工的主体不属于实际施工人 / 413

70 在建设工程施工关系中主张侵权的一方当事人应承担相应举证证明责任 / 414

71 付款方在施工方已经完成基本工程情况下无法履行付款义务，可以认定付款期限已到期 / 415

72 当事人能否以财政评审中心未出具审核结论为由拒绝结算工程款 / 416

73 承包人在诉讼过程中破产，仍由承包人自己而非其管理人委托诉讼代理人参加诉讼，发包人以此为唯一理由申请再审的，不予支持 / 417

74 在债务人未脱离合同关系的前提下，第三人与债权人就债务承担达成协议应视为加入债务 / 418

75 建设工程施工合同纠纷案件中如何认定当事人之间属于挂靠关系还是内部承包关系 / 419

76 招投标过程中的投标价能否成为工程款结算标准 / 420

77 实际施工人是否享有建设工程价款优先受偿权 / 421

78 实际施工人借用资质签订的建设工程施工合同效力认定的法律依据 / 422

79 转包合同被确认无效,实际施工人能否主张按照发包人与承包人签订的合同中所约定的合同价款作为计算应付工程款 / 423

80 建设工程价款诉讼时效从工程价款应付未付之日起算 / 424

81 待证事实须经司法鉴定而当事人拒不配合的,应承担不利后果 / 425

82 当事人委托咨询工程价款但未表示接受咨询意见约束,人民法院可以另行委托造价鉴定 / 426

83 建设工程价款优先受偿权行使的相关问题 / 427

84 施工合同无效,实际施工人能否主张其与转包方签订的带有结算性质的补充协议无效 / 428

85 承包人将工程分包给不具备相应资质条件单位的合同无效 / 430

86 承包方与分包方的资金往来性质及账户内资金所有权应当根据实际控制和使用情况进行认定 / 431

87 原审数字计算错误可以裁定补正的,不属于应予再审的情形 / 432

88 《联合开发协议书》中负有交付约定地块的合作方在尚未交付完毕地块的前提下,是否有权要求对方按约定支付欠付项目建设资金 / 433

89 名为合作实为挂靠属于双方通谋虚伪的法律行为,隐藏的挂靠行为因违反法律强制性规定而无效 / 434

90 当事人以未经其上级审批为由主张已实际履行的合同变更条款无效的,法院不予支持 / 435

91 承包人主张建设工程价款优先受偿权后与发包人重新达成付款协议,是否影响优先受偿权行使期限起算时间 / 436

92 分包人是否享有建设工程价款优先受偿权 / 437

93 建设工程施工合同无效,承包人有权请求工程价款利息 / 438

94 工程存在工期延误能否推断出施工过程中存在停工、窝工事实 / 439

95 实际施工人向发包人主张权利的范围 / 440

96 承包人对宜折价、拍卖的输气管道项目工程享有优先受偿权 / 441

97 实际施工人以发包人为被告主张工程款的认定问题 / 442

98 公司负责人涉嫌刑事犯罪时，原告将该公司作为被告提起的民事诉讼是否应进入实体审理 / 443

99 借用资质的情况下，如何认定建设工程施工合同法律关系的主体 / 444

100 基坑等工程与主体工程密切相关，属于建设工程价款优先受偿范围 / 445

101 承包人被迫迟延竣工结算的合理期间不应作为起算建设工程价款优先受偿权的时限 / 446

102 当事人在诉讼前已经对建设工程价款结算达成协议，在没有其他证据推翻的情况下，应以该协议作为结算依据 / 447

103 承包人依法享有的建设工程价款优先受偿权不受发包人破产的影响 / 448

104 建设工程施工合同无效，质保金仍应保留 / 449

105 公路验收两年才能竣工验收的规定，一般不排除司法解释关于工程交付即计算工程款利息的规定 / 450

106 建设工程施工合同项下使用方是否应承担支付工程款责任 / 451

107 施工单位负有向建设单位交付完整工程资料的附随义务 / 452

108 债权债务转让所附条件未成就，债权债务概括性转移不成立 / 453

109 建设工程价款优先受偿权不因房屋已经办理网签而消灭 / 454

110 工程确有质量问题时，人民法院应当对修复费用、责任归属等作出认定 / 455

111 建设工程施工合同对工程计价标准约定不明的，可以参照定额规范确定 / 456

112 划拨土地使用权转让合同经批准后又被撤销，在原有规定已被修正的情况下，应参照新的规定认定有效 / 457

113 发包方主张其已支付的某笔费用应计入已付工程款的，应当就该笔费用的负担承担举证责任 / 458

114 备案中标合同无效时是否仍应参照中标合同结算建设工程价款 / 459

115 二审法院对于一审法院未组织质证的补充鉴定意见，在二审期间组织质证

后，补充鉴定意见可作为认定案件事实的依据 / 460

116 承包商应当是本案 EPC 合同中支付工程款的主体 / 461

117 监理单位、总包单位均在经济签证单上签字盖章，应视为对工程量增加、变更的认可 / 462

118 诉讼发生时建设工程已不需要必须招标的，可不再认定未招标施工合同无效 / 463

119 利息从应付工程价款之日计付，当事人对付款时间没有约定或者约定不明的，利息从建设工程实际交付之日计算 / 464

120 一方当事人对质量问题有异议，不通过鉴定程序无法认定的情况下，应当启动鉴定程序 / 465

121 案涉土地使用权已被收归国有，承包方主张建设工程价款优先受偿权时未一并起诉土地使用权人，是否可指引当事人另行主张权利 / 466

122 有虚假诉讼嫌疑能否裁定驳回起诉 / 466

123 建设工程施工合同案件中挂靠人能否向发包人主张权利 / 467

124 非必须招投标的项目确定采用招投标的方式订立合同应当受《招标投标法》的约束 / 469

125 实际施工人是否可以直接向转包人主张权利 / 470

126 建设工程合同中关于"固定总价"的约定应当作为结算工程价款的依据 / 471

127 发包人和承包人约定了按期支付工程进度款并已确定数额，工程已竣工验收，但未最终结算，承包人有权要求发包人依约支付工程进度款 / 472

- **其他合同纠纷**

1 跨境股权交易中，就目标公司所签订的工程合同，受托人提供法律服务范围的认定 / 473

2 居间合同免责条款的解释应当符合合同的目的、交易习惯以及诚信原则 / 474

3 委托合同中任意解除权的行使与已完成受托任务给付报酬的认定 / 475

4 货物进口清关义务及其附随义务应根据当事人在合同中选择的贸易术语及准

据法中关于履行合同的规定进行认定 / 476
5　原审法院对于案件基本事实认定不清或未进行审理的，应发回重审 / 477
6　居间人提供虚假情况的，不得要求支付居间报酬 / 478
7　部门规章所规制的企业国有资产交易行为，包括需在该规章施行后完成物权变更登记的国有资产转让行为 / 478
8　公司原审未否认债务但在再审审查时主张债务加入未经董事会决议不应承担责任的，不予支持 / 479
9　合同约定的股权补偿条件是否成就 / 480
10　农村土地承包人与集体经济组织因承包地征收补偿费用分配问题形成的纠纷，属于人民法院民事诉讼受案范围 / 481
11　应依据当事人真实意思表示对合同内容进行解释 / 482
12　承包人是否可以基于内部承包协议提起民事诉讼 / 483
13　人防工程的建设应当依法进行招标投标 / 485
14　当事人主张的法律关系性质与人民法院认定不一致的，人民法院应当将法律关系性质作为焦点问题审理 / 486

● **合伙**

1　在合伙协议没有禁止性约定时，有限合伙人向合伙人以外的人转让其财产份额并不违反效力性强制性规范 / 487
2　合伙企业事务执行人代表合伙企业作出的重大处分行为的法律效力的认定 / 488
3　加入合伙的合伙人身份认定问题 / 489
4　一方代表合伙取得的赔偿能否认定为合伙的利益 / 490
5　有限合伙人被赋予对合伙企业的财产进行管理执行权利的，不对合伙企业债务承担连带责任 / 491

● **股东资格确认**

1　外商投资企业的股权变更登记无须征得审批机关同意 / 492
2　当事人虽仅提供证据复制件，但能够与其他证据相互印证，达到高度盖然性

的民事证明标准，可证明待证内容的真实性 / 493

3 当事人为公司的实际控制人及公司股东的实际控制人，不足以证明股份代持关系及其股东资格 / 494

4 侵权追偿与股东权利认定问题 / 495

5 原告不能证明其实际出资，其主张行使股东权利不能得到支持 / 496

● 请求变更公司登记

依照公司章程被免除职务的法定代表人请求公司变更登记的，人民法院应予受理 / 497

● 股东出资

1 公司将资产评估增值部分转为资本公积金再转增注册资本是否属于股东虚假增资 / 498

2 "名股实债"属于债权投资还是股权投资 / 499

3 如何认定抽逃出资 / 500

4 应以公司章程或股东约定判断股东向公司汇款的性质 / 501

5 股东抽逃出资的认定问题 / 502

6 未足额缴纳出资额的股东应当承担全面履行出资义务的责任 / 503

7 协议约定将房产作为增资回报是否间接构成抽逃出资 / 504

8 担保人承担担保责任后能否突破公司，直接向公司股东追偿 / 505

9 内部出资约定不影响股东按登记状况履行出资义务 / 506

10 名义股东未从实际出资人抽逃出资中获益的，无需承担出资补足责任 / 507

11 抽逃出资的认定 / 508

12 股东抽逃出资后对公司的投入能否认定为补足出资 / 509

13 新股东确认原股东出资到位后能否再要求原股东承担补足出资责任 / 510

14 债权人能否仅以公司股东非货币出资未评估为由，主张股东出资不实 / 511

15 股东对其已履行出资义务应负举证责任 / 512

16 股东应否就工商登记的股权金额与债转股金额的差额承担补足出资责任 / 513

● **股权转让**

1. 股权转让不以配偶同意为必要但存在恶意串通的，配偶有权主张转让无效 / 514

2. 股权转让协议约定股权转让价格以资产审计评估值为准时，如何确定股权转让款 / 516

3. 增资扩股系独立的法律关系还是股权转让合同的履行方式 / 517

4. 双方当事人对合同的主要或关键内容均存在错误认识的情况下签订合同是否构成重大误解 / 518

5. 不同的信托法律关系下款项支付，不产生双重受偿问题 / 519

6. 缺乏确切证据行使不安抗辩权，构成根本违约 / 521

7. 股权转让登记未变更是否影响买受人支付剩余股权转让款 / 522

8. 配偶一方受让股权形成的债务是否属于夫妻共同债务 / 523

9. 人民法院支持当事人请求对方支付股票转让款的同时，一并判令当事人返还相应的股票给对方，非一般意义上的超出诉讼请求范围进行裁判的情形 / 524

10. 目标公司的实际控制人及股东故意提供虚假信息、故意隐瞒真实情况，对投资人接受股权转让条件构成欺诈 / 525

11. 股权转让预留款支付条件的认定与合同解释 / 526

12. 名义股东投资性质的认定 / 527

13. 目标公司为支付其自身股权转让款提供担保是否必然构成股东抽逃出资 / 528

14. 在当事人对个人所得税实际缴纳主体约定不明的情况下，应当由法定纳税义务人承担纳税义务 / 529

15. 股权受让人能否以公司资产发生变化为由要求解除股权转让协议 / 530

16. 股权转让合同主要权利义务履行完毕后，受让方以政策调整导致无法经营为由主张解除合同的请求不应得到支持 / 531

17. 股权让与担保的认定问题 / 532

18. 合同解释方法的次序 / 533

19 债务人持股公司处置其财产的行为影响债务人财产状况并影响债权人债权的实现程度，但该处置行为与债权人是否具有直接利害关系需要具体判断以确定债权人作为原告的主体资格 / 534

20 不完全符合无偿赠与的合同能否在权利转移之前撤销赠与 / 535

21 当事人一方未履行约定的在先义务，另一方可否解除合同 / 536

22 当事人在股权转让合同中除约定股权转让条款外还约定了其他义务，如其他义务与支付股权转让款不具有对价或牵连性，受让方不能就此主张同时履行抗辩权 / 537

23 以股权转让形式的让与担保 / 538

24 配偶一方能否对股权转让协议纠纷判决申请再审 / 539

25 股权转让中，目标公司债权债务的分担应根据合同约定判断 / 540

26 股权转让前公司债权债务未完成清算，是否影响股权转让款支付条件的成就 / 541

27 一人公司股东是否应就未变更公司所持股权的登记承担违约责任 / 542

28 义务教育机构属于禁止外商投资项目，外商投资企业受让具有义务教育办学内容的学校股权的股权转让协议无效 / 543

29 当事人应当按照约定全面履行自己的义务 / 544

30 对数个相互冲突的诉讼请求的处理问题 / 545

◉ **股东知情权**

股东会计账簿查阅权的限制与突破 / 546

◉ **公司决议**

1 公司法定代表人不具有否认股东会决议的权力 / 547

2 被生效判决确认股权来源无效的股东形成的股东会决议无效 / 548

◉ **盈余分配**

1 股东会决议无具体分配方案时，公司利润分配不应通过诉讼方式处理 / 549

2 股份合作制企业的劳动者失去该企业职工身份后，不再具有该企业股东资格 / 550

3 项目公司的股东要求分割项目利润的，应当符合《公司法》规定以及合同约定 / 551

4 原股东在有合同依据的情况下可以主张分配公司利润 / 552

5 公司股东会决议载明的利润分配方案是否有具体的认定标准 / 553

6 股东具体性的利润分配请求权独立于股权，股权转让时，如无特殊约定，不随股权而转让 / 555

7 股东具体利润分配请求权的诉讼时效期间起算点 / 556

8 隐性合伙人的投资收益分配问题 / 557

● **损害公司利益责任**

1 小股东是否可以对侵犯公司合法权益的受托管理人提起股东代表诉讼 / 558

2 公司法定代表人、控股股东向他人转让股权时，约定由公司向其本人支付补偿款，属于滥用股东权利损害公司利益 / 559

3 董事、监事、高管人员对母公司所负的忠实和竞业禁止义务应延伸至子公司 / 560

4 股东是否能以出资系赠与且未实际交付为由主张撤销 / 561

5 股东主张高级管理人员损害公司利益的，应承担举证责任 / 562

6 监事会可以在公司董事和高级管理人员侵害公司利益时，代表公司提起诉讼 / 563

7 未经股东会决议，高管从公司领取高额报酬，如对公司造成损害，应当承担相应责任 / 564

8 股东利益受损主张的赔偿数额不等同于其出资金额 / 564

9 损害公司利益责任的承担须以实际损失为前提 / 566

10 聘用合同对竞业限制期限无约定的，公司高管在合同解除后即不负有此义务 / 566

11 股东代表公司提起诉讼的主体资格认定 / 567

12 公司监事与法定代表人共同实施了损害公司利益行为的，应当承担连带责任 / 569

13 滥用股东权利损害公司债权人利益的应当承担连带责任 / 570

14 股东有权为公司利益以自己的名义向人民法院提起诉讼 / 571

15 控股股东将对公司的出资变更为公司对外债务以实现抽回,是否构成抽逃出资 / 572

16 关联交易在公平价格和营业常规方面均明显违背独立交易原则,造成公司利益不当流出的,应认定关联交易损害公司利益 / 573

17 以股东名义提起损害公司利益责任诉讼的,首先要确定原告是否具备股东资格 / 574

18 未经铁路专用线产权人同意,公司控股股东将专用线交他人使用,构成侵权 / 575

- **人格混同及损害债权人利益**

1 利用关联交易侵害债权人利益的,应承担责任 / 576

2 一人有限责任公司的股东证明公司财产独立的举证问题 / 577

3 公司股东滥用股东权利导致公司责任财产减少损害债权人利益,应当承担法律责任 / 578

4 公司之间存在关联关系不必然构成人格混同 / 579

5 债权人能否向由债务人股东过度支配与控制的关联公司主张权利 / 580

6 关联公司之间构成人格混同,损害债权人利益的,应当对公司债务承担连带清偿责任 / 581

7 债权人主张一人有限公司与股东财产混同时,举证责任如何分配 / 582

8 一人公司股东不能证明公司财产独立于股东自己的财产的,应当对公司债务承担连带责任 / 583

9 一人公司的股东提交证据能够证明公司与股东财产独立的,不能认定股东对公司债务承担连带责任 / 584

10 揭开公司面纱所涉及的追偿权问题 / 584

11 认定公司与股东人格是否混同,应以是否具有独立意思和独立财产作为根本判断标准 / 585

● 公司减资

1. 大股东侵害小股东权利是否为公司法定解散事由 / 586
2. 再审审查中提起公司解散之诉的原告持股比例已不满足法定持股比例，其再审申请能否予以支持 / 587
3. 公司减资但未经登记是否产生法律效力 / 588

● 公司解散

1. 在股东会僵局中股东纷争应与公司权力运行机制失灵存在因果关系 / 589
2. 可以通过股权回购协议实现股权收购的，不符合股东请求解散公司的前置条件 / 590
3. 人民法院对于公司应否解散的审查重点为是否已形成"公司经营管理发生严重困难"，只要公司经营管理严重困难的局面已经形成，即应视为公司解散条件之一已成就 / 591
4. 法院以工商登记及股东名册为依据认定原告具有提起公司解散的股东身份并无不当 / 592
5. 不存在解决公司僵局的其他途径，是解散公司的必要条件 / 593
6. 公司无法通过有效的股东会决议管理公司并非公司解散的唯一条件，是否能够解散公司需要依照《公司法》规定的要件 / 594
7. 公司经营管理发生严重困难无法解决，股东可以请求解散公司 / 595
8. 股东能否以经营出现分歧要求解散公司 / 596

● 公司清算

1. 未经清算注销登记，可以依法追加清算义务人为被执行人 / 597
2. 清算组未依法履行通知义务导致债权人未申报债权，清算组成员应当承担赔偿责任 / 599
3. 公司经营期限届满尚未形成延期决议，仍然正常运作的，不符合解散条件 / 600
4. 债权人申请人民法院指定清算组进行清算，应当提交证据证明存在法律规定的强制清算情形 / 601

    5 股东对公司财产分配的权利劣后于公司债权人 / 602

    6 如何理解《最高人民法院关于审理公司强制清算案件工作座谈会纪要》第 13 条中的例外情形 / 603

◉ **对赌协议**

    1 对赌协议中，约定目标公司对合同履行承担保证责任的，目标公司承担保证责任时需以完成减资程序为前提 / 604

    2 投资方与目标公司股东的对赌协议回购条款效力应区分内部效力与外部效力 / 605

◉ **其他公司纠纷**

    1 公司转让协议中对债权债务的约定能否对抗作为公司股东的债权人 / 606

    2 股东依约完成向公司出借款项义务后将债权转让他人，是否构成违约 / 607

    3 公司实际控制人要求公司偿还债务时，债务的真实性应当如何认定 / 608

◉ **票据付款请求权**

    返还票据请求权严格限定于有直接债权债务关系的当事人之间 / 609

◉ **票据追索权**

    1 以协议约定方式放弃票据追索权的效力认定 / 610

    2 原告与票据具有直接利害关系，不能以原告不是持票人为由驳回起诉 / 611

    3 票据具有文义性，票据权利的内容应以票据上记载的文字为准 / 612

◉ **伪造票据**

    第三人以出票人虚构票据基础法律关系而提起的侵权责任之诉，应提供相应证明 / 613

民商事篇

法人

1 公司与股东之间人格相互独立
——银湖公司、美银公司与旭睿公司合同纠纷上诉案

- 案　　　号　（2019）最高法民终1984号
- 合议庭成员　刘崇理、黄年、潘勇锋
- 关　键　词　民事 / 公司 / 公司人格独立
- 相关法条　《中华人民共和国公司法》第3条①

【裁判要旨】

公司与股东之间人格相互独立，虽然公司全体股东享有公司剩余财产分配请求权，公司财产经营状况也直接影响着股东所持股权价值，但公司的财产不能等同于股东的财产，不能认为判令公司偿还借款就侵犯了某一股东的利益。

【案情摘要】

2012年9月28日，旭睿公司与美银公司签订《合作协议书》，约定双方合作开发房地产项目，共同出资成立银湖公司。该公司注册资本2000万元，旭睿公司出资800万元，占银湖公司40%股份；美银公司出资1200万元，占银湖公司60%股份。《合作协议书》第4.4条约定，根据与国土部门签署的《国有建设土地使用权出让合同》，双方商定：美银公司负责筹措地价款的60%，旭睿公司负责筹措地价款的40%。出资过程中，按照一方实际出资计算，另一方未达到约定的出资比例，未达到出资比例的一方应当及时补足出资，并按照实际融资利率承担未达到出资比例部分的利息。10月9日，旭睿公司与美银公司《工作纪要》记载：银湖公司开发所需资金由银湖公司或其股东负责筹措解决，银湖公司股东按照上述约定向银湖公司投入开发资金时，如任何一方（少付股东）未按照其持股比例投资或负责融资，则另一方（多付股东）多于其持股比例所投入的部分（多付投资），应视同少付股东向多付股东的借款。美银公司向银湖公司转款2.727亿元。

2014年12月21日，旭睿公司、美银公司签订的《抵偿/权益调整协议书》双

---

① 参见2023年修正、2024年7月1日施行的《中华人民共和国公司法》第3条、第4条。

方同意，美银公司以其对银湖公司享有的 2.127 亿元债权，以债权让与方式等额抵偿应付旭睿公司的 250449508.01 元款项的相应部分。美银公司向银湖公司发送的《债权让与通知》第 2 条约定，债权对应的款项待满足约定的归还条件后，请银湖公司将全部债权相关款项直接支付给旭睿公司，无须征得美银公司同意。银湖公司收到。该通知旭睿公司起诉请求银湖公司偿还借款本金人民币 2.127 亿元及利息。银湖公司则主张该笔 2.127 亿元债权系股东债权性出资，是对银湖公司项下商业用地的投资，现开发未完成，给付条件不成立。美银公司则主张其未将债权转让给旭睿公司，应驳回旭睿公司诉讼请求。一审判决判令银湖公司向旭睿公司支付借款本金 2.127 亿元及利息。银湖公司与美银公司不服，分别提起上诉。二审驳回上诉，维持原判。

（撰写人：潘勇锋）

2 盖有公司印章的起诉状并不当然代表该公司的真实意思
——真功夫公司与蔡某标、蔡某红等损害公司利益责任纠纷上诉案

- 案　　号　（2021）最高法民终 2 号
- 合议庭成员　胡夏冰、刘少阳、黄西武
- 关 键 词　民事 / 损害公司利益责任 / 盖章行为
- 相关法条　《中华人民共和国民事诉讼法》第 48 条第 2 款①，《中华人民共和国民法总则》第 61 条第 1 款②

【裁判要旨】

公司是个组织体，需要通过特定自然人的签字或盖章才能实现其意志。盖章行为本身就表明行为人从事的是职务行为，而从事职务行为的前提是，该自然人不仅须是公司的工作人员，还需要享有代表权或代理权。加盖公章的案涉起诉状能否代表公司，取决于是否属于公司的意思表示。

【案情摘要】

本案是损害公司利益责任纠纷二审案件。潘某海和蔡某标作为真功夫公司的两

---

① 对应《中华人民共和国民事诉讼法》（2023 年修正）第 51 条第 2 款。
② 对应《中华人民共和国民法典》第 61 条第 1 款。

个大股东之间的矛盾由来已久，蔡某标因犯职务侵占罪、挪用资金罪被羁押至今，真功夫公司实为潘某海控制，包括公司公章亦为其掌管。蔡某标委派其胞妹蔡某红担任真功夫公司董事和董事长职务。

东莞工商局依据真功夫公司的申请及该公司第二次关于"修订章程及选任潘某海先生为公司董事长"临时董事会决议，将真功夫公司的法定代表人由蔡某标变更为潘某海，但广州市中级人民法院终审撤销了该临时董事会决议。

真功夫公司向广东省高级人民法院提出本诉，要求蔡某标、蔡某红等赔偿因其不当履行公司职务造成真功夫公司损失。广东省高级人民法院认为，潘某海作为真功夫公司法定代表人缺乏合法依据，潘某海不能代表真功夫公司提起本案诉讼。真功夫公司、潘某海不服，向最高人民法院提起上诉。

（撰写人：丁　一）

3 法人分支机构代表行为的效力应如何判定
——山东路桥公司与广州大广公司建设工程施工合同纠纷申请再审案

- **案　　号**　（2021）最高法民申 3786 号
- **合议庭成员**　孙祥壮、冯文生、刘少阳
- **关 键 词**　民事 / 建设工程施工合同纠纷 / 法人分支机构的代表行为
- **相关法条**　《中华人民共和国民法总则》第 74 条①

【裁判要旨】

法人的分支机构非独立民事主体，在法人授权范围内从事民事活动属于有权代表，产生的民事责任由法人承担。判断法人的授权范围，可结合法人发出的文件、与其他主体间的约定、对分支机构的行为（或者曾经类似的行为）是否认可等因素综合考虑。

【案情摘要】

山东路桥公司（承包人）与广州大广公司（发包人）就公路施工签订了合同，广州大广公司设立分支机构新丰管理处。根据广州大广公司发出的《关于规范使用

---

①　对应《中华人民共和国民法典》第 74 条。

公司名称信息的通知》《公路建设项目管理手册（试行）》等文件可认定，新丰管理处代表广州大广公司对案涉工程进行现场管理。山东路桥公司、广州大广公司和建行河源分行签订了《工程资金监管协议》，约定三方对案涉工程资金的使用进行监管。实际操作中，案涉工程资金使用需经过三方确认，新丰管理处代表广州大广公司履行资金监管责任。在项目施工过程中，山东路桥公司和北京大广公司经济往来频繁。新丰管理处委托山东路桥公司向北京大广公司进行某次付款后，广州大广公司不认可新丰管理处的委托行为是其真实意思表示，引发本案纠纷。

（撰写人：孙祥壮）

民事行为效力

1 当事人对欺诈事实的证明不能够排除合理怀疑的，是否认定该事实存在

——乌江公司与中天公司、海风公司股权转让纠纷上诉案

- 案　　号　（2021）最高法民终337号
- 合议庭成员　孙晓光、杨军、刘丽芳
- 关　键　词　民事 / 股权转让 / 欺诈 / 证明责任
- 相关法条　《中华人民共和国民法总则》第148条①，《最高人民法院关于适用〈中华人民共和国民事诉讼法〉的解释》第109条

【裁判要旨】

判断当事人是否以欺诈手段，使对方在违背真实意思的情况下实施民事行为，须具备以下要件：一是有欺诈行为，包括虚构事实或隐瞒事实；二是欺诈方主观上有欺诈的故意；三是被欺诈方因欺诈行为而陷于错误认知，并基于错误认知作出意思表示；四是被欺诈方的意思表示违背其真实意思。当事人提供的证据对构成欺诈事实的证明不能够排除合理怀疑的，不足以认定该事实的存在。

---

① 对应《中华人民共和国民法典》第148条。

【案情摘要】

2011年12月，海风公司取得案涉地块土地使用权。2018年3月2日，贵州省遵义市人民政府发布4号令规定，调低了案涉地块的容积率。2015年5月，海风公司与遵义住投公司签订棚户区征收与安置补偿合作协议，将其中5万余平方米土地用于修建安置房。2018年5月3日，乌江公司通过北交所公开挂牌转让海风公司股权，转让底价依据的资产评估报告载明，案涉地块面积不包含提供海风公司给遵义住投公司的52348.25平方米还房用地。2018年6月，中天公司通过竞拍取得海风公司100%股权，并与乌江公司签订《产权交易合同》。该合同载明中天公司确认知晓并认可前述棚户区征收与安置补偿合作协议。乌江公司在挂牌交易前已将该棚户区征收与安置补偿合作协议提交给北交所备查。中天公司以乌江公司在转让地块确切可使用面积和地块真实容积率问题上存在欺诈为由，提起本案诉讼。

（撰写人：孙晓光、马　露、毛莹月）

2 股权转让合同关系下产生的竞业限制义务的认定
——陆某与科大讯飞公司合同纠纷申请再审案

- **案　　号**　（2021）最高法民申6151号
- **合议庭成员**　张淑芳、李敬阳、吴凯敏
- **关 键 词**　民事 / 竞业限制 / 预期利益 / 公平原则 / 诚信
- **相关法条**　《中华人民共和国合同法》第107条①

【裁判要旨】

对于股权转让合同关系下产生的竞业限制义务，审查义务人是否违反限制义务，应以双方关于竞业限制的约定为主要依据。若义务方构成违约，应综合考虑行为人实际就职情况、过错程度及受让企业预期利益等因素，根据公平原则和诚信原则确定其违约责任。

---

① 对应《中华人民共和国民法典》第577条。

【案情摘要】

枫享公司作为甲方,枫享公司股东陆某等作为乙方,科大讯飞公司作为丙方,签订《投资合作协议》,约定:科大讯飞公司通过股权转让和增资方式,取得枫享公司100%的股权;作为枫享公司创始人团队的成员陆某等承诺自从枫享公司主动离职之日起3年内,不得在国内任何与目标公司构成同业竞争的企业任职,为该等企业提供服务或投资该等企业,陆某等违反本款约定的,应当立即停止上述同业竞争行为并赔偿枫享公司所受损失。科大讯飞公司与陆某另签订补充协议,约定陆某若有违反关于竞业禁止约定的行为,应向科大讯飞公司返还标的股权3对应的全部股权转让价款。协议签订后,科大讯飞公司支付价款,完成对枫享公司的收购,并办理了工商变更登记。后,陆某以个人原因为由向枫享公司申请辞职。此后,陆某与腾讯科技(上海)有限公司签订一份《员工劳动合同》,并多次以腾讯智能平台副总裁、腾讯教育应用平台总经理身份出席各类活动。科大讯飞公司依据《投资合作协议》及相关补充协议提起本案诉讼。

(撰写人:张淑芳)

代表

1 公司对于担任"虚职"的"高管"相关行为未加限制或者未对外合理告知的,公司应对该行为承担责任

——郑某佑与中铁十五局二公司等建设工程施工合同纠纷上诉案

- **案　　号**　(2021)最高法民终558号
- **合议庭成员**　王朝辉、郎贵梅、刘丽芳
- **关 键 词**　民事/建设工程施工合同纠纷/公司"虚职"对外代理行为
- **相关法条**　《中华人民共和国民法总则》第170条第2款①、第172条②

---

① 对应《中华人民共和国民法典》第170条第2款。
② 对应《中华人民共和国民法典》第172条。

【裁判要旨】

担任总经理助理等所谓公司法人"虚职"的工作人员，虽然其没有法定公司高级管理人员权力，但其为公司法人分支机构负责人和"虚职"的任命以及其相应的行为，易造成其本身系公司高级管理人员、有权代表公司的权利外观，并对其他当事人产生误导。公司内部对该"虚职"职权所进行的限制，不能对抗善意相对人，公司应对该工作人员超职权范围的行为承担民事责任。

【案情摘要】

2016年9月21日的《框架协议》载明的甲方为中铁十五局二公司，乙方为郑某佑，协议尾部"甲方"处加盖了中铁十五局二公司的印章，李某光在"法定代表人或委托代理人"处签字，郑某佑同时在首部和尾部的"乙方"处签字。李某光签订协议时，是中铁十五局二公司昆明分公司的负责人，还是中铁十五局二公司的总经理助理。郑某佑签订协议之后，将保证金打入李某光指定账户，且准备租赁设备进场。之后，中铁十五局二公司并未中标取得案涉项目。郑某佑起诉中铁十五局二公司承担相关责任。中铁十五局二公司辩称李某光并非高管，只是虚职，对外不能代表公司行使有关权力，其不应对郑某佑承担相关责任。

（撰写人：王朝辉、张东一）

2 行为人的行为是否构成表见代理
——凌升公司与中石油销售分公司、中石油销售公司
买卖合同纠纷申请再审案

- **案　　号**　（2021）最高法民申5715号
- **合议庭成员**　陈宏宇、吴笛、张梅
- **关　键　词**　民事 / 买卖合同纠纷 / 表见代理
- **相关法条**　《中华人民共和国民法总则》第172条[1]，《中华人民共和国合同法》第49条[2]

---

[1] 对应《中华人民共和国民法典》第172条。
[2] 参见《中华人民共和国民法典》第172条。

【裁判要旨】

合同相对人根据行为人所提交的授权委托书、营业执照、付款回单及相关的交易信息认定其具有代理权限,并且在审核过程中尽到审慎注意义务,并无过失的,即使行为人不具有代理权限,亦可认定构成表见代理。

【案情摘要】

凌升公司(买方)与中石油销售分公司(卖方)签订《成品油买卖合同》。中石油销售分公司的工作人员利用职务之便以及经营交往中掌握的凌升公司的相关资料,伪造、变造了凌升公司《授权委托书》等资料,并与赵某旋、朱某飞恶意串通,授意其冒充凌升公司的代理人,中石油销售分公司、中石油销售公司依据授权委托书向赵某旋、朱某飞履行合同。一审对授权委托书鉴定,显示其加盖印章与公安局备案印章不是同一枚印章。中石油销售分公司认为,赵某旋、朱某飞提供的资料足以使得中石油销售分公司产生合理信赖,赵某旋、朱某飞的行为构成表见代理。凌升公司认为授权委托书并非公司出具,请求中石油销售分公司继续履行合同。一审认为构成表见代理,驳回凌升公司诉请,凌升公司不服上诉,二审维持原判。凌升公司遂提起再审。

(撰写人:陈宏宇、赵 静)

3 公司员工的收款行为是否对公司发生法律效力
——苏燃公司与贾某麟、郑铁煤运公司合同纠纷申请再审案

- **案　　号**　(2021)最高法民申 5842 号
- **合议庭成员**　张淑芳、于蒙、吴凯敏
- **关 键 词**　民事 / 表见代理 / 善意相对人
- **相关法条**　《中华人民共和国合同法》第 49 条[①]

【裁判要旨】

买卖合同是以双方公司的名义签订并明确约定了卖方收款的开户银行和账号。

---

① 参见《中华人民共和国民法典》第 172 条。

买方将款项付至卖方副总经理的个人账户,主张该副总经理的收款行为为职务行为,但是没有证据证明该人的收款行为得到了其公司的授权,没有提交证据证明双方就合同中有关收款账户这一重大事项的变更达成了合意。买方所提交证据也不足以证明该人的收款行为构成表见代理,故对卖方不发生法律效力。

【案情摘要】

2010年10月27日,苏燃公司与时任郑铁煤运公司副总经理贾某麟签订《联营协议》一份,双方就协调审批购销郑煤集团的计划电煤及与郑铁煤运公司签订煤炭买卖合同等相关事宜作出约定。2011年3月,在贾某麟的办公室,苏燃公司作为买方与郑铁煤运公司作为卖方签订《煤炭买卖合同》,苏燃公司加盖合同专用章,郑铁煤运公司加盖合同专用章。合同约定,货款结算方式为先付款后发货,合同注明了双方各自的开户银行、账号、纳税人登记号等信息。双方签订合同后,贾某麟要求苏燃公司直接向其个人账户付款,苏燃公司付款540万元,贾某麟出具收据。后贾某麟曾联系发煤,向苏燃公司发运了770690元煤炭。后贾某麟向苏燃公司出具了承诺书,说明尚欠煤款共4929310元。苏燃公司起诉,要求郑铁煤运公司向其返还货款4929310元及协调金,并补偿损失。二审判决认定贾某麟的收款行为属于无权代理,也不构成表见代理,驳回了苏燃公司对郑铁煤运公司的诉讼请求。

(撰写人:于 蒙、王利萍)

溯及适用 ▶▶▶

《民法典》可以溯及适用的条件中"更有利于保护民事主体合法权益"不仅指权利人一方的权利

——交通公司与长浏公司建设工程施工合同纠纷申请再审案

- 案　　号　(2021)最高法民申6552号
- 合议庭成员　熊劲松、孙祥壮、冯文生
- 关 键 词　民事/建设工程施工合同/溯及适用
- 相关法条　《最高人民法院关于适用〈中华人民共和国民法典〉时间效力的若

干规定》第 2 条

【裁判要旨】

《最高人民法院关于适用〈中华人民共和国民法典〉时间效力的若干规定》可以溯及适用的条件中"更有利于保护民事主体合法权益",并不仅指权利人一方的权利,还应综合考虑其他主体的利益。承包人仅以更有利于保护承包人为由,主张建设工程价款优先受偿权应适用新司法解释规定的 18 个月行使期限的,人民法院不予支持。

【案情摘要】

交通公司作为承包人与长浏公司作为发包人签订《合同协议书》,约定由交通公司承包长浏高速路面施工。2013 年 10 月,交通公司完成合同要求的所有工程并通车。因长浏公司未及时足额支付工程款及利息,天弘公司(交通公司前身)于 2018 年 3 月 23 日向长沙市中级人民法院提起诉讼,法院判决长浏公司偿还交通公司工程欠款、利息等。2019 年 6 月 5 日,交通公司向法院申请执行该生效判决,并于 2019 年 7 月及 9 月向执行法院发出了关于请求确认优先受偿权的书面报告。后长浏公司破产,法院拍卖长浏公司长浏高速经营权,交通公司遂提起诉讼,请求确认长浏公司未支付的工程款在拍卖款中享有优先受偿权。

(撰写人:熊劲松)

物权 ▶▶▶

1 双方当事人的土地租赁关系终止后,承租人投资修建的房屋如何补偿

——医专学校、南简良村委会与联邦学校、石家庄市教育局财产损害赔偿纠纷上诉案

- 案　　号　(2020)最高法民终 948 号
- 合议庭成员　刘崇理、黄年、梅芳

- **关 键 词** 民事／财产损害赔偿纠纷／合同清理结算
- **相关法条** 《最高人民法院关于贯彻执行〈中华人民共和国民法通则〉若干问题的意见》①第 86 条

【裁判要旨】

双方当事人的土地租赁关系终止后，按照合同约定医专学校对其投资修建的案涉房屋仍然享有相应的财产权益，应当综合考虑案涉房屋本身的价值、使用年限、领取合法权益的可能性、违反事实等因素的基础上，确定损失补偿的比例。

【案情摘要】

南简良村委会与医专学校 1996 年 10 月 8 日签订《联合办学协议书》，联合办学的期限为 20 年，自 1996 年 10 月至 2016 年 9 月 30 日止。协议约定：南简良村委会以土地作为投资，享有所有权，医专学校以土地上的建筑物和学校的其他固定资产及流动资产作为投资，享有所有权。协议期满后，如南简良村委会与医专学校不再续签协议，根据国家有关政策规定，双方可按各自的所有权处理固定资产。

在合同到期前，南简良村委会通过直接通知、登报通知的方式告知了医专学校合同到期后终止合作。另案判决认定《联合办学协议书》及补充协议书实为土地租赁合同，南简良村委会与医专学校之间的租赁关系至 2016 年 9 月 30 日止。

（撰写人：黄　年）

2 探矿权到期后未能获批延续，自然资源行政主管部门应当如何承担民事责任

——英祥公司与四川省自然资源厅探矿权纠纷上诉案

- **案　　号** （2020）最高法民终 1061 号
- **合议庭成员** 叶欢、叶阳、冯文生
- **关 键 词** 民事／探矿权纠纷
- **相关法条** 《中华人民共和国物权法》第 123 条②

---

① 该解释已失效。
② 对应《中华人民共和国民法典》第 329 条。

【裁判要旨】

探矿权是对一定区域内可能存在的矿产资源进行勘探的权利。探矿权人并不因行使探矿权而直接获益,其权利通常通过优先取得采矿权的方式得以实现。探矿权出让合同非因探矿权未能延续而无法取得采矿权时,探矿权人有权请求自然资源行政主管部门赔(补)偿相应的损失。

【案情摘要】

2005年8月,原四川省国土厅与英祥公司签订《探矿权出让合同》,约定将案涉探矿权出让给英祥公司。探矿权有效期3年,自办法勘查许可证之日起计算。合同签订后,英祥公司支付了合同约定的探矿权拍卖出让成交价款。2015年,英祥公司向原四川省国土厅报件申请探矿权转采矿权,原四川省国土厅受理后,要求提交环境影响评价报告。2017年,原四川省国土厅根据《四川省国土资源厅关于加强生态文明建设促进矿产资源绿色勘查开发的通知》,明确在风景名胜区不再设立矿业权后,退回了英祥公司的矿业权保留报审文件。英祥公司要求原四川省国土厅尽快为其办理采矿许可证无果,遂提起本案诉讼。

（撰写人：叶　阳）

3 按份共有的权利分配形式适用于不动产或者动产的所有权,而非债权

——中核建中公司与新鹏公司委托代建合同纠纷再审案

- 案　　号　（2021）最高法民再92号
- 合议庭成员　王朝辉、郎贵梅、刘丽芳
- 关 键 词　民事/委托代建合同纠纷/按份共有的权利分配形式
- 相关法条　《中华人民共和国物权法》第94条[①]

【裁判要旨】

按份共有适用于不动产或者动产的所有权,而非债权。如果当事人因合同关系

[①] 对应《中华人民共和国民法典》第298条。

中所占权利份额对应的民事权益产生争议，当事人只能请求人民法院确定该民事权益的份额，不能请求人民法院确认该民事权益为"按份共有"关系，人民法院作出的法律文书不能直接引起物权变动。

【案情摘要】

2014年11月10日，中核建中公司和新鹏公司签订《委托定向开发协议》，委托新鹏公司定向开发公司安置房项目。2014年12月，双方签订《联合竞买土地协议书》，共同竞买案涉地块。2015年7月1日，双方签订《委托定向开发补充协议》，约定联合竞买土地的份额中核建中公司占96.17%（约157亩，120亩为中核建中开发），新鹏公司占3.83%（约6亩）。之后，双方于2015年12月1日座谈决定120亩由中核建中所有，43亩由双方共有。其后，双方就43亩土地登记办证事宜产生争议，中核建中公司一审起诉确认《委托定向开发补充协议》有效，并要求对43亩土地享有100%份额的登记请求权。中核建中公司二审被驳回诉讼请求。中核建中公司再审遂请求法院按照有关约定确认双方按份共有的份额，并要求新鹏公司协助按照双方共有份额完成登记。

（撰写人：王朝辉、张东一）

4 采矿权转让方在转让合同中有煤矿无产权争议之承诺，却未能履约致采矿权过户无法完成，受让方是否有权行使不安抗辩权暂不支付转让款，以及应否承担相应违约责任

——泰和公司与营脚煤矿、新浙能公司采矿权转让纠纷再审案

- **案　　号**　（2021）最高法民再94号
- **合议庭成员**　张爱珍、孙建国、张小洁
- **关 键 词**　民事/采矿权转让纠纷/不安抗辩权/违约责任
- **相关法条**　《中华人民共和国合同法》第68条①、第119条②，《最高人民法院关于审理买卖合同纠纷案件适用法律问题的解释》第24条第4款③

---

① 对应《中华人民共和国民法典》第527条。
② 对应《中华人民共和国民法典》第591条。
③ 该解释已于2020年修正，此处法条对应第18条第4款。

【裁判要旨】

采矿权转让方在采矿权转让合同中保证该合同项下煤矿的采矿权及资产为其绝对所有、不存在其他权利主体、不存在产权争议且未涉及尚未清结的任何诉讼等,如发生上述行为,由其自行解决,若损害对方利益,由其负责。但在办理采矿权过户的过程中,发生了合同项下煤矿权属争议,致采矿权过户暂无法完成,采矿权受让方有权行使不安抗辩权,暂不支付转让款。在权属争议解决且采矿权完成过户后,受让方行使不安抗辩权的情形已经消除,如此后受让方仍未按合同约定支付相应转让款,其行为已构成违约,应承担违约责任。但应根据转让方的具体损失、双方合同履行情况及抗辩,综合认定违约金标准。

【案情摘要】

泰和公司分别与摆谷六煤矿的4股东签订《龙里摆谷六煤矿个人股份转让协议》,约定上述4人以600万元的总价将其拥有摆谷六煤矿总计100%的股份转让给泰和公司,价款支付后,泰和公司未完善股权转让变更手续。其后泰和公司以摆谷六煤矿名义与营脚煤矿签订《煤矿产权收购合同》,将案涉采矿权及财产权利转让给营脚煤矿,价款合计为2518万元。双方在合同中约定转让款分4笔支付并约定了支付条件,泰和公司以摆谷六煤矿股东身份,在案涉《煤矿产权收购合同》中保证该合同项下煤矿的采矿权及资产为其绝对所有、不存在其他权利主体、不存在产权争议且未涉及尚未清结的任何诉讼等,如发生上述行为,由泰和公司自行解决,若损害营脚煤矿利益,由泰和公司负责。合同还约定,营脚煤矿延期支付转让款,超过支付期20日后,按未付款项每日1‰支付违约金;超过60日,按总转让款的30%支付违约金。该合同末尾处加盖有摆谷六煤矿、营脚煤矿、泰和公司的公章。随后,2014年8月11日,营脚煤矿与新浙能公司签订《采矿权转让合同》约定,营脚煤矿采矿权以整体出售方式转让给新浙能公司,转让金额为1560万元。在案涉采矿权办理过户的过程中,摆谷六煤矿的原股东徐某亮向贵州省国土资源厅提交了异议申请致案涉采矿权无法完成过户,故营脚煤矿在按约支付了第1笔转让款900万元及第2笔转让款中的225万元后未再向泰和公司支付转让款。营脚煤矿经与泰和公司发函要求泰和公司尽快协调处理异议无果后,自行与徐某亮达成和解协议,承诺向徐某亮支付特殊劳务补偿费155万元,徐某亮方撤回异议申请,案涉采矿权于2014年12月1日完成过户。

(撰写人:张爱珍、宋 扬)

5 公司财产所有权与股东的股权、公司债权之间的关系不能混淆

——华通公司与燃料集团总公司、燃料集团有限公司物权确认纠纷再审案

- **案　　号**　（2021）最高法民再333号
- **合议庭成员**　麻锦亮、周其濛、孙勇进
- **关 键 词**　民事 / 物权确认纠纷
- **相关法条**　《中华人民共和国公司法》第3条、第4条

【裁判要旨】

股东对公司的出资属于公司资产，公司享有的是所有权，而股东享有的是通过出资转化形成的股权。公司财产所有权独立于股东的股权，亦不同于公司债权，三者不能混淆。

【案情摘要】

燃料集团总公司与泰国亚泰企业约定建立合资经营公司即华通公司，主要任务是共同投资兴建案涉标的华通大厦，投资总额360万美元，双方共出资216万美元作为华通公司的注册资本，其中双方各出资108万美元。后香港声辉公司接替亚泰公司在华通公司中的全部股份，并与燃料集团总公司约定投资比例为55%和45%。后华通公司取得案涉土地使用权证。在华通大厦的建造、装修过程中，燃料集团总公司、燃料集团有限公司均进行了大量投资。华通公司主张对华通大厦享有单独所有权，一审、二审法院以华通公司与其他投资方系共有关系为由未予支持。

（撰写人：胡继先）

6 缺乏合法许可手续的建造行为不能当然取得建筑物所有权

——宝光公司与一德公司取回权纠纷申请再审案

- 案　　号　（2021）最高法民申 985 号
- 合议庭成员　曹刚、朱燕、关晓海
- 关 键 词　民事 / 物权 / 取回权纠纷
- 相关法条　《中华人民共和国物权法》第 9 条[①]、第 30 条[②]

【裁判要旨】

即使相关证据能够证明当事人的实际建造行为，但在缺乏合法建造许可审批手续情况下，其不因建造行为即对建筑物享有所有权。因添附而产生新的所有权的前提，是对添附之前各物分别享有合法权利。当事人不就建筑物享有物权法意义上的合法权利，仅以建筑物与土地间自然属性上的附合主张建筑物的所有权，没有法律依据。

【案情摘要】

2011 年 11 月 10 日，一德公司与宝光公司签订《土地承包合同》，约定一德公司将其名下土地使用权证号为郑国用（2006）第 0566 号、（2009）第 0686 号的土地出租给宝光公司使用，租赁期限为 10 年。2014 年 7 月，相关法院作出民事调解书，确认一德公司对郑州恒正新能源科技开发有限公司所欠虞城县春发食品有限公司的债务承担连带担保责任。该案执行程序中，法院对一德公司名下土地使用权证号为郑国用（2006）第 0566 号、（2009）第 0686 号土地使用权进行查封。经依法评估拍卖，河南云鼎建筑安装工程有限公司以 110882000 元拍得该土地使用权及地上附属物。相关法院遂作出执行裁定，将该土地使用权过户。宝光公司对执行一德公司名下郑国用（2006）第 0566 号、（2009）第 0686 号土地上的附着物提出执行异议，后被法院驳回。2018 年 12 月 24 日，相关法院裁定受理汪某林对一德公司的破产清算申请，并指定破产管理人。宝光公司向一德公司破产管理人提交财产取回申请，主

---

① 对应《中华人民共和国民法典》第 209 条。
② 对应《中华人民共和国民法典》第 231 条。

张涉案土地上的附着物归其所有，一德公司破产管理人作出拒绝宝光公司财产取回申请的回复。宝光公司提起本案诉讼，请求取回相关附着物的执行拍卖款16261400元。宝光公司对于不能提供案涉地上附着建筑物的合法建设审批手续，不持异议。法院审理认为，即使相关证据能够证明宝光公司具有实际建造行为，但在缺乏合法建造许可审批手续情况下，其也不能因建造行为对附着建筑物取得物权。因添附而产生新的所有权的前提，是不同所有人对于添附之前的各物分别享有合法权利。宝光公司未能证明其就地上附着建筑物享有物权法意义上的合法权利，却以该部分建筑物与其租赁使用的土地间自然属性上的附合而主张享有所有权，无法律依据。

（撰写人：曹　刚）

7　认定合法占有建筑物专有部分的买受人业主身份，并非承认其当然享有所有权

——张某兴与志诚实业公司、名都房地产公司合资、合作开发房地产合同纠纷申请再审案

- **案　　号**　（2021）最高法民申1888号
- **合议庭成员**　王朝辉、郎贵梅、刘丽芳
- **关 键 词**　民事/合资、合作开发房地产合同纠纷/建筑物专有部分
- **相关法条**　《最高人民法院关于审理建筑物区分所有权纠纷案件具体应用法律若干问题的解释》第1条[1]，《中华人民共和国物权法》第9条[2]

【裁判要旨】

商品房买受人已经合法占有案涉房屋，但尚未办理预售合同备案登记、预告登记或产权登记，依据《最高人民法院关于审理建筑物区分所有权纠纷案件具体应用法律若干问题的解释》第1条第2款之规定可以认定其为业主，其目的在于解决业主身份认定问题，并非承认买受人当然享有案涉房屋的所有权。

---

[1]　该解释已于2020年修正，此处法条对应第1条。
[2]　对应《中华人民共和国民法典》第209条。

【案情摘要】

2008年8月25日,名都房地产公司与张某兴签订《借款合同》,向张某兴借款2150万元。2009年5月31日,张某兴与名都房地产公司签订了《商品房买卖合同》,名都房地产公司将案涉3套房屋出售给张某兴,总价款为42968934元。同日,张某兴与名都房地产公司一致同意解除《借款合同》,并将张某兴享有的债权本息合计2739.10万元转为支付购房款。《商品房买卖合同》签订后,仍有案涉2××、3××号2套房屋未进行预售合同备案登记、预告登记或产权登记。2009年7月8日,张某兴向名都房地产公司汇款600万元。2010年4月26日,名都房地产公司将案涉3套房屋移交给张某兴。因另案生效判决中,志诚实业公司与名都房地产公司的开发项目利润分配方案涉及本案201、301号房屋,张某兴提起诉讼请求撤销该项判决,后被并入志诚实业公司与名都房地产公司的合作开发房地产合同纠纷的另案再审程序进行审理。

(撰写人:王朝辉、施荣鑫)

8 在后设立的租赁权不得对抗在先设立的抵押权,抵押权人实现抵押权时不受"买卖不破租赁"的限制

——李某安与信达广东分公司等案外人执行异议之诉申请再审案

- 案　　号　(2021)最高法民申3583号
- 合议庭成员　孙祥壮、冯文生、刘少阳
- 关 键 词　民事 / 抵押权和租赁权 / 买卖不破租赁
- 相关法条　《中华人民共和国物权法》第190条①

【裁判要旨】

抵押权设立后抵押财产出租的,成立在后的租赁关系不得对抗设立在先的抵押权,抵押权人以拍卖方式实现抵押权时,不适用"买卖不破租赁"的原则。

---

① 对应《中华人民共和国民法典》第405条。

【案情摘要】

案涉商铺于 2014 年 9 月办理抵押登记，抵押权人为信达广东分公司。2017 年 12 月该商铺进行出租，2018 年 2 月，李某安承租案涉商铺。因商铺所有权人未偿还欠信达广东分公司的债务，人民法院拟对案涉商铺进行不带租拍卖。李某安主张根据"买卖不破租赁"的原则，案涉商铺应带租拍卖。

（撰写人：孙祥壮）

9 因单位内部建房、分房等而引起的占房、腾房等房地产纠纷，人民法院应依法不予受理或驳回起诉
——刘某与南宁市第一人民医院、覃某明返还原物纠纷申请再审案

- 案　　号　（2021）最高法民申 3747 号
- 合议庭成员　奚向阳、杨兴业、沈佳
- 关 键 词　民事 / 返还原物 / 驳回起诉
- 相关法条　《最高人民法院关于房地产案件受理问题的通知》第 3 条，《国务院侨务办公室、建设部关于归侨眷职工因私出境租住公房和参加房改买房问题的规定》

【裁判要旨】

对于涉及房改政策的纠纷，应当尊重当时当地政策，对属于《最高人民法院关于房地产案件受理问题的通知》第 3 条规定的"历史遗留的落实政策性质的房地产纠纷，因行政指令而调整划拨、机构撤并分合等引起的房地产纠纷，因单位内部建房、分房等而引起的占房、腾房等房地产纠纷"，法院不宜受理和审理。当事人为此而提起的诉讼，应依法不予受理或驳回起诉，可告知其找有关部门申请解决。

【案情摘要】

刘某为南宁市第一人民医院退休职工，1987 年，医院将其所有的房屋分配给刘某居住。刘某退休后定居美国，于 1990 年取得美国居留权并注销中国户口。1993 年起，医院多次函告刘某，因其租住的房屋长期无人居住，医院决定收回房屋，要求其回国办理退房手续，但刘某一直未予办理，而是提出要求续租并参加房改，医

院告知其不符合参加房改条件,应当腾退房屋,刘某一直未予配合。2015年12月,医院再次通知刘某腾退房屋无果后,组织人员对刘某租住的房屋进行腾空,将房屋内属于刘某的物品挪出并遗失,由此引发本案。刘某诉请:返还房屋并恢复屋内原状;赔偿屋内财物损失及精神损害抚慰金。对于刘某返还案涉房屋的诉请,原审法院应当裁定驳回起诉,但原审判决在阐明不属于人民法院受理案件范围的基础上判决驳回该项诉讼请求,不影响该项纠纷在人民法院的最终处理结果。出于维护生效裁判既判力与安定性以及不增加当事人诉讼负累的考虑,最高人民法院在再审审查阶段不再单独就该问题启动审判监督程序。

（撰写人：沈　佳）

10 按份共有的厂房实物分割不利于发挥共有财产的整体经济价值,应当对折价或者拍卖、变卖取得的价款予以分割

——何某焯与鞍兆公司共有物分割纠纷申请再审案

- 案　　号　（2021）最高法民申4461号
- 合议庭成员　熊劲松、孙祥壮、冯文生
- 关　键　词　民事 / 共有物分割 / 实物分割
- 相关法条　《中华人民共和国物权法》第100条①

【裁判要旨】

对按份共有财产进行分割时,如实物分割不利于发挥共有财产的整体经济价值,应根据案件实际情况,采取折价或者拍卖、变卖的方式,由共有人按份额比例分割共有财产变价款。

【案情摘要】

自2011年起,鞍兆公司与何某焯以60%、40%的比例共有一不动产物业,何某焯40%份额产权以租赁方式由鞍兆公司有偿使用。2018年双方签订的最后一份厂房租赁合同期满。何某焯明确提出其40%份额产权不再给鞍兆公司使用,并请求对共有厂房进行实物分割。鞍兆公司认为共有厂房不能实物分割,因为其自2003年成立

---

① 对应《中华人民共和国民法典》第304条。

时已经将共有厂房作为公司的生产经营场所使用，并对共有厂房进行维护和管理，且共有厂房不具备拆分使用和内部分割后单独进行产权登记的条件。双方对分割方式协商不成，鞍兆公司提起诉讼。

（撰写人：熊劲松）

11 原判决经以物抵债执行完毕后被撤销，被执行人申请执行回转原物不能时，申请执行人应否赔偿
——北骆公司与刘某权、赵某丽返还原物纠纷申请再审案

- 案　　号　（2021）最高法民申 4728 号
- 合议庭成员　周其濛、麻锦亮、季伟明
- 关 键 词　民事 / 物权纠纷 / 返还原物 / 以物抵债 / 执行回转
- 相关法条　《中华人民共和国民事诉讼法》第 233 条①，《最高人民法院关于适用〈中华人民共和国民事诉讼法〉的解释》第 493 条②

【裁判要旨】

原判决经法定程序裁定以物抵债，执行标的物所有权自抵债裁定送达接受抵债物的债权人时转移。原判决被依法撤销，被执行人申请执行回转，执行标的物不能原物回转时，申请执行人应当按照该标的物的财产价值折价予以赔偿。标的物为无形资产的，应考察申请执行人对标的物是否实际占有、使用、处分和从中获取收益，申请执行人仅主张被执行人未配合办理无形资产所有权变更登记手续，未取得无形资产的，人民法院不予支持。

【案情摘要】

执行程序中，人民法院作出裁定，将北骆公司所有的房产、机器设备、特许经营权等财产折抵给刘某权、赵某丽。后因作为执行依据的案涉生效判决被撤销，北骆公司申请执行回转。刘某权主张因北骆公司拒绝交付营业执照等相关证件并协助

---

① 对应《中华人民共和国民事诉讼法》（2023 年修正）第 244 条。
② 该解释已于 2022 年修正，此处法条对应第 491 条。

办理过户手续，未取得特许经营权等无形资产，不应返还此部分财产，形成本案诉讼。

（撰写人：麻锦亮、李　薇）

12　土地使用权存在争议的，建设者是否可以就地上建筑物和构筑物主张物权请求权

——凯撒公司与博瀚公司、金色池塘餐饮公司、金色池塘娱乐公司、青少年宫物权保护纠纷申请再审案

- 案　　号　（2021）最高法民申 5085 号
- 合议庭成员　张淑芳、李敬阳、吴凯敏
- 关 键 词　民事 / 物权保护纠纷 / 返还原物
- 相关法条　《中华人民共和国物权法》第 34 条①

【裁判要旨】

原告基于物权请求权提起本案诉讼，要求被告返还案涉房屋及房屋内设备、设施和财物，故人民法院首先应审理原告是否享有案涉标的物的物权。案涉地块的土地使用权存在争议，即使原告按照房屋所有权证登记对案涉地上建筑物和构筑物享有所有权，但在土地使用权存在争议的情况下，人民法院无法支持其返还原物的请求。

【案情摘要】

凯撒公司与青少年宫签订《合作经营协议书》等，约定双方合作开发经营娱乐、饮食服务项目，青少年宫提供场地，凯撒公司负责投资和经营管理，协议期满后凯撒公司将所经营的全部房产及设备、设施全部无偿移交青少年宫。案涉建筑建成后，凯撒公司取得了土地使用权证和房屋所有权证，两证均注明《合作经营协议书》约定事宜。后因凯撒公司未履行生效判决确定义务，博瀚公司一方经拍卖取得案涉经营场所的经营权，交由金色池塘餐饮公司、金色池塘娱乐公司用于经营。其后青少年宫亦取得包含案涉地块在内的土地使用权证。凯撒公司认为经营权届满，起诉博

---

① 对应《中华人民共和国民法典》第 235 条。

瀚公司、金色池塘餐饮公司、金色池塘娱乐公司，要求其向凯撒公司返还案涉房屋及房屋内设备、设施和财物。

（撰写人：吴凯敏）

13 买受人在查封期满后基于合法占有请求侵权人返还原物，应予支持
——李某桃、陈某匀、锦绣苑公司占有物返还纠纷申请再审案

- 案　　号　（2021）最高法民申 5240 号
- 合议庭成员　熊劲松、孙祥壮、冯文生
- 关 键 词　民事 / 占有物返还 / 合法占有
- 相关法条　《中华人民共和国物权法》第 245 条[①]

【裁判要旨】

占有人虽有购房合同，但系在法院查封之后取得占有，占有的合法性存在疑问。但在人民法院查封期满并未续封的情况下，占有人系基于合法有效的买卖合同占有该财产，其占有恢复合法性。第三人无合法依据侵占该财产，不影响合法占有人请求侵权人返还占有物。

【案情摘要】

2011 年 1 月 29 日，陈某匀与锦绣苑公司签订购房合同并支付购房款，陈某匀于 2015 年拿到房屋钥匙。2013 年 9 月 18 日，岳阳市君山区人民法院因锦绣苑公司与李某桃之间存在民间借贷纠纷一案，裁定查封了锦绣苑公司名下的房屋，查封期满后并未续行查封。2018 年 8 月 12 日，陈某匀发现李某桃在涉案房屋进行装修施工，陈某匀多次与李某桃及锦绣苑公司管理人进行交涉未果，遂向法院提起诉讼，请求李某桃返还案涉房屋。

（撰写人：熊劲松）

---

① 对应《中华人民共和国民法典》第 462 条。

14 具有合法依据前提下对房产的合法占有应当予以保护，合法占有人可以行使占有返还请求权
——李某桃、陈某匀、锦绣苑公司占有物返还纠纷申请再审案

- **案　　号**　（2021）最高法民申 5241 号
- **合议庭成员**　熊劲松、孙祥壮、冯文生
- **关 键 词**　民事 / 占有物返还 / 合法占有
- **相关法条**　《最高人民法院关于审理民间借贷案件适用法律若干问题的规定》第 23 条

【裁判要旨】

原告与开发商签订购房合同，虽为查封期间占有房产，但在脱封之后该占有复归合法，且该占有具有合同依据。被告与开发商签订的购房合同实为担保，其只在特定条件下具有主张处置该房产清偿其债权的权利，且对该房产无优先受偿权，其占有房产无实体依据。原告主张被告返还其占有的房产具有依据。

【案情摘要】

2011 年 1 月 29 日，陈某匀与锦绣苑公司签订购房合同并支付购房款。因锦绣苑公司与李某桃之间存在民间借贷纠纷，双方签订购房合同，实际为对借贷行为提供担保。岳阳市君山区人民法院根据李某桃的申请保全查封了陈某匀的房屋。其间陈某匀取得房屋占有。随后法院查封期间届满，未进行续封。2018 年 8 月 12 日，陈某匀发现李某桃在涉案房屋进行装修施工以及锦绣苑公司已进入破产程序等情况。之后，陈某匀多次与李某桃及锦绣苑公司管理人进行交涉未果，遂向法院提起诉讼。

（撰写人：熊劲松）

15 当事人就同一标的物的转让签订多份协议时，当事人之间权利义务应当如何认定

——昌辉公司与中英华晟公司物权确认纠纷申请再审案

- **案　　号**　（2021）最高法民申 7259 号
- **合议庭成员**　麻锦亮、孙勇进、季伟明
- **关 键 词**　民事 / 转让合同 / 人民法院管辖范围
- **相关法条**　《中华人民共和国民事诉讼法》第 124 条①

【裁判要旨】

当事人之间就同一采矿权转让问题签订多份转让协议，在后转让协议变更了此前转让协议的内容，除非当事人仍实际履行在先转让协议，否则应当认定在后转让协议属于对此前转让协议的实质变更，当事人应当依照在后转让协议的内容履行各自义务。在后转让协议中约定争议交由仲裁解决的情况下，当事人仍依据此前转让协议向人民法院提起诉讼的，不属于人民法院民事案件的受理范围。

【案情摘要】

昌辉公司与中英华晟公司签订案涉合作协议及附加协议约定，昌辉公司将其所有的采矿权中 51% 的权益以 500 万元转让给中英华晟公司，双方共同开发该矿区矿产资源。后昌辉公司因经营不善，召开股东会并与中英华晟公司签订《探矿权转让合同书》，将全部采矿权以 590 万元转让给中英华晟公司并办理变更登记手续，约定双方产生争议应当提交仲裁解决。双方因采矿权权属问题产生争议，昌辉公司提起本案诉讼，两审法院均以《探矿权转让合同书》中约定仲裁条款为由，裁定驳回昌辉公司的起诉。

（撰写人：麻锦亮、杨泽宇）

---

① 对应《中华人民共和国民事诉讼法》（2023 年修正）第 127 条。

16 名义抵押权人与实际权利人之间有关抵押权归属的约定不得对抗善意第三人
——嘉采公司与周某华等人执行分配方案异议之诉申请再审案

- **案　　号**　（2021）最高法民申 7285 号
- **合议庭成员**　孙祥壮、冯文生、刘少阳
- **关 键 词**　民事 / 名义抵押权人 / 善意第三人
- **相关法条**　《最高人民法院关于适用〈中华人民共和国民法典〉有关担保制度的解释》第 4 条

【裁判要旨】

实际权利人与名义抵押权人约定由实际权利人享有抵押权，而名义抵押权人仅作为登记的权利人的，该约定对双方具有约束力，但不得对抗善意第三人。实际权利人主张其依据与名义抵押权人之间的约定对抵押物取得优先于善意第三人的权利的，不予支持。

【案情摘要】

嘉采公司与案外人刘某约定，以刘某作为登记的抵押权人，嘉采公司享有实际的抵押权。之后，周某华等人诉债务人一案经人民法院判决并进入执行程序，在该案执行中，嘉采公司提出其对案涉抵押物应优先于周某华等人受偿。

（撰写人：孙祥壮）

抵押

1. 未经法定代理人同意、追认，限制行为能力人签署的与其智力、精神健康状况不相适应的担保合同应认定为未成立，其不承担担保责任，因其对担保合同的签署无过错，亦无须承担缔约过失赔偿责任

——中诚信托公司与李某平等借款及担保合同纠纷上诉案

- 案　　号　（2020）最高法民终 881 号
- 合议庭成员　沈红雨、陈宏宇、王蓓蓓
- 关 键 词　民事／限制民事行为能力人／担保／缔约过失责任
- 相关法条　《中华人民共和国民法总则》第 22 条[①]，《中华人民共和国合同法》第 47 条[②]、第 58 条[③]，《中华人民共和国担保法》第 5 条第 2 款[④]

【裁判要旨】

我国民法上的民事行为能力制度充分考虑了保护限制行为能力人的利益和交易相对人信赖利益两种法益之间的平衡，并在制度构造上优先保护前者，仅在法定情形下才保护后者。已被宣告为限制行为能力人的阿尔茨海默患者从事签署巨额债务担保协议的行为与其智力、精神健康状况不相适应，且法定代理人拒绝追认，应当认定担保合同无效。

《担保法》第 5 条第 2 款"担保合同被确认无效后，债务人、担保人、债权人有过错的，应当根据其过错各自承担相应的民事责任"规定的赔偿责任性质系缔约过失赔偿责任，须以过错为前提。限制行为能力人对行为性质及后果不具有识别能力的，其对担保合同的签署没有过错，不应承担赔偿责任。

【案情摘要】

2016 年 6 月 16 日，李某平向中诚信托公司等出具《个人无限连带责任保证书

---

① 对应《中华人民共和国民法典》第 22 条。
② 参见《中华人民共和国民法典》第 145 条。
③ 参见《中华人民共和国民法典》第 157 条。
④ 对应《中华人民共和国民法典》第 388 条第 2 款。

（不可撤销）》，为道行天下公司人民币2.5亿元、借款期限为18个月的借款提供连带保证，并提供房产抵押。2016年11月8日，中诚信托公司等以借款利息未按时偿付为由宣布贷款提前到期。随后，对道行天下公司及李某平等提起诉讼，请求道行天下公司返还本息、李某平等承担保证及抵押责任。经查，李某平患有阿尔茨海默病（老年痴呆症），经司法鉴定其至少从2016年8月1日起有认知损害，诊断为器质性精神障碍。2017年7月17日，北京市朝阳区人民法院宣告其为限制民事行为能力人。

（撰写人：沈红雨）

2 债权人未主张以抵押物抵偿债务，是否属于怠于行使债权的行为
——荣兴公司与辽阳银行等金融借款合同纠纷申请再审案

- 案　　号　（2020）最高法民申6424号
- 合议庭成员　余晓汉、仲伟珩、李赛敏
- 关 键 词　民事/合同变更/担保物权/行使
- 相关法条　《中华人民共和国物权法》第170条①、第179条②

【裁判要旨】

抵押权作为担保物权的一种，是在债务人不履行到期债务或者发生当事人约定的实现抵押权的情形，债权人有权针对抵押物折价或者拍卖、变卖的价款享有优先受偿的权利。现行法律未规定债权人有以抵押物抵偿债务的义务；债务人以债权人未及时请求以抵押物抵偿债务为由，主张债权人怠于行使债权的，人民法院不予支持。

【案情摘要】

荣兴公司不服辽宁省高级人民法院（2019）辽民终348号民事判决，向最高人民法院申请再审。与本案裁判要旨有关的申请理由为：荣兴公司因发生经营困难，

---

① 对应《中华人民共和国民法典》第386条。
② 对应《中华人民共和国民法典》第394条。

在借款到期前即已经拖欠利息，辽阳银行已经知道荣兴公司只能通过以物抵债的方式偿还借款本息，所以对荣兴公司提出以抵押的经营性商品房和别墅抵顶借款本息的请求，一方面同意接收，另一方面又提出需要评估以及领导需要上会研究等理由推托至起诉，存在明显地以拖延行使抵押权的方式意图收取额外逾期利息的情形。辽阳银行怠于实现抵押权，对其诉请支付到期后的罚息、复利的请求，依法不应当予以支持。根据《合同法》第119条规定，辽阳银行通过及时行使抵押权，可以避免荣兴公司利息损失扩大，但其直到2018年才提起集团23件借款合同纠纷案件诉讼，所以对未及时行使抵押权而致使违约损失扩大的部分，不能要求赔偿。

（撰写人：仲伟珩）

3 以建筑物和其他土地附着物、建设用地使用权等不动产抵押的，在登记机关未对担保范围进行明确登记时，应当结合登记情况、法律规定及当事人约定情况对担保范围予以确定

——庄头营公司与朝阳银行营州支行、维多利公司等
金融借款合同纠纷再审案

- 案　　号　（2021）最高法民再195号
- 合议庭成员　张树明、向国慧、孙勇进
- 关 键 词　民事/金融借款合同纠纷
- 相关法条　《中华人民共和国物权法》第14条①、第173条②

【裁判要旨】

本案中，抵押人与抵押权人在《抵押合同》中明确约定担保的主债权为抵押权人依据主合同发放的贷款数额，但根据抵押权人随后出具《承诺书》载明内容，当事人实际在《抵押合同》基础上进一步明确了担保范围以及解押顺序等问题，应当根据当事人关于担保范围的风险来认定抵押权的效力范围。

---

① 对应《中华人民共和国民法典》第214条。
② 对应《中华人民共和国民法典》第389条。

【案情摘要】

2015年10月29日，朝阳银行营州支行与黑五类公司签订《流动资金借款合同》，合同约定：借款金额2350万元，借款期限自本合同生效之日起至2016年10月28日止；年利率8.245%。同日，朝阳银行营州支行与庄头营公司签订《抵押合同》，庄头营公司以其所有的国有土地使用权及房屋为黑五类公司借款提供抵押担保，抵押担保范围包括主合同项下全部借款本金、利息、复利、罚息、违约金、赔偿金、实现抵押权的费用和所有其他应付的费用，担保人知悉黑五类公司此笔借款的用途。朝阳银行营州支行还与维多利公司、茹某飞分别签订《保证合同》。2015年10月30日，朝阳银行营州支行与维多利公司、庄头营公司就上述抵押物分别办理了抵押登记，其中维多利公司所有的国有土地使用权、房屋所担保债权数额总计2400万元，庄头营公司国有土地使用权担保债权数额10万元，房屋担保债权数额210万元。2015年11月3日，朝阳银行营州支行向黑五类公司发放贷款2350万元。上述借款到期后，黑五类公司未能偿还，抵押人、保证人也未履行担保责任。朝阳银行营州支行向一审法院提起诉讼，形成本案。

（撰写人：向国慧）

4 最高额抵押权是否应附随主债权转让
——圣莺公司与信达福建分公司、兴业银行青岛分行抵押合同纠纷申请再审案

- 案　　号　（2021）最高法民申214号
- 合议庭成员　刘崇理、黄年、潘勇锋
- 关 键 词　商事/抵押合同纠纷/最高额抵押权转让
- 相关法条　《中华人民共和国合同法》第81条①

【裁判要旨】

债权转让时最高额抵押担保的债权即已确定的，最高额抵押担保作为主债权的从权利，因债权转让合同未明确约定放弃该担保权利，其仍附随于主债权，受让人

---

① 对应《中华人民共和国民法典》第547条。

因债权转让而取得最高额抵押担保的权利。

【案情摘要】

兴业银行青岛分行（抵押权人）与圣莺公司（担保人）签订《最高额抵押合同》，约定为确保兴业银行青岛分行与沈源公司在一定期限内（2012年4月27日至2015年4月27日）连续发生的债权的清偿，圣莺公司自愿以其名下的土地使用权为债务人沈源公司的债务提供最高额抵押担保。在抵押额度有效期内，抵押权人与债务人形成债权债务关系所签订的一系列合同、协议以及其他法律性文件，如果未在有关合同、协议以及其他法律性文件中明确不是由本合同作抵押担保的，均视为由本合同作抵押担保。2013年11月21日，沈源公司与兴业银行青岛分行签订《流动资金借款合同》。2014年6月19日，沈源公司与兴业银行青岛分行签订《商业汇票银行承兑合同》。兴业银行青岛分行为实现上述两份合同项下债权分别进行诉讼，但未起诉最高额抵押人圣莺公司。沈源公司的相应债权得到支持以及确认。兴业银行青岛分行将该部分债权转让给兴晟峡企业，兴晟峡企业又转让给信达福建分公司，信达福建分公司为实现债权对抵押人圣莺公司提起本案诉讼。

（撰写人：黄　年）

5 水务局能否作为电站整体资产抵押的登记机关
——亨达电力与浦发银行成都分行、锋海鑫公司、新力诚公司、葆源科技、桂山矿业、兴宏铜业、王家河坝电站公司、博地公司、余某忠、李某兰、李某芳、彭某维、徐某珊、李某金融借款合同纠纷上诉案

- 案　　号　（2021）最高法民终729号
- 合议庭成员　郎贵梅、王朝辉、刘丽芳
- 关　键　词　民事/金融借款合同/电站整体资产抵押/登记机关
- 相关法条　《中华人民共和国担保法》① 第42条

【裁判要旨】

水务局作为电站的行政主管部门，对电站整体资产办理抵押物登记，与《担保

---

① 该法已失效。

法》第42条精神一致。在法律法规并未对电站整体资产抵押的登记方法作出明确规定的情形下，水务局为案涉电站办理抵押登记，应认定为有效。

【案情摘要】

浦发银行成都分行作为抵押权人分别与亨达电力、王家河坝电站公司签订《最高额抵押合同》，约定将金河菜园子电站整体资产、黑水河二级电站整体资产、王家河坝电站整体资产、油坊沟二级电站整体资产抵押给浦发银行成都分行担保案涉债务，并向凉山州水务局提交了《抵押登记申请书》，凉山州水务局在《抵押登记申请书》的登记意见处签注"同意抵押登记"，并加盖了公章。一审判决抵押权成立，亨达电力以凉山州水务局不是法定登记机关，未将登记事项记载于不动产登记簿上为由提起上诉。

（撰写人：郎贵梅、唐　敏）

6 村民代表会议未经村民会议授权，即讨论决定用村集体财产为他人借款提供抵押担保，抵押担保合同无效

——王某梅、中山居委会与喻某祥民间借贷纠纷申请再审案

- **案　　号**　（2021）最高法民申1874号
- **合议庭成员**　孙建国、张爱珍、孙晓光
- **关 键 词**　民事 / 村民会议 / 村民代表会议 / 抵押担保
- **相关法条**　《中华人民共和国村民委员会组织法》第24条

【裁判要旨】

《村民委员会组织法》第24条规定："涉及村民利益的下列事项，经村民会议讨论决定方可办理……（八）以借贷、租赁或者其他方式处分村集体财产……村民会议可以授权村民代表会议讨论决定前款规定的事项……"用村集体财产提供担保，也是对村集体财产的处分，根据该条规定应当经村民会议讨论决定或是村民会议授权村民代表会议讨论决定，方可办理。村民代表会议未经村民会议授权，即讨论决定用村集体财产为他人借款提供抵押担保，故根据村民代表会议决议所签订的《抵押担保合同》无效。

【案情摘要】

2014年6月13日，城北村村民代表会议通过《修文县龙场镇城北村村民代表会议决议》，决定用城北村综合大楼土地使用权和房产权作价600万元为喻某祥和山泰房地产公司向王某梅抵押担保借款500万元，资金用于龙腾佳苑项目建设开发，期限为一年。上述决议经过与会村民代表全体签字、捺印。之后，王某梅（出借方）与喻某祥（借款方）、城北村委会（现更名为中山居委会，担保方）签订《借款合同》，约定喻某祥向王某梅借款500万元用于龙腾佳苑建设开发，由城北村委会以其所有的城北村综合大楼为该借款提供抵押担保。王某梅（抵押权人、甲方）与城北村委会（抵押人、乙方）签订《抵押担保合同》，约定城北村委会提供城北村综合大楼作价600万元为前述《借款合同》项下喻某祥向王某梅的借款提供抵押担保并办理了抵押登记。后因喻某祥未按期还款，担保人城北村委会亦未履行担保责任，王某梅提起本案诉讼。

（撰写人：董　宁）

7 拆迁人与被拆迁人将已办理抵押登记的房屋约定为拆迁安置房的，不影响抵押权人行使抵押权

——华融公司与金碧街道办、中天公司等合同纠纷申请再审案

- **案　　号**　（2021）最高法民申4685号
- **合议庭成员**　张爱珍、郭凌川、孙晓光
- **关 键 词**　民事 / 抵押权实现 / 拆迁补偿安置协议 / 拆迁安置房
- **相关法条**　《最高人民法院关于适用〈中华人民共和国担保法〉若干问题的解释》第67条第1款①，《中华人民共和国物权法》第191条②

【裁判要旨】

根据《最高人民法院关于适用〈中华人民共和国担保法〉若干问题的解释》《物权法》等相关规定，债权人与债务人签订抵押合同并办理了抵押登记后，在抵押期

---

① 该解释已失效，参见《中华人民共和国民法典》第406条。
② 对应《中华人民共和国民法典》第406条。

间，抵押人可以转让抵押物，但不得影响该物上已设立的抵押权的实现。本案中，拆迁人与被拆迁人将已经办理了抵押登记的房屋约定为应交付被拆迁人的安置房，该约定原则上不影响抵押权人就抵押房屋行使优先受偿权。而且，本案拆迁人与被拆迁人系家族关联公司，被拆迁人系拆迁人的控股股东，双方均明知案涉房屋（商业用房）已设立了抵押权，故应当承担抵押权人就抵押房屋主张抵押权的法律后果。

【案情摘要】

2009年7月1日，金碧街道办下设的金碧7号片区西坝新村城中村改造指挥部与中天公司签订《改造分期改造协议》约定，中天公司作为项目社会投资人对西坝新村占地面积约320亩范围内的城中村实施土地一级开发，金碧街道办负责该项目范围内的房屋拆迁、安置、征地等工作，中天公司负责提供项目所需资金、费用以及项目范围内被拆迁人的安置房建设工作。项目启动后，金碧街道办及相关政府部门作出《西山区城中村第7号片区改造项目国有房屋拆迁通告》等，对项目范围内国有土地上的安置过渡费标准作出规定。金碧街道办以公开招标方式选中案外人昆明海通房屋拆迁有限责任公司，负责实施具体拆迁。2013年5月8日，中天公司出具《关于文化空间项目回迁安置房的说明》，涉案回迁安置项目A1地块住宅部分建筑面积为101485.8平方米，A2地块商业回迁房部分建筑面积为1761502平方米。2015年12月15日，中天公司与指挥部签订《西山区城中村改造第7号片区（二、三期）改造建设项目退出协议》约定，中天公司退出项目，中天公司此前所签全部文件，由中天公司继续履行并承担相应责任。

2014年2月26日，华融公司与中天公司签订《最高额抵押协议》约定，中天公司以案涉项目620套（建筑面积121584.58平方米）在建工程提供抵押担保，并办理了抵押登记。2016年6月8日，华融公司申请执行（可执行公证文书）后，昆明市中级人民法院查封中天公司名下602套原属在建工程的房屋和呈钢公司提供抵押担保的17615.02平方米商业回迁房。

2016年6月21日，指挥部、海通公司、呈钢公司签署《房屋回迁安置协议》，将华融公司享有抵押权且已进入强制执行的34302.56平方米在建工程抵押物变更为回迁房。

金碧街道办以合同纠纷起诉中天公司，请求中天公司交付安置房、支付安置过渡费等。华融公司以第三人身份参加诉讼。本案原审判决生效后，华融公司以《房屋回迁安置协议》损害其抵押权等为由申请再审。

（撰写人：张爱珍、仇彦军）

质押

1 虽未签订质押合同，但主合同中包含了质押条款，应认定双方达成质押合意
——华夏人寿公司与北京龙文公司、杨某股权转让纠纷上诉案

- **案　　号**　（2020）最高法民终 678 号
- **合议庭成员**　黄年、梅芳、麻锦亮
- **关 键 词**　民事 / 股权转让纠纷 / 质押条款
- **相关法条**　《中华人民共和国物权法》第 210 条①

【裁判要旨】

虽然双方当事人未签订独立的质押合同，但主合同中约定了质押条款，内容包括被担保债权的数额、履行期限，质押财产的名称、数量、交付时间、担保范围等，具备《民法典》规定的质押合同的一般内容。在此种情况下，应当认定双方当事人达成了质押合意。

【案情摘要】

北京龙文公司与杨某、华夏人寿公司签订《补充协议》，约定：各方同意按 2015 年度预测能实现的净利润 8500 万元为基础计算，北京龙文公司应补偿华夏人寿公司现金总额为 37260 万元，若广州龙文公司 2015 年度经具备证券资格的会计师事务所审计后净利润与上述净利润指标 8500 万元存在差异，则广州龙文公司整体估值及现金补偿款相应调整。关于第 1 笔补偿款 27000 万元，在相关上市公司购买广州龙文公司并将相应款项支付至杨某的收款账户之日起 2 个工作日内，应支付至华夏人寿公司指定的银行账户。关于剩余补偿款，北京龙文公司应在 2016 年 12 月 31 日之前支付，具体金额以经审计实际净利润计算估值后调整过的金额为准。为了担保北京龙文公司履行该还款义务，杨某应将其所持有的北京龙文公司全部股权质押给华夏人寿公司，并在第 1 笔补偿款（27000 万元）支付之日起 5 个工作日内完成质押登记手续，北京龙文公司及杨某应履行善意配合义务。

---

① 对应《中华人民共和国民法典》第 427 条。

2016年4月30日，立信会计师事务所出具广州龙文公司审计报告及财务表，记载广州龙文公司2015年度综合收益总额为87253852.91元。

（撰写人：梅　芳）

2 质押合同生效但未办理登记情况下，权利人可在质押物的价值范围内向质押人主张违约责任
——华夏人寿公司与北京龙文公司、杨某股权转让纠纷上诉案

- 案　　　号　（2020）最高法民终678号
- 合议庭成员　黄年、梅芳、麻锦亮
- 关　键　词　民事 / 股权转让纠纷 / 质押未登记 / 违约责任
- 相关法条　《中华人民共和国合同法》第107条①、第113条②

【裁判要旨】

在债权人与质押人签订质押合同但未办理登记的情况下，债权人可以按照质权未设立情况下的相关规定向质押人主张责任。关于责任范围，因双方签订股权质押合同时，债权人对于只能在担保物价值范围内享有优先受偿权有明确的预见，因此质押人未办理股权质押登记给债权人所造成的损失，应当限于本应质押的股权。至于股权价值的市场变化，属于当事人在订立合同时应当预见的正常风险。

【案情摘要】

北京龙文公司与杨某、华夏人寿公司签订《补充协议》，约定：关于第1笔补偿款27000万元，在相关上市公司购买广州龙文公司并将相应款项支付至杨某的收款账户之日起2个工作日内，应支付至华夏人寿公司指定的银行账户。关于剩余补偿款，北京龙文公司应在2016年12月31日之前支付，具体金额以经审计实际净利润计算估值后调整过的金额为准。为了担保北京龙文公司履行该还款义务，杨某应将其所持有的北京龙文公司全部股权质押给华夏人寿公司，并在第1笔补偿款（27000

---

① 对应《中华人民共和国民法典》第577条。
② 对应《中华人民共和国民法典》第584条。

万元）支付之日起 5 个工作日内完成质押登记手续，北京龙文公司及杨某应履行善意配合义务。

（撰写人：梅　芳）

3　应收账款已登记但不能特定化，权利人不能享有优先受偿权
——浦发银行临沂分行与中国银行沂水支行、伟峰公司、张某峰等第三人撤销之诉申请再审案

- 案　　号　（2020）最高法民申 6319 号
- 合议庭成员　刘崇理、黄年、梅芳
- 关 键 词　民事 / 第三人撤销之诉 / 应收账款质押
- 相关法条　《中华人民共和国物权法》第 2 条第 3 款①、第 210 条②、第 228 条第 1 款③

【裁判要旨】

对于质押合同约定的"应收账款"，在判断权利人是否享有优先受偿权时，不仅应对该"应收账款"是否登记进行形式审查，还应对该"应收账款"是否符合《民法典》规定的"特定的物"以及可"直接支配和排他"等条件进行实质审查。如合同约定且已登记的"应收账款"不能特定化，权利人将不能进行"直接支配和排他"，无法享有优先受偿权。

【案情摘要】

浦发银行临沂分行与伟峰公司签订《应收账款最高额质押合同》，约定伟峰公司以其所有的自 2014 年 11 月 13 日至 2017 年 11 月 13 日期间发生的（包括已发生和将发生的）所有应收账款向浦发银行临沂分行提供质押担保，担保的主债权为浦发银行临沂分行在 2014 年 1 月 25 日至 2015 年 1 月 26 日与伟峰公司办理各类融资业务所发生的债权以及双方约定的在先债权，被担保主债权余额最高不超过 2 亿元。

---

① 对应《中华人民共和国民法典》第 114 条第 2 款。
② 对应《中华人民共和国民法典》第 427 条。
③ 对应《中华人民共和国民法典》第 445 条第 1 款。

同日，浦发银行临沂分行办理了动产权属登记，记载的质押财产为伟峰公司 2014 年 11 月 13 日至 2017 年 11 月 13 日期间内发生的（包括已发生和将发生的）所有应收账款。

浦发银行临沂分行因金融借款合同纠纷将伟峰公司、张某峰等诉至一审法院。一审法院作出 36 号判决：伟峰公司偿还浦发银行临沂分行人民币 99996517.76 元及其利息，浦发银行临沂分行对伟峰公司在 2014 年 11 月 13 日至 2017 年 11 月 13 日期间内的应收账款享有优先受偿权，包括但不限于伟峰公司对瑞宁公司享有的 30798338.40 元的应收账款……该判决已生效。

因中国银行沂水支行与伟峰公司也存在金融借款合同纠纷，双方诉讼中达成调解书。执行过程中，执行法院提取了伟峰公司对第三人瑞宁公司到期的应收货款 3400 万元，并已支付给中国银行沂水支行。浦发银行临沂分行以前述 36 号案件正在审理过程中，其享有对伟峰公司在 2013 年 11 月 13 日至 2017 年 11 月 13 日期间内发生的所有应收账款的优先受偿权为由，对前述执行行为提出异议，被驳回。

中国银行沂水支行提起本案诉讼，请求撤销 36 号判决第 2 项中"浦发银行临沂分行对伟峰公司在 2014 年 11 月 13 日至 2017 年 11 月 13 日期间内的应收账款享有优先受偿权，包括但不限于伟峰公司对瑞宁公司享有的 30798338.40 元的应收账款"，改判浦发银行临沂分行对于伟峰公司对瑞宁公司享有的 30798338.40 元应收账款不享有优先受偿权。

（撰写人：梅　芳）

4 债权人与债务人虚构应收账款进行质押，善意质权人可请求债务人承担质押责任

——西南水泥公司与农行黔灵支行、工矿公司第三人撤销之诉申请再审案

- **案　　　号**　（2021）最高法民申 5233 号
- **合议庭成员**　李相波、孙建国、张小洁
- **关 键 词**　民事 / 第三人撤销之诉 / 应收账款 / 质押
- **相关法条**　《中华人民共和国物权法》第 228 条①

---

① 对应《中华人民共和国民法典》第 445 条。

【裁判要旨】

出质人与应收账款债务人通谋创设应收账款并进行出质，质权人已尽到审慎审查义务且债务人也确认应收账款真实性的，质权设立后，债务人以应收账款不真实为由主张不承担责任的，人民法院不予支持。

【案情摘要】

农行黔灵支行与工矿公司签订《综合授信合同》和《权利质押合同》，约定工矿公司以对西南水泥公司的 3650 万元应收账款权为贷款提供质押担保，西南水泥公司向农行黔灵支行出具《应收账款确认书》。另案中，生效判决确认农行黔灵支行对该笔应收账款享有优先受偿权。西南水泥公司提起第三人撤销之诉，主张 3650 万元应收账款不存在基础买卖关系，要求撤销另案判决。一、二审均未支持西南水泥公司诉讼请求。西南水泥公司申请再审。

（撰写人：李相波、梁　楷）

5 已办理质押登记手续的股权出质人能否以《债务确认协议书》和《股权质押合同》非其签署为由，主张该股权质押不对其发生法律效力
——赖某1与铁投公司等买卖合同纠纷申请再审案

- 案　　号　（2021）最高法民申 6917 号
- 合议庭成员　张爱珍、郭凌川、孙建国
- 关 键 词　民事 / 买卖合同纠纷 / 股权质押 / 质押合同效力
- 相关法条　《中华人民共和国物权法》第 106 条①，《中华人民共和国担保法》第 75 条②、第 78 条③

【裁判要旨】

债权人已提供《债务确认协议书》和《股权质押合同》，且该质押合同所涉股权

---

① 对应《中华人民共和国民法典》第 311 条。
② 对应《中华人民共和国民法典》第 440 条。
③ 对应《中华人民共和国民法典》第 443 条。

已办理质押登记手续，应认定债权人对该股权质押登记行为具有信赖利益。股权出质人无充分证据证明该协议和质押合同系虚假，以该协议和质押合同非其签署为由主张该股权质押不对其发生法律效力的，不予支持。

【案情摘要】

铁投公司因与同兴公司签订案涉《阳极铜购销合同》形成债权债务关系，同兴公司欠付铁投公司购销保证金3600万元未还。为此，2015年1月26日，铁投公司、同兴公司、赖某1、赖某2四方签订了案涉《债务确认协议书》，对于同兴公司所欠铁投公司的欠款本金及利息予以确认，赖某1、赖某2并同意以其各持有同兴公司50%的股份为上述债务提供质押担保。2015年3月20日，铁投公司、赖某1、赖某2三方又签订《股权质押合同》，再次约定赖某1、赖某2分别以其持有同兴公司50%的股份为《债务确认协议书》项下债务提供股权质押担保。此后上述股权质押在工商管理部门办理了登记手续。后同兴公司未按期归还欠款，铁投公司遂提起本案诉讼，请求同兴公司返还欠付款项，并请求同兴公司、赖某1、赖某2等承担相应的担保责任。

（撰写人：张爱珍、宋　扬）

公司担保 ▶▶▶

1 法定代表人越权签订合同，对方当事人知道或者应当知道的，该合同对公司不产生效力
——宇惠公司与托毕西公司合同纠纷上诉案

- 案　　号　（2020）最高法民终676号
- 合议庭成员　刘崇理、黄年、潘勇锋
- 关 键 词　民事 / 合同 / 合同效力 / 董事会决议
- 相关法条　《中华人民共和国公司法》第16条①，《中华人民共和国合同法》第

---

① 参见2023年修正、2024年7月1日施行的《中华人民共和国公司法》第15条。

50条[①]

【裁判要旨】

《协议书》中涉及公司向其他企业投资的内容，根据《公司法》第16条之规定，公司向其他企业投资或者为他人提供担保，依照公司章程的规定，由董事会或者股东会、股东大会决议。对外投资的托毕西公司主张其对于《协议书》并未参与，并不知情。《协议书》的签订未经托毕西公司董事会或股东会决议，系越权行为。宇惠公司法定代表人系托毕西公司董事，全程参与了托毕西公司搬迁至宇惠公司事宜，对托毕西公司是否作出董事会决议及股东会决议系明知，而宇惠公司明知托毕西公司未作出相关公司决议依然与之签订合同，并非善意相对方，不符合《合同法》第50条规定，故《协议书》对托毕西公司不发生法律效力。

【案情摘要】

2014年，子博公司与顺通公司、托毕西公司三方签订《合作框架协议书》，约定三方同意顺通公司以现金及土地等入股托毕西公司，入股后，子博公司持托毕西公司33%，顺通公司持67%等。同年6月5日，子博公司与顺通公司签订了《增资扩股协议》。双方办理了工商登记变更批复。顺通公司委派宇惠公司法定代表人王某强等担任托毕西公司董事。2014年8月26日，托毕西公司《会议纪要》载明了托毕西公司搬迁至石家庄宇惠公司。2014年8月29日，托毕西公司与宇惠公司签订8·29《协议书》，约定了托毕西搬迁到宇惠公司，并约定托毕西公司承诺于2016年1月底全部搬迁至宇惠公司，否则自愿以总投资78300万元的20%（15660万元）作为违约金赔偿给宇惠公司，并自愿承担宇惠公司为实现债权所产生的费用，负责赔偿宇惠公司该项目的实际损失。

后合作方发生纠纷，2015年11月，子博公司起诉讼要求撤销托毕西公司变更企业类型的批复，法院裁定因顺通公司提交的土地证及公司企业法人营业执照不真实而撤销批复，并撤销工商局的变更登记。宇惠公司另案起诉托毕西公司，请求托毕西公司偿还宇惠公司垫付的代购款及利息，合计1516.8万元，法院判决支持。

宇惠公司提起本案诉讼，认为其为托毕西公司的项目搬迁，专门进行了大量建设和购买设备等准备工作，现托毕西公司不予搬迁，要求根据8·29《协议书》约定，请求判令托毕西公司赔偿不履行搬迁义务的违约金15660万元、律师费100万

[①] 对应《中华人民共和国民法典》第504条。

元等，共计 15760 万元。一审判决认为托毕西公司对搬迁至宇惠公司以及宇惠公司已实际履行的事实是知情的，8·29《协议书》有效，但 8·29《协议书》中约定的项目总投资额 78300 万元以及双方各自的资产估算数额并无客观依据，不能作为违约金的计算基数，经过综合考虑，酌定判决托毕西公司向宇惠公司承担违约金 22211359.5 元。宇惠公司与托毕西公司均不服上述判决，提起上诉。二审判决认为 8·29《协议书》对托毕西公司不发生法律效力，宇惠公司主张托毕西公司违约并请求其支付违约金没有事实及法律依据。宇惠公司为筹备托毕西公司搬迁事项所遭受的损失，是在顺通公司、托毕西公司、宇惠公司等主体合作过程中产生，宇惠公司如欲主张该损失，可另行起诉，查明各方主体合作内容，合作中各方投入、收益以及产生的损失，合作破裂的原因，各方主体过错程度等，最终确定各方应承担的责任。故判令撤销一审判决，驳回宇惠公司诉讼请求。

（撰写人：潘勇锋）

❷ 善意相对人对上市公司担保行为的审查义务
——中兴天恒公司与华融江西分公司及武汉绿能公司、北京中油公司借款合同纠纷申请再审案

- **案　　号**　（2020）最高法民申 5166 号
- **合议庭成员**　郁琳、李延忱、黄鹏
- **关　键　词**　民事 / 担保 / 借款合同纠纷 / 效力 / 善意相对人 / 上市公司
- **相关法条**　《中华人民共和国公司法》第 16 条①

【裁判要旨】

公司章程和内部制度对相关担保的决议机关规定属于约定限制，相对人的审查义务并非基于其对外效力，故应以形式审查为限。在董事会决议已经声明担保金额和相关事项完全符合《公司法》和《公司章程》规定的情况下，要求债权人对于上市公司已经对外作出担保的数额和公司实际总资产的关系进行实质审查，超出了合理审查的范围，亦增加了债权人的举证责任和交易成本，不应将其作为债权人是否

---

① 参见 2023 年修正、2024 年 7 月 1 日施行的《中华人民共和国公司法》第 15 条。

善意的考量因素。①

【案情摘要】

2017年，北京中油公司将其对武汉绿能公司拥有的金额为3亿元的债权转让给华融江西分公司，华融江西分公司与武汉绿能公司签订《还款协议》。同时，华融江西分公司与中兴天恒公司签订《保证协议》，并取得该公司出具的同意提供连带责任保证担保的董事会决议，声明案涉担保金额及相关事项完全符合《公司法》及《公司章程》的规定。中兴天恒公司系上市公司，根据其公开披露的《公司章程》《对外担保管理制度》显示，单笔担保数额超过公司最近一期经审计净资产10%的，应提交股东大会审议通过。2020年，上海证券交易所对中兴天恒公司作出《纪律处分决定书》，载明案涉担保占公司2016年度经审计净资产的12.97%，未及时披露，也未按规定履行股东大会审议程序。

（撰写人：郁　琳）

3 《公司法》第16条第1款规定不应作为判断公司对外合同效力的唯一依据
——华融公司与富控公司借款合同纠纷申请再审案

- **案　　号**　（2021）最高法民申117号
- **合议庭成员**　贾劲松、张代恩、王朝辉
- **关 键 词**　民事／借款合同纠纷／公司对外合同效力的判断
- **相关法条**　《中华人民共和国公司法》第16条第1款②，《中华人民共和国合同法》第52条第5项③

---

① 本案一审判决后，《全国法院民商事审判工作会议纪要》与《最高人民法院关于适用〈中华人民共和国民法典〉有关担保制度的解释》对上市公司对外担保作出了不同于一般公司对外担保的规定，即认可债权人根据上市公司公开披露的关于担保事项已经董事会或者股东大会决议通过的信息，与上市公司订立的担保合同的效力。其中，《全国法院民商事审判工作会议纪要》第22条的理解适用认为："上市公司是公众公司，不是封闭公司，其必须遵守交易所的规则，这些规则就包括所有'提供担保'须公开披露；为他人提供担保，哪些是董事会的职权，哪些是股东大会的职权等。作为与上市公司签订担保合同的担保权人，作为善意的相对人，其理应知道上市公司签订担保合同哪些事项需经董事会决议，哪些事项不仅需要董事会决议，还必须经过股东大会决议。"

② 参见2023年修正、2024年7月1日施行的《中华人民共和国公司法》第15条第1款。

③ 参见《中华人民共和国民法典》第153条第1款。

【裁判要旨】

《公司法》第16条第1款规定"公司向其他企业投资或者为他人提供担保,依照公司章程的规定,由董事会或股东会、股东大会决议"属于管理性而非效力性规定,不属于《合同法》第52条第5项的"法律、行政法规的强制性规定"的效力性强制性规定,是否经董事会或股东会、股东大会决议不应作为判断公司对外签订合同效力的唯一依据,但债权人具有明显过错的除外。

【案情摘要】

担保人富控公司系上市公司,债权人华融公司应当根据上市公司公开披露的关于担保事项是否经过董事会或者股东大会决议通过的信息订立担保合同,而富控公司法定代表人未经股东会或股东大会、董事会等公司机关决议对外签订《保证协议》,且该协议亦未经过公司追认。华融公司作为上市公司,应当知晓公司对外担保的相关规定,亦应当知道富控公司法定代表人超越权限订立担保合同,且根据《收购重组湖南中技等对中技桩业持有的非金不良债权项目》载明,本案其他担保公司已实际提供股东会决议等文件,华融公司未举证审查了富控公司董事会或股东大会文件,不构成善意相对人,故华融公司与富控公司签订的《保证协议》无效,富控公司不应承担保证责任。

(撰写人:贾劲松、范怡倩)

4 公司提供关联担保,未出具公司股东会决议,是否应承担保证责任

——鑫万旺公司与郑某、吴某炎、龙驰塔公司等民间借贷纠纷再审案

- 案　　号　(2021)最高法民再312号
- 合议庭成员　李延忱、王珅、郁琳
- 关 键 词　民事 / 民间借贷纠纷 / 关联担保
- 相关法条　《中华人民共和国公司法》第16条①,《全国法院民商事审判工作会议纪要》第17条、第18条

---

① 参见2023年修正、2024年7月1日施行的《中华人民共和国公司法》第15条。

【裁判要旨】

公司为公司股东或者实际控制人提供关联担保，债权人在签订担保合同时，应按照法律规定要求，审查有无公司股东会或股东大会决议。若债权人未进行合理审查，则应认定未尽合理审查义务，不构成善意第三人，担保合同对公司不发生效力。

【案情摘要】

郑某作为出借人，吴某炎、龙驰塔公司等作为共同借款人，鑫万旺公司作为担保人签订了《借款合同》，吴某炎作为保证人鑫万旺公司的法定代表人在合同保证人处签字。鑫万旺公司为其法定代表人及股东吴某炎提供担保，但合同签订时未出具相关股东会决议。另外无证据证明案涉借款担保属于鑫万旺公司为自身开展经营活动或自身利益向债权人提供担保。后因借款到期不能偿还，郑某向吴某炎等主张偿还借款及利息，并要求鑫万旺公司就此承担担保责任。

（撰写人：李延忱、高　玥）

5 一人有限责任公司对外提供担保时，担保合同效力的认定

——北钢公司与建行营口分行等借款合同纠纷申请再审案

- **案　　号**　（2021）最高法民申1651号
- **合议庭成员**　周其濛、季伟明、麻锦亮
- **关 键 词**　民事／借款合同／一人公司／担保责任
- **相关法条**　《中华人民共和国公司法》第16条①，《中华人民共和国合同法》第52条②

【裁判要旨】

《公司法》第16条是对于公司对外提供担保的表决程序及回避事项作出的规定，旨在保护小股东及公司利益，但是就一人有限责任公司而言，并不存在大股东和小

---

① 参见2023年修正、2024年7月1日施行的《中华人民共和国公司法》第15条。
② 参见《中华人民共和国民法典》第146条、第148条、第149条、第150条、第153条、第154条。

股东的区分，股东和公司在利益关系上存在趋同性，一人有限责任公司的股东可以自行决定公司对外提供担保事项，公司不得以对外担保未经公司决议为由主张担保合同无效。一人有限责任公司的股东在保证合同中签字并加盖了公司印章，该行为应视为具有为主债务提供担保的意思表示，在保证合同不存在违法无效和违背公序良俗无效的情形时，应当依法确认其效力。

【案情摘要】

2017年4月10日，建行营口分行与超烁公司签订《贷款合同》，约定超烁公司向建行营口分行借款4500万元，借款期限为6个月。同日，建行营口分行与北钢公司等保证人分别签订了《保证合同》，约定为主债务提供连带保证责任，北钢公司在签订保证合同时为一人有限责任公司，该公司股东房某林在保证合同中签字并加盖公司公章。因主债务人超烁公司未偿还到期债务，建行营口分行提起本案诉讼要求担保人北钢公司承担担保责任，北钢公司抗辩保证合同缺乏机关决议无效。

（撰写人：麻锦亮、杨泽宇）

6 公司法定代表人越权担保的法律效力
——浙商银行与中珠医疗公司保证合同纠纷申请再审案

- **案　　号**　（2021）最高法民申1682号
- **合议庭成员**　孙祥壮、冯文生、刘少阳
- **关 键 词**　民事/保证合同纠纷/法定代表人越权担保的效力
- **相关法条**　《中华人民共和国公司法》第16条①，《中华人民共和国合同法》第50条②，《中华人民共和国民法总则》第61条③、第84条④

【裁判要旨】

法定代表人不能单独决定公司为股东或实际控制人提供关联担保，而必须以公司股东（大）会的决议作为授权的基础和来源。法定代表人未经授权擅自为他人提

---

① 参见2023年修正、2024年7月1日施行的《中华人民共和国公司法》第15条。
② 对应《中华人民共和国民法典》第504条。
③ 对应《中华人民共和国民法典》第61条。
④ 对应《中华人民共和国民法典》第84条。

供担保的，构成越权担保。债权人是否知道或者应当知道法定代表人超越权限，是判断其善意与否的关键。若债权人不属于善意相对人且在公司未予追认的情形下，担保合同对公司不发生效力。

【案情摘要】

中珠集团是中珠医疗公司的股东，中珠医疗公司系上市公司，在其公开的公司章程中规定，公司对股东、实际控制人及其关联方提供的担保须经股东大会审议通过。2018年4月20日，中珠医疗公司向浙商银行出具《承诺函》，并向浙商银行广州分行存入5000万元作为中珠集团履行《差额补足协议》的履约保证金。《承诺函》属于中珠集团履行其与浙商银行签订的协议相关义务的担保承诺，并未经中珠医疗公司股东大会或者董事会决议。中珠医疗公司提起本案诉讼，请求确认《承诺函》无效。

（撰写人：孙祥壮）

7 公司对外担保的决议要件认定
——开封制药公司与河南资产公司及辅仁制药公司、辅仁药业公司、朱某臣合同纠纷申请再审案

- 案　　号　（2021）最高法民申2069号
- 合议庭成员　张淑芳、李敬阳、吴凯敏
- 关 键 词　民事/独立保函/连带责任/保证责任/债权转让
- 相关法条　《中华人民共和国民法总则》第119条[①]、第136条[②]，《中华人民共和国公司法》第16条第1款[③]

【裁判要旨】

公司为其直接或者间接控制的公司开展经营活动向债权人提供担保，即便债权人

---

① 对应《中华人民共和国民法典》第119条。
② 对应《中华人民共和国民法典》第136条。
③ 参见2023年修正、2024年7月1日施行的《中华人民共和国公司法》第15条第1款。

知道或者应当知道没有公司机关决议，也应当认定担保符合公司的真实意思表示。①

【案情摘要】

河南资产公司受让了本案的债务人辅仁制药公司的债权。辅仁制药公司是辅仁药业公司的股东，同时是开封制药公司的独资股东。朱某臣是上述三家公司在债权债务转让期间的法定代表人。河南资产公司起诉辅仁制药公司偿还债务，同时要求辅仁药业公司和开封制药公司等承担连带责任。2018年7月5日，开封制药公司向河南资产公司出具《承诺函》。在《承诺函》中，开封制药公司作为债务人辅仁制药公司的全资子公司，明确表示就案涉债务愿意向河南资产公司承担连带保证责任。

（撰写人：吴凯敏）

8 质权人仅以已办理出质登记而不能证明登记时应收账款真实存在的，不得对该应收账款主张优先受偿
——威海银行济宁分行、兖煤公司与恒丰公司等金融借款合同纠纷申请再审案

- 案　　号　（2021）最高法民申2146号
- 合议庭成员　黄年、潘勇锋、李晓云
- 关　键　词　民事 / 借新还旧 / 公司对外担保
- 相关法条　《最高人民法院关于适用〈中华人民共和国民法典〉有关担保制度的解释》第7条、第61条第2款，《中华人民共和国公司法》第16条②

【裁判要旨】

以现有的应收账款出质，应收账款债务人未确认应收账款的真实性，质权人以应收账款债务人为被告，请求就应收账款优先受偿。质权人不能举证证明办理出质登记时应收账款真实存在，仅以已经办理出质登记为由，请求就应收账款优先受偿

---

① 与《最高人民法院关于适用〈中华人民共和国民法典〉有关担保制度的解释》第8条规定一致。第8条规定："有下列情形之一，公司以其未依照公司法关于公司对外担保的规定作出决议为由主张不承担担保责任的，人民法院不予支持：（一）金融机构开立保函或者担保公司提供担保；（二）公司为其全资子公司开展经营活动提供担保；（三）担保合同系由单独或者共同持有公司三分之二以上对担保事项有表决权的股东签字同意。上市公司对外提供担保，不适用前款第二项、第三项的规定。"

② 参见2023年修正、2024年7月1日施行的《中华人民共和国公司法》第15条。

的，人民法院不予支持。

【案情摘要】

2014年4月和5月，应收账款的债务人兖煤公司向威海银行济宁分行出具《应收账款债权确认书》两份，表示同意将相应应收账款债权质押给贷款银行，同意将应收账款划入威海银行济宁分行指定账户或由债权人直接将银行承兑汇票等支付工具交给威海银行济宁分行。另还约定，债务人（兖煤公司）如到期不能划入该账户，在相应应收账款总金额范围内与债权人（恒丰公司）就威海银行济宁分行对融资申请人的债权承担连带清偿责任。后应收账款的债权人恒丰公司向兖煤公司出具《付款账户（变更）通知书（单笔）》两份，要求兖煤公司将恒丰公司相应发票项下的应收账款款项付至恒丰公司的账户，《回执》落款处均加盖了兖煤公司煤炭合同章。之后兖煤公司并未按期将应收账款划入指定账户，威海银行济宁分行现也未能举证证明办理出质登记时应收账款真实存在。

（撰写人：李晓云）

9 公司管理不善，应对管理人员擅自使用公司证章担保的行为承担过错责任

——武物公司与蕊荣公司、振琦盛公司借款合同纠纷申请再审案

- 案　　号　（2021）最高法民申2766号
- 合议庭成员　曹刚、于蒙、关晓海
- 关 键 词　民事／借款／担保／过错责任
- 相关法条　《最高人民法院关于适用〈中华人民共和国担保法〉若干问题的解释》第7条①

【裁判要旨】

公司内部管理失控，对于管理人员利用公司印章、营业执照及土地使用权证等实施担保的行为，具有明显过错，依法应当在一定范围内承担清偿责任。

---

① 该解释已失效，参见《最高人民法院关于适用〈中华人民共和国民法典〉有关担保制度的解释》第17条。

【案情摘要】

2013年5月2日，振琦盛公司与银达公司、武物公司签订《借款协议》约定，振琦盛公司向银达公司借款1600万元，借款期限1个月，自协议签订之日起计算，借款期限届满，振琦盛公司无条件返还本息。武物公司同意以公司资产为前述借款提供连带责任保证担保。同日，银达公司向振琦盛公司转账支付87047.73元，通过银行承兑汇票支付15912952.27元，共计支付1600万元。振琦盛公司后向银达公司还款本金1125万元，未归还本金475万元及借款利息。另案刑事裁判认定，吴某波系振琦盛公司实际控制人，也是武物公司副总经理；吴某波在明知道不具备担保条件的情况下，擅自使用武物公司印章对上述借款合同提供担保。吴某波供述骗取武物公司印章、私自在相关借款及担保合同上加盖是其个人行为。银达公司后变更名称为蕊荣公司。蕊荣公司向法院起诉，请求判令振琦盛公司清偿欠款本息，武物公司承担连带清偿责任。法院审理认为，武物公司内部管理失控，对于吴某波利用公司印章、营业执照及土地使用权证等实施涉案担保行为具有明显过错，故依法判令其在振琦盛公司所欠蕊荣公司债务一半范围内承担清偿责任。

（撰写人：曹 刚）

10 债权人明知上市公司对股东或实际控制人提供担保未经股东大会决议，上市公司不承担保证责任

——许某来与欧浦公司、中基公司保证合同纠纷申请再审案

- 案 号 （2021）最高法民申4459号
- 合议庭成员 熊劲松、孙祥壮、冯文生
- 关 键 词 民事／上市公司对外担保／无股东会决议／担保责任承担
- 相 关 法 条 《中华人民共和国公司法》第16条第2款①，《中国证券监督管理委员会、中国银行业监督管理委员会关于规范上市公司对外担保行为的通知》②

---

① 参见2023年修正、2024年7月1日施行的《中华人民共和国公司法》第15条第2款。
② 该部门规范性文件已失效。

【裁判要旨】

上市公司为其股东或实际控制人提供担保必须经股东大会决议并及时披露。债权人明知上市公司为其股东或实际控制人提供担保未经股东大会决议通过的情形下,失去了让上市公司承担责任的法律基础。

【案情摘要】

上市公司欧浦公司向许某来出具《无限连带责任保证书》,承诺其就公司实际控制人陈某豪向许某来的借款提供无限连带责任保证。许某来明知该担保应经股东大会决议,但未向欧浦公司核实公司对陈某豪的案涉债务提供担保是否有作出相应的股东会决议。后陈某豪未按约定清偿借款本息,欧浦公司也未依约履行担保义务,许某来遂将欧浦公司起诉至法院,要求其承担连带清偿责任。

（撰写人：熊劲松）

11 未根据上市公司公开披露的信息订立的、为该公司股东提供担保的担保合同,对该公司不发生效力,该公司不应承担担保责任及赔偿责任

——恒源合伙企业与欧浦公司合同纠纷申请再审案

- **案　　号**　（2021）最高法民申 4688 号
- **合议庭成员**　薛贵忠、汪鸿滨、杜微科
- **关 键 词**　民事 / 保证合同纠纷 / 上市公司对外担保
- **相关法条**　《中华人民共和国公司法》第 16 条第 2 款①,《全国法院民商事审判工作会议纪要》第 17 条、第 19 条第 3 项②、第 22 条③

---

① 参见 2023 年修正、2024 年 7 月 1 日施行的《中华人民共和国公司法》第 15 条第 2 款。
② 《最高人民法院关于适用〈中华人民共和国民法典〉有关担保制度的解释》对应第 8 条的条文内容相比已发生变化,删除了上述会议纪要第 19 条第 3 项的内容。
③ 《最高人民法院关于适用〈中华人民共和国民法典〉有关担保制度的解释》第 9 条已就相对人是否根据上市公司披露的信息与上市公司所订立的担保合同,是否对上市公司发生效力进行了明确。

【裁判要旨】

公司为股东提供担保的，必须经股东大会决议或董事会决议。上市公司的对外担保相对于非上市公司有更加严格的公告和披露要求，相对人应当尽到审慎审查的义务。上市公司为公司股东提供担保的，相对人未根据上市公司公开披露的关于担保事项已经股东大会决议通过的信息，与上市公司订立担保合同，该担保合同对上市公司不发生效力，上市公司无须承担担保责任及赔偿责任。

【案情摘要】

欧浦公司是上市公司，中基公司是欧浦公司的股东。就中基公司的借款债务，欧浦公司向恒源合伙企业出具了《担保函》，该担保函盖有欧浦公司公章并有法定代表人签名。因欧浦公司未履行担保义务，恒源合伙企业诉请判令欧浦公司对中基公司的借款债务承担连带保证责任。一审法院认为恒源合伙企业对越权担保未尽到审慎注意义务，担保无效，欧浦公司无须承担担保责任，但二者均有过错，欧浦公司应承担部分赔偿责任。福建省高级人民法院二审认为，恒源合伙企业明知案涉担保为越权担保仍接受，欧浦公司不应承担赔偿责任，改判驳回了恒源合伙企业的诉讼请求。恒源合伙企业向最高人民法院申请再审，认为有证据证明欧浦公司与中基公司之间存在相互担保关系，案涉担保合同应为有效。

（撰写人：薛贵忠、叶康喜）

12 一人有限公司实际控制人以公司名义提供担保的，公司是否承担保证责任

——瑞星公司与金诚公司、孙某森民间借贷纠纷申请再审案

- 案　　号　（2021）最高法民申 5154 号
- 合议庭成员　王富博、于蒙、李敬阳
- 关　键　词　民事/民间借贷纠纷/一人有限公司
- 相关法条　《中华人民共和国公司法》第 16 条①，《全国法院民商事审判工作会议纪要》第 19 条，《最高人民法院关于适用〈中华人民共和国民法典〉有关担保制

---

① 参见 2023 年修正、2024 年 7 月 1 日施行的《中华人民共和国公司法》第 15 条。

度的解释》第 7 条

【裁判要旨】

一人有限公司实际控制人以公司名义提供担保的，不能仅通过认定公司实际控制人，将公司视为有限责任公司，依照《公司法》第 16 条判决公司不承担担保责任。一人有限公司是否承担保证责任应结合公司当时的性质、股权状态等事实一并进行审查。

【案情摘要】

2011 年 7 月 8 日，孙某森（实际控制人）向瑞星公司出具一份《借款》，借款 500 万元。同日，瑞星公司向孙某森转账共计 500 万元。孙某森在该三笔转账的网上银行电子回单上均注明"此款已收"。2017 年 3 月 20 日孙某森向瑞星公司办理了一份《担保承诺书》载明，金诚公司（一人有限公司）对前述借款承担连带保证责任。孙某森在保证人栏内加盖了其所持的金诚公司公章并在借款人栏内签名。黄山市中级人民法院于 2019 年 5 月 10 日裁定受理金诚公司破产清算一案。2019 年 6 月 19 日，金诚公司向管理人移交了金诚公司公章两枚，其中一枚原系孙某森持有。后瑞星公司提起诉讼，要求金诚公司承担 500 万元借款担保责任。

（撰写人：王富博）

13 公司应当对分公司未经授权所实施的无效民事行为向债权人承担相应的过错赔偿责任

——大庆建安公司与濉溪水利公司民间借贷纠纷申请再审案

- 案　　号　（2021）最高法民申 5440 号
- 合议庭成员　张爱珍、郭凌川、孙建国
- 关 键 词　民事 / 分支机构 / 未经授权 / 债务加入 / 准用担保规则
- 相关法条　《中华人民共和国担保法》第 29 条[①]，《最高人民法院关于适用〈中

[①] 该法已失效，参见《最高人民法院关于适用〈中华人民共和国民法典〉有关担保制度的解释》第 11 条。

华人民共和国担保法〉若干问题的解释》第17条①,《全国法院民商事审判工作会议纪要》第23条

【裁判要旨】

分公司未经总公司授权向债权人出具具有债务加入性质的文书,且未取得总公司追认的,分公司该民事法律行为无效,债权人主张总公司对分公司实施的无效民事法律行为承担过错赔偿责任的,应予支持。

【案情摘要】

2012年7月16日至2014年1月21日期间,周某祥向大庆建安重庆分公司、何某正、张某惠支付款项共计1030万元,大庆建安重庆分公司就每笔款项出具收据,加盖财务专用章,还于2014年1月6日至2014年10月31日期间向周某祥出具"借款利息"的收据11份。何某正对此制定还款计划,并陈述其系大庆建安重庆分公司的技术负责人,系代表大庆建安重庆分公司向周某祥出具还款承诺。2014年11月3日,大庆建安重庆分公司出具《对账单》,载明应付周某祥账款16315849元。2014年11月30日至2016年7月27日期间,潍溪水利重庆分公司向周某祥出具收据21份,加盖财务专用章,收款事由均为"借款利息"。潍溪水利重庆分公司、何某正于2016年3月2日、2016年7月27日两次出具《对账单(欠条)》,载明截至2016年2月底欠周某祥借款32606576元、截至2016年7月底欠周某祥借款40924465元。何某正在该对账单上书写还款承诺。原审判决认定,潍溪水利重庆分公司出具的对账单系针对案涉借款出具的还款承诺,其实质为潍溪水利重庆分公司向周某祥作出了加入案涉借款债务的意思表示。根据《最高人民法院关于印发〈全国法院民商事审判工作会议纪要〉的通知》第23条规定,法定代表人以公司名义作出债务加入的意思表示准用担保规则;原审判决根据该项准用规则,并参照《担保法》第29条的规定,认定潍溪水利重庆分公司作出的债务加入的意思表示无效,且认为周某祥、潍溪水利重庆分公司均有过错,并参照《最高人民法院关于适用〈中华人民共和国担保法〉若干问题的解释》第17条第4款"企业法人的分支机构提供的保证无效后应当承担赔偿责任的,由分支机构经营管理的财产承担。企业法人有过错的,按照担保法第二十九条的规定处理"的规定,判令潍溪水利公司、潍溪水利重庆分公司就案涉借款在周某祥不能被清偿的部分承担二分之一的赔偿责任,于

---

① 该解释已失效,参见《最高人民法院关于适用〈中华人民共和国民法典〉有关担保制度的解释》第17条。

法有据。针对大庆建安公司就原审判决错误认定该节事实及法律责任承担的申请再审理由，最高人民法院经审查后予以驳回。

（撰写人：张爱珍、郁华冰）

14 公司实际控制人以公司资产为自身利益提供担保受益，可能存在有损公司利益或者其他债权人权益的情形，应认定为无效

——火星公司与互相公司、念依企业股权转让纠纷申请再审案

- **案　　号**　（2021）最高法民申 6414 号
- **合议庭成员**　王涛、马成波、杨心忠
- **关 键 词**　民事 / 股权转让纠纷 / 公司担保
- **相关法条**　《中华人民共和国公司法》第 16 条①

【裁判要旨】

实际控制人在仅有其参加的股东会上作出以公司资产为自身利益提供担保受益的决议，可能有损公司或其他债权人权益。该股东会召集程序及决议内容不符合法律的规定，应认定为无效。

【案情摘要】

火星公司与念依企业签订《转让协议》约定：火星公司将互相公司的 100% 股权（包括附着于该股权之上的全部股东权利与利益）以及丽都花园 8—××A 物业的房屋所有权与该物业所占用土地的建设用地使用权转让给念依企业。转让协议签订后，火星公司与互相公司签订了《协议书》，约定互相公司就念依企业在《转让协议》中对火星公司支付转让款、违约金、滞纳金等付款义务承担连带保证责任。后火星公司按约定进行了股权的变更登记，念依企业向火星公司支付了相应部分款项。后火星公司向法院起诉请求判令互相公司、念依企业共同向火星公司支付股权转让款而引发本案纠纷。

（撰写人：杨心忠）

---

① 参见 2023 年修正、2024 年 7 月 1 日施行的《中华人民共和国公司法》第 15 条。

15 公司分支机构以登记在自己名下的房产对外提供担保应当取得公司授权

——融资担保公司与绿环公司、金江集团、金江集团庆阳分公司等借款合同纠纷申请再审案

- **案　　号**　（2021）最高法民申6505号
- **合议庭成员**　陈宏宇、张梅、赵敏
- **关 键 词**　民事 / 公司分支机构 / 对外担保
- **相关法条**　《中华人民共和国公司法》第16条①，《全国法院民商事审判工作会议纪要》第17条

【裁判要旨】

登记在分公司名下的资产属于公司资产。因分公司作为分支机构依法不能独立承担民事责任，分公司即便以登记在自己名下的资产对外提供担保也应取得公司授权。专业的融资机构对分公司的法律地位应当明知，在与分公司签订《抵押合同》时有义务审查公司是否授权以及是否有股东会决议。

【案情摘要】

2017年4月14日，融资担保公司、绿环公司与兴业银行股份有限公司兰州分行三方签订《委托贷款借款合同》，约定融资担保公司委托兴业银行股份有限公司兰州分行向绿环公司发放借款1700万元。之后，融资担保公司与金江集团庆阳分公司签订《抵押合同》，约定金江集团庆阳分公司将登记在其名下的房屋为上述借款合同提供抵押担保。金江集团庆阳分公司提交了《股东会决议》，上有该分公司内部合作人刘某及金江集团庆阳分公司负责人武某伟的签字，并办理抵押登记。融资担保公司发放贷款后，绿环公司未按约还付本息，起诉要求还付本息，并由金江集团公司、金江集团庆阳分公司承担担保责任。

（撰写人：赵　敏）

---

① 参见2023年修正、2024年7月1日施行的《中华人民共和国公司法》第15条。

16 公司未经股东会决议对外提供担保是否有效
——王某烨与郭某悦等民间借贷纠纷申请再审案

- **案　　号**　（2021）最高法民申 7302–7306 号
- **合议庭成员**　朱科、于明、贾清林
- **关 键 词**　民事 / 民间借贷 / 公司对外担保
- **相关法条**　《中华人民共和国公司法》第 16 条[①]，《中华人民共和国合同法》第 50 条[②]，《全国法院民商事审判工作会议纪要》第 19 条第 4 项

【裁判要旨】

对外担保不属于法定代表人有权单独决定的事项，即使公司章程未就对外担保作出特别规定，仍应当依照《公司法》第 16 条的规定，由股东（大）会或董事会作出决议。未经机关决议，法定代表人以公司名义对外订立担保合同构成越权代表。相对人在接受公司提供的担保时，对机关决议负有形式审查义务。相对人在接受担保时疏于审查，不属于善意相对人，担保合同对公司不发生效力。

【案情摘要】

王某烨与郭某悦签订了一系列借款合同，约定由王某烨向郭某悦提供借款。后因未能按期支付利息，郭某悦以其担任法定代表人的瑞鑫公司、华宝悦公司、华悦公司等向王某烨出具还款付息担保书为借款进行担保，担保书由郭某悦签名并加盖公司印章，但均无股东（大）会或董事会对外担保的决议。因郭某悦始终未能按照约定偿还借款及支付利息，王某烨遂提起本案诉讼。

（撰写人：朱　科）

[①] 参见 2023 年修正、2024 年 7 月 1 日施行的《中华人民共和国公司法》第 15 条。
[②] 对应《中华人民共和国民法典》第 504 条。

17 一人有限责任公司为其股东或者实际控制人提供担保时，由股东行使股东会的决定权

——铂翔公司与庄某標、陈某桃借款合同纠纷申请再审案

- **案　　号**　（2021）最高法民申 7372 号
- **合议庭成员**　熊劲松、孙祥壮、冯文生
- **关 键 词**　民事 / 借款合同纠纷 / 一人公司 / 对外担保
- **相关法条**　《中华人民共和国公司法》第 16 条①

【裁判要旨】

一人有限责任公司不设立股东会，其唯一股东可以行使股东会的全部职权。唯一股东同意一人公司为其股东或实际控制人提供担保的，一人公司为其股东或实际控制人提供担保应为有效。

【案情摘要】

庄某標、陈某桃与官某文、宋某林签订借款合同，其中铂翔公司为庄某標、陈某桃的债务提供连带责任保证。借款合同有铂翔公司签章确认，并有铂翔公司法定代表人陈某桃的签字，同时铂翔公司唯一股东金曜公司的章程中规定，陈某桃为金曜公司有权签字人。铂翔公司认为其担保行为未经其唯一股东金曜公司决议而无效，无须承担担保责任，遂向法院申请再审。

（撰写人：熊劲松）

18 相对人在接受公司提供的担保时，对有关公司决议负有必要的形式审查义务

——正奇公司与中兴公司、合能公司等融资租赁纠纷申请再审案

- **案　　号**　（2021）最高法民申 7440 号

---

① 参见 2023 年修正、2024 年 7 月 1 日施行的《中华人民共和国公司法》第 15 条。

- **合议庭成员**　曹刚、于蒙、关晓海
- **关 键 词**　民事 / 担保效力 / 表见代表 / 无权代理
- **相关法条**　《中华人民共和国公司法》第 16 条第 1 款①，《中华人民共和国合同法》第 48 条②、第 50 条③

【裁判要旨】

对外担保行为违反《公司法》第 16 条关于公司对外担保规定的效力问题的，应当引入《合同法》第 50 条关于表见代表的规定并类推适用《合同法》第 48 条有关无权代理的规定加以判断。具体而言，公司担保相对人在接受担保时，对有关公司决议负有必要的形式审查义务，否则不构成表见代表中的善意相对人，该担保行为对公司不发生效力。

【案情摘要】

中兴公司系上市公司，正奇公司未审查、执行中兴公司章程的相关规定，便与其签订了《保证合同》，约定由中兴公司为合能公司租赁合同项下的全部债务及责任提供连带责任保证担保。正奇公司认为，根据中兴公司提交的董事会决议等材料以及法定代表人的代表行为，其已尽到了一般注意义务，中兴公司应承担担保责任。

（撰写人：关晓海）

19　公司为公司股东或者实际控制人提供担保，必须经股东会或者股东大会决议

——银河生物公司、永星公司与卓舶公司、银河天成公司企业借贷纠纷申请再审案

- **案　　　号**　（2021）最高法民申 7588 号
- **合议庭成员**　王涛、张代恩、杨心忠
- **关 键 词**　民事 / 借款合同纠纷 / 关联担保

---

① 参见 2023 年修正、2024 年 7 月 1 日施行的《中华人民共和国公司法》第 15 条第 1 款。
② 参见《中华人民共和国民法典》第 171 条。
③ 对应《中华人民共和国民法典》第 504 条。

• **相关法条** 《中华人民共和国公司法》第 16 条[①]

【裁判要旨】

公司为公司股东或者实际控制人提供担保，必须经股东会或者股东大会决议。公司对外提供关联担保，并不是法定代表人所能单独决定的事项，必须以公司股东会或股东大会等公司机关的决议作为授权的基础和来源。相对人在接受公司担保时，对有关公司的决议负有必要的形式审查义务，否则不构成善意，该担保行为对公司不发生效力。

【案情摘要】

卓舶公司作为出借人、银河天成公司作为借款人签订有《借款合同》。银河天成公司系银河生物公司的控股股东。银河生物公司就该笔借款与卓舶公司签订《保证合同》。银河生物公司系上市公司，其公司章程亦规定，公司对股东、实际控制人及其关联方提供的担保，须经股东大会审议通过。本案没有证据证明签订《保证合同》时已经过银河生物公司决议机关决议，该担保行为应属无效。银河天成公司系永星公司的实际控制人。永星公司也与卓舶公司签有《保证合同》。而卓舶公司提供的永星公司股东会决议，没有日期，也没有永星公司股东盖章或签名，不符合股东会决议的形式要求，不能证明永星公司已经对案涉担保履行了公司内部决议程序，故该《保证合同》亦属无效。

（撰写人：张海玲）

20 一人有限责任公司执行董事的签字是否具有相当于董事会决议的效力

——光谷公司与王某海、李某彬民间借贷纠纷申请再审案

- **案　　号**　（2021）最高法民申 7872 号
- **合议庭成员**　孙祥壮、冯文生、刘少阳
- **关　键　词**　民事 / 民间借贷纠纷 / 执行董事签字效力

[①] 参见 2023 年修正、2024 年 7 月 1 日施行的《中华人民共和国公司法》第 15 条。

• **相关法条**　《中华人民共和国公司法》第16条[①]，《中华人民共和国民法总则》第61条第3款[②]

【裁判要旨】

从《公司法》相关规定来看，公司担保行为不是法定代表人所能单独决定的事项，而必须以公司机关的决议作为授权的基础和来源。一人有限责任公司仅设一名执行董事，鉴于执行董事的职权由公司章程规定，如章程规定执行董事享有相当于董事会职权的，执行董事决议当然具有相当于董事会决议的效力；如章程对此并无规定，或者规定无相当于董事会职权的，因章程的相关规定不能对抗善意相对人，执行董事签字仍具有相当于董事会决议的效力。

【案情摘要】

王某海（出借人）与李某彬（借款人）签订《借款协议》，约定借款金额、期限及利息等内容。之后，李某彬向王某海出具《确认书》，确认了总借款金额，并承诺按期归还本息。光谷公司向王某海出具《担保函》，承诺光谷公司以公司名下全部财产提供连带保证，保证期间为二年。《担保函》右下方处加盖有光谷公司印章，并有其法定代表人兼执行董事李某云签名。光谷公司主张案涉《担保函》未经公司机关决议，不具有担保效力，提出再审申请。

（撰写人：孙祥壮）

---

① 参见2023年修正、2024年7月1日施行的《中华人民共和国公司法》第15条。
② 对应《中华人民共和国民法典》第61条第3款。

保证合同 ▶▶▶

1 减轻主合同中债务人债务虽未经保证人同意，保证人仍应对变更后的合同承担担保责任
——张某勇、李某强、闫某霞、东森公司与蒋某伟等民间借贷纠纷再审案

- **案　　号**　（2020）最高法民再55号
- **合议庭成员**　万挺、汪军、潘杰
- **关 键 词**　民事 / 主合同变更 / 保证责任
- **相关法条**　《最高人民法院关于适用〈中华人民共和国担保法〉若干问题的解释》①第30条

【裁判要旨】

保证责任的范围应当依据合同约定的担保范围或者法律规定予以确定。借款担保合同对担保人的担保范围作出明确约定，借款合同的双方当事人又在保证期间内签订补充协议，对主债务的还款方式、借款利率等主合同的履行进行了调整，债权人放弃了逾期还款违约金，并约定先还本金后还利息，补充协议相较借款担保合同的约定，一定程度减轻了债务人的债务。依照《最高人民法院关于适用〈中华人民共和国担保法〉若干问题的解释》第30条第1款关于"保证期间，债权人与债务人对主合同数量、价款、币种、利率等内容作了变动，未经保证人同意的，如果减轻债务人的债务的，保证人仍应对变更后的合同承担保证责任；如果加重债务人的债务的，保证人对加重的部分不承担保证责任"的规定，案涉借款的保证人仍应对变更后的主合同承担保证责任。

【案情摘要】

2011年7月14日，蒋某伟与张某勇、李某强、发润公司、神马公司、闫某霞签订了《借款担保合同》一份，合同主要约定，蒋某伟向张某勇、李某强提供借款人民币2000万元，期限3个月，自2011年7月14日至2011年10月15日，借款

---

① 该解释已失效，参见《中华人民共和国民法典》第695条。

利率为月息 2.2%，张某勇、李某强借款用途为购买东森公司股东贾某林、薛某伟持有的该公司 40% 的出资（股份）。张某勇、李某强未按本合同约定按时、足额偿还借款本息的，自逾期之日起应向蒋某伟支付逾期金额每天千分之五的违约金。借款到期未能全部偿还借款本息的，应在借款逾期后 5 日内将原持有和所购买贾某林、薛某伟的东森公司全部出资（股份）质押给蒋某伟，并到工商行政管理部门为蒋某伟办理该出资（股权）质押登记手续，张某勇、李某强拒绝办理或逾期办理的，应向蒋某伟支付 200 万元的违约金。为确保张某勇、李某强按时归还本合同项下借款本息及本合同的履行，发润公司、神马公司、闫某霞自愿作为张某勇、李某强的保证人并提供了连带保证，担保人的担保范围为：主债权本金、利息、罚息、违约金、损害赔偿金、其他相关费用以及实现债权而发生的费用等；担保人的保证期间为本合同项下的借款履行期限届满之日起二年及其他相关条款。

2011 年 7 月 14 日，东森公司、发润公司、神马公司、闫某霞对该笔借款分别出具了《连带责任保证书》，约定：主债权经债务人及债权人同意展期，无论是否通知本人（公司），本人（公司）仍承担连带保证责任。蒋某伟履行了款项出借义务，张某勇、李某强作为借款人出具了《借据》。张某勇先后归还了 240 万元，之后至 2011 年 10 月 15 日借款到期，张某勇、李某强及保证人没有归还剩余借款及利息。张某勇、李某强也未按约定将所购买的东森公司股份对蒋某伟办理质押登记手续。其后，蒋某伟与张某勇及委托管理兼保证人宝美公司的代表人张某涛经协商签订了《补充协议书》一份，将借款进行了展期，确认了欠款本金及利息，约定分期还款时间及数额，并约定张某勇如能按还款时间表按时足额归还本金的，违约金、逾期管理费、赔偿金，蒋某伟及宝美公司自愿全部放弃。如张某勇未能按本协议所列还款时间表按时足额偿还借款本金，则不享受优惠，仍按原协议约定的费用比例执行，同时对截至 2013 年 5 月 14 日尚欠的利息及担保费用 800 万元不予优惠。

蒋某伟向一审法院起诉债务人还款及保证人承担保证责任。

（撰写人：潘　杰）

2 保证人上诉主张应在判决主文中列明承担保证责任后享有追偿权的，应在判项中予以明确
——成都置信公司与陕国投公司、
中科建总公司、中科建西南分公司等合同纠纷上诉案

- 案　　号　（2020）最高法民终 1177 号
- 合议庭成员　何波、徐霖、张梅
- 关　键　词　民事 / 保证合同纠纷 / 保证人追偿权
- 相关法条　《中华人民共和国担保法》第 31 条①，《最高人民法院关于适用〈中华人民共和国担保法〉若干问题的解释》②第 42 条

【裁判要旨】

人民法院判决保证人承担保证责任或者赔偿责任的，应当在判决书主文中明确保证人享有法律规定的追偿权利。

【案情摘要】

出借人陕国投公司与借款人中科建西南分公司签订《信托贷款合同》，中科建总公司出具《确认函》明确该行为是其真实意思表示。成都置信公司向陕国投公司出具《承诺函》自愿承担一般保证责任。陕国投公司按照约定发放贷款，中科建西南分公司及中科建总公司未依约还本付息。陕国投公司依据有强制执行效力的债权文书公证书申请执行后，向法院起诉要求成都置信公司承担一般保证责任。一审判决在裁判说理部分明确了成都置信公司的追偿权，成都置信公司提出上诉请求在判决主文中予以明确，二审法院依法予以改判。

（撰写人：何　波）

---

① 参见《中华人民共和国民法典》第 700 条。
② 该解释已失效。

3 双方在合同中的实际履行行为可以认为当事人已经协商一致变更合同

——招行东营分行与盛泰集团公司、亚通石化公司、华帘集团公司、华帘钢帘公司等保证合同纠纷申请再审案

- **案　　号**　（2020）最高法民申 7005 号
- **合议庭成员**　刘崇理、潘勇锋、李晓云
- **关 键 词**　民事 / 连带责任 / 按份责任 / 合同变更
- **相关法条**　《中华人民共和国合同法》第 77 条第 1 款[①]

【裁判要旨】

保证合同约定保证人应当承担连带保证责任，但债权人在实际履行中仅按月提示保证人按照按份责任代偿，并在保证人已还清代偿款后，即未再向保证人主张其作为保证人应继续代偿。依据该事实的履行代偿行为，可以认为双方已以实际行为同意将担保责任由连带清偿责任变更为按份责任。

【案情摘要】

中行山东分行作为牵头行，中行黄河口支行作为代理行，中行黄河口支行与招行东营分行作为贷款人，为借款人华懋公司提供 5.1 亿元银团贷款，但其中的 2.1 亿元贷款系由招行东营分行单独完成发放。在实际履行中，中行黄河口支行作为代理行分别与盛泰集团公司、亚通石化公司、华帘集团公司、华帘钢帘公司等签订《保证合同》约定为前述借款提供连带责任保证，但 2015 年 3 月 19 日至 2017 年 3 月 8 日期间，招行东营分行每月均向亚通石化公司发送电子邮件提示其作为担保人进行代偿。现亚通石化公司已经实际还款 3544.8 万余元。2016 年 12 月 7 日，招行东营分行银行部向亚通石化公司出具《说明》表示其已还清代偿款。2017 年 3 月 8 日之后，招行东营分行未再向亚通石化公司发送电邮提示代偿。但之后招行东营分行又以《保证合同》为据，诉请要求亚通石化公司承担连带清偿责任。

（撰写人：李晓云）

---

① 对应《中华人民共和国民法典》第 543 条。

4. 合同中明确约定了实现债权的费用中包括了律师费的，保证人应当承担该部分保证责任

——洲际油气公司与晟视资产公司保证合同纠纷上诉案

- 案　　号　（2021）最高法民终 34 号
- 合议庭成员　刘崇理、黄年、潘勇锋
- 关　键　词　民事 / 合同 / 保证担保范围
- 相关法条　《中华人民共和国担保法》第 21 条①

【裁判要旨】

依据《担保法》第 21 条第 1 款之规定，保证担保的范围包括主债权及利息、违约金、损害赔偿金和实现债权的费用，保证合同另有约定的，按照约定。本案双方当事人在合同中明确约定了实现债权的费用中包括律师费，保证人应承担该部分保证责任。

【案情摘要】

晟视资产公司起诉请求洲际油气公司履行连带保证责任，代为偿还晟视资产公司借款本金 5 亿元及利息、罚息、违约金等。洲际油气公司支付晟视资产公司律师费 375 万元。一审法院判决洲际油气公司支付律师费 100 万元。洲际油气公司认为晟视资产公司和洲际油气公司在保证合同中约定律师费等由保证人承担，属于针对担保责任约定专门的违约责任，该约定无效，因此洲际油气公司上诉主张无须承担本案律师费 100 万元。二审法院驳回上诉，维持原判。

（撰写人：潘勇锋）

---

① 对应《中华人民共和国民法典》第 691 条。

5 债权人在保证期间届满前向保证人提起诉讼请求其承担保证责任后,又撤回起诉的,能否认定债权人在保证期间内向保证人主张了权利

——周某玉与招行长沙分行、立达人公司金融借款纠纷申请再审案

- **案　　号**　（2021）最高法民申 1227 号
- **合议庭成员**　胡夏冰、贾清林、朱科
- **关 键 词**　民事 / 保证责任 / 保证期间 / 诉讼时效 / 撤回起诉
- **相关法条**　《最高人民法院关于适用〈中华人民共和国担保法〉若干问题的解释》第 34 条第 2 款①,《中华人民共和国民法通则》第 140 条②

【裁判要旨】

招行长沙分行起诉债务人立达人公司和保证人周某玉要求其偿还债务,虽然在诉讼过程中申请撤回对周某玉的起诉,但有证据表明保证人周某玉收到了相关民事裁定书,则应当认定债权人在保证期间对保证人主张了权利,相应的诉讼时效重新计算。

【案情摘要】

立达人公司与招行长沙分行在《授信协议》框架下签订多份《借款合同》,周某玉与招行长沙分行签订《担保合同》为前述借款合同提供担保,担保期限至前述借款合同项下应收账款债权的到期日另加二年。立达人公司贷款逾期,债权人招行长沙分行遂于 2014 年 1 月 24 日向长沙市中级人民法院起诉债务人立达人公司和保证人周某玉要求其偿还债务,后于 2015 年 8 月 31 日申请撤回对周某玉的起诉。长沙市中级人民法院于同日裁定准许撤诉,并于 2015 年 11 月 18 日将该案判决书和撤诉裁定书送达招行长沙分行。2018 年 8 月 21 日,招行长沙分行向长沙市中级人民法院提起本案一审诉讼,要求周某玉偿还第三人立达人公司所欠债务。一审法院认为,已经超过法定诉讼时效的抗辩理由成立,判决驳回起诉(判决驳回起诉还是驳回诉

---

① 参见《中华人民共和国民法典》第 694 条第 2 款。
② 参见《中华人民共和国民法典》第 195 条。

讼请求？驳回起诉应系裁定，超过诉讼时效理论上应当是判决驳回诉讼请求）。二审法院认为，招行长沙分行在保证期间内向周某玉主张了权利。从此时起，保证人的责任不再适用保证期间的规定，而开始适用诉讼时效的相关规定，故本案诉讼未超过诉讼时效。最高人民法院再审审查认为，二审法院判决适用法律正确。

（撰写人：丁 一）

6 法院认定的实际借款人与当事人约定的借款人不一致时，不能直接判令原保证人承担保证责任

——刘某晨、通产公司、威纳利公司与果满堂公司民间借贷纠纷申请再审案

- 案　　号　（2021）最高法民申1487号
- 合议庭成员　曹刚、于蒙、关晓海
- 关 键 词　民事 / 民间借贷纠纷 / 借款人认定
- 相关法条　《中华人民共和国合同法》第196条①

【裁判要旨】

保证人是为某个特定债务人提供的担保。当债务人发生变更时，会涉及保证责任的免除问题。保证人在《借款担保协议》和《借据》上作为保证人盖章，其提供保证的债务人为该协议和借据上记载的借款人。如果人民法院经审理后，认为借款人另有其人，则在当事人没有合意的情况下，仍然根据《借款担保协议》认定保证人为法院认定的实际借款人的债务承担保证责任，没有事实依据和法律依据。

【案情摘要】

刘某晨（甲方）与借款人果满堂公司（乙方）及担保人（丙方）威纳利公司和通产公司签订借款担保协议书2份，约定甲方向乙方提供借款人民币1160万元整和880万元整。果满堂公司向刘某晨分别出具1160万元和880万元的借据各1份，该2份借据上借款人处加盖有果满堂公司印章，保证人处加盖有威纳利公司和通产公司印章。后刘某晨诉至法院，要求果满堂公司承担还款责任，威纳利公司和通产公司承担连带担保责任。二审法院判决认定威纳利公司为借款人，通产公司承担连带

---

① 对应《中华人民共和国民法典》第667条。

保证责任。刘某晨、通产公司和威纳利公司不服,申请再审。

(撰写人:于 蒙、王利萍)

7 生效判决遗漏连带担保人的申请再审案件应予再审
——李某刚、尚某、李某岩、刘某、毛某君、宋某梅与天津长久公司、河南龙通公司保证人追偿权纠纷申请再审案

- **案　　号**　(2021)最高法民申 1560 号
- **合议庭成员**　张淑芳、李敬阳、吴凯敏
- **关 键 词**　民事 / 保证责任 / 连带保证 / 保证人之间互相追偿
- **相关法条**　《最高人民法院关于适用〈中华人民共和国担保法〉若干问题的解释》① 第 19 条、第 20 条

【裁判要旨】

因保证合同提出的诉讼,债权人向保证人和被保证人主张权利的,人民法院应当将保证人和被保证人列为共同被告;遗漏连带保证中的保证人的,应当追加为当事人。连带共同保证的保证人承担保证责任后,向债务人不能追偿的部分,由各连带保证人按其内部约定的比例分担。没有约定的,平均分担。

【案情摘要】

2018 年 12 月 26 日,天津长久公司与广发商都支行签订 1 份《最高额保证合同》,李某刚等 6 人分别与广发商都支行签订 3 份《最高额保证合同》,前述 4 份合同,签订日期和合同文本均完全一致。其中第 3 条均约定"一、本合同的保证方式为连带责任保证。二、如有多个保证人,各保证人为连带共同保证人,承担连带共同保证责任";第 9 条均约定"乙方(担保人)已知悉主合同项下贷款用于偿还编号为(2017)郑银综授额字第 000300 号《授信额度合同》项下借款人河南龙通公司所签贷款人的债务,并愿意对新的贷款即主合同项下贷款承担担保责任"。

(撰写人:吴凯敏)

---

① 该解释已失效。2021 年 1 月 1 日起施行的《最高人民法院关于适用〈中华人民共和国民法典〉有关担保制度的解释》第 13 条对此有不同的规定。

8 公证笔录可否认定为保证合同的约定内容
——文贷公司与闻天公司及同发公司、
汉唐公证处等借款合同纠纷申请再审案

- **案　　　号**　（2021）最高法民申 2831 号
- **合议庭成员**　宋冰、徐霖、吴笛
- **关　键　词**　民事 / 借款合同 / 保证责任
- **相关法条**　《最高人民法院关于适用〈中华人民共和国民事诉讼法〉的解释》第 107 条

【裁判要旨】

公证处的谈话笔录并不是借款合同的组成部分，该谈话笔录也未载明当事人有变更保证合同中主合同范围的意思表示。借款人自认其工作人员擅自更改借款合同的编号及保证合同中主合同的范围。未经保证人同意，擅自变更主合同范围的，对保证人无效。

【案情摘要】

2013 年 8 月 15 日同发公司与文贷公司签订 20130001 号借款合同，约定同发公司向文贷公司借款 500 万元。同日，闻天公司与文贷公司签订保证合同，约定闻天公司提供连带责任保证的主合同为 20130001 号借款合同，主债权为 1000 万元。2013 年 9 月 27 日同发公司与文贷公司签订 JK20130001-2 号借款合同，约定同发公司向文贷公司借款 500 万元。2013 年 8 月 15 日汉唐公证处的谈话笔录载明，闻天公司明知同发公司与文贷公司的借款为 1000 万元，当日借 500 万元，过几天再借 500 万元。

（撰写人：徐　霖）

9 认定保证合同无效的民事裁判生效后，人民法院已经根据债权人申请提审该案，债权人基于该保证合同无效另行提起的赔偿诉讼应予驳回

——惠仁合公司与友谊公司保证合同纠纷申请再审案

- **案　　号**　（2021）最高法民申 3835 号
- **合议庭成员**　黄鹏、李延忱、郁琳
- **关 键 词**　民事/保证合同/驳回起诉
- **相关法条**　《最高人民法院关于适用〈中华人民共和国民事诉讼法〉的解释》第 247 条

【裁判要旨】

原审法院认定保证合同无效的判决生效后，债权人申请再审，请求撤销原审判决并认定保证合同有效，又提起另案诉讼，请求保证人承担赔偿责任，构成重复起诉。

【案情摘要】

友谊公司与上海思凯道凯能投资管理合伙企业（有限合伙）订立保证合同。友谊公司作为保证人对魏某生回购思凯道基金股权所涉支付股权回购款的义务承担连带保证责任，被无锡市中级人民法院认定为无效。无锡市中级人民法院驳回惠仁合公司要求友谊公司承担连带保证责任的诉讼请求，但未释明保证合同无效后保证人的赔偿责任承担问题，亦未作处理。判决生效后，惠仁合公司就该案向江苏省高级人民法院提起申诉，江苏省高级人民法院经审查裁定提审该案。惠仁合公司在就前诉案件申请再审时，以保证合同无效系因保证人过错所致，向无锡市中级人民法院另案主张要求保证人承担赔偿责任，无锡市中级人民法院以一事不再理为由裁定驳回起诉。惠仁合公司不服一审裁定，上诉至江苏省高级人民法院。江苏省高级人民法院以惠仁合公司前诉案件已裁定提审本案，其对于保证人友谊公司是否承担民事责任应在前诉案件再审审理中作出认定，无须另行提起诉讼为由，裁定驳回起诉。

（撰写人：黄　鹏）

10 破产重整计划中明确以股抵债债权人未获清偿的，不能视为债权已经全额受偿

——日林建设公司与进出口银行保证合同纠纷申请再审案

- **案　　号**　（2021）最高法民申 3929 号
- **合议庭成员**　黄年、丁俊峰、张颖
- **关 键 词**　民事 / 破产重整 / 以股抵债 / 担保人 / 清偿责任
- **相关法条**　《中华人民共和国企业破产法》第 92 条第 3 款、第 124 条，《最高人民法院关于适用〈中华人民共和国担保法〉若干问题的解释》第 44 条第 2 款[①]

【裁判要旨】

因《合作重整计划》中以股权抵偿债权的方式系在综合各种因素考量下的安排，并不必然反映债权人就该笔债权的实际获偿金额，本案中的《合作重整计划》对此已作出明确说明。破产人的保证人和其他连带债务人，在破产重整计划中明确债权人以股权抵偿债权未获清偿的，对债权人依照破产清算程序未受清偿的债权，依法继续承担清偿责任。

【案情摘要】

进出口银行与日林建设公司签订有《保证合同》，日林建设公司为丹东港集团在《借款合同》项下的债务向进出口银行提供连带责任保证。后丹东港集团破产重整，丹东市中级人民法院采取实质合并重整方式进行审理，裁定确认进出口银行对丹东港集团享有债权，并裁定通过《合并重整计划》。该计划中明确载明：重整计划以股权抵偿债权并不当然视为全额清偿，债权人未获全额清偿的债权部分仍然可以向保证人和其他连带债务人进行追偿。以股权抵偿债权的清偿率可参照以下公式计算：清偿率 =（抵偿获得的股权数量 × 每股价值）÷ 股权抵偿对应的债权金额。进出口银行认为其《借款合同》项下债权仍有未受偿部分，故诉请日林建设公司对该部分债务承担连带清偿责任。

（撰写人：张　颖）

---

① 该解释已失效，参见《最高人民法院关于适用〈中华人民共和国民法典〉有关担保制度的解释》第 23 条第 3 款。

11 借贷双方未经保证人书面同意对借款展期，保证期间仍依原合同约定计算

——谢某、胡某梅与国通信托公司等金融借款合同纠纷申请再审案

- **案　　号**　（2021）最高法民申 4895 号
- **合议庭成员**　曹刚、于蒙、关晓海
- **关 键 词**　民事 / 担保合同 / 保证期间
- **相关法条**　《最高人民法院关于适用〈中华人民共和国担保法〉若干问题的解释》[①] 第 30 条第 2 款

【裁判要旨】

债权人与债务人对主合同履行期限进行变动，未经保证人书面同意的，保证期间为原合同约定或者法律规定的期间。

【案情摘要】

2015 年 8 月 2 日，共创光伏公司（甲方）、国通信托公司（乙方）等签订《信托贷款合同》，乙方接受委托向甲方发放资金信托贷款，信托贷款本金总额预计 3.5 亿元，具体金额以信托计划实际募集的信托资金总额为准。同日，国通信托公司作为债权人，分别与作为保证人的谢某、胡某梅等签订《保证合同》，约定保证人为《信托贷款合同》项下主债务人全部责任和义务提供连带责任保证担保，保证期间为主债权期限届满后另加二年。2015 年 8 月 4 日，国通信托公司向共创光伏公司发放借款 3.5 亿元。2017 年 7 月 3 日，共创光伏公司（甲方）与国通信托公司（乙方）等签订《信托贷款合同之补充协议》约定，贷款期限至 2017 年 8 月 4 日到期，甲方仍有本金 5000 万元信托贷款尚未清偿；各方约定将剩余未归还的信托贷款展期一年，贷款展期期限自原《信托贷款合同》项下贷款到期日起顺延 12 个月。签订前述补充协议的情况，未告知谢某、胡某梅等保证人。国通信托公司之后向法院起诉，请求判令共创光伏公司等偿还贷款本息，胡某梅、谢某承担连带保证责任。法院审理后认为，国通信托公司与债务人共创光伏公司签订《信托贷款合同之补充协议》

[①] 该解释已失效。

变更贷款金额和期限而未告知保证人，谢某、胡某梅等作为保证人亦未书面同意变更还款期限，故其承担保证责任的保证期间仍应依照《信托贷款合同》和《保证合同》的约定计算。国通信托公司在前述保证期间内提起本案诉讼，请求判令胡某梅、谢某承担担保责任，符合法律规定。

（撰写人：曹　刚）

12　最高额保证合同保证期间的认定问题
——临沧西地公司与西电公司等保证合同纠纷申请再审案

- **案　　号**　（2021）最高法民申 4914 号
- **合议庭成员**　吴兆祥、陈宏宇、吴笛
- **关 键 词**　民事 / 保证期间 / 最高额保证
- **相关法条**　《最高人民法院关于适用〈中华人民共和国民法总则〉诉讼时效制度若干问题的解释》① 第 2 条

【裁判要旨】

当事人在《最高额担保合同》中约定"每笔主合同的保证期间单独计算，自每笔主合同约定的债务履行期届满之日起两年"，但主债务合同没有约定支付货款的期限。依照《合同法》的规定，债务人可以随时履行债务，债权人也可以随时要求债务人履行，本案应当根据侵权人提出权利主张的时间来确定相应的保证期间。

【案情摘要】

西电公司（乙方）与范某、双江西地公司、临沧西地公司、文美公司、云南西地公司、长盛公司、中国矿业公司（甲方）于 2013 年 9 月 1 日分别签订了《最高额担保合同》。西电公司提供 6 份其与阿灵顿公司签订的金属硅销售合同，签订日期分别为 2014 年 11 月 26 日、2015 年 1 月 22 日、2015 年 3 月 20 日、2015 年 6 月 12 日、2015 年 10 月 29 日、2015 年 11 月 16 日，6 份合同均约定阿灵顿公司向西电公司购买金属硅，阿灵顿公司通过 10% 预付款，90% 银行付款赎单方式支付货款，每批交货时间、品规和数量经双方另行协商，合同签字后生效，收到预付款后执行。

---

① 该解释已失效。

2016年1月1日，西电公司分别与7被告重新签订《最高额担保合同》，本次合同中所担保的主债权为自2016年1月1日起至2020年12月31日止，债务人在乙方处办理主合同项下约定业务所形成的债权，其他约定与2013年9月1日各方之间签订的《最高额担保合同》一致。

2019年5月21日范某、双江西地公司、长盛公司分别向西电公司出具《确认函》，载明内容为确认对西电公司有37580505.83元的连带担保责任。2019年5月27日，文美公司、云南西地公司、中国矿业公司同样向西电公司出具《确认函》，载明内容为确认对西电公司有37580505.83元的连带担保责任。

（撰写人：孙明娟）

13 未对保证人签字真实性进行审查，仅因保证人未到庭抗辩即判决其承担保证责任错误

——侯某与中海外公司、鑫金地公司、民意置业公司、远龙投资公司、赖某付民间借贷纠纷申请再审案

- 案　　号　（2021）最高法民申4970号
- 合议庭成员　刘丽芳、郎贵梅、王朝辉
- 关 键 词　民事 / 民间借贷 / 保证人 / 代签 / 未到庭
- 相关法条　《中华人民共和国民事诉讼法》第200条第2项①

【裁判要旨】

《借款合同》中保证人签名处并非保证人本人姓名，而是他人（代），法院应对代签人是否取得授权进行审查，不应因保证人未到庭抗辩即判决保证人承担保证责任。

【案情摘要】

2016年11月6日，鑫金地公司（甲方）与中海外公司、民意置业公司（乙方）、赖某付、侯某、远龙投资公司（丙方）签订《借款合同》，其中侯某为保证人，《借款合同》保证人签字处载明"赖某付代"。二审法院依据查明事实判决中海外公

---

① 对应《中华人民共和国民事诉讼法》（2023年修正）第211条第2项。

司、民意置业公司向鑫金地公司偿还借款本金并支付利息等，同时因侯某未到庭参加诉讼、未提交书面答辩意见，视为放弃举证、质证、抗辩的权利，判决侯某承担连带责任。侯某于再审审查阶段主张其未委托赖某付在《借款合同》中签字，其对自己应承担保证责任一事并不知晓。

（撰写人：刘丽芳、李晓晴）

14 反担保保证期间的计算问题
——盛德嘉业公司与文化担保公司等追偿权纠纷申请再审案

- **案　　号**　（2021）最高法民申 5421 号
- **合议庭成员**　吴兆祥、陈宏宇、徐霖
- **关 键 词**　民事 / 追偿权纠纷
- **相关法条**　《中华人民共和国担保法》①第 24 条,《最高人民法院关于适用〈中华人民共和国担保法〉若干问题的解释》②第 32 条

【裁判要旨】

反担保是为保障主债务担保人承担担保责任后的追偿权的实现而设定的担保，适用担保的相关规定。本案中，文化担保公司为三军公司的主债务提供连带责任保证，保证期间为主债务履行期限届满之日起二年。盛德嘉业公司与文化担保公司签订了《最高额保证反担保合同》，为文化担保公司所承担的保证责任提供连带保证担保。反担保期间为主债务履行期间届满之日起二年止。由于文化担保公司的保证期间与盛德嘉业公司的反担保期间相等，应视为对反担保期间没有约定。根据《最高人民法院关于适用〈中华人民共和国担保法〉若干问题的解释》第 32 条第 1 款规定，保证合同约定的保证期间早于或者等于主债务履行期限的，视为没有约定，保证期间为主债务履行期限届满之日起 6 个月。盛德嘉业公司的反担保期间应为文化担保公司在保证期间内履行保证责任之日起 6 个月。

《担保法》第 24 条规定，债权人与债务人协议变更主合同的，应当取得保证人书面同意，未经保证人书面同意的，保证人不再承担保证责任。保证合同另有约定的，按照约定。《最高人民法院关于适用〈中华人民共和国担保法〉若干问题的解

---

① 该法已失效。
② 该解释已失效。

释》第 30 条第 2 款规定，债权人与债务人对主合同履行期限作了变动，未经保证人书面同意的，保证期间为原合同约定的或者法律规定的期间。由于反担保参照适用担保的法律规定，文化担保公司对其保证责任展期未征得盛德嘉业公司同意的情况下，主债权的履行期限和保证人的保证期限展期，不对盛德嘉业公司发生效力。盛德嘉业公司仍应在原反担保期间内承担反担保责任。

【案情摘要】

2016 年 6 月 27 日，三军公司与浦发银行兰州分行签订编号为 48012016280249 的流动资金借款合同，该合同约定三军公司向浦发银行兰州分行借款 2000 万元，借款用途为经营周转，借款期限为 12 个月，自 2016 年 6 月 27 日至 2017 年 6 月 27 日。同日，文化担保公司与浦发银行兰州分行签订了编号为 YB4801201628024902 的保证合同，约定文化担保公司为三军公司在浦发银行兰州分行的 2000 万元借款提供连带责任保证，保证期间为主债务履行期届满之日起二年。

盛德嘉业公司与文化担保公司签订了《最高额保证反担保合同》，为文化担保公司所承担的保证责任提供连带保证担保。反担保期间为主债务履行期间届满之日起两年止。

2016 年 6 月 27 日，浦发银行兰州分行依约向三军公司发放了贷款 2000 万元，履行了贷款义务。

2017 年 6 月 27 日，三军公司与浦发银行兰州分行签订贷款展期协议书，原借款到期日为 2017 年 6 月 27 日，展期到期日 2018 年 6 月 26 日。

（撰写人：孙明娟）

15 对负有举证证明责任的当事人提供的证据，应当符合高度盖然性的证明标准

——尖山区财政局与立丰润海公司保证合同纠纷申请再审案

- 案　　号　（2021）最高法民申 5937 号
- 合议庭成员　李伟、葛洪涛、杜军
- 关 键 词　民事 / 保证合同 / 证据规则
- 相关法条　《最高人民法院关于适用〈中华人民共和国民事诉讼法〉的解释》第 108 条

【裁判要旨】

根据《最高人民法院关于适用〈中华人民共和国民事诉讼法〉的解释》第108条规定，对于证明案件事实的证据，须达到确信待证事实的存在具有高度可能性之标准。在双方当事人对同一事实分别举出相反的证据，但都没有足够的依据否定对方证据的情况下，人民法院应根据证据的三性即证据的真实性、关联性和其来源的合法性，判断证据证明力大小。通过综合审核认定证据与案件事实之间的关联程度、证据之间的相互关系等，确保作为认定案件事实的证据之间能够相互衔接、印证。

担保函中的借款合同与双方当事人签订的借款合同中的约定仅存有个别差异，但借款人、贷款人、借款金额、借款总期限等均一致。负举证责任的当事人对存在差异的原因给予了合理解释的，应当确信待证事实的存在具有高度可能性，应当认定该事实存在。

【案情摘要】

隋某伟与立丰润海公司签订的1号借款合同，向立丰润海公司借款2000万元，并委托案外人收款。尖山区财政局《会议纪要》记载，同意为隋某伟及其公司借款提供担保，后其出具《担保函》，为2号借款合同项下隋某伟向立丰润海公司的借款提供担保。立丰润海公司称其与隋某伟签订的1号借款合同为《担保函》所担保的借款合同，《担保函》与借款合同的编号不一致，系工作失误所致。尖山区财政局认为2号借款合同与1号借款合同不是同一份合同，其是在没有借款合同的情况下写了《担保函》，并不确定是否存在2号借款合同及项下借款是否真实发生，故不承担相应担保责任。

（撰写人：杜　军）

16 保证合同对当事人免责情形的约定应优先适用
——城南供水公司与锦航商贸公司等金融借款合同纠纷申请再审案

- 案　　号　（2021）最高法民申6030号
- 合议庭成员　曹刚、于蒙、关晓海
- 关 键 词　民事/担保责任公益性
- 相关法条　《最高人民法院关于适用〈中华人民共和国民事诉讼法〉的解释》

第 109 条

【裁判要旨】

债务人未按照合同约定使用贷款,加重保证人责任的,保证人可以据此主张免除或者减轻责任,但保证合同约定债权人未按主合同约定使用贷款均不影响保证人的保证责任的,应当认定符合"保证合同另有约定的,按照约定"。

【案情摘要】

案涉《保证合同》第 6 条第 2 款约定"如锦航商贸公司违反主合同的约定(包括但不限于锦航商贸公司未按主合同约定使用贷款)均不影响城南供水公司的保证责任,城南供水公司不得以此为由要求减轻或免除保证责任"。城南供水公司申请再审又以锦航商贸公司未按合同约定使用货款资金为由主张不应承担担保责任,与合同约定不符。

(撰写人:关晓海)

17 双方约定"无条件、不可撤销"的保证合同不属于独立保函
——广西水电工程公司与玉海公司、澳亚公司、富满地公司建设工程施工合同纠纷申请再审案

- 案　　号　（2021）最高法民申 6783 号
- 合议庭成员　朱科、于明、贾清林
- 关 键 词　民事 / 建设工程施工合同纠纷 / 担保责任承担
- 相关法条　《中华人民共和国担保法》第 5 条①,《最高人民法院关于适用〈中华人民共和国担保法〉若干问题的解释》第 8 条②

【裁判要旨】

独立保函是银行或非银行金融机构作为开立人的以书面形式向受益人出具的,

---

① 参见《中华人民共和国民法典》第 388 条。
② 该解释已失效,参见《最高人民法院关于适用〈中华人民共和国民法典〉有关担保制度的解释》第 17 条第 2 款。

同意在受益人请求付款并提交符合保函要求的单据时，向其支付特定款项或在保函最高金额内付款的承诺。本案《诚意金担保书》虽然有"无条件、不可撤销""提供诚意金条款的担保"之类的字眼，但其形式和内容与独立保函的特征并不完全相符，亦不符合出具独立保函的主体要求，故属于有独立担保意思的保证合同，是主债权债务合同的从合同。主债权债务合同无效的，担保合同无效。担保合同被确认无效后，担保人对此不存在过错的，不应承担连带赔偿责任。

【案情摘要】

广西水电工程公司承包玉海公司的铁路工程建设施工项目，签订了《建设工程施工合同》，合同约定了诚意金条款。就诚意金条款广西水电工程公司、玉海公司和澳亚公司、富满地公司签订了《诚意金担保书》，澳亚公司、富满地公司承诺无条件地、不可撤销地向广西水电工程公司提供担保。广西水电工程公司将合同诚意金支付至玉海公司账户。因玉海公司一直未具备进场开工条件，广西水电工程公司函告要求玉海公司、澳亚公司和富满地公司返还合同诚意金及违约金。玉海公司未能退还广西水电工程公司合同诚意金，澳亚公司、富满地公司未履行保证责任，广西水电工程公司遂提起本案诉讼。

（撰写人：朱　科）

其他担保纠纷 ▶▶▶

1 被担保的债权既有物的担保又有人的担保的，债权实现方式应当如何确定

——侯某丽与建行文水支行、光华铸管公司等金融借款合同纠纷申请再审案

- 案　　号　（2020）最高法民申 6057 号
- 合议庭成员　孔玲、李相波、关晓海
- 关 键 词　民事 / 金融借款合同纠纷 / 债权的实现方式

•相关法条 《中华人民共和国物权法》第176条[①]

【裁判要旨】

被担保的债权既有物的担保又有人的担保的,债务人不履行到期债务或者发生当事人约定的实现担保物权的情形,债务人自己提供物的担保的,债权人应当先就该物的担保实现债权;第三人提供物的担保的,债权人可以就物的担保实现债权,也可以要求保证人承担保证责任。如果担保合同对债权实现方式有约定的,债权人应当按照约定实现债权。

【案情摘要】

光华铸管公司与建行文水支行签订《固定资产贷款合同》,光华铸管公司为上述贷款合同提供了抵押担保。侯某丽等为上述贷款合同项下本金及利息、违约金、赔偿金等提供连带责任保证。作为甲方的侯某丽与作为乙方的建行文水支行签订的《自然人保证合同》第6条第2款约定,无论乙方对主合同项下的债权是否拥有其他担保,不论上述其他担保何时成立、是否有效、乙方是否向其他担保人提出权利主张,也不论是否有第三方同意承担主合同项下的全部或部分债务,也不论其他担保是否由债务人自己所提供,甲方在本合同项下的保证责任均不因此减免,乙方均可直接要求甲方依照本合同约定在其保证范围内承担保证责任,甲方将不提出任何异议。后建行文水支行提起诉讼,请求判令光华铸管公司偿还借款及利息等,并要求侯某丽承担连带担保责任。侯某丽主张该笔贷款有足以清偿债务的物的担保,建行文水支行无权要求其承担保证责任。

(撰写人:李相波、王 鑫)

---

① 对应《中华人民共和国民法典》第392条。

2 担保合同仅写明被担保的最大本金金额，对主债权约定不明的，是否可认定担保成立

——中厚板材公司与腾翔物资公司、格林斯特公司等追偿权纠纷上诉案[①]

- **案　　号**　（2021）最高法民终 330 号
- **合议庭成员**　刘崇理、潘勇锋、李晓云
- **关 键 词**　民事 / 最高额担保 / 合同解释
- **相关法条**　《中华人民共和国担保法》第 39 条[②]、第 65 条[③]，《最高人民法院关于适用〈中华人民共和国担保法〉若干问题的解释》[④]第 56 条

【裁判要旨】

本案所有的担保合同都仅在抬头部分写明"为了确保质押权人（或抵押权人）、债务人与银行签订的银企商三方协议的顺利履行"等字样，合同中虽写明了被担保的最大本金金额，然而既未明确主债权的名称、内容，也未明确系为哪一家或哪几家银行的哪笔或哪段期间的银企商三方协议提供担保。鉴于此，当事人签订的担保合同对于所担保的主债权约定不明。虽然抵押合同、质押合同不完全具备应当包含的内容的，可以补正。但结合本案当事人提交的担保合同和其他相关证据，对于本案合同约定不明的主债权，既不能补正亦无法推定明确。抵押合同对被担保的主债权种类、抵押财产没有约定或者约定不明，根据主合同和抵押合同不能补正或者无法推定的，抵押不成立。故，由于担保合同所担保的主债权约定不明，事后既不能补正也无法推定，该担保不成立。

【案情摘要】

2013 年 5 月 10 日，以中厚板材公司为甲方（卖方）、腾翔物资公司为乙方（买方）、中信银行杭州分行为丙方（授信人），签订了风险敞口总额为 6000 万元的《保兑仓业务合作协议》。

---

① 该案与（2021）最高法民终 335 号案件系关联案件。
② 对应《中华人民共和国民法典》第 400 条。
③ 对应《中华人民共和国民法典》第 427 条。
④ 该解释已失效。

另无落款日期，但协议中载明协议有效期自 2013 年 6 月 25 日至 2014 年 6 月 17 日的《中国光大银行"保兑仓"业务三方协议》。该合同以中厚板材公司为甲方（卖方）、腾翔物资公司为乙方（买方）、光大银行石家庄分行为丙方，约定金额最高不超过 1.2 亿元。

后在 2014 年 1 月 1 日至 2014 年 5 月 26 日期间，中厚板材公司与腾翔物资公司签订了 30 余份《工矿产品销售合同》，累计合同金额 1.3 亿余元。因履行保兑仓合同垫资，2014 年 7 月 31 日，中厚板材公司与腾翔物资公司对账确认并经法院查实，中厚板材公司将案涉《中国光大银行"保兑仓"业务三方协议》项下的差额款项 5710 万元退还光大银行，《保兑仓业务合作协议》项下的差额款项 747.5 万元退还中信银行，腾翔物资公司确认收到了案涉款项对应的货物，应向中厚板材公司支付货款 6457.5 万元。

2014 年 4 月 1 日当天，以中厚板材公司为担保权人，腾翔物资公司、格林斯特公司、案外人韩翔实业公司为债务人，签订了 11 份担保合同。上述所有担保合同中，表述都是"为了确保质押权人（或抵押权人）、债务人与银行签订的银企商三方协议的顺利履行"，第 1 条"被担保的主债权种类、本金数额"项下仅写明了被担保的最大本金金额，担保合同中的其他条款未见写明具体的被担保的主债权内容。

（撰写人：李晓云）

3 金融借款合同纠纷中债权人请求抵押人承担因实现债权产生的律师费能否支持

——申基公司与恒丰银行重庆分行、鼎翔装饰公司借款合同纠纷上诉案

- 案　　号　（2021）最高法民终 385 号
- 合议庭成员　李相波、孙建国、孙晓光
- 关 键 词　民事 / 金融借款合同 / 抵押 / 律师费
- 相关法条　《中华人民共和国物权法》第 173 条[①]

【裁判要旨】

抵押人为金融借款合同提供抵押担保，抵押合同约定抵押担保范围包括出借人

[①] 对应《中华人民共和国民法典》第 389 条。

实现债权的费用,债权人要求抵押人承担因实现债权而产生的律师费的,人民法院应予支持。

【案情摘要】

恒丰银行解放碑支行与鼎翔装饰公司签订《综合授信额度合同》,约定鼎翔装饰公司可向恒丰银行解放碑支行申请使用的综合授信额度为敞口金额人民币18000万元。同日,恒丰银行解放碑支行与申基公司签订《最高额抵押合同》,约定申基公司以其所有的房产为鼎翔装饰公司《综合授信额度合同》项下债务提供最高额抵押担保,担保范围包括实现债权及抵押权的费用,如律师费、催收费用、诉讼费、仲裁费、保全费、公告费、执行费、抵押处置费、过户费、差旅费及其他费用等。恒丰银行解放碑支行发放贷款后,鼎翔装饰公司未偿还本息,申基公司亦未承担担保责任。恒丰银行重庆分行(由恒丰银行解放碑支行更名)提起诉讼请求鼎翔装饰公司偿还借款本息、支付律师费等,并对申基公司提供的抵押物享有优先受偿权。一审支持恒丰银行重庆分行诉讼请求,二审亦维持原判。

(撰写人:李相波、梁 楷)

4 债务人以自己的财产出质的,债权人可否直接按约定向其他担保人主张权利

——霍某与金某姊民间借贷纠纷申请再审案

- **案　　号**　(2021)最高法民申1514号
- **合议庭成员**　张淑芳、李敬阳、吴凯敏
- **关 键 词**　民事 / 民间借贷纠纷 / 物的担保与人的担保
- **相关法条**　《中华人民共和国物权法》第176条①、第218条②

【裁判要旨】

被担保的债权既有物的担保又有人的担保,债务人以自己的财产出质,其他担保人承诺出借人有权直接要求担保人任何一方或双方还本付息,担保人一方或双方

---

① 对应《中华人民共和国民法典》第392条。
② 对应《中华人民共和国民法典》第435条。

均不得以任何理由拒绝,必须按要求还本付息,亦未主张应当先就质物实现债权。在此情况下,债权人可直接按照约定向其他担保人主张权利,其他担保人主张质权人放弃了物的担保,其应在质权人丧失优先受偿权益的范围内免除担保责任的,不予支持。

【案情摘要】

金某姊向案外人纪某庄出借款项,纪某庄用齐白石《花卉四屏》字画进行质押担保,霍某为该借款提供连带担保,约定借款到期后,借款人不按期还本付息的,担保人霍某必须无条件地在3个工作日内将上述担保借款本金全部还清。出借人也有权直接要求担保人任何一方或双方还本付息,担保人一方或双方均不得以任何理由拒绝,必须按要求还本付息。霍某在借款到期后出具的《还款协议》《借条》中均承诺承担还本付息的义务,并未主张应当先就质物实现债权。金某姊起诉霍某要求其偿还案涉借款本息。

(撰写人:吴凯敏)

5 诉讼保全担保费属于实现债权的合理费用
——旺德置业与巨能集团返还垫付保理融资款纠纷申请再审案

- 案　　号　(2021)最高法民申4580号
- 合议庭成员　张爱珍、郭凌川、孙晓光
- 关 键 词　民事 / 法律问题 / 返还垫付保理融资款纠纷 / 诉讼保全担保费
- 相关法条　《中华人民共和国担保法》第21条①

【裁判要旨】

在诉讼中申请财产保全而支付的保全担保费,客观上属于实现债权产生的合理费用的范畴,即使合同中未明确约定该项费用系实现债权的费用,也应当由债务方承担,但合同另有约定的除外。

---

① 参见《中华人民共和国民法典》第691条。

【案情摘要】

巨能集团与旺德置业等签订《合作协议书》，约定巨能集团承包旺德置业的时代广场项目，巨能集团除主体外的其余工程分包给彤阳公司，主要材料由迈垦森公司、重庆云泉公司、贵州云泉公司三方定向供应，巨能集团同意彤阳公司、迈垦森公司、重庆云泉公司、贵州云泉公司以对巨能集团的应收账款向融资银行申请质押或保理贷款。彤阳公司先后与中信银行、金科保理公司各签订两份《国内保理业务合同》，将彤阳公司对巨能集团的应收账款 181237868.07 元、14400 万元转让给中信银行，104603900 元、37510860 元转让给金科保理公司，中信银行提供 13000 万元、11500 万元的保理融资贷款，金科保理公司提供 8000 万元、3000 万元的保理融资贷款。后巨能集团向中信银行、金科保理公司代付保理款共计 130801527.78 元。巨能集团与各方签订《债务清偿与股权托管协议》，约定由巨能集团先行垫付彤阳公司无法偿还的到期保理融资款 13500 万余元，并托管各公司持有的股权，巨能集团为实现债权所产生律师费、差旅费、诉讼费等费用由旺德置业、彤阳公司承担，其余各方承担连带保证责任，担保范围包括主债权及利息、违约金、损害赔偿金、实现债权的费用（包括但不限于工程款、保理融资款、管理费、融资服务费、律师费、实现债权的费用），违约方承担因违约行为给对方造成的损失，包括但不限于直接损失、间接损失、诉讼费、仲裁费、差旅费、公证费、保全费用、律师费等。

（撰写人：张爱珍、郁华冰）

6 普通合伙企业未经全体合伙人同意为借款人提供担保，出借人能否主张该担保行为有效

——邹某国与全力煤矿、汤某用、方某树等民间借贷纠纷申请再审案

- 案　　号　（2021）最高法民申 4733 号
- 合议庭成员　张爱珍、郭凌川、孙晓光
- 关 键 词　民事 / 民间借贷纠纷 / 担保 / 效力
- 相关法条　《中华人民共和国合同法》第 50 条①，《最高人民法院关于适用〈中

---

① 对应《中华人民共和国民法典》第 504 条。

华人民共和国担保法〉若干问题的解释》第 11 条①,《中华人民共和国合伙企业法》第 31 条

【裁判要旨】

《合伙企业法》第 31 条第 5 项规定,除合伙协议另有约定外,以合伙企业名义为他人提供担保应当经全体合伙人一致同意。出借方未提交证据证明其在借款方向其出具借条时已要求借款方提交合伙企业其他合伙人同意为本案债务提供担保的书面意见。故出借方非本案担保合同的善意相对人,案涉担保行为因违反法律规定而无效。出借方以其非法律专业人员不了解法律规定为由主张原审判决的认定不当且该担保行为有效,不予支持。

【案情摘要】

2013 年 4 月至 2014 年 4 月,张某豪陆续向邹某国借款。2014 年 3 月 19 日,张某豪出具一张总金额为 1000 万元的借条给邹某国,约定借款月利率为 3%,借款期限为 2014 年 3 月 19 日至 2014 年 12 月 19 日止,全力煤矿作为保证人在借条上盖章,保证方式为连带保证,保证期限直至借款本息还清为止。邹某国先后向张某豪陆续转款共计 787.4 万元,邹某国、张某豪均认可每次借款均以预扣利息的方式进行,借款本金实际为 787.4 万元;借款后,张某豪支付了 32 万元利息,邹某国同意该 32 万元直接从其诉讼请求中予以扣减。经到晴隆县公安局及黔西南天润科技有限公司进行调查了解,借条上所加盖的印章并非全力煤矿之行政备案章,本案当事人对此均予认可。全力煤矿为普通合伙企业,合伙人为方某树、汤某用、张某豪,执行事务合伙人是张某豪。张某豪家庭成员情况:余某美系其母、张某 1 系其长子、张某 2 系其次子、张某 3 系其三子。在本案诉讼过程中,张某豪于 2020 年 3 月 11 日因疾病死亡,经一审法院询问,其继承人余某美、张某 1、张某 2、张某 3 愿意参加本案继续诉讼。

(撰写人:张爱珍、宋　扬)

---

① 该解释已失效,参见《最高人民法院关于适用〈中华人民共和国民法典〉有关担保制度的解释》第 7 条。

7 担保合同无效，主张担保人因过错承担责任的权利归属于债权人而非债务人

——泓翔公司与加格达奇区政府追偿权纠纷申请再审案

- **案　　号**　（2021）最高法民申 6064 号
- **合议庭成员**　麻锦亮、孙勇进、季伟明
- **关 键 词**　民事 / 担保合同无效 / 债务代偿 / 追偿
- **相关法条**　《最高人民法院关于适用〈中华人民共和国担保法〉若干问题的解释》第 3 条①、第 7 条②

【裁判要旨】

依据相关司法解释规定，机关法人提供担保的，担保合同无效。机关法人按照无效担保合同约定已经向债权人清偿的，基于事实上的债务代偿行为和公平原则，有权向债务人主张给付责任。司法解释规定的担保合同无效，担保人因过错承担相应责任，仅系债权人因担保合同无效导致的经济损失，由债权人与担保人分担的规定，系债权人权利范围，与债务人无关。无论是有效担保抑或无效担保，债务人均为债务最终责任人，其不能以债权人的权利抗辩代偿主体。

【案情摘要】

泓翔公司对外借款，加格达奇区政府为其提供担保，后泓翔公司未能及时还款，债权人向加格达奇区政府主张担保责任，加格达奇区政府偿还了借款后，向泓翔公司追偿。泓翔公司为加格达奇区政府出具了欠据以及说明，承认泓翔公司为借款人，加格达奇区政府已经代偿，承诺偿还加格达奇区政府。后因泓翔公司始终未能还款，加格达奇区政府诉至法院，主张追偿权。诉讼中，泓翔公司主张加格达奇区政府提供的担保，按照法律规定属于无效担保，加格达奇区政府无追

---

① 该解释已失效，参见《最高人民法院关于适用〈中华人民共和国民法典〉有关担保制度的解释》第 5 条、第 6 条。

② 该解释已失效，参见《最高人民法院关于适用〈中华人民共和国民法典〉有关担保制度的解释》第 17 条。

偿权，且其有过错，应当承担相应民事责任。

（撰写人：季伟明）

合同订立 ▶▶▶▶

1 和解协议的受要约人超过合理阶段作出的承诺视为新要约

——中原公司与国信公司、闫某丞、闫某兰、闫某柏保证合同纠纷上诉案

- **案　　号**　（2020）最高法民终 396 号
- **合议庭成员**　奚向阳、郭载宇、陈宏宇
- **关 键 词**　民事 / 和解协议 / 承诺的合理期限 / 新要约
- **相关法条**　《中华人民共和国合同法》第 28 条①

【裁判要旨】

一审审理期间当事人签订民事和解协议，对债务的履行作出了约定，同时约定协议经各方签署并在相关方履行协议约定的义务后正式生效，一审判决作出后有关当事人才完成合同的签署。一审法院作出一审判决可视为在合理期限内相关当事人最终并未就和解达成一致。相关当事人于一审判决作出后在和解协议上的签名至多只能视为一项新的要约，在缺乏明确证据证明合同相对方接受这一要约的情况下，不能当然证明合同相对方应受该协议的约束。

【案情摘要】

国信公司与治吉公司于 2014 年 11 月 27 日签订《贷款协议》，约定国信公司同意向借款人治吉公司提供一笔本金总额不超过 1.25 亿元港币的贷款，治吉公司的董事闫某丞在《贷款协议》上签字对贷款承担连带保证责任。之后，中原公司、闫某兰、闫某柏陆续承诺作为保证人，签订保证合同，对贷款承担连带责任保证。《贷款

---

① 对应《中华人民共和国民法典》第 486 条。

协议》签订后,国信公司按该协议约定向治吉公司交付了贷款港币6300万元,但治吉公司却未按协议约定支付贷款利息。国信公司遂按照《贷款协议》的约定要求治吉公司提前还款并支付利息,并要求作为连带责任保证人的中原公司、闫某丞、闫某兰、闫某柏对国信公司承担支付贷款本金、利息、逾期利息等《贷款协议》约定款项的连带保证责任。

一审庭审中,中原公司和闫某丞提交了一份甲方为国信公司,乙方为国信证券(香港)经纪有限公司,丙方为治吉公司,丁方为中原公司、闫某丞、闫某柏、闫某兰、苏某娜中布、苏某明的《民事和解协议》,就《贷款协议》项下的借款本息偿还、为实现债权支付的律师费等各项费用以及担保等相关事宜达成一致,但该协议各方仅有国信公司、国信证券(香港)经纪有限公司、治吉公司、中原公司、苏某娜中布的签章,未有闫某丞、闫某柏、闫某兰、苏某明的签名。根据《民事和解协议》的约定,国信公司于2018年7月5日收到人民币4245000元(折合港币500万元);于2018年8月10日收到人民币2186206元(折合港币2511812元)。之后,国信公司没有再收到任何款项。一审判决作出时,《民事和解协议》的各方当事人仍未全部签名。国信公司上诉称,一审判决作出后相关当事人已在和解协议上补签名,故双方应依据《民事和解协议》的约定履行相关债务,债权人并不同意依据《民事和解协议》确定双方的权利义务。案涉《民事和解协议》第8条约定,本协议经各方签署并在治吉公司或其指定方履行本协议第4条以后正式生效;二审庭审中,中原公司自认案涉《民事和解协议》有关当事人是在一审判决作出后才予补充签署。二审法院认为,一审判决作出后,各方当事人尚未完成签署的和解协议应视为协议目的未能实现。因此,即使相关当事人于一审判决作出后在和解协议上补签的签名为真,至多只能视为一项新的要约,在缺乏明确证据证明国信公司接受这一要约的情况下,不能当然证明国信公司应受该协议的约束。据此,二审法院未支持上诉人的上诉请求。

(撰写人:郭载宇)

2 基于信赖利益订立合同产生的损失，应当依据损失与缔约过失行为之间是否存在因果关系来综合判断

——A公司与顾某、李某缔约过失责任纠纷申请再审案

- 案　　号　（2021）最高法民申299号
- 合议庭成员　杨兴业、郭载宇、龙飞
- 关 键 词　民事/缔约过失责任纠纷/信赖利益
- 相关法条　《中华人民共和国合同法》第42条[①]、第113条第1款[②]，《最高人民法院关于适用〈中华人民共和国民事诉讼法〉的解释》第90条

【裁判要旨】

从《合同法》相关规定来看，缔约过失责任以当事人在订立合同过程中存在违背诚信原则的行为为前提，致使合同不成立、无效、被撤销或者未生效的，应对给对方造成的信赖利益损失予以赔偿。信赖利益损失的范围包括缔约过程中的费用，还包括合同履行后可以获得的利益，但是不得超出订立合同一方在订立合同时可以预见或应当预见的违约损失。当事人基于信赖利益订立合同而产生的损失，应当举证证明损失的存在、损失数额以及该损失与缔约过失行为的因果关系。如果当事人没有证据证明损失与缔约过失行为存在因果关系，也没有证据证明其及时采取了适当措施以避免损失的发生和进一步扩大，人民法院对其要求赔偿信赖利益造成损失的诉讼请求不予支持。

【案情摘要】

A公司向顾某推销游艇时，其妻子李某已明确表示不同意购买该游艇。案涉游艇销售合同签订后，李某及时将顾某患病事宜告知了A公司并表示要终止合同，当时A公司尚未对外国销售商支付任何款项。但是，之后A公司仍然继续购入游艇并进行管理、转售。A公司认为其实施的游艇购入、维护管理行为是基于对合同订立和履行的信赖，遂起诉要求顾某、李某赔偿其基于信赖利益而履行合同所产生的

---

①　对应《中华人民共和国民法典》第500条。
②　对应《中华人民共和国民法典》第584条。

损失，包括游艇的转售损失以及管理游艇 5 年的停泊费、托管费、参展费等一系列损失。

（撰写人：龙　飞）

3 当事人一方尚未在合同书上签章，但已经履行主要义务，对方接受时，该合同成立

——万丽农业公司、万丽旅游公司、马某媛与协信小镇公司、协信公司股权转让合同纠纷申请再审案

- 案　　号　（2021）最高法民申 7244 号
- 合议庭成员　熊劲松、孙祥壮、冯文生
- 关 键 词　民事 / 股权转让合同 / 合同成立
- 相关法条　《中华人民共和国合同法》第 37 条①

【裁判要旨】

采用合同书形式订立合同，虽然一方当事人尚未签字盖章，但已按照合同约定行使权利，履行主要义务，对方当事人接受，双方已达成合意，该合同成立。

【案情摘要】

2018 年 1 月 13 日，万丽农业公司、马某媛与协信公司签订《股权转让协议书》，共同合作开发 "广西天堂岭东盟文化旅游产业园"。万丽旅游公司应当转让股权并办理工商变更手续，协信公司应当支付首期股权转让款 3500 万元。2018 年 4 月 18 日，双方签订《补充协议》，约定万丽旅游公司促使政府对控制性详细规划方案进行公示后 5 日内，甲方支付首期剩余 800 万元股权转让款。后政府未公示控制性详细规划方案，协信公司亦未支付剩余 800 万元股权转让款，当事人遂产生争议。

（撰写人：熊劲松）

---

① 对应《中华人民共和国民法典》第 490 条。

4 当事人未签字盖章但合同已实际履行的，不影响合同的成立

——梁某1、梁某2、伍某泉与张某鉴等确认合同无效纠纷申请再审案

- 案　　号　（2021）最高法民申1712号
- 合议庭成员　贾清林、于明、朱科
- 关 键 词　民事 / 确认合同无效纠纷 / 合同成立
- 相关法条　《中华人民共和国合同法》第32条、第37条[①]

【裁判要旨】

当事人没有在合同上签字盖章，但若已经履行合同主要义务且对方接受的，合同依法成立。

【案情摘要】

张某鉴、李某为承租房屋经营酒店，与伍某泉、梁某1、梁某2签订《租赁合同》。后由于张某鉴、李某拖欠租金，梁某1、梁某2、伍某泉遂与张某鉴、李某签订《解除租赁合同协议书》，同时与莫某带签订《支付款项协议书》。履行上述协议过程中，各方发生纠纷，梁某1、梁某2、伍某泉起诉请求确认案涉《解除租赁合同协议书》《支付款项协议书》未生效、无效。一审、二审法院判决均未支持其诉求，梁某1、梁某2、伍某泉不服向最高人民法院申请再审，遂成本案。

（撰写人：贾清林、乔希木）

[①] 对应《中华人民共和国民法典》第490条。

5 行政机关就合同内容形成的内部会议纪要，未经相对方同意不具有直接约束合同相对方的效力

——雄基公司与禄丰县人民政府建设工程施工合同纠纷申请再审案

- **案　　号**　（2021）最高法民申 5236 号
- **合议庭成员**　李相波、张爱珍、孙晓光
- **关 键 词**　民事/建设工程施工合同纠纷/行政机关会议纪要
- **相关法条**　《中华人民共和国合同法》第 10 条①

【裁判要旨】

行政机关召开工作会议，对相关事项形成会议纪要，相关民事主体虽然参与会议，但未对会议内容予以确认，事后也不予认可的，不能认为行政机关与相关民事主体间就该事项达成了一致。行政机关以该纪要内容主张合同主体承担相关义务和责任的，人民法院不予支持。

【案情摘要】

雄基公司与禄丰县国土资源局签订 3 份《国有建设用地使用权出让合同》，取得国有建设用地 3 块共计 17.1265 亩，但上述 3 份合同并未对雄基公司应否承担公共区域城市绿化工程建设费用作出约定。在上述合同订立之前，禄丰县人民政府相关会议纪要中载明"项目建设中新挂牌后该区域内剩余面积统一由项目业主进行绿化美化的配套""区域中所有公共面积的绿化、配套和建后管护等拟由项目业主统一承担，具体在后续推进中进一步完善和明确"等内容。雄基公司在进行自身项目建设时对属于公共区域的 16.3535 亩城市绿化工程进行了建设。雄基公司诉至法院请求禄丰县人民政府支付公共区域的工程款及利息、绿地管护费。一、二审法院均支持了雄基公司的诉讼请求。禄丰县人民政府不服，申请再审。

（撰写人：李相波）

---

① 对应《中华人民共和国民法典》第 469 条。

6 备忘录的法律性质认定
——孙某凤与科华数据公司合同纠纷申请再审案

- **案　　号**　（2021）最高法民申 5839 号
- **合议庭成员**　郁琳、李延忱、王珅
- **关 键 词**　民事 / 合同纠纷 / 备忘录 / 磋商性文件
- **相关法条**　《中华人民共和国合同法》第 8 条①

【裁判要旨】

对于备忘录法律性质的认定，应结合备忘录约定内容、履行情况，并运用文义解释、体系解释、目的解释、诚信解释等合同解释方法综合分析。若当事人无意创设权利义务关系的意思表示，备忘录仅应作为当事人缔约过程中形成的磋商性文件，无法律约束力，不得强制要求当事人履行。

【案情摘要】

孙某凤、科华数据公司在北京科华公司的持股比例分别为 49%、51%。2015 年 4 月 29 日，孙某凤、科华数据公司签署《备忘录》，第 5 条约定："2017 年年底前由科华数据公司将孙某凤持有的北京科华公司股权以公允价格全额收购。"第 6 条约定："备忘录是双方合作的初步意向，不在双方之间设定实施任何行为的义务……正式实施尚需进一步协商后签署相关正式合作协议。"同年 6 月 25 日，双方签订《股权转让协议》，孙某凤将北京科华公司 19% 股权转让给科华数据公司。同日，双方签订《增资协议》，约定："如未来孙某凤出售所持北京科华公司 33% 股权，科华数据公司在同等价位下具有优先购买权。"孙某凤起诉请求科华数据公司继续履行《备忘录》，收购其持有的北京科华公司 33% 股权。

（撰写人：郁　琳）

---

① 对应《中华人民共和国民法典》第 465 条。

7 判断合同系本约还是预约的根本标准为双方是否有意在将来订立一个新的合同

——陈某与佐力公司合同纠纷申请再审案

- **案　　号**　（2021）最高法民申 5329 号
- **合议庭成员**　薛贵忠、汪鸿滨、杜微科
- **关 键 词**　民事 / 合同纠纷 / 预约合同
- **相关法条**　《最高人民法院关于审理买卖合同纠纷案件适用法律问题的解释》第 2 条①

【裁判要旨】

判断双方当事人订立的合同系本约还是预约的根本标准为双方是否有意在将来订立一个新的合同，如果当事人存在明确的将来订立本约的意思表示，即使预约的内容与本约接近，通过合同解释从预约中可推导出本约的全部内容，也应当将合同认定为预约合同。

【案情摘要】

陈某、案外人陈某荣为一方，与佐力公司及百草饮片公司签订《增资暨股权转让协议》1 份，该协议约定：佐力公司向百草饮片公司增资 6000 万元，增加百草饮片公司 770 万元注册资本，增资后陈某荣向佐力公司转让其持有的百草饮片公司 27.46% 股权。其中，第 10.4 条另约定协议生效之日起 3 年后，陈某、陈某荣持有的 49% 股份以换股或其他方式由佐力公司根据当时有效的法律规范的要求进行收购，价值根据当时的市场公允价值确定，但不低于本次交易增资后的估值，收购方式双方另行协商确定。3 年后，陈某委托律所发送《律师函》，以案涉《增资暨股权转让协议》约定佐力公司应于 3 年后收购陈某荣、陈某持有的百草饮片公司 49% 的股权为由，敦促佐力公司依约履行收购事宜，并再次催告。因佐力公司未能收购陈某持有的案涉公司股份，双方纠纷成讼。

（撰写人：薛贵忠、夏　怡）

---

① 该解释已于 2020 年修正，本条已被删除。

合同效力 ▶▶▶

1 放弃违约金调整请求权的约定是否有效
——但某芬与宏帆公司商品房预售合同纠纷再审案

- **案　　号**　（2017）最高法民再17号
- **合议庭成员**　李相波、孙祥壮、马成波
- **关 键 词**　民事/商品房预售合同纠纷/放弃违约金调整请求权
- **相关法条**　《中华人民共和国合同法》第114条[①]

【裁判要旨】

《合同法》第114条第2款赋予当事人违约金调整请求权，在约定的违约金低于或者过分高于造成的损失时，当事人可以请求人民法院或者仲裁机构予以增加或适当减少。该规定系以公权力介入的方式对当事人契约自由予以合理限制，防止出现约定违约金过高等极端情况，实现意思自治和公平原则的平衡。本案《补充协议》第17条中"双方均不再以'违约金过分高于损失'等为由要求调低违约金"的约定，系当事人以协议方式限制违约金调整请求权的行使，相当于排除了法院进行调整的可能性，与该条立法目的相违背，应当认定约定无效。

【案情摘要】

但某芬与宏帆公司签订《商品房买卖合同》约定，但某芬以848653元购买宏帆公司开发的案涉房屋；宏帆公司应当在2012年6月30日前，将案涉商品房交付但某芬使用。2012年7月27日，宏帆公司通知但某芬接房。因涉案房屋尚未取得《重庆市建设工程竣工验收备案登记证》，但某芬未接房。2012年10月25日涉案房屋取得《重庆市建设工程竣工验收备案登记证》，2012年10月26日（或27日），宏帆公司电话通知但某芬接房，但某芬拒绝接房。后但某芬诉至法院，请求判令解除《商品房买卖合同》、宏帆公司返还但某芬已付购房款及利息并按合同约定支付违约金。

（撰写人：马成波）

[①] 对应《中华人民共和国民法典》第585条。

2 法律、行政法规规定应当办理批准、登记等手续的合同效力认定

——新华公司与巨浪公司股权转让纠纷上诉案

- 案　　　号　（2020）最高法民终 200 号
- 合议庭成员　李相波、宁晟、朱燕
- 关　键　词　民事 / 股权转让纠纷 / 合同效力
- 相关法条　《中华人民共和国合同法》第 44 条[①]，《中华人民共和国商业银行法》第 28 条

【裁判要旨】

依法成立的合同，自成立时生效。法律、行政法规规定应当办理批准、登记等手续生效的，依照其规定。未办理批准、登记等手续的，人民法院应当认定该合同未生效。合同中报批事项根据法律法规规定已不再具有批准可能性的，人民法院应当解除合同。

【案情摘要】

新华公司与巨浪公司签订《股份转让合同》，主要约定新华公司向巨浪公司转让股份的份额为已登记在新华公司名下的占蚌埠农商行总股本 7% 的股权。之后双方还签订有关债权转让、股权代持协议等。巨浪公司还分别与案外的 5 名法人股东、顾某莲等 10 名自然人股东签订《股份转让合同》，合计约定受让上述股东所持蚌埠农商行股份 64.93%。因蚌埠农商行增资扩股，巨浪公司拟受让新华公司的股份所占总股本的比例降至 3.5%。但巨浪公司拟受让股份达到该行总股本达 32.465%。巨浪公司起诉请求法院判令解除《股份转让合同》等系列协议，判令新华公司返还巨浪公司所支付转让款（含定金）和资金占用费。新华公司则主张，巨浪公司拟受让新华公司持有的蚌埠农商行股份为 3.5%，不符合《商业银行法》第 28 条关于"单位和个人购买商业银行股份总额 5% 以上，应当事先经国务院银行业监督管理机构批

[①]　对应《中华人民共和国民法典》第 502 条第 1 款、第 2 款。

准"的规定，依法不需要银行业监督管理机构批准。

（撰写人：宁　晟）

3 超出债权转让目的之债务处置的效力认定
——坤茂公司与张某茂等确认合同无效纠纷上诉案

- **案　　号**　（2020）最高法民终 409 号
- **合议庭成员**　杨兴业、陈宏宇、朱科
- **关 键 词**　民事 / 债权转让
- **相关法条**　《中华人民共和国合同法》第 52 条第 2 项[①]

【裁判要旨】

债权让与人为实现向他人清偿债务之特定目的，通过签订债权转让合同让渡超出该目的之权利，受让人虽可取得债权，但并不能终局地保有债务人就该债权所为之给付，故其受让债权后当秉持诚信原则，不得超出该转让之目的行使权利。债权转让之特定目的系债权转让当事人双方之间的内部约定，基于保护交易安全的考虑，受让人与善意之债务人就债务履行问题达成的交易安排，即使超出债权转让之目的，并非当然不具有法律效力。但债务人在明知债权转让之特定目的以及受让人并不能终局保有所受领之给付的情况下，与受让人达成的交易安排，实质上损害出让人利益的，该交易安排应认定为无效。

【案情摘要】

坤茂公司与张某茂、黄某签订《债权转让协议》约定，坤茂公司将其对林某铨、鑫和公司等所享有的债权本息及其他权益全部转让给张某茂、黄某。张某茂、黄某通过诉讼或非诉讼方式从林某铨等债务人处实现的债权少于或等于坤茂公司所欠案外人张某官的借款本息、滞纳金，则张某茂、黄某须将实现债权的款项全部直接支付给案外人张某官，以代坤茂公司偿还其欠张某官的债务；若张某茂、黄某实现的债权超过坤茂公司所欠案外人张某官的借款本息、滞纳金，则张某茂、黄某在代坤茂公司清偿所欠张某官债务后的剩余款项中，可享有一定比例收益。缔约后，坤茂

---

① 参见《中华人民共和国民法典》第 154 条。

公司向林某铨等债务人发债权转让通知书。张某茂、黄某提起诉讼，人民法院最终判决林某铨等连带给付张某茂、黄某1.98亿元，该给付义务中的2100万元款项由鑫和公司与林某铨等向张某茂、黄某承担连带责任。判决生效后，张某茂、黄某向人民法院申请强制执行。执行中，张某茂、黄某与林某铨等达成《执行和解及担保协议》约定，林某铨等应归还共2亿元的款项及由此产生的利息、本息减为按1.45亿元执行，鑫和公司自愿与林某铨等共同承担向张某茂、黄某偿还该1.45亿元款项的连带责任等。坤茂公司起诉请求确认《执行和解及担保协议》无效。

（撰写人：陈宏宇、张伯娜）

4　认定表见代理相对人善意无过失，可以综合考虑代理行为实施的场所及代理人与被代理人的关系等因素

——平安银行与绿地公司金融借款合同纠纷再审案

- 案　　号　（2021）最高法民再83号
- 合议庭成员　汪军、杨春、杜微科
- 关 键 词　民事 / 金融借款合同纠纷 / 表见代理
- 相关法条　《中华人民共和国合同法》第49条①

【裁判要旨】

对于无权代理人实施的代理行为是否构成表见代理问题，应当结合代理行为外观、代理人的职责与权限、代理人与被代理人的关系、合同形式要件以及相对人是否善意无过失等因素进行综合审查判断。若代理人行为客观上形成了其具有代理权的外观，相对人已尽到相应的注意义务，可以认定构成了表见代理。

【案情摘要】

辽宁绿地公司与平安银行签订《综合授信额度合同》《商业承兑汇票贴现额度合同》，约定平安银行向辽宁绿地公司提供商业承兑汇票贴现的融资业务。辽宁绿地公司法定代表人、绿地公司（辽宁绿地公司100%控股股东）副总经理卢某在绿地公司办公大楼内安排相关人员办理了案涉《最高额保证担保合同》盖章用印手续。平

---

①　对应《中华人民共和国民法典》第172条。

安银行安排工作人员在绿地公司办公场所核实情况,并与卢某接洽绿地公司盖章事宜。商业承兑汇票到期后,辽宁绿地公司未兑付票款。平安银行起诉要求绿地公司对债务承担连带责任。绿地公司主张卢某的行为不构成表见代理,其不应承担保证责任。一审、二审法院均认为平安银行在贴现业务核保过程中存在过失,不构成善意相对人,绿地公司不应承担保证责任。平安银行不服,向最高人民法院申请再审。最高人民法院提审了本案。

(撰写人:汪 军)

5 当事人恶意串通将生效判决项下权益转让而损害第三人利益的,转让行为无效

——华侨信托公司、港华贸易公司与信托房产公司等确认合同无效纠纷上诉案

- **案　　号**　(2021)最高法民终492号
- **合议庭成员**　贾清林、于明、朱科
- **关 键 词**　民事 / 确认合同无效纠纷 / 恶意串通
- **相关法条**　《中华人民共和国合同法》第52条第2项①

【裁判要旨】

当事人恶意串通将生效判决项下权益转让,进而导致第三人利益受到损害的,当事人可依据《合同法》第52条第2项的规定请求确认转让行为无效。

债权人将债权转让,但转让协议的合法性未获法院支持,债权人退还已收转让款后,有权继续行使债权人的权利。

【案情摘要】

华侨信托公司委托广东物资拍卖行有限公司拍卖其对信托房产公司享有的(2015)粤高法民一终字第70号判决项下债权权益。港华贸易公司作为拍卖会唯一竞买人参与竞拍,后华侨信托公司与港华贸易公司签订《拍卖成交确认书》,确认港华贸易公司通过公开竞价成交70号判决项下债权权益,拍卖成交价是该次拍卖的底

---

① 参见《中华人民共和国民法典》第154条。

价。现广国投清算组作为华侨信托公司的债权人，起诉请求确认华侨信托公司向港华贸易公司转让（2015）粤高法民一终字第70号判决项下的债权权益的行为无效。一审判决支持广国投清算组的诉讼请求，华侨信托公司、港华贸易公司不服，向最高人民法院提起上诉，遂成本案。

（撰写人：贾清林、乔希木）

6 受让方与转让方以不合理低价受让股权，损害了第三人合法权益的股权转让合同应无效

——杨某与施某等确认合同无效纠纷申请再审案

- 案　　号　（2021）最高法民申1087号
- 合议庭成员　奚向阳、杨兴业、龙飞
- 关 键 词　民事/确认合同无效/股权转让协议
- 相关法条　《中华人民共和国合同法》第52条第2项①、第3项②

【裁判要旨】

为了避税目的而签订的股权转让协议是以合法形式掩盖非法避税目的的合同，是当事人之间以虚假的意思表示实施的民事法律行为，应为无效合同。加之，受让方明知转让方有巨额债务，而以不合理低价受让股权，损害了第三人的合法权益，该股权转让合同无效。

【案情摘要】

郑某、朱某中标A公司转让股权后向出让方杨某借款1000万元，由郑某、朱某以B饭店50%股权作为担保。后施某与郑某、朱某就B饭店的50%股权签订股权转让协议。施某主张其在受让股权时并不知晓郑某、朱某尚有巨额欠款，不存在与郑某、朱某恶意串通、逃避债务的主观故意。杨某认为施某与郑某、朱某恶意串通，以不合理对价受让B饭店50%股权，损害了杨某的合法权益，遂提起本案诉讼。

（撰写人：龙　飞）

---

① 参见《中华人民共和国民法典》第154条。
② 参见《中华人民共和国民法典》第146条。

7 除相对人知道或应当知道外，负责人超越权限订立的合同有效

——张某奴与尧都农商行等借款合同纠纷申请再审案

- **案　　号**　（2021）最高法民申 1516 号
- **合议庭成员**　曹刚、于蒙、关晓海
- **关 键 词**　民事 / 合同效力 / 越权代表
- **相关法条**　《中华人民共和国合同法》第 50 条①

【裁判要旨】

银行负责人为完成存贷款任务借用储户储蓄存单，在借用协议上加盖了银行的业务专用章，其借用行为属于职务行为，依法应由银行承担相应法律责任。

【案情摘要】

吴村支行系尧都农商行分支机构。2015 年 5 月 7 日，吴村支行时任负责人刘某平以完成吴村支行存贷任务为由，借用张某奴定期储蓄存单作质押，以王某、盖某强的名义在吴村支行贷款，并承诺将款贷出后以张某奴名义在吴村支行理财。2015 年 5 月 7 日，吴村支行给张某奴出具借用凭据，约定此笔借款用于王某、盖某强质押贷款，存单的归还期限为 2015 年 6 月 30 日（后又延期至 2015 年 9 月 30 日），并加盖了吴村支行的业务专用章。刘某平还以个人名义担保归还，并在借用凭据上签字捺印。之后，张某奴作为出质人、吴村支行作为质权人签订 2 份质押合同，将借用凭据所列储蓄存单用于王某、盖某强质押贷款。约定归还存单的日期到期后，张某奴催要未果。王某、盖某强借款到期未偿还，吴村支行将张某奴存单中款项予以扣划。张某奴起诉请求判令尧都农商行归还其存单项下的存款及利息。尧都农商行答辩认为，刘某平签字和盖章行为不是职务行为，刘某平在借用凭证上加盖业务专用章，超出了印章使用的范围，不应认定刘某平出具借用凭证是其意思表示。法院审理认为，刘某平时任吴村支行负责人，不论是从其当时职务身份和加盖业务专用章行为看，还是从存单项下存款被银行扣划用以归还王某、盖某强贷款的情况看，

---

① 对应《中华人民共和国民法典》第 504 条。

都有理由相信刘某平的行为系履行职务的行为，相应法律后果依法应当由吴村支行承担。刘某平个人担保归还储蓄存单，应对存单项下款项归还承担连带责任。

（撰写人：曹　刚）

8 高息揽储有关储蓄存款合同效力的判断
——海鑫公司与泌阳农商行、海德公司、宇兴公司、李某宇储蓄存款合同纠纷申请再审案

- 案　　号　（2021）最高法民申 1538 号
- 合议庭成员　张淑芳、李敬阳、吴凯敏
- 关 键 词　民事 / 合同效力 / 储蓄存款合同 / 高息揽储
- 相关法条　《中华人民共和国合同法》第 52 条①

【裁判要旨】

银行工作人员以银行名义进行高息揽储，知情的储户为非法获取奖金或高息，将钱款存入银行，尚不构成扰乱金融秩序致使存款行为无效的情形。银行工作人员违反操作规程从银行取出款项，不应影响银行与储户签订的储蓄存款合同的效力。

【案情摘要】

2013 年 6 月 14 日，海鑫公司经案外人介绍将 4800 万元存入泌阳农商行。银行工作人员张某伟、李某、禹某恒采取私刻公章，伪造、调换存款单位银行预留印章、印鉴，伪造银行转账凭证等手段，与泌阳农联社其他工作人员一起将海鑫公司账户的资金支取走。后海鑫公司追回资金 1126 万元，剩余 3674 万元未归还。2014 年 1 月 27 日，宇兴公司和泌阳农联社签订了《资产处置框架协议》，协议背景是张某伟等人非法吸收资金存入泌阳农商行，并以不当手段取走，款项用于张某伟为大股东和实际控制人的海德公司及其他公司开发的项目。宇兴公司考虑项目商业利益，同意接管项目，同意优先返还银行工作人员张某伟支走的款项。2014 年 2 月 11 日，宇兴公司和泌阳农联社签订战略合作协议，约定开发项目需要资金，泌阳农联社提供贷款。2014 年 12 月 17 日，泌阳农联社和宇兴公司签订资金监管协议，主要是贷

---

① 参见《中华人民共和国民法典》第 146 条、第 148 条、第 149 条、第 150 条、第 153 条、第 154 条。

款要优先返还张某伟等人取走资金给泌阳农商行带来的风险。2014年12月28日，宇兴公司和海德公司、李某宇、海鑫公司签订协议，内容是海鑫公司存入泌阳农联社的资金产生的债务退赔责任，泌阳农联社不再承担，没有归还的本金，由宇兴公司、海德公司返还。

（撰写人：吴凯敏）

9 法院对合同效力的审查是否受当事人主张的限制
——巩义农商行与德圣威公司等金融借款合同纠纷申请再审案

- 案　　号　（2021）最高法民申1602号
- 合议庭成员　王富博、于蒙、李敬阳
- 关 键 词　民事 / 金融借款合同纠纷 / 合同效力
- 相关法条　《中华人民共和国公司法》第16条第1款[①]

【裁判要旨】

合同效力的判断是认定保证责任承担的前提，本案当事人虽未以《保证合同》无效为由主张免除担保责任，但其主张本案贷款属于正常状态，不应还款付息，并非认可其应承担保证责任。人民法院主动适用《公司法》第16条第1款关于"公司向其他企业投资或者为他人提供担保，依照公司章程的规定，由董事会或者股东会、股东大会决议"的规定审查合同效力，属于人民法院裁判权的范围，不受当事人是否主张的限制。

【案情摘要】

巩义农商行（申请人）与立顺电缆公司（被申请人）签订《流动资金借款合同》一份，约定立顺电缆公司借款用于购买金属材料。同时，巩义农商行与蓝之光公司、德圣威公司、张某洋、李某强、陆某权签订《保证合同》，约定对该借款合同承担连带责任保证。后立顺电缆公司违约未偿还借款本金和利息。巩义农商行提起本案诉讼，请求德圣威公司对上述借款本金承担连带保证责任。

（撰写人：王富博）

[①] 参见2023年修正、2024年7月1日施行的《中华人民共和国公司法》第15条第1款。

10 行政法规规定的行政审批事项已经由法律的修改调整为备案管理，不应再以审批与否认定合同效力

——晖鸿公司与汉亨公司等合同纠纷申请再审案

- **案　　号**　（2021）最高法民申1817号
- **合议庭成员**　贾清林、于明、朱科
- **关 键 词**　民事/合同纠纷/外资企业/备案管理
- **相关法条**　《中华人民共和国外资企业法》[①]第23条

【裁判要旨】

2016年《外资企业法》修正后，除列入国家规定的准入特别管理措施的之外，原有外资企业相关审批事项均适用备案管理；作为配合实施的《外资企业法实施细则》依然规定了相关审批事项，但该法规自2014年后再无修改。二者不一致时，应适用最新法律的规定，并据此认定涉外商投资合同的效力。

【案情摘要】

汉亨公司与晖鸿公司（台港澳法人独资）签订了《物业转让协议》，后汉亨公司依约支付相应转让价款，而晖鸿公司未依约履行协助过户登记义务。汉亨公司遂提起本案诉讼请求确认《物业转让协议》合法有效、晖鸿公司承担违约责任等，晖鸿公司则主张在2020年1月1日《外商投资法》实施之前，案涉协议因未依法经审批机关批准而未生效，其行为不构成违约。一审、二审法院判决均确认《物业转让协议》合法有效，晖鸿公司不服，向最高人民法院申请再审，遂成本案。

（撰写人：贾清林、乔希木）

---

① 该法已失效。

11 关于原告是否系与本案有直接利害关系的公民、法人和其他组织的认定

——博华企业与电子信息公司、新烽火公司确认合同效力纠纷申请再审案

- **案　　号**　（2021）最高法民申 2141 号
- **合议庭成员**　何波、陈宏宇、张梅
- **关 键 词**　民事 / 确认合同效力纠纷 / 原告资格
- **相关法条**　《中华人民共和国民事诉讼法》第 119 条①

【裁判要旨】

第三人不是签订案涉协议的当事人，案涉协议并未直接处分其财产，未对其造成直接损失，且没有证据证明各方当事人之间存在恶意串通损害第三人利益的主观故意的，该第三人与案涉《协议书》无直接利害关系，非适格原告。

【案情摘要】

2008 年 8 月 5 日，张某、张某建与电子信息公司、新烽火公司签订《股权转让协议书》，约定张某、张某建将其持有的升泰公司 100% 的股权转让给电子信息公司、新烽火公司。协议签订后，电子信息公司、新烽火公司支付张某、张某建股权转让款 5000 万元，双方办理了股权变更登记手续。后因升泰公司水木倾城项目无法开发，电子信息公司、新烽火公司于 2011 年开始与张某、张某建商谈退股事宜，双方于 2011 年 10 月 20 日签订《协议书》约定，鉴于项目合作至今未能完成，各方同意按照《股权转让协议》的约定，由甲、乙方（电子信息公司、新烽火公司）将其受让的升泰公司 100% 股权退回丙、丁方（张某、张某建），同时进行工商变更登记；丙、丁方同意在退回全部股权至丙、丁名下后，即时退回甲、乙方已支付款项 5000 万元……当日双方与浦发银行西安钟楼支行签订《账户冻结协议书》。博华企业向法院起诉请求：判决确认 2011 年 10 月 20 日签订的《协议书》无效，判令电子信息公司、新烽火公司共同向博华企业支付人民币 5000 万元及资金占用利息。

（撰写人：张　梅、张义敏）

---

① 对应《中华人民共和国民事诉讼法》（2023 年修正）第 122 条。

12 不动产买卖合同不以能否办理物权登记作为生效依据
——赵村村委会与雅兰公司、兆群公司确认合同效力纠纷申请再审案

- **案　　号**　（2021）最高法民申 2668 号
- **合议庭成员**　张淑芳、李敬阳、吴凯敏
- **关 键 词**　民事 / 确认合同效力纠纷案 / 物权登记 / 合同效力
- **相关法条**　《中华人民共和国物权法》第 15 条[①]

【裁判要旨】

房产营销公司与开发商签订不动产买卖合同，约定房产营销公司继续开发经营并分户销售协议所涉房屋，收益归其所有，其并非直接成为业主。房产营销公司是否能够依照订立的不动产买卖合同办理物权登记，对该不动产买卖合同的效力并无影响。

【案情摘要】

赵村村委会与兆群公司签订《联合开发协议书》，合作开发位于新乡市的雅兰花园社区开发房产项目。《联合开发协议书》约定，赵村村委会负责办理建筑施工手续等事宜，兆群公司负责建设、绿化和道路事宜。后兆群公司因资金困难无力继续开发，与雅兰公司签订《房屋团购买卖协议》及《房屋团购买卖补充协议》，将部分已建成房屋及烂尾工程、物业管理权等一并转让给雅兰公司。赵村村委会遂提起诉讼，请求确认《房屋团购买卖协议》及《房屋团购买卖补充协议》无效。赵村村委会主张雅兰花园社区开发房产项目为新型农村社区建设项目，根据新乡市相关文件的规定，雅兰公司不具备受让新型农村社区住房的资格，转让手续也不符合规定，雅兰公司无法办理后续不动产登记手续。

（撰写人：吴凯敏）

[①]　对应《中华人民共和国民法典》第 215 条。

13 认定合同相对人应当知晓法定代表人超越权限签订合同的考量因素

——天津易代储公司与兰博尔新能源公司等租赁合同纠纷申请再审案

- **案　　号**　（2021）最高法民申 2687 号
- **合议庭成员**　张淑芳、李敬阳、吴凯敏
- **关 键 词**　民事 / 租赁合同纠纷 / 法定代表人越权签订合同 / 相对人
- **相关法条**　《中华人民共和国合同法》第 50 条①

【裁判要旨】

国有独资控股公司签订的租赁合同约定：双方承诺均已取得签署本合同所必经的权力机构批准、审核、备案或授权。由此可推知合同相对人知晓国有独资控股公司在履行案涉租赁合同义务前应当完成审批手续。在此情形下，合同相对人仍与国有独资控股公司倒签租赁合同，约定较低租金，且该租赁业务非该国有独资控股公司日常经营主业的，可认定合同相对人知晓国有独资控股公司法定代表人超越权限签订案涉租赁合同。

【案情摘要】

兰博尔新能源公司与宋某明、孙某材签订《租赁经营框架协议》，约定向其出租兰博尔新能源公司厂房园区。后兰博尔新能源公司的法定代表人孟某军又与天津易代储公司及宋某明签订《郑州国际物流园区整体租赁合同》《补充协议》《合作协议书》3 份合同，约定向天津易代储公司、宋某明出租兰博尔新能源公司厂房园区。兰博尔新能源公司提起诉讼，以孟某军超越法定代表人权限签署案涉 3 份合同为由，请求确认合同无效。天津易代储公司反诉请求兰博尔新能源公司继续履行案涉 3 份合同，并赔偿因前期未交付园区给其带来的租金损失。经审理查明，案涉 3 份合同日期系孟某军事后倒签，天津易代储公司及宋某明未落款合同日期。已有生效刑事判决认定孟某军在案涉 3 份合同上加盖了伪造的兰博尔新能源公司印章。案涉 3 份合同约定的租金低于园区周边价格，亦低于天津易代储公司索赔的租金损失。孙某

---

① 对应《中华人民共和国民法典》第 504 条。

材称天津易代储公司不能完全代表自己。

（撰写人：吴凯敏）

14 单方赎回承诺不论是否对外披露，均对承诺人产生效力
——中兴天恒能源科技（北京）股份公司与上海朝阳公司等合同纠纷申请再审案

- **案　　号**　（2021）最高法民申 2805 号
- **合议庭成员**　刘崇理、潘勇锋、张颖
- **关 键 词**　民事 / 合同 / 赎回承诺
- **相关法条**　《全国法院民商事审判工作会议纪要》第 91 条

【裁判要旨】

当事人单方出具的履行到期回购义务的承诺性文件，表明其愿意在约定的期限内以现金形式收购他人所持有的合伙企业的合伙份额。该承诺为单方赎回承诺，从内容看不能成立保证合同关系，无论是否对外公告披露，该承诺性文件均对出具人具有法律效力。

【案情摘要】

2019 年，中兴天恒能源科技（北京）股份公司（原名长春中天能源股份有限公司，以下简称长春中天公司）向 1 号基金、上海朝阳公司、盛世景公司出具《承诺函》。《承诺函》主要载明：长春中天公司承诺如下：（1）长春中天公司自愿在 2019 年 6 月 30 日之前以现金形式收购上海朝阳公司所持有的有限合伙企业的合伙份额。收购价格应按照以下方式计算……（2）长春中天公司自愿在 2019 年 5 月 6 日之前通过长春中天公司董事会或者股东会就此次收购事项的审议，并就该事项进行公告披露。（3）若于 2019 年 6 月 30 日长春中天公司无法完成收购或者 2019 年 5 月 6 日之前长春中天公司董事会或者股东会未通过本次收购事项的决议，约定了违约责任。

长春中天公司抗辩主张，《承诺函》属于保证性质，违反了上市公司对外担保的规定，应属无效。

（撰写人：潘勇锋）

15 人民法院应当基于当事人主张的可撤销事由对合同效力进行审查，而不能无视当事人的主张，依职权对全部的可撤销事由进行全面审查
——邱某斌、中闽公司与李某华等4人合同纠纷申请再审案

- **案　　号**　（2021）最高法民申2991号
- **合议庭成员**　胡夏冰、于明、贾清林
- **关 键 词**　民事 / 合同纠纷 / 显失公平 / 可撤销事由
- **相关法条**　《中华人民共和国合同法》第54条①

【裁判要旨】

人民法院应当基于当事人主张的可撤销事由对合同效力进行审查，而不能无视当事人的主张，依职权对全部的可撤销事由进行全面审查。

【案情摘要】

李某华在微信上曾多次与邱某斌就双方债务协商过偿还事宜。在邱某斌因车祸受伤住院期间（2019年9月22日，出院前5天），李某华等4人与邱某斌签订《借款偿还协议》，确认邱某斌欠李某华等4人本金2184万元、2018年8月31日前的利息1584万元，事后中闽公司在该协议上加盖了公章以及法定代表人私章。邱某斌、中闽公司认为《借款偿还协议》是在邱某斌病情危重、神志不清的情形下签订的，违背了邱某斌的真实意思，系乘人之危，遂诉至法院，请求撤销该协议。

一审法院认为，邱某斌认为其在神志不清情形下签订的《借款偿还协议》，李某华等4人系乘人之危的主张不能成立，但《借款偿还协议》对邱某斌、中闽公司显失公平。一审法院判决撤销《借款偿还协议》。

二审法院认为，邱某斌、中闽公司以乘人之危为由主张撤销合同的理由不成立。一审中邱某斌、中闽公司并未以显失公平的事由主张撤销《借款偿还协议》，一审法院以显失公平为由撤销《借款偿还协议》不当。二审法院判决撤销一审判决，驳回了邱某斌、中闽公司的诉讼请求。

---

① 参见《中华人民共和国民法典》第147条、第148条、第149条、第150条、第151条。

邱某斌、中闽公司向最高人民法院申请再审，最高人民法院裁定认为二审判决适用法律正确，驳回了再审申请。

（撰写人：丁 一）

16 当事人之间关于土地出让金以奖励形式返还的条款是否有效
——复星公司与桐坪镇政府合同纠纷申请再审案

- 案　　号　（2021）最高法民申 3012 号
- 合议庭成员　黄鹏、李延忱、郁琳
- 关 键 词　民事 / 合同纠纷 / 合同效力 / 土地出让金返还
- 相关法条　《中华人民共和国合同法》第 52 条 ①

【裁判要旨】

当事人之间关于土地出让金以奖励形式返还的条款，若奖励来源于返还或者让渡部分土地出让收益，则损害了他人合法权益，依法应属无效。

【案情摘要】

复星公司与桐坪镇政府签订《项目合作协议书》，合作开发桐坪复星商贸城项目。在案涉协议第 3 条中约定：如挂牌竞价未超过 60 万元 / 亩，甲方则扣除超基价溢价部分的 30%；如挂牌竞价超过 60 万元 / 亩，甲方再扣除超出部分的 20% 加上工作经费后，于 15 个工作日内凭乙方提供的有效手续将土地出让收益全部奖励给乙方用于中心幼儿园、市政基础设施建设等项目支出。复星公司认为上述条款合法有效，并诉请主张桐坪镇政府应当支付项目配套资金。桐坪镇政府认为奖返土地出让金系无效约定，且该约定的前提是复星公司需将土地出让金用于中心幼儿园、市政基础设施建设。一审、二审法院经审理未支持复星公司的诉讼请求，认为该条款明显损害他人合法权益，不应得到法律的支持。

（撰写人：黄 鹏）

---

① 参见《中华人民共和国民法典》第 146 条、第 148 条、第 149 条、第 150 条、第 153 条、第 154 条。

17 国家规定的公益性海域不能以委托管理的方式变相出租经营

——信海公司与种苗管理站合同纠纷申请再审案

- **案　　号**　（2021）最高法民申 3824 号
- **合议庭成员**　麻锦亮、周其濛、季伟明
- **关 键 词**　民事 / 公益性海域 / 托管 / 变相出租 / 无效
- **相关法条**　《中华人民共和国合同法》第 52 条[①]，《中华人民共和国海域使用管理法》第 28 条，《全国法院民商事审判工作会议纪要》第 30 条

【裁判要旨】

《海域管理法》第 28 条属于保护国家海洋功能区划制度的强制性规定，涉及国家宏观政策和用海秩序的公共利益，违反该法律的民事行为属无效行为。海域使用权人对国家明确规定的非经营性、公益性海域的使用权，擅自改变用途，采取以托管的方式变相出租开发，所涉合同应认定为无效合同。

【案情摘要】

2006 年 10 月，国家海洋局作出批复，明确大连三山岛海珍品资源增殖保护区用海为公益性用海，免交海域使用金。该海域使用权人为种苗管理站，用途为海珍品原种基地，用海类型为海底管护。其后，种苗管理站与信海公司签订《协议书》，将该海域以托管为名，交付信海公司管理使用，种苗管理站收取信海公司每年交纳的基金。信海公司在管理使用中进行了事实的养殖、捕捞，获取较高商业利益。后因基金拖欠，双方发生纠纷，种苗管理站诉至法院要求解除《协议书》。

（撰写人：季伟明）

[①] 参见《中华人民共和国民法典》第 146 条、第 148 条、第 149 条、第 150 条、第 153 条、第 154 条。

18 侵害优先购买权是否构成合同无效的理由
——北方化工总公司与长城资产管理公司、崔某明等确认合同无效纠纷申请再审案

- 案　　号　（2021）最高法民申 4717 号
- 合议庭成员　周其濛、麻锦亮、孙勇进
- 关 键 词　民事／合同纠纷／确认合同无效纠纷／优先购买权
- 相关法条　《中华人民共和国合同法》第 52 条①

【裁判要旨】

侵害优先购买权不是导致合同无效的法定事由。基于平等保护的理念，当事人之间签订的合同能够反映双方的真实意思表示，不违反法律、行政法规的强制性规定，无影响合同效力的其他情形，应当认定合同有效。《最高人民法院关于审理涉及金融不良债权转让案件工作座谈会纪要》系基于特殊历史背景而制定，当前形势发生较大变化，对此应当谨慎、严格适用。

【案情摘要】

联合化工厂向银行借款，福利化工厂作为保证人提供担保。还款期限届满后，联合化工厂未还款，银行诉至法院，法院判决支持银行的诉讼请求，联合化工厂、福利化工厂均未履行生效判决确定的还款义务，银行遂申请强制执行，法院查封了福利化工厂名下的房屋。此后，银行将该笔债权转让给长城资产管理公司。北方化工总公司作为联合化工厂、福利化工厂的主管单位，在执行阶段与长城资产管理公司协商欲以 135 万元购买长城资产管理公司对联合化工厂、福利化工厂的该笔债权，但未能达成一致意见。长城资产管理公司将此债权公开拍卖，崔某明以 199 万元的价格竞拍成功，北方化工总公司以侵害优先购买权为由诉至法院，请求法院确认长城资产管理公司与崔某明的买卖合同无效。

（撰写人：麻锦亮、李　薇）

---

①　参见《中华人民共和国民法典》第 146 条、第 148 条、第 149 条、第 150 条、第 153 条、第 154 条。

19 合同既约定转让山地所有权又约定转让山地使用权的，是否全部认定无效

——鑫霞村二十八组与陈某1、陈某2确认合同无效纠纷申请再审案

- 案　　号　（2021）最高法民申4734号
- 合议庭成员　耿宝建、黄西武、寇秉辉
- 关 键 词　民事/合同效力/山地所有权/山地使用权
- 相关法条　《中华人民共和国土地管理法》第2条第1款

【裁判要旨】

山地所有权与山地使用权的转让并非不可分，当事人关于转让山地所有权的约定部分无效并不当然影响山地使用权转让约定部分的效力。

【案情摘要】

案涉合同协商一致的意思表示包含对案涉林木、山地所有权和使用权的转让，关于转让山地所有权的约定违反了《土地管理法》第2条第1款关于任何单位和个人不得侵占、买卖或者以其他形式非法转让土地的规定。但山地所有权转让部分无效并不当然影响山地使用权转让的效力，且合同中转让山地使用权的约定系双方协商一致的真实意思表示，故案涉合同剔除无效部分后其余部分仍合法有效，亦未违背双方转让案涉山地使用权的订约目的。

（撰写人：高晓丹）

20 隐藏行为违反管理性强制性规定是否应认定为无效

——嘉和置业公司与许某本商品房预售合同纠纷申请再审案

- 案　　号　（2021）最高法民申5658号
- 合议庭成员　于明、贾清林、朱科
- 关 键 词　民事/虚假表示/隐藏行为/无效

• **相关法条** 《中华人民共和国合同法》第 52 条第 3 项①

【裁判要旨】

根据《民法典》的相关规定，以虚假意思表示隐藏的民事法律行为的效力，应依照有关法律规定处理。隐藏行为依其情形，可呈现出有效、无效、效力待定、可撤销等多种法律效力状态，如果隐藏行为违反强制性规定并不能当然认定为无效，《全国法院民商事审判工作会议纪要》第 30 条规定关于经营范围、交易时间、交易数量等行政管理性质的强制性规定，一般应当认定为"管理性强制性规定"，人民法院应当根据具体情形认定合同效力。

【案情摘要】

嘉和置业公司为了达到高于备案价出售房屋的目的，与许某本先签订 1 份购买高迪山别墅的合同，约定先交定金，5 日内交付剩余的尾款。双方签订合同后 5 日，嘉和置业公司向许某本发出收房确认函，通知许某本因违约没收定金，并于同日与许某本签订真正购买的高迪公馆房屋的合同，合同中的价格是真实价格减去差价之后的符合规定的价格，该行为实质上是签订虚假购房合同来让许某本支付差价，双方当事人在签订合同前对此行为已达成合意。二审法院认为购买高迪山别墅的这份合同是虚假意思表示，应为无效，但是虚假表示所隐藏的真实意思表示是其支付差价的行为，双方当事人对此都明知，并达成合意，该真实的民事法律行为应该是有效的，故改判认定购买高迪山别墅的合同是无效的，但驳回许某本要求返还定金和支付利息损失的请求。许某本不服，向最高人民法院申请再审。

（撰写人：周 伟）

21 有效合同当事人应当按照约定全面履行合同义务
——欧艺集团、刘某荣与傅某林、艾某平、田阳分公司合同纠纷申请再审案

- **案　　号**　（2021）最高法民申 5892 号
- **合议庭成员**　王涛、贾劲松、杨心忠

---

① 对应《中华人民共和国民法典》第 146 条。

- 关 键 词　民事 / 合同纠纷 / 合同履行
- 相关法条　《中华人民共和国合同法》第 44 条①、第 60 条②

【裁判要旨】

当事人订立的合同为双方真实意思表示，合同内容不违反法律、行政法规的强制性规定的，应为有效合同，当事人应按照约定全面履行自己的义务。一方当事人依合同约定而享有案涉项目开发权，且已对项目进行了事实上的投资开发，是案涉项目的实际投资人，另一方当事人应依约继续履行合同。

【案情摘要】

甲方欧艺房开公司与乙方傅某林、艾某平、汪某泉、刘某荣签订《10·26 协议书》。该协议书约定：乙方开发的本合同项目以挂靠欧艺房开公司的方式进行开发，甲方负责成立田阳分公司，专门用于乙方对本合同项目的开发。该协议书明确约定了各方当事人在挂靠期间的权利义务及具体措施，傅某林、艾某平事实上已经根据协议对案涉项目进行了大部分投资、开发和建设，傅某林、艾某平对案涉项目享有投资人权益，其对田阳分公司的经营管理，符合合同约定。《10·26 协议书》系当事人真实意思表示，协议内容不违反法律、行政法规的强制性规定，系有效合同。法院根据本案已认定事实，结合合同约定及权利转让的事实，判决《10·26 协议书》由傅某林、艾某平与欧艺集团、刘某荣继续履行。

（撰写人：张海玲）

22 合同约定一方投入资金购买医用设备后按约定方式收回投资本息并参与利润分成，该约定是否无效

——菏泽中医院与捷鹏康达公司合同纠纷申请再审案

- 案　　号　（2021）最高法民申 6313 号
- 合议庭成员　潘勇锋、张颖、李晓云
- 关 键 词　民事 / 合同无效 / 管理性强制规定

---

① 对应《中华人民共和国民法典》第 502 条。
② 对应《中华人民共和国民法典》第 509 条。

• **相关法条** 《中华人民共和国合同法》第52条①，《中华人民共和国基本医疗卫生与健康促进法》第39条第4款，《医疗机构管理条例》第23条②

【裁判要旨】

当事人在合同中虽然约定了双方共同组建成立医疗机构，但双方并未主张也未举示证据证明投资人实际参与了医疗机构的经营管理，其合作关系的实质是一方投入资金购买医用设备，再以合同约定的方式收回投资本息并参与利润分成。该合作模式并未承租、承包医疗科室，也未涉及转让、出借医疗机构执业资质，故不存在违反《基本医疗卫生与健康促进法》第39条第4款、《医疗机构管理条例》第23条等法律法规的情形。

【案情摘要】

捷鹏康达公司（甲方）与菏泽中医院（乙方）签订的《合作合同》约定，甲方投资购买乙方确定的医用设备。甲方总投资额7200万元为投资成本，合作期限为N+3年（N年为投资物还本期，3年为分成期）。投资物还本期内，中心收入扣除运营成本后的经营利润分期归还甲方投资和甲方投资利息，还清为止。自甲方投资款还清之日起，投资物所有权归乙方。3年分成期内的经营利润双方按第1年甲方50%，乙方50%；第2年甲方50%，乙方50%；第3年甲方45%，乙方55%的比例分成。分成满3年次日起，合作期限届满，本协议终止。甲方负责联系投资物供货方并投资购买投资物。投资物用于乙方临床医疗检查及治疗，交由项目中心管理。现菏泽中医院主张，合作合同违反了《基本医疗卫生与健康促进法》第39条第4款、《医疗机构管理条例》第23条及《卫生部、中医药局、财政部、国家计委关于城镇医疗机构分类管理的实施意见》第3条第7项等法律法规及政策的管理性强制规定，应当认定为无效合同。

（撰写人：李晓云）

---

① 参见《中华人民共和国民法典》第146条、第148条、第149条、第150条、第153条、第154条。

② 对应《医疗机构管理条例》（2022年修订）第22条。

23 合同约定以确保项目公司在特定的价格区间内竞到国有土地使用权作为先履行条件的,是否必然无效
——中京博泰公司与恒大公司、永鑫公司合同纠纷申请再审案

- **案　　号**　（2021）最高法民申 7170 号
- **合议庭成员**　麻锦亮、季伟明、孙勇进
- **关　键　词**　民事 / 合同效力 / 招标
- **相关法条**　《中华人民共和国招标投标法》第 5 条,《中华人民共和国合同法》第 32 条①、第 45 条②

【裁判要旨】

合同约定以确保项目公司在特定的价格区间内竞到国有土地使用权作为先履行条件,未影响国有土地需要经过公开招投标才能获取的原则,不宜认为是招标、投标过程中存在围标串标、排挤其他投标人、用行贿手段谋取中标等违反《招标投标法》强制性规定的行为而据此认定合同无效。

【案情摘要】

2018 年 6 月 6 日,中京博泰公司与恒大公司签订《合作开发协议》,约定成立项目公司永鑫公司,通过招拍挂程序竞买案涉地块的土地使用权,约定中京博泰公司"负责协调政府规划部门出具项目地块的控制性详细规划,保证规划指标符合本协议第 2 条第 2 款'经济技术指标'的要求,负责协调政府国土部门于 2018 年 7 月 1 日前发布项目地块净地挂牌出让公告,项目地块的挂牌起始价不高于 110 万元 / 亩,可确保项目公司以实际成交单价不高于 110 万元 / 亩的标准竞得项目地块"。同年 7 月 4 日,永鑫公司根据恒大公司的指示参与了案涉地块国有土地使用权的公开拍卖,但因超时被视为自动放弃参与二次竞价,未能拍得土地。中京博泰公司遂依据协议约定起诉恒大公司、永鑫公司承担违约责任。

（撰写人：孙勇进）

---

① 对应《中华人民共和国民法典》第 490 条第 1 款。
② 参见《中华人民共和国民法典》第 158 条、第 159 条。

最高人民法院裁判要旨精选

24 债权人无权请求确认与其无直接利害关系的债务人和次债务人之间的合同无效

——汇邦公司与恒森公司、唐某等债权人代位权纠纷申请再审案

- **案　　号**　（2021）最高法民申 7235 号
- **合议庭成员**　郎贵梅、王朝辉、刘丽芳
- **关 键 词**　民事 / 合同 / 债权人代位权 / 合同效力
- **相关法条**　《中华人民共和国民事诉讼法》第 119 条①，《中华人民共和国合同法》第 73 条②

【裁判要旨】

《民法典》第 535 条规定，债权人行使代位权的客体为债权或者该债权有关的从权利。债权人请求确认债务人和次债务人之间的合同效力的权利不在此限。债权人与债务人和次债务人之间的合同无直接利害关系的，无权提起债权人代位权之诉。

【案情摘要】

恒森公司与唐某签订《乌江地产沙冲路项目内部承包协议》，约定恒森公司将其与乌江公司建设工程施工合同中享有的全部权利和义务以内部承包的形式转包给唐某，唐某支付恒森公司包干收益 6600 万元。合同签订后，唐某支付包干收益 4500 万元。另外，唐某与汇邦公司存在借款纠纷，经法院调解书确认，汇邦公司对唐某享有 4900 万元本金和 3616.9 万元利息债权。因唐某不履行到期债权，汇邦公司向法院提起债权人代位权诉讼，请求确认恒森公司与唐某签订的《乌江地产沙冲路项目内部承包协议》无效。

（撰写人：郎贵梅、牛伟强）

---

① 对应《中华人民共和国民事诉讼法》（2023 年修正）第 122 条。
② 对应《中华人民共和国民法典》第 535 条。

25 双方虚构债权债务关系签订的债权转让协议无效
——莲花味精集团公司与惠某军、格林化工公司、北辰投资公司确认合同效力纠纷申请再审案

- **案　　号**　（2021）最高法民申7376号
- **合议庭成员**　张淑芳、李敬阳、吴凯敏
- **关 键 词**　民事/确认合同效力/债权债务转让
- **相关法条**　《中华人民共和国合同法》第52条①

【裁判要旨】

若债权转让合同系合同双方虚构债权债务关系而签订，双方实则并无债务需抵偿，该债权转让协议无效。

【案情摘要】

格林化工公司、北辰投资公司、莲花味精集团公司、莲花味精股份公司、河南恒生中科化工股份公司5方达成协议，莲花味精集团公司将其对格林化工公司的1500万元的债务、对北辰投资公司的1000万元的债务（合计2500万元）转移给莲花味精股份公司，莲花味精股份公司继续为河南恒生中科化工股份公司的3000万元贷款担保。后，格林化工公司、北辰投资公司与惠某军签订《债权转让协议》，约定格林化工公司、北辰投资公司将其对莲花味精股份公司享有的2500万元债权及利息转让给惠某军，用以抵偿格林化工公司、北辰投资公司欠惠某军的虚构债务，并向莲花健康产业集团股份有限公司（原莲花味精股份公司）发出债权转让通知。莲花味精集团公司认为该转让行为侵害了其债权的实现，遂提起本案诉讼。

（撰写人：张淑芳）

---

① 参见《中华人民共和国民法典》第146条、第148条、第149条、第150条、第153条、第154条。

26 合同无效的赔偿范围仅限于信赖利益损失,不包括可得利益损失

——振鲁公司与长城公司合资、合作开发房地产合同纠纷申请再审案

- 案　　号　（2021）最高法民申 7389 号
- 合议庭成员　汪治平、王丹、肖峰
- 关 键 词　民事 / 合资、合作开发房地产合同 / 可得利益 / 信赖利益
- 相关法条　《中华人民共和国合同法》第 113 条①

【裁判要旨】

在案涉协议无效的情况下,有过错方承担的是缔约过失责任,不符合《民法典》第 584 条规定的存在违约责任的前提条件,赔偿范围限于信赖利益损失,不包括可得利益损失。

【案情摘要】

振鲁公司与长城公司签订协议合作建房,后发生争议,经另案审理认定协议无效,判决已生效。振鲁公司遂起诉主张赔偿损失,包括资产权益款、代缴土地出让金资金占用费、拆迁补偿款。一审判决部分支持了振鲁公司的诉讼请求。振鲁公司不服,主张长城公司应当向其支付资产权益款和拆迁补偿款。经审理,二审判决维持原判。振鲁公司申请再审,主张在长城公司明显违约的情况下,振鲁公司有权要求长城公司赔偿包含可得利益的损失数额。

（撰写人：王　丹、徐　上）

---

① 对应《中华人民共和国民法典》第 584 条。

合同履行 ▶▶▶

1 政策调整是否构成情势变更，应依据当事人可预见性、是否对一方明显不公平等因素予以认定
——中铁二局与滕王阁公司股东出资纠纷上诉案

- **案　　号**　（2020）最高法民终 629 号
- **合议庭成员**　马岚、马成波、葛洪涛
- **关 键 词**　民事 / 情势变更 / 解除合同
- **相关法条**　《最高人民法院关于适用〈中华人民共和国合同法〉若干问题的解释（二）》第 26 条①

【裁判要旨】

情势变更制度适用目的是在合同订立后因客观情势发生重大变化，导致当事人之间权利义务严重失衡的情形下，通过变更或者解除合同，以消除合同因情势变更所产生的不公平后果。关于政策调整是否构成情势变更，应当重点审查当事人订立合同时是否无法预见政策调整的风险，以及政策调整是否构成对一方当事人明显不公平。"明显不公平"应是指继续履行合同会造成一方当事人履约能力严重不足、履约特别困难、继续履约无利益并对其利益造成重大损害、明显违反公平、等价有偿原则等情形。并且，依照适用情势变更制度的相关法律规定，符合情势变更法定情形的，人民法院应结合案件的实际情况，根据公平原则变更或者解除合同。按照合同严守原则，人民法院应先予考虑变更合同，调整双方权利义务，非达到必要程度，应慎重对待解除合同。

【案情摘要】

中铁二局反诉滕王阁公司股东出资纠纷，主要诉讼请求为请求确认案涉系列协议已经中铁二局通知而解除，并请求判令滕王阁公司向同基公司支付利息等，主要理由：双方签订案涉系列合同后，因当地涉铁优惠政策发生了双方无法预见的变化，可能大幅度增加履约成本，属于重大情势变更，据此请求确认案涉合同解除。四川

---

① 该解释已失效，参见《民法典》第 533 条。

省高级人民法院一审判决驳回其确认解除合同的反诉请求，其不服向最高人民法院提出上诉。

（撰写人：马　岚）

2 当事人约定由第三人履行的，合同利益归属于当事人而非第三人
——诠生堂公司与乾亨公司等金融借款合同纠纷再审案

- 案　　号　（2021）最高法民再47号
- 合议庭成员　麻锦亮、周其濛、季伟明
- 关 键 词　民事／第三人履行／履行辅助人／合同利益
- 相关法条　《中华人民共和国合同法》第64条①，《中华人民共和国民事诉讼法》第119条②

【裁判要旨】

当事人合同约定由第三人履行的，原则上合同利益在于当事人之间而非第三人。如合同仅约定由第三人履行合同具体内容，即其仅为履行辅助人，而合同权利义务归属于双方当事人的，第三人无权以其具体履行行为主张合同利益或以当事人身份主张权利。

【案情摘要】

2007年，大东贸公司与企业家公司共同投资成立乾亨公司。2010年，甲方恒生公司、诠生堂公司，乙方企业家公司与丙方大东贸公司签订协议书约定：甲方以该企业的拆迁补偿项目作为投资，乙方以2000万元作为投资，甲乙双方共同将资产投入乾亨公司（平台公司），由乾亨公司完成企业拆迁补偿项目工作。企业拆迁补偿项目剥离完成后的净资产（包括无形资产），补偿金甲乙双方各分配50%等。协议书附件约定了在拆迁项目中，厂房损失、经营损失、工人损失、药品文号灭失等补偿谈判的权利归乾亨公司所有。

---

① 对应《中华人民共和国民法典》第522条。
② 对应《中华人民共和国民事诉讼法》（2023年修正）第122条。

后企业拆迁项目未能顺利进行，2013年，诠生堂公司与案外人签订合同，约定其由案外人一次性兼并收购。乾亨公司以已支付2000万元为由，诉请判令诠生堂公司返还收到的案外人的财产转让款。

（撰写人：季伟明）

3 付款人不能以收款人未开具发票为由拒不履行付款义务

——西藏舜风公司与陕西必康公司广告合同纠纷申请再审案

- 案　　号　（2021）最高法民申232号
- 合议庭成员　刘崇理、黄年、潘勇锋
- 关　键　词　民事 / 合同 / 合同履行 / 增值税发票
- 相关法条　《中华人民共和国合同法》第60条[①]、第107条[②]、第108条[③]、第109条[④]

【裁判要旨】

开具增值税专用发票对于收款人应当履行的主要合同义务而言属于附随义务。合同虽约定收款人应在付款前向付款人开具发票，但付款人以未开具发票为由拒不履行付款义务，其理由不能成立。

【案情摘要】

西藏舜风公司与陕西必康公司签订了《广告发布合同》等6份合同，约定陕西必康公司委托西藏舜风公司在CCTV媒体上发布广告、撰写公关稿件等事项，对合同金额、违约责任、广告发布方式、付款方式、资料交付等作出约定。后陕西必康公司出具《停播通知函》，内容为：因陕西必康公司资金周转困难，双方合同终止。西藏舜风公司根据双方合同约定为陕西必康公司发布了广告，陕西必康公司现尚欠广告发布及服务费、广告制作费等。

[①] 对应《中华人民共和国民法典》第509条。
[②] 对应《中华人民共和国民法典》第577条。
[③] 对应《中华人民共和国民法典》第578条。
[④] 对应《中华人民共和国民法典》第579条。

西藏舜风公司起诉请求陕西必康公司支付相关费用。陕西必康公司提出的抗辩之一为：合同约定西藏舜风公司应在付款前向陕西必康公司开具发票，但其尚未开具发票，因此不应付款。

（撰写人：潘勇峰）

4 当事人关于当未来某一不确定事实发生时双方履行债务的约定，应被视为关于履行期限的约定

——肖某华与张某作等借款合同纠纷上诉案

- 案　　号　（2021）最高法民终 374 号
- 合议庭成员　王朝辉、郎贵梅、刘丽芳
- 关　键　词　民事 / 借款合同纠纷 / 公司公章效力
- 相关法条　《中华人民共和国公司法》第 20 条①，《中华人民共和国民法总则》第 158 条②、第 160 条③，《中华人民共和国合同法》第 62 条④

【裁判要旨】

当事人对已经存在的确须履行的债务，约定当未来的某一不确定事实发生时履行，该类约定形式上看是有关履行条件的约定，但就其本质而言则是有关履行期限的约定，只不过是不确定的履行期限。不确定的履行期限与履行期限约定不明类似，可参照适用《合同法》第 62 条关于履行期限约定的规定。在合理期限经过后，基于诚信原则，债权人起诉债务人履行债务的，人民法院应该将不确定的履行期限通过诉讼予以明确，这也是司法纠纷解决功能的必然要求。

【案情摘要】

2012 年 1 月 29 日，肖某华与老洞河煤矿、左某盘签订借款合同，老洞河煤矿向肖某华借款 1600 万元，借款期限 1 个月，左某盘承担连带担保责任。其后，肖某华打款，老洞河煤矿出具了收据。2015 年 7 月 9 日，肖某华、老洞河煤矿以及左某

---

① 参见 2023 年修正、2024 年 7 月 1 日施行的《中华人民共和国公司法》第 21 条、第 23 条。
② 对应《中华人民共和国民法典》第 158 条。
③ 对应《中华人民共和国民法典》第 160 条。
④ 对应《中华人民共和国民法典》第 511 条。

盘签订了《补充协议》，明确左某盘尚欠本金1200万元，左某盘承担无限连带担保责任，第5条约定："待左某盘从中铝贵州分公司收回债权或者其他地方收回压覆补偿款还清甲方（肖某华）本金，另借给甲方（肖某华）1200万元免利息，以前签订的所有协议及承诺书作废。"2016年4月，肖某华向一审法院起诉要求老洞河煤矿、左某盘、老洞河煤矿执行事务合伙人张某作承担还款责任。各方就《补充协议》第5条的履行性质发生争议。

（撰写人：王朝辉、张东一）

5 合同一方当事人未履行在先合同义务的，对方当事人有权拒绝相应的履行请求
——恒大公司与李某飞等合同纠纷申请再审案

- **案　　号**　（2021）最高法民申1628号
- **合议庭成员**　宋冰、陈宏宇、张梅
- **关 键 词**　民事 / 合同纠纷 / 同时履行抗辩权
- **相关法条**　《中华人民共和国合同法》第67条①

【裁判要旨】

在合同对当事人双方履行各自义务的时间节点有明确约定的情况下，合同一方当事人未履行在先合同义务的，对方当事人有权拒绝相应的履行请求，且不构成违约。

【案情摘要】

李某飞等与恒大公司签订的案涉合作协议约定，恒大公司结束尽职调查并选择继续履行协议后10个工作日，应向李某飞等支付定金1000万元；30日内李某义、李某献将所持有的项目公司全部股权质押给恒大公司并办理完质押登记手续。李某飞一方完成该义务后，需负责解决协议附件3中披露的项目公司负债及担保，恒大公司需付款积极配合李某飞一方。恒大公司依约支付1000万元定金后，李某飞等未

---

① 对应《中华人民共和国民法典》第526条。

履行上述质押义务。后恒大公司诉请李某飞等承担相应违约责任。

（撰写人：陈宏宇、赵　静）

6 代为接受履行的第三人未获授权不能主张原合同权利
——香江公司、赤龙令公司与新华社海南分社、
民联公司建设用地使用权转让合同纠纷申请再审案

- 案　　号　（2021）最高法民申 1774 号
- 合议庭成员　贾清林、于明、朱科
- 关 键 词　民事 / 建设用地使用权转让合同纠纷 / 第三人代为接受履行
- 相关法条　《中华人民共和国合同法》第 64 条 ①

【裁判要旨】

第三人代为接受履行，在未获原合同权利人授权的情况下，向原合同义务人主张合同权利，缺乏相应的合同基础和法律依据。

【案情摘要】

新华社海南分社与民联公司就案涉土地合作开发事宜先后签订一系列协议。后为办理土地过户，双方约定将原合同书中的民联公司改为香江公司、赤龙令公司，但原合同书合作方式不变，债权债务不变，土地过户完成后新合同书作废。随后，新华社海南分社与香江公司、赤龙令公司签订《合同书》（与民联公司签订的《合同书》内容完全一致）和《土地使用权转让合同》。后香江公司、赤龙令公司因土地过户事宜与新华社海南分社发生纠纷，遂提起本案诉讼。一审、二审判决均未支持其诉求，香江公司、赤龙令公司不服向最高人民法院申请再审，遂成本案。

（撰写人：贾清林、乔希木）

---

① 对应《中华人民共和国民法典》第 522 条。

7 对合同约定内容是否为笔误的判断，应结合条款的整体内容、逻辑、合同目的综合认定
——孙某虎与李某胜、奇某泉民间借贷纠纷申请再审案

- **案　　号**　（2021）最高法民申 2185 号
- **合议庭成员**　刘银春、司伟、赵风暴
- **关 键 词**　民事 / 民间借贷 / 债务转移
- **相关法条**　《中华人民共和国合同法》第 84 条①

【裁判要旨】

当事人对约定存在分歧的情况下，则应结合本条款的前后内容加以理解。本案在逻辑上，当事人有关"案外人已经给付出借人的借款，作为借款人偿还出借人的借款处理，出借人不再退给第三人"的约定与有关"该权利义务全部由第三人承担"约定存在逻辑上的不当。在合同目的上，当事人有关"该权利义务全部由第三人承担"的约定内容也无法实现当事人放弃一部分权益而快速收回出借资金的合同目的。在体系解释上，对比有关合同约定内容，如按照借款人有关案涉债务已由原债务人转移至新债务人的主张，无法从整体上对当事人所约定条文内容作合理解释。基于此，当事人有关"该权利义务全部由第三人承担"约定内容系笔误的主张，能够获得支持。

【案情摘要】

2010 年 10 月 14 日，李某胜、奇某泉向孙某虎借款 3000 万元，约定月利率为 3%，孙某虎实际给付的金额为 2910 万元。2011 年 4 月 14 日，李某胜、奇某泉向孙某虎重新出具案涉借据，金额为 3000 万元，约定月利率为 3%。

另查明，2014 年 9 月 24 日，孙某虎（甲方）、李某胜（乙方）、宋某山（丙方）签订债务转让协议一份，协议约定：因乙方于 2011 年 10 月 14 日向甲方借款 3000 万元，丙方偿还乙方向甲方借款，经甲方同意，丙方以 1800 万元抵清乙方欠甲方借款，具体达成如下协议："一、丙方以现金方式替乙方偿还借款 1800 万元，具体还

---

① 对应《中华人民共和国民法典》第 551 条。

款方式如下：1. 本协议生效时3日内丙方给付甲方600万元（其中包括呼某于2014年4月29日和2014年7月21日替乙方还款40万元，奇某泉于8月12日替乙方还款10万元）。2. 于2014年11月10日前给付甲方400万元，2015年3月10日前逐步给付甲方剩余800万元借款。二、丙方如按照第1条约定全部履行，甲乙双方的债权债务全部履行完毕，甲乙双方解除全部债权债务，甲方无权再以任何理由向乙方主张借款。三、如丙方未能按期履行，仍按原借款协议约定权利义务履行。该权利义务全部由丙方承担。丙方已经给付甲方的借款，作为乙方偿还甲方的借款处理，甲方不再退还丙方。"

孙某虎向法院起诉请求判令李某胜、奇某泉偿还3000万元本金及利息。

（撰写人：赵风暴）

8 合同成立以前已经发生客观情况变化，不构成情势变更
——上方公司与中国人民解放军某部队合同纠纷申请再审案

- 案　　号　（2021）最高法民申3257号
- 合议庭成员　麻锦亮、周其濛、季伟明
- 关　键　词　民事／情势变更
- 相关法条　《最高人民法院关于适用〈中华人民共和国合同法〉若干问题的解释（二）》第26条①

【裁判要旨】

《最高人民法院关于适用〈中华人民共和国合同法〉若干问题的解释（二）》第26条规定："合同成立以后客观情况发生了当事人在订立合同时无法预见的、非不可抗力造成的不属于商业风险的重大变化。"以上情势变更原则成立前提是合同成立以后发生的客观情况变化，对于合同成立以前已经发生变化，当事人已经知晓的，事后以情势变更抗辩的主张不能成立。

---

①　该解释已失效，参见《中华人民共和国民法典》第533条。

【案情摘要】

中国人民解放军某部队与上方公司签订换建协议,中国人民解放军某部队将土地及楼房出让给上方公司,上方公司补偿给中国人民解放军某部队2.489亿元。后因部分补偿款没有给付,中国人民解放军某部队起诉上方公司,上方公司提出反诉要求案涉2200余平方米土地变更权属登记。

(撰写人:李知博)

9 技术开发主体应向合同相对方就合同内容予以充分告知、说明

——星火公司与辽宁省市场监督管理局计算机软件开发合同纠纷申请再审案

- 案 号 (2021)最高法民申3295号
- 合议庭成员 麻锦亮、周其濛、季伟明
- 关 键 词 民事/计算机软件开发合同/告知/说明/商业自主权
- 相关法条 《中华人民共和国民法总则》第7条①,《中华人民共和国合同法》第60条②

【裁判要旨】

计算机软件开发合同中,开发主体作为专业从事软件设计、开发的一方,在订立合同时,应当对履行合同的效果,以及技术弱势的合同相对方可能产生的负担内容,特别是技术设备配套、额外付费等项目尽到全面、专业、合理的告知、说明义务,供相对方参考以行使是否缔约、价款谈判等商业自主权。开发主体未尽到上述合同义务,在缔约及履行合同过程中存在隐瞒、回避、捆绑销售等违约行为的,应当承担相应的违约责任。

【案情摘要】

2011年6月,星火公司与辽宁省市场监督管理局(以下简称辽宁市场监管局)

---

① 对应《中华人民共和国民法典》第7条。
② 对应《中华人民共和国民法典》第509条。

签订政府采购合同，约定辽宁市场监管局采购星火公司使用辽宁市场监管局平台数据开发的监管系统和软件。其后，星火公司交付了系统，收到货款。该系统里使用的核心软件为临时授权件，对该系统至关重要的地图应用程序、格式数据均没有配置。2013年12月，因系统数据、临时授权件、地图应用等原因，系统停用。

后双方两次签订会议纪要，主要内容有星火公司对系统升级并将地图应用纳入；辽宁市场监管局购买正式授权件，且购买的前提是星火公司解决前述相关问题。后会议纪要未履行，案涉系统因中间件临时授权到期，于2014年5月停止运行。2015年3月，辽宁市场监管局向他人另行购置了监管系统。辽宁市场监管局一审诉请解除合同退还价款，星火公司反诉主张维护费用。

（撰写人：李伟明）

10 不能确定履行顺序的双务合同，不适用先履行抗辩权和不安抗辩权
——张某生与曾某亮、曾某容合同纠纷申请再审案

- 案　　号　（2021）最高法民申4134号
- 合议庭成员　黄鹏、李延忱、郁琳
- 关 键 词　民事/合同纠纷/先履行抗辩权/不安抗辩权
- 相关法条　《中华人民共和国合同法》第67条①、第68条②

【裁判要旨】

双务合同履行中的同时履行抗辩权、先履行抗辩权、不安抗辩权的适用条件，受限于双务合同中各方主体所约定的义务履行时间。同时履行抗辩权适用于没有约定履行顺序的双务合同，先履行抗辩权和不安抗辩权适用于约定有履行先后顺序的双务合同。合同无约定，当事人也无证据证明存在履行顺序的，不适用先履行抗辩权和不安履行抗辩权。

---

① 对应《中华人民共和国民法典》第526条。
② 对应《中华人民共和国民法典》第527条。

【案情摘要】

曾某亮与张某生就案涉复兴三号旅馆的承包经营签订案涉协议书与补充协议，上述协议中明确约定了张某生负有租金、承包金的支付义务，曾某亮、曾某容负有办理相关证照的义务，但协议书中并未约定履行顺序。张某生认为，依据《复兴旅馆书面材料》，曾某亮等人承诺于2016年11月30日前办完相关证照。后曾某亮未履行上述承诺，张某生基于顺序履行抗辩权，可拒绝支付后续租金及承包金。且2016年11月已确认曾某亮等人无法取得相关证件，张某生基于不安抗辩权也可拒绝支付后续租金及违约金。一审、二审法院认为上述《复兴旅馆书面材料》在证据形式上有瑕疵、内容上无法确认系曾某亮等人真实意思表示，故不予采信，对张某生主张的先履行抗辩权和不安抗辩权，亦不予支持。

（撰写人：黄 鹏）

11 行政规范性文件规定学生公寓住宿费价格保持不变，是否属于情势变更
——丰泽公司与湖南农大合同纠纷申请再审案

- 案　　号　（2021）最高法民申5253、5254号
- 合议庭成员　朱科、于明、贾清林
- 关 键 词　民事 / 合同纠纷 / 住宿费固定 / 情势变更
- 相关法条　《最高人民法院关于适用〈中华人民共和国合同法〉若干问题的解释（二）》第26条①

【裁判要旨】

合同成立后，应否适用情势变更原则对原约定的条款进行调整，需要结合合同签订时当事人预期、履行过程外部变化、情势变更原则的适用条件②进行综合判断。

---

① 该解释已失效，参见《民法典》第533条。
② 情势变更原则适用的条件包括：（1）应有情势变更的事实，也就是合同赖以存在的客观情况因不可归责于双方当事人的事由发生重大变化；（2）情势变更须为当事人不可预见，且不可归责于双方当事人；（3）情势变更使合同的基础动摇或者丧失，导致合同当事人预期的权利义务严重不对等，从而使原先的合同失去其本来的意义，若继续维持合同会显失公平。

涉案学生公寓项目具有公益性，双方在项目合作合同中明确约定政府文件对于住宿费价格进行限定，丰泽公司、金岸公司应按照政府限定的收费标准执行，故在合同履行期间内按照政府限定的住宿费标准履行合同并未超出其签订合同时的预期，不属于不可归责其不能预见的情形。故丰泽公司、金岸公司以案涉合同继续履行致使其目的落空或不能实现，构成形势变更为由主张解除合同，并对其履行期间的损失进行补偿缺乏理据。

【案情摘要】

丰泽公司、金岸公司分别与湖南农大签订《湖南农业大学丰泽学生公寓及配套设施项目合作合同》，约定丰泽公司、金岸公司建造案涉学生公寓，建造费以连续21年收取学生住宿费抵偿。同时明确：在合作期限内，湖南农大按已竣工该项目核定的入住学生人数和政府有关部门政策规定并核准执行收费标准收取学生住宿费。政府有关部门在2005年、2009年相继下发的文件中作出了住宿费价格的限制性规定，故案涉学生公寓住宿费从2003年交付使用至今未变。丰泽公司、金岸公司认为由于行政规范性文件导致住宿费未能变动构成情势变更，请求解除合同，要求湖南农大支付合理补偿费用。一审、二审法院均驳回其诉讼请求，丰泽公司申请再审。

（撰写人：朱　科）

12　先履行抗辩权的行使须合同双方互负债务且存在对价关系

——中南公司与陶某文、方某明、焦某华等股权转让纠纷申请再审案

- 案　　号　（2021）最高法民申6949号
- 合议庭成员　郁琳、李延忱、王珅
- 关 键 词　合同/股权转让纠纷/先履行抗辩权
- 相关法条　《中华人民共和国合同法》第67条①

【裁判要旨】

先履行抗辩权中当事人的互负债务，通常理解为当事人对同一双务合同负有的

---

① 对应《中华人民共和国民法典》第526条。

具有对价性的合同主给付义务。在股权转让合同中，受让方已受让股权并实际接管控制目标公司，其不能以转让方未移交公司财务资料为由行使先履行抗辩权，从而拒绝支付股权转让款。

【案情摘要】

2012年，陶某文、焦某华、方某明与中南公司签订《房地产开发项目及股权转让协议书》，约定将陶某文、焦某华、方某明名下的"御景湾"小区开发项目及拥有的全部股权转让给中南公司。根据各方于2014年签订的《款项支付与后续事项办理承诺书》约定，陶某文、焦某华、方某明应将项目上至2009年之前账目资料、票证以及龙鑫公司基本证照、项目资料移交给中南公司。2019年，各方达成《和解协议》约定股权转让本金最迟在2020年12月30日前基本付清。案涉项目已实际转让以及龙鑫公司已由中南公司实际接管、控制和负责经营管理。陶某文、焦某华、方某明起诉请求中南公司支付股权转让款，中南公司以陶某文、焦某华、方某明未移交公司财务资料为由抗辩。

（撰写人：郁　琳）

合同的保全、变更和转让 ▶▶▶

1 债务人对外转让财产的行为被撤销应当满足的条件
——长安信托与李某晓、安秉公司债权人撤销权纠纷上诉案

- **案　　号**　（2020）最高法民终1244号
- **合议庭成员**　李相波、宁晟、关晓海
- **关 键 词**　民事 / 债权人撤销权纠纷 / 撤销房屋转让合同 / 虚假意思表示
- **相关法条**　《中华人民共和国合同法》第52条第3项①、第74条第1款②，《最高人民法院关于适用〈中华人民共和国合同法〉若干问题的解释（二）》③第19条规定

---

① 参见《中华人民共和国民法典》第146条。
② 对应《中华人民共和国民法典》第538条、第539条。
③ 该解释已失效。

【裁判要旨】

除无偿转让财产外,债务人对外转让财产的行为被撤销,应同时满足以明显不合理的低价转让财产、影响债权人的债权实现、债务人的相对人知道或者应当知道该情形等3个条件。其中,判断是否构成影响债权人的债权实现包括债务人对外转让财产时,与其签约的相对人以虚假的意思表示实施该民事行为的情形。

【案情摘要】

北京信托向山西联盛公司、柳林浩博公司出借 2.5 亿元和 1.05122 亿元。李某晓为上述 2 笔借款提供连带保证。北京信托将上述贷款债权余额以及对李某晓享有的保证担保债权转让给广微公司。广微公司支付前述债权转让对价款后,李某晓与广微公司指定的安秉公司签订《上海市房地产买卖合同》,以李某晓名下的案涉房产抵顶广微公司债权 1.2 亿元。长安信托对李某晓享有债权并向法院申请执行。长安信托主张,案涉房产转让价格属于明显不合理的低价,依据《合同法》第 74 条规定,起诉请求法院撤销案涉房屋的转让行为。李某晓抗辩认为,长安信托不具备行使撤销权的法定条件。安秉公司辩称,《合同法》第 74 条适用的前提是财产所有权未发生转移。

（撰写人：宁　晟）

2　债务加入的认定问题

——鸿运公司与聚丰公司、黄某、孟某彪、孟某明、西晶公司典当纠纷上诉案

- 案　　号　（2021）最高法民终 355 号
- 合议庭成员　吴兆祥、徐霖、张梅
- 关　键　词　民事 / 债务加入 / 适用民法典时间效力
- 相关法条　《中华人民共和国民法典》第 552 条

【裁判要旨】

《民法典》生效前,第三人向债权人出具《承诺书》,明确表示同意支付合同项下欠款的本息,该约定没有改变其债务内容,作为债权人对第三人承担债务的承诺

也予以认可，符合《民法典》第552条关于债务加入的规定。《承诺书》签署于《民法典》生效前，虽然当时的法律、司法解释没有规定债务加入，但根据《最高人民法院关于适用〈中华人民共和国民法典〉时间效力的若干规定》第3条规定，本案可以适用《民法典》第552条认定构成债务加入。

【案情摘要】

2012年9月13日，孟某彪、孟某明、黄某以其所拥有的鸿运公司100%股权为质押物向聚丰公司典当借款，双方签订《典当（借款）合同》《股权质押合同》。2012年6月20日，孟某彪、孟某明、黄某与聚丰公司签订《典当（借款）合同》，聚丰公司为孟某彪、孟某明、黄某提供100万元当金。为担保债务的履行，同日，孟某彪、孟某明、黄某将其拥有的鸿运公司100%股权作为质押物与聚丰公司签订《股权质押合同》，并办理了股权出质设立登记。

2014年1月20日，孟某彪以西晶公司和鸿运公司名义向聚丰公司出具《承诺书》，承诺："我公司分别于2012年9月13日及2013年4月15日与青海聚丰典当有限公司各签订一份典当借款合同……现该借款已到期……我公司特此承诺于2014年2月底前支付本金1150万元及利息7245000元……"有鸿运公司公章，孟某彪签名，聚丰公司公章和法定代表人签名。2014年2月26日，孟某彪又在《承诺书》上手写备注以下内容："款项实际使用人为青海西晶有限公司，甘南鸿运矿业有限公司为担保人"并有孟某彪签名。《典当（借款）合同》《补充协议》《股权质押合同》《鸿运公司股东会决议》《承诺书》签订和形成时，鸿运公司、西晶公司时任法定代表人为孟某彪。

（撰写人：孙明娟）

3 债权人代位权的构成要件

——九江银行合肥支行与中铁物贸、紫荆科贸债权人代位权纠纷上诉案

- 案　　号　（2021）最高法民终719号
- 合议庭成员　潘勇锋、丁俊峰、张颖
- 关　键　词　民事 / 债权人代位权 / 基础债权

• **相关法条**　《中华人民共和国合同法》第 73 条第 1 款①,《最高人民法院关于适用〈中华人民共和国合同法〉若干问题的解释（一）》②第 11 条

【裁判要旨】

因债务人怠于行使其到期债权，对债权人造成损害的，债权人可以向人民法院请求以自己的名义代位行使债务人的债权，但该债权专属于债务人自身的除外。债权人行使代位权主张权利，应证明债务人怠于行使其到期债权，该债权类型不限于借款，债权是否成立需结合案件事实予以依法认定。

【案情摘要】

紫荆科贸于 2012 年 12 月 17 日注册成立。2014 年 9 月，公司股东变更为紫荆控股，持有紫荆科贸 100% 股权。2014 年 10 月 13 日，紫荆科贸（甲方）与西城投资（乙方）签订《框架协议》，协议约定甲乙双方共同出资设立紫荆置业。2014 年 10 月 15 日，紫荆科贸向西城投资出具《指定支付证明》，内容为：依据双方签订的《框架协议》，我公司请贵公司将该协议项下的所有款项支付至紫荆置业，由此引起的所有法律后果由我公司承担。同日，紫荆科贸向紫荆置业出具《指定支付证明》，内容为：西城投资按照《框架协议》的约定支付给你单位的所有款项，请直接支付至中铁物贸，由此引起的所有法律后果由我公司承担。西城投资向紫荆置业转款共计 4.37 亿元。随后紫荆置业合计向中铁物贸转款 3.78 亿元。紫荆置业在部分上述转账客户回单摘要或附言部分注明"还款"。另案中铁物贸与紫荆控股、紫荆置业买卖合同纠纷中，生效判决认为依据查明的事实和各方陈述，中铁物贸已收到 3.78 亿元，所以确认紫荆控股应再向中铁物贸偿还 2.22 亿元。但紫荆科贸未参与该案诉讼。随后，紫荆科贸向中铁物贸发出《返还占用资金的函》，要求中铁物贸在收到函件后 15 日内返还占用的西城投资付给紫荆科贸的土地款 3.78 亿元及其他资金费用。生效裁判文书已经确认债权人九江银行合肥支行对债务人紫荆科贸享有债权，九江银行合肥支行认为基于上述事实，紫荆科贸对中铁物贸享有到期债权，故提起债权人代位权诉讼，要求代位行使紫荆科贸对中铁物贸享有的到期债权。一审法院认为紫荆科贸未能证明其与中铁物贸之间就争议款项形成借款法律关系，二审法院认为有必要就另案与本案所涉事实的关联性及当事人意思表示的一致性予以明确。

（撰写人：张　颖）

---

① 对应《中华人民共和国民法典》第 535 条第 1 款。
② 该解释已失效。

4 债务转移的认定
——金牛公司与好友公司、务轮公司买卖合同纠纷申请再审案

- **案　　号**　（2021）最高法民申 1559 号
- **合议庭成员**　张淑芳、吴凯敏、李敬阳
- **关 键 词**　民事 / 买卖合同纠纷 / 债务转移 / 第三人代为履行债务
- **相关法条**　《中华人民共和国合同法》第 84 条①

【裁判要旨】

债务转移是指债务人经债权人同意，将自己的合同义务转移给第三人承担，债务人自己退出与债权人之间的合同关系。第三人代为履行债务是指当事人约定由第三人履行债务，但债务人未退出与债权人之间的合同关系。债务转移与第三人代为履行债务主要区别：（1）债务人是否退出原债权债务关系。在债务转移中，由债务受让人履行债务已征得债权人的同意，原债务人退出债权债务关系，债权人与第三人成立新的债权债务关系。在第三人代为履行中，债务人并不退出原债权债务关系，第三人仅是履行债务辅助人。（2）第三人是否承担违约责任。在债务转移的情况下，第三人已经成为合同关系当事人，债权人可直接请求第三人履行义务及承担违约责任。在第三人代为履行中，当第三人不履行或履行债务不符合约定时，债权人不能直接向第三人请求履行债务，只能要求债务人承担第三人不履行的违约责任。

【案情摘要】

金牛公司与好友公司签订买卖合同，约定金牛公司供货，截至 2010 年 10 月 4 日，好友公司共计欠付货款 4456400 元。好友公司、金牛公司、务轮公司于 2011 年 10 月 18 日签订《三方债权债务转让协议》约定："务轮公司同意代好友公司偿还所欠金牛公司货款 4456400 元。金牛公司同意好友公司所欠货款 4456400 元由务轮公司代好友公司偿还。好友公司同意所欠金牛公司货款转入务轮公司账户。"

2011 年 10 月 19 日，金牛公司与务轮公司签订了《债务偿还协议》，该协议中约定了还款期限、提成款及违约责任等内容。同日，务轮公司向金牛公司出具了

---

① 对应《中华人民共和国民法典》第 551 条。

《欠条》，载明：今欠金牛公司人民币肆佰肆拾伍万陆仟肆佰元整（4456400元）。同日，金牛公司向好友公司出具了收款4456400元的收据。

2013年11月23日，金牛公司在债权未得到清偿的情况下，向务轮公司主张权利，务轮公司法定代表人张某战在上述2011年10月19日《欠条》上注明"再次承诺，两年内分批次还清本欠款"。

（撰写人：张淑芳）

5 债务加入人向债权人履行债务后无权向原债务人的保证人追偿

——成都银行西安分行与杨某恒、杨某晓、荟鑫源公司追偿权纠纷申请再审案

- 案　　号　（2021）最高法民申1642号
- 合议庭成员　何波、徐霖、张梅
- 关　键　词　民事 / 追偿权纠纷 / 债务加入
- 相关法条　《中华人民共和国民法典》第552条

【裁判要旨】

债务加入人清偿债务的行为不构成债权转让，法律也未赋予债务加入人法定代位权，不能据此享有追偿权。鉴于其债务人地位没有变化，故无权向保证人行使追偿权。

【案情摘要】

出借人马某卫与借款人荟鑫源公司签订《借款合同》，杨某恒、杨某晓作为保证人对债权进行担保，成都银行西安分行向马某卫出具《承诺书》。马某卫给付借款后，荟鑫源公司未履行还本付息的义务。后马某卫向法院起诉成都银行西安分行承担还款责任。（2017）陕民终174号民事判决认为，成都银行西安分行出具《承诺书》的行为是作为第三人加入债务履行，应与荟鑫源公司共同承担案涉债务。成都银行西安分行依据该判决清偿债务后，向法院起诉请求荟鑫源公司偿还代偿款，保证人杨某恒、杨某晓承担连带责任。原判决认为，清偿债务的行为并不构成债权转让，法律也未规定债务人清偿债务后可向保证人追偿，主债权消灭，保证关系一并

消灭，成都银行西安分行不能取得对保证人的追偿权。成都银行西安分行不服向最高人民法院申请再审，最高人民法院依法驳回其再审申请。

（撰写人：何　波）

6 债权人转让财产的行为将会降低其清偿能力的，债权人有权撤销
——陈某华等与湖南信托公司债权人撤销权纠纷申请再审案

- 案　　　号　（2021）最高法民申1754号
- 合议庭成员　朱科、于明、贾清林
- 关　键　词　民事 / 债权人撤销权纠纷 / 降低偿债能力
- 相关法条　《中华人民共和国合同法》第74条①、第75条②

【裁判要旨】

债权人撤销权的立法目的在于通过特别允许债权人干涉债务人对其财产的自由处分，使债务人的责任财产维持在适当状态，以保障债权人的债权得以实现，这体现了我国民法保护债权人利益的价值取向。在合法的债权债务关系中，债务人无偿转让财产的行为如果降低了债务人的清偿能力，对债权人造成了损害，债权人有权在法定期间内行使撤销权。判断债务人是否构成无偿转让以及是否降低清偿能力，需剥离表面的转让行为，结合当事人之间是否真实支付转让款、转让财产价款是否合理、债务相对人是否善意等事实进行综合认定。

【案情摘要】

法院生效判决确定主债务人千山药机公司及担保人刘某华、陈某华、乐福地公司需向湖南信托公司承担给付义务，经人民法院的强制执行，千山药机公司及担保人刘某华等并未清偿完毕相关债务。在此过程中，陈某华与李某等人签订股权转让协议，将其名下股权转让给李某，股权转让款以现金方式一次性直接交付，但是李某并未提供证据证明其已向陈某华支付了股权转让款。千山药机公司于2018年1月

---

① 对应《中华人民共和国民法典》第538条、第539条、第540条。
② 对应《中华人民共和国民法典》第541条。

25 日发布《关于债务到期未能清偿的公告》显示,该公司已陷入严重的债务危机。千山药机公司、刘某华、陈某华、乐福地公司均已被列为失信被执行人。湖南信托公司认为陈某华转让股权的行为降低了其偿债的能力,起诉请求撤销股权转让协议。一审、二审法院认定股权为无偿转让,客观上降低了陈某华偿债能力,判决支持湖南信托公司的请求。陈某华申请再审。

(撰写人:朱 科)

7 债务加入的认定
——锦州远东纺织厂与锦州纺织厂等合同纠纷申请再审案

- **案　　　号**　(2021)最高法民申 2309 号
- **合议庭成员**　周其濛、麻锦亮、季伟明
- **关　键　词**　民事 / 逾期付款 / 违约责任 / 债务加入
- **相关法条**　《中华人民共和国合同法》第 60 条①、第 107 条②

【裁判要旨】

国有企业的上级主管部门支付部分款项及负责补偿金发放工作的行为,不视为改变合同相对人或变更合同主体,不能认定属于加入债务或替他人履行债务。

【案情摘要】

2011 年 7 月 8 日,锦州纺织厂(甲方)与锦州远东纺织厂(乙方)签订协议书,约定甲方对乙方在甲方院内自建房屋予以补偿,并支付腾迁补助,乙方腾退房屋。在锦州市凌河区经济局的领导和组织规划下,为了完成锦州纺织厂的搬迁工作,先后经凌河区经济局批准成立了锦州市凌河区国有留守企业管理中心和锦州凌水国有留守企业管理中心,负责锦州纺织厂的搬迁、补偿金发放等工作。各项补助款已经支付完毕,锦州远东纺织厂收到各项补助款 2281 万元。2012 年 7 月 25 日,辽宁省锦州市中级人民法院作出民事裁定书,受理锦州纺织厂破产清算案。2015 年 5 月 4 日辽宁省锦州市中级人民法院作出民事裁定书,宣告锦州纺织厂破产。

(撰写人:麻锦亮、杨泽宇)

---

① 对应《中华人民共和国民法典》第 509 条。
② 对应《中华人民共和国民法典》第 577 条。

8 债权人仍对债权享有权益，未脱离该债权债务关系的，不应认定为债权转让

——深业公司与华融广东公司等合同纠纷申请再审案

- **案　　号**　（2021）最高法民申 3572 号
- **合议庭成员**　孙祥壮、冯文生、刘少阳
- **关 键 词**　民事 / 债权转让 / 不良债权转让
- **相关法条**　《中华人民共和国合同法》第 79 条①

【裁判要旨】

本案甲乙双方约定，合作对甲方的不良债权进行追收，乙方承诺向甲方支付"保底清收款"，甲方有权收取不良债权的回收款，并有义务向乙方分配不良债权回收款及合作清收收益。根据该约定，甲方并未脱离原债权债务关系，该约定不应认定为债权转让。

【案情摘要】

深业公司与华融广东公司、华融深圳公司签订协议，约定对华融广东公司、华融深圳公司的不良债权进行合作清收，深业公司承诺在合作期限届满前实现固定的回收金额，为担保该承诺，深业公司应在协议签订的 3 个工作日内向华融广东公司、华融深圳公司支付该款项。华融广东公司、华融深圳公司有权收取回收款项，并有义务向深业公司支付合作清收收益及固定金额内的回收款项。深业公司已按约向华融广东公司和华融深圳公司支付保底清收款，但案涉不良资产并未完全收回。现深业公司主张案涉协议内容为不良资产转让，因违反金融监管部门的强制性规定而无效，华融广东公司、华融深圳公司应返还保底清收款并赔偿可得利益损失。

（撰写人：孙祥壮）

---

① 对应《中华人民共和国民法典》第 545 条。

9 债务人并未丧失或并未可能丧失履行债务能力的情况下，债权人无权要求解除合同，代位权人亦不能就该合同代位行使解除权

——大恒公司与威宁县资源局、西凯华恒公司等债权人代位权纠纷申请再审案

- **案　　号**　（2021）最高法民申 4727 号
- **合议庭成员**　孙建国、张爱珍、孙晓光
- **关 键 词**　民事 / 债权人代位权纠纷 / 不安抗辩权
- **相关法条**　《中华人民共和国合同法》第 68 条 ①

【裁判要旨】

不安抗辩权，是指当事人互负债务，有先后履行顺序的，先履行的一方有确切证据表明另一方丧失履行债务能力时，在对方没有履行或者没有提供担保之前，有权中止合同履行的权利。本案中，代位权人未举示证据证明债务人丧失或可能丧失履行债务的能力，故债权人无权行使不安抗辩权以终止合同的履行。因此，二审法院认为代位权人依法不能就案涉合同代位行使解除权，在案涉合同未被解除前，债权人对债务人不享有到期债权，并无不当。

【案情摘要】

重庆市高级人民法院（2014）渝高法民初字第 00027 号民事判决书，判决重庆华伦公司支付大恒公司 82429365.43 元及利息，西凯华恒公司承担连带清偿责任。上述判决生效后，大恒公司未得清偿，遂向重庆市第一中级人民法院申请强制执行。在强制执行过程中，重庆市第一中级人民法院查封了西凯华恒公司 WN-2012-PC-042、WN-2013-PC-003 两块土地的土地使用权。大恒公司认为因环评督查，威宁草海保护区周边的土地开发受限，上述两个地块处于受限范围之内，已经达不到《国有建设用地使用权出让合同》所约定的土地开发使用目的。威宁县资源局与西凯华恒公司应当解除《国有建设用地使用权出让合同》，收回土地并返还西凯华恒公司

---

① 对应《中华人民共和国民法典》第 527 条。

已缴纳的土地出让金。但西凯华恒公司怠于行使要求返还土地出让金的权利,致使大恒公司在(2014)渝高法民初字第00027号民事判决书中确定的到期债权至今无法得到清偿,为维护其合法权益,遂起诉。

(撰写人:董　宁)

10 债权人行使代位权不以债务人无其他财产可供执行为必要条件
——孙某和与徐某革、程某文、孙某华等债权人代位权纠纷申请再审案

- 案　　号　(2021)最高法民申4730号
- 合议庭成员　周其濛、麻锦亮、季伟明
- 关 键 词　民事 / 债权人代位权纠纷 / 行使条件 / 债权数额
- 相关法条　《中华人民共和国合同法》第73条①,《最高人民法院关于适用〈中华人民共和国合同法〉若干问题的解释(一)》②第11条、第13条

【裁判要旨】

对次债务人享有的到期债权属于债务人的责任财产,债权人可依法向次债务人行使代位权,债务人是否有足以清偿债务的其他财产并不影响债权人代位权的行使。次债务人在执行程序中对债务数额的认可,可以作为债权人代位权诉讼中认定债权数额的依据,人民法院应当综合案件事实,依法认定债务人与次债务人之间的债务数额。

【案情摘要】

孙某和与程某文、孙某华民间借贷纠纷已由人民法院判决,支持孙某和的诉讼请求。程某文、孙某华在生效判决确定的期间内未履行还款义务,孙某和向法院申请强制执行,并主张程某文对外享有对徐某革的到期债权。徐某革在执行部门的询问下,认可尚欠程某文部分借款,但对执行到期债权提出异议。据此,孙某和向徐某革提出债权人代位权诉讼。

(撰写人:麻锦亮、李　薇)

---

① 对应《中华人民共和国民法典》第535条。
② 该解释已失效。

11 代位权诉讼中次债权到期是否要求次债权确定
——安徽河海公司与西宁特钢公司、中冶东方公司合同纠纷申请再审案

- 案　　号　（2021）最高法民申 5382 号
- 合议庭成员　宋冰、吴笛、董俊武
- 关 键 词　民事 / 合同纠纷 / 行使代位权的条件
- 相关法条　《最高人民法院关于适用〈中华人民共和国合同法〉若干问题的解释（一）》①第 11 条

【裁判要旨】

判断债权人是否具备行使代位权的条件，关键是看次债权是否到期。通常而言，根据相关司法解释规定，"次债权到期"并不要求"次债权确定"，但是本案特殊性在于：其一，债权受让人受让原债权人对债务人的债权，其对债务人享有的权利范围不大于原债权范围。由于债务人欠付原债权人的债务金额及履行期限并不明确，债权受让人对债务人享有的债权范围亦尚未确定。其二，现有证据不足以证明债务人对次债务人的全部债权均已届支付期限，也无法确定次债务人具体应付的金额。综合上述事实，债权受让人关于已具备行使代位权条件的主张不能成立。

【案情摘要】

安徽河海公司与浩中公司签订《债权转让协议》，约定浩中公司将其对债务人中冶东方公司的债权一并转让给安徽河海公司。上述事实已通知中冶东方公司。在此之前，西宁特钢公司、中冶东方公司包头钢铁设计研究院、浩中公司签订了 4 份合同，其中西宁特钢公司为业主方，中冶东方公司包头钢铁设计研究院为买方，浩中公司为卖方。西宁特钢公司、中冶东方公司、浩中公司签订了 1 份合同。基于上述 5 份合同，安徽河海公司认为西宁特钢公司与中冶东方公司、中冶东方公司与安徽河海公司之间均存在到期债权债务关系并依此提起诉讼，欲行使代位权，请求法院判令西宁特钢公司给付安徽河海公司受让债权等。经过一审、二审败诉后，安徽河海公司提出再审申请。

（撰写人：董俊武）

---

① 该解释已失效。

12 债务人与案外人的有偿交易对价合理，债权人请求撤销的，人民法院不予支持

——李某与河北万众公司等债权人撤销权纠纷申请再审案

- **案　　号**　（2021）最高法民申 6437 号
- **合议庭成员**　孙祥壮、冯文生、刘少阳
- **关 键 词**　民事 / 债权人撤销权 / 以合理对价交易
- **相关法条**　《中华人民共和国合同法》第 74 条[①]

【裁判要旨】

债务人与案外人之间的交易有合理的对价，债权人以该交易损害其债权为由请求撤销的，人民法院不予支持。

【案情摘要】

河北万众公司将锦达华夏公司 100% 股权转让予其全资子公司深圳万众公司，后又将深圳万众公司部分股权转让予李某立、张某英、陈某，李某立、陈某所持股权分别为代罗某平、罗某阳持有。张某英、罗某平、罗某阳出资代锦达华夏公司交纳入股天津金城银行的投资款。以上事实有相关合同、付款凭证以及银保监会天津监管局的处理意见书予以证明。债权人李某现主张河北万众公司转让股权没有合理对价，请求撤销上述股权转让行为。

（撰写人：孙祥壮）

[①] 对应《中华人民共和国民法典》第 538 条、第 539 条、第 540 条。

合同权利义务终止

1 合同纠纷中同时履行抗辩权的认定
——加增科技公司与于某闻、香草公司股权转让纠纷再审案

- 案　　号　（2021）最高法民再 63 号
- 合议庭成员　黄年、潘勇锋、丁俊峰
- 关 键 词　民事／合同／履行抗辩权／合同解释／合同履行
- 相关法条　《中华人民共和国合同法》第 66 条①

【裁判要旨】

股权转让合同就履行顺序的约定有"与此同时"表述的，因股权过户需要登记机关的行政审核程序，非当事人自行交接所能完成，故钱款给付与股权过户的履行顺序，并非如一般货物买卖可"一手交钱一手交货"的同时履行，合同约定的"与此同时"通常应理解为受让方支付款项之后，转让方尽快办完股权过户手续的意思。即使严苛理解"与此同时"为同时操作，需转让方同时向工商机关递交股权过户手续，亦应由受让方先向转让方表示并证明可同时支付约定的转让款。受让方不能提交证据证明可以同时履行付款义务的，不享有《合同法》第 66 条规定的同时履行抗辩权。

【案情摘要】

马某增、陈某萍系夫妻，共同持有加增科技公司 100% 股权，加增科技公司持有农苑公司 100% 的股权。陈某萍持有加增食品公司 100% 股权。2016 年 12 月 18 日，加增科技公司、于某闻、香草公司签订 8001 号合同，约定加增科技公司将其持有的 70% 的农苑公司股权转让给于某闻。香草公司为于某闻履行合同义务提供保证。其中约定第二期股权转让款为 1700 万元，转款同时，加增科技公司承诺将加增科技公司和加增食品公司各 80% 股权转让至于某闻名下，价款包含在本协议总价内。同日，马某增、陈某萍与于某闻、香草公司签订 8002 号合同，约定将 60% 的加增科技公司股权转让给于某闻。同日，陈某萍、于某闻、香草公司签订 8003 号合

---

① 对应《中华人民共和国民法典》第 525 条。

同，约定陈某萍将其持有的80%加增食品公司股权转让给于某闻。于某闻支付了一期转让款，农苑公司70%股权变更至于某闻名下，但第二期1700万元股权转让款支付了一部分后一直未支付。

加增科技公司向法院起诉，请求解除8001号合同。一审法院认为，于某闻、香草公司欠付股权转让款超过50%，加增科技公司有权依据合同约定行使解除权，于某闻、香草公司以加增食品公司存在股权质押、加增科技公司违约在先对抗加增科技公司约定解除权行使的理由不成立。一审法院判决8001号合同解除，于某闻将农苑公司70%股权返还给加增科技公司。于某闻不服一审判决，提出上诉。二审法院认为，于某闻虽未依约按期、足额支付股权转让款构成违约，但尚不足以构成根本性违约，同时其亦具有继续履行合同的意愿及履约能力；加增科技公司在缔约及合同履行中亦存在违约情形。为维护交易稳定和秩序，对加增科技公司行使解除权解除8001号合同的诉讼请求不予支持。二审法院判决撤销一审判决，驳回加增科技公司的诉讼请求。加增科技公司申请再审。再审法院认为，于某闻不支付股权转让对价严重违约，加增科技公司有权解除合同，判决撤销二审判决，维持一审判决。

（撰写人：潘勇锋）

2 买卖合同一方构成根本违约，守约方的合同解除权应当在合理期限内行使

——泰宇公司与芙通公司船舶买卖合同纠纷申请再审案

- **案　　号**　（2021）最高法民申2975号
- **合议庭成员**　李桂顺、杨弘磊、胡方
- **关 键 词**　海商事 / 船舶买卖合同 / 解除权 / 行使期限
- **相关法条**　《中华人民共和国合同法》第95条[①]，《最高人民法院关于审理商品房买卖合同纠纷案件适用法律若干问题的解释》第15条[②]

【裁判要旨】

《合同法》第95条关于合同解除权消灭的规定，体现了通过解除权行使期限制

[①] 对应《中华人民共和国民法典》第564条。
[②] 该解释已于2020年修正，此处法条对应第11条。

度，督促权利人尽快行使权利，使合同关系得以确定的立法精神。合同解除权属于形成权，经当事人单方面意思表示即可能使合同权利义务终止，故其行使期限应当受到必要的限制，否则当事人之间的权利义务关系将长期处于不确定状态，不利于合同关系的稳定和交易安全的保护。

【案情摘要】

2011年12月21日，泰宇公司与芙通公司签订《游艇销售合同》，约定泰宇公司购买芙通公司的35英尺游艇一艘，价款120万元；质量和技术标准按照国家船检标准及技术要求，船舶保修期为1年，芙通公司在一个月内办理CCS证书。次日，泰宇公司向芙通公司支付购船款110万元后收船。芙通公司一直未办理该船舶的检验证书。泰宇公司于2018年提起本案诉讼主张解除合同。

（撰写人：胡　方、赵　迪）

3　诉讼中用以主张抵销债务的债权须属确定债权
——湖北众晶公司与浙江亚厦公司装饰装修合同纠纷申请再审案

- 案　　号　（2021）最高法民申982号
- 合议庭成员　曹刚、朱燕、关晓海
- 关　键　词　民事 / 合同 / 债务抵销 / 债权确定
- 相关法条　《中华人民共和国合同法》第99条 [①]

【裁判要旨】

双方当事人互负债务于同一诉讼案件中能否主张抵销，人民法院可以基于诉讼便利和经济原则斟酌确定。但是，用以主张抵销债务的债权须属已经确定的债权。原告因请求支付工程欠款而提起诉讼，被告主张以延误工期违约金抵销工程款。因与工期延误有关的债权债务关系尚未依法认定，对其径行主张抵销工程欠款债务的抗辩主张，法院依法不予支持。

---

① 对应《中华人民共和国民法典》第568条。

【案情摘要】

浙江亚厦公司与湖北众晶公司签订《施工合同》，约定承建武当山特区太极湖新区环湖路特6号的众晶太极湖国际酒店装饰工程，包干价为2360万元。后双方又签订《众晶太极湖国际酒店装修工程施工补充合同》，增加1号楼厨房的装修，补充价款为包干价280万元。湖北众晶公司陆续支付工程款1400万元，并垫付部分其他费用。2017年9月13日，浙江亚厦公司与湖北众晶公司就众晶太极湖国际酒店装饰工程结算事宜、支付工程款事宜进行协商形成《会议纪要》。《会议纪要》载明："由浙江亚厦公司施工的众晶太极湖国际酒店装饰工程已交付众晶集团使用，工程结算总价为2680万元（包括但不限于签证单、扣款等一切款项）。"双方就工程款的支付达成4种支付方案，包括资产变现、资本运作、股份抵押、合作开发等方式。后湖北众晶公司未支付工程尾款，也未按照《会议纪要》达成的方案推进付款事宜，引起纠纷。浙江亚厦公司提起诉讼请求支付工程欠款，湖北众晶公司以抗辩方式主张以浙江亚厦公司应当承担的工期延误违约金抵销其欠付的工程款。法院经审理认为，双方当事人互负债务于同一诉讼案件中能否主张抵销，人民法院可以基于诉讼便利和经济原则斟酌确定。本案系浙江亚厦公司请求支付工程欠款及违约金而提起的诉讼，湖北众晶公司作为被告主张浙江亚厦公司延误工期并请求将工期延误违约金用以抵销工程款，但与工期延误有关的争议，未经过人民法院审理，相关债权债务关系不能确定。故对湖北众晶公司抵销债务的相关抗辩主张未予支持，但亦指出其可就工期延误违约问题另行主张。

（撰写人：曹　刚）

4 合同因非金钱债务不能履行陷入僵局，当事人可请求解除合同

——浩博公司与中核公司合同纠纷申请再审案

- **案　　号**　（2021）最高法民申3514号
- **合议庭成员**　刘丽芳、郎贵梅、王朝辉
- **关 键 词**　民事 / 合同 / 非金钱债务 / 不能履行 / 合同解除

•相关法条 《中华人民共和国合同法》第110条①

【裁判要旨】

当事人在合同中约定在合同履行出现不可归责双方当事人的某种特定情形时，由双方协商解决。在该特定情况情形出现，双方无法达成一致意见，致使合同履行陷入僵局，合同一方当事人请求解除合同的，应予支持。

【案情摘要】

2011年4月2日，铜仁市人民政府（甲方）、中核二二公司（乙方）、中核公司（丙方）签订投资建设合同，约定：甲方出让1000亩左右的土地，由丙方负责土地变现。2014年1月22日，中核公司（甲方）与浩博公司（乙方）签订《联营协议书》，约定：乙方选定的案涉地块属于甲方负责变现的土地，甲方确保乙方选定的地块土地使用权全部实际转至乙方公司名下。如有关部门对乙方选定地块规划用途产生调整或变更，由甲乙双方协商解决。2014年8月8日，浩博公司与铜仁市国土局签订《建设用地出让合同》。2014年10月8日，因规划调整，案涉土地使用权由政府收回。浩博公司与铜仁市国土局签订的《建设用地出让合同》经（2017）黔民终928号民事判决解除。中核公司与浩博公司就后续事宜经协商未能达成一致意见，浩博公司诉至法院，要求解除《联营协议书》。

（撰写人：刘丽芳、王　欣）

5　当事人解除合同的诉讼请求已获人民法院判决支持，其又以原审认定解除合同错误为由申请再审的，不予支持

——田某华与南加村小组承包地征收补偿费用分配纠纷申请再审案

- 案　　号　（2021）最高法民申3645号
- 合议庭成员　张爱珍、孙建国、孙晓光
- 关 键 词　民事/解除合同/协商一致
- 相关法条　《中华人民共和国合同法》第93条第1款②、第94条③

---

① 对应《中华人民共和国民法典》第580条。
② 对应《中华人民共和国民法典》第562条第1款。
③ 对应《中华人民共和国民法典》第563条。

【裁判要旨】

当事人一方的诉讼请求为解除合同,诉讼中,对方当事人亦表示同意解除合同。人民法院根据《合同法》第93条第1款规定的"当事人协商一致原则"确认合同解除。在原审判决已经依法支持了当事人关于解除案涉合同诉讼请求的情况下,当事人又以原审判决认定不符合《合同法》第94条规定的法定解除条件为由申请再审的,不予支持。

【案情摘要】

南加村小组与田某华签订《承包荒山种植经济合同书》,将若干亩荒山承包给田某华,期限70年。后该土地因当地某企业改造扩建而被征用。土地补偿款由南加村小组领取。田某华起诉请求解除案涉承包合同,并由南加村小组返还田某华承包荒山补偿款。对于田某华解除合同的诉讼请求,因南加村小组亦同意解除合同,原审法院以双方当事人协商一致为由判决予以支持;对于田某华关于南加村小组返还其承包荒山补偿款的诉讼请求,原审法院另行予以处理(裁定驳回起诉)。后田某华向最高人民法院申请再审。

(撰写人:张爱珍、仇彦军)

6 合同解除后协助办理生产许可证变更手续属于恢复原状合同义务
——胜天公司与宝丰公司合同纠纷申请再审案

- 案　　号　(2021)最高法民申5823号
- 合议庭成员　郎贵梅、王朝辉、刘丽芳
- 关 键 词　民事/合同/解除/恢复原状/协助义务
- 相关法条　《中华人民共和国合同法》第97条[①]

【裁判要旨】

一方基于合同履行,从另一方处取得生产许可证。合同解除后,取得生产许可

[①] 对应《中华人民共和国民法典》第566条第1款。

证的一方有义务协助另一方办理生产许可证的变更登记手续。该义务属于履行恢复原状的法律责任,与行政机关是否作出行政许可无关。

【案情摘要】

胜天公司与宝丰公司签订《吸收合并协议》等协议,约定宝丰公司向胜天公司转让包括《全国工业产品生产许可证》在内的资产。经重庆市经信委批准生产许可证主体由宝丰公司变更为胜天公司。之后,双方协商解除前述协议。宝丰公司起诉胜天公司要求将生产许可证名称恢复登记至宝丰公司名下。一、二审法院判决胜天公司具有协助义务,胜天公司不服申请再审。

（撰写人：郎贵梅、唐 敏）

7 船舶租用合同约定租用内河船舶从事海上航行作业,承租人以合同目的无法实现为由请求人民法院确认合同已于出租人收到其解除通知时解除的,人民法院应当予以支持

——谢某坤与超强公司船舶租用合同纠纷申请再审案

- 案　　号　（2021）最高法民申 6626 号
- 合议庭成员　王海峰、陈纪忠、龙飞
- 关 键 词　海商事 / 海事海商 / 船舶租用合同 / 法定解除
- 相关法条　《中华人民共和国合同法》第 94 条第 5 项①

【裁判要旨】

当事人签订船舶租用合同,合同约定租用内河船舶从事海上航行作业,双方对于内河船舶不得从事海上航行作业的行政管理规定均清楚或应当清楚。在合同成立后、生效要件成就前,承租人以合同目的无法实现为由请求人民法院确认合同已于出租人收到其解除通知时解除的,人民法院应当予以支持。

---

① 对应《中华人民共和国民法典》第 563 条第 1 款第 5 项。

【案情摘要】

超强公司与谢某坤签订《船舶合同》,明确约定超强公司租用谢某坤提供的"湘沅江机2688"轮,用于福建漳州运输海沙,给付押金后合同生效。合同签订后,超强公司未如约支付押金。

法院认为,涉案合同成立但未生效。双方对租用船舶的用途为从事海上运输而该轮系内河船舶不得在海上航行作业均清楚或应当清楚。超强公司以合同目的无法实现为由请求确认合同在超强公司通知时解除,有明确的合同与事实依据,应予支持。

(撰写人:陈纪忠、李训民)

8 提出合同解除意向不能直接等同于单方解除合同
——张某与十九局二公司建设工程分包合同纠纷申请再审案

- **案　　号**　(2021)最高法民申6642号
- **合议庭成员**　麻锦亮、孙勇进、季伟明
- **关 键 词**　民事 / 合同 / 解除 / 清理结算 / 协议解除
- **相关法条**　《中华人民共和国合同法》第93条[①]、第96条[②]

【裁判要旨】

一方当事人提出解除合同不能直接等同于单方解除合同,还要审查双方在解除合同过程中实施的行为。另一方对合同解除未表示异议,双方签订工程结算单、财务对账确认单及对物资设备进行盘点交接的内容及行为,属于双方对履行合同权利义务的清理和结算,体现了双方的协商过程,应视为双方对解除合同的一致态度,宜认定为协议解除合同。

【案情摘要】

2011年6月,兴达公司与十九局二公司下设的经理部一工区签订劳务分包合同,约定将劳务分包给兴达公司作业。其后,兴达公司进场作业。2013年1月,兴

[①] 对应《中华人民共和国民法典》第562条。
[②] 对应《中华人民共和国民法典》第565条。

达公司决议解散并注销完毕，股东张某与其他股东约定公司清算注销后的债权债务全部由张某接收。张某施工至2014年4月，一工区口头通知要求施工队撤场，并与张某签订工程结算单，确认施工累计金额35862686元，已完工程量已全部计价完成，本次计价为最后一次计价。同月，张某施工队撤场。2014年5月，一工区与张某对物资设备进行盘点交接，签订盘点交接汇总表；同月，双方财务对账，确认一工区共支付合计37548890.04元。张某于2019年起诉，主张对方单方解除合同，应赔偿2200余万元。

（撰写人：季伟明）

违约责任 ▶▶▶

1 既约定违约金又约定定金的，当事人可以选择适用违约金或定金条款向对方主张违约责任

——萧县自然资源和规划局与梁某建设用地使用权出让合同纠纷上诉案

- **案　　号**　（2021）最高法民终457号
- **合议庭成员**　曹刚、于蒙、关晓海
- **关 键 词**　民事 / 合同 / 违约责任 / 定金
- **相关法条**　《中华人民共和国合同法》第116条①

【裁判要旨】

合同既约定违约金条款又约定定金条款的情况下，当事人依法有权选择适用。当事人请求同时适用的情况下，法院支持其适用定金条款的请求并判决驳回其适用违约金条款的请求，不违反法律规定。

【案情摘要】

2018年3月20日，萧县自然资源和规划局发布国有建设用地使用权出让文件，

---

① 对应《中华人民共和国民法典》第588条。

决定以拍卖方式出让位于萧县龙城镇后梅社区世纪大道西延段北侧、西内环西侧的国有土地使用权，宗地总面积 12901 平方米，用途为医卫慈善用地。其中《出让须知》第 4 条第 3 款载明，本宗地的竞买保证金为 11804415 元（竞得后 20% 转为合同定金，其余部分转为预付款）。2018 年 4 月 3 日，梁某缴纳竞买保证金 11804415 元，4 月 12 日以 100627800 元竞得该宗地块。同年 4 月 26 日，萧县自然资源和规划局与梁某签订《国有建设用地使用权出让合同》，合同第 9 条约定合同项下宗地的定金为 20125560 元，定金抵作土地出让价款。第 30 条约定受让人不能按时支付出让价款的，自滞纳之日起，每日按迟延支付款项的 1‰ 向出让人缴纳违约金，延期付款超过 60 日，经出让人催交后仍不能支付国有建设用地使用权出让价款的，出让人有权解除合同，受让人无权要求返还定金，出让人并可请求受让人赔偿损失。第 37 条约定出让人未按时提供出让土地，每延期 1 日，应当按受让人已经支付出让价款的 1‰ 向受让人给付违约金，土地使用年限自实际交付土地之日起算。出让人延期交付土地超过 60 日，经受让人催交后仍不能交付土地的，受让人有权解除合同，出让人应当双倍返还定金，并退还已经支付土地出让价款的其余部分，受让人可请求出让人赔偿损失。2018 年 7 月 20 日至 2018 年 7 月 27 日，萧县自然资源和规划局先后 6 次向梁某致函，催促梁某支付剩余的土地出让款。截至本案诉讼时，梁某尚欠土地出让价款 88823385 元。萧县自然资源和规划局遂起诉请求，解除《国有建设用地使用权出让合同》，判令梁某支付定金 20125560 元、支付违约金 5329403.1 元，并赔偿宗地再次出让价款与本次出让价款之间的差额损失。法院经审理认为，梁某实际交付定金 2360883 元，剩余定金 17764677 元并未履行。定金合同属于实践合同，未履行部分并未生效。萧县自然资源和规划局仅就梁某交付的定金 2360883 元不予返还，其主张梁某支付未履行部分定金缺乏法律依据。萧县自然资源和规划局在本案中既主张适用定金罚则，又请求支付延期付款违约金，缺乏事实和法律依据，对其延期付款违约金的诉讼请求，不应再予支持。

（撰写人：曹　刚）

2 储蓄合同案件中银行能否以自身无过错免责

——科力水产经销部与沈阳农商行储蓄存款合同纠纷申请再审案

- **案　　号**　（2021）最高法民申 1928 号
- **合议庭成员**　周其濛、麻锦亮、季伟明

- **关 键 词**　民事 / 储蓄合同 / 免责事由
- **相关法条**　《中华人民共和国合同法》第 107 条①，《中华人民共和国商业银行法》第 22 条第 2 款

【裁判要旨】

储户与银行签订存款合同并将货币存入银行后，双方据此成立存款合同关系，银行未依约向储户或者储户授权的主体支付款项，不能构成存款合同项下的有效清偿，储户可以基于存款合同请求银行履行还本付息的义务。

因我国《合同法》规定的违约责任原则上实行严格责任，在法律没有特别规定的情况下，应当认为存款合同实行严格责任，银行不能仅通过举证证明自身无过错而免责，而只能通过举证证明持卡人具有过错，才能减轻或免除自身的责任。

储户预先收取较高利息，并不意味着储户在存款合同项下存在过错，该部分预先收取的利息应当在存款本金中予以扣减。

【案情摘要】

农商行大东支行工作人员以拉存款为由，向科力水产经销部实际经营人支付 360 万利息后，要求其在农商行望花分理处存款 2000 万。银行工作人员在为科力水产经销部办理开户过程中，用科力水产经销部印鉴预先加盖了 7 张空白结算业务申请书，将上述款项转出。该工作人员已经被另案刑事判决认定构成挪用资金罪，科力水产经销部要求沈阳农商行承担违约责任，形成本案诉讼。

（撰写人：麻锦亮、杨泽宇）

3　超出主合同标的额 20% 的定金部分应如何认定
——华人房地产公司与杨某宾债权转让合同纠纷申请再审案

- **案　　　号**　（2021）最高法民申 2355 号
- **合议庭成员**　于明、贾清林、朱科
- **关 键 词**　民事 / 定金 / 调整

---

① 对应《中华人民共和国民法典》第 577 条。

• **相关法条** 《中华人民共和国担保法》第 89 条[①]、第 91 条[②]

【裁判要旨】

《民法典》规定，定金不得超过主合同标的额的 20%，超过部分不产生定金的效力。对违约定金的数额限制具有合理性，其并没有削弱或否定定金的惩罚性，超过的部分如何处理没有明确规定，应将超出部分作为已给付的合同价款而抵价或者返还。

【案情摘要】

华人房地产公司与杨某宾于 2017 年 1 月 10 日签订了《债权转让协议书》，约定杨某宾将其经过法院确认的债权折价 1.25 亿元转给华人房地产公司，华人房地产公司 8 个工作日内支付定金 6000 万元，申请执行主体变更后 3 个工作日内支付 6500 万元，申请变更由华人房地产公司负责，杨某宾必须随传随到配合变更。2017 年 1 月 19 日，华人房地产公司向杨某宾支付了 6000 万元，1 月 24 日，杨某宾向法院提交了变更申请，但没有书面回复，之后华人房地产公司未向杨某宾支付剩余款项。后广东省深圳市中级人民法院受理案外人赵某明对锦新明公司（债务人）的破产清算申请，杨某宾申请了破产债权确认。原审法院认为根据协议约定申请变更的主体为华人房地产公司，但其明显怠于履行协议约定的义务，应承担违约责任，但定金 6000 万元超过 20%，应调整为 2500 万元，故依此判决解除《债权转让协议书》，并由杨某宾退还华人房地产公司 3500 万元。华人房地产公司不服向法院申请再审。

（撰写人：周　伟）

4 如何依据可预见性原则认定损失赔偿范围
——程某栋、永乐公司与北方公司等合同纠纷申请再审案

• **案　　号**　（2021）最高法民申 2522 号
• **合议庭成员**　李延忱、黄鹏、郁琳
• **关　键　词**　民事 / 合同纠纷 / 可预见性原则

[①] 参见《中华人民共和国民法典》第 587 条。
[②] 参见《中华人民共和国民法典》第 586 条。

• 相关法条 《中华人民共和国合同法》第113条[①]

【裁判要旨】

《合同法》第113条第1款规定，在借款合同纠纷中，可预见性规则系限制违约损害赔偿的法定规则，损害赔偿责任的范围不得超过违约方在订立合同时已经预见或应当预见到的因违约而造成的损失。合同一方在签订合同时，并不能预见合同相对方为履行合同放弃与第三方合作利益，也不能预见到因合同无法订立而使合同相对方向第三方承担高昂成本。上述情形对应的损失，均不符合预见性原则，不属于合同相对方违约需承担赔偿责任的范围。

【案情摘要】

程某栋、永乐公司与北方公司签订的框架协议，约定由北方公司控股的东方公司以发行股份及现金支付的方式购买永乐公司100%股权。协议签订后，永乐公司为履行框架协议约定内容，与案外人终止合作。后由于各方无法就标的资产估值及交易价格达成一致、外部环境发生变化、程某栋的永乐公司股权被冻结等，东方公司发布终止资产重组事项公告。程某栋、永乐公司主张其为履行框架协议错失与案外人合作的利益损失属于信赖利益中的机会损失，同时因协议不能履行导致其需额外承担向案外人回购股权的成本，属于履行利益的损失，上述损失均应由北方公司及东方公司承担。

（撰写人：李延忱、高 玥）

5 损失赔偿额应相当于因违约所造成的损失，不得超过违约方订立合同时预见到或者应当预见到的因违约可能造成的损失

——王某伟与远遥村委等房屋拆迁安置补偿合同纠纷申请再审案

- 案　　号　（2021）最高法民申4224号
- 合议庭成员　刘银春、司伟、赵风暴
- 关　键　词　民事 / 房屋拆迁安置补偿合同纠纷

[①] 参见《中华人民共和国民法典》第584条。

• **相关法条** 《中华人民共和国合同法》第113条[①]、第114条[②]

【裁判要旨】

根据《补充合同书二》《补充合同书三》约定及本案实际情况，二审法院作出被申请人关于2号楼的支付赔偿款（补偿款）义务已经履行完毕，不再负有交付2号楼或是因无法交付2号楼所应承担的损失赔偿责任的认定，符合各方签订合同时的真实意思表示。关于违约损害赔偿责任范围问题，无论是此前的《合同法》还是现行《民法典》，都规定损失赔偿额应相当于因违约所造成的损失，虽然包括合同履行后可以获得的利益，但也不得超过违约方订立合同时预见到或者应当预见到的因违约可能造成的损失。房屋拆迁安置过程中约定以合同标的（房屋）价值的双倍标准承担违约赔偿责任的并不多见，发生诉讼根据此种约定获得支持的更属个案。一审法院关于违约赔偿数额问题也并未按照双方合同约定作出认定。二审法院综合考虑被申请人逾期交付房产数年确实违反合同约定，再审申请人诉讼过程中明确表示不再主张继续履行合同而是要求对方赔偿其相应损失等因素，按《补充合同书二》第3条约定内容，判令被申请人按照4号楼市场总价的双倍承担违约赔偿责任，体现了对再审申请人权益的保护。

【案情摘要】

针对王某伟远遥村被拆迁房屋如何进行回迁安置问题，远遥村委、孙家疃人民政府和王某伟自2001年起，先后签订了《合同书》《补充合同》《补充合同书二》《补充合同书三》等多份合同，从拟建设2号楼、4号楼用于回迁安置，到楼座所涉及的地块位置和数量、拟建房屋面积、建成时间、损失赔偿等问题不断发生变动，终因回迁房屋迟迟未能建成，王某伟向一审法院起诉，形成本案纠纷。

（撰写人：刘银春）

---

① 参见《中华人民共和国民法典》第584条。
② 参见《中华人民共和国民法典》第585条。

6 认定预期利益损失，是否以合同继续履行的结果是盈利还是亏损为要件

——陕西省渭南市临渭区民政局、象山公司与必肯公司、圣德公司、老城公司合同纠纷申请再审案

- 案　　号　（2021）最高法民申 4557 号
- 合议庭成员　宋冰、吴笛、董俊武
- 关 键 词　民事 / 合同纠纷 / 预期利益损失
- 相关法条　《中华人民共和国合同法》第 113 条第 1 款①

【裁判要旨】

根据《中华人民共和国合同法》第 113 条第 1 款的规定，违约方损害赔偿的范围既包括守约一方现实发生的实际损失，也包括未来可能获得的利益或承受的损失，并不以确定合同继续履行的结果是盈利还是亏损为要件。

【案情摘要】

2016 年 11 月 26 日，陕西省渭南市临渭区民政局（以下简称临渭民政局）与必肯公司、老城公司签订的《合作框架协议》约定，由必肯公司负责案涉项目的工程建设工作。而临渭民政局又于 2017 年 3 月 15 日与勇捷公司订立《施工承包合同书》，将案涉项目的工程建设工作交给勇捷公司完成。2018 年 9 月 19 日，圣德公司与临渭民政局、象山公司签订《渭南象山公墓委托经营协议书》，圣德公司的合同目的是获得象山公墓的经营权，临渭民政局要求解除合同，致使圣德公司的合同目的不能实现，而各方当事人对预期收益损失的具体数额存在争议，因此共同委托专业机构进行估算。必肯公司于一审诉请法院判令临渭民政局、象山公司连带赔偿其预期收益损失，且得到一审法院支持。临渭民政局、象山公司不服提起上诉，二审法院维持原判。现临渭民政局、象山公司提出再审申请。

（撰写人：董俊武）

---

① 对应《中华人民共和国民法典》第 584 条。

7 当事人请求调整违约金时的举证责任分配
——太华公司与乳山市自然资源局、维多利亚公司
建设用地使用权出让合同纠纷申请再审案

- **案　　号**　（2021）最高法民申 5099 号
- **合议庭成员**　刘银春、司伟、赵风暴
- **关 键 词**　民事 / 建设用地使用权出让合同纠纷 / 违约金调整 / 举证责任
- **相关法条**　《最高人民法院关于适用〈中华人民共和国民事诉讼法〉的解释》第 90 条、第 91 条

【裁判要旨】

在违约方请求减少过高的违约金时，应当按照"谁主张、谁举证"原则，违约方负有证明违约金过高的举证责任。但是，鉴于衡量违约金是否过高的最重要标准是违约造成的损失，守约方因更了解违约造成损失的事实和相关证据而具有较强的举证能力，因此，违约方的举证责任也不能绝对化，守约方也要提供相应的证据。

【案情摘要】

太华公司与维多利亚公司通过招拍挂手续拍得案涉 200 亩土地使用权，并与原乳山市国土资源局（现乳山市自然资源局）签订《国有土地使用权出让合同》，案涉土地使用权已办理了使用权证并登记在太华公司名下。但此后案涉土地规划发生变更，且未安排用地指标进行农用地转用审批，无法实现太华公司开发土地的目的，该合同已经客观上无法继续履行。现太华公司主张乳山市自然资源局应当依据《国有土地使用权出让合同》之约定，按照太华公司已付出让金的 3‰ 支付违约金。乳山市自然资源局以该违约金约定过高为由要求调低，而太华公司没有举证证明其实际损失。

（撰写人：司　伟）

8 委托人向拍卖人承诺同意以交易保证金的同等数额承担违约责任的处理

——国欣集团与港信公司、美屹诺公司等股权转让纠纷申请再审案

- 案　　号　（2021）最高法民申 6589 号
- 合议庭成员　黄年、刘崇理、李晓云
- 关 键 词　民事 / 拍卖合同 / 保证金
- 相关法条　《中华人民共和国合同法》第 115 条[①]、第 173 条[②]

【裁判要旨】

委托人向产权交易中心提出项目交易申请时承诺：同意以保证金的同等数额向守约方承担违约责任及缔约过失责任赔偿金，保证金金额不足以弥补损失的，利益受损方有权向其追偿。竞买人向产权交易中心交纳了保证金并承诺：成功购买后如因自身未与转让方签订交易合同，交纳的保证金不予返还。竞价结束后，委托人无正当理由终止项目交易，应就其无故拒不签约承担相应的缔约过失责任。该缔约过失责任不能与竞买人交纳的保证金不予返还明显不对等，也不能与其之前明确承诺以保证金的同等数额承担赔偿责任明显违背。

【案情摘要】

国欣集团委托黄金集团向产权交易中心提交涉案项目交易，并承诺如违反承诺书的相关内容，同意以交易保证金的同等数额向守约方承担违约责任，以及缔约过失责任赔偿金。后港信公司、美屹诺公司联合购买体向产权交易中心交纳了 2003.25 万元保证金，并于竞买当日经多轮竞价作出最高报价。但次日黄金集团即向产权交易中心发函，要求中止项目交易。之后黄金集团又向产权交易中心提交终止项目交易的决定。最终产权交易中心通知港信公司、美屹诺公司联合购买体，涉案项目终止交易，并予以公告，返还了保证金 2003.25 万元。

（撰写人：李晓云）

[①] 对应《中华人民共和国民法典》第 586 条。
[②] 对应《中华人民共和国民法典》第 645 条。

买卖合同 ▶▶▶

1 在合同约定不明确的情形下，可以依据合同实际履行情况进行综合判断，探寻当事人的真实意思
——中车检公司与人保公司买卖合同纠纷上诉案

- **案　　号**　（2020）最高法民终 864 号
- **合议庭成员**　刘崇理、黄年、潘勇锋
- **关 键 词**　民事 / 合同 / 合同履行 / 合同解释
- **相关法条**　《中华人民共和国合同法》第 61 条①

【裁判要旨】

在合同约定不明确的情形下，可以依据合同实际履行情况进行综合判断，探寻当事人的真实意思。

【案情摘要】

2001 年 3 月 24 日，中车检公司与人保公司签订《服务合同》。该合同约定：中车检公司向人保公司提供事故车辆定损系统及相关技术服务。《服务合同》签订后，双方当事人履行了《服务合同》的部分内容，中车检公司提供了事故车辆定损系统光盘及前二个年度的密钥，人保公司支付了第一期、第二期购置费和第一年度、第二年度的技术服务费。2003 年 9 月 3 日，中车检公司与人保公司签订了《补充协议》，新增了数量。此后，人保公司按照《服务合同》及《补充协议》中约定的相关时间及金额支付了合同期内的全部费用。合同期满后，双方当事人经协商，人保公司继续使用中车检公司开发的事故车辆定损系统并继续接受中车检公司提供的技术服务，但双方当事人未签署新的技术服务合同。2008 年 5 月 26 日，人保公司致函中车检公司，称自 2008 年 8 月 1 日起，不再接受中车检公司依据《服务合同》提供的相关技术服务。双方当事人就如何参与选购定损工具竞标活动及如何进行结算费用产生矛盾，进行了多次协商，但始终未能达成一致意见。

中车检公司起诉请求判决人保公司向中车检公司支付事故车辆定损系统购置费、

---

① 对应《中华人民共和国民法典》第 510 条。

数据更新服务费及其他软件开发和数据整理分析费共计42755万元及利息。一审法院认为中车检公司主张事故车辆定损系统购置费应当按照新增车系数量计费没有合同依据，应当按套计算。判令人保公司向中车检公司支付2007年及2008年上半年数据更新服务费1539万元及利息。中车检公司不服提起上诉，二审法院认为本案焦点为定损系统购置费的计算依据应以车系计算还是应以套数计算。双方签订的合同中对此并无明确约定。合同履行过程中，人保公司要求中车检公司发货的各版本事故车辆定损系统的数量均为5000套，《补充协议》签订后，增加至5130套，始终以套数作为计量单位进行交付和结算。按套开具发票，足以证明案涉事故车辆定损系统是按套数计费。如果《服务合同》的真实意思表示是以数据库内容的增加计算购置费与数据更新服务费，则在人保公司已经为数据库的内容支付过费用的情况下，使用者数量的增加就不应当另行收取费用，与本案履行情况不符。故应以套数为计费依据。故驳回上诉，维持原判。

（撰写人：潘勇锋）

2 即便买卖合同的上游供货方并未实际供货，买受人依然确认已经取得货物，仍构成买卖合同的实际履行

——郑煤公司与华源公司、国农公司等买卖合同纠纷申请再审案

- 案　　号　（2020）最高法民申7042号
- 合议庭成员　刘崇理、潘勇锋、李晓云
- 关　键　词　民事/买卖合同/虚构交易
- 相关法条　《中华人民共和国合同法》第65条①、第130条②

【裁判要旨】

双方订立买卖合同，出卖人按照合同的约定履行交付标的物的义务，买受人签字盖章注明收讫标的物，现买受人又主张在交货地点自提的标的物并不存在，本案实质为虚构交易实现融资放贷目的。但买受人并未主张并提交证据证明出卖人知晓该交易虚假，且该标的物也并非自始不能买卖的标的物，故即便出卖人的上游供货

---

① 对应《中华人民共和国民法典》第523条。
② 对应《中华人民共和国民法典》第595条。

方并未实际供货,买受人依然签字盖章确认取得标的物,已足以构成对双方买卖合同的履行。倘若确如买受人所言,其在明知出卖人的上游供货方没有实际供货的情况下,仍向出卖人表示已经自提取得了货物,则其仍应向出卖人承担买卖合同之付款责任。

【案情摘要】

2016年1月至4月,以华源公司为甲方、供方,郑煤公司为乙方、需方,双方签订了一系列《物资销售合同》,约定购买乙二醇。合同约定的交货方式为在交货地点长江港务公司由需方郑煤公司自提,《物权交接单》签署完毕视同乙方郑煤公司质量检验合格。之后华源公司与郑煤公司在《物权交接单》上签字盖章,郑煤公司在加盖公司公章的《物权交接单》上并注明:"我司收到供方上述货物,验收合格交接完毕,并确认供方已按合同约定完全履行本批交货责任。"现郑煤公司主张其并未取得合同标的物乙二醇的所有权,本案事实为国农公司、华源公司与亚安公司虚构交易实现融资放贷目的,郑煤公司居中"刷单"制造业绩。

(撰写人:李晓云)

3 信息网络买卖合同管辖纠纷中,通过邮寄方式交付的,收货地的人民法院具有案件管辖权

——韩某鑫与珠海市浩逸公司、北京口袋时尚科技有限公司信息网络买卖合同纠纷案

- **案　　号**　(2021)最高法民辖53号
- **合议庭成员**　黄西武、陈娅、寇秉辉
- **关 键 词**　合同履行地 / 管辖 / 信息网络买卖合同
- **相关法条**　《中华人民共和国民事诉讼法》第23条[①],《最高人民法院关于适用〈中华人民共和国民事诉讼法〉的解释》第20条

【裁判要旨】

以信息网络订立的买卖合同纠纷提起的诉讼,通过邮寄方式交付的,且有证据

---

① 对应《中华人民共和国民事诉讼法》(2023年修正)第24条。

证明收货地的，收货地可作为合同履行地，合同履行地的人民法院对案件具有管辖权。

【案情摘要】

本案为信息网络买卖合同纠纷引起的管辖权案件。四川省成都市青羊区人民法院（以下简称青羊区法院）认为，虽然收货地成都市青羊区可作为合同履行地，但该收货地应当作狭义解释，即与原告居住生活、工作等密切相关的地方，对原告以收货地作为确立本案管辖权依据的主张不予采信，青羊区法院裁定将本案移送广东省珠海市香洲区人民法院（以下简称香洲区法院）处理。香洲区法院受移送后认为，青羊区法院对本案具有管辖权，将案件移送香洲区法院不符合法律规定，遂逐级报请上级人民法院指定管辖。广东省高级人民法院与四川省高级人民法院就本案管辖权争议未能协商一致，后报请最高人民法院指定管辖。最高人民法院认为，原告起诉时提交的证据初步证明收货地址且快递物流已按照该收货地址送达，且原告的房屋租赁合同初步证明原告当时在四川省成都市生活。故青羊区法院作为收货地即合同履行地的人民法院，根据《民事诉讼法》第23条、《最高人民法院关于适用〈中华人民共和国民事诉讼法〉的解释》第20条规定，青羊区法院对本案有管辖权。

（撰写人：高晓丹）

4 托管经营模式下托管人能否就单笔交易向被托管企业主张权利

——大连农垦公司与锦州兰星公司买卖合同纠纷上诉案

- **案　　号**　（2021）最高法民终554号
- **合议庭成员**　周其濛、麻锦亮、季伟明
- **关 键 词**　民事 / 买卖合同 / 托管经营 / 自我交易
- **相关法条**　《中华人民共和国合同法》第8条①，《最高人民法院关于审理买卖合同纠纷案件适用法律问题的解释》第8条②，《最高人民法院关于适用〈中华人民共和国民事诉讼法〉的解释》第90条第1款

---

① 对应《中华人民共和国民法典》第465条。
② 该解释已于2020年修正，本条已被删除。

【裁判要旨】

托管人与被托管企业签订《托管协议》，约定对被托管企业人事、财务、资产以及生产、供货、销售等日常经营业务进行一体化经营管理，并明确托管经营结束后不得增加被托管企业的债务或者减损资产。该托管模式下，被托管企业虽然对外从事交易时仍不失为独立的民事主体，但在其与托管人之间的内部关系上，则已基本丧失运营决策的独立性。托管人和被托管企业在此期间的交易本质上属于自我交易，在很大程度上存在虚假交易和滥用权利侵害被托管企业的可能，为实现当事人之间的利益平衡，托管人向被托管企业主张买卖合同项下货款时，有必要科以更加严格的举证义务。此外，为了确保被托管企业的合法权益不受到损害，应在托管期满后，通过结算确定被托管企业利益是否受损，双方之间任何单笔交易均应在托管期限届满后通过清算进行整体考量，不能简单地逐笔计算。

【案情摘要】

大连农垦公司与锦州兰星公司及其股东天元纪通公司签订《托管经营协议》，天元纪通公司同意将其持有锦州兰星公司70%股权所对应的经营管理权托管给大连农垦公司且该股权收益权归属于大连农垦公司，大连农垦公司全权负责日常经营管理，享有对人事、财务、资产和产、供、销日常经营业务的一体化经营管理权，托管期限为3年。在股权托管经营交割日，各方财务人员核算并确认锦州兰星公司资产负债表的债权债务和托管经营资产数值；以此财务报表为基准在托管经营期限截至点大连农垦公司不得增加锦州兰星公司的负债或减损锦州兰星公司原有资产，如若增加债务或减损资产应由大连农垦公司承担清偿或赔偿责任。托管经营期间，大连农垦公司与锦州兰星公司签订多份《销售合同》，各方未对托管经营期间的经营情况进行清算，大连农垦公司现依据销售合同等证据提起诉讼，要求锦州兰星公司给付货款。

（撰写人：麻锦亮、杨泽宇）

5 买受人未在约定的检验期间对商品质量提出异议的,能否对出卖人主张产品质量责任

——比克公司与荣成华泰公司买卖合同纠纷申请再审案

- **案　　号**　（2021）最高法民申 2163 号
- **合议庭成员**　贾劲松、郭忠红、王鑫
- **关 键 词**　民事 / 买卖合同纠纷 / 产品质量检验期间
- **相关法条**　《中华人民共和国合同法》第 158 条①

【裁判要旨】

当事人约定检验期间的,买受人应当在约定的检验期间内将标的物的质量不符合约定的情形通知出卖人,怠于通知的,视为标的物的质量符合约定。买受人在约定的检验期间届满后,主张产品质量瑕疵的,除非具备法定情形,不应排除该检验期间的约定。

【案情摘要】

比克公司与荣成华泰公司签署了《量产产品价格合同》,双方还签署《质量协议》,约定按协议条款对乙方产品、供货和服务进行质量控制、质量责任认定和违约索赔。货到甲方仓库15个工作日内完成验收入库,如15个工作日未反馈,则视为验收合格。合同及协议签订后,比克公司依约向荣成华泰公司供货,荣成华泰公司在协议约定的检验期内并未就产品质量提出异议。后因荣成华泰公司拖欠货款,比克公司向人民法院提起诉讼。

（撰写人：王　鑫）

---

①　对应《中华人民共和国民法典》第 621 条。

6 买卖合同中买卖双方违约责任应根据合同约定及交易习惯明确

——杉杉宁夏公司与鼎鑫公司买卖合同纠纷申请再审案

- **案　　号**　（2021）最高法民申 2729、2730 号
- **合议庭成员**　孙祥壮、冯文生、刘少阳
- **关 键 词**　民事 / 买卖合同纠纷 / 违约责任
- **相关法条**　《中华人民共和国合同法》第 68 条①、第 97 条②

【裁判要旨】

交易流程虽未在合同中明确约定，但可根据双方认可的习惯做法进行明确。案件中，根据合同约定及双方交易习惯，卖方已制定发货计划并备足案涉货物的积极履约意思表示，买方未依照合同约定的质量鉴定方式确定质量问题即以履行不安抗辩权为由拒绝履行付款义务，构成违约。鉴于买卖双方均已与他方购买和出售满足其需求，合同已无实际履行必要，合同应予解除，合同解除后合同双方承担恢复原状以及赔偿损失的责任。

【案情摘要】

2018 年 3 月，杉杉宁夏公司与鼎鑫公司签订《采购合同》，约定杉杉宁夏公司向鼎鑫公司分批次采购硫酸钴，杉杉宁夏公司在支付预付款后，双方每次交货流程为发货前分批支付货款，并就双方认可第三方委托质量鉴定进行明确。2018 年 5 月，鼎鑫公司向杉杉宁夏公司出具《发货计划》及《发货函》。2018 年 8 月，杉杉宁夏公司向鼎鑫公司发出《函告》称硫酸钴存在质量不符合标准的情况，双方进行多次磋商无法解决。后鼎鑫公司已将货物出售给其他主体，杉杉宁夏公司已从他处采购硫酸钴。双方均提起诉讼，杉杉宁夏公司请求解除买卖合同并返还预付款，鼎鑫公司请求杉杉宁夏公司承担违约责任。

（撰写人：孙祥壮）

---

① 对应《中华人民共和国民法典》第 527 条。
② 对应《中华人民共和国民法典》第 566 条。

7 虚假买卖合同不能构成对真实借款合同的担保
——中铁物公司与福信来管理公司等买卖合同纠纷申请再审案

- **案　　号**　（2021）最高法民申 4221 号
- **合议庭成员**　梅芳、葛洪涛、苏蓓
- **关 键 词**　民事/买卖合同纠纷/虚假意思表示
- **相关法条**　《中华人民共和国民法总则》第 146 条①

【裁判要旨】

本案借款人与出借人通过签订虚假的钢材采购合同的形式进行融资，双方不存在订立、履行钢材买卖合同的真实意思表示。虽然在签订买卖合同时出借人对货物进行了形式上的查验，但是根据原审及生效刑事判决查明的事实，借款人是否能够证明拥有足额的存货钢材是出借人决定是否借款的重要考量因素。而双方签订的虚假钢材采购合同，因缺乏实际履行的真实合意，亦不能构成对借款的担保。

【案情摘要】

闽鸿公司与中铁物公司通过签订虚假的钢材采购合同的形式进行融资，双方不存在订立、履行钢材买卖合同的真实意思表示。作为闽鸿公司货物的仓储方，福信来管理公司在合同标的钢材的库存清单上加盖了公章并签字。因闽鸿公司未能按时还款，中铁物公司起诉要求闽鸿公司和福信来管理公司承担赔偿责任。

（撰写人：苏　蓓、李大何）

---

① 对应《中华人民共和国民法典》第 146 条。

8 债务人在诉讼时效届满之后主动向债权人发出复核账目用询证函，可视为同意履行债务
——山西灵石公司与许继电气公司买卖合同纠纷申请再审案

- **案　　号**　（2021）最高法民申 4756 号
- **合议庭成员**　黄鹏、汪军、李绍华
- **关 键 词**　民事 / 买卖合同纠纷 / 诉讼时效
- **相关法条**　《最高人民法院关于审理民事案件适用诉讼时效制度若干问题的规定》第 22 条[①]

【裁判要旨】

诉讼时效期间届满后，义务人同意履行的，不得以诉讼时效期间届满为由抗辩。义务人同意履行，是指义务人向权利人作出承认权利的存在，承诺以一定方式履行义务。债务人主动向债权人发出的复核账目用询证函，属于对权利人所享权利的重新确认，结合债务客观存在、理应遵循诚信原则履行等情况，可视为同意履行债务。

【案情摘要】

许继电气公司与山西灵石公司签订《综合自动化控制设备采购合同》，合同签订后许继电气公司如约履行了送货安装义务，山西灵石公司对案涉设备予以签收。截至 2014 年 5 月 6 日，山西灵石公司向许继电气公司陆续支付了货款 35 万元。2019 年，山西灵石公司向许继电气公司发送加盖公司印章的《往来询证函》，载明：截至 2019 年 6 月 30 日，山西灵石公司尚欠许继电气公司应付账款 35 万元。许继电气公司认为山西灵石公司发送《往来询证函》的行为已致诉讼时效的中断，于 2019 年 10 月 21 日提起诉讼。

（撰写人：黄　鹏）

[①]　该解释已失效，参见《民法典》第 192 条第 2 款。

9 买卖合同与承揽合同如何区分

——华澄公司与长宏公司买卖合同纠纷申请再审案

- **案　　号**　（2021）最高法民申 5751 号
- **合议庭成员**　李延忱、王珅、郁琳
- **关 键 词**　民事 / 买卖合同纠纷 / 买卖合同 / 承揽合同
- **相关法条**　《中华人民共和国合同法》第 130 条①、第 251 条②

【裁判要旨】

买卖合同与承揽合同的区别在于：买卖合同是以转移标的物所有权为目的的合同，双方当事人权利义务所指向的对象是一定的物；而承揽合同是以完成并交付一定工作成果为目的的合同，双方当事人权利义务所指向的对象主要是一定的行为，并且承揽合同中的定作人对承揽人的工作有监督权、检查权，有单方要求承揽人停止工作的权利，定作人对整个承揽工作可以达到控制的程度。

【案情摘要】

长宏公司与华澄公司签订的《设备采购合同》约定，长宏公司向华澄公司购买一台龙门吊，后双方又签订了一份《龙门起重机钢制结构件制造合同》约定华澄公司委托长宏公司进行制造。后龙门吊交付使用，因出现质量问题双方之间发生争议。华澄公司主张双方之间签订的《设备采购合同》是其应长宏公司特殊要求制作设备的合同，设备不具有通用性，有明显的针对性和特定性，因此，双方当事人之间的关系应为承揽合同关系而非买卖合同关系。

（撰写人：李延忱、高　玥）

---

① 对应《中华人民共和国民法典》第 595 条。
② 对应《中华人民共和国民法典》第 770 条。

10 拍卖人未披露其尚未掌握的信息不构成对如实披露义务的违反

——广烨公司与欧联公司拍卖合同纠纷申请再审案

- 案　　号　（2021）最高法民申 6672 号
- 合议庭成员　曹刚、于蒙、关晓海
- 关 键 词　民事 / 容积率 / 股权
- 相关法条　《建设用地容积率管理办法》第 3 条

【裁判要旨】

拍卖人对拍卖标的物相关信息负有如实披露义务，判断该义务是否完成应基于拍卖公告的文字表述，结合拍卖标的物的各自特征，同时考虑双方在拍卖前后的行为综合认定。

【案情摘要】

2019 年 4 月 12 日，欧联公司管理人通过"淘宝网拍卖平台"发布《安徽欧联投资发展有限公司持有的合肥政盛置业有限公司 100% 股权竞买公告》，主要内容为：拍卖标的欧联公司实际持有的政盛公司 100% 股权。政盛公司主要资产为：位于合肥市政务区茂荫路西，分别为合国用（2010）第 436 号土地使用权，土地使用权面积 6622.13 平方米（B 区），用途：商业，容积率为 ≤ 4.5 等。同日，欧联公司管理人通过"淘宝网拍卖平台"发布《竞买须知》，载明：管理人将于 2019 年 4 月 29 日 10 时至 2019 年 4 月 30 日 10 时进行公开拍卖。其后，广烨公司经实名注册并以竞买号"E2678"支付保证金 1500 万元。《竞价成功确认书》显示：广烨公司 2019 年 4 月 29 日 10 时在"淘宝网拍卖平台"竞得标的物。广烨公司在竞价成功后 15 日内未缴纳剩余款项，亦未到管理人处签订《股权转让协议书》。后，广烨公司以"容积率为 ≤ 4.5"虽系欧联公司管理人根据安徽省合肥市规划局签发的《建设用地规划许可证》等资料发布，但公告未明确指向 A 区和 C 区，足以误导广烨公司。且 2005 年规划方案就确定了该地块的综合容积率为 2.4 为由提起本案诉讼，要求撤销拍卖合同。

（撰写人：关晓海）

11 判断买卖合同的约定属于附条件生效还是附期限生效的约定，应不违背合同严守原则

——安靠公司与昌河公司买卖合同纠纷申请再审案

- **案　　号**　（2021）最高法民申7103号
- **合议庭成员**　李延忱、王珅、郁琳
- **关 键 词**　民事/买卖合同纠纷/付款条件成就
- **相关法条**　《中华人民共和国合同法》第45条①、第46条②

【裁判要旨】

附条件生效的约定中，生效条件能否成就，在约定达成时处于不确定的状态，即该条件是否能够成就非由当事人的单方意志所能够决定。而附期限生效的约定中，生效期限则应当是在合理期限内必成事实的对应时间。该案双方当事人在形成"上线结算"的约定时，所考虑的是买方在接收电池后的合理期间内安排上线，以满足其生产销售周期的实际需要，而非电池是否安排上线。如果认定"上线结算"系附条件生效约定，则买方可通过不安排上线的单方行为决定付款条件是否成就，即导致一方当事人以其合同有利地位的优势而怠于履行合同，有违合同严守的法律原则，不应予以支持。

【案情摘要】

安靠公司与昌河公司签订采购合同，约定昌河公司向安靠公司采购用于生产汽车的电池，并约定结算方式为上线结算。合同签订后，安靠公司根据合同约定向昌河公司分批提供电池，后因疫情及行业调整等原因，昌河公司不再需要电池供应，安靠公司向昌河公司主张支付已提供电池的货款，昌河公司主张对已收到但未上线的电池，因未达到合同约定的支付条件和期限，无须支付货款。

（撰写人：李延忱、高　玥）

---

① 参见《中华人民共和国民法典》第158条、第159条。
② 参见《中华人民共和国民法典》第160条。

12 依法成立的合同，对当事人具有法律约束力
——林鑫公司与白药公司合同纠纷申请再审案

- **案　　号**　（2021）最高法民申 7351 号
- **合议庭成员**　李相波、刘丽芳、秦冬红
- **关 键 词**　民事 / 内贸合同 / 法律约束力 / 违约责任
- **相关法条**　《中华人民共和国合同法》第 8 条①、第 60 条②、第 107 条③

【裁判要旨】

内贸合同不存在违反法律法规禁止性规定情形，债务人亦未提交充分证据证明其系受欺诈或胁迫的，债权人请求债务人依据合同约定承担违约责任的，人民法院应予支持。

【案情摘要】

林鑫公司与白药公司签订合作协议，约定林鑫公司将货物销售给白药公司，再由白药公司以自己的名义销售给外商，同时约定如外商未全额付款，由林鑫公司承担全部损失。后因外商未如期向白药公司支付款项，白药公司依据合作协议向林鑫公司主张赔偿损失，一审法院以合作协议合法有效为由支持白药公司的诉讼请求，林鑫公司不服提起上诉，二审维持原判。

（撰写人：李相波、华章玮）

---

① 对应《中华人民共和国民法典》第 465 条。
② 对应《中华人民共和国民法典》第 509 条。
③ 对应《中华人民共和国民法典》第 577 条。

土地使用权合同 ▶▶▶

1. 转让方未取得转让合同所涉全部国有土地的使用权，转让合同是否具有法律效力

——封某明、封某辉与沈某林、陶某、陈某英第三人撤销之诉上诉案

- **案　　号**　（2021）最高法民终 617 号
- **合议庭成员**　郎贵梅、王朝辉、刘丽芳
- **关 键 词**　民事 / 法律问题分类 / 第三人撤销之诉 / 无权处分
- **相关法条**　《中华人民共和国物权法》第 15 条[①]，《最高人民法院关于审理买卖合同纠纷案件适用法律问题的解释》第 3 条

【裁判要旨】

《物权法》确立了合同效力和物权变动相区分原则，土地使用权属于物权，国有土地使用权转让合同的效力认定亦适用物权区分原则，其成立、生效只需符合债权合同的成立及生效条件。本案系合同中约定的土地使用面积与土地使用权证书中载明的使用面积不符，属合同能否履行的问题，并不直接影响转让合同的效力，故应认定转让合同为合法有效。

【案情摘要】

2001 年 10 月 27 日，沈某林和陶某合伙开办刺绣厂。2007 年 4 月 25 日，沈某林将刺绣厂转让给陈某英，双方签订《厂房转让合同》，约定沈某林将刺绣厂有偿转让给陈某英，按规划证上及现有实地面积和实际建筑面积约 3.6 亩，包括国有土地证使用权，全部永久有偿转让给陈某英。沈某林、陶某在转让土地使用权给陈某英时，合同中约定的土地使用面积与土地使用权证书中载明的使用面积不符。2008 年 1 月 2 日，陶某与陈某英签订《补充协议》，约定刺绣厂转让价的 50% 由陈某英直接给付陶某。2009 年 11 月 9 日，陈某英与封某辉签订了《厂房转让协议书》，约定陈某英将刺绣厂有偿永久性转让给封某辉。2009 年 11 月 27 日，陈某英与封某辉、封

[①] 对应《中华人民共和国民法典》第 215 条。

某明再次签订《厂房转让补充协议》。

（撰写人：刘思陶）

❷ 国有土地使用权分割转让给个人的合同，未经政府批准是否影响合同效力

——陈某瑞、陈某鹏、林某勇与中瑞公司建设用地使用权转让合同纠纷申请再审案

- 案　　号　（2021）最高法民申 1457 号
- 合议庭成员　薛贵忠、汪军、杜微科
- 关 键 词　民事／建设用地使用权转让合同纠纷／分割转让／未经批准
- 相关法条　《中华人民共和国城镇国有土地使用权出让和转让暂行条例》第 25 条第 2 款

【裁判要旨】

土地使用权人将土地性质为出让地的国有土地使用权进行分割转让给个人所签订的合同，如不违反法律、行政法规效力性强制性规定，应为合法有效。《城镇国有土地使用权出让和转让暂行条例》第 25 条第 2 款应属于管理性强制性规定，分割转让是否得到批准将决定土地使用权能否变更登记至受让人名下，影响的是受让人能否取得土地使用权的问题，并不影响土地使用权转让合同的效力。

【案情摘要】

陈某瑞通过司法竞拍取得一地块的国有土地使用权，土地性质为出让地。2005 年，陈某瑞与陈某鹏、林某勇签订《土地转让协议书》，约定陈某瑞将其中一部分土地转让给陈某鹏、林某勇自建房屋，陈某瑞负责办理土地交易手续和建房手续。后因政府部门要求统一规划建房，双方有委托陈某瑞成立的中瑞公司建房的初步意向，但因房屋分配问题最终未能协商一致，双方由此产生争议。陈某鹏、林某勇向法院诉请解除《土地转让协议书》，要求陈某瑞赔偿损失等，陈某瑞反诉主张确认《土地转让协议书》无效。

（撰写人：薛贵忠、叶康喜）

最高人民法院裁判要旨精选

3 出让方未违约，受让方延迟交纳土地出让金的，不能要求调减违约金
——谦和公司与贵阳市自然资源和规划局建设用地使用权出让合同纠纷申请再审案

- 案　　号　（2021）最高法民申 3406 号
- 合议庭成员　王朝辉、郎贵梅、刘丽芳
- 关 键 词　民事 / 建设用地使用权出让合同纠纷 / 违约金
- 相关法条　《中华人民共和国合同法》第 114 条第 2 款①

【裁判要旨】

双方在国有建设用地使用权出让合同中作出的有关违约金的约定属于平等主体意思自治范畴，且未违反法律规定，合同双方均应遵照执行。在合同约定土地现状交付但未约定"即征即返"的情形下，受让人以出让人未及时兑现"即征即返"优惠政策、未按时拆迁、投入资金量大致其延迟交纳土地出让金为由，要求调减违约金有悖合同约定。违约金所涉欠款为土地出让金，其为地方财政收入来源，既是双方的约定也是出让方贯彻中央行政机关的行政意志，事关公共利益，除非出让方明显违约，否则人民法院应当谨慎行使调减违约金的裁量权。

【案情摘要】

谦和公司通过竞拍取得一宗地土地使用权，与原贵阳市国土资源局（因机构改革由贵阳市自然资源和规划局承接相关权利义务）签订《国有建设用地使用权出让合同》，合同中明确约定土地为现状交付，由谦和公司完成案涉土地上的房屋征收与补偿工作。合同中还明确约定如不能按时支付国有建设用地使用权出让价款，自滞纳之日起，每日按迟延支付款项的 1‰ 缴纳滞纳金。该土地后被政府确认为棚户区改造项目，可享受即征即返政策，但该内容未在出让合同中约定。谦和公司称因征拆量大且未能享受相关即征即返政策导致其投入资金量大未能如期缴纳出让金，并以约定违约金过高为由请求法院予以调减。一审法院驳回诉讼请求，二审法院驳回

---

① 对应《中华人民共和国民法典》第 585 条第 2 款。

上诉，维持原判，谦和公司提起本案再审申请。

（撰写人：王朝辉、杨　云）

4 双方约定将土地实际成交价超过基准价的部分款项奖励给受让方，实为返还土地出让金
——晨明公司与资源局建设用地使用权出让合同纠纷申请再审案

- 案　　号　（2021）最高法民申 3623 号
- 合议庭成员　王朝辉、郎贵梅、刘丽芳
- 关　键　词　民事/建设用地使用权出让合同纠纷/返还土地出让金
- 相关法条　《中华人民共和国合同法》第 52 条①，《最高人民法院关于审理涉及国有土地使用权合同纠纷案件适用法律问题的解释》第 3 条

【裁判要旨】

《国有建设用地使用权出让合同》是履行案涉《投资协议书》的一部分，两者有着不可分割的关系。《投资协议书》中约定的转让方将实际成交价超过基准价部分款项奖励给受让方，其实质为对竞拍成本设置的上限，虽名为"奖励"，但实为返还土地出让金。当出让合同解除后，出让方仅应返还受让方实际缴纳的出让金，即应扣除已奖励给受让方的款项。

【案情摘要】

2013 年 2 月 25 日，大英县人民政府（甲方）与晨明公司（乙方）签订投资协议书。2013 年 8 月 30 日，晨明公司竞得国有建设用地使用权，2013 年 9 月 9 日与资源局签订了两份《国有建设用地使用权出让合同》。晨明公司向资源局交纳土地出让金后，申请大英县人民政府根据投资协议书的约定给予奖励，大英县人民政府委托城投公司向晨明公司转款 75930100 元。资源局不能按约为晨明公司办理土地使用权证书后，晨明公司起诉请求解除合同并退还土地出让金及违约金，一审法院认为

---

① 参见《中华人民共和国民法典》第 146 条、第 148 条、第 149 条、第 150 条、第 153 条、第 154 条。

对晨明公司返还出让金,应以其实际缴纳的出让金为依据,即应扣除城投公司所转款项。晨明公司上诉,二审驳回上诉,维持原判。晨明公司认为该款项系晨明公司与大英县人民政府约定的诚信履约的奖励,并非返还土地出让金,遂申请再审。

(撰写人:王朝辉、张东一)

5 土地使用权出让方应对移交土地承担瑕疵担保义务
——龙泉驿国土局与鸣鸿公司建设用地使用权出让合同纠纷申请再审案

- 案　　号　（2021）最高法民申 4771 号
- 合议庭成员　刘丽芳、郎贵梅、王朝辉
- 关 键 词　民事/合同/瑕疵担保/先履行抗辩权/解除
- 相关法条　《中华人民共和国合同法》第 67 条①、第 111 条②、第 150 条③

【裁判要旨】

土地使用权出让方应对移交土地承担瑕疵担保义务。土地使用权出让合同约定,出让方交付土地时间先于受让方支付土地出让金时间的,在出让方交付的土地存在较大瑕疵,受让方主张先履行抗辩权,在未解决土地瑕疵且合同未失去继续履行的客观基础的前提下,出让方以受让方延迟交纳土地出让金为由,要求解除合同的,不应予以支持。

【案情摘要】

2016 年 6 月,龙泉驿国土局通过公开挂牌方式出让案涉土地。《出让方案》载明,在土地成交后 30 个工作日内交付土地,交付土地时按周围现状基础设施及现状场地条件移交土地。2016 年 7 月 21 日,鸣鸿公司、龙泉驿国土局签订《出让合同》及《补充协议》,约定受让人延期付款超过 60 日,出让人有权解除合同、收回国有建设用地使用权。2016 年 7 月 26 日,鸣鸿公司与龙泉驿国土局签订《交地确认书》。2017 年 3 月,鸣鸿公司向龙泉驿国土局发出《合同履约督促函》,反映案涉宗地内存在附属设施未拆除的问题,表示问题解决后将按约履行付款义务。2018 年

---

① 对应《中华人民共和国民法典》第 526 条。
② 对应《中华人民共和国民法典》第 582 条。
③ 对应《中华人民共和国民法典》第 612 条。

7月,龙泉驿国土局发出催款通知。2018年11月,鸣鸿公司回函反映涉案宗地不具备开工条件。2018年12月,龙泉驿国土局在其官网发布《解除通知》。2019年6月,四川省成都市中级人民法院组织双方当事人到涉案土地现场,经勘验,涉案土地部分区域红线点侵入怡和新城小区现状道路。

(撰写人:刘丽芳、王　欣)

房地产开发经营合同 ▶▶▶

1 在对合作项目进行收益分配的条件已成就的情况下,应按合同约定进行收益分配
——百城公司与地铁集团、城铁公司合资、合作开发房地产合同纠纷上诉案

- **案　　号**　(2020)最高法民终878号
- **合议庭成员**　刘银春、汪治平、赵风暴
- **关 键 词**　民事/合资、合作开发房地产合同纠纷
- **相关法条**　《中华人民共和国合同法》第44条第1款[①]、第60条[②]、第109条[③]

【裁判要旨】

本案中,上诉人与被上诉人通过补充协议将寿康里4号楼视为独立项目,该楼全部归上诉人所有,被上诉人对该楼不再享有分配的权利。在被上诉人对寿康里4号楼不享有分配权利,案涉项目除寿康里4号楼外已经全部开发建设并销售完毕,且本案一审对案涉项目建设成本已完成司法评估审计的情况下,应对被上诉人请求进行收益分配的请求予以支持。双方虽通过共同成立项目公司,由项目公司进行具体开发并委托案外第三人销售开发的房产,但相关费用承担及收益分配的主体仍为上诉人与被上诉人,故上诉人与被上诉人应为承担支付责任的主体。

---

① 对应《中华人民共和国民法典》第502条第1款。
② 对应《中华人民共和国民法典》第509条。
③ 对应《中华人民共和国民法典》第579条。

【案情摘要】

2005年5月8日,地铁集团作为甲方,与作为乙方的百城公司签订《房地产合作开发合同》,约定双方合作开发天津市南开区地铁二纬路地块项目,地铁集团提供项目用地的土地使用权并承担约定的土地费用,百城公司投入项目开发所需除土地费用以外的一切项目建设费用;双方共同成立项目公司,由项目公司进行开发。2007年6月1日,地铁集团(甲方)与百城公司(乙方)签订了《〈房地产合作开发合同〉补充协议》。在履行过程中,双方还形成数份《会议纪要》《股东会决议》等文件。案涉项目除寿康里4号楼外已经全部开发建设并销售完毕。双方对于合作项目收益分配产生纠纷,地铁集团向一审法院起诉请求百城公司、城铁公司向该集团支付合作项目应分配收益及逾期违约金,形成本案诉讼。

(撰写人:刘银春)

2 合资、合作开发房地产合同无效,项目已完工未结算的情况下,一方当事人请求对方返还预先支付的分配款项不应得到支持

——泰安佰亿公司与黑龙江佰亿公司合资、合作开发房地产合同纠纷上诉案

- **案　　号**　(2021)最高法民终32号
- **合议庭成员**　谢勇、张艳、李赛敏
- **关 键 词**　民事 / 合资、合作开发房地产合同纠纷 / 返还项目收益
- **相关法条**　《中华人民共和国招标投标法》第3条,《中华人民共和国人民防空法》第2条,《中华人民共和国物权法》第52条①,《中华人民共和国民事诉讼法》第64第1款②,《最高人民法院关于适用〈中华人民共和国民事诉讼法〉的解释》第90条、第232条

---

① 对应《中华人民共和国民法典》第254条。
② 对应《中华人民共和国民事诉讼法》(2023年修正)第67条第1款。

【裁判要旨】

合资、合作开发房地产合同由于违反法律的强制性规定无效，在当事人未进行结算、案涉项目的权属、投资收益等仍存在不确定性且双方损益无法确定的情况下，一方当事人请求对方返还预先支付的分配款项，不应支持。

【案情摘要】

黑龙江佰亿公司（甲方）、汉森公司（乙方）签订《关于联合开发建设泰安市财源大街、火车站区域地下人防商业城工程项目协议书》，约定对案涉项目合作开发，黑龙江佰亿公司享有项目开发总建筑面积的20%作为收益，剩余面积归汉森公司所有。协议履行过程中，泰安佰亿公司全权代表汉森公司在上述协议书中的全部权利义务，完全执行协议中的全部条款及内容。考虑到项目的投资及销售过程较长，泰安佰亿公司先支付给黑龙江佰亿公司1000万元人民币商铺款。后泰安佰亿公司对案涉一期工程进行了开发及销售，但由于种种原因，房屋的产权还在泰安市人民防空办公室，未在黑龙江佰亿公司及泰安佰亿公司名下，双方亦未对项目的损益进行结算。

（撰写人：谢　勇、王永明）

3 "共担风险"特征是认定合作开发房产合同的关键
——嘉顺公司与金果公司合同纠纷申请再审案

- 案　　号　（2021）最高法民申62号
- 合议庭成员　刘少阳、黄西武、高燕竹
- 关 键 词　民事 / 合作开发房地产 / 无名合同
- 相关法条　《最高人民法院关于审理涉及国有土地使用权合同纠纷案件适用法律问题的解释》第14条①

【裁判要旨】

合作开发房地产合同的核心特征之一在于双方当事人"共担风险"。案涉合同约

---

① 该解释已于2020年修正，此处法条对应第12条。

定出资方将土地、房屋等财产的所有权转移给建设方，建设方在完工后应当将一定面积的不动产所有权转移给出资方，案涉合同的目的是实现财产移转。合同中有关职工拆迁问题的约定仅仅是为了将来顺利取得相应财产权而作出的权利、义务安排。建设方不是拆迁人，出资方不是被拆迁人，也不承担建设方在开发房地产过程中的任何风险。因此，案涉合同不具有合作开发房地产合同"共担风险"的特征，系双方当事人主要以转移财产为目的的无名合同。

【案情摘要】

金果公司与嘉顺公司就房屋拆迁安置等事宜先后签订3份合同，约定：金果公司将其名下土地、房产、建筑物及其他辅助设施、机器设备移转至嘉顺公司名下，嘉顺公司在拆迁后对案涉土地进行开发，并同意补偿金果公司一定面积的不动产所有权。随后嘉顺公司通过土地招拍挂市场交易程序取得了土地使用权。因案涉土地少征多用的历史遗留问题、部分职工住宅楼的拆迁工作一直无法进行、传达室未腾空、项目开发成本增加等原因，嘉顺公司诉至法院主张金果公司违约，请求解除其与金果公司签订的3份合作房地产开发合同，并要求金果公司返还投入款、赔偿损失。

（撰写人：杨少慧）

4 债务人未按约定向第三人支付款项作为债务给付时，债权人是否有权向债务人主张给付

——永嘉公司与三雄公司合资、合作开发房地产合同纠纷再审案

- 案　　　号　（2021）最高法民再166号
- 合议庭成员　宋冰、陈宏宇、张梅
- 关　键　词　民事 / 合资、合作开发房地产合同纠纷 / 向第三人履行
- 相关法条　《中华人民共和国合同法》第65条①

【裁判要旨】

双方约定由债务人向第三人（该第三人为债权人的债权人）支付款项，作为债

---

① 对应《中华人民共和国民法典》第523条。

务人对债权人的给付对价。后因债务人怠于履行，导致债权人对债务人的债权并未得到实现，债务人应当继续向债权人履行合同义务。债务人以双方已约定债务人向第三人履行为由作为不履行债务的抗辩，不能成立。

【案情摘要】

三雄公司（债务人）与永嘉公司（债权人）签订了《合作开发协议书》，约定共同开发建设案涉土地。合作过程中，因永嘉公司退出合作，双方另签订《补充协议书》，约定永嘉公司在案涉项目的投资全部由三雄公司收购，且由三雄公司承担永嘉公司就案涉项目对森特公司、海天公司（第三人）的融资借款。因三雄公司未按照约定与海天公司另行签订借款协议，海天公司不同意由三雄公司代永嘉公司偿还借款及利息。永嘉公司起诉请求三雄公司支付欠款、利息及违约金，一审法院未支持永嘉公司该项诉请。永嘉公司不服上诉，二审法院维持原判。永嘉公司不服原判决向最高人民法院申请再审。

（撰写人：陈宏宇、赵　静）

5 为债务的清偿增加一种履行方式并不影响原债务给付义务的承担
——谭某与宝塔油气公司委托代建合同纠纷再审案

- 案　　号　（2021）最高法民再 340 号
- 合议庭成员　陈宏宇、徐霖、张梅
- 关 键 词　民事 / 委托代建合同纠纷 / 债务清偿方式
- 相关法条　《中华人民共和国合同法》第 58 条①

【裁判要旨】

案涉双方约定了项目收购价款总额，并约定其中部分收购价款由一方代建项目的方式予以补偿，以代建项目作为履行方式的约定并未消灭原债务的给付义务，应认定为双方对该上述部分债务增加了一种清偿债务的履行方式。在代建项目已经确定不能建设的情况下，债务人仍应当履行原债务约定的给付义务。

---

① 参见《中华人民共和国民法典》第 157 条。

【案情摘要】

宝塔油气公司（委托人）与东杰公司（受托人）签订代办、代建协议，约定由东杰公司代办案涉项目的手续并整体代建案涉项目。宝塔油气公司出具情况说明，载明其以代建方式收购了谭某所有的案涉项目，双方协议收购总价为2600万元，其中600万元由谭某代建项目的方式予以补偿。此后双方就代建项目未能达成协议。宝塔油气公司自认案涉项目已投入使用。另查明，东杰公司出具《情况说明》载明其与谭某系挂靠关系，其未参与案涉项目的投资建设和施工，案涉项目由谭某投资。谭某起诉请求宝塔油气公司支付欠款，一审法院认定代办、代建费总额为1845万元。双方不服均上诉，二审法院认定代办、代建费总额为2000万元。双方均不服原判决向最高人民法院申请再审。

（撰写人：陈宏宇、赵　静）

6 依据当事人双方的行为可以推定双方之间存在合作合同关系
——国开川沙公司与川沙新镇政府房地产开发经营合同纠纷上诉案

- **案　　号**　（2021）最高法民终624号
- **合议庭成员**　汪军、薛贵忠、杜微科
- **关 键 词**　民事 / 房地产开发经营合同纠纷 / 事实上的合作开发合同关系
- **相关法条**　《中华人民共和国合同法》第10条第1款①，《最高人民法院关于适用〈中华人民共和国合同法〉若干问题的解释（二）》②第2条

【裁判要旨】

当事人未以书面形式或者口头形式订立合同，但从双方的行为能够推定双方之间存在合作合同关系的，人民法院可以认定是以《合同法》第10条第1款中的"其他形式"订立的合同。

---

① 对应《中华人民共和国民法典》第469条第1款。
② 该解释已失效。

【案情摘要】

川沙新镇政府、国开基金、上置公司签署《合作开发协议》，约定采取"区（企）镇"合作模式，通过组建多元参股的城镇投资开发公司，共同开发建设六灶小城镇改革试点地区。鉴于此，国开基金和上置公司出资设立国开川沙公司。国开川沙公司实际参与了案涉项目的前期开发建设，并为此投入了相应资金。国开川沙公司请求川沙新镇政府支付其为案涉项目前期开发所投入的开发建设成本和开发间接费用，川沙新镇政府认为《合作开发协议》并未实际履行且国开川沙公司非该协议主体，拒绝支付相关费用。据此，国开川沙公司提起本案诉讼。

（撰写人：汪　军）

7 合作开发协议项下房屋所有权及拆迁主体的认定
——乾易公司与本钢公司等合作开发房地产纠纷上诉案

- 案　　号　（2021）最高法民终 697 号
- 合议庭成员　周其濛、麻锦亮、季伟明
- 关 键 词　民事 / 合作开发 / 回迁安置 / 瑕疵出资
- 相关法条　《中华人民共和国合同法》第 60 条[①]，《中华人民共和国公司法》第 28 条[②]

【裁判要旨】

在棚户区改造项目中，当事人签订的协议虽然名为联合开发或者合作开发协议，但是对于协议的性质应当根据协议的内容予以认定。一方当事人仅投入建设成本，并在完成建设施工后要求相对方在核算工程后支付投资成本的，本质上属于建设工程施工合同的范畴，建设方的主要义务是进行项目开发建设，主要权利是依照合同的约定要求相对方进行工程结算并支付建设费用，无权主张享有建设项目的所有权并将项目对外销售，更无权以房屋所有权人的名义主张履行了相应的拆迁安置义务。

---

① 对应《中华人民共和国民法典》第 509 条。
② 参见 2023 年修正、2024 年 7 月 1 日施行的《中华人民共和国公司法》第 49 条。

【案情摘要】

乾易公司与本钢公司签订合作开发协议，约定对于案涉棚户区改造项目进行联合开发，本钢公司负责土地使用手续办理以及拆迁安置等相关工作，乾易公司负责项目及配套设施建设，并在建设完成双方结算后，以房屋抵顶工程款项。在项目完成建设后，因双方未进行工程结算，乾易公司自行将案涉商品房对外销售，将部分回迁安置房屋交付拆迁安置户，并以房屋抵顶后仍不足以覆盖其投入，要求本钢公司支付剩余工程款及拆迁安置费用，形成本案诉讼。

（撰写人：麻锦亮、杨泽宇）

8 合作一方可否因项目停工解除合作协议，并要求返还投资款

——陈某江与顺联公司等房地产开发经营合同纠纷上诉案

- 案　　号　（2021）最高法民终 891 号
- 合议庭成员　李延忱、王珅、郁琳
- 关 键 词　民事 / 房地产开发经营合同纠纷 / 解除合同
- 相关法条　《中华人民共和国合同法》第 93 条①、第 94 条②

【裁判要旨】

合作协议当事人在追求各自合作投资收益的同时，也应当共同承担该合作投资可能产生的风险。案涉项目已经完成地下及地上部分主体建设，虽因欠付工人工资、承包方工程进度款等原因被当地政府主管部门责令停工，但属于合作各方需要共同面对的正常商业风险，不应认定为一方违反合作协议损害相对方合法权益的情形。

【案情摘要】

陈某江与顺联公司签署合作协议共同开发案涉项目，双方按约定投资比例进行投资，顺联公司在合作协议签订前取得开发建设权益，并实际组织建设了地下四层

---

① 对应《中华人民共和国民法典》第 562 条。
② 对应《中华人民共和国民法典》第 563 条。

和地上十二层主体工程,后因项目欠付工程款被责令停工。陈某江认为顺联公司根本违约导致合同根本目的不能实现,其有权解除合作协议,顺联公司应当返还其全部投资款。

(撰写人:李延忱、高　玥)

9 当事人的损害赔偿请求在另案已获得支持,又起诉主张补偿性违约金的,不应予以支持

——海鸿公司与博家公司合资、合作开发房地产合同纠纷申请再审案

- **案　　号**　(2021)最高法民申 2318 号
- **合议庭成员**　何波、徐霖、张梅
- **关 键 词**　民事 / 合同纠纷 / 违约金 / 违约损失
- **相关法条**　《中华人民共和国合同法》第 114 条[①],《最高人民法院关于适用〈中华人民共和国合同法〉若干问题的解释(二)》[②] 第 28 条

【裁判要旨】

当约定的违约金低于实际损失数额时,该违约金应为补偿性。当事人的损害赔偿请求在另案已获得支持,又起诉主张违约金的,违反损失补偿原则,不应予以支持。

【案情摘要】

海鸿公司与博家公司共同开发房地产,合同约定违约金 3810 万元。海鸿公司在另案中以博家公司违约为由要求博家公司赔偿给海鸿公司造成的损失,包括投资款返还、分配利润等,后又变更明确了相应诉讼请求。前案判决支持了海鸿公司赔偿损失的部分诉讼请求后,海鸿公司起诉主张博家公司应给付违约金 3810 万元。原判决认为海鸿公司在前案已获得远高于 3810 万元的赔偿,应驳回海鸿公司的诉讼请求。海鸿公司向最高人民法院申请再审,最高人民法院依法驳回再审申请。

(撰写人:何　波)

---

① 对应《中华人民共和国民法典》第 585 条。
② 该解释已失效。

10 违反《招标投标法》强制性规定的委托代建合同属无效合同

——和润公司与四八零八厂委托代建合同纠纷申请再审案

- 案　　　号　（2021）最高法民申 2658 号
- 合议庭成员　谢勇、张艳、李赛敏
- 关　键　词　民事 / 委托代建合同纠纷 / 合同效力
- 相关法条　《中华人民共和国合同法》第 52 条[①]、第 56 条[②]、第 113 条[③]，《中华人民共和国招标投标法》第 40 条

【裁判要旨】

委托代建合同约定，代建方负责按照委托方书面认可的施工图组织设计方案进行施工，确保工程质量，并对施工进行全方位管理以及工程竣工验收。代建方承担的义务并非单纯受托进行服务管理，还需承担工程施工、工程质量等工程总承包人工作。委托代建的工程项目按照相关法律规定需要招标的，应当依法进行招标投标程序，不能以双方在委托代建合同中未约定进行招投标为由排除《招标投标法》的适用。委托人未依法组织招投标的，应当认定委托代建合同无效。

【案情摘要】

四八零八厂与和润公司签订委托代建合同，约定由和润公司代建案涉经济适用房项目，承担项目自立项至竣工验收所有工作，四八零八厂负责监督协调，未约定是否必须进行招投标。根据相关证据认定，双方先签订委托代建合同，后补办了招投标手续。一审、二审法院均认定案涉委托代建合同应当招标而又未进行合法招标，违反了《招标投标法》的强制性规定，应属无效。

（撰写人：谢　勇、王永明）

---

① 参见《中华人民共和国民法典》第 146 条、第 148 条、第 149 条、第 150 条、第 153 条、第 154 条。
② 参见《中华人民共和国民法典》第 155 条、第 156 条。
③ 对应《中华人民共和国民法典》第 584 条。

11 合同纠纷中违约责任条款的选择
——先锋村委会与长发公司等合资、合作开发房地产合同纠纷申请再审案

- **案　　号**　（2021）最高法民申 2678 号
- **合议庭成员**　张淑芳、吴凯敏、李敬阳
- **关 键 词**　民事 / 合资、合作开发房地产合同纠纷 / 解除合同 / 违约责任
- **相关法条**　《中华人民共和国合同法》第 97 条①

【裁判要旨】

合同双方签订《解除协议》解除原协议，《解除协议》约定守约方有权终止本《解除协议》或者继续履行原协议或者《解除协议》。当合同一方当事人未按照《解除协议》约定履行义务时，守约方有权要求按照原协议约定的违约责任条款追究违约方的违约责任。

【案情摘要】

长发公司与先锋村委会、东湖城乡办事处签订《合作意向书》，合作参与先锋村城中改造项目。《合作意向书》约定，非长发公司原因该项目被其他开发商竞得，先锋村委会和东湖城乡办事处应在约定期限内全额退还长发公司先期支付的启动资金和利息，并对长发公司的前期投入和利息给予合理的补偿。后因用地规划未获批准及新棚户改造政策出台，先锋村委会、长发公司、金旅公司、东湖城乡办事处又签订《解除协议》，该协议约定：各方解除《合作意向书》，对于长发公司前期投入资金，应在审计后予以返还。守约方有权选择终止履行本协议或者继续履行原《合作意向书》或本协议。因先锋村委会未按《解除协议》返还长发公司前期投入资金，长发公司提起诉讼，请求解除合同以及请求先锋村委会按照《合作意向书》约定，返还其前期投入的资金本息。

（撰写人：吴凯敏）

---

① 对应《中华人民共和国民法典》第 566 条。

12 双方均不具备房地产开发经营资质的，合作开发房地产合同的效力认定

——双鸭山公司与万宇公司合资、合作开发房地产合同纠纷申请再审案

- 案　　　号　（2021）最高法民申 3252 号
- 合议庭成员　麻锦亮、周其濛、季伟明
- 关　键　词　民事 / 合资、合作开发房地产合同 / 开发资质 / 合同效力
- 相关法条　《最高人民法院关于审理涉及国有土地使用权合同纠纷案件适用法律问题的解释》第 14 条①、第 15 条②

【裁判要旨】

合作开发房地产合同是以提供出让土地使用权、资金等作为共同投资、共享利润、共担风险合作开发房地产为基本内容的合同。合作开发房地产合同的当事人一方具备房地产开发经营资质的，应当认定合同有效。当事人双方均不具备房地产开发经营资质的，应当认定合同无效。但起诉前当事人一方已经取得房地产开发经营资质或者已依法合作成立具有房地产开发经营资质的房地产开发企业的，应当认定合同有效。

【案情摘要】

双鸭山公司与万宇公司签订联建合同，合同约定双鸭山公司出地，万宇公司出钱共同开发案涉项目，但直至万宇公司起诉所有工程款之前，双方均未取得房地产开发经营资质，因案涉工程仅施工一部分，后万宇公司起诉双鸭山公司索要工程款。

（撰写人：李知博）

---

① 该解释已于 2020 年修正，此处法条对应第 12 条。
② 该解释已于 2020 年修正，此处法条对应第 13 条。

13 当事人过错导致司法鉴定无法进行需承担相应不利后果

——双龙公司与延房置业公司合资、合作开发房地产合同纠纷申请再审案

- 案　　号　（2021）最高法民申 4112 号
- 合议庭成员　张树明、向国慧、孙勇进
- 关 键 词　民事／司法鉴定／配合义务／不利后果
- 相关法条　《最高人民法院关于民事诉讼证据的若干规定》第 31 条

【裁判要旨】

双方当事人均申请司法鉴定，均有义务配合鉴定机构作出鉴定结论。因当事人拒不补缴鉴定费或拒不提供鉴定所需相关材料等过错导致司法鉴定无法进行，过错方应承担鉴定无法进行的不利后果。

【案情摘要】

延房置业公司、双龙公司合作开发"文庭雅苑小区"项目，合作项目完成后，双方当事人因对投入数额及利益分配产生纠纷诉至法院。诉讼过程中，为确定当事人各自的投入数额、各自销售房屋数额及收益，双方均申请司法鉴定。因延房置业公司迟迟未提交打开资料柜时间的情况说明，导致鉴定资料不能按原工作方案如期提供，双龙公司亦明确表示拒绝缴纳拖欠的鉴定费用，鉴定机构认为鉴定工作无法继续，遂向法院退卷。由于双方当事人的过错，导致鉴定无法进行，各自的诉讼主张均不能得到证实，故法院判决驳回双方当事人的诉讼请求。

（撰写人：孙勇进）

最高人民法院裁判要旨精选

14 在无书面合同且双方对交易模式陈述不一的情况下，出资方仅就合同的部分履行主张权利的，应当承担相应举证责任

——河南中凯公司与商丘栗城公司等委托代建合同纠纷申请再审案

- 案　　号　（2021）最高法民申 4649 号
- 合议庭成员　曹刚、于蒙、关晓海
- 关 键 词　民事 / 委托代建合同
- 相关法条　《中华人民共和国合同法》第 8 条 ①

【裁判要旨】

提供土地一方委托另一方出资建设教学楼和住宅楼，但双方未签订书面合同。对于开发出售住宅楼和建设教学楼之间的关系，双方陈述不一致。这种情形下，教学楼的建设和住宅楼的开发应进行一体考虑。现出资方仅请求教学楼的工程款，但未举证证明对方有相应义务，故其主张不能成立。

【案情摘要】

商丘栗城公司与夏邑县人民政府签订《投资创办夏邑县第四小学协议书》，约定商丘栗城公司在夏邑县投资创办一所小学。协议签订后，夏邑县人民政府为商丘栗城公司征用土地 72 亩。后河南中凯公司和商丘栗城公司合作，在其中的 8 亩地上建住宅楼两栋，已出售；在其他土地所建教学楼，已投入使用。双方之间没有签订书面合同。现河南中凯公司就其所建的教学楼，要求商丘栗城公司向其支付工程款。商丘栗城公司称河南中凯公司所建的住宅楼的收益就是所收取的对价，不应再另行支付教学楼工程款。遂形成诉讼。

（撰写人：于　蒙、韩学会）

---

① 对应《中华人民共和国民法典》第 465 条。

15 以提供出让土地使用权、资金等作为共同投资且约定分配利润、分担风险的，系合作开发房地产合同关系
——银川嘉河公司与宁夏利鑫公司合资、合作开发房地产合同纠纷申请再审案

- 案　　号　（2021）最高法民申 5546 号
- 合议庭成员　郭忠红、贾劲松、王鑫
- 关 键 词　民事 / 合资、合作开发合同 / 共享利润 / 共担风险
- 相关法条　《最高人民法院关于审理涉及国有土地使用权合同纠纷案件适用法律问题的解释》第 14 条、第 24 条①

【裁判要旨】

当事人以提供出让土地使用权、资金等作为合作开发房地产项目共同投资，并约定对所得利润进行分配、对开发风险进行分担的，应当认定当事人之间系合作开发房地产合同关系。如果合作开发房地产合同约定提供土地使用权的当事人不承担经营风险，只收取固定利益的，则应当认定为土地使用权转让合同关系。

【案情摘要】

龙凤药业公司与宁夏利鑫公司签订《房地产联合开发合同》，约定共同合作进行房地产开发建设。宁夏利鑫公司、龙凤药业公司、银川嘉河公司签订《协议书》，将龙凤药业公司在联合开发合同中的权利义务概括转移至银川嘉河公司。银川嘉河公司提起诉讼，请求判令宁夏利鑫公司向其支付合作开发项目应分配的利润及按约定分配比例计算的商品房、车位销售所得款项的利息。

（撰写人：郭忠红）

---

① 该解释已于 2020 年修正，此处法条分别对应第 12 条、第 21 条。

16 以集体所有土地为标的签订的用于商品住宅的房地产开发合同是否有效

——腾辉公司与溪河村委会合资、合作开发房地产合同纠纷申请再审案

- **案　　号**　（2021）最高法民申 5593 号
- **合议庭成员**　谢勇、张艳、李赛敏
- **关 键 词**　民事 / 合资、合作开发房地产合同 / 集体所有土地 / 商品住宅房地产开发
- **相关法条**　《中华人民共和国城市房地产管理法》第 2 条第 3 款①、第 9 条②，《中华人民共和国土地管理法》第 44 条第 1 款③、第 63 条④

【裁判要旨】

集体所有土地不能用于商品住宅的房地产开发，当事人约定以集体所有土地为标的签订的合资、合作开发房地产合同因违反《土地管理法》等强制性规定而无效。

【案情摘要】

溪河村委会与腾辉公司于 2010 年 10 月 17 日签订《房地产开发合同》，其中约定集体所有土地部分用于建设高层住宅小区及商贸房。地方政府出台会议纪要，提出各村商贸部分产权归村集体所有，原则上不能出售；将商贸部分土地使用权证及房屋所有权证办理到村委会名下等要求。2015 年 11 月，国土管理行政部门针对腾辉公司未经县级以上人民政府批准占用集体所有土地的行为出具行政处罚决定书，责令退还非法占用的土地；限 15 日内拆除在非法占用的土地上新建的住宅楼及其他设施，恢复土地原状；对非法占用的土地处以每平方米 30 元罚款（该处罚针对溪河新村项目）。溪河村委会向法院提起本案诉讼，请求依法确认其与腾辉公司签订的房地产开发合同等无效；腾辉公司返还商贸房，不能返还的按照市场价折价补偿；腾辉公司协助其办理商贸房的产权登记手续；腾辉公司承担赔偿经济损失责任。

（撰写人：张　艳）

---

① 对应《中华人民共和国城市房地产管理法》（2019 年修正）第 2 条第 3 款。
② 对应《中华人民共和国城市房地产管理法》（2019 年修正）第 9 条。
③ 对应《中华人民共和国土地管理法》（2019 年修正）第 44 条第 1 款。
④ 对应《中华人民共和国土地管理法》（2019 年修正）第 63 条。

17 如何判断被投资公司向投资人转账的性质
——何某华与钜隆房产公司等合资、合作开发房地产合同纠纷申请再审案

- **案　　号**　（2021）最高法民申 7312 号
- **合议庭成员**　冯文生、刘少阳、熊劲松
- **关 键 词**　民事 / 合资、合作开发房地产合同纠纷 / 举证责任 / 证明标准
- **相关法条**　《最高人民法院关于审理涉及国有土地使用权合同纠纷案件适用法律问题的解释》第 14 条、第 22 条①

【裁判要旨】

被投资人向投资人转账与投资本金相等数额的款项，转账单据未备注资金性质，且双方均未能提供证据证明系退回本金还是投资收益的情况下，投资人在收到款项后近 5 年都未向被投资人主张权利，尤其是考虑到投资人当初未按照约定的份额缴足投资款，投资人主张其款项为本金等额投资收益的理据不足。

【案情摘要】

钜隆房产公司（被投资人）通过拍卖方式竞得建设用地一块，何某华（投资人）于 2006 年至 2007 年以华海公司等名义转账方式陆续向钜隆房产公司支付投资款共计 2833.84 万元。钜隆房产公司向何某华出具函件确认收到投资款 2833.84 万元，并要求何某华在 2008 年 1 月底前缴足其 16% 股份对应所欠的投资款 2951 万元。何某华确认其未在 2008 年 1 月底前将该函件提及的拖欠投资款及利息支付给钜隆房产公司。钜隆房产公司于 2010 年 5 月 14 日向何某华经营的华海公司退回 2833.84 万元。何某华认为双方并未解除合作关系或终止合作，该 2833.84 万元系钜隆房产公司按照投资习惯向其分配与本金相等的投资收益，其对项目利润仍享有分配权，而钜隆房产公司认为该 2833.84 元系退回投资本金。

（撰写人：雷美芳）

---

① 该解释已于 2020 年修正，此处法条分别对应第 12 条、第 19 条。

18 合作协议解除后的可得利润是否应以工程全部完成的总利润为基数计算

——久合公司、朱某龙与广聚源公司合资、合作开发房地产合同纠纷申请再审案

- **案　　号**　（2021）最高法民申 7345 号、7782 号
- **合议庭成员**　李延忱、王珅、郁琳
- **关 键 词**　民事 / 合资、合作开发房地产合同纠纷 / 可得利润
- **相关法条**　《中华人民共和国合同法》第 113 条 ①

【裁判要旨】

合同解除后的可得利益损失赔偿以及合同解除后各方责任的认定，因本案各方当事人均存在违约行为，应根据各方实际履行情况、违约程度大小等因素综合判断。若合作协议一方当事人投入资金较低，且合作协议于案涉工程建设前即解除，因此不应再以工程全部完成的总利润为基数，按照合作协议约定的利润分配比例计算可得利益，否则将导致合同各方利益显著失衡。

【案情摘要】

广聚源公司与久合公司、朱某龙签订合作协议共同开发建设案涉香港城项目。协议约定由广聚源公司提供土地，久合公司及朱某龙提供资金及办理项目开发相关手续。久合公司及朱某龙就项目投入少量资金，在项目开始建设前，各方发生争议，合作协议解除。久合公司、朱某龙据此向广聚源公司主张应返还项目投资款并就项目可得利益进行赔偿。其中对可得利益的计算标准，以项目全部完成的总利润为基础，按照合作协议约定的利润分配比例计算。

（撰写人：李延忱、高　玥）

---

① 对应《中华人民共和国民法典》第 584 条。

19 合作开发房地产合同中联营合伙人承担共同付款责任是否有悖合同相对性规则

——柳某梅与福星公司、安达公司、张某华等买卖合同纠纷申请再审案

- 案　　　号　（2021）最高法民申 7417 号
- 合议庭成员　宋冰、吴笛、董俊武
- 关　键　词　民事／买卖合同纠纷／合同相对性
- 相关法条　《最高人民法院关于审理涉及国有土地使用权合同纠纷案件适用法律问题的解释》第 12 条，《最高人民法院关于审理联营合同纠纷案件若干问题的解答》①第 9 条

【裁判要旨】

《最高人民法院关于审理涉及国有土地使用权合同纠纷案件适用法律问题的解释》第 12 条中"共担风险"的表述并无合作主体共同承担每一债务的意思，如无《最高人民法院关于审理联营合同纠纷案件若干问题的解答》第 9 条所规定的合作人成立合伙企业或约定共同承担具体债务的情形，则外部债权人不能突破合同相对性主张其相对人以外的合作人承担民事责任。

【案情摘要】

安达公司与张某华签订《房地产联合开发合同》，约定安达公司提供建设用地并以安达公司名义负责办理施工许可证等一切相关手续。张某华提供该工程全部建设资金和费用，并交纳配套费。合同约定工程建设竣工后，双方按所建工程总的平方数进行利益分配等。案涉工程经招投标，福星公司中标。施工过程中，张某华具体组织施工事务，并以个人名义陆续从柳某梅处购买建筑材料。其后，张某华与柳某梅之间多次进行对账、结算，张某华尚欠柳某梅货款未付清。因此，柳某梅向一审法院起诉请求福星公司、张某华、安达公司支付货款等。一审法院仅判决张某华支付货款，安达公司不承担责任。柳某梅不服，提起上诉，二审法院维持原判。现柳某梅提出再审申请。

（撰写人：董俊武）

---

① 该解释已失效。

房屋买卖合同

1 业主委员会对于业主共有事项和物业共同管理事项，可以自己名义提起诉讼
——国电业委会与宏基房产公司、通州建总公司房屋买卖合同纠纷再审案

- **案　　号**　（2021）最高法民再344号
- **合议庭成员**　陈宏宇、吴笛、张梅
- **关 键 词**　民事 / 房屋买卖合同纠纷 / 业主大会 / 适格原告
- **相关法条**　《中华人民共和国民事诉讼法》第119条①，《物业管理条例》第15条

【裁判要旨】

业主委员会根据业主大会的授权对外代表业主进行民事活动，可以成为民事诉讼活动的主体。业主委员会符合"其他组织"条件，是业主大会的执行机构，根据业主大会的授权对外代表业主进行民事活动，对于业主共有事项和物业共同管理事项，可以自己名义提起诉讼。业主委员会起诉请求涉及的配套设施未建设及退还前期物业费等问题，属于业主共有事项和物业共同管理事项，人民法院应予受理。业主委员会起诉请求涉及的开发商履行商品房买卖合同约定的不动产权确权登记义务及承担逾期办证违约金等问题，属于业主专有事项，即使其具有业主大会的授权，人民法院亦不予受理。

【案情摘要】

国电家园小区由国能吉林台公司和宏基房产公司合作开发，由通州建总公司施工建设。国电家园小区工程于2014年11月21日竣工并经5方验收合格，工程质保期已届满。

2020年9月，国电家园小区召开第一届业主大会，成立国电业委会，并向伊宁县胡迪亚于孜镇人民政府备案。在该次业主大会上，业主大会授权国电业委会代

---

① 对应《中华人民共和国民事诉讼法》（2023年修正）第122条。

表国电家园小区业主开展以下法律维权工作：（1）房屋不动产权证问题的维权；（2）公共配套设施不健全问题的维权；（3）开发商延期交房违约金未赔付问题的维权；（4）房屋质量存在缺陷问题的维权；（5）规范合格的物业服务问题的维权。

2020年11月8日，国电业委会向新疆维吾尔自治区伊犁哈萨克自治州伊犁地区中级人民法院提起本案诉讼，请求：（1）宏基房产公司、通州建总公司承担业主房屋已完工程质量缺陷修复所需费用及应建设而未建设工程（包括小区内居民生活饮用水水源仍由宏基房产公司私自挖建的深水池供应，未与城市供水管网接通；小区排水系统未与城市排水外网连通，仅靠宏基房产公司、通州建总公司在小区内挖建的化粪池解决污水排放问题；小区至今未封闭、未安装安防监控系统；小区幼儿园至今未施工）的施工费用共计56215829.3元及逾期违约金。（2）宏基房产公司履行240户业主商品房不动产确权登记义务，向业主发放《不动产权证书》。（3）宏基房产公司承担逾期办理房地产权属证书的违约金162.92万元。（4）宏基房产公司终止未履行前期物业服务的违约状态，并退还非法收取的物业费541967.4元（自2014年6月以来，宏基房产公司收取小区业主数年物业服务费，但未签订前期物业合同，也未提供前期物业服务）。（5）宏基房产公司、通州建总公司承担国电业委会委托律师费、公证费、司法鉴定费等实现债权的费用。

（撰写人：张　梅、张义敏）

2 签订房屋买卖合同但约定购房款返还时间等内容的当事人，是否可以取得房屋所有权

——张某与吉发公司、李某正、莫某生房屋买卖合同纠纷申请再审案

- **案　　号**　（2021）最高法民申1213号
- **合议庭成员**　朱科、于明、贾清林
- **关 键 词**　民事/房屋买卖合同纠纷/民间借贷/以房抵债
- **相关法条**　《最高人民法院关于审理民间借贷案件适用法律若干问题的规定》第24条[①]

[①] 该解释已于2020年第二次修正，此处法条对应第23条。

【裁判要旨】

当事人之间签订房屋买卖合同为借款关系提供担保，出借人为买受人，借款人为出卖人，并约定借款人不能偿还借款本息的，则履行房屋买卖合同，以买卖合同标的物抵债。此类案件审理应考察双方订立房屋买卖合同的真实意思，结合案件事实判定案涉款项是借款还是购房款。若当事人之间约定购房款按时返还则解除购房合同，未按时返还则房屋归一方所有，且并无充分证据证明双方之后存在以物抵债协议的，根据《最高人民法院关于审理民间借贷案件适用法律若干问题的规定》的相关规定应当认定为借贷关系，借款人不能取得房屋所有权。

【案情摘要】

张某与吉发公司于 2015 年 3 月 10 日签订《商品房买卖合同》，于当日转账 20.4 万元给吉发公司，并出具书面承诺。承诺书载明：张某出资 12 万元购买案涉 2-28H 号房屋，如吉发公司在 2015 年 6 月 10 日前退还购房款，张某无条件配合吉发公司到房产局办理解除购房合同相关手续，若到期吉发公司未全额退还购房款，该房屋归张某所有。吉发公司因无法归还借款将案涉两套房屋交付张某占有，张某对房屋进行了装修，交纳了物业费、水电开户费等。李某正与吉发公司曾于 2014 年 10 月 10 日签订商品房买卖合同，约定将案涉一套房屋卖给李某正；莫某生与朱某庚曾于 2015 年 7 月 22 日签订《退还股份协议书》，约定朱某庚将案涉另一套房屋分给莫某生。张某起诉要求确认案涉两套房屋的所有权，并办理不动产权证书，李某正、莫某生参与本案诉讼，均主张已通过合同取得了案涉房屋，吉发公司对房屋没有所有权。一审法院支持了张某的诉讼请求。李某正、莫某生提起上诉，二审法院裁定撤销一审判决、驳回张某的起诉。张某申请再审。

（撰写人：朱　科）

3 解除权人未在法定或约定期限内行使权利，且催告对方履行合同义务，此后主张解除合同的，不予支持

——春发公司与兴鼎安公司商品房预售合同纠纷申请再审案

- 案　　号　（2021）最高法民申 1273 号
- 合议庭成员　宋冰、陈宏宇、张梅

- 关 键 词　民事 / 商品房预售合同纠纷 / 解除权 / 行使期限
- 相关法条　《中华人民共和国合同法》第 95 条第 2 款①,《最高人民法院关于审理商品房买卖合同纠纷案件适用法律若干问题的解释》第 15 条第 2 款②

【裁判要旨】

合同解除权作为一种形成权,对当事人权利义务关系之影响甚巨,解除权人长期不行使解除权,会使合同关系处于不确定的状态。解除权人未在法定或约定期限内行使权利,且催告对方履行合同义务的事实,证明其并无解除合同的意愿。其此后主张合同解除的,人民法院不予支持。

【案情摘要】

春发公司与兴鼎安公司签订《商品房预售合同》约定,兴鼎安公司交房时间为 2017 年 12 月 30 日,逾期超过 30 日后春发公司有权解除合同。兴鼎安公司未按期交房。2019 年 4 月 2 日,春发公司向兴鼎安公司发出"催交房屋通知书"。2019 年 11 月 27 日,案涉房屋具备交付条件。后春发公司提起本案诉讼主张解除合同。

(撰写人:陈宏宇、赵　静)

4　房屋买卖合同中,双方均有违约行为,合同已无继续履行基础的,法院可判决解除合同

——马某栾与周某子、贵人置业公司房屋买卖合同纠纷申请再审案

- 案　　号　(2021)最高法民申 1652 号
- 合议庭成员　郎贵梅、王朝辉、刘丽芳
- 关 键 词　民事 / 房屋买卖合同纠纷 / 双方违约 / 合同解除
- 相关法条　《中华人民共和国合同法》第 94 条③

【裁判要旨】

当事人之间良好的信任关系和密切的合作配合,是合同得以顺利履行的重要前

---

① 对应《中华人民共和国民法典》第 564 条第 2 款。
② 该解释已于 2020 年修正,此处法条对应第 11 条第 2 款。
③ 对应《中华人民共和国民法典》第 563 条。

提。在房屋买卖合同履行过程中，双方均存在违约行为，导致双方之间的信任基础薄弱。虽然双方的违约行为均不属于根本性违约，但是在双方难以就房屋买卖合同主要权利义务的进一步履行达成一致意见的情况下，法院可判决解除合同。

【案情摘要】

2019年1月2日，周某子与马某栾、贵人置业公司签订《房地产买卖及居间合约》，约定周某子作为买方意向购买马某栾名下位于贵阳市的房屋，约定成交价为255万元，分3笔支付。其中定金25万元，签约当日支付5000元，剩余245000元于2019年1月3日前支付；首期款94万元，于双方签订银行贷款合同之前交付至资金监管账户，合同约定2019年2月28日前办理资金监管及银行按揭贷款事宜；尾款136万元于交易过户出证抵押登记手续完成并领取他项权证后由贷款审批银行直接付至卖方或监管银行。合同签订后，周某子按照合同约定支付了定金25万元，并向经纪方支付了服务费3.65万元。2019年3月1日另行签订《补充协议》，约定将原合同"2019年2月28日前办理资金监管及按揭贷款"改为"2019年4月28日前签监管协议与签银行按揭合同"。补充协议签订后，周某子按照协议的约定支付了15万元作为预付款。2019年4月28日，双方当事人并未履行协议约定的相应义务。此后，双方当事人多次协商和沟通均未就协议的履行达成一致意见。

（撰写人：李晓晴）

5 未明确约定未销售完毕的房屋由出卖人购买，是否应认定为包销合同

——裕兴公司与邱某海等合同纠纷申请再审案

- **案　　号**　（2021）最高法民申1803号
- **合议庭成员**　于明、贾清林、朱科
- **关 键 词**　民事 / 包销合同 / 代销合同
- **相关法条**　《最高人民法院关于审理商品房买卖合同纠纷案件适用法律若干问题的解释》第16条

【裁判要旨】

根据《最高人民法院关于审理商品房买卖合同纠纷案件适用法律若干问题的解

释》第 16 条规定，房屋包销人有自由定价、独家销售的权利，包销人以开发商的名义进行销售，同时承担在约定期限届满时买入剩余房屋的义务。而商品房代销中代销商不需先行支付房款，也不能自主确定房屋销售的价格，所以代销人赚取的只是代理的佣金，而非房屋的销售差价。

【案情摘要】

裕兴公司与邱某海以及第三人桂阳房产整治办、桂阳工行签订了《商品房团购买卖协议》，当事人在协议中没有明确约定在期限内不能全部售出则由邱某海购入剩余的房屋。在实际履行中邱某海以裕兴公司的名义向购房者出售房屋，购房者与裕兴公司签订房屋买卖合同并办理按揭，邱某海所收的首付或定金以及按揭款均转入监管账户中，邱某海并没有从中扣去差价部分。二审法院判决认定双方当事人建立商品房买卖代理关系的意思明确，仅认定邱某海应返还扣留的裕兴公司的 260 万元的工程款。裕兴公司不服，向最高人民法院申请再审。

（撰写人：周 伟）

6 小区业主反对出售房屋及用于特殊经营，是否可以认定出卖人所售房屋具有重大瑕疵、出卖人具有丧失或可能丧失履行其合同义务的能力

——势投奇策公司、金石公司与保利公司房屋买卖合同纠纷申请再审案

- 案　　号　（2021）最高法民申 3011 号
- 合议庭成员　张爱珍、孙建国、郭艳地
- 关 键 词　民事 / 房屋买卖合同 / 不安抗辩权
- 相关法条　《中华人民共和国合同法》第 68 条第 1 款第 4 项[①]

【裁判要旨】

房屋买卖合同交易中，出卖人对房屋负有瑕疵担保责任。案涉所售房屋为现房，出卖人系该房屋的《房地产权证》上登记的所有权人，且该房屋未设定用益物权、担保物权，亦未有其他产权纠纷或受到限制交易的情形，符合双方当事人签订

---

① 对应《中华人民共和国民法典》第 527 条第 1 款第 4 项。

的《商品房买卖合同》中约定的出售房屋状况,不能认定案涉房屋有重大瑕疵。

房屋买卖中,出卖人的主要义务是交付房屋并办理房屋过户手续。出卖人对于买受人就案涉房屋开展具体经营计划无合同约定的保障义务,案涉房屋所在小区业主反对将房屋出售并用于相关经营活动,不属于影响出卖人履行交房及办理过户义务的情形,不能据此认定出卖人具有丧失或可能丧失履行其合同义务的能力,买受人以此主张其享有《合同法》第68条第1款第4项规定不安抗辩权,理据不足。

【案情摘要】

保利公司(甲方)与势投奇策公司、金石公司(乙方)签订《重庆市商品房买卖合同》及补充协议,约定:房屋成交总价5597万元,分3期支付,乙方逾期超过30日后,甲方有权解除合同。合同附件五第5条约定,乙方逾期付款超过30日的,甲方有权未经催告直接通知解除合同,该解除通知发出后双方的合同关系立即解除。合同签订后,因案涉房屋所在小区业主反对开发商保利公司将房屋出售并用于月子中心等经营活动,势投奇策公司、金石公司分别多次向保利公司发函,催促保利公司尽快妥善处理好与业主的矛盾、消除履约障碍及隐患。因该问题未能解决,势投奇策公司、金石公司未按约支付房款。保利公司向势投奇策公司、金石公司发出通知,解除合同。势投奇策公司、金石公司起诉请求:确认解除合同通知无效,其逾期付款是行使不安抗辩权,不构成违约。一审法院认为不安抗辩权不成立,保利公司行使合同解除权符合合同约定。二审法院认为保利公司解除合同既符合合同约定,也避免使合同履行陷入僵局,同时认为势投奇策公司、金石公司主观上无违约的故意,案涉合同解除后,双方可根据本案实际情况,妥善处理好合同解除后的相关事宜。势投奇策公司向最高人民法院申请再审,最高人民法院审查后驳回其再审申请。

(撰写人:张爱珍、仇彦军)

7 房屋买卖合同解除后是否可请求按照逾期付款利息标准计算损失

——名城开发公司与王某焕、钱某华房屋买卖合同纠纷申请再审案

- **案　　号**　(2021)最高法民申3169号
- **合议庭成员**　李延忱、黄鹏、郁琳
- **关　键　词**　民事/房屋买卖合同纠纷/损失赔偿

• **相关法条**　《最高人民法院关于审理商品房买卖合同纠纷案件适用法律若干问题的解释》第 17 条①

【裁判要旨】

《最高人民法院关于审理商品房买卖合同纠纷案件适用法律若干问题的解释》中关于违约金参照中国人民银行规定的金融机构计收逾期贷款利息标准的规定，其适用前提为商品房，且因逾期支付购房款产生的违约金。本案所涉房屋非商品房，且系有关合同解除导致已付购房款返还以及所产生损失的赔偿问题，与司法解释规定的违约金问题性质不同，该规定在此情形下不具有适用性。

【案情摘要】

王某焕、钱某华与五马街改建工程办公室签署协议购买营业安置房，案涉改建工程后由名城开发公司负责承接。双方在协议中约定出让方同意受让方对房屋进行部分改建和相关费用承担。案涉房屋交付后，受让方提出房屋改建方案，经出让方审查后予以认可，但至诉讼发生时房屋未获当地规划部门审核批准，无法按照协议约定办理相关审批手续。因此，王某焕、钱某华主张解除协议并要求返还购房款以及按照商业银行同期贷款利率复息赔偿损失。

（撰写人：李延忱、高　玥）

8　一方违约致使合同目的不能实现的，另一方可以解除合同

——金山公司与常某平、王某兵商品房销售合同纠纷申请再审案

- **案　　号**　（2021）最高法民申 3371 号
- **合议庭成员**　谢勇、张艳、李赛敏
- **关 键 词**　民事 / 商品房销售合同纠纷 / 合同解除
- **相关法条**　《中华人民共和国合同法》第 94 条②，《最高人民法院关于审理商品房买卖合同纠纷案件适用法律若干问题的解释》第 12 条③

---

① 该解释已于 2020 年修正，此处法条对应第 13 条。
② 对应《中华人民共和国民法典》第 563 条。
③ 该解释已于 2020 年修正，此处法条对应第 9 条。

【裁判要旨】

商品房销售者没有按合同约定的时间交付具备正常使用功能的房屋，其违约行为致使购房人签订合同的目的不能实现。依据《合同法》第94条和《最高人民法院关于审理商品房买卖合同纠纷案件适用法律若干问题的解释》第12条的规定，购房人有权解除该合同。

【案情摘要】

2010年9月15日，金山公司与常某平签订《房屋买卖协议》，约定金山公司向常某平出售案涉4号楼的伸缩缝以西的住宅（即4号楼一半），建筑面积共计6450平方米，总价款4515万元，分3次付清；金山公司负责办理产权证，并应在2011年1月30日前交付房屋，交付时水暖、电、排污、天然气应具备使用功能；双方还就办证费用、违约金等事项作出了约定。

合同签订后，常某平通过金山公司股东王某兵向金山公司支付了购房款，常某平认可已收到案涉房屋钥匙。但因案涉4号楼及地下室不符合竣工验收备案条件，金山公司未按原报送且审批通过的图纸进行施工并在该项目竣工验收时提供虚假资料，当地住房和城乡规划建设局公告案涉4号楼及地下室已签发的《建设工程质量监督报告》作废，并责令金山公司停止使用，重新组织竣工验收。截至本案诉讼时，案涉房屋仍未重新组织竣工验收。常某平提起本案诉讼，请求解除合同、返还购房款及利息、由王某兵对应返还款项及利息承担连带责任。

（撰写人：李赛敏）

9 商品房销售宣传内容未在商品房买卖合同中明确约定，是否可认定为合同内容

——张某春与宇新公司房屋买卖合同纠纷申请再审案

- 案　　号　（2021）最高法民申3405号
- 合议庭成员　李延忱、黄鹏、郁琳
- 关 键 词　民事／房屋买卖合同纠纷／销售宣传
- 相关法条　《最高人民法院关于审理商品房买卖合同纠纷案件适用法律若干问题的解释》第3条

【裁判要旨】

商品房的销售广告和宣传资料为要约邀请，但是出卖人就商品房开发规划范围内的房屋及相关设施所作的说明和允诺具体确定，并对商品房买卖合同的订立以及房屋价格的确定有重大影响的，构成要约。该说明和允诺即使未载入商品房买卖合同，亦应当为合同内容，当事人违反的，应当承担违约责任。

【案情摘要】

宇新公司在其销售项目地王大厦的宣传资料中载明"买一层得两层"，张某春为经营酒店目的，对地王大厦进行实地考察并与宇新公司签订《商品房买卖合同》。地王大厦其他层高 3.2 米单价 7000 元/平方米，张某春购买所涉楼层，层高 6.4 米，单价 12000 元/平方米。张某春主张双方签订《商品房买卖合同》前所涉楼层已隔层为两层，其基于买一层得两层的宣传购买房屋，现案涉房产夹层被认定为违法夹层，宇新公司广告宣传与实际不符，其行为构成欺诈。

（撰写人：李延忱、高　玥）

10 房屋认购书不具备《商品房销售管理办法》第 16 条规定的商品房买卖合同主要内容的，不能认定为合法有效的商品房买卖合同

——吴某文与禅城公司等案外人执行异议之诉申请再审案

- 案　　号　（2021）最高法民申 3781 号
- 合议庭成员　贾清林、于明、朱科
- 关 键 词　民事 / 案外人执行异议之诉 / 认购书 / 商品房买卖合同
- 相关法条　《最高人民法院关于审理商品房买卖合同纠纷案件适用法律若干问题的解释》第 5 条，《商品房销售管理办法》第 16 条

【裁判要旨】

认购书属于预约合同范畴，系为了订立本约合同而签订，与作为本约的买卖合同具有不同的法律属性；商品房买卖过程中签订的认购书，在不具备《商品房销售管理办法》第 16 条规定的商品房买卖合同主要内容的情况下，仅系双方买卖房屋的

意向书，而非合法有效的商品房买卖合同。

【案情摘要】

人民法院在执行生效判决中查封案涉房屋，案外人吴某文就此提出执行异议后被驳回。吴某文遂提起本案案外人执行异议之诉，并提交了《乐昌城市广场住宅认购书》等证据材料。一审、二审法院判决对其异议请求未予支持，吴某文不服，向最高人民法院申请再审，遂成本案。

（撰写人：贾清林、乔希木）

11 当事人之间签订的商品房买卖合同是否为双方之间的借款提供担保的认定

——王某宝与元亨公司所有权确认纠纷申请再审案

- **案　　号**　（2021）最高法民申 4427 号
- **合议庭成员**　张淑芳、吴凯敏、张炎
- **关 键 词**　民事 / 所有权确认 / 商品房买卖合同 / 民间借贷 / 担保
- **相关法条**　《最高人民法院关于审理民间借贷案件适用法律若干问题的规定》第 24 条①

【裁判要旨】

关于商品房买卖合同的认定，根据《最高人民法院关于审理民间借贷案件适用法律若干问题的规定》第 24 条第 1 款规定，当事人以签订买卖合同作为民间借贷合同的担保，借款到期后借款人不能还款，出借人请求履行买卖合同的，人民法院应当按照民间借贷法律关系审理，并向当事人释明变更诉讼请求。当事人拒绝变更的，人民法院裁定驳回起诉。

【案情摘要】

元亨公司系涉案房屋的开发单位，向王某宝借款 1000 万元，借款期限 4 个月，并签订《借款协议》《协议》。双方约定，如到期不还，借款到期的次日，王某宝所

---

① 该解释已于 2020 年第二次修正，此处法条对应第 23 条。

214

出借款项直接冲抵购房款，由元亨公司开具销售发票，协助王某宝办理房屋所有权登记，王某宝同意元亨公司就案涉房产对外销售，并配合元亨公司保证案涉房产能正常销售并办理过户登记手续，所售房款冲抵借款。如元亨公司按照约定还本付息，王某宝在收到还款之日后配合元亨公司办理合同解除事宜。虽然王某宝提供了相关材料用于证明双方之间系商品房买卖合同关系，请求确认其系案涉房屋的所有权人，要求元亨公司协助办理产权证书，但从双方签订的《借款协议》《协议》所反映的内容来看，王某宝、元亨公司签订《商品房买卖合同》实际上是为双方之间的《借款协议》的履行提供担保，并非真正形成商品房买卖合同关系。王某宝提起诉讼被驳回。王某宝不服，提起本案所有权确认纠纷。

（撰写人：吴凯敏）

12 开发商在营销过程中隐瞒楼盘设计用途和功能致使购房者违背真实意思签订房屋买卖合同的，合同可撤销

——当代红华公司与梁某中、张某梅买卖合同纠纷申请再审案

- **案　　号**　（2021）最高法民申 5495 号
- **合议庭成员**　张淑芳、李敬阳、吴凯敏
- **关 键 词**　民事 / 商品房买卖合同 / 欺诈 / 行使撤销权
- **相关法条**　《最高人民法院关于审理商品房买卖合同纠纷案件适用法律若干问题的解释》第 3 条，《中华人民共和国合同法》第 54 条[①]

【裁判要旨】

开发商在营销过程中，隐瞒楼盘设计用途和功能，所作的说明和允诺与实际设计用途和功能不符，致使购房者违背真实意思签订房屋买卖合同的，构成欺诈，房屋买卖合同可予以撤销。

【案情摘要】

2013 年 6 月 18 日，当代红华公司在太原市房产管理局为涉案 9#楼办理了商品房预售许可证，用途为公寓。2013 年 6 月 18 日之后，当代红华公司对涉案楼房

---

① 参见《中华人民共和国民法典》第 147 条、第 148 条、第 149 条、第 150 条、第 151 条。

进行了营销宣传，包括张贴宣传广告，通过百度网、搜狐焦点、蓝房网等网站推广宣传。宣传资料中包含有"9#楼为写字楼""万国城9号写字楼""长风9号……写字楼标杆""……唯一恒温写字楼，长风中央9号首次开盘即告热销"等图片、字样。2013年10月，当代红华公司（出卖人）与张某梅（买受人）签订《商品房买卖合同》，梁某中、张某梅向当代红华公司支付购房款。2015年10月后，包括梁某中、张某梅在内的部分购房者发现交付楼房的用途、结构与宣传资料中的标准不一致，购房者与当代红华公司因此发生纠纷。

（撰写人：张淑芳）

13 人民法院可以参照鉴定意见，综合考虑设计变更项目内容、工期延误合理性等因素，酌情确定因设计变更导致的工期延误费用

——中房经贸公司与中电总公司商品房预售合同纠纷申请再审案

- 案　　号　（2021）最高法民申7644号
- 合议庭成员　谢勇、张艳、李赛敏
- 关 键 词　民事／商品房预售合同纠纷／工期延误费用
- 相关法条　《中华人民共和国合同法》第8条[①]

【裁判要旨】

当事人主张建设工程因设计变更导致的工期延误费用，在各方就延误费用未达成一致的情况下，人民法院可以依法组织进行鉴定。鉴定过程中，当事人无法提供鉴定项目原始设计图纸导致无法准确确定工程量的，人民法院可以参照同一工程项目中的其他项目图纸对比鉴定工程量。对于鉴定机构作出的鉴定意见，人民法院可以综合考虑设计变更项目内容、当事人主张工期延误合理性等因素，酌情确定因设计变更导致的工期延误费用。

【案情摘要】

中房经贸公司开发案涉房地产开发项目，中电总公司与中房经贸公司签订协议

---

① 对应《中华人民共和国民法典》第465条。

购买案涉项目部分商业房产。按照协议约定，中电总公司有权提出设计变更、施工等要求，后双方就工程款支付、设计变更增加费用、工期延误费用等发生争议，产生多个诉讼，本案系对设计变更增加费用而产生的诉讼。一审、二审法院在查明事实基础上判决中电总公司支付中房经贸公司设计变更费用406万元、工期延误增加费用300万元，中房经贸公司对于生效判决确定的工期延误增加费用向最高人民法院申请再审。

（撰写人：谢　勇、王永明）

借款合同、民间借贷 ▶▶▶

1 债权人于起诉前将债权转让，但未通知债务人的，其具有原告资格

——民生银行北京分行与中铁十五局城建公司借款合同纠纷上诉案

- 案　　号　（2019）最高法民终506号
- 合议庭成员　刘崇理、李伟、郁琳
- 关 键 词　民事 / 借款合同纠纷 / 原告资格
- 相关法条　《中华人民共和国合同法》第80条①

【裁判要旨】

债权人转让债权未通知债务人，而在诉讼中披露相关信息的，应当视为转让债权的通知行为，根据《合同法》第80条第1款的规定，债务人在二审中得知案涉债权转让时，该转让始对其发生效力。据此，本案争议的民事权利义务在二审中发生转移，根据《最高人民法院关于适用〈中华人民共和国民事诉讼法〉的解释》第249条的规定，不影响债权人作为原审原告的诉讼主体资格和诉讼地位。

---

① 对应《中华人民共和国民法典》第546条。

【案情摘要】

2014年1月，民生银行北京分行与中铁十五局城建公司签订《综合授信合同》，最高授信额度为35000万元。2014年1月17日，民生银行北京分行与中铁十五局城建公司签订《借款合同》，借款用途为原材料购买，借款金额为35000万元。民生银行北京分行向中铁十五局城建公司发放贷款3.5亿元，借款届期后未能足额收回。在本案二审中，民生银行北京分行提交相关证据，证明其2014年12月将案涉债权本金和利息打包转让给东方资管公司，2016年3月14日东方资管公司又将案涉债权转让给长融和银公司，长融和银公司与民生银行北京分行签署《资产委托处置协议》，委托民生银行北京分行处理案涉债权清收工作。中铁十五局城建公司方得以确定地知晓案涉债权转让的事实。

（撰写人：李 伟、李大何）

2 债权人应当对债权仍未获得清偿的事实承担举证证明责任

——民生银行北京分行与中铁十五局城建公司借款合同纠纷上诉案

- **案　　号**　（2019）最高法民终506号
- **合议庭成员**　刘崇理、李伟、郁琳
- **关 键 词**　民事/借款合同纠纷
- **相关法条**　《征信业管理条例》第29条，《人民币银行结算账户管理办法》第49条，《中华人民共和国民事诉讼法》第64条①，《最高人民法院关于适用〈中华人民共和国民事诉讼法〉的解释》第108条

【裁判要旨】

债权人应当对双方存在借款法律关系以及债权仍未获得清偿的事实承担举证证明责任。本案债权人作为专业的金融机构，对其在债权转让后将该笔贷款作"已结清"处理、所主张借款用途与其交通事业部北京分部的说法矛盾、案涉借款尚未清偿即将资金回笼账号销户、商务合同关于货款金额的大小写金额不一致、贷款资金

---

① 对应《中华人民共和国民事诉讼法》（2023年修正）第67条。

最终用途并非用于《借款合同》约定的资金用途、款项仅在债务人账户中短暂停留最终进入其他公司账户等种种反常甚至违规、违法行为不能作出合理的解释。人民法院应当认定债权人未能完成证明责任。

【案情摘要】

2014年1月,民生银行北京分行与中铁十五局城建公司签订《综合授信合同》《借款合同》,民生银行北京分行向中铁十五局城建公司发放贷款35000万元,现要求中铁十五局城建公司清偿。贷款在中铁十五局城建公司账户短暂停留,当日即转入案外人账户。民生银行北京分行在转让债权之后将实际逾期未还的不良贷款报送为正常贷款;民生银行北京分行称案涉借款用途与此前民生银行交通事业部北京分部矛盾;在案涉贷款尚未清偿的情况下,案涉《借款合同》约定的资金回笼账号于2015年1月注销;本案《钢筋购销合同》第5条关于货款金额的大写金额和小写金额不一致,中扶公司的经营范围也不包括钢筋营销。

(撰写人:李 伟、李大何)

3 权益受到实质影响的当事人虽然在判项中没有直接承担责任,也有权提起上诉

——银湖公司、美银公司与旭睿公司合同纠纷上诉案

- 案　　号　（2019）最高法民终1984号
- 合议庭成员　刘崇理、黄年、潘勇锋
- 关 键 词　民事/合同/诉的利益
- 相关法条　《中华人民共和国民事诉讼法》第56条[①]

【裁判要旨】

本案美银公司系第三人。旭睿公司起诉请求银湖公司偿还借款本息,其对银湖公司借款债权来源是从美银公司处受让而来,而美银公司则否认其已经将案涉债权转让给旭睿公司。一审判决判令银湖公司向旭睿公司清偿案涉债权本息,虽然没有直接涉及美银公司,但实质确认了美银公司享有的债权已经转让给旭睿公司,故对

---

① 对应《中华人民共和国民事诉讼法》(2023年修正)第59条。

美银公司的民事权益有直接影响，美银公司应当有相应的救济途径。美银公司通过上诉主张其权利，该权利救济方式应当予以认可。

【案情摘要】

2012年9月28日，旭睿公司与美银公司签订《合作协议书》，约定双方合作开发房地产项目，共同出资成立银湖公司。该公司注册资本2000万元，旭睿公司出资800万元，美银公司出资1200万元。《合作协议书》第4.4条约定，根据与国土部门签署的《国有建设土地使用权出让合同》，双方商定：美银公司负责筹措地价款的60%，旭睿公司负责筹措地价款的40%。出资过程中，按照一方实际出资计算，另一方未达到约定的出资比例，未达到出资比例的一方应当及时补足出资，并按照实际融资利率承担未达到出资比例部分的利息。10月9日，旭睿公司与美银公司《工作纪要》记载：银湖公司开发所需资金由银湖公司或其股东负责筹措解决，银湖公司股东按照上述约定向银湖公司投入开发资金时，如任何一方（少付股东）未按照其持股比例或负责融资，则另一方（多付股东）多于其持股比例所投入的部分（多付投资），应视同少付股东向多付股东的借款。美银公司向银湖公司转款2.727亿元。

2014年12月21日，旭睿公司、美银公司签订的《抵偿/权益调整协议书》双方同意，美银公司以其对银湖公司享有的2.127亿元债权以债权让与方式等额抵偿应付旭睿公司的250449508.01元款项的相应部分。美银公司向银湖公司发送《债权让与通知》，第2条约定，债权对应的款项待满足约定的归还条件后，请银湖公司将全部债权相关款项直接支付给旭睿公司，无须征得美银公司同意。银湖公司收到。旭睿公司起诉请求银湖公司偿还借款本金人民币2.127亿元及利息。银湖公司则主张该笔2.127亿元债权系股东债权性出资，是对银湖公司项下商业用地的投资，现开发未完成，给付条件不成立。美银公司则主张其未将债权转让给旭睿公司，应驳回其诉讼请求。一审法院判决银湖公司向旭睿公司支付借款本金2.127亿元及利息。银湖公司与美银公司不服，分别提起上诉。二审法院驳回上诉，维持原判。

（撰写人：潘勇锋）

4 未约定履行期限的合同诉讼时效起算点
——银湖公司、美银公司与旭睿公司合同纠纷上诉案

- **案　　号**　（2019）最高法民终 1984 号
- **合议庭成员**　刘崇理、黄年、潘勇锋
- **关 键 词**　民事 / 合同 / 诉的利益
- **相关法条**　《中华人民共和国合同法》第 62 条第 4 项①，《最高人民法院关于适用诉讼时效制度若干问题规定》第 6 条②

【裁判要旨】

原债权人将债权转让给受让人，该债权并未约定履行期限。根据《合同法》第 62 条第 4 项之规定，履行期限不明确的，债务人可以随时履行，债权人也可以随时要求履行，但应当给对方必要的准备时间；而根据《最高人民法院关于适用诉讼时效制度若干问题规定》第 6 条之规定，未约定履行期限的合同，依照《合同法》第 61 条、第 62 条的规定，可以确定履行期限的，诉讼时效期间从履行期限届满之日起计算；不能确定履行期限的，诉讼时效期间从债权人要求债务人履行义务的宽限期届满之日起计算，但债务人在债权人第一次向其主张权利之时明确表示不履行义务的，诉讼时效期间从债务人明确表示不履行义务之日起计算。因此，受让人作为新债权人起诉要求债务人偿还欠款，没有超过诉讼时效。

【案情摘要】

2012 年 9 月 28 日，旭睿公司与美银公司签订《合作协议书》，约定双方合作开发房地产项目，共同出资成立银湖公司。该公司注册资本 2000 万元，旭睿公司出资 800 万元，美银公司出资 1200 万元。美银公司向银湖公司转款 2.727 亿元。

2014 年 12 月 21 日，旭睿公司、美银公司签订的《抵偿/权益调整协议书》双方同意，美银公司以其对银湖公司享有的 2.127 亿元债权，以债权让与方式等额抵偿应付旭睿公司的 250449508.01 元款项的相应部分。美银公司向银湖公司发送的《债权让与通知》第 2 条约定，债权对应的款项待满足约定的归还条件后，请银湖公

---

① 对应《中华人民共和国民法典》第 511 条第 4 项。
② 该解释已于 2020 年修正，此处法条对应第 4 条。

司将全部债权相关款项直接支付给旭睿公司，无须征得美银公司同意。银湖公司收到。该通知旭睿公司起诉请求银湖公司偿还借款本金人民币 2.127 亿元及利息。银湖公司则主张该笔 2.127 亿元债权系股东债权性出资，是对银湖公司项下商业用地的投资，现开发未完成，给付条件不成立。美银公司则主张其未将债权转让给旭睿公司，应驳回旭睿公司诉讼请求。一审判决判令银湖公司向旭睿公司支付借款本金 2.127 亿元及利息。银湖公司与美银公司不服，分别提起上诉。二审驳回上诉，维持原判。

（撰写人：潘勇锋）

5 借款合同中关于借款用途的约定，是否影响借款合同性质的认定

——科特公司与亿舟公司等借款合同纠纷上诉案

- **案　　号**　（2020）最高法民终 295 号
- **合议庭成员**　贾清林、杨春、王成慧
- **关 键 词**　民事 / 借款合同纠纷 / 借款用途
- **相关法条**　《中华人民共和国合同法》第 196 条 ①

【裁判要旨】

借款合同是借款人向贷款人借款，到期返还借款并支付利息的合同，当事人对于借款用途的约定不影响借款合同性质的认定。

【案情摘要】

科特公司主张其与亿舟公司等签订了 1 份《借款合同》，约定科特公司将 2 亿元出借给亿舟公司进行证券投资，借款期限 12 个月，借款利率为年利率 16%，利息按季支付等。《借款合同》明确科特公司拥有收回本金和取得利息的权利，对证券投资不承担风险。因亿舟公司等未按约定还款，科特公司提起本案诉讼。

（撰写人：杨　春）

---

① 对应《中华人民共和国民法典》第 667 条。

6 未经法庭质证的调解协议确定的事实能否作为认定案件事实的根据

——盈斯公司与华澳公司、泽信公司等企业借贷合同纠纷上诉案

- **案　　号**　（2020）最高法民终 709 号
- **合议庭成员**　李成玉、张颖、王成慧
- **关 键 词**　民事 / 企业借贷合同 / 未经当事人质证 / 为达成调解协议作出妥协 / 砍头息
- **相关法条**　《中华人民共和国民事诉讼法》第 68 条①，《最高人民法院关于适用〈中华人民共和国民事诉讼法〉的解释》第 103 条第 1 款、第 107 条

【裁判要旨】

证据应当在法庭上出示，由当事人互相质证。未经当事人质证的证据，不得作为认定案件事实的根据。在诉讼中，当事人为达成调解协议或者和解协议作出妥协而认可的事实，不得在后续的诉讼中作为对其不利的根据。当事人在庭后组织的调解中确定的事实是否能作为认定案件事实的证据，应当综合该证据是否能够反映案件真实情况、与待证事实相关联、来源和形式符合法律规定，并考虑当事人是否为达成调解协议而作出妥协的情况。

【案情摘要】

华澳公司（出借方）与泽信公司（借款方）签订借款合同，与盈斯公司（担保方）签订保证合同。一审法院判决泽信公司向华澳公司归还借款本金人民币 409887583.56 元及相应利息等，盈斯公司承担连带清偿责任。案涉借款本金的计算主要依据是华澳公司在一审庭审结束后提交的债权计算表分项明细显示及于 2019 年 10 月 21 日调解笔录确定的数额，华澳公司认为因为先息后本，故剩余 409887583.56 元均为本金。但是案涉借款并非 1 笔，而是 15 笔，其中多笔未还金额均高于对应本金数额，其中包含期内利息，且存在砍头息的问题。另因为案涉借款本金中涉及期内利息，则实际借款利率也超过法定上限。盈斯公司在一审判决承担

---

① 对应《中华人民共和国民事诉讼法》（2023 年修正）第 71 条。

连带清偿责任后提起上诉。

（撰写人：史锋华）

7 企业间借贷未违反效力性强制性规定的，应当认定有效

——银河生物公司、永星公司与卓舶公司企业借贷纠纷上诉案

- **案　　号**　（2020）最高法民终935号
- **合议庭成员**　张爱珍、何君、张颖
- **关 键 词**　企业借贷／职业放贷／合同效力
- **相关法条**　《中华人民共和国合同法》第52条 ①

【裁判要旨】

企业间借贷并非当然无效，除存在《合同法》第52条规定及民间借贷司法解释有关合同无效的情形外，当事人主张民间借贷合同有效的，人民法院应予支持。

【案情摘要】

2017年3月10日，卓舶公司作为出借人，银河天成公司作为借款人签订了《借款合同》，约定由卓舶公司向银河天成公司提供周转借款32200万元。2017年3月15日，卓舶公司向银河天成公司转账2亿元和5000万元。同日，卓舶公司分别与保证人永星公司、银河生物公司、潘某1、潘某2、姚某平签订了3份《保证合同》，约定保证人为银河天成公司的借款提供不可撤销的连带责任保证。2017年4月28日，银河天成公司向卓舶公司还款3000万元和3800万元。2017年5月10日，卓舶公司向银河天成公司转账4000万元。2017年10月16日，卓舶公司向银河天成公司转账1亿元。案件审理过程中，各方当事人确认银河天成公司尚欠卓舶公司借款本金32200万元，2017年7月1日之前的利息已结清，2017年7月1日起计算至本案一审起诉时（2019年5月7日）银河天成公司尚欠卓舶公司利息63901935.44元。

---

① 参见《中华人民共和国民法典》第146条、第148条、第149条、第150条、第153条、第154条。

案件审理过程中，银河天成公司向一审法院提交调查申请书，其主张卓舢公司自2017年1月5日起向银河天成公司发放借款高达10亿余元，故要求调取卓舢公司的银行流水。一审法院经审查，银河天成公司与卓舢公司之间存在短期的拆借行为，但上述拆借行为与本案争议没有直接关系。银河天成公司与卓舢公司之间有借有还，但期间沉淀的借款资金即本案所涉32200万元，并非银河天成公司所称高达10亿元的借款。

为进一步说明系争出借资金来源，卓舢公司向一审法院补充提交了招商银行股份有限公司上海联洋支行出具的《补发入账证明书》及银行流水。一审法院经审查：（1）2017年3月15日，卓舢公司法定代表人沈某转入卓舢公司2亿元、案外人陈某良转入卓舢公司5000万元；卓舢公司于当日分2笔划转银河天成公司2.5亿元。（2）2017年5月10日，中弘卓业公司汇入卓舢公司4000万元，卓舢公司于当日将该4000万元转账给银河天成公司。（3）2017年10月16日，田治公司转账卓舢公司2500万元，陈某良转账卓舢公司1500万元，中予公司转账卓舢公司6000万元，共计1亿元，卓舢公司于当日转账给银河天成公司。

（撰写人：何　君）

8 保证期间内债权人书面催告债务人还款，保证人复函协商解决的，产生诉讼时效中断的法律效果
——新正荣公司与政通公司、江南公司借款合同纠纷上诉案

- 案　　号　（2020）最高法民终1071号
- 合议庭成员　方芳、朱燕、贾亚奇
- 关 键 词　担保/合同/保证期间/诉讼时效
- 相关法条　《中华人民共和国担保法》第26条①

【裁判要旨】

保证期间内债权人书面催告债务人后，保证人复函收到债务人转交的催告函，希望与债权人协商解决方案的，视为债权人在保证期间内行使了权利，产生诉讼时效中断的法律效果。

---

① 参见《中华人民共和国民法典》第694条。

【案情摘要】

2014年1月，政通公司与江南公司签订借款合同，由政通公司借给江南公司2亿元，期限1年。同日，政通公司向江南公司汇款2亿元。2016年11月，拆迁项目主体由江南公司变更为新正荣公司。2017年2月，江南公司、新正荣公司与政府部门签订协议，约定解除原建设合同，新正荣公司承接江南公司依据原合同已建未完工安置房的所有权利义务。2016年11月，新正荣公司作出股东会决议，同意为江南公司向政通公司借款2亿元及利息提供保证担保。2016年11月16日，新正荣公司与江南公司向政通公司出具《承诺函》，承诺就政通公司出借给江南公司用于建设的2亿元本息及其他费用，同意按照约定方式偿还政通公司。2016年11月17日，新正荣公司向政通公司出具《保证担保书》，约定新正荣公司为江南公司向政通公司的借款2亿元承担连带保证担保，保证期间至2018年11月16日。2017年12月19日，政通公司向江南公司发出《催款函》，要求江南公司履行还款义务。江南公司将《催款函》向新正荣公司出示，新正荣公司于2018年1月18日向政通公司发出《工作联系函》，认可借款事实，并表示愿意与政通公司商讨还款事宜。

（撰写人：吴凯敏）

9 债权人未依法取得放贷资格，多次对外大额借款且不能说明资金来源的，借款合同无效

——北京汉富中心与天业恒基公司、天业房地产公司等借款合同纠纷上诉案

- **案　　号**　（2020）最高法民终1245号
- **合议庭成员**　周伦军、李伟、丁俊峰
- **关 键 词**　民事／借款合同纠纷／合同效力
- **相关法条**　《中华人民共和国合同法》第52条①，《最高人民法院关于适用〈中华人民共和国合同法〉若干问题的解释（一）》②第10条，《中华人民共和国银行业监督管理法》第19条

---

① 参见《中华人民共和国民法典》第146条、第148条、第149条、第150条、第153条、第154条。
② 该解释已失效。

【裁判要旨】

债权人在未依法取得放贷资格的情况下，在一定期间内多次反复从事民间借贷行为。个别合同虽然约定借款期内不计算利息，但借款期间较短，存在以收取高额违约金营利的情形。债权人对外借款数额远超其注册资本，且不能说明资金来源，故应当认定债权人出借款项的行为具有反复性、经常性和营利性，放贷资金数额巨大且不能说明来源，对国家金融管理秩序和金融安全造成了危害，案涉《借款合同》因违反效力性强制性规定而无效。

【案情摘要】

在 2016 年 12 月至 2017 年 12 月期间，北京汉富中心作为出借人分别向天业恒基公司、天业房地产公司、李某武、哈尔滨工业大学高新技术开发总公司、银河天成公司提供借款，出借金额共计近 9 亿元，且借款人不特定，借款期限分别为 10 日、23 日、2 个月、3 个月不等，借款合同中均约定了债务人未如期还款时应按照日 2‰ 的标准支付违约金。北京汉富中心的注册资本为 10 万元，且不能说明其对外放贷的资金来源。北京汉富中心的营业执照明确记载其经营范围为："……3.不得发放贷款……"

（撰写人：李　伟、李大何）

10 原告仅依据金融转账凭证主张民间借贷关系成立时，证明责任如何分配

——金清华公司与赵某红等民间借贷纠纷再审案

- **案　　号**　（2021）最高法民再 131 号
- **合议庭成员**　周其濛、麻锦亮、季伟明
- **关 键 词**　民事 / 民间借贷 / 证明责任 / 举证责任
- **相关法条**　《最高人民法院关于审理民间借贷案件适用法律若干问题的规定》第 16 条①，《最高人民法院关于适用〈中华人民共和国民事诉讼法〉的解释》第 91 条

---

① 该解释已于 2020 年第二次修正，此处法条对应第 15 条。

【裁判要旨】

民间借贷属于借款合同的范畴，出借人将款项交付借款人使用，借款人依照合同约定到期偿还本金及利息。实践中，原告仅依据金融转账凭证主张借款关系成立并要求被告偿还借款时，如果被告控辩转账系偿还双方之前借款或者其他债务且提供相应依据证明其主张后原告仍应当对借贷合意及借款已经实际支付对方的事实承担证明责任。《最高人民法院关于审理民间借贷案件适用法律若干问题的规定》第16条并非证明责任倒置的规定，其本质属于被告对其抗辩应承担的举证责任，此种举证责任随着当事人陈述的不同可以由人民法院进行分配，但是并不因此免除原告应当就民间借贷关系成立要件所承担的证明责任。

【案情摘要】

2013年6月4日，百思公司通过中国光大银行分4次转给金清华公司1亿元，同年6月5日，金清华公司通过上海浦东发展银行转给博元公司99999998.40元。2013年7月3日，百思公司通过中国光大银行向金清华公司2次分别转款1500万元，同年7月4日，金清华公司通过上海浦东发展银行将上述3000万元转账给林东煤业。2013年7月9日，百思公司通过中国光大银行向金清华公司转款2000万元，同年7月10日，金清华公司通过华夏银行将上述2000万元转账给林东煤业。2015年7月17日，百思公司与赵某红签订债权转让协议1份，约定将百思公司对金清华公司享有的1.5亿元债权转让给赵某红。

（撰写人：麻锦亮、杨泽宇）

11 认定民间借贷本金数额如何适用推定规则
——燕某敏与荣标公司破产债权确认纠纷再审案

- **案　　号**　（2021）最高法民再243号
- **合议庭成员**　冯文生、刘少阳、黄西武
- **关　键　词**　民事 / 民间借贷 / 法定代表人 / 推定本金数额
- **相关法条**　《最高人民法院关于适用〈中华人民共和国民事诉讼法〉的解释》第93条

【裁判要旨】

根据已知事实推定未知事实，可依经验法则采推理方法认定系争本金；书证文义明确，则无须推定；当事人负有诚信诉讼义务，应如实陈述；否则，受不利认定。

【案情摘要】

本案名为破产债权确认纠纷，实为民间借贷纠纷。谢某森作为荣标公司的法定代表人与燕某敏前后签订了3份《借条》，第1份与第3份《借条》上均盖有荣标公司的公章，第2份与第3份《借条》除有无公章之外完全相同。现荣标公司破产，燕某敏诉请确认其享有对荣标公司借款本金及利息的债权。

一审法院认为，不能根据公章的真实性推定协议的真实性，案涉款项均汇入谢某森个人账户，故认定借款人为谢某森个人，驳回了燕某敏的诉讼请求，二审法院予以维持。燕某敏向最高人民法院申请再审，最高人民法院提审本案并改判。

（撰写人：刘　波）

12 金融机构通过没有实质性服务的合同收取服务费用，是否属于变相收取利息

——龙升大酒店与工行贵港分行借款合同纠纷再审案

- **案　　　号**　（2021）最高法民再296号
- **合议庭成员**　孙祥壮、冯文生、刘少阳
- **关　键　词**　民事/借款合同纠纷/变相收取利息
- **相关法条**　《全国法院民商事审判工作会议纪要》第51条

【裁判要旨】

金融机构在借款合同约定利息外另行收取财务顾问费，包括投资顾问费、咨询费、手续费等与借款直接相关，却不直接表现为利息等直观的融资成本，必须遵循质价相符的原则，即应当根据客户的实际需要，提供价格合理的服务。例如，金融机构收取的服务费用与其为付费方提供的服务不对等，包括服务不值得所收取的费用等情形，则属于以收取服务费用为名变相收取利息。

【案情摘要】

龙升大酒店与工行贵港分行签订借款合同，约定了借款金额、利率、期限及用途等。工行贵港分行发放贷款后，先是向龙升大酒店收取资金托管费。后因双方签订借款合同补充协议，工行贵港分行又收取了合同变更费。此外，工行贵港分行依据其与龙升大酒店签订的一系列金融服务协议，收取了金融服务费用。上述资金托管费、合同变更费、金融服务费共计1998万元。工行贵港分行仅向龙升大酒店提供了一些结构框架基本一致、内容相似的金融服务方案及通过公开渠道可获得的金融资讯。龙升大酒店认为工行贵港分行未向其提供实质性服务，相关服务费用应抵扣借款本息。

（撰写人：孙祥壮）

13 套取银行承兑汇票是否属于套取金融机构信贷资金的行为

——中铁物资公司与东森公司、万胜公司等民间借贷及担保纠纷上诉案

- 案　　号　（2021）最高法民终365号
- 合议庭成员　宋冰、陈宏宇、张梅
- 关 键 词　民事 / 民间借贷纠纷 / 承兑汇票 / 套取金融机构信贷资金
- 相关法条　《中华人民共和国银行业监督管理法》第19条，《最高人民法院关于审理民间借贷案件适用法律若干问题的规定》第14条第1项①，《中华人民共和国担保法》第5条②，《最高人民法院关于适用〈中华人民共和国担保法〉若干问题的解释》③第8条

【裁判要旨】

借款人在交纳一定比例保证金的基础上，通过虚构交易之方式套取银行承兑汇票，取得汇票后通过贴现或背书实现融资目的的，汇票票面金额与保证金之间的差额形成银行的风险敞口，银行实际承担了相应的信用风险。上述行为与套取银行贷

---

① 该解释已于2020年第二次修正，此处法条对应第13条第1项。
② 参见《中华人民共和国民法典》第388条。
③ 该解释已失效。

款等信贷资金本质并无不同，属于《最高人民法院关于审理民间借贷案件适用法律若干问题的规定》第 14 条规定的套取金融机构信贷资金的行为。

【案情摘要】

中铁物资公司与东森公司、万胜公司签订多份建材供货合同和钢材销售合同，约定中铁物资公司向东宏公司采购钢材并向东森公司、万胜公司供货。中铁物资公司以银行承兑汇票、信用证方式向东宏公司支付款项。东森公司、万胜公司、东宏公司为关联公司，具有同一实际控制人。各方当事人一致认可，中铁物资公司与东森公司、万胜公司、东宏公司之间的钢材购销系虚假交易，走单不走货。中铁物资公司提起本案诉讼，请求东森公司、万胜公司偿还借款本息。

（撰写人：陈宏宇、赵　静）

14 公司公章能否对公司产生相关确认效力，应着重审查盖章行为是否确实出于公司的真实意思表示

——利虎公司与羌塘公司等借款合同纠纷上诉案

- 案　　号　（2021）最高法民终 373 号
- 合议庭成员　王朝辉、郎贵梅、刘丽芳
- 关 键 词　民事 / 借款合同纠纷 / 公司公章效力
- 相关法条　《中华人民共和国公司法》第 20 条[①]

【裁判要旨】

在通常交易中，公司公章具有确认公司法人意思表示的效力，但并非公司法人的意思表示本身，在某些特定交易中，应当考察加盖公章时的具体情形，以便准确认定意思表示的真实性。对于发生在公司控股股东和公司之间的借款纠纷，公司公章能否对公司产生相关确认效力，应着重审查盖章行为是否确实出于公司的真实意思表示。在当事人兼具债权人和股东身份掌握公司公章的情况下，在《对账单》等材料上加盖公章的行为并不能当然被确认为债务人公司的真实意思表示，应进一步审查形成《对账单》的具体借款金额，以确定真实借款金额。

---

① 参见 2023 年修正、2024 年 7 月 1 日施行的《中华人民共和国公司法》第 21 条、第 23 条。

【案情摘要】

羌塘公司于 2011 年根据股东授权，与利虎公司签订《合作合同》，约定利虎公司成为羌塘公司股东，并约定合作完成后公司扩大再生产所需的资金投入由利虎公司负责，从羌塘公司每年利润中还款。2012 年 11 月，羌塘公司向工商申请变更登记。2012 年 3 月，羌塘公司和利虎公司签订《借款合同》，约定了羌塘公司扩大再生产，资源的勘察、开发等向利虎公司借款。其后，利虎公司于 2012 年 3 月 7 日至 2018 年 10 月 8 日陆续通过银行转账等方式向羌塘公司转入资金。2018 年 6 月到 11 月，加盖有羌塘公司印章的《对账单》载明借款金额 7890.659 万元。其后，因合同无法履行，利虎公司根据《对账单》，起诉羌塘公司及两个股东返还其借款 7890.659 万元。

（撰写人：王朝辉、张东一）

15 债权人以发送信件方式向债务人送达债权催收通知，需形成有效送达才能产生诉讼时效中断的效力
——嘉盛公司与食品公司等借款合同纠纷上诉案

- 案　　号　（2021）最高法民终 546 号
- 合议庭成员　刘崇理、黄年、梅芳
- 关 键 词　商事 / 金融借款合同纠纷 / 诉讼时效中断 / 债权催收
- 相关法条　《最高人民法院关于审理民事案件适用诉讼时效制度若干问题的规定》第 10 第 1 款第 2 项①

【裁判要旨】

债权人通过发送信件的方式向债务人送达债权催收通知，此时具体收件人已非债务人的法定代表人，邮局以无电话、无收件人为由退回。在信件被退回后，债权人未对信件被退回的原因采取相应补救或进一步查证等措施再次邮寄，应认定为未形成有效送达，进而不能产生诉讼时效中断的效力。

---

① 该解释已于 2020 年修正，此处法条对应第 8 条第 1 款第 2 项。

【案情摘要】

案涉金融不良债权经过多次转让，债权人依次从烟台中行、东方资产青岛办事处、东信公司、锐信公司、浩益公司最后到嘉盛公司。嘉盛公司向一审法院提起诉讼以实现其债权。关于本案主债权的诉讼时效，各方当事人对于自2012年12月20日起重新计算并无异议，主要争执点在于锐信公司2014年的公告催收、邮寄催收以及2016年的公告催收、邮寄催收是否导致诉讼时效中断。2014年，锐信公司向食品公司邮寄《债权催收通知》的收件人为赵某惠，该邮件最终被退回，邮局在邮件退回单上写明"已退休"，并在改退批条上注明"无电话、无收件人"。2016年11月28日，锐信公司再次向食品公司赵某惠邮寄《债权催收通知》，该邮件被退回，邮局在改退批条上注明"原址查无此人、迁移新址不详"。2017年8月19日，嘉盛公司以顺丰速运快递的方式将《债权转让协议》及《债权转让暨催收通知》邮寄给食品公司法定代表人刘某丽，食品公司门卫签收。

（撰写人：黄　年）

16 部分清偿中"债务人负担较重的债务"应以债务人是否因清偿该笔债务而获得更多获益为标准进行审查判断

——黄某兵与中融公司民间借贷纠纷申请再审案

- 案　　号　（2021）最高法民申925号
- 合议庭成员　黄年、潘勇锋、丁俊峰
- 关 键 词　商事/民间借贷纠纷/债务清偿顺序
- 相关法条　《最高人民法院关于适用〈中华人民共和国合同法〉若干问题的解释（二）》①第20条

【裁判要旨】

根据《最高人民法院关于适用〈中华人民共和国合同法〉若干问题的解释（二）》第20条规定，债务人对同一债权人负有数笔相同种类债务的，其部分给付行为存在法定清偿顺序，应依据该规定内容确定具体被清偿债务。因借贷或工程承

---

① 该解释已失效。

包关系产生的债务，均为金钱之债，属于同种类之债。债权人同时享有前述债权，且债权均已到期、担保数额相同的，债务人的部分清偿行为应优先抵充其负担更重的债务。所谓负担较重的债务，是指能够使得债务人因清偿而获益更多的债务，一般应综合金钱之债所涉本金、利息、违约金等数额予以考量。

【案情摘要】

中融公司与黄某兵签订协议约定，因黄某兵承揽建筑工程封顶，中融公司应支付工程款4400万元；但中融公司急需后续项目启动资金。故黄某兵将应收工程款中的2400万转为对中融公司的借款，另再向中融公司提供2600万元的借款支持，借款总额为5000万元。借款期限为6个月，借款利息为月息1.5%，如逾期还款，每日支付违约金5万元。协议签订后，黄某兵依约向中融公司支付2600万元，其后中融汇通公司一共向黄某兵转账9000多万元，其中部分备注系归还借款或工程款，部分无备注。对于未注明用途的转账，黄某兵主张不应认定为归还借款，遂提起本案诉讼。

（撰写人：丁俊峰）

17 抵押权人未同意抵押人提出的抵顶清算报告，是否属于怠于行使担保物权、恶意扩大利息的情形
——天福利亨公司与宁安农信社借款合同纠纷申请再审案

- 案　　号　（2021）最高法民申929号
- 合议庭成员　张树明、孙勇进、季伟明
- 关 键 词　担保 / 抵押权 / 抵顶债务 / 怠于行使
- 相关法条　《中华人民共和国担保法》第53条①，《中华人民共和国民法总则》第195条②

【裁判要旨】

借款担保法律关系中的一方当事人申请实现担保物权的非诉案件执行完毕后，

---

① 参见《中华人民共和国民法典》第410条。
② 对应《中华人民共和国民法典》第195条。

还存在尚未清偿的债权的,债权人仍享有求偿权,可就同一借款担保法律关系另向人民法院提起诉讼。

借款合同到期后,债权人与债务人就如何偿还借款问题进行协商并提起诉讼,均属积极行使债权行为。抵押权人行使抵押权,是抵押权人的权利而非义务。债权人有权根据自身情况选择实现债权的方式。在抵押物价值未经双方共同确认的情况下,债权人未同意债务人提出的抵顶清算报告,并未违反相关法律规定。

【案情摘要】

2008年至2009年,宁安农信社与天福利亨公司先后签订多份借款合同,为保障债权实现,双方签订抵押担保合同并办理了抵押登记。2012年,借款合同相继到期;2013年至2016年,双方一直就如何偿还借款问题进行协商。天福利亨公司因无能力以金钱给付方式偿还借款本息,2015年至2016年,多次以无力偿还借款为由,向宁安农信社申请抵顶清算,但未获同意。此后,天福利亨公司又于2017年8月24日向人民法院申请实现担保物权,要求裁定拍卖抵押房产偿还案涉债务,人民法院予以准许,宁安农信社不服,提出执行异议、复议要求中止拍卖程序,均被人民法院驳回。在申请实现担保物权一案执行终结后,宁安农信社就其未实现的债权另行提起诉讼,天福利亨公司认为宁安农信社怠于行使担保物权、恶意扩大利息,向法院提出抗辩。

(撰写人:孙勇进)

18 因诉讼发生的合理律师费不属于民间借贷法定利率保护上限中的其他费用
——王某生与汤某军等民间借贷纠纷申请再审案

- 案　　号　(2021)最高法民申1140号
- 合议庭成员　何波、徐霖、张梅
- 关　键　词　民事 / 民间借贷纠纷 / 律师费
- 相关法条　《最高人民法院关于审理民间借贷案件适用法律若干问题的规定》第30条①

---

① 该解释已于2020年第二次修正,此处法条对应第29条。

【裁判要旨】

在民间借贷纠纷中，出借人和借款人在借款合同中约定借款人应支付的服务费、咨询费、管理费等其他费用，实质是借款人为获得借款支付的成本，性质上与利率无异，故应将其和逾期利息、违约金一并审查，防止当事人变相规避利率保护上限的规定，非法获取高息。而合同约定实现债权的费用，如律师费、诉讼费用等，是出借人因借款人未按照约定偿还借款，为维护自身合法权益进行诉讼而产生的支出和损失，不属于出借人因此获得的金钱利益，如借款人如约履行还款义务，并非必然发生，也不属于借款人为获得借款而支付的成本。因此，不应将律师费等因诉讼产生的必要合理支出归入其他费用范畴。当事人在本案中未对律师费金额是否合理提出主张，实践中应结合律师收费标准和当地实际，以及出借人因委托律师获得的利益等因素，综合确定合理的律师费数额。

【案情摘要】

出借人汤某军与借款人王某生在案涉借款合同中均明确约定借款人自逾期之日起至借款全部清偿前，应承担借款本金、所欠利息、诉讼费、执行费、公证费、律师费等实现债权的一切费用。双方在借款过程中，将多份借款合同和还款协议进行公证。汤某军向王某生给付借款后，王某生未如约偿付全部本息。汤某军因此委托律师诉至法院，提出王某生应给付案涉本息及律师费等多项诉请。王某生认为律师费已超过法定保护利率上限，不应予以支持。原审法院根据借款合同约定认定应由王某生负担律师费。王某生不服原判决，向最高人民法院申请再审，最高人民法院依法驳回其再审申请。

（撰写人：何 波）

19 职业放贷人的范围应界定在合理范围内，是否构成职业放贷人，可参考当地法院具体认定标准加以判断
——黄某福与南安阿庆嫂公司等民间借贷纠纷申请再审案

- 案　　号　（2021）最高法民申1187号
- 合议庭成员　郁琳、李延忱、黄鹏
- 关　键　词　民事 / 民间借贷纠纷 / 担保合同的效力 / 职业放贷人

• **相关法条** 《最高人民法院关于审理民间借贷案件适用法律若干问题的规定》第 13 条①

【裁判要旨】

根据《最高人民法院关于审理民间借贷案件适用法律若干问题的规定》规定，未依法取得放贷资格的出借人，以营利为目的向社会不特定对象提供借款的，人民法院应当认定民间借贷合同无效。而对于职业放贷人的认定，依据《全国法院民商事审判工作会议纪要》的规定，可以参考民间借贷比较活跃的地方的高级人民法院或者经其授权的中级人民法院根据其本地区的实际情况制定的具体认定标准。

【案情摘要】

黄某福向南安阿庆嫂公司提供借款，2012 年 6 月，各方形成《还款承诺书》，约定至出具承诺书当日尚欠借款本金 1400 万元，月利率按 1.8% 计算以及借款本息于 2015 年 12 月 30 日前付清。江阴阿庆嫂公司、黄某裕、黄某宇、黄某香为上述借款承担连带保证责任，担保期限为还款期限届满之日起 2 年。担保期间，黄某福一方多次向黄某香主张债权，南安阿庆嫂公司一方亦部分还款。后黄某福向一审法院起诉请求南安阿庆嫂公司偿还借款本息及实现债权费用，保证人承担保证责任，遂成本诉。

（撰写人：郁　琳）

20 约定投资方只享有利润而不承担风险的投资协议，属于借款合同

——久昌公司、周某敖与赣榆区政府等合同纠纷上诉案

- **案　　号**　（2021）最高法民终 1236 号
- **合议庭成员**　黄鹏、汪军、李绍华
- **关 键 词**　民事 / 合同纠纷 / 投资协议性质和效力
- **相关法条**　《最高人民法院关于适用〈中华人民共和国民法典〉时间效力的若干规定》第 8 条，《最高人民法院关于审理民间借贷案件适用法律若干问题的规定》

---

① 该解释已于 2020 年第二次修正，此处法条对应第 12 条。

第 11 条①

【裁判要旨】

当事人虽然以投资为名签订协议，但投资方不对所投资的项目承担经营风险，也不以所投入资金承担民事责任，无论被投资项目盈亏与否，均要按期收回本息或固定利润，违背了风险共担、利益共享投资交易原则，应被认定为借贷关系。

【案情摘要】

久昌公司、周某敖委托珠禄公司与创联公司、赣榆区政府签署《投资合作协议书》，约定投资合作相关事宜并附土地统计表和规划图。珠禄公司陆续将投资款支付到创联公司账户。创联公司向珠禄公司返还部分到期本金。创联公司另有款项出借给珠禄公司并为珠禄公司归还银行贷款。后久昌公司、周某敖以自己名义向法院提起诉讼，要求创联公司按照《投资合作协议书》约定，返还到期本金并支付投资收益，赣榆区政府承担担保责任。一审法院认定《投资合作协议书》名为投资实为企业间借贷，按照借贷法律关系判决创联公司偿还本金利息，赣榆区政府承担担保无效的赔偿责任。久昌公司、周某敖、创联公司均提起上诉。

（撰写人：黄　鹏）

21　一人公司及其股东在承担债务时的举证责任分配
——施某天与霖阳公司、常江公司、金果达公司等民间借贷纠纷上诉案

- 案　　号　（2021）最高法民终 1301 号
- 合议庭成员　冯文生、刘少阳、熊劲松
- 关 键 词　民事 / 民间借贷纠纷 / 一人公司 / 举证责任
- 相关法条　《中华人民共和国公司法》第 20 条第 3 款②、第 63 条③，《中华人民共和国合同法》第 36 条④

---

① 该解释已于 2020 年第二次修正，此处法条对应第 10 条。
② 参见 2023 年修正、2024 年 7 月 1 日施行的《中华人民共和国公司法》第 23 条。
③ 2023 年修正的《中华人民共和国公司法》中已无对应条文。
④ 对应《中华人民共和国民法典》第 490 条。

【裁判要旨】

双方当事人之间虽未采用书面形式订立借款合同，但一方已经履行主要义务即垫付本应由另一方支付的款项，且另一方已接受，依照《合同法》第36条之规定，应认定双方间借款合同成立。

依照《公司法》第63条之规定，一人有限责任公司的股东未提供证据证明公司财产独立于其股东自己的财产，应当对公司的债务承担连带责任。对于一人有限责任公司是否应当为其股东的债务承担连带责任的问题，应当适用《公司法》第20条第3款的规定判定。

【案情摘要】

2014年1月，施某天通过56名案外人及其本人账户，向常江公司转账100040万元。2014年4月9日和5月13日，施某天指示常江公司先后向该公司的全资子公司霖阳公司转账两笔，共计44750万元。该44750万元系施某天、霖阳公司依《股权转让框架协议》及确认书的约定，按照1∶9的比例从案外人手中购买金果达公司的全部股权的投资款，施某天主张其中3722.9万元是其应自行承担的受让金果达公司10%股份的投资款，余额41027.1万元是施某天代霖阳公司的垫付款。霖阳公司确认收到了上述款项，但主张施某天支付的是用于投资金果达公司项目的投资款，并非其向施某天的借款。双方纠纷成诉。

一审法院认为，施某天应对其主张的与霖阳公司之间存在民间借贷关系的事实承担举证证明责任。因施某天提供的现有证据不足以证明其与霖阳公司之间存在借款、还款等关于借贷的合意，其应自行承担举证不能的法律后果。常江公司按施某天指示向霖阳公司支付的涉案款项，实际为霖阳公司与施某天共同受让金果达公司股权而支付的投资款，其中应由霖阳公司承担的投资款是由施某天垫付的。在无证据证明各方曾明确约定将施某天代霖阳公司垫付的投资款变更为借款且双方尚未对土地进行开发的情况下，施某天单方主张其代垫的投资款为借款并要求霖阳公司还本付息，事实依据不足，遂作出判决驳回施某天的诉讼请求。施某天向最高人民法院提起上诉。

（撰写人：丁 一）

22 夫妻一方所负担保债务,用于该方家族经营的企业法人生产经营的,不应认定为夫妻共同债务

——飞宏公司与马某桐借款合同纠纷申请再审案

- **案　　号**　(2021)最高法民申 1611 号
- **合议庭成员**　宋冰、陈宏宇、张梅
- **关 键 词**　民事 / 借款合同纠纷 / 夫妻共同债务
- **相关法条**　《最高人民法院关于适用〈中华人民共和国婚姻法〉若干问题的解释(二)》第 23 条[①]

【裁判要旨】

夫妻一方所负担保债务,用于该方家族企业生产经营的,不应认定为夫妻共同债务。

【案情摘要】

马某桐与马某华登记结婚之前,马某华之父马某宏向飞宏公司借款,用于其家族企业建宏公司的生产经营。此后马某华向飞宏公司出具担保函。2016 年,甘肃省兰州市中级人民法院就此作出 453 号判决,判令马某宏偿还飞宏公司借款本息,马某华就此承担连带清偿责任。飞宏公司以案涉债务系夫妻共同债务为由提起本案诉讼,请求确认马某桐为 453 号案件中马某华所负债务的共同债务人。

(撰写人:陈宏宇、赵　静)

[①]　该解释已失效,参见《最高人民法院关于适用〈中华人民共和国民法典〉婚姻家庭编的解释(一)》第 33 条。

23 担保合同的当事人是否可以约定对将来的债务提供担保

——李某柱、万达公司等与华建公司借款合同纠纷申请再审案

- **案　　号**　（2021）最高法民申 1627 号
- **合议庭成员**　宋冰、陈宏宇、徐霖
- **关 键 词**　民事 / 借款合同纠纷
- **相关法条**　《中华人民共和国担保法》第 18 条第 1 款[①]

【裁判要旨】

担保合同是从属于主合同的从合同，但担保合同的当事人可以约定对将来债务提供担保，法律并没有规定担保合同所担保的主债务必须在担保合同成立时就已经存在。

【案情摘要】

2016 年 4 月 26 日，华建公司、准神公司、李某柱签订《项目合作框架合同》，约定华建公司向准神公司提供不超过人民币 2 亿元的贷款，李某柱承诺对借款承担连带保证责任。2016 年 7 月 14 日，华建公司、准神公司、成都银行西安分行签订《委托贷款借款合同》，随后成都银行西安分行向准神公司发放 2 亿元的贷款。《委托贷款借款合同》签订后，李某柱以及万达公司为《委托贷款借款合同》项下全部债务向华建公司承担连带保证责任。原审法院判决两方当事人共同承担保证责任，并无不当。

（撰写人：宋　冰）

[①] 对应《中华人民共和国民法典》第 688 条第 1 款。

24 公司总经理对外签订借款合同，合同主体应当如何认定

——营口金店与钱江公司等借贷纠纷申请再审案

- 案　　号　（2021）最高法民申 1919 号
- 合议庭成员　周其濛、麻锦亮、季伟明
- 关　键　词　民事 / 借款合同 / 责任主体
- 相关法条　《中华人民共和国合同法》第 196 条①，《中华人民共和国公司法》第 13 条②

【裁判要旨】

法定代表人是公司的法定机构，其有权代表公司对外从事交易活动，由此产生的权利义务原则上由公司享有和承担。但是总经理属于公司的高级管理人员，当其并非公司法定代表人时，只能在其职务范围或者委托授权范围内才能有权代理公司对外签订合同，并无当然代表公司的权利。除非符合表见代理的条件，否则相对方无权要求公司承担合同义务。

【案情摘要】

王某是钱江公司的总经理，并非登记的法定代表人，王某以钱江公司的名义与营口金店签订案涉借款合同，约定钱江公司因经营困难向营口金店借款。借款合同到期后，营口金店提起诉讼要求钱江公司承担还款责任，钱江公司主张王某属于无权代理，营口金店和钱江公司此前存在多笔借款往来，对于王某的身份属于明知，二审法院最终驳回了营口金店的诉讼请求，营口金店遂申请再审。

（撰写人：麻锦亮、杨泽宇）

---

① 对应《中华人民共和国民法典》第 667 条。
② 参见 2023 年修正、2024 年 7 月 1 日施行的《中华人民共和国公司法》第 10 条。

25 担保责任的成立以被担保的债权存在为前提
——冯某龙与清河支行借款合同纠纷申请再审案

- **案　　号**　（2021）最高法民申 1933 号
- **合议庭成员**　张树明、向国慧、孙勇进
- **关 键 词**　民事 / 借款合同 / 担保
- **相关法条**　《中华人民共和国合同法》第 210 条①,《中华人民共和国担保法》第 5 条②

【裁判要旨】

自然人之间的借款合同属于实践性合同，只有在贷款人实际提供借款时才发生法律效力。而担保责任的成立，以被担保的债权存在为前提。被担保的债权不存在或者不能确定，担保责任自然也不能成立。

【案情摘要】

2015 年 12 月 1 日，冯某龙与裴某（时任清河支行行长）签订《借款协议》1 份，协议借款 4000 万元，借款期限 1 年。协议下方担保人盖章处盖有清河支行的公章，借款人签字处有裴某、尚某的签字、手印。自借款协议签订的日期后，案外人王某荣、马某元、马某萌、刘某 4 人名下的账户曾陆续向裴某、尚某、李某建名下的账户汇款共计 67330 万元，冯某龙称以上汇款系 4 人代其给付给裴某、尚某的借款，并称裴某、尚某已还款 63050 万元，尚欠 4280 万元未还。借款期满，冯某龙向清河支行催讨无果诉至法院，要求清河支行承担连带保证责任。清河支行对此借款不认可，认为冯某龙并未实际履行出借义务，故《借款协议》不成立，保证责任亦不成立。经法院审理，判决驳回冯某龙的诉讼请求。

（撰写人：孙勇进）

---

① 对应《中华人民共和国民法典》第 679 条。
② 参见《中华人民共和国民法典》第 388 条。

26 在当事人形成相互担保的商业合作模式下，担保合同即使未经公司机关决议亦应有效

——富腾达公司、袁某平、泰石公司与舍某雅追偿权纠纷申请再审案

- 案　　号　（2021）最高法民申 1957 号
- 合议庭成员　何波、陈宏宇、张梅
- 关 键 词　民事 / 民间借贷纠纷 / 债务加入
- 相关法条　《中华人民共和国合同法》第 79 条①、第 80 条②，《全国法院民商事审判工作会议纪要》第 19 条、第 23 条

【裁判要旨】

A 公司曾数次为 B 公司提供担保，双方之间存在相互担保的商业合作模式，在此情形下，即使没有 B 公司机关决议，也应当认定担保合同符合 B 公司真实意思表示。

【案情摘要】

2016 年 4 月 27 日，一审法院作出（2016）新 01 执 296 号之一执行裁定书一份，裁定查封被执行人舍某雅名下房产。2017 年 7 月 5 日，富腾达公司出具承诺书一份，承诺自愿代（2016）新 01 执 296 号执行案件中的被执行人清偿该案的全部债务。袁某平亦在该份承诺书落款处签字确认。

舍某雅在庭审中提交落款日期为 2019 年 8 月 15 日，由袁某平、泰石公司、富腾达公司共同出具的欠据一份，该欠据载明：泰石公司、袁某平欠昆仑银行乌分行贷款本息 1500 多万元，由舍某雅提供房产担保，后乌鲁木齐市中级人民法院执行阶段［案号：（2016）新 01 执 296 号］，将舍某雅位于乌鲁木齐市新市区鲤鱼山南路 888 号盈科·山水华庭小区三处商业房地产拍卖并过户他人。现又因泰石公司、袁某平欠邮储银行乌分行贷款，由舍某龙提供担保，乌鲁木齐市中级人民法院在执行阶段划扣舍某龙个人款项计 2100 万元。经协商，由袁某平、富腾达公司和泰石公司三方自愿共同全部偿还给舍某雅 4600 万元。

---

① 对应《中华人民共和国民法典》第 545 条。
② 对应《中华人民共和国民法典》第 546 条。

舍某雅2019年8月22日向一审法院提起诉讼,请求判令:(1)袁某平、泰石公司、富腾达公司共同支付3474万元;(2)袁某平、泰石公司、富腾达公司支付自2019年8月20日起至债务全部清偿完毕期间占用资金的利息。

(撰写人:张 梅、张义敏)

27 债权人主张案涉借款属于夫妻共同债务,依法应当承担举证责任
——许某卡与张某红以及陈某民间借贷纠纷申请再审案

- 案 号 (2021)最高法民申2072号
- 合议庭成员 胡方、李桂顺、杨弘磊
- 关 键 词 民事/夫妻共同债务/举证责任
- 相关法条 《最高人民法院关于审理涉及夫妻债务纠纷案件适用法律有关问题的解释》①第3条,《中华人民共和国民法典》第1064条

【裁判要旨】

夫妻一方在婚姻关系存续期间以个人名义超出家庭日常生活需要所负的债务,债权人以属于夫妻共同债务为由主张权利的,人民法院不予支持,但债权人能够证明该债务用于夫妻共同生活、共同生产经营或者基于夫妻双方共同意思表示的除外。债权人主张案涉借款属于夫妻共同债务,依法应当承担举证责任。债权人的举证应达到待证事实的存在具有高度可能性的证明标准,否则应承担举证不能的不利后果。

【案情摘要】

陈某因经营需要向许某卡借款本息共计8631000元。后许某卡与陈某、案外人中瑞公司签订《还款协议》,约定中瑞公司对上述债务提供连带责任保证,陈某声明:其与张某红自愿以夫妻共同房产一套,对该债务提供财产保证责任。张某红未在该还款协议上签字。因陈某和中瑞公司未按约还款,许某卡起诉并获得上海市闵行区人民法院生效判决支持,但陈某和中瑞公司未履行该判决确认的金钱给付义务。张某红系陈某配偶,案涉夫妻共同房产登记在张某红名下,张某红曾以该房产为中

---

① 该解释已失效。

瑞公司的借款提供担保。许某卡起诉请求判令张某红对上述生效判决确认的陈某的给付金钱义务承担连带清偿责任。

（撰写人：李桂顺、冯哲元）

28 在审判实践中如何判断实际出借人
——韩某奇与李某良、凯信公司、三和公司、大东公司、马某豪、圣金鲲公司、马某兰借款合同纠纷申请再审案

- 案　　号　（2021）最高法民申 2381 号
- 合议庭成员　曹刚、于蒙、关晓海
- 关　键　词　民事 / 借款合同纠纷 / 名义借款人
- 相关法条　《最高人民法院关于审理民间借贷案件适用法律若干问题的规定》第 2 条

【裁判要旨】

实践中有时会出现名义出借人和实际出借人不一致的情形，即虽然是名义出借人与借款人签订了借款合同，但实际履行借款合同的另有其人。比如出借的资金是由第三方支付，借款人收到第三方交付的款项后，在还款时不向名义出借人支付，而是向第三方偿还，转账凭证备注"还款""还利息"。在借款已经到期，借款人未向名义出借人偿还款项的情况下，名义出借人也不主张权利等。在上述情形下，如果名义出借人起诉请求还款，借款人抗辩称名义出借人并未实际履行出借行为的，名义出借人应当对其主张承担举证责任。

【案情摘要】

几方当事人签订《借款合同》。合同当事人：甲方（出借人）韩某奇，乙方（借款人）凯信公司，丙方（保证人）邦友公司，丁方（反保证人）李某良、三和公司、大东公司，戊方（保证方）马某豪。合同主要内容为：甲方向乙方提供借款人民币 10500 万元整，期限 4 个月……凯信公司和三和公司出具《收据》，表明收到韩某奇人民币（现金）2500 万元整。韩某奇委托邦友公司、马某兰，分别向凯信公司的指定收款人转账汇款 22754833 元。后韩某奇起诉，请求凯信公司还款。二审法院查明韩某奇并未实际将出借资金交付给凯信公司，实际出借的资金来源于圣金鲲公司、

马某兰。凯信公司收到款项后，先后向圣金鲲公司、马某兰支付款项 2010 万元。凯信公司提供的录音证据显示，凯信公司与圣金鲲公司原法定代表人协商还款事宜，且凯信公司支付圣金鲲公司、马某兰的部分银行转账凭证备注了"还款""还利息"等。凯信公司从未向韩某奇支付过本息，且韩某奇并未提交证据证明其向凯信公司主张过权利。故二审法院认定韩某奇不是实际出借人。韩某奇不服，申请再审。

（撰写人：于　蒙、王利萍）

29 当事人约定利息后又形成对账协议，对账协议未明确利息，是否属于利息约定不明的情形

——张某货与张某荣民间借贷纠纷申请再审案

- **案　　号**　（2021）最高法民申 2382 号
- **合议庭成员**　王富博、李敬阳、吴凯敏
- **关 键 词**　民事 / 民间借贷纠纷 / 借款利息 / 对账协议
- **相关法条**　《最高人民法院关于审理民间借贷案件适用法律若干问题的规定》第 29 条①

【裁判要旨】

当事人约定利息后，又形成了对账协议明确借款总额。该对账协议系当事人共同确认借款事实，仅系对借款总额的对账，并非对利息约定作出的更改。在当事人未明确对利息约定进行更改的情况下，对账协议未约定利息的，不属于借款利息约定不明的情形。

【案情摘要】

张某荣于 2008 年 5 月 23 日至 2011 年 5 月 18 日给张某货出具 9 份借条，借条上均无关于借款期限和借款利息的约定。2015 年 3 月 18 日，张某荣向张某货出具了《关于借款利息的说明》载明："自 2008 年 1 月 1 日起向张某亮、张某货的借款以年息 20% 计算……特别备注：此说明只针对张某亮、张某货个人借款，累计约捌仟万以内以借条为准，超出部分不计利息。"2016 年 4 月 20 日，双方对账形成《个

---

① 该解释已于 2020 年第二次修正，此处法条对应第 28 条。

人借款对账确认函》，载明借款总额 2460 万元，亦无对利息的约定。张某货主张张某荣对借款利息作出了明确承诺，应按约定的年息 20% 支付利息。原审法院认为双方对利息约定不明，依据《最高人民法院关于审理民间借贷案件适用法律若干问题的规定》第 29 条的规定，判令张某荣按年利率 6% 支付资金占用期间的利息。

（撰写人：王富博）

30 主张自己系名义借款人的，应当承担举证责任
——华兴世纪公司与冶金轧一公司借款合同纠纷申请再审案

- 案　　号　（2021）最高法民申 2643 号
- 合议庭成员　梅芳、葛洪涛、苏蓓
- 关 键 词　民事 / 借款合同纠纷 / 名义借款人
- 相关法条　《中华人民共和国合同法》第 109 条①，《中华人民共和国民事诉讼法》第 64 条②

【裁判要旨】

借款人主张自己系名义借款人，且出借人知道或者应当知道的，应当提供相应证据予以证明。原审法院查明，借款人在案涉借款协议及延期还款协议中加盖公司印章、用公司账户收取了借款并且偿还了部分借款及资金占用费。在借款人未能提供本案存在名义借款人与实际借款人不符的证据的情况下，原审法院根据合同相对性原则认定其并非名义借款人并无不当。

【案情摘要】

冶金轧一公司、华兴世纪公司签订《借款协议》，约定华兴世纪公司向冶金轧一公司借款 25000 万元。合同签订后，冶金轧一公司按照约定向华兴世纪公司放款 25000 万元。华兴世纪公司曾与冶金轧一公司达成《延期还款协议书》2 份，并部分偿还借款，华兴世纪公司尚欠冶金轧一公司借款本金 12287 万元、利息 2857.8 万元。华兴世纪公司主张其仅系借款过桥方，实际借款人为一代天成公司，并提供相应转账凭证证明其在收到冶金轧一公司发放的款项后均转给一代天成公司，其向冶

---

① 对应《中华人民共和国民法典》第 579 条。
② 对应《中华人民共和国民事诉讼法》（2023 年修正）第 67 条。

金轧一公司的还款亦来自一代天成公司。冶金轧一公司对华兴世纪公司的该项主张不予认可。

（撰写人：苏　蓓、李大何）

31 对借贷真实性的判断，应结合当事人提供的证据、借贷习惯做法、当事人抗辩等情况进行认定
——李某强与杨某、宁津房地产公司、天泰公司民间借贷纠纷申请再审案

- 案　　号　（2021）最高法民申 2645 号
- 合议庭成员　刘银春、司伟、赵风暴
- 关 键 词　民事 / 民间借贷 / 借贷事实
- 相关法条　《中华人民共和国合同法》第 210 条[①]

【裁判要旨】

借款人向出借人出具了有其签字的《借条》《还款承诺书》，出借人提交了 12 组付款凭证证明出借了款项。针对借款来源问题，出借人提交了 10 张借条、欠条的复印件，并主张案涉《借条》《还款承诺书》来源于上述证据，因已汇总书写《借条》《还款承诺书》，原件已交付借款人。新条换旧条系民间借贷中的习惯做法。经法院充分释明和要求，借款人未提交借条、欠条原件，且无正当理由拒不参加庭审，亦未提交案涉《还款承诺书》系胁迫所签等相关证据。综合考虑上述因素，应当认定案涉借贷事实实际发生。

【案情摘要】

杨某与李某强均认可双方之间存在长期多笔借款往来，存在民间借贷的法律关系。

2010 年 4 月 23 日至 2011 年 8 月 1 日，杨某以代李某强交纳保证金、管理费以及转账等形式累计付款金额总计 1987.9275 万元。

庭审中，李某强认可上述借款中的 1060.6 万元，对于杨某转账他人的部分款项不予认可。自 2011 年 9 月 30 日至 2014 年 1 月 2 日李某出具借条 10 份，金额总计

[①] 对应《中华人民共和国民法典》第 679 条。

2022.943万元。

2014年10月6日，李某强向杨某出具借条一张，载明："今借杨某现金贰仟万元整《20000000.00》，月息2分。借款人：李某强。日期：2014年10月6日。"

同日，李某强出具还款承诺书一份，载明：我李某强是天泰公司宁津开元沿街安置楼项目部负责人，于2012年至2014年分10次借德州市杨某现金共计2000万元整，大写贰仟万元整。自2014年10月6日起，月息2分，此款项全部用于山东宁津县开元沿街安置房工程购买材料及支付农民工工资，现工程已经竣工验收，为保障杨某的切身利益不受损失，特制定还款承诺书一份，承诺如下：天泰公司承接的宁津县开元沿街安置楼工程正在结算，我公司与甲方结算完毕后，落实完工程的结算金额后，一次性由公司出具债权转让书，由公司配合杨某从甲方（宁津房地产公司）把资金要回，如出现纠纷，由天泰公司负责偿还。承诺单位：天泰公司、宁津开元沿街安置房工程项目部，且加盖天泰公司宁津县沿街安置楼一标段项目部印章，李某强签字捺印，见证人姜某、王某1、王某2签字捺印，2014年10月6日。

李某强主张还款12641130元，但其证据显示的还款时间大多在案涉借条、还款承诺书的签订时间之前，且李某强还款的对象既有杨某夫妻又有案外人，双方争议较大。

2014年10月6日之后，杨某认可的还款：2015年1月19日，转给杨某2000元；2015年5月3日，转给官某辉2000元；2015年5月13日，转给杨某2000元；2016年2月7日，转给杨某5000元。以上合计11000元。杨某不认可的还款：2015年4月16日，转给潘某光4万元；2015年5月13日，转给潘某光7000元；2016年2月6日，转给潘某光两笔共计10万元。以上合计147000元。

杨某向法院起诉请求：（1）判令宁津房地产公司、天泰公司、李某强偿还杨某借款本金及利息共计4400万元；（2）判令宁津房地产公司、李某强返还杨某保证金90万元。

（撰写人：赵凤暴）

32 民间借贷纠纷中关于委托借款关系的认定
——胡某权、章某璇与李某民间借贷纠纷申请再审案

- 案　　号　（2021）最高法民申2881号
- 合议庭成员　王富博、于蒙、吴凯敏

- 关 键 词 民事 / 民间借贷纠纷 / 委托借款
- 相关法条 《中华人民共和国合同法》第 196 条①

【裁判要旨】

债权人通过借款委托书委托第三人向债务人付款后，债务人又将付款转至债权人账户用以还款，后第三人再向债权人借款，由此形成特殊三角债务关系。对于当事人之间循环付款的三角债务行为，判断当事人之间是借款关系还是委托借款关系，要比较各方签订的合同内容，包括本金和利息情况、款项流转情况，以及其他经济往来情况综合判断。

【案情摘要】

2011 年 12 月 31 日，李某（乙方）与周某峰、张某、李某（甲方）签订《黄山泰华旅游发展有限公司股权转让协议》，约定甲方同意将黄山泰华旅游发展有限公司股权整体转让给乙方。2012 年 4 月 24 日，李某与周某峰达成协议，终止 2011 年 12 月 31 日签订的协议，由周某峰代替李某行使原转让协议乙方（李某）所承担和享有的一切责、权、利。周某峰退还李某 2372 万元。2012 年 4 月 24 日，李某向胡某权出具《委托书》：本人李某委托胡某权将人民币 2564 万元整借给周某峰及黄山泰华旅游发展有限公司，借款收益与风险都由本人承担，与胡某权无关；胡某权应积极配合将借款及费用收回。当天，周某峰（甲方）与胡某权（乙方）签订借款合同，约定借款 2564 万元，由甲方提供土地抵押，借款期限为 1 年。胡某权于 4 月 25 日分 5 笔全部转账履行（胡某权通过银行转账形式于 2012 年 4 月 25 日 15 时 51 分转账汇给周某峰 500 万元；5 月 18 日 9 时 45 分 500 万元；10 时 12 分 672 万元；10 时 23 分 700 万元；5 月 31 日 16 时 3 分 192 万元，共计 5 笔，2564 万元）。周某峰履行其与李某之间的终止转让的协议，支付 2564 万元（周某峰在 2012 年 4 月 25 日 16 时 1 分转账汇给李某 500 万元；5 月 18 日 9 时 58 分 500 万元；10 时 24 分 672 万元；10 时 44 分 300 万元；10 时 49 分 400 万元；5 月 31 日 16 时 15 分 192 万元，共计 6 笔，2564 万元）。胡某权向李某借款 2564 万元，借款期限 1 年，李某在收到周某峰转账后随即将 2564 万元全部转给了胡某权，履行了借款合同（李某在 2012 年 4 月 25 日 16 时 29 分转账汇给胡某权 500 万元；5 月 18 日 10 时 9 分 500 万元；10 时 30 分 672 万元；10 时 49 分 300 万元；12 时 49 分 400 万元；5 月 31 日 16 时 22 分 192 万元，共计 6 笔，2564 万元）。自 2017 年底至今，经李某多次催要，胡某权仍未清偿借款

---

① 对应《中华人民共和国民法典》第 667 条。

本息，遂提起本案诉讼，一审法院判决胡某权、章某璇于判决生效之日起 30 日内归还李某借款本金 2564 万元及利息。胡某权、章某璇不服，向二审法院提起上诉，二审法院维持原判。胡某权、章某璇仍不服，向最高人民法院申请再审。

（撰写人：陈宜芳、袁正明）

33 应如何认定民间借贷中的职业放贷人和套取金融机构资金高利转贷

——顺华公司与道诚中心借贷纠纷申请再审案

- **案　　号**　（2021）最高法民申 3013 号
- **合议庭成员**　刘崇理、黄年、李晓云
- **关　键　词**　民事 / 职业放贷人 / 高利转贷
- **相关法条**　《中华人民共和国银行业监督管理法》第 19 条，《最高人民法院关于审理民间借贷案件适用法律若干问题的规定》第 14 条①，《全国法院民商事审判工作会议纪要》第 52 条、第 53 条

【裁判要旨】

职业放贷人系指未依法取得放贷资格的以民间借贷为业的法人，以及以民间借贷为业的非法人组织或者自然人。职业放贷人应当以营利为目的，经常性地向社会不特定对象发放贷款。例如，出借人与借款人之间存在间接控股关系，出借人向借款人出借的款项即不能简单地等同于向社会不特定对象发放贷款。高利转贷系指出借人套取金融机构信贷资金又高利转贷给借款人的民间借贷行为。出借人的自有资金虽然来源于金融机构的投资，但并没有套取该金融机构的信贷资金，故不能因为出借人的主要投资人系金融机构，就认为出借人构成套取金融机构信贷资金高利转贷。

【案情摘要】

顺华公司与道诚中心之间因企业借贷而产生纠纷，双方对借款事实及尚欠金额并无争议。顺华公司主张，北京市高级人民法院同时审理的道诚中心对外借贷案件

---

① 该解释已于 2020 年第二次修正，此处法条对应第 13 条。

有 3 件，还有 2 件与道诚中心同一人控制的诚盈二期对外借贷案件。北京市高级人民法院同一辖区在审的就有 5 件，足以证明道诚中心系典型的"职业放贷人"。道诚中心用以出借的资金是通过向金融机构中诚信托以有限合伙的形式借贷所获得的资金。故道诚中心以有限合伙的方式套取金融机构的资金，"高利转贷"，扰乱金融秩序，借款合同无效。

（撰写人：李晓云）

34 协议约定一方出资后不承担经营风险，只收取固定收益的，应认定构成借贷法律关系
——西成公司与创利公司民间借贷纠纷申请再审案

- **案　　号**　（2021）最高法民申 3416 号
- **合议庭成员**　李相波、郎贵梅、刘丽芳
- **关 键 词**　民事 / 投资合作 / 借贷
- **相关法条**　《最高人民法院关于审理民间借贷案件适用法律若干问题的规定》第 1 条，《最高人民法院关于审理涉及国有土地使用权合同纠纷案件适用法律问题的解释》第 26 条①

【裁判要旨】

《投资合作协议》约定一方当事人提供资金，不参与实际经营，仅收取固定收益，对方当事人按时归还投资款的，人民法院应按借贷法律关系进行审理。

【案情摘要】

2012 年 11 月 2 日，西成公司与创利公司签订《12 号地块土地一级开发项目合作投资协议》，约定：创利公司承担 12 号地块改造项目所需资金，保证项目顺利推进；西成公司向本项目投入资金 2000 万元。该协议也约定创利公司应在本项目完成土地交易并实现土地出让收益后 5 个工作日内返还西成公司在本项目中的投资本金，如创利公司未如期返还，应按照中国人民银行规定的逾期还款罚息计算方式向西成公司支付违约金等。创利公司多次向西成公司出具承诺书，明确返还投资本金期间

---

① 该解释已于 2020 年修正，此处法条对应第 23 条。

及承担违约金的标准等。因创利公司未按约履行义务，西成公司向人民法院提起诉讼，要求创利公司返还投资本金并按照相应利率标准计算利息。一、二审法院均认为双方构成民间借贷关系，判决创利公司返还投资本金、支付相应违约金。创利公司不服申请再审。

（撰写人：李相波、梁　楷）

35 关于合同中约定的咨询费、顾问费应否支持问题
——全某艳与宝山都市公司等民间借贷纠纷申请再审案

- **案　　号**　（2021）最高法民申 3852 号
- **合议庭成员**　张淑芳、李敬阳、吴凯敏
- **关 键 词**　民事 / 民间借贷 / 顾问费 / 咨询费
- **相关法条**　《最高人民法院关于审理民间借贷案件适用法律若干问题的规定》第 26 条第 2 款、第 31 条

【裁判要旨】

为防止出借人在未提供咨询服务等情况下以咨询费、顾问费等名义变相收取高息，规避法律对利率的限制，《最高人民法院关于审理民间借贷案件适用法律若干问题的规定》第 29 条规定，出借人与借款人既约定了逾期利率，又约定了违约金或者其他费用，出借人可以选择主张逾期利息、违约金或者其他费用，也可以一并主张，但是总计超过合同成立时 1 年期贷款市场报价利率 4 倍的部分，人民法院不予支持。如果咨询费、顾问费真实发生，并且和资金使用成本无关的，可以根据服务提供的实际情况确定应付金额，而不纳入逾期利息损失一并计算。如果收取咨询费、顾问费后并未提供相关财务咨询服务，应依据《最高人民法院关于审理民间借贷案件适用法律若干问题的规定》第 29 条规定处理。

【案情摘要】

宝山都市公司因经营需要，连续多次向全某艳借款，双方借款合同约定，除利息外，宝山都市公司每月另按借款金额一定比例向全某艳支付财务咨询顾问费。全某艳已按借款合同中载明的借款金额实际提供借款本金 1985 万元。经对账确认，宝山都市公司分 92 笔共还款 2305 万元。全某艳起诉要求宝山都市公司偿还借款本息

等，法院支持了全某艳的部分请求。全某艳申请再审主张，案涉借款合同中约定的财务咨询顾问费系变相利息，其已经收取的利息合计不超过年利率36%，不应将已经支付的财务咨询顾问费冲抵借款本息。

（撰写人：吴凯敏）

36 因自身原因导致股权转让无效，能否拒绝支付借款
——徐某江、佳园公司与吴某强借款合同纠纷申请再审案

- 案　　号　（2021）最高法民申4010号
- 合议庭成员　宋冰、徐霖、吴笛
- 关 键 词　民事／借款合同
- 相关法条　《中华人民共和国物权法》第15条①

【裁判要旨】

吴某强与徐某江签订的借款合同系双方真实意思表示，不违反法律、行政法规强制性规定，应属有效。吴某强已按照约定将51%的股权转让至徐某江指定的王某明名下，因徐某江代替王某明签字导致王某明受让股权的行为被生效裁判文书认定为无效，吴某强对此并无过错。本案徐某江应按照借款协议的内容继续履行。

【案情摘要】

徐某江与吴某强签订借款协议，约定借款本金为45387431.32元。经查明，借款构成为第一部分为吴某强向徐某江转让佳园公司51%的股权的转让款1530万元；第二部分为吴某强向佳园公司投入的资金27087431.32元；第三部分为吴某强向徐某江出借的300万元。吴某强已按照约定将51%的股权转让至徐某江指定的王某明名下，因徐某江代替王某明签字导致王某明受让股权的行为被生效裁判文书认定为无效，现股权转回至吴某强名下，吴某强同意继续将股权转让至徐某江指定的人名下。

（撰写人：徐　霖）

---

① 对应《中华人民共和国民法典》第215条。

37 以向金融机构借款购买破产债权，债权人与债务人之间的关系不同于民间借贷，不构成"套取金融机构贷款转贷"

——园发公司与嘉银公司、周某国债务转移及回购合同纠纷申请再审案

- **案　　号**　（2021）最高法民申 4324 号
- **合议庭成员**　汪治平、王丹、肖峰
- **关 键 词**　民事 / 债务转移及回购合同 / 破产债权
- **相关法条**　《最高人民法院关于审理民间借贷案件适用法律若干问题的规定》第 13 条

【裁判要旨】

债权人依据政府会议纪要购买债务人破产债权，并以向某银行等借款（明确约定借款用途是偿还债务人相关债务）如约进行了偿付。《债务转移及回购协议书》实质为债权人受让原债权人对债务人的债权后，债权人作为受让人与债务人再协商债权债务偿还方式、时间及违约责任的协议。此与《最高人民法院关于审理民间借贷案件适用法律若干问题的规定》规范的"套取金融机构贷款转贷"存在本质不同。

【案情摘要】

园发公司与嘉银公司、周某国签订《债务转移及回购协议书》，约定园发公司购买嘉银公司破产债权，嘉银公司 3 年内回购园发公司购买的嘉银公司与各债权人确认的债权。回购价格以园发公司购买嘉银公司与各债权人确认的债权实际发生额为本金加上利息及服务费为准。如嘉银公司违约，园发公司有权解除合同，要求提前支付全额回购债权本金、利息、服务费、违约金。后嘉银公司、周某国违约，园发公司起诉要求解除合同，嘉银公司支付回购债务款本金、利息、服务费及违约金。一审法院基本支持了园发公司诉讼请求，园发公司不服提起上诉，二审法院维持原判。园发公司申请再审，主张《债务转移及回购协议书》名为债务转移，实为借贷，因"套取金融机构贷款转贷的"合同无效。

（撰写人：王　丹、徐　上）

38 向不特定多数对象借贷扰乱金融市场秩序的借款合同的效力认定

——李某明与王某亮、凯亿公司民间借贷纠纷申请再审案

- **案　　号**　（2021）最高法民申 4681 号
- **合议庭成员**　朱科、于明、贾清林
- **关 键 词**　民事 / 民间借贷纠纷 / 扰乱金融市场秩序 / 合同效力
- **相关法条**　《最高人民法院关于适用〈中华人民共和国合同法〉若干问题的解释（一）》[①] 第 10 条

【裁判要旨】

在一定期间内多次反复从事有偿民间借贷行为，可认定出借行为具有反复性、经常性，借款目的具有营业性。未经批准擅自从事经常性的贷款业务的行为，系违反《银行业监督管理法》《非法金融机构和非法金融业活动取缔办法》中的营业禁止性规定，扰乱了金融市场秩序，属于从事非法金融业务活动，相关借款合同无效。

【案情摘要】

李某明（出借人）与凯亿公司（借款人）之间存在《借款合同》，案涉借款由李某明直接汇入凯亿公司法定代表人陈某亮名下的账户，然后再划入李某明与凯亿公司共同监管的李某祥的股票账户，李某明还对该股票账户进行了风险控制。福达公司、王某亮为案涉借款行为提供担保，并签订《保证担保合同》。此外，李某明名下的账户流水显示，该账户涉及借款的交易往来多达数百笔，金额超过 10 亿元。2016 年至 2018 年间，李某明出借的款项中仅因借款人逾期还款而进入诉讼或仲裁程序的就多达 10 笔，所涉金额高达数亿元，且借款对象主体众多。李某明起诉债务人及担保人偿还借款，一审、二审法院认定李某明为职业放贷人，借款合同、保证合同无效。李某明申请再审。

（撰写人：朱　科）

[①] 该解释已失效。

39 民间借贷事实是否发生应当综合借贷金额、款项交付、当事人经济能力等因素判定

——周某1与凯洋公司管理人等破产债权确认纠纷申请再审案

- **案　　号**　（2021）最高法民申5157号
- **合议庭成员**　曹刚、于蒙、关晓海
- **关 键 词**　民事／民间借贷／破产债权
- **相关法条**　《最高人民法院关于审理民间借贷案件适用法律若干问题的规定》第16条①

【裁判要旨】

在出借人与借款人存在特定关系的情况下，应当依照法律规定严格审查借贷金额、交付细节、资金来源与用途等因素，综合判定借贷事实是否实际发生。

【案情摘要】

周某1系周某2的妹妹，周某2系凯洋公司法定代表人。2013年11月至2016年11月期间，周某2和凯洋公司以资金周转需要为由向周某1借款13笔合计534万元。2018年6月20日，周某2向周某1出具借条载明"今借到周某1人民币伍佰叁拾肆万元。现金及转账、用于凯洋公司厂房建设"。周某2在借款人栏签名并加盖凯洋公司公章，备注列明周某1出借的13笔款项来源。周某1主张其以房屋抵押贷款65万元后，委托魏某霞分两次各20万元、45万元汇至秦某祥账户。2015年12月10日，周某1通过其银行账户汇款70万元至周某2账户。周某1称其余11笔款项系其自案外人孙某珍、罗某兰等处筹集后，以现金形式交给周某2。周某1主张案涉借款均用于凯洋公司厂房建设，周某2对此予以认可。法院裁定受理凯洋公司破产申请并指定破产管理人后，周某1向破产管理人申报普通债权，破产管理人向周某1发出不予认定债权的通知。周某1遂提起破产债权确认诉讼。法院经审理认为，周某1据以主张与周某2、凯洋公司存在借贷关系的借条，系周某2在凯洋公司即将进入破产程序前出具。凯洋公司进入破产程序前后，周某2曾使用相

---

① 该解释已于2020年第二次修正，此处法条对应第15条。

同样式纸张和格式出具大量借条,并在借条上加盖凯洋公司公章。涉及周某2、凯洋公司的其他30余件同类型案件存在类似情形。周某1主张的2笔借款转账未备注"借款",款项均未付至凯洋公司账户。周某2出具借条载明借款的金额也超出凯洋公司建设的需要。综合出借人周某1系周某2的妹妹等情况,难以认定借款事实实际发生。周某1所申报债权事实依据不足,依法不予认定。

(撰写人:曹　刚)

40　名为典当、实为借贷的合同是否有效
——融鑫典当公司与广源建筑公司、广源建筑喀什分公司、苏某敏等民间借贷纠纷申请再审案

- 案　　号　(2021)最高法民申5376号
- 合议庭成员　宋冰、吴笛、董俊武
- 关 键 词　民事/民间借贷纠纷/合同无效/典当
- 相关法条　《中华人民共和国合同法》第52条[①],《典当管理办法》

【裁判要旨】

根据当时施行的有关规定,典当公司尚不属于金融机构的,其经营行为主要受《典当管理办法》规制,包括不得经营发放信用贷款的业务。虽然典当公司从事的名为典当、实为借贷的民事行为不因违反《典当管理办法》这一部门规章而一概无效,但是如果典当公司确实曾存在其他类似行为,即使不属于从事经常性借贷,也在一定程度上扰乱了国家金融管理秩序,影响到社会公共利益。故从借贷行为发生时的政策背景考虑,可以认定所涉借款法律关系无效。

【案情摘要】

苏某敏、广源建筑喀什分公司与融鑫典当公司签订的《借款合同》约定:苏某敏、广源建筑喀什分公司作为典当人向融鑫典当公司以动产典当方式借款用以资金周转。同日,双方签订《动产典当合同》约定,为确保《借款合同》的履行,苏某敏、广源建筑喀什分公司自愿为债务人与融鑫典当公司依主合同所形成的债务提供

---

① 参见《中华人民共和国民法典》第146条、第148条、第149条、第150条、第153条、第154条。

典当担保。亦是同日，融鑫典当公司向苏某敏、广源建筑喀什分公司出具一张当票，对上述合同中约定的当物进行了记载。此后，双方当事人并未对合同约定登记的当物办理抵（质）押手续。借款期限届满后经融鑫典当公司多次催请取当，但苏某敏、广源建筑喀什分公司仍未按约赎当还款，于是融鑫典当公司向一审法院起诉请求法院判令抵押、质押典当有效等，一审法院并未支持。融鑫典当公司不服提起上诉，二审法院经审理认为虽一审法院说理部分存在不妥，但认定两份合同无效并无不当。现融鑫典当公司提起再审申请。

（撰写人：董俊武）

41 法定代表人以个人名义借款实际用于公司生产经营的认定
——赵某峰与宋某苏借款合同纠纷申请再审案

- 案　　号　（2021）最高法民申 5436 号
- 合议庭成员　周其濛、麻锦亮、孙勇进
- 关 键 词　民事 / 民间借贷 / 款项用途 / 担保责任
- 相关法条　《最高人民法院关于审理民间借贷案件适用法律若干问题的规定》第 23 条①

【裁判要旨】

法定代表人以个人名义与出借人签订借款合同，但是所借款项用于公司生产经营的，应当由公司和法定代表人共同承担还款责任。在认定借款是否实际用于公司生产经营时，应当考虑借款合同中对于借款用途的约定、公司是否为借款提供担保、关联企业提供担保时对于借款用途的记载等因素予以综合认定。

抵押合同依法成立，但未办理抵押登记手续，债权人可以请求办理抵押登记手续，因抵押人的原因不能办理抵押登记的，债权人可以请求抵押人承担相应的责任。抵押合同为从合同，相对于债务人在主合同项下承担的责任，抵押人承担的是补充责任还是连带责任取决于抵押合同对此有无约定。抵押合同中明确约定的，依其约定。抵押合同中未明确约定的，抵押人应当承担补充责任而非连带责任。

---

① 该解释已于 2020 年第二次修正，此处法条对应第 22 条。

【案情摘要】

宋某苏与赵某峰等签订抵押借款合同，约定宋某苏出借款项用于专项承建营口市金融大厦，借款期限为3个月，合同中同时约定赵某峰以其有处分权的房屋和土地为案涉借款提供抵押担保，上述房屋和土地均登记于合信发展公司名下，借款合同签订时赵某峰为该公司法定代表人，上述抵押合同签订后未办理抵押登记手续。宋某苏依约向赵某峰支付了借款，到期后赵某峰未履行还款义务，宋某苏提起本案诉讼。

（撰写人：麻锦亮、杨泽宇）

42 银行负责人超越职权向自然人借款是否有效
——徐某琴与农行东宁支行民间借贷纠纷申请再审案

- **案　　号**　（2021）最高法民申5457号
- **合议庭成员**　周其濛、麻锦亮、孙勇进
- **关 键 词**　民事 / 民间借贷 / 越权代表 / 善意相对人
- **相关法条**　《中华人民共和国商业银行法》第3条，《中华人民共和国合同法》第50条[①]

【裁判要旨】

商业银行分支机构的负责人违反银行章程相关规定，超越权限向自然人借款，构成越权代表。银行负责人越权代表行为是否有效取决于自然人是否善意，自然人善意的，代表行为有效，银行应当依法按照约定返还借款并支付利息；自然人非善意的，代表行为无效，应当按照合同无效的法律后果处理。自然人明知银行无向自然人借款的业务，仍按照银行负责人的指示将款项转入非银行对公账户，并约定且实际收取高额利息，应当认定自然人为非善意相对人。

【案情摘要】

徐某琴系农行东宁支行的客户，农行东宁支行时任行长的孟某军找到徐某琴向

---

① 对应《中华人民共和国民法典》第504条。

其借款，徐某琴及配偶依照孟某军的指示陆续向案外人李某艳、马某芳的银行账户转款。在孟某军的办公室，孟某军向徐某琴出具《借据》，对上述借款予以确认，约定了借款利息、还款期限，并加盖农行东宁支行公章。还款期限届满后，徐某琴向农行东宁支行提起诉讼，要求农行东宁支行返还借款并支付相应利息。

（撰写人：麻锦亮、李　薇）

43 出借人主张的律师费超出借款人预见范围，法院能否酌情认定

——孟某凤与文安新钢公司等民间借贷纠纷申请再审案

- 案　　号　（2021）最高法民申 5528 号
- 合议庭成员　张纯、谢爱梅、赵风暴
- 关 键 词　民事 / 借款合同 / 律师费
- 相关法条　《中华人民共和国合同法》第 113 条①

【裁判要旨】

《借款合同》约定与纠纷解决有关的律师费用由借款人承担。借款人承担的律师费用不应超过借款人在订立案涉《借款合同》时预见或者应当预见到的损失范围。法院可对出借人支付的律师代理费酌情予以支持。

【案情摘要】

《借款合同》约定与纠纷解决有关的律师费用由借款人承担。出借人先后与 10 家律师事务所及个人签订委托代理合同，所涉代理费达 8000 余万元，不符合通常的委托方式和习惯，超出借款人在订立案涉《借款合同》时预见或者应当预见到的损失范围。法院参照案涉《借款合同》订立时河北省律师服务收费相关标准，酌定以 1.74 亿元借款本金的 1.5% 支持出借人律师代理费主张 261 万元。

（撰写人：谢爱梅）

---

① 对应《中华人民共和国民法典》第 584 条。

44 合同未约定时,借款利息所涉个人所得税、增值税应由谁承担

——孟某凤与文安新钢公司等民间借贷纠纷申请再审案

- **案　　号**　(2021)最高法民申 5528 号
- **合议庭成员**　张纯、谢爱梅、赵风暴
- **关 键 词**　民事 / 借款合同 / 税金
- **相关法条**　《中华人民共和国合同法》第 61 条①

【裁判要旨】

借款合同并未明确约定借款利息所涉的个人所得税、增值税由借款人承担。出借双方在约定利息的计付标准时应考虑到个人所得税、增值税的承担,其与出借款成本核算紧密相关,出借人主张借款人承担借款利息的个人所得税、增值税缺乏合同依据,不予支持。

【案情摘要】

《借款合同》约定"与本合同订立、履行及纠纷解决有关的税收及费用,包括但不限于印花税、利息预提税、诉讼费、执行费、律师代理费、公证费等均由借款人支付或者偿付",并未明确约定借款利息所涉的个人所得税、增值税由借款人承担。出借人主张根据《借款合同》上述约定,借款利息所涉的个人所得税、增值税应由借款人承担。

(撰写人:谢爱梅)

---

① 对应《中华人民共和国民法典》第 510 条。

45 应围绕当事人诉请的实质内容确定以何种法律关系对案件进行审理

——恒佑公司、赵某涛与国泰集团借款合同纠纷申请再审案

- 案　　号　（2021）最高法民申 5533 号
- 合议庭成员　刘银春、司伟、赵风暴
- 关 键 词　民事 / 借款合同纠纷
- 相关法条　《中华人民共和国合同法》第 196 条①、第 205 条②、第 206 条③

【裁判要旨】

根据双方《合作协议书》约定，形成借款关系是双方共同的意思表示。从合同的实际履行情况看，案外人代国泰集团向赵某涛支付借款，国泰集团已按约定履行了股东借款的义务。国泰集团出借股东借款后，赵某涛一直有陆续还款行为，甚至在一审判决作出之后还有还款行为。《合作协议书》中有关于双方通过股权转让方式进行项目合作的内容，也有关于启动资金由国泰集团提供股东借款给赵某涛的内容，围绕什么法律关系对案件进行审理，取决于当事人诉请的实质内容。本案中，国泰集团向一审法院所提诉讼请求是由赵某涛归还尚欠的借款本金和利息，属于典型的借款合同纠纷。赵某涛申请再审时主张彼此之间系股权转让纠纷、应当适用《公司法》的观点，理据不足，不予采信。原审法院围绕当事人的诉讼请求，根据双方协议关于借款利息的约定条款，在查清尚欠款项数额的基础上，支持国泰集团关于利息按年化 15% 利率标准进行计算的诉求，并无不当。

【案情摘要】

2018 年 4 月 12 日，国泰集团与赵某涛、张某巧、恒佑公司签署《石家庄市东环广场项目合作协议书》，约定国泰集团从赵某涛及案外人张某巧处受让恒佑公司10% 的股份，负责向恒佑公司提供股东借款用于项目公司的经营管理……目标项目开发建设启动资金总额不超过 1.5 亿元，由国泰集团提供股东借款给恒佑公司，股

---

① 对应《中华人民共和国民法典》第 667 条。
② 对应《中华人民共和国民法典》第 674 条。
③ 对应《中华人民共和国民法典》第 675 条。

东借款利息按年化 15% 计算,利息计算期间自提供借款之日起,至赵某涛偿还借款之日止。合同签订后,国泰集团自张某巧处受让了恒佑公司 10% 的股权,并依约向恒佑公司提供了股东借款,用于项目的竞买保证金、土地出让金、项目开发建设、项目公司和项目的经营管理。后,恒佑公司向国泰集团偿还了部分股东借款利息和本金,尚欠部分款项,国泰集团提起本案诉讼。

(撰写人:刘银春)

46 应依据当事人的真实意思表示来认定当事人之间的权利义务关系

——奎屯宏源时代公司与金昌水泥公司、甘肃银行金昌支行、新疆宝塔石化公司等借款合同纠纷申请再审案

- **案　　号**　(2021)最高法民申 5851 号
- **合议庭成员**　陈宏宇、吴笛、张梅
- **关 键 词**　民事 / 借款合同纠纷 / 抵押担保
- **相关法条**　《中华人民共和国合同法》第 60 条①,《中华人民共和国物权法》第 180 条②、第 187 条③

【裁判要旨】

在《委托贷款合同》中,A 公司是债权人,同时基于 B 公司为《委托贷款合同》提供抵押担保的事实,可以认定 B 公司真实的意思表示是为 A 公司提供抵押担保,B 公司与银行签订的《流动资金借款合同》系其为办理相应抵押登记而签订的形式上的合同。B 公司为 A 公司提供担保的意思表示并不违反法律法规的强制性规定,A 公司系《抵押合同》实际上的抵押权人,B 公司应就案涉债务向 A 公司承担抵押担保责任。

【案情摘要】

奎屯宏源时代公司与新疆宝塔石化公司先行签订《合作框架协议》,约定由新疆

---

① 对应《中华人民共和国民法典》第 509 条。
② 对应《中华人民共和国民法典》第 395 条。
③ 对应《中华人民共和国民法典》第 402 条。

宝塔石化公司作为融资主体贷款3亿元，奎屯宏源时代公司提供不低于6亿元的资产进行抵押担保，双方各使用一半资金。随后，金昌水泥公司、甘肃银行金昌支行、新疆宝塔石化公司三方签订《委托贷款合同》，约定金昌水泥公司委托甘肃银行金昌支行向新疆宝塔石化公司发放贷款。但因金昌水泥公司不是金融机构，不能办理抵押登记，故甘肃银行金昌支行、新疆宝塔石化公司、奎屯宏源时代公司签订《补充合同》，约定奎屯宏源时代公司与甘肃银行金昌支行签订有名无实的《流动资金借款合同》，仅为办理资产抵押之用。奎屯宏源时代公司与乌苏宏源时代公司于2014年12月4日分别办理了在建工程抵押登记，两公司抵押物所担保的债权数额分别为22499万元与7500万元，合计近3亿元。

金昌水泥公司丁2019年1月30日向一审法院提起诉讼，请求：（1）判令新疆宝塔石化公司偿还金昌水泥公司借款本金及利息64488438.15元；（2）判令奎屯宏源时代公司对新疆宝塔石化公司的前述债务承担抵押担保责任。

（撰写人：张　梅、张义敏）

47 表见代理的认定问题
——国威公司与国瑞祥公司借款合同纠纷申请再审案

- **案　　号**　（2021）最高法民申6005号
- **合议庭成员**　张淑芳、吴凯敏、张炎
- **关 键 词**　民事 / 借款合同纠纷 / 表见代理
- **相关法条**　《中华人民共和国合同法》第49条①

【裁判要旨】

行为人不是公司的法定代表人或实际控制人，亦未取得公司的任何授权，系无权代理，且不存在"相对人有理由相信行为人有代理权"的情形，行为人的行为不能构成表见代理，对公司不发生法律效力。

【案情摘要】

案涉《本息计算明细表》记载："自2012年11月3日至2019年5月31日，吴

---

① 参见《中华人民共和国民法典》第172条。

某斌（国瑞祥公司股东之一）多次向湖北国威建设工程有限公司借款用于国瑞祥公司的小池项目建设，经三方确认，最终借款本息金额为 4042.62163 万元，明细详见下表……"该明细表约定的内容对国瑞祥公司的权益具有重大影响，在吴某斌既不是国瑞祥公司的法定代表人，亦未取得国瑞祥公司的任何授权情况下，不足以认定国威公司系基于合理信赖的善意相对人，原审法院认定吴某斌的行为不构成表见代理，亦非职务行为，并无不当。另，如前所述，案涉《本息计算明细表》上所加盖的公章已于 2016 年 4 月 21 日报废，国威公司虽认为公章报废不属实，但未提交有效证据证明其主张，原审法院认定该明细表上加盖的公章不能对国瑞祥公司产生效力，有事实根据。综上，原审法院对国威公司要求国瑞祥公司对案涉款项承担偿还责任的主张不予支持，亦无不当。

（撰写人：张淑芳）

48 将先前企业拆借资金转为转贷合同借款的，该出借行为无效
——恒大伟业公司与广元公司企业借贷纠纷申请再审案

- 案　　号　（2021）最高法民申 6479 号
- 合议庭成员　麻锦亮、孙勇进、季伟明
- 关 键 词　民事 / 企业拆借资金 / 违法转贷 / 无效
- 相关法条　《最高人民法院关于审理民间借贷案件适用法律若干问题的规定》第 14 条第 1 款①

【裁判要旨】

依据《最高人民法院关于审理民间借贷案件适用法律若干问题的规定》规定，套取金融机构贷款转贷的，借款合同无效。如该无效借款合同约定，将双方先前的正常企业拆借资金转为该借款合同款项并约定高额利息，则客观上实现了对原企业拆借的全部履行以及形成新无效借款合同的法律效果，应认定该部分款项属于无效合同借款，对于当事人主张依该借款合同收取高额利息的，不应予以支持。

---

① 该解释已于 2020 年第二次修正，此处法条对应第 13 条第 1 款。

【案情摘要】

恒大伟业公司与广元公司于 2014 年 4 月签订《合作协议书》，约定将恒大伟业公司在银行的贷款中 3000 万元出借给广元公司使用（后变更为 6000 万元），约定了年利率 20% 的利息。其中，因恒大伟业公司于 2013 年 1 月已经以企业拆借资金方式汇给广元公司 1000 万元，故在《合作协议书》中将之前拆借的 1000 万元转为前述借款的一部分。

因广元公司未能及时还款，恒大伟业公司诉至法院，其中，对于 1000 万元，恒大伟业公司主张该 1000 万元借款是在《合作协议书》签订之前出借，且资金来源非银行贷款，借款行为有效，对年利率 20% 的利息应予保护。

（撰写人：季伟明）

49 职业放贷属于从事非法金融业务活动，借款合同应认定为无效

——众之鑫公司、石某国与万某洲、王某等民间借贷纠纷申请再审案

- **案　　号**　（2021）最高法民申 7114 号
- **合议庭成员**　陈宏宇、张梅、赵敏
- **关 键 词**　民事 / 民间借贷纠纷 / 职业放贷人
- **相关法条**　《中华人民共和国合同法》第 52 条①，《最高人民法院关于审理民间借贷案件适用法律若干问题的规定》第 13 条

【裁判要旨】

职业放贷人通过向社会不特定对象提供资金以赚取利息，出借行为具有反复性、经常性，贷款目的具有营业性，此种未经批准，擅自从事经常性的贷款业务，属于非法金融业务活动，违反了法律规定的效力性强制性规定，故职业放贷的借款合同应认定为无效。

---

① 参见《中华人民共和国民法典》第 146 条、第 148 条、第 149 条、第 150 条、第 153 条、第 154 条。

【案情摘要】

2018 年 12 月 20 日,王某代理万某洲与众之鑫公司签订《借款合同》。万某洲分两笔向王某的浦发银行账户转账,王某在两次转账当日将上述款项共计 1000 万元转入石某国的浦发银行账户。石某国向颜某菊(王某代收)、王某银行账户转账合计 125 万元,案涉借款资金为万某洲所有,万某洲为职业放贷人。

(撰写人:赵　敏)

50　以订立买卖合同作为民间借贷合同担保的认定
——蒋某玉与金丹公司合同纠纷申请再审案

- **案　　号**　(2021)最高法民申 7309 号
- **合议庭成员**　冯文生、刘少阳、熊劲松
- **关 键 词**　民事 / 合同纠纷 / 民间借贷
- **相关法条**　《最高人民法院关于审理民间借贷案件适用法律若干问题的规定》第 24 条①

【裁判要旨】

考察双方订立买卖合同的真实意思是为民间借贷合同设定担保,还是为了通过支付对价获得买卖合同标的物的所有权,应当结合当事人签订买卖合同及借款的时间、支付款项明细、借款是否合法等因素综合认定。

【案情摘要】

2010 年 2 月和 3 月,蒋某玉与金丹公司签订 8 份商品房买卖合同,约定蒋某玉购买金丹公司名下金丹科技创业大厦 8 套房屋,购房款总计 4711 余万元,蒋某玉称款项于购房当日以现金支付。曾某敏系金丹公司法定代表人。蒋某玉配偶周某林称,从 2009 年 9 月至 2010 年 5 月,曾某敏分 17 笔共向其打借条 1967.5 万元,按月息 5% 计息,每月支付利息。如未支付利息,则算入本金,再按 5% 的月利率计息。曾某敏向周某林出具借条 17 份,其中部分借条上加盖有金丹公司印章,部分借条上有

---

① 该解释已于 2020 年第二次修正,此处法条对应第 23 条。

以金丹科技创业大厦作为还款保证内容。蒋某玉起诉至法院要求金丹公司交付案涉房屋，二审法院驳回蒋某玉的诉讼请求。蒋某玉不服该判决申请再审。

（撰写人：谭晓芳）

51 以现金方式进行民间借贷的，人民法院应结合借贷金额、款项交付、当事人的经济能力、当地或者当事人之间的交易方式、交易习惯、当事人财产变动情况以及证人证言等，综合判断借贷事实是否发生

——马某林与郝某、喻某诺、喻某言、喻某2及周某诚、胡某光民间借贷纠纷申请再审案

- **案　　号**　（2021）最高法民申 7349 号
- **合议庭成员**　李相波、郭凌川、蒋科
- **关 键 词**　民事 / 民间借贷 / 举证责任
- **相关法条**　《中华人民共和国民事诉讼法》第 67 条

【裁判要旨】

以现金方式进行民间借贷的，人民法院结合借贷金额、款项交付、当事人的经济能力、当地或者当事人之间的交易方式、交易习惯、当事人财产变动情况以及证人证言等，综合判断并查证本案借贷事实是否发生，并未提高出借人的证明责任。

【案情摘要】

喻某1、贵州森邦药业有限公司、喻某2向胡某光、周某诚出具的《借条》载明，收到借款现金100万元、港币125万元。周某诚自其银行账户取款人民币100万元。后周某诚与马某林签订《债权转让合同》，将案涉债权转让给马某林。2018年1月4日，喻某1去世，郝某、喻某诺、喻某言作为喻某1的法定继承人，不认可周某诚交付案涉借款100万元现金，也举证本案借款期间，喻某1另欠周某诚大额债务。诉讼中，马某林申请的证人周某耀对案涉《借条》的形成过程、现金交付

等细节的陈述明显不一致。原审法院依据证据综合认定周某诚交付案涉100万元现金的事实不能成立。

（撰写人：李相波、华章玮）

52 债务人明知委托贷款方与受托人之间的委托代理关系，相关借款合同可直接约束债务人与委托贷款方

——李某稼与能源公司、瑞信银行民间借贷纠纷申请再审案

- 案　　号　（2021）最高法民申7542号
- 合议庭成员　陈宏宇、吴笛、张梅
- 关 键 词　民事/民间借贷纠纷/委托贷款
- 相关法条　《中华人民共和国合同法》第402条①

【裁判要旨】

在委托贷款法律关系中，委托贷款方通过银行发放贷款，银行与债务人签订贷款合同，各方分别形成委托关系与借款关系。相关借款合同中约定由委托贷款方委托放款，借款实际也是从委托贷款方账户转出，可以认定借款人明知委托贷款方与银行之间的委托关系。根据《合同法》第402条的规定，借款合同能直接约束委托贷款方与借款人。

【案情摘要】

能源公司（委托贷款方）与瑞信银行（受托人）签订委托贷款合作协议后，与李某稼（债务人）签订项目投资合同，约定能源公司向李某稼融资1500万元。此后，瑞信银行与李某稼签订贷款合同，明确约定信贷品种为委托放贷。瑞信银行从能源公司在瑞信银行开立的账户向李某稼账户发放借款1500万元。能源公司起诉请求判令李某稼给付其投资本金1500万元及投资收益款。一审法院判决李某稼清偿能源公司的借款本金及利息。李某稼不服一审判决，提起上诉，二审法院驳回上诉，维持原判。李某稼对原判决不服现向最高人民法院申请再审。

（撰写人：陈宏宇、赵　静）

---

① 对应《中华人民共和国民法典》第925条。

金融借款合同

1 适用商事外观主义应当坚持诚信原则
——夏邑农信社、虞城农信社、永城农商行、民权农商行、睢县农信社与昆濮公司、华阳公司等金融借款合同纠纷再审案

- **案　　号**　（2019）最高法民再381号
- **合议庭成员**　包剑平、杜军、谢勇
- **关 键 词**　民事/借款担保/社团借款合同
- **相关法条**　《中华人民共和国合同法》第205条①、第206条②、第207条③，《中华人民共和国物权法》第176条④，《中华人民共和国担保法》第21条⑤、第26条⑥、第33条⑦、第46条⑧、第53条⑨，《中华人民共和国民法通则》第38条⑩、第63条⑪

【裁判要旨】

二审法院认定根据商事外观主义，借款合同与社团借款合同不属于同一笔贷款业务，认定"在两份借款合同都履行的情况下，所产生的债权将会是不同的债权"。根据一审法院和再审法院查明的事实，借款合同和社团借款合同签订和履行的事实均表明，涉案的借款是以夏邑农信社为牵头社和代理社，虞城农信社、永城农商行、民权农商行、睢县农信社为成员社，签订社团贷款成员间协议书。夏邑农信社作为牵头社和代理社，负责接受借款申请书、认定社团贷款总额及贷款种类、社团贷款筹组工作、开立专用账户管理社团贷款协议、统一为借款人划拨贷款资金等。贷款发放时，各成员社根据社团贷款合同约定，将款项划拨到借款人在代理社开立的专

---

① 对应《中华人民共和国民法典》第674条。
② 对应《中华人民共和国民法典》第675条。
③ 对应《中华人民共和国民法典》第676条。
④ 对应《中华人民共和国民法典》第392条。
⑤ 参见《中华人民共和国民法典》第389条。
⑥ 参见《中华人民共和国民法典》第692条、第693条。
⑦ 参见《中华人民共和国民法典》第394条。
⑧ 参见《中华人民共和国民法典》第389条。
⑨ 参见《中华人民共和国民法典》第410条。
⑩ 参见《中华人民共和国民法典》第61条。
⑪ 参见《中华人民共和国民法典》第161条、第162条。

用账户。贷款本息收回时,由代理社按照协议约定的贷款承担比例划付到各成员社。在本案贷款申请阶段、贷款调查、审批、筹备组织、签订借款合同阶段,均显示贷款数额为 1 亿元,华阳公司与夏邑农信社之间只有一笔 1 亿元的借贷合意,没有两笔各 1 亿元的借贷合意。在本案审查申请再审的听证会上,也得到了本案的再审申请人昆濮公司的确认。二审法院认定事实有错误。人民法院适用商事外观主义必须探究当事人的真实合意,必须坚持诚信原则。

【案情摘要】

2013 年 5 月 27 日,夏邑农信社与华阳公司签订借款合同 1 份。该合同编号由 201305273001 改为 201305313001 系夏邑农信社的行为,因本案实际 10000 万元贷款发放日期为 2013 年 5 月 31 日,根据借款合同第 3 条 "借款期限 24 个月自实际提款日计算"的约定,夏邑农信社对合同编号进行了修改。2013 年 5 月 27 日,夏邑农信社作为抵押权人,昆濮公司作为抵押人,签订抵押合同 1 份。2013 年 5 月 27 日,华阳公司、昆濮公司在本案 5 份分别由夏邑农信社、虞城农信社、永城农商行、睢县农信社、民权农商行出具的借款借据上加盖公司印章和法定代表人印鉴。本案一审法院认定本案借款合同和担保合同有效事实清楚,处理适当。二审法院认定有两笔一亿元贷款事实错误,处理不当。再审法院撤销二审判决,维持一审判决,借款人归还借款,抵押人和保证人承担保证责任。

(撰写人:包剑平)

2 不动产抵押担保未办理抵押登记的,不影响抵押担保责任的承担

——渤海信托公司与天津首信公司、新昌控股公司、奥特莱斯公司、新昌集团金融借款合同纠纷上诉案

- 案　　号　(2019)最高法民终 1806 号
- 合议庭成员　李桂顺、马东旭、郭载宇
- 关 键 词　民事 / 金融借款合同纠纷 / 不动产抵押 / 抵押人责任
- 相关法条　《中华人民共和国民法总则》第 143 条[①],《中华人民共和国合同法》

---

① 对应《中华人民共和国民法典》第 143 条。

第60条第1款[1]、第205条[2]、第206条[3]、第207条[4]

【裁判要旨】

法律维护合同双方当事人之间的意思自治，借款合同双方当事人经协商在自愿的基础上达成的合意，在不违反法律、不违反行政法规的强制性规定、不存在无效情形的情况下，借款合同应认定有效。当事人应当按照合同约定全面履行自己的义务，按期返还借款，逾期的应按约定或国家有关规定支付逾期利息。

根据合同相对性原则，当事人若无证据证明另一法律关系与借款合同法律关系存在必然的关联，则人民法院的审理范围仅限于合同约定。对于其他法律关系，当事人可另寻途径解决。

抵押人为借款合同提供不动产抵押担保，抵押合同签订后，双方未在不动产管理部门办理抵押权登记手续，不影响抵押合同的效力，抵押人仍需在合同约定抵押担保范围内承担赔偿责任。

【案情摘要】

2017年5月17日，渤海信托公司（债权人）与天津首信公司（债务人）签订《信托贷款合同》，合同约定渤海信托公司发放信托贷款人民币18220万元至天津首信公司，作为其流动资金周转。渤海信托公司在签订《信托贷款合同》的同时，与奥特莱斯公司（抵押人）订立了《抵押合同》，约定抵押相关土地使用权，抵押金额总计18220万元，但奥特莱斯公司并未协助渤海信托公司办理抵押登记。同日，渤海信托公司分别与新昌集团（保证人）、新昌控股公司（保证人）签订《保证合同》，为《信托贷款合同》的债务人在主合同项下的债务提供保证。渤海信托公司向法院起诉天津首信公司归还借款以及逾期利息等费用，奥特莱斯公司在抵押担保范围内承担赔偿责任，新昌集团、新昌控股公司承担连带清偿责任，一审法院支持了渤海信托公司的诉讼请求。天津首信公司、奥特莱斯公司、新昌集团、新昌控股公司不服一审法院判决，提起上诉。

（撰写人：朱 科）

---

[1] 对应《中华人民共和国民法典》第509条第1款。
[2] 对应《中华人民共和国民法典》第674条。
[3] 对应《中华人民共和国民法典》第675条。
[4] 对应《中华人民共和国民法典》第676条。

3 为偿还借款而签订的以物抵债协议的真实意思表示认定

——博爱建投、中旅银行与农发行焦作分行金融借款合同纠纷上诉案

- **案　　号**　（2020）最高法民终770号
- **合议庭成员**　李相波、宁晟、关晓海
- **关 键 词**　民事 / 金融借款合同纠纷 / 抵押 / 担保 / 以物抵债
- **相关法条**　《中华人民共和国合同法》第44条第1款①、第60条②

【裁判要旨】

为偿还借款而由相关各方签订的以资抵债协议，应当以借款合同、抵押担保合同等借款、抵押担保等法律关系作为基础，并结合合同签约背景、签约主体、合同效力、约定内容、合同实际履行、物权转移与否等因素，综合判定当事人的真实意思表示，不能单纯以协议名称、协议内容有"以资（物）抵债"表述，就判定为"以资（物）抵债"行为成立，有关"债权转让"和"解除担保关系"的约定条件就当然成就。

【案情摘要】

农发行焦作分行向好友公司发放借款金额总计为51000万元，中旅银行（原名为焦作商业银行）提供最高额担保，博爱县政府承担反担保责任。博爱建投与中旅银行签订《合作协议》，约定由博爱建投以其名下的5块商住用地的相关权益承担博爱县政府所承担的担保责任。农发行焦作分行、好友公司、中旅银行签订《以资抵债意向协议》。农发行焦作分行与博爱建投签订《抵押合同》和5份《土地使用权抵押合同》。农发行焦作分行取得了上述5块土地的他项权利证明书。因好友公司欠付借款本金数额43000万元，农发行焦作分行提起本案诉讼。博爱建投抗辩主张，对好友公司的借款抵押担保，《合作协议》《以资抵债协议》的性质是债权转让协议。上述协议的签订是为了以博爱建投名下的5块土地使用权抵偿好友公司所欠农发行焦作分行的43000万元债权，待5块土地手续办理完成后，农发行焦作分行应将

---

① 对应《中华人民共和国民法典》第502条第1款。
② 对应《中华人民共和国民法典》第509条。

43000万元的债权转让给中旅银行，再由中旅银行转让给博爱建投，同时免除中旅银行的担保责任及博爱县政府的反担保责任，并非抵押担保行为。中旅银行抗辩主张，在《以资抵债协议》签订，案涉土地使用权抵押给农发行焦作分行之后，其保证责任已经解除。

（撰写人：宁　晟）

4 合同约定"对不能按时支付的利息计收复利"是否包含贷款逾期利息
——李某英与恒丰银行、鑫志源公司、汇通公司金融借款合同纠纷上诉案

- **案　　号**　（2020）最高法民终1035号
- **合议庭成员**　李延忱、黄鹏、郁琳
- **关 键 词**　民事 / 金融借款合同纠纷 / 复利
- **相关法条**　《中华人民共和国合同法》第125条[①]，《人民币利率管理规定》第20条

【裁判要旨】

复利为对于利息更生之利息的理解，对合同条款约定的"不能按时支付的利息"，应当理解为包括该合同约定的贷款期内应当按期支付的正常利息，以及因贷款逾期产生的逾期利息之总和。

【案情摘要】

恒丰银行与鑫志源公司签订借款合同，约定鑫志源公司向恒丰银行借款11000万元，同时汇通公司、李某英等为上述借款提供担保，合同约定"对不能按时支付的利息，贷款人有权按本合同约定的罚息利率计收复利"。鑫志源公司未能按时向恒丰银行偿还借款，故恒丰银行主张债务人偿还本金、利息及罚息复利。鑫志源公司、李某英等主张合同约定的复利，应当仅包含正常利息即合同期内的应付利息，不包括逾期罚息。

（撰写人：李延忱、高　玥）

[①]　对应《中华人民共和国民法典》第466条。

5 善意相对人对代理人表见代理行为是否尽到合理审查义务

——平安银行与绿地能源公司等金融借款合同申请再审案

- **案　　号**　（2020）最高法民申 4725 号
- **合议庭成员**　李成玉、杨春、王成慧
- **关 键 词**　民事 / 金融借款合同 / 表见代理 / 合理审查义务
- **相关法条**　《中华人民共和国合同法》第 49 条①

【裁判要旨】

从《合同法》和《民法典》等相关规定来看，表见代理制度不仅要求代理人的无权代理行为在客观上形成具有代理权的表象，而且要求相对人在主观上善意且无过失地相信行为人有代理权。在判断合同相对人主观上是否属于善意且无过失时，应当结合合同缔结与履行过程中的各种因素综合判断合同相对人是否尽到合理审查义务，还要考虑合同的缔结时间、以谁的名义签字、是否盖有相关印章及真伪、标的物的交付方式与地点等各种因素，作出综合分析判断。

【案情摘要】

平安银行（出借方）与辽宁绿地能源公司（借款方）签订借款合同，绿地能源公司（担保方）签订担保合同。一审、二审法院认为辽宁绿地能源公司的法定代表人系绿地能源公司的副总，案涉担保系关联担保，其行为不能认定为表见代理，且平安银行也未尽到合理审查义务，故判决绿地能源公司不承担保证责任。平安银行提起再审申请。最高人民法院经审查认为，绿地能源公司的副总在绿地能源公司办公场所办理相关核保材料，在客观上形成具有代理权的表象，平安银行工作人员亦在上述场所取得核保材料，且结合案涉担保之前三方早已存在授信业务，认定平安银行已尽到合理审查义务，从而绿地能源公司应当对辽宁绿地能源公司的付款义务承担担保责任，最终裁定本案由最高人民法院提审。

（撰写人：史锋华）

---

① 参见《中华人民共和国民法典》第 172 条。

6 担保权人应提交证据证明确实存在担保人所担保的主债权

——德州银行开发区支行与杜某晖、海利安公司等
金融借款合同纠纷申请再审案

- **案　　号**　（2020）最高法民申 7037 号
- **合议庭成员**　刘崇理、潘勇锋、李晓云
- **关 键 词**　民事 / 质押合同 / 所担保的主债权
- **相关法条**　《中华人民共和国担保法》第 63 条、第 64 条、第 74 条①

【裁判要旨】

两份借款合同的编号迥然不同，故不能简单地归因于工作人员书写错误。虽然两份合同的内容均是债务人公司向银行借款，但第一份借款合同和《质押合同》订立在先，而并无证据表明担保人也同意为在后订立的借款合同提供担保。

【案情摘要】

2016 年 1 月 6 日，杜某晖等人与德州银行开发区支行签订《质押合同》，约定为海利安公司与德州银行开发区支行于 2016 年 1 月 6 日签订的 0601 号借款合同形成的债权提供质押担保。2016 年 1 月 8 日，海利安公司与德州银行开发区支行签订 0015 号借款合同，约定海利安公司借款 4000 万元。德州银行开发区支行提出，编号不同属工作人员书写错误，两份合同的其他合同要素均相同，王某涛、杜某晖等担保人订立《质押合同》唯一的原因是为海利安公司在德州银行开发区支行处的借款 4000 万元提供质押担保。

（撰写人：李晓云）

---

① 参见《中华人民共和国民法典》第 425 条、第 427 条、第 393 条。

7 借款人在收到信托贷款后随即向出借人支付优先回购权维持费，是否构成预先扣除利息

——欣华公司与东方资产公司等金融借款合同纠纷上诉案

- **案　　号**　（2021）最高法民终 38 号
- **合议庭成员**　黄年、刘崇理、潘勇锋
- **关 键 词**　民事 / 金融借款合同 / 预扣利息
- **相关法条**　《中华人民共和国合同法》第 200 条①

【裁判要旨】

信托贷款中，出借人通过设立信托计划受让借款人持有的特定资产收益权的方式发放贷款，并约定借款人支付优先回购权维持费以保证优先回购权。当优先回购权维持费与《资金监管协议》约定的支付时间、监管金额一致，且出借人收到借款人支付的监管服务费又支付给资金监管方的情形下，借款人在收到信托贷款后随即以优先回购权维持费支付给出借人的费用并不能当然认定为预先扣除利息，而是属于资金监管服务费。

【案情摘要】

西藏信托（后权利转让给东方资产公司）与欣华公司签订《转让及回购合同》，约定欣华公司向西藏信托转让特定资产收益权，转让期限 3 年，西藏信托通过设立信托计划受让特定资产收益权的方式发放贷款。欣华公司回购特定资产收益权应当向西藏信托支付特定资产收益权回购价款，特定资产收益权回购价款总额 = 回购本金 + 优先回购权维持费，优先回购权维持费 = 回购本金余额 × 优先回购权维持费率 × 自交割日（含）至转让期限到期日或乙方要求甲方提前回购特定资产收益权之日（不含）的实际天数 ÷ 360。欣华公司主张，其在收到贷款后的 5 个工作日内支付给西藏信托共计 600 万元，属于预先支付的利息，一审法院也支持其主张，认定为预先扣除的利息。

（撰写人：刘崇理、唐荣娜）

---

① 对应《中华人民共和国民法典》第 670 条。

8 冒用法定代表人身份承担过错责任而非合同责任
——朝阳银行与张某明金融借款合同纠纷再审案

- 案　　号　（2021）最高法民再 49 号
- 合议庭成员　麻锦亮、周其濛、季伟明
- 关 键 词　民事 / 冒用 / 法定代表人 / 过错责任
- 相关法条　《中华人民共和国民法总则》第 171 条第 3 款、第 4 款①

【裁判要旨】

公司的法定代表人由董事长、执行董事或者经理担任，并依法登记，他人以法定代表人的名义代表公司从事的行为，性质上属于代理行为而非代表行为。在该他人构成无权代理且不构成表见代理的情况下，应当区别相对人是否善意，分别依据《民法总则》第 171 条第 3 款、第 4 款之规定来确定无权代理人的责任。

他人以公司名义从事行为时，相对人应当依法审查此人是否为公司的法定代表人以及是否具有代表或者代理权限。鉴于法定代表人须依法登记，相对人既未审查此人是否为登记的法定代表人，亦未审查其是否具有代表或者代理权限，则无权请求该他人承担合同责任，只能依据《民法总则》第 171 条第 4 款之规定，由相对人与行为人按照各自过错承担责任。

【案情摘要】

2004 年，宋某升与朝阳银行签订借款合同，借款 230 万元，以自有机器设备抵押担保，未办理抵押登记。对上述借款，张某明代表金厦公司与朝阳银行签订《保证合同》，约定金厦公司提供连带责任保证，合同均加盖金厦公司印章，法定代表人处由张某明签字。借款到期后，宋某升未能偿还，朝阳银行向一审法院提起本案诉讼，诉请包括了金厦公司、张某明共同承担连带保证责任。

另查明，金厦公司在工商登记的法定代表人为丁某英，而宋某升借款时所提供的金厦公司营业执照上则显示法定代表人为张某明。2012 年，公安机关作出刑事技术鉴定书，结论为：前述保证合同上金厦公司公章系伪造，张某明签字真实；所附

---

① 对应《中华人民共和国民法典》第 171 条第 3 款、第 4 款。

股东会决议上,张某明签字真实,其他股东签名非本人所签。

(撰写人:季伟明)

9 具有唯一对应性的两个编号的借款合同,对应的抵押担保已办理抵押登记的,应视为抵押权依法设立
——兰州农商行西关支行与石盛公司等金融借款合同纠纷申请再审案

- 案　　号　(2021)最高法民申5681号
- 合议庭成员　宋冰、徐霖、董俊武
- 关 键 词　民事/金融借款合同纠纷/抵押权设立
- 相关法条　《中华人民共和国担保法》第33条①

【裁判要旨】

本案借款合同虽然有两个编号,但仅存在一笔借款及对应的抵押担保,两个编号的合同指向具有唯一性。本案涉及的抵押物已经办理抵押登记,抵押权依法设立,债权人享有对抵押物折价、拍卖或变卖所得价款优先受偿的权利。

【案情摘要】

本案虽然签订有两份编号不同的借款合同,但实际发生的借贷金额仅有一笔。虽然借款合同与担保合同之间是主从合同关系,但并非所有借款合同与担保合同均应理解为一一对应的关系,而应通过对证据的审查,最大限度还原案件的事实真实及当事人的真实意思表示。本案两个编号的借款合同指向具有唯一性,从当事人的意思表示看,对合同的签订及履行情况亦明知,故应认定本案涉及的抵押物已经办理抵押登记,抵押权依法设立,债权人享有对抵押物折价、拍卖或变卖所得价款优先受偿的权利。

(撰写人:宋　冰)

---

① 参见《中华人民共和国民法典》第394条。

10 以固定基数确定的担保责任，并不因债权人部分受偿而减免

——国开行与长兴岛公司、汇金公司、产业园公司等金融借款合同纠纷上诉案

- **案　　号**　（2021）最高法民终 574 号
- **合议庭成员**　杨卓、李伟、葛洪涛
- **关 键 词**　民事 / 借款合同纠纷 / 担保责任
- **相关法条**　《中华人民共和国合同法》第 8 条[①]，《中华人民共和国担保法》第 18 条[②]

【裁判要旨】

两担保人出具《不可撤销担保函》，分别承诺在主债权的 60% 和 40% 范围内向债权人提供连带责任保证担保。按照其保函的承诺，贷款本金是确定担保责任范围的固定计算基数，在未受偿债权数额高于其担保责任范围时，并不因债权人部分受偿，尤其是以一保证人承担部分保证责任的形式获得部分受偿而核减。否则将不当减轻担保人的担保责任，影响债权人实现债权。

【案情摘要】

汇金公司、长兴岛公司分别向国开行出具《不可撤销担保函》，承诺为产业园公司在《借款合同》项下 85000 万元贷款本金及由该部分本金所产生的利息、罚息、补偿金、违约金、损害赔偿金及实现债权的费用的 60%、40% 范围内向国开行提供连带责任保证担保。贷款发放后，借款人偿还本金 4100 万元；长兴岛公司部分履行了担保责任，代偿本金 230000940.28 元；汇金公司未履行担保责任。原审法院判令汇金公司对产业园公司的剩余债务，以 60% 为限向国开行承担连带清偿责任，长兴岛公司就产业园公司的剩余债务，以 40% 为限并扣除已偿还的 230000940.28 元，向国开行承担连带清偿责任。

（撰写人：李　伟、李大何）

[①] 对应《中华人民共和国民法典》第 465 条。
[②] 参见《中华人民共和国民法典》第 688 条。

11 土地使用权抵押权是否及于土地上已存在的在建工程完成部分

——国家开发银行与鹿回头公司等借款合同纠纷上诉案

- **案　　号**　（2021）最高法民终645号
- **合议庭成员**　杨卓、葛洪涛、苏蓓
- **关 键 词**　民事 / 金融借款合同 / 在建工程抵押
- **相关法条**　《中华人民共和国物权法》第182条[①]，《最高人民法院关于适用〈中华人民共和国民法典〉有关担保制度的解释》第51条第1款

【裁判要旨】

根据抵押中的房地一体原则，仅办理建设用地使用权抵押登记的，抵押时已经存在的地上建筑物，包括正在建造建筑物的已完成部分，一并设立抵押，抵押权人可以主张优先受偿权。

【案情摘要】

国家开发银行与鹿回头公司签订借款合同，闫某、杨某燕、颉某文、杨某凤、王某红、韩某虹、中弘卓业公司等保证人对案涉债务提供连带保证，新佳公司等为案涉债务提供抵押担保，鹿回头公司以已有在建工程的土地使用权提供抵押担保。因鹿回头公司不能偿还案涉债务，国家开发银行诉至一审法院。一审法院判决鹿回头公司偿还相应债务，各保证人、各担保人承担相应责任，但一审法院没有将鹿回头公司提供的案涉土地使用权抵押担保中地上建筑物的价值作为优先受偿权的范围，国家开发银行不服，提起上诉。

（撰写人：葛洪涛、杨　婷）

[①] 对应《中华人民共和国民法典》第397条。

12 金融机构以提供服务为名变相收取利息的认定
——进出口银行、建行甘井子支行与生态公司等金融借款合同纠纷上诉案

- 案　　号　（2021）最高法民终691号
- 合议庭成员　麻锦亮、周其濛、孙勇进
- 关　键　词　金融借款合同/变相收取利息
- 相关法条　《全国法院民商事审判工作会议纪要》第51条

【裁判要旨】

金融借款合同纠纷中，金融机构利用其优势地位捆绑贷款强制变相收取利息或提供中间服务，背离了民法平等、自愿、公平原则，增加了实体企业负担。《全国法院民商事审判工作会议纪要》第51条规定："金融借款合同纠纷中，借款人认为金融机构以服务费、咨询费、顾问费、管理费等为名变相收取利息，金融机构或者由其指定的人收取的相关费用不合理的，人民法院可以根据提供服务的实际情况确定借款人应否支付或者酌减相关费用。"在审判实践中，对于金融机构收取的变相和不合规费用应加以严格审查，如企业在金融借款合同纠纷中以金融机构在履行借款合同过程中收取服务费用不合理为由提出抗辩，人民法院应一并审查。对于收费是否合规合理应由金融机构承担举证责任，认定标准为金融机构提供服务是否独立于贷款合同且具备实质内容。

【案情摘要】

2013年10月29日，建行大连市分行、建行甘井子支行、进出口银行与生态公司签订《银团贷款合同》，发放额度135000万元贷款，后因生态公司未按期偿还借款本息，进出口银行、建行甘井子支行提起本案诉讼。一审时，生态公司主张称在履行《银团贷款合同》期间，建行大连市分行、建行甘井子支行（以下简称两家建行）以牵头费、代理费、参加费、咨询费为名收取生态公司1520万元费用，因两家建行收费后并未提供相应服务，故案涉1520万元应从生态公司欠付的借款本息中予以抵扣。建行甘井子支行抗辩称1520万元费用的争议问题不应与借款合同纠纷案件一并审理，且银行方面亦提供了具备相应内容的服务。

（撰写人：李知博）

13 能否依据保证人与贷款用资利益的关联度、人员身份及提供保证的能力等因素免除保证人保证责任

——农行三峡支行与湖北中孚公司、陈某孚、
张某宽等金融借款合同纠纷上诉案

- **案　　号**　（2021）最高法民终 736 号
- **合议庭成员**　张淑芳、李敬阳、吴凯敏
- **关 键 词**　民事 / 保证人 / 保证责任的免除
- **相关法条**　《中华人民共和国担保法》第 18 条第 2 款①

【裁判要旨】

作为完全民事行为能力人的保证人不否认在保证合同上签字的真实性，应当知晓签字的法律后果，应依约承担保证责任。保证人与贷款用资利益的关联度、人员身份及提供保证的能力等因素，并非免除保证人保证责任的法定事由。

【案情摘要】

湖北中孚公司（借款人）向农行三峡支行（出借人）借款，双方签订借款合同。湖北中孚公司提供抵押担保，法定代表人陈某孚提供股权质押担保和连带责任保证。张某宽等 10 人（保证人）签订《最高额保证合同》《借款展期协议》，提供连带责任保证。《最高额保证合同》《借款展期协议》的首页均明确了张某宽等 10 人的保证人或担保人身份，有关保证的合同条款由加粗字体进行了着重提示，尾部均有黑体字载明的债权人或贷款人已依法"向我方提示了相关条款（特别是黑体字条款），应我方要求对相关条款概念、内容及法律效果作了说明，我方已经知悉并理解上述条款"的保证人声明或担保人声明。湖北中孚公司未按时还款，农行三峡支行起诉请求湖北中孚公司偿还借款本金及利息，并就抵押财产的处置变卖价款享有优先受偿权，由陈某孚及张某宽等 10 人承担连带保证责任。

（撰写人：李敬阳、牛彦坤）

---

① 参见《中华人民共和国民法典》第 688 条第 2 款。

14 委托贷款合同是否属于民间借贷合同
——中宏公司、吴某新、吴某珍与红岭创投公司等借款合同纠纷上诉案

- 案　　　号　（2021）最高法民终 1133 号①
- 合议庭成员　郁琳、李延忱、王珅
- 关 键 词　合同 / 借款合同纠纷 / 金融借款 / 委托贷款
- 相关法条　《贷款通则》第 7 条

【裁判要旨】

根据委托贷款的特点，贷款资金虽然来源于金融机构以外的委托人，但委托贷款作为金融机构贷款种类之一，已作为社会融资规模指标的构成要素，并纳入国家金融层面管控，故委托贷款合同属于金融借款合同，不属于《全国法院民商事审判工作会议纪要》第 53 条有关职业放贷人从事民间借贷行为无效的规范范围。

【案情摘要】

红岭创投公司、江苏银行高淳支行、万家置业公司先后签订 3 份委托贷款合同，约定红岭创投公司分别提供贷款资金 6000 万元、1.2 亿元、1.8 亿元，委托江苏银行高淳支行向万家置业公司发放委托贷款，期限 2 年，年利率 21%。红岭创投公司又分别与吴某新、吴某珍、中宏公司签订 3 份保证担保合同，约定上述保证人就上述 3 份主合同项下发生的全部债务向红岭创投公司提供连带责任保证。本案中，案涉款项来源于红岭创投公司设立的"红岭创投"网贷平台上小额投资者的投资款项。中宏公司、吴某新、吴某珍上诉主张红岭创投公司系职业放贷人，案涉委托贷款合同无效。

（撰写人：郁　琳）

---

① 与本案相关的裁判要旨还包括"网贷平台公司涉嫌非法集资犯罪，其对外委托贷款引发的借款合同纠纷是否应中止审理"。

15 贷款合同中借贷双方恶意串通损害担保人合法权益的,担保人不应承担抵押担保责任

——重庆银行贵阳分行与南长城公司、天翼公司等
金融借款合同纠纷申请再审案

- **案　　号**　（2021）最高法民申 1655 号
- **合议庭成员**　王朝辉、郎贵梅、刘丽芳
- **关 键 词**　民事 / 金融借款合同纠纷 / 抵押担保责任 / 恶意串通
- **相关法条**　《中华人民共和国民法总则》第 154 条①,《中华人民共和国合同法》第 52 条第 2 款②

【裁判要旨】

借款人与商业银行签订贷款合同,担保人为该笔贷款提供抵押担保,但案涉贷款并未按照约定的用途进行使用。现无证据证明银行与担保人签署《抵押合同》时将贷款真实用途告知或者担保人对此知晓。银行与借款人之间相互通谋的合意损害了担保人的合法权益。"新贷"主债务人和"旧贷"主债务人虽为关联公司,但均为独立法人,没有证据证明两公司存在人格混同,抵押人为不同公司的不同债务提供担保,客观上增加了其实际承担担保责任的可能性,从而加重抵押人的担保责任。在抵押人不知道或者不应当知道"新贷还旧贷"的情况下,抵押人可以据此主张免除其担保责任。

【案情摘要】

重庆银行贵阳分行与天翼公司签订贷款合同并约定贷款用途为购买原材料,贷款资金支付方式采用"受托支付",即重庆银行贵阳分行在审核贷款资金符合约定用途后,根据天翼公司的《支付委托书》将资金直接支付给符合约定用途的对象。南长城公司与重庆银行贵阳分行签订《抵押合同》,为上述贷款合同项下债务提供抵押担保。但贷款并未按照约定用途使用,而是按照天翼公司指令汇入与其高度关联的三和公司账户后,大部款项采用特种转账方式用于偿还三和公司此前所欠重庆银行

---

① 对应《中华人民共和国民法典》第 154 条。
② 参见《中华人民共和国民法典》第 154 条。

贵阳分行银行承兑汇票垫付款。后因天翼公司未按约还本付息，重庆银行贵阳分行提起诉讼。一审法院认定重庆银行贵阳分行与南长城公司签订的《抵押合同》依法无效，二审法院驳回上诉、维持原判，重庆银行贵阳分行提起本案再审申请。

（撰写人：王朝辉、杨　云）

16 保证人与主债权人存在两份以上最高额保证合同，在借款合同未明确约定的情况下，债权人可选择根据任一份最高额保证合同主张权利

——刘某生与农行嘉峪关分行金融借款及担保合同纠纷申请再审案

- 案　　号　（2021）最高法民申 2283 号
- 合议庭成员　陈宏宇、徐霖、张梅
- 关 键 词　民事 / 最高额保证合同纠纷
- 相关法条　《中华人民共和国担保法》第 14 条①，《最高人民法院关于适用〈中华人民共和国担保法〉若干问题的解释》②第 23 条

【裁判要旨】

保证人与主债权人存在两份以上最高额保证合同，当事人在具体的借款合同中未明确排除某一份保证合同，亦未指明适用某一份保证合同的，如该借款发生在最高额保证合同约定的期间之内，债权人可选择根据任一份最高额保证合同主张权利。

【案情摘要】

保证人刘某生与农行嘉峪关分行之间存在两份最高额保证合同。农行嘉峪关分行先依《4·15 最高额担保合同》主张权利；后以该合同中金额书写不明、刘某生对签名有异议为由，不再将该合同作为证据提交，同时在法院确定的举证期限内提交《11·13 最高额担保合同》。刘某生以案涉借款系依据《4·15 最高额担保合同》发放为由，主张不承担保证责任。

（撰写人：陈宏宇、赵　静）

---

① 参见《中华人民共和国民法典》第 690 条。
② 该解释已失效。

17 债权人在债务人违约情形下直接扣收款项的，能够产生债务清偿后果

——岳典公司与兴业银行十堰分行金融借款合同纠纷申请再审案

- **案　　号**　（2021）最高法民申 2377 号
- **合议庭成员**　曹刚、于蒙、关晓海
- **关 键 词**　民事 / 抵销 / 扣划
- **相关法条**　《中华人民共和国合同法》第 99 条第 2 款①

【裁判要旨】

案涉《流动资金借款合同》约定，借款人未按合同约定用途使用借款、未按约定方式进行借款资金支付……贷款人无须经司法程序直接从借款人开立在贷款人处和兴业银行所有分支机构及子公司的任何账户中扣收款项。因此，在借款人出现违约情形时，贷款人有权直接从涉案账户中扣收款项，二审法院据此认定贷款人所实施的上述转款、扣收行为可分别产生清偿另案所确定的相关债务以及涉案债务的法律后果并不缺乏依据。

【案情摘要】

岳典公司与兴业银行十堰分行签订有贷款合同，对兴业银行十堰分行相关贷款尚未还清。同时，因债权转让，兴业银行十堰分行对岳典公司也负有相应债务，该债务已经生效判决确认。兴业银行十堰分行于 2018 年 10 月 8 日晚向岳典公司在该行开立账户分两笔转入 13272622.5 元，备注用于支付 1440 号判决项下款项。转账行为完成后，兴业银行十堰分行随后以岳典公司未履行还贷义务为由对该款项进行了扣划，并在 11 月 5 日向岳典公司发出债务抵销通知。而岳典公司认为兴业银行十堰分行的通知并未产生抵销效力，双方应按照各自合同承担还款及违约责任。

（撰写人：关晓海）

---

① 对应《中华人民共和国民法典》第 568 条第 2 款。

18 双方形成以票据贴现形式实现的金融借款法律关系时，贴现行可选择行使票据权利或主张合同权利
——濮阳粮库与华融河南分公司、丰太公司、浦发银行郑州分行等金融借款合同纠纷申请再审案

- 案　　　号　（2021）最高法民申 2767 号
- 合议庭成员　王富博、于蒙、吴凯敏
- 关　键　词　民事 / 金融借款合同纠纷 / 票据贴现
- 相关法条　《中华人民共和国票据法》第 61 条，《中华人民共和国合同法》第 60 条①

【裁判要旨】

根据《贷款通则》第 9 条规定，票据贴现属于贷款的一种。在贴现行与票据贴现人根据协议约定及《票据法》规定形成以票据贴现形式实现的金融借款法律关系的情况下，在协议约定的条件成就时，贴现行作为持票人，有权依照《票据法》第 61 条行使相应票据权利，也有权选择主张合同权利，即票据贴现人作为金融借款法律关系的债务人，负有按约定继续履行还本付息的义务，贴现行并非只能向票据贴现人行使票据追索权。

【案情摘要】

濮阳粮库分别于 2015 年 12 月 25 日及 2016 年 5 月 20 日向浦发银行郑州分行出具《关于申请授信事项的同意函》《借款申请书》，并分别于 2016 年 12 月 1 日、2 日、5 日、6 日、7 日、8 日，与浦发银行郑州分行签订 6 份《票据贴现（含协议付息）业务协议书》，约定浦发银行郑州分行为濮阳粮库持有的 6 份商业承兑汇票贴现。6 份商业承兑汇票的出票人、承兑人均为丰太公司。关于贴现业务，协议书约定了"对于贴现行向客户发放的贴现款项，贴现行享有完全的追索权""票据承兑人未按约定支付票款的，贴现行有权自逾期之日起，按本协议约定的逾期罚息利率按实际逾期天数计收逾期罚息，直至濮阳粮库清偿本息为止""客户应当按照本协

---

① 对应《中华人民共和国民法典》第 509 条。

议书规定的时间、金额、币种及利率偿还本协议书项下的融资本息"等内容。上述协议签订同时，浦发银行郑州分行分别向濮阳粮库支付约定的6笔汇票贴现款共计48565000元。前述汇票到期后，因丰太公司账户余额不足，浦发银行郑州分行被拒绝付款。2017年10月19日，浦发银行郑州分行将其对濮阳粮库的债权转让给华融河南分公司。华融河南分公司作为原告提起诉讼请求濮阳粮库向其偿还汇票贴现融资49999927.75元及利息，一审法院判决濮阳粮库偿还华融河南分公司汇票融资款48565000元及利息。濮阳粮库不服提起上诉，二审法院判决驳回上诉，维持原判。濮阳粮库仍不服，向最高人民法院申请再审。

（撰写人：陈宜芳、金 莹）

19 借款合同解除后，合同中关于利息及复息的约定不再适用

——内蒙古银行股份有限公司呼和浩特新城支行与王某、杨某雨、乌某、顺琛公司金融借款合同纠纷申请再审案

- 案　　号　（2021）最高法民申3377号
- 合议庭成员　刘崇理、黄年、潘勇锋
- 关 键 词　民事/合同/合同解除
- 相关法条　《中华人民共和国民法典》第567条

【裁判要旨】

借款合同中关于利息及复利的约定，并非合同结算清理条款，合同解除后其中关于利息及复息的约定不再适用。

【案情摘要】

内蒙古银行股份有限公司呼和浩特新城支行（以下简称内蒙银行新城支行）与时泰公司签订借款合同，合同中对还款利率、复息、违约责任等内容进行了约定。杨某雨、乌某签订了《抵押合同》和《保证合同》，对上述借款承担连带责任保证，且以共同所有的房产及土地使用权进行抵押，办理了他项权证；顺琛公司也与内蒙银行新城支行签订《保证合同》，承担连带责任保证。上述四份合同，均办理了具有强制执行效力的债权公证。内蒙银行新城支行按约放款，但合同履行过程中时泰公

司累计欠息两次以上，银行宣布借款提前到期，解除合同，公证处出具执行证书，确认执行标的为截至2013年11月7日的借款本金3438万元、利息合计601650元及申请执行人为实现抵押权所支付的费用。2018年12月22日，执行法院依据执行证书，裁定执行标的金额为43233182.5元，将杨某雨名下房产设备等合计作价43072105元，交付内蒙银行新城支行抵偿债务。后法院出具结案通知书，确认被告以物抵债形式已偿还内蒙银行新城支行43072105元，给付现金161077.5元，证明该案执行标的额43233182.5元已执行完毕。时泰公司已于2019年7月3日被注销，注销时股东为王某、杨某雨、乌某。

内蒙银行认为公证处出具的执行证书遗漏了自2013年11月7日之后至实际还清全部款项之日止的利息、复息及实现该部分债权所支出的全部费用，申请出具执行证书未果，遂起诉请求：判令债务人偿还自2013年11月7日至2018年12月27日的利息及复息，并自2018年12月28日开始以年利率13.5%计算复息至实际还清之日止；判令担保人承担保证责任。

（撰写人：潘勇锋）

20 权利人对同一债权中的部分债权主张权利，诉讼时效中断的效力及于剩余债权

——王某、杨某雨、乌某、顺琛公司与内蒙古银行股份有限公司呼和浩特新城支行金融借款合同纠纷申请再审案

- 案　　号　（2021）最高法民申3710号
- 合议庭成员　刘崇理、黄年、潘勇锋
- 关 键 词　民事／合同／诉讼时效
- 相关法条　《最高人民法院关于审理民事案件适用诉讼时效制度若干问题的规定》第11条、第13条①，《中华人民共和国民法总则》第195条②

【裁判要旨】

申请强制执行与提起诉讼具有同等诉讼时效中断的效力。诉讼时效中断，从中

---

① 该解释已于2020年修正，此处法条分别对应第9条、第11条。
② 对应《中华人民共和国民法典》第195条。

断、有关程序终结时起，诉讼时效期间重新计算。而根据《最高人民法院关于审理民事案件适用诉讼时效制度若干问题的规定》第 11 条之规定，权利人对同一债权中的部分债权主张权利，诉讼时效中断的效力及于剩余债权。本案中，本金及借期内利息债权已经强制执行程序执行完毕，后当事人起诉追究执行期间资金占用损失，故本案债权自申请执行立案起诉讼时效中断，并自执行程序终结时重新计算。

【案情摘要】

内蒙古银行股份有限公司呼和浩特新城支行（以下简称内蒙银行新城支行）与时泰公司签订借款合同，合同中对还款利率、复息、违约责任等内容进行了约定。杨某雨、乌某签订了《抵押合同》和《保证合同》，对上述借款承担连带责任保证，且以共同所有的房产及土地使用权进行抵押，办理了他项权证；顺琛公司也与内蒙银行新城支行签订《保证合同》，承担连带责任保证。上述四份合同，均办理了具有强制执行效力的债权公证。内蒙银行新城支行按约放款，但合同履行过程中时泰公司累计欠息两次以上，银行宣布借款提前到期，解除合同，公证处出具执行证书，确认执行标的为截至 2013 年 11 月 7 日的借款本金 34380000 元、利息合计 601650 元及申请执行人为实现抵押权所支付的费用。2018 年 12 月 22 日，执行法院依据执行证书，裁定执行标的金额为 43233182.5 元，将杨某雨名下房产设备等合计作价 43072105 元，交付内蒙银行新城支行抵偿债务。后法院出具结案通知书，确认被告以物抵债形式已偿还内蒙银行新城支行 43072105 元，给付现金 161077.5 元，证明该案执行标的额 43233182.5 元已执行完毕。时泰公司已于 2019 年 7 月 3 日被注销，注销时股东为王某、杨某雨、乌某。

内蒙银行新城支行认为公证处出具的执行证书遗漏了自 2013 年 11 月 7 日之后至实际还清全部款项之日止的利息、复息及实现该部分债权所支出的全部费用，申请出具执行证书未果，遂起诉请求：判令债务人偿还自 2013 年 11 月 7 日至 2018 年 12 月 27 日的利息及复息，并自 2018 年 12 月 28 日开始以年利率 13.5% 计算复息至实际还清之日止；判令担保人承担保证责任。

（撰写人：潘勇锋）

21 应收账款债务人向质权人确认应收账款的真实性即应依法承担相应的偿付责任

——东莞广电公司与中信银行东莞分行金融借款合同纠纷申请再审案

- **案　　号**　（2021）最高法民申 3779 号
- **合议庭成员**　贾清林、于明、朱科
- **关 键 词**　民事 / 金融借款合同纠纷 / 应收账款质权
- **相关法条**　《中华人民共和国物权法》第 228 条第 1 款①，《最高人民法院关于适用〈中华人民共和国民法典〉有关担保制度的解释》第 61 条

【裁判要旨】

应收账款作为债权具有相对性，银行作为第三人难以完全知悉基础交易合同当事人之间债权债务的真实情况，在出质人和应收账款债务人共同出具《应收账款余额表》对应收账款余额予以确认的情况下，应当认为银行对案涉应收账款质押尽到了基本的审查注意义务，质权自登记时依法设立，除非有证据证明银行明知或者应当知道拟出质的应收账款虚假或者不存在依然接受质押。

【案情摘要】

中信银行东莞分行、佳彩公司与东莞广电公司签订《协议书》，约定：佳彩公司拟在一定阶段内向中信银行东莞分行进行银行融资，佳彩公司用其对东莞广电公司的已发生和将发生的应收账款进行质押；后中信银行东莞分行分别与佳彩公司等签订《综合授信合同》《流动资金贷款合同》《最高额应收账款质押合同》，并在信贷征信机构办理了应收账款质押登记；应收账款债务人东莞广电公司在《应收账款余额表》上已加盖公章、相关负责人签名对案涉应收账款质权进行了确认。一审、二审法院判决据此认定案涉应收账款质权依法设立，东莞广电公司依法应承担相应的法律责任。东莞广电公司不服一审、二审法院判决，向最高人民法院申请再审，遂成本案。

（撰写人：贾清林、乔希木）

---

① 对应《中华人民共和国民法典》第 445 条第 1 款。

22 判断担保范围应以担保合同约定为准
——老河口农商行等与辰泓公司等金融借款合同纠纷申请再审案

- 案　　号　（2021）最高法民申 3885 号
- 合议庭成员　张淑芳、李敬阳、吴凯敏
- 关 键 词　民事 / 金融借款纠纷 / 最高额抵押
- 相关法条　《中华人民共和国担保法》第 46 条[①]

【裁判要旨】

最高额抵押的担保范围应根据《最高额抵押合同》中关于被担保的主债权的具体约定内容予以确定。贷款发放属于借款合同的具体履行，不影响所担保的主债权对象及担保期间。

【案情摘要】

2014 年 12 月 29 日，博坤公司与老河口农商行、谷城农商行、神农架农商行签订《流动资金社团（银团）借款合同》。辰泓公司与老河口农商行于 2015 年 1 月 4 日签订《最高额抵押合同》。《最高额抵押合同》第 1 条被担保的主债权明确约定："（一）本合同所担保的主债权为自 2015 年 1 月 4 日至 2018 年 1 月 3 日止，在人民币 4132 万元的最高余额内，乙方（老河口农商行）依据与博坤公司签订的借款合同、银行承兑汇票（协议）、银行保函以及其他文件而享有的对主债务人的债权，不论该债权在上述期间届满时是否已经到期……"此后，各方因 2014 年 12 月 29 日《流动资金社团（银团）借款合同》是否在辰泓公司《最高额抵押合同》的担保范围内发生争议。老河口农商行等以贷款实际发放日为 2015 年 1 月 8 日，主张债权形成时间在《最高额抵押合同》约定的担保期限内，辰泓公司应承担抵押担保责任，诉至法院。

（撰写人：张淑芳）

[①] 参见《中华人民共和国民法典》第 389 条。

23 国资委在企业法人变更登记时作出的债务承担承诺的效力

——长城资产河南分公司与河南省国资委金融借款合同纠纷申请再审案

- 案　　号　（2021）最高法民申 3989 号
- 合议庭成员　王富博、吴凯敏、李敬阳
- 关 键 词　民事 / 金融借款合同纠纷 / 国资委债务承担承诺
- 相关法条　《中华人民共和国民法总则》第 153 条第 1 款①

【裁判要旨】

国资委作为企业法人变更登记后的主管单位、出资人，其对企业法人债权债务的承担应当是基于出资义务产生的责任，而不是以财政资金直接清偿企业债务。在国资委未接收与债务等值财产的情况下，其所作出同意承担企业法人债权债务的意思表示，意味着其需以本应用于社会公共服务的财政资金向债权人清偿债务，该意思表示明显损害社会公共利益，与国资委职责亦不相符，应当认定为无效。

【案情摘要】

2005 年 7 月 1 日，中原国贸向河南省原工商行政管理局申请变更登记，相应《企业法人变更登记申请报告》当中，记载有"……二、主管部门变更为河南省国资委……四、……我单位现由河南省国资委管理；五、本单位的债权债务由现主管部门承担"。债权人长城资产河南分公司遂以河南省国资委为被告提起诉讼，要求其根据在工商档案中的记载内容承担责任。

一审法院判决驳回长城资产河南分公司诉请。长城资产河南分公司不服提起上诉，二审法院判决驳回上诉，维持原判。长城资产河南分公司仍不服二审法院判决，向最高人民法院申请再审。

（撰写人：陈宜芳、石克链）

---

① 对应《中华人民共和国民法典》第 153 条。

24 名为债权转让和不良资产合作清收，实为另行收取利息的合同，效力应按隐藏的真实法律关系予以处理

——荣信公司与民生银行上海分行债权转让合同纠纷申请再审案

- **案　　号**　（2021）最高法民申 4414 号
- **合议庭成员**　薛贵忠、汪军、杜微科
- **关 键 词**　民事 / 金融不良债权转让合同纠纷 / 虚假表示 / 隐藏行为
- **相关法条**　《中华人民共和国民法总则》第 146 条①

【裁判要旨】

从双方另行签订的不良债权转让合同与合作清收协议履行情况来看，借款方并未真正取得债权转让利益，其另行签订上述合同的真实目的并非获取所转让的债权利益，而系以购买银行不良资产为代价意图获得银行较低利率贷款；出借人真实目的亦非转让债权，而系通过消化不良债权的方式变相收取利息。不良债权转让款实为双方另行约定的利息，债权转让和不良资产合作清收行为效力应按双方真实的金融借款合同法律关系处理。

【案情摘要】

荣信公司与民生银行上海分行在金融借款合同之外，另行签订债权转让合同和不良资产合作清收协议，约定民生银行上海分行将一笔 10500 万元的债权转让给荣信公司，荣信公司再委托民生银行上海分行在协议生效后 5 年内对转让债权进行管理和清收。合同签订后，荣信公司按约支付了债权转让款。本案荣信公司以上述合同系双方虚假意思表示，并未实际履行，债权转让款系贷款的额外利息为由，诉请确认合同无效，要求返还上述债权转让款，并赔偿其利息损失。一审、二审法院认为委托贷款项目与债权转让及清收分别是相对独立的交易行为，是双方真实意思表示。合同已生效力，债权转让合同的履行问题双方可依约解决。荣信公司不服一审、二审法院判决，向最高人民法院申请再审。

（撰写人：薛贵忠、叶康喜）

---

① 对应《中华人民共和国民法典》第 146 条。

25 最高额担保的最高债权额是否还包括约定金额之外的利息、违约金及实现债权的费用等

——哈尔滨银行东丽支行与中天盛通公司、中天宏大公司、马某英金融借款合同纠纷申请再审案

- **案　　号**　（2021）最高法民申 4464 号
- **合议庭成员**　黄年、张颖、李晓云
- **关 键 词**　民事 / 金融借款合同 / 最高额保证
- **相关法条**　《最高人民法院关于适用〈中华人民共和国民法典〉有关担保制度的解释》第 15 条

【裁判要旨】

最高额担保中的最高债权额，是指包括主债权及其利息、违约金、损害赔偿金、保管担保财产的费用、实现债权或者实现担保物权的费用等在内的全部债权，但是当事人另有约定的除外。登记的最高债权额与当事人约定的最高债权额不一致的，人民法院应当依据登记的最高债权额确定债权人优先受偿的范围。

【案情摘要】

哈尔滨银行东丽支行与中天宏大公司、马某英分别签订的《最高额保证合同》约定，合同所担保的主债权为中天盛通公司与哈尔滨银行东丽支行之间所产生的全部债务，其中敞口余额最高不超过 4000 万元，合同担保范围为主合同项下全部债务，包括但不限于本金及利息（包括因债务人违约计收的复利和加收的罚息）、违约金、损害赔偿金、手续费、保险费及其他为签订或履行本合同而发生的费用以及哈尔滨银行东丽支行实现担保权利和债权所产生的费用。哈尔滨银行东丽支行与中天盛通公司签订的《最高额抵押合同》约定，合同担保的主债权为中天盛通公司与哈尔滨银行东丽支行之间所产生的全部债务，其中敞口余额最高不超过 4000 万元，合同担保范围为主合同项下全部债务，包括但不限于本金及利息（包括因债务人违约计收的复利和加收的罚息）、违约金、损害赔偿金、手续费、保险费及其他为签订或履行本合同而发生的费用以及哈尔滨银行东丽支行实现担保权利和债权所产生的费用。为上述抵押物办理的不动产登记证明书在"其他附记"栏记载：抵押方式：最

高额抵押；担保债权数额：人民币 4000 万元。现哈尔滨银行东丽支行主张，敞口余额系指其发放的借款本金余额，故抵押担保范围还应当包括全部借款本金、利息、违约金及实现债权的费用等，而不限于 4000 万元。

（撰写人：李晓云）

26 当事人对自己提出的主张有责任提供证据
——健民药业与菏泽农商行、
晁某勇、王某喜金融借款合同纠纷申请再审案

- **案　　号**　（2021）最高法民申 4511 号
- **合议庭成员**　刘崇理、黄年、张颖
- **关 键 词**　民事 / 举证责任 / 利息计算
- **相关法条**　《中华人民共和国民事诉讼法》第 64 条第 1 款①，《最高人民法院关于适用〈中华人民共和国民事诉讼法〉的解释》第 90 条

【裁判要旨】

当事人对自己提出的诉讼请求所依据的事实或者反驳对方诉讼请求所依据的事实，应当提供证据加以证明，但法律另有规定的除外。在作出判决前，当事人未能提供证据或者证据不足以证明其事实主张的，由负有举证证明责任的当事人承担不利的后果。双方在案涉借款合同中已约定利息计算方式，一审法院按照合同约定判令借款人偿还案涉借款本金及利息有相应事实基础。借款人在本案二审中虽主张一审判决多计算了利息，但并未提交相应证据，亦未指出错误之处，二审法院以其该项主张缺乏事实依据为由不予支持，并无不当。

【案情摘要】

2015 年 2 月 5 日，健民药业作为借款人与菏泽农商行作为贷款人签订编号为（菏农商行公司三部）流借字（2015）年第 014 号流动资金借款合同，约定：借款金额为 2900 万元，借款用途为购原材料，借款期限自 2015 年 2 月 5 日至 2018 年 2 月 4 日止，借款利率为固定利率：年利率 10.15%，在合同有效期内利率不变。借款

---

① 对应《中华人民共和国民事诉讼法》（2023 年修正）第 67 条第 1 款。

的担保方式分别为抵押人健民药业与贷款人签订的合同编号为（菏农商行公司三部）高抵字（2015）年第014-1号、第014-2号最高额抵押合同，保证人晁某勇、王某喜与贷款人签订的（菏农商行公司三部）高保字（2015）年第014号最高额保证合同。随后分别按照约定签订了相应的最高额抵押、保证合同。截至2018年8月14日，健民药业尚欠菏泽农商行借款本金2900万元及利息1860453.9元。因健民药业未能偿还借款，遂成诉。一审法院认为，菏泽农商行与健民药业签订的系列合同均合法有效。菏泽农商行依约履行了自己的义务，将借款按时支付给了健民药业，而健民药业未能按照合同约定及时偿还借款本息，构成违约，依法应当承担相应的违约责任。菏泽农商行依约请求健民药业支付借款本金及利息，事实清楚，证据确实充分，依法予以支持。健民药业上诉主张一审法院多计算了16万元利息，但并未提交相应证据，亦未指出错误之处，应承担相应的不利后果。

（撰写人：张　颖）

27　金融借款法律关系中能否以委托方式申请借款
——管某瑞、彭某与通渭信用社、刘某金融借款合同纠纷申请再审案

- **案　　号**　（2021）最高法民申4554号
- **合议庭成员**　宋冰、吴笛、董俊武
- **关　键　词**　民事 / 合同纠纷 / 委托借款法律关系
- **相关法条**　《中华人民共和国合同法》第402条①

【裁判要旨】

由于金融借款法律关系受国家金融管制，对借款人信用有严格要求，并不允许以委托方式冒用他人名义申请借款，故借款人关于案涉借款合同系他人借用其名义实施的主张不能成立。

【案情摘要】

2016年7月15日，管某瑞向通渭信用社下属营业部提交了个人借款申请书，申请借款1900万元，管某瑞及其妻彭某向营业部出具了《夫妻共同承担借款责任承

---

① 对应《中华人民共和国民法典》第925条。

诺书》，承诺夫妻共同承担该笔借款的偿还责任。7月18日，管某瑞、营业部、刘某签订了《个人借款/抵押担保合同》，约定营业部向管某瑞借款1900万元，支付方式为受托支付。抵押人刘某同意用其房产作为抵押物，财产共有人胡某娟签名盖章，并在定西市房地产交易所办理了权利证。7月19日，营业部向管某瑞账号打款。截至2020年4月22日，管某瑞尚欠贷款本金及利息未还。通渭农信社向一审法院起诉请求管某瑞、彭某偿还借款本金利息等，一审法院支持其诉讼请求。管某瑞、彭某不服提起上诉，二审法院维持原判。现管某瑞、彭某提起再审申请称案涉贷款是受刘某委托借用管某瑞、彭某名义实施的借名贷款，依法应由刘某承担还款责任。

（撰写人：董俊武）

28 针对同一债权，原保证人未在新担保合同上签字是否需要继续承担保证责任
——农商行东岗支行与李某成、新城公司、威辰公司、胡某东、彭某、石某堂金融借款合同纠纷申请再审案

- 案　　号　（2021）最高法民申4558号
- 合议庭成员　宋冰、吴笛、董俊武
- 关 键 词　民事/金融借款合同纠纷/保证责任
- 相关法条　《最高人民法院关于适用〈中华人民共和国民事诉讼法〉的解释》第105条、第108条，《最高人民法院关于民事诉讼证据的若干规定》第88条

【裁判要旨】

多方当事人在后续订立的合同中并未明确约定一方当事人需继续提供担保的，可以认定该当事人在此之前的意思表示并非与其他当事人形成合意并应承担民事责任的事实依据。如有其他外部证据可以综合认定其他当事人后续订立的合同为其真实意思表示的，可以确定此部分当事人已变更了原有法律关系。

【案情摘要】

2017年12月25日，农商行东岗支行与威辰公司签订《流动资金借款合同》，约定借款金额、用途等。2017年10月10日，石某堂、彭某、李某成分别向农商

行东岗支行出具了《承诺书》共3份，均表明以家庭财产为威辰公司借款提供连带保证责任。2017年12月11日，农商行东岗支行与威辰公司、新城公司签订《三方协议》约定威辰公司借款由胡某东、彭某关联企业新城公司提供无限连带责任保证担保。其后农商行东岗支行向威辰公司发放了贷款。由于威辰公司除归还部分利息外，对剩余借款本息未按约定予以给付，农商行东岗支行向一审法院起诉请求李某成对案涉贷款本息承担连带清偿责任，并得到一审法院支持。李某成不服提起上诉，二审法院认为李某成不应承担连带清偿责任予以改判。农商行东岗支行提起再审申请。

（撰写人：董俊武）

29 循环借款状态下债权到期日超出约定的循环额度使用期限的认定

——江苏昊天公司与枣阳农商行、泰谷香公司等
金融借款合同纠纷申请再审案

- 案　　号　（2021）最高法民申4671号
- 合议庭成员　王富博、于蒙、吴凯敏
- 关 键 词　民事 / 金融借款合同纠纷 / 循环借款
- 相关法条　《中华人民共和国合同法》第44条①

【裁判要旨】

循环借款状态下，借款人和出借人签订合同的时间系合同生效的时间，借款合同约定的借款期限实际为循环借款额度使用期限，该期限自合同生效之日起计算。当出借人根据借款人的申请将款项发放至借款人账户，此时才发生债权债务关系，故实际借款时间应当以实际放款日为准，借款人每次提款的还款日不得超过循环借款额度使用期限，但在该期限届满前双方达成延期还款协议的，应当支持。

【案情摘要】

2015年6月29日，枣阳农商行（出借人）与泰谷香公司（借款人）签订《流

---

① 对应《中华人民共和国民法典》第502条。

动资金借款合同》,约定借款 4900 万元,借款可循环使用,循环借款额度使用期限自本合同生效之日起至 2018 年 6 月 28 日,借款人违约,贷款人有权宣布本合同和贷款人与借款人之间其他合同项下未偿还的借款和其他融资款项立即到期,立即收回未偿还款项。昊天公司(保证人)等为本次借款提供担保。2017 年 6 月 23 日、8 月 31 日,枣阳农商行分别向泰谷香公司发放借款 2900 万元、1100 万元。借款凭证载明:利率 9.135%,到期日期分别为 2018 年 6 月 23 日、2018 年 6 月 30 日。在借款到期前,各方同意对案涉借款进行展期,并两次展期至 2022 年 6 月 23 日。截至 2020 年 5 月 25 日,上述借款所欠本金 4000 万元、利息 6821006.24 元未归还,枣阳农商行遂提起本案诉讼,一审法院判决支持诉请。江苏昊天公司不服提起上诉,二审法院判决驳回上诉,维持原判。江苏昊天公司仍不服,向最高人民法院申请再审。

(撰写人:陈宜芳、袁正明)

30 金融借款合同纠纷中《最高人民法院关于适用〈中华人民共和国民法典〉有关担保制度的解释》第 9 条的适用

——尤航公司、尤夫公司与北京银行上海分行、夏长公司金融借款合同纠纷申请再审案

- **案　　号**　(2021)最高法民申 5105 号[①]
- **合议庭成员**　郁琳、李延忱、王珅
- **关 键 词**　民事 / 金融借款合同纠纷 / 上市公司担保
- **相关法条**　《中华人民共和国公司法》第 16 条[②],《最高人民法院关于适用〈中华人民共和国民法典〉有关担保制度的解释》第 9 条

【裁判要旨】

虽然《最高人民法院关于适用〈中华人民共和国民法典〉有关担保制度的解释》第 9 条制定的依据是《公司法》第 16 条,且《公司法》并未修改或者废止,但由于《公司法》第 16 条并无关于上市公司提供担保的特别规定,因此《最高人民法院关

---

① 与本案裁判要旨相关的案件还包括(2021)最高法民申 5103 号。
② 参见 2023 年修正、2024 年 7 月 1 日施行的《中华人民共和国公司法》第 8 条。

于适用〈中华人民共和国民法典〉有关担保制度的解释》关于上市公司对外提供担保的规定属带有规则创制性质的法律解释，且明显增加了担保权人的法定义务，背离了担保权人的合理预期，不应赋予其溯及既往的效力。

【案情摘要】

北京银行上海分行（贷款人）向夏长公司（借款人）提供贷款，尤航公司（质押人）将其在北京银行上海分行（质权人）开立的大额存单出质给北京银行上海分行，为夏长公司提供担保。后北京银行上海分行以夏长公司构成主合同项下的严重违约为由，向夏长公司宣布贷款全部提前到期，请夏长公司清偿全部应付款项，尤航公司履行质押担保责任，并扣划了尤航公司质押的单位大额存单下的存款。尤夫公司（上市母公司）及尤航公司（子公司）请求确认北京银行上海分行与夏长公司签订的《借款合同》、北京银行上海分行与尤航公司签订的《质押合同》无效，并要求北京银行上海分行返还尤航公司的存款。

（撰写人：黄　达）

31 债权人在全国或省级有影响的报纸上，就不良资产债权刊发清收公告的，能否认定为向保证人主张了权利

——杨某等与长城资产公司金融借款及担保合同纠纷申请再审案

- 案　　号　（2021）最高法民申5953号
- 合议庭成员　陈宏宇、吴笛、张梅
- 关 键 词　民事 / 金融借款及担保合同纠纷 / 连带责任保证 / 主张权利
- 相关法条　《中华人民共和国担保法》第26条①

【裁判要旨】

根据法律的有关规定，在法定或约定的保证期间，债权人未要求连带责任保证的保证人承担保证责任的，保证人免除保证责任。债权人在全国或省级有影响的报纸上，就不良资产债权刊发清收公告的，应当认定为向保证人主张了权利。

---

① 参见《中华人民共和国民法典》第692条、第693条。

【案情摘要】

根据保证人杨某等与主债权人的约定,保证期间为借款发放之日起至借款履行期满后 2 年时止,即 2015 年 12 月 26 日至 2017 年 12 月 26 日。长城资产公司与原债权人石嘴山银行股份有限公司石嘴山分行共同于 2017 年 11 月 2 日在《宁夏日报》刊登《债权转让通知暨债务催收联合公告》,要求杨某等保证人承担担保责任。

（撰写人：陈宏宇、赵　静）

32 国家机关出具保证担保性质的《承诺函》是否构成保证及如何承担责任
——工商银行新乡分行与新乡县政府、飞世达公司等金融借款合同纠纷申请再审案

- **案　　号**　（2021）最高法民申 6176 号
- **合议庭成员**　张淑芳、李敬阳、吴凯敏
- **关 键 词**　民事 / 金融借款合同纠纷 / 保证合同效力 / 过错责任
- **相关法条**　《中华人民共和国担保法》第 6 条[①]、第 8 条[②],《最高人民法院关于适用〈中华人民共和国担保法〉若干问题的解释》[③]第 7 条、第 22 条第 1 款

【裁判要旨】

国家机关为债务人出具具有保证担保性质的《承诺函》,金融机构债权人表示接受且未提出异议的,应认定国家机关与金融机构债权人之间成立保证合同关系;但《承诺函》因违反法律强制性规定应认定为无效,国家机关不具备提供担保的资格仍出具《承诺函》具有过错,金融机构明知国家机关不能对外提供担保仍接受《承诺函》,亦存在过错,应由各方根据过错程度分别承担债务人不能清偿债务的责任。

【案情摘要】

2015 年 10 月 27 日,新乡县政府向工商银行新乡分行出具《承诺函》,载明:

[①]　参见《中华人民共和国民法典》第 681 条。
[②]　参见《中华人民共和国民法典》第 683 条。
[③]　该解释已失效。

"如项目建成后，借款人飞世达公司未按计划完成招商，出租率达不到设计要求，按计划年度归还贵行贷款不足部分由政府财政予以补足。"2015年12月18日，工商银行新乡分行作为甲方，飞世达公司作为乙方，新乡县政府作为丙方，三方共同签订《协议书》，约定：鉴于乙方因建设新乡家电产业园一期项目，向甲方申请办理融资业务，丙方为该项目建设提供相关政策支持；甲、乙、丙三方经平等协商一致，签订协议；丙方为乙方因建设新乡家电产业园一期项目提供的相关政策支持、优惠、包括但不限于土地返还款、财政兜底补助资金等，需归集到甲方指定账户，由甲方监管使用或归还乙方在甲方的到期贷款。新乡县政府在两份文件中盖章。工商银行新乡分行发放贷款后，飞世达公司未按期还本付息。工商银行新乡分行起诉要求飞世达公司还本付息，新乡县政府承担代为清偿责任。

（撰写人：李敬阳）

33 当事人放弃权利的，原则上以明示为准
——荣兴开发公司与辽阳银行等金融借款合同纠纷申请再审案

- 案　　号　（2021）最高法民申 6615 号
- 合议庭成员　麻锦亮、孙勇进、季伟明
- 关　键　词　民事 / 金融借款合同 / 放弃权利 / 明示 / 复利 / 罚息
- 相关法条　《中华人民共和国民法总则》第 140 条①、第 142 条②

【裁判要旨】

行为人可以明示或者默示作出意思表示，沉默只有在有法律规定、当事人约定或者符合当事人之间的交易习惯时，才可以视为意思表示。权利的放弃属于当事人权益的处分，在不符合前述三种前提时，如无当事人明示，不能认定其放弃权利。银行向债务人发出逾期催收通知，即便该通知只载明利息未单独罗列复利、罚息，但结合相关条款、行为的性质和目的、习惯及诚信原则加以解释，如不能得出银行放弃复利、罚息的结论，则不应支持债务人抗辩。

---

① 对应《中华人民共和国民法典》第 140 条。
② 对应《中华人民共和国民法典》第 142 条。

【案情摘要】

2015年5月,荣兴开发公司与辽阳银行签订借款合同,荣兴开发公司借款4497万元,合同特别约定如确需变更或解除,应达成书面协议。同日,双方签订抵押合同,荣兴开发公司以在建工程提供抵押担保,并办理了抵押登记。辽阳银行按照合同约定发放了贷款,荣兴开发公司从2015年6月开始欠息,本金全部未偿还。

2017年11月,辽阳银行发送催收逾期贷款通知书,主要内容为:贷款已经逾期,荣兴开发公司借款尚欠本金4497万元及利息,请立即还款。荣兴开发公司在该通知书上盖章并签字确认。庭审中,辽阳银行陈述通知书中欠息包括罚息和复利。

辽阳银行2018年提起本案一审诉讼,诉讼中,荣兴开发公司主张辽阳银行已口头同意免除复利、罚息,通知书未载明复利、罚息,其不应支付。

(撰写人:季伟明)

34 质押担保的主债权人在接受应收账款质押时未尽到基本审核义务的,对应收账款不享有优先受偿权
——江西金融资产公司与国宏公司、沿河公司金融借款合同纠纷申请再审案

- **案　　号**　(2021)最高法民申6690号
- **合议庭成员**　薛贵忠、汪鸿滨、杜微科
- **关 键 词**　民事/金融借款合同纠纷/应收账款质押担保/审核义务/优先受偿权
- **相关法条**　《中华人民共和国物权法》第223条①,《应收账款质押登记办法》②第24条、第25条

【裁判要旨】

质押担保的主债权人,在接受应收账款质押时应当尽到基本的审核义务,向基础交易关系债务人核实应收账款债权的真实性、完整性和合法性,质押担保的主债

---

① 对应《中华人民共和国民法典》第440条。
② 该部门规章已失效。

权人怠于核实的风险应由其自行承担，其对应收账款不享有优先受偿权。

【案情摘要】

国宏公司向江西金融资产公司借款，由沿河公司提供质押担保，质押财产为沿河公司对奉新县政府某市政工程费用及投资收益权。江西金融资产公司诉请要求就沿河公司对奉新县政府的应收账款在 8400 万元质押担保范围内享有优先受偿权。一审法院认为，双方签订了《质押合同》，并办理了出质登记，质权已依法设立，江西金融资产公司有权就该应收账款优先受偿。江西省高级人民法院二审认为，沿河公司以被法院查封的应收账款出质，主观上存在恶意；江西金融资产公司对案涉应收账款真实性、合法性、完整性未尽审查义务。案涉应收账款质押登记因缺乏实质要件而无效，据此撤销了一审法院关于江西金融资产公司对案涉应收账款享有优先受偿权的相关判项。江西金融资产公司向最高人民法院申请再审，认为江西金融资产公司已尽到基本审查义务，审查沿河公司的涉诉情况及向债务人核实均不属于应当履行的基本义务，其对案涉应收账款应享有优先受偿权。

（撰写人：薛贵忠、甘可平）

35 债权人在人民法院裁定批准重整计划之前向担保人撤回破产债权申报的，可要求债务人继续清偿债务

——宏远信诚公司与大庆农商行金融借款合同纠纷申请再审案

- 案　　号　（2021）最高法民申 7837 号
- 合议庭成员　麻锦亮、季伟明、孙勇进
- 关　键　词　债权 / 破产债权申报 / 求偿主体选择
- 相关法条　《中华人民共和国担保法》第 18 条 ①

【裁判要旨】

债权人具有求偿主体选择权，其在人民法院裁定批准担保人重整计划之前向担保人的破产管理人撤回破产债权申报的行为，不影响其继续要求债务人偿还债务。担保人的破产管理人提存拟清偿给债权人的现金及股票的行为，在债权人已撤回申

---

① 对应《中华人民共和国民法典》第 688 条。

报且不负有强制申报义务的情况下，不能对债权人产生清偿债务的法律效力。

【案情摘要】

2016年3月25日，庞大集团与大庆农商行签订《战略合作框架协议》，约定大庆农商行向庞大集团的分公司、子公司提供银行承兑汇票业务，由借款人缴付30%的保证金，风险敞口由庞大集团在股东会决议批准的年度对外担保额度之内提供全额担保。2017年，宏远信诚公司向大庆农商行借款5000万并存入保证金，大庆农商行为其开具电子银行承兑汇票，票据金额5000万。汇票到期后，宏远信诚公司未能支付票款。因宏远信诚公司未能按期清偿债务，大庆农商行曾向案涉债务的保证人庞大集团的破产管理人申报债权，但随后于2019年12月8日向庞大集团破产管理人撤回了债权申报申请。2019年12月9日，河北省唐山市中级人民法院作出民事裁定，批准了庞大集团《重整计划》。庞大集团破产管理人按照《重整计划》单方提存了拟清偿给大庆农商行的现金及股票。

（撰写人：孙勇进）

36 借款人对银行利息计算结果提出异议但未能提供证据证明或予以合理说明的，应承担举证不能的后果
——深银信公司与海口农商行金融借款合同纠纷申请再审案

- **案　　号**　（2021）最高法民申7875号
- **合议庭成员**　孙祥壮、冯文生、刘少阳
- **关 键 词**　民事/金融借款合同纠纷/利息计算
- **相关法条**　《最高人民法院关于适用〈中华人民共和国民事诉讼法〉的解释》第90条

【裁判要旨】

借款合同关系中，出借人能够证明已发放多少借款，并对利息的计算方式及欠息金额进行了说明，借款人对此有异议的，应提供事实和法律依据予以证明或进行合理说明予以推翻。借款人未能提供证据或进行合理说明予以推翻的，应承担不利的法律后果。

【案情摘要】

海口农商行与深银信公司签订贷款合同,约定了贷款金额、期限、利率及还款方式等内容。海口农商行发放贷款后,深银信公司存在多次逾期偿还借款本息的情形。海口农商行提供了计算机管理系统自动生成的对公账户明细账页以及还款明细表、拖欠贷款利息明细表等对深银信公司还款和欠款以及诚信保证金的情况和金额进行说明。深银信公司对海口农商行计算的利息数额不予认可,但未能提供证据证明具体计算错误之处,也未能进行相应的合理说明。

（撰写人:孙祥壮）

金融不良债权转让、追偿合同

1. 不良债权转让中的计息停止问题是否需要严格遵守《最高人民法院关于审理涉及金融不良债权转让案件工作座谈会纪要》的适用范围

——明策伟华公司与厨师股份公司等金融不良债权转让合同纠纷上诉案

- 案　　号　（2021）最高法民终 426 号
- 合议庭成员　薛贵忠、汪军、杜微科
- 关 键 词　商事 / 合同纠纷 / 不良债权转让 / 政策性不良债权
- 相关法条　《最高人民法院关于审理涉及金融不良债权转让案件工作座谈会纪要》第 9 条、第 12 条

【裁判要旨】

《最高人民法院关于审理涉及金融不良债权转让案件工作座谈会纪要》第 12 条关于该纪要的适用范围有明确的规定,该纪要涉及的司法政策有其特定历史背景,系针对特定时间阶段发生的、针对特定主体的金融不良债权转让行为作出的特殊规定。对于具体形式与发生时间均不属于《最高人民法院关于审理涉及金融不良债权转让案件工作座谈会纪要》中规定的政策性不良债权,不能适用《最高人民法院关

于审理涉及金融不良债权转让案件工作座谈会纪要》的规定。

【案情摘要】

工行漳州分行与厨师股份公司签订2份《流动资金借款合同》，上述借款约定由厨师集团公司承担连带保证责任，陈某松、黄某英均承担最高额连带保证责任；厨师集团公司以自有的位于工业区房地产承担最高额抵押担保责任。借款发放后，厨师股份公司均未按约还本付息。后工行漳州分行与华融公司签订《债权转让协议》，将本案标的债权转让给华融公司。华融公司又与明策伟华公司签订《债权转让协议》，将本案标的债权转让给明策伟华公司。明策伟华公司认为其已付清上述债权转让款，四被告拒不偿还欠款已构成违约，向福建省高级人民法院提起诉讼，要求其承担还款义务。一审法院认为案涉债权系政策性不良债权，对于明策伟华公司主张的在基准日之后继续计息请求，不予支持。明策伟华公司不服一审法院判决，向最高人民法院提起上诉。另，福建省漳州市中级人民法院已于2020年7月16日裁定受理明策伟华公司对厨师股份公司的破产清算申请，并于2020年8月31日出具（2020）闽06破1号决定书。

（撰写人：薛贵忠、夏　怡）

2 金融不良债权转让案件中，债务人提起转让合同效力诉讼，债权受让人提起债权诉讼，并非必须予以合并审理

——广安二中与东方前海企业、华融资产四川分公司
确认合同无效纠纷申请再审案

- 案　　　号　（2021）最高法民申3540号
- 合议庭成员　孙建国、张爱珍、孙晓光
- 关　键　词　商事/金融不良债权转让/确认合同无效纠纷/合并审理
- 相关法条　《最高人民法院关于适用〈中华人民共和国民事诉讼法〉的解释》第221条

【裁判要旨】

根据《最高人民法院关于适用〈中华人民共和国民事诉讼法〉的解释》第221条的规定，人民法院对基于同一事实发生的纠纷，可以合并审理。本案中，基于债

权转让这一事实，债权人提起债权诉讼，债务人提起效力诉讼，一审法院先作出效力诉讼的判决，再作出债权诉讼的判决，如债务人对效力诉讼判决不服，可依法提起上诉，不存在剥夺其辩论权的情形。因此，本案一审的审理程序不存在违法情形。

【案情摘要】

2003年10至12月，广安二中向农行广安区支行借款3000万元，该债权到期后，2015年8月，农行广安区支行将该债权转给了华融资产四川分公司，2019年6月，华融资产四川分公司将包含该债权的76户债权打包转让给了东方前海企业。东方前海企业受让债权后，提起金融借款合同纠纷诉讼，请求广安二中偿还借款本金和利息。广安二中也提起本案诉讼，请求确认华融资产四川分公司与东方前海企业的债权转让合同无效。

（撰写人：董　宁）

3 涉及非国有企业债务人的金融不良债权转让纠纷案件，应当参照适用《最高人民法院关于审理涉及金融不良债权转让案件工作座谈会纪要》的规定，认定债权受让人无权向非国有企业债务人主张不良债权受让日之后发生的利息

——渝康资管公司与天兴仪表公司金融不良债权追偿纠纷申请再审案

- 案　　号　（2021）最高法民申3693号
- 合议庭成员　孙建国、张爱珍、孙晓光
- 关 键 词　商事/金融不良债权转让纠纷/不良资产
- 相关法条　《最高人民法院关于审理涉及金融不良债权转让案件工作座谈会纪要》第9条

【裁判要旨】

不良资产受让人是非金融资产管理公司的，无权向国有企业债务人主张不良债权受让日之后发生的利息。《最高人民法院关于如何理解最高人民法院法发（2009）19号〈会议纪要〉若干问题的请示之答复》指出，根据《最高人民法院关于审理涉

及金融不良债权转让案件工作座谈会纪要》的精神和目的，涉及非国有企业债务人的金融不良债权转让纠纷案件，亦应参照适用《最高人民法院关于审理涉及金融不良债权转让案件工作座谈会纪要》的规定。本案债权受让人不是金融资产管理公司。因此，原审判决认定债权受让人属于《最高人民法院关于审理涉及金融不良债权转让案件工作座谈会纪要》第9条规定的受让人，无权收取不良债权受让日之后的利息，并无不当。

【案情摘要】

天兴仪表公司原为国有企业，1994年，天兴仪表公司向央行南川市支行借款1000余万元，后该债权转入农行南川市支行，后又划入农行重庆南川支行，2016年9月，农行重庆南川支行将该债权转给渝康资管公司。渝康资管公司起诉要求天兴仪表公司归还本金和利息。

（撰写人：孙建国）

4 金融机构曾经是否提起过实现担保物权之诉，不影响金融机构转让债权的效力

——泰莱公司与钰合公司金融不良债权转让纠纷申请再审案

- **案　　号**　（2021）最高法民申3729号
- **合议庭成员**　刘崇理、张颖、李晓云
- **关 键 词**　商事／借款合同／债权转让／实现担保物权之诉
- **相关法条**　《中华人民共和国合同法》第196条①，《中华人民共和国民事诉讼法》第203条②、第204条③，《最高人民法院关于审理涉及金融不良债权转让案件工作座谈会纪要》第6条

【裁判要旨】

债务人既不否认作为原债权人的金融机构依据借款合同享有债权，也不主张债务已经清偿，仅以原债权人曾经提起过实现担保物权之诉的主张，抗辩原债权人转

---

① 对应《中华人民共和国民法典》第667条。
② 对应《中华人民共和国民事诉讼法》(2023年修正)第214条。
③ 对应《中华人民共和国民事诉讼法》(2023年修正)第215条。

让债权的行为无效。而该事实既不能否定债权真实合法有效，也不能因此就认为原债权人转让债权的行为无效。原债权人与新的债权受让人是否存在恶意串通，均不影响债务人应当承担自己的债务。

【案情摘要】

2016年11月18日和12月20日，因栖霞农商行提出实现担保物权的申请和泰莱公司提出异议，山东省栖霞市人民法院先后作出了（2016）鲁0686民特10号民事裁定与（2016）鲁0686民特10-1号民事裁定，主要内容为：解除栖霞农商行与泰莱公司之间的《流动资金借款合同》，准予栖霞农商行对抵押物在建房产和土地使用权变价受偿，驳回泰莱公司的异议申请。2019年10月21日，栖霞市人民法院又作出（2019）鲁0686民特监1号民事裁定，撤销前述（2016）鲁0686民特10号和（2016）鲁0686民特10-1号民事裁定书。后栖霞农商行将债权转让给钰合公司，钰合公司提起诉讼要求泰莱公司还款。泰莱公司则抗辩认为（2016）鲁0686民特10号案件是栖霞农商行恶意提起的实现担保物权之诉，所以栖霞农商行转让案涉债权的行为无效。

（撰写人：李晓云）

5 借款人与贷款银行以虚假意思表示所实施的债权转让及资产委托管理行为无效

——腾荣公司与江西银行债权转让合同纠纷申请再审案

- **案　　号**　（2020）最高法民申7094号
- **合议庭成员**　汪军、薛贵忠、杜微科
- **关 键 词**　商事／债权转让／通谋虚伪行为
- **相关法条**　《中华人民共和国民法总则》第146条①

【裁判要旨】

借款人与贷款银行在双方签订的借款合同之外，又另行签订债权转让及资产委托管理协议，约定借款人支付一定金额的债权转让费用但不获取任何利益的，应认

---

① 对应《中华人民共和国民法典》第146条。

定该债权转让及资产委托管理协议系以变相收取借款利息等为目的，属于双方所订立的借款合同的组成部分；双方签订该债权转让及资产委托管理协议的行为系以虚假的意思表示实施，依法应认定为无效；该行为所隐藏的收取利息的行为的效力，依照有关法律规定处理。

【案情摘要】

腾荣公司向江西银行借款 5400 万元。在签订《借款合同》之外，双方又另行签订《债权转让协议》及《资产委托管理协议》，约定：江西银行将案涉债权及从权利转让给腾荣公司；腾荣公司委托江西银行清收案涉债权，江西银行清收上述委托管理资产取得的款项，在扣除清收过程发生的必要性支出部分后，剩余款项全部作为委托管理费归属江西银行；江西银行可在回收的借款本息资金中直接扣收委托管理费。上述协议签订后，腾荣公司支付了债权转让款。江西银行以自己的名义向债务人催讨案涉债权，但未催讨到任何财产。后腾荣公司向法院起诉，要求解除双方签订的《债权转让协议》，并判令江西银行返还案涉债权转让款并赔偿利息损失。

（撰写人：汪 军）

6 超过诉讼时效期间，债务人在催款通知单上签字或盖章的行为能否导致诉讼时效重新起算

——富林合伙企业与捷达公司金融不良债权追偿纠纷申请再审案

- 案　　号　（2021）最高法民申 7298 号
- 合议庭成员　熊劲松、孙祥壮、冯文生
- 关 键 词　商事 / 金融不良债权追偿 / 诉讼时效
- 相关法条　《最高人民法院关于超过诉讼时效期间借款人在催款通知单上签字或者盖章的法律效力问题的批复》

【裁判要旨】

对于超过诉讼时效期间的借款，债权人向债务人发出催收到期贷款通知单，债务人在该通知单上签字或者盖章，并未明确写明其不认可或不同意履行该债务，签字或者盖章只代表收到通知书等内容，其签字、盖章行为应当视为对原债务的重新确认，该债权债务关系仍受法律保护。

【案情摘要】

自1998年起，捷达公司陆续向原债权银行农行文昌支行贷款13笔。农行文昌支行曾多次向捷达公司发出《债务逾期催收通知书》对贷款进行催收，其中2007年和2011年发出的通知书均是对全部债务本金和利息的催收，捷达公司均签字盖章予以签收。此外，农行文昌支行还于2013年、2014年、2016年多次在《海南日报》上刊登债权催收公告。后2016年，农行海南分行将农行文昌支行享有的对捷达公司的债权转让给信达公司海南省分公司，信达公司海南省分公司又于2017年将上述债权转让给富林合伙企业，并在《海南日报》进行公告。至起诉前，捷达公司仍未偿还借款本息。新债权人富林合伙企业遂向法院提起本案诉讼。

（撰写人：熊劲松）

租赁合同 ▶▶▶

1 一个案件同时涉及多种法律关系时，应以该案涉及的纠纷是否属于民事纠纷来确定是否属于民事诉讼受案范围

——龙王庙二村、龙王庙三村与锦盛煤矿、余某军租赁合同纠纷申请再审案

- **案　　号**　（2021）最高法民申2332号
- **合议庭成员**　宋冰、徐霖、张梅
- **关 键 词**　民事／租赁合同纠纷／租赁合同
- **相关法条**　《中华人民共和国民事诉讼法》第3条

【裁判要旨】

《民事诉讼法》第3条规定："人民法院受理公民之间、法人之间、其他组织之间以及他们相互之间因财产关系和人身关系提起的民事诉讼，适用本法的规定。"判断案件是否属于民事诉讼受案范围，应当判断案件是否属于民事纠纷。本案原告诉

请要求被告停止侵占、恢复原状,并要求支付占用土地费及利息和耕地费用。这明显属于平等主体之间法律行为,属《民事诉讼法》受案范围,应作为民事案件受理。

【案情摘要】

龙王庙二村、龙王庙三村向法院起诉请求锦盛煤矿、余某军停止侵占村集体土地,并拆除道路,恢复原状;锦盛煤矿支付占用土地费3691062元及利息227406元;余某军支付拆除道路恢复耕地费用合计610万元。《民事诉讼法》第3条规定:"人民法院受理公民之间、法人之间、其他组织之间以及他们相互之间因财产关系和人身关系提起的民事诉讼,适用本法的规定。"判断案件是否属于民事诉讼受案范围,应当判断案件是否属于民事纠纷。本案审理的是当事人之间的民事纠纷,即使还涉及行政诉讼解决的问题,但两个法律关系是不同的法律关系,不应混同处理。一审、二审法院认为本案不属于人民法院受理民事诉讼的范围,确有不当,应予纠正。

(撰写人:宋 冰)

2 合同一方行使单方解除权给相对人造成损失的是否应承担责任

—— 石正源公司与华润公司房屋租赁合同纠纷申请再审案

- **案　　号**　(2021)最高法民申1718、1719号
- **合议庭成员**　孙祥壮、冯文生、刘少阳
- **关 键 词**　民事 / 房屋租赁纠纷 / 合同单方解除权的行使后果
- **相关法条**　《中华人民共和国民法通则》第4条[①],《中华人民共和国合同法》第5条[②]

【裁判要旨】

在合同约定的承租人单方解除权条件成就时,承租人应当依法合理地行使单方解除权解除合同。由于行使单方解除权的行为本身并不构成违约,故不产生违约责

[①] 参见《中华人民共和国民法典》第5条、第6条、第7条。
[②] 参见《中华人民共和国民法典》第5条。

任,但这并不等于免除承租人所有的民事责任。承租人应当承担合同解除后的法律后果,给相对人造成损失的,应综合全案案情,基于公平原则支付相关补偿数额。

【案情摘要】

石正源公司(出租人)与华润公司(承租人)签订租赁合同,合同约定:华润公司开业2年后即有权单方终止合同,只需提前3个月书面通知石正源公司具体的合同终止日;在租赁期限内,华润公司在租赁场地开始经营3年后,如果连续亏损6个月且亏损金额累计达100万元,且其有证据证明其经过努力采取合理措施,仍然无法摆脱亏损的局面,华润公司有权终止租赁合同。华润公司于2014年10月31日开业,后华润公司因超市经营亏损,向石正源公司发《告知函》,明确将从2016年10月31日起解除《租赁合同》并闭店停止门店营业。石正源公司向法院诉请华润公司向其支付违约金并赔偿损失。

(撰写人:孙祥壮)

3 租赁合同中预期可得利益损失的计算方式
——亨得利专卖店与宜美多超市、大商公司租赁合同纠纷申请再审案

- **案　　号**　(2021)最高法民申1914号
- **合议庭成员**　周其濛、季伟明、麻锦亮
- **关 键 词**　民事 / 租赁合同 / 违约责任 / 预期可得利益损失
- **相关法条**　《中华人民共和国合同法》第113条①、第119条②

【裁判要旨】

租赁合同履行过程中,出租人单方解除租赁合同属于违约行为,应当按照租赁合同的约定赔偿承租人的相关损失,包括直接损失和预期可得利益损失。关于预期可得利益损失问题,可得利益损失为一方在订立合同时预见或者应当预见到的因违反合同约定可能造成的损失,在租赁经营合同中通常表现为经营利润损失。该部分损失的计算主要包括损失期间和计算标准,但是在损失期间的认定上,应当将其界定为因出租人单方解除租赁合同的违约行为,导致承租人需要寻找替代性租赁场所

---

① 对应《中华人民共和国民法典》第584条。
② 对应《中华人民共和国民法典》第591条。

以实现正常经营活动的期间,而非租赁合同约定的合同履行期间。

【案情摘要】

2010年12月29日,亨得利专卖店和宜美多超市、大商公司签订《租赁合同》,亨得利专卖店和宜美多超市承租大商公司的场地经营使用,合同约定租期8年,在租期内大商公司因非本合同相关条款规定的情况,擅自解除本合同,提前收回场地的,大商公司应赔偿亨得利专卖店和宜美多超市实际损失。2013年2月27日,大连市中山区公安消防大队向大商公司大商男店作出《临时查封决定书》,后大商男店发出通知要求宜美多超市撤场。2014年4月16日,亨得利专卖店和宜美多超市向大商公司邮寄送达了《关于督促大商股份有限公司及时赔偿的函》,要求大商公司赔付亨得利专卖店和宜美多超市的各项损失共计38305095.62元,其中包括货物的实际损失和2013年3月1日至2019年7月30日的可得利益。

(撰写人:麻锦亮、杨泽宇)

4 对租赁合同中"×年+×年"租赁期限的解读,应充分尊重当事人真实意思表示

——佰扬公司与澳中公司等租赁合同纠纷申请再审案

- 案　　号　(2021)最高法民申2073号
- 合议庭成员　胡方、李桂顺、李光琴
- 关 键 词　民事/租赁合同/租赁期限
- 相关法条　《中华人民共和国合同法》第60条[①]、第92条[②]、第235条[③]

【裁判要旨】

当事人在租赁合同中对于租赁期限作了"5+5"年的约定。在履行合同过程中,双方就第一个5年租赁期满后合同是否自动续期产生争议。在合同未明确约定期满后自动续期且约定了续期条件(如需经出租人同意或者双方再次签订租赁合同等)的情况下,人民法院应当充分尊重当事人真实意思表示,并根据双方合同约定来审

[①] 对应《中华人民共和国民法典》第509条。
[②] 对应《中华人民共和国民法典》第558条。
[③] 对应《中华人民共和国民法典》第733条。

查认定续期条件是否成就。

【案情摘要】

佰扬公司与澳中公司签订广告位《租赁合同》，约定：租赁期限为5+5年，租赁期限为2012年7月1日至2017年6月30日。第一个租赁期限为第1年至第5年，第二个租赁期限为第6年至第10年。如承租方希望续租，应在租赁期限届满前6个月以书面形式提前通知出租方，如出租方同意承租方续租广告位的，双方另行协商续约事宜并签订续租合同。在第一个5年租赁期限届满前数月，佰扬公司多次向澳中公司发送《履约申请》《续约申请》，但澳中公司明确表示双方租赁合同到期终止，不同意与佰扬公司继续签订租赁合同。双方由此产生争议，佰扬公司起诉请求双方继续履行租赁合同。

（撰写人：李光琴）

5 起诉索要租金及申请强制执行，均属催告意思表示
——烟草公司与天植咨询公司等租赁合同纠纷申请再审案

- 案　　号　（2021）最高法民申2267号
- 合议庭成员　张树明、向国慧、孙勇进
- 关 键 词　违约/租赁合同/意思表示
- 相关法条　《中华人民共和国合同法》第227条①

【裁判要旨】

按期足额支付租金是承租人最主要的合同义务，承租人未履行合同义务，出租人向人民法院起诉请求承租人支付租金及向人民法院申请强制执行，均属催告的意思表示。因承租人根本性违约，出租人诉请解除合同，自起诉状副本送达承租人时，其解除合同的意思表示即已通知对方。

【案情摘要】

2003年6月11日，烟草公司、金元大厦作为甲方，天植咨询公司作为乙方，

---

① 对应《中华人民共和国民法典》第722条。

签订《酒店租赁合同》，约定租期20年，并约定后10年期间考虑物价上涨及人民币升贬因素，双方应提出前两个月在2013年5月1日协商，书面签订后10年的租金价格协议作为该合同补充条款。2013年6月27日，烟草公司向天植咨询公司发送了《关于议定酒店租赁价格及暂停收取酒店租金的通知》，双方协商未果，烟草公司依据合同约定，向人民法院起诉，通过司法鉴定确定租赁费用标准。法院判决生效后，天植咨询公司仍拒不支付租金，烟草公司遂诉至法院，请求解除合同，返还租赁物。

（撰写人：孙勇进）

6 关于出租主体发生变化是否导致承租人产生投资损失的认定

——瑞鑫联邦公司与军区保障局租赁合同纠纷申请再审案

- **案　　号**　（2021）最高法民申3336号
- **合议庭成员**　宋冰、徐霖、张梅
- **关 键 词**　民事/租赁合同纠纷/出租主体变化
- **相关法条**　《最高人民法院关于审理城镇房屋租赁合同纠纷案件具体应用法律若干问题的解释》第2条，《军队房地产开发管理暂行规定》第15条

【裁判要旨】

虽然在案涉租赁合同履行过程中，因国家政策，双方当事人解除了案涉租赁合同，但承租人同日就案涉租赁标的物又签订了《房地产租赁合同》。案涉房屋一直由承租人占有使用，在此情形下，对于承租人请求支付投资损失补偿金的主张不予支持。

【案情摘要】

2015年12月24日，出租方（甲方）某军区后勤部与承租方（乙方）瑞鑫联邦公司签订《军队房地产租赁合同》，约定甲方自愿将位于某地的房屋建筑面积31841.01平方米，场地面积13695.6平方米出租给乙方使用。

2019年11月28日，甲方甘肃省军区保障局与乙方瑞鑫联邦公司经协商，签署《军队房地产租赁合同解除协议》，将双方于2015年12月24日签订的房地产租赁合

同予以解除。

2019年11月28日，瑞鑫联邦公司与融通新疆公司签订《房地产租赁合同》，将案涉房屋场地出租方主体由甘肃省军区保障局变更为融通新疆公司。

军区保障局向一审法院提起诉讼请求：依法判令瑞鑫联邦公司向军区保障局支付拖欠租金及违约金。

（撰写人：张　梅、张义敏）

7 主张抵销的债权未确定能否适用抵销的法律规定
——大众公司与佳诚公司租赁合同纠纷申请再审案

- 案　　号　（2021）最高法民申3492号
- 合议庭成员　刘丽芳、郎贵梅、王朝辉
- 关　键　词　民事 / 法律问题分类 / 租赁合同纠纷 / 法定抵销
- 相关法条　《中华人民共和国合同法》第99条①

【裁判要旨】

抵销具有清偿功能，主张抵销必须符合三个要件：一是双方当事人互负明确的债务、互享明确的债权；二是双方互享的明确的债权均届清偿期；三是双方互负的债务种类相同。双方互负的债务数额为截至抵销条件成就之时各自负有的包括主债务、利息、违约金、赔偿金等在内的全部债务数额。主张抵销的债权处于未明确状态的，不符合抵销的成立要件。

【案情摘要】

2013年10月11日，大众公司与佳诚公司签订《房屋租赁合同》，约定大众公司将房屋租赁给佳诚公司使用，租期为13年，即自2014年11月1日起至2027年10月30日。合同签订后，佳诚公司向大众公司交纳了20万元保证金并于2015年5月27日接收租赁房屋进行装修，佳诚公司一直未支付租金给大众公司。2016年10月22日，佳诚公司向大众公司发《贵州省众力佳诚公司损失赔偿金抵销商铺租金通知书》，以大众公司迟延交房违约金4040万元抵销其所欠租金。后因双方协商无果，

---

① 对应《中华人民共和国民法典》第568条。

大众公司遂起诉至一审法院，佳诚公司提起反诉。大众公司对逾期交房是否违约及相应的赔偿金额均有异议。

（撰写人：刘思陶）

8 企业破产后未收回的国有划拨土地的租金仍应给付
——都市绿洲广场与沈阳齿轮厂、辰龙公司租赁合同纠纷申请再审案

- 案　　号　（2021）最高法民申3822号
- 合议庭成员　麻锦亮、周其濛、季伟明
- 关 键 词　民事/租赁合同/国有划拨土地/破产财产
- 相关法条　《中华人民共和国土地管理法》第58条，《中华人民共和国城镇国有土地使用权出让和转让暂行条例》第47条，《最高人民法院关于破产企业国有划拨土地使用权应否列入破产财产等问题的批复》

【裁判要旨】

企业破产后，依照《土地管理法》《城镇国有土地使用权出让和转让暂行条例》及最高人民法院有关批复的规定，破产企业以划拨方式取得的国有土地使用权不属于破产财产，在企业破产时，有关人民政府可以予以收回，并依法处置。但是，该划拨土地已被出租且未被政府及时收回的，土地使用权事实上未被收回、破产后收取租金的去向等均非租赁合同法律关系内容，承租人不能以此为由拒绝承担给付租金义务。

【案情摘要】

2003年4月，沈阳齿轮厂与辰龙公司签订了租赁合同。沈阳齿轮厂将厂区内15000平方米土地租赁给辰龙公司，年租金为100万元，租期15年，后年租金变更为86.6万元。各方均认可土地实际由辰龙公司的关联公司都市绿洲广场使用，租金由该广场支付，该广场为实际承租人。经双方当事人确认，都市绿洲广场2003年至2006年总计支付沈阳齿轮厂211万元租金。案涉土地为国有划拨土地性质，沈阳齿轮厂为国有企业。

2010年1月，沈阳市人民政府将案涉土地划拨至沈阳大学，都市绿洲广场开始向沈阳大学交纳土地租金。2006年5月，法院裁定受理沈阳齿轮厂破产申请，10月

裁定宣告破产。

一审时,沈阳齿轮厂主要诉请判令都市绿洲广场、辰龙公司共同给付沈阳齿轮厂 2003 年 10 月至 2009 年 12 月间尚欠的租金 330.25 万元。

（撰写人：季伟明）

9 对租赁合同中承租人根本违约的认定
——泰宇公司与芙通公司等租赁合同纠纷申请再审案

- **案　　号**　（2021）最高法民申 5728 号
- **合议庭成员**　李桂顺、胡方、李光琴
- **关 键 词**　民事 / 租赁合同 / 根本违约
- **相关法条**　《中华人民共和国合同法》第 227 条①

【裁判要旨】

租赁合同关系中,出租人的主给付义务是交付约定的租赁物,承租人的主给付义务是按时支付租金。承租人无正当理由不支付或迟延支付租金,出租人可以要求承租人在合理期限内支付。承租人逾期不支付,出租人可以解除合同。合同约定的解除条件成就时,守约方请求解除合同的,人民法院应当审查违约方的违约程度是否显著轻微,是否影响守约方合同目的实现,根据诚信原则,确定合同应否解除。

【案情摘要】

2011 年 11 月 1 日,芙通公司（甲方）与泰宇公司（乙方）签订《租赁合同》,约定芙通公司将其拥有的港口码头货场租赁给泰宇公司,泰宇公司于每年的签订合同之日支付租金。自 2018 年 11 月 1 日起,泰宇公司未向芙通公司支付租金,在芙通公司发函索要后,仍未支付。芙通公司遂提起本案诉讼,主张解除《租赁合同》,并由泰宇公司赔偿损失。

（撰写人：胡　方、赵　迪）

---

① 参见《中华人民共和国民法典》第 722 条。

10 能否以存在事实上的租赁关系为由判令支付租金
——南方百合公司与君合酒店公司租赁合同纠纷申请再审案

- **案　　号**　（2021）最高法民申 6168 号
- **合议庭成员**　张淑芳、李敬阳、吴凯敏
- **关 键 词**　民事 / 租赁合同 / 占用
- **相关法条**　《中华人民共和国合同法》第 60 条①，《中华人民共和国民事诉讼法》第 64 条第 1 款②

【裁判要旨】

当事人虽未签订相关租赁协议，但所涉资产的情况客观存在，当事人均承认事实上的租赁关系，且在之后明确约定占用费的支付问题以向人民法院提起诉讼方式确定，认定构成事实上的租赁关系于法有据。之后依约对租赁的具体起算时间和费用确定以诉讼方式提出占用费的主张，符合双方的约定，法院应予支持。

【案情摘要】

2019 年 6 月 24 日，君合酒店公司与南方百合公司签订《协议》，南方百合公司将黄山君瑞百合大酒店的所属产权部分继续交由君合酒店公司经营使用。鉴于以上资产在《协议》签订之前君合酒店公司存在占用情况，且双方之间未签订相关协议，就该部分资产占用期间是否需要支付占用费，双方同意由南方百合公司向人民法院提起诉讼后确定。南方百合公司遂提起本案诉讼主张占用费。

（撰写人：吴凯敏）

---

① 对应《中华人民共和国民法典》第 509 条。
② 对应《中华人民共和国民事诉讼法》（2023 年修正）第 67 条第 1 款。

11 租赁合同项下当事人就扩建费用的承担未明确约定的情况下,如何认定责任主体

——某武警总队与威尼斯酒店、东方公司房屋租赁合同纠纷申请再审案

- 案　　号　(2021)最高法民申 6489 号
- 合议庭成员　麻锦亮、孙勇进、季伟明
- 关 键 词　民事 / 租赁合同 / 合同解除 / 扩建费用
- 相关法条　《最高人民法院关于审理城镇房屋租赁合同纠纷案件具体应用法律若干问题的解释》第 11 条、第 14 条①

【裁判要旨】

根据《最高人民法院关于审理城镇房屋租赁合同纠纷案件具体应用法律若干问题的解释》第 14 条的规定,承租人经出租人同意扩建房屋的,双方就扩建费用有约定的从其约定,无约定的应当根据是否办理合法建设手续分别处理,办理了合法建设手续的该费用由出租人负担。承租人扩建房屋后,在租赁期间因国家政策调整解除租赁合同,虽然租赁合同中明确约定租赁期满后租赁物无偿归出租人所有,但鉴于承租人未取得租赁期间的预期收益,扩建费用原则上仍应按照上述司法解释的规定由出租人负担,并以承租人实际扩建房屋时的成本确定扩建费用,防止因房屋建造成本价格的变化造成当事人权利义务失衡。

【案情摘要】

某武警总队与东方公司签订租赁合同,威尼斯酒店实际承继了租赁合同项下的权利义务,某武警总队出具同意扩建函,威尼斯酒店于 2011 年对于租赁物进行扩建,双方对于扩建费用的承担未明确约定。在租赁合同履行过程中,因国家政策调整,另案生效判决判令解除案涉租赁合同,威尼斯酒店要求某武警总队承担扩建费用及装饰装修费用,形成本案诉讼。

（撰写人：麻锦亮、杨泽宇）

---

① 该解释已于 2020 年修正,此处法条分别对应第 9 条、第 12 条。

12 出租人虽有违约行为但不影响承租人合同目的实现的，承租人不享有法定解除权

——苏亚公司与山水公司等房屋租赁合同纠纷申请再审案

- 案　　号　（2021）最高法民申 7504 号
- 合议庭成员　李相波、刘丽芳、秦冬红
- 关 键 词　民事 / 房屋租赁合同纠纷 / 法定解除权
- 相关法条　《中华人民共和国合同法》第 94 条①

【裁判要旨】

出租人虽未能按照合同约定履行搬迁义务，但并不影响承租人合同目的实现，承租人以合同目的不能实现为由主张解除合同的，人民法院不予支持。

【案情摘要】

山水公司与苏亚公司签订《房屋租赁合约》，约定苏亚公司承租山水公司房屋开设美容医院，山水公司负责附近幼儿园的搬迁并配合苏亚公司办理消防、环评等手续。合同签订后，案涉房屋装修工程消防设计审核通过，但后续装修调整消防设计未获通过。山水公司未依约搬迁幼儿园，但环保局出具环评批准书，同意案涉项目建设。苏亚公司以房屋不能办理消防许可手续、山水公司未搬迁幼儿园导致不能通过环评验收为由请求解除租赁合同，并请求山水公司承担违约责任。一审、二审法院均认为，山水公司未搬迁幼儿园虽构成违约，但不影响合同目的实现，苏亚公司不享有合同法定解除权，无权主张违约责任。苏亚公司申请再审。

（撰写人：李相波、梁　楷）

---

① 对应《中华人民共和国民法典》第 563 条。

13 出租人原因导致承租人无法使用房屋的，如何认定相应损失

——忠诚公司与好宜明公司租赁合同纠纷申请再审案

- **案　　号**　（2021）最高法民申 7659 号
- **合议庭成员**　宋冰、徐霖、董俊武
- **关 键 词**　民事 / 租赁合同
- **相关法条**　《中华人民共和国合同法》第 113 条①

【裁判要旨】

承租人的经营活动因经营场地受到影响，未能正常使用案涉房屋。双方未办理房屋交接手续。结合双方的举证情况、过错程度，综合认定承租人按照合同约定费用标准的 40% 承担相应房屋占用费、物业费。

【案情摘要】

忠诚公司与好宜明公司签订《草签协议》《场地租赁合同》，约定场地基本情况、租期、租赁费标准和缴纳期限等。案涉场地交付时没有办理交接手续。后好宜明公司与多名商户签订《商铺铺位租赁合同》，各商户签订合同后即进场进行经营。涉案场地在使用过程中存在房屋漏水的情形，漏水致好宜明公司部分财产损坏。忠诚公司对外出租的涉案房屋系在长延堡村集体土地上所建，至今未取得建设工程规划许可证。好宜明公司认可电费由其向村委会交纳。现案涉房屋已腾退，双方均认可未办理房屋腾退手续，双方对房屋腾退的时间存在争议。

（撰写人：徐　霖）

---

① 对应《中华人民共和国民法典》第 584 条。

14 国有资产出租未依规评估、招标、审批的，不属于导致合同无效的法定事由

——创意公司、新天地公司与浙江汉品公司、杭州汉品公司房屋租赁合同纠纷申请再审案

- 案　　号　（2021）最高法民申 7790 号
- 合议庭成员　黄鹏、汪军、李绍华
- 关 键 词　民事 / 房屋租赁合同纠纷 / 合同效力 / 国有资产处分程序
- 相关法条　《中华人民共和国合同法》第 52 条第 5 项①

【裁判要旨】

确认合同无效应当以全国人大及其常委会制定的法律和国务院制定的行政法规为依据。部门规章、地方性法规规定国有资产占有单位对外签订合同处分国有资产时应进行资产评估、公开招标、内部审批的，属于国有资产占有单位应尽的义务，并非其合同相对方的义务，违反相应规定的责任应由国有资产占有单位及其相关责任人员承担，国有资产占有单位以己方未履行前述义务为由主张合同无效的，有违诚信原则。

【案情摘要】

创意公司（国有资本参股）、新天地公司和浙江汉品公司签订《框架协议》，约定共同投资成立合资公司，其中约定创意公司将 IN 地块房屋出租给合资公司。此后，合资公司即杭州汉品公司成立。创意公司与杭州汉品公司签订《IN 预租赁合同》，具体约定了 IN 地块房屋租赁事宜。此后，各方因合同履行发生纠纷，创意公司、新天地公司提起本案诉讼，其中以 IN 地块房屋的出租未经资产评估、公开招标、内部审批，违反了法律强制性规定为主要理由之一，主张上述两合同无效。

（撰写人：黄　鹏）

---

① 对应《中华人民共和国民法典》第 153 条第 1 款。

融资租赁合同 ▶▶▶

1 融资租赁合同解除后租赁物价值的认定及返还款项的确定
——沃沐公司与渤海租赁等融资租赁合同纠纷上诉案

- **案　　号**　（2020）最高法民终 173 号
- **合议庭成员**　刘崇理、黄年、潘勇锋
- **关 键 词**　商事 / 合同 / 融资租赁 / 合同解除
- **相关法条**　《最高人民法院关于审理融资租赁合同纠纷案件适用法律问题的解释》第 22 条、第 23 条①

【裁判要旨】

根据《合同法》第 248 条之规定，承租人应当按照约定支付租金。承租人经催告后在合理期限内仍不支付租金的，出租人可以要求支付全部租金；也可以解除合同，收回租赁物。本案中，承租人没有依约支付租金，经催告后在合理期限内仍未支付，出租人据此要求解除融资租赁合同，返还租赁物的，其主张符合法律规定。

融资租赁合同双方当事人在合同中并未约定收回租赁物的价值，而签订合同时所作的评估也很难反映租赁物现在的价值。诉讼过程中，双方当事人均没有申请法院委托有资质的机构对租赁物进行评估。收回租赁物的价值以双方协商确定的价款或者依据租赁物拍卖、变卖所得价款确定更符合公平原则，具有合理性且具有可操作性。

案涉《融资租赁合同》约定，租赁期限届满承租人有权以 1 元价格留购租赁物，实质上是约定了租赁期满租赁物归属于承租人。根据《合同法》第 249 条之规定，当事人约定租赁期间届满租赁物归承租人所有，承租人已经支付大部分租金，但无力支付剩余租金，出租人因此解除合同收回租赁物的，收回的租赁物的价值超过承租人欠付的租金以及其他费用的，承租人可以要求部分返还。在承租人诉讼中请求返还的情况下，一审法院判令租赁物价值超过承租人全部未付租金及其他费用的部分属于承租人所有并无不当。

---

① 该解释已于 2020 年修正，此处法条分别对应第 11 条、第 12 条。

【案情摘要】

2016年6月6日，渤海租赁与沃沐公司签订《融资租赁合同》，约定由渤海租赁向沃沐公司以售后回租的方式提供融资租赁，租赁物大鼎世纪广场房产及土地使用权。租赁物转让价款为11.2亿元，融资租赁期限5年，租赁年利率为6.65%。每3个月支付1次租金，共计20期。期限届满，在沃沐公司付清租金及其他应付款项后，沃沐公司有权以1元的价格留购。同日，签订补充协议。

2017年6月29日、2017年8月25日，渤海租赁与沃沐公司分别签订了《融资租赁合同补充协议》，调整了租金的支付时间。

2016年6月14日，渤海租赁向沃沐公司支付了租赁物转让价款11.2亿元，沃沐公司向渤海租赁支付保证金4000万元、过渡期保证金3360万元。2016年8月29日，沃沐公司向渤海租赁支付企业收入增值税333.9万元。2016年9月1日，渤海租赁办理过户手续并向税务系统交纳了过户的税费3360万元。渤海租赁取得了房屋所有权证及不动产权证书。

沃沐公司支付了部分租金后，不能支付剩余租金。

2017年3月27日，渤海租赁与案外人招商局租赁签订《应收租赁款转让合同》，约定将渤海租赁对沃沐公司的《融资租赁合同》项下第4期至第16期的应收租赁款转让给招商局租赁，转让价款为5亿元，并承诺在2019年3月28日购回。2017年3月28日，渤海租赁、招商局租赁向沃沐公司发出《应收租赁款转让通知书》。2019年4月2日，渤海租赁、招商局租赁向沃沐公司发出《通知函》，通知其租赁文件项下的应收租赁款债权已全部转回至渤海租赁，其应按租赁文件约定继续向渤海租赁履行合同义务。

渤海租赁起诉请求：沃沐公司支付《融资租赁合同》项下的全部已到期未付租金167944541.66元及迟延利息等，保证人承担保证责任。一审法院判决《融资租赁合同》解除，沃沐公司返还渤海租赁涉案租赁物，给付渤海租赁1261895224.91元与收回租赁物价值的差额；收回租赁物价值由渤海租赁与沃沐公司协商确定或者以租赁物拍卖、变卖所得价款确定，如果租赁物价值超过1261895224.91元，超过部分归沃沐公司所有；保证人承担保证责任。沃沐公司不服，二审法院判决驳回上诉，维持原判。

（撰写人：潘勇锋）

2 合同一方当事人仅将其部分合同债权转让给第三人，还保留其他合同债权及合同债务的，不影响其合同当事人的身份

——沃沐公司与渤海租赁等融资租赁合同纠纷上诉案

- 案　　　号　（2020）最高法民终173号
- 合议庭成员　刘崇理、黄午、潘勇锋
- 关　键　词　商事 / 合同 / 融资租赁 / 债权转让
- 相关法条　《中华人民共和国合同法》第79条①

【裁判要旨】

合同一方当事人仅将其部分合同债权转让给第三人，还保留其他合同债权及合同债务的，不影响其合同当事人的身份。本案中，合同一方当事人将案涉《融资租赁合同》项下第4期至第16期的应收租赁款债权转让给案外人。作为案涉《融资租赁合同》一方当事人，其在合同项下不仅享有第4期至第16期的应收租赁款债权，还享有其他合同权利，履行其他合同义务。而转让给案外人的仅为第4期至第16期的应收租赁款债权，其仍是合同一方当事人，并未变更为案外人。

【案情摘要】

2016年6月6日，渤海租赁与沃沐公司签订《融资租赁合同》，约定由渤海租赁向沃沐公司以售后回租的方式提供融资租赁，租赁物大鼎世纪广场房产及土地使用权。租赁物转让价款为11.2亿元，融资租赁期限5年，租赁年利率为6.65%。每3个月支付1次租金，共计20期。期限届满，在沃沐公司付清租金及其他应付款款项后，沃沐公司有权以1元的价格留购。同日，签订补充协议。

2017年6月29日、2017年8月25日，渤海租赁与沃沐公司分别签订了《融资租赁合同补充协议》，调整了租金的支付时间。

2016年6月14日，渤海租赁向沃沐公司支付了租赁物转让价款11.2亿元，沃沐公司向渤海租赁支付保证金4000万元、过渡期保证金3360万元。2016年8月29

---

① 对应《中华人民共和国民法典》第545条。

日,沃沐公司向渤海租赁支付企业收入增值税333.9万元。2016年9月1日,渤海租赁办理过户手续并向税务系统交纳了过户的税费3360万元。渤海租赁取得了房屋所有权证及不动产权证书。

沃沐公司支付了部分租金后,不能支付剩余租金。

2017年3月27日,渤海租赁与案外人招商局租赁签订《应收租赁款转让合同》,约定将渤海租赁对沃沐公司的《融资租赁合同》项下第4期至第16期的应收租赁款转让给招商局租赁,转让价款为5亿元,并承诺在2019年3月28日购回。2017年3月28日,渤海租赁、招商局租赁向沃沐公司发出《应收租赁款转让通知书》。2019年4月2日,渤海租赁、招商局租赁向沃沐公司发出《通知函》,通知其租赁文件项下的应收租赁款债权已全部转回至渤海租赁,其应按租赁文件约定继续向渤海租赁履行合同义务。

渤海租赁起诉请求:沃沐公司支付《融资租赁合同》项下的全部已到期未付租金167944541.66元及迟延利息等,保证人承担保证责任。一审法院判决《融资租赁合同》解除,沃沐公司返还渤海租赁涉案租赁物,给付渤海租赁1261895224.91元与收回租赁物价值的差额;收回租赁物价值由渤海租赁与沃沐公司协商确定或者以租赁物拍卖、变卖所得价款确定,如果租赁物价值超过1261895224.91元,超过部分归沃沐公司所有;保证人承担保证责任。沃沐公司不服提起上诉,二审法院判决驳回上诉,维持原判。

(撰写人:潘勇锋)

3 能否依据当事人签订融资租赁合同而认定融资租赁法律关系

——兴泰公司与亿阳公司等融资租赁合同纠纷上诉案

- **案　　号**　（2020）最高法民终1275号
- **合议庭成员**　万会峰、谢勇、沈佳
- **关 键 词**　商事/融资租赁合同纠纷/借贷关系
- **相关法条**　《最高人民法院关于审理融资租赁合同纠纷案件适用法律问题的解释》第1条

【裁判要旨】

融资租赁的本质是融资和融物相结合，通过融物实现融资。租赁物客观存在且所有权转移系售后回租模式融资租赁关系区别于借贷关系的重要特征。没有确定的租赁物，仅有资金的融通，不构成融资租赁法律关系。因此，判断是否构成融资租赁法律关系时，应通过重点审查租赁物是否真实、明确，出租人是否对租赁物享有所有权，租赁物价值、购买价格、租金是否匹配等因素确定融资租赁法律关系是否成立。

【案情摘要】

2016年7月22日，兴泰公司与亿阳公司签订《融资租赁合同》，约定由兴泰公司出资购买亿阳公司自有设备（租赁物），再出租给亿阳公司使用，租赁物的所有权属于兴泰公司，并对租期、租金、履行方式、违约责任等事项作出具体约定。后亿阳公司第4期租金出现逾期且经营状况严重恶化，兴泰公司主张亿阳公司按照合同约定立即支付全部到期和未到期租金，并承担兴泰公司为实现债权支付的律师费，提起本案之诉。亿阳公司主张双方未对"融资租赁物（115口井）"进行具体约定，无法认定租赁物，并非融资租赁法律关系，其与兴泰公司之间实为借贷关系。

（撰写人：万会峰）

4 备案登记的融资租赁合同与实际履行的融资租赁合同不同，能否认定存在两个融资租赁关系
——中安信公司与恒丰银行北京分行、汇鑫公司等合同纠纷申请再审案

- 案　　号　（2021）最高法民申225号
- 合议庭成员　刘崇理、潘勇锋、李晓云
- 关　键　词　商事/融资租赁/保理合同
- 相关法条　《中华人民共和国合同法》第237条[①]、第239条[②]

---

① 对应《中华人民共和国民法典》第735条。
② 对应《中华人民共和国民法典》第739条。

【裁判要旨】

承租人已在先签订的融资租赁合同中以所有权转移证书的形式明确承认收到价款，且租赁物所有权已自即日起转移，又以在后签订的融资租赁合同的所有权转移证书日期空白和未记载金额而否认出租人支付了价款，主张租赁物所有权并未转移。但承租人在该两份所有权转移证书上都加盖了印章，仅以在后形成的所有权转移证书日期、金额内容缺失而否认已经明确承认的收到价款并意图推翻对所有权已经转移作出的确认，明显有悖诚信。新证据融资租赁合同和原融资租赁合同的差异并未表明存在两个融资租赁合同关系，也没有改变承租人对租赁物所有权已经转移所作的确认，故承租人认为原判决认定的抵押权不能成立的再审申请理由不能成立。

【案情摘要】

2016年6月17日，汇鑫公司作为出租人与中安信公司作为承租人签订了HX-ZL2016-061701号《融资租赁合同》以及《租赁物清单》《实际租金支付表》等合同附件。现中安信公司另提交了HX-ZL2016-053101号《融资租赁合同》以及《租赁物清单》《实际租金支付表》等合同附件作为申请再审新的证据。该两份融资租赁合同的主要区别是签订时间不同和起租日不同，以及由此而导致的实际租金计算不同。现中安信公司主张恒丰银行北京分行与汇鑫公司在办理动产抵押登记时实际提交的是其作为新证据提交的融资租赁合同。

（撰写人：李晓云）

5 融资租赁合同中，承租人未按约定期限支付租金的，出租人可根据合同约定主张逾期利息
——久大制盐公司与皖江租赁公司等融资租赁合同纠纷上诉案

- 案　　号　（2021）最高法民终458号
- 合议庭成员　曹刚、于蒙、关晓海
- 关　键　词　商事/融资租赁合同纠纷/迟延利息
- 相关法条　《最高人民法院关于审理融资租赁合同适用法律问题的解释》第20条①

---

① 该解释已于2020年修正，此处法条对应第9条。

【裁判要旨】

在融资租赁合同中,迟延利息的实质为承租人未按规定期限支付租金,应当就逾期支付的租金向出租人支付的逾期利息。根据《最高人民法院关于审理融资租赁合同适用法律问题的解释》第20条规定,承租人逾期履行支付租金义务或者迟延履行其他付款义务,出租人按照融资租赁合同的约定要求承租人支付逾期利息、相应违约金的,人民法院应予支持。逾期利息和违约金并不等同,故当事人有关迟延利息就是违约金的主张不能成立。

【案情摘要】

2016年6月17日,皖江租赁公司与久大制盐公司签订《融资租赁合同》,约定:本次融资租赁采用售后回租的方式,即皖江租赁公司向久大制盐公司购买租赁物后,再将租赁物出租给久大制盐公司使用,久大制盐公司向皖江租赁公司支付租金及其他应付款项。双方就租赁物的购买另行签署《资产转让合同》,本合同项下租金以租赁本金和租赁利率为基础计算,由租赁本金与租赁利息构成。租赁本金为《资产转让合同》中的租赁物转让价款,租赁利息是按照租赁利率,以租赁本金余额计算的利息。在合同期限内,每日租赁利息计算公式为:当期租赁本金余额 × 租赁利率 ÷ 360天。租赁期间届满,在久大制盐公司付清本合同项下全部租金以及其他应付款项后,久大制盐公司有权以1元的名义价格"届时现状"留购租赁物。久大制盐公司支付全部款项后即取得租赁物的所有权。久大制盐公司有下列情形之一的,皖江租赁公司有权主张合同全部未付租金的提前收回:"……(3)久大制盐公司未按期、足额向皖江租赁公司支付租金及其他应付款项……"如久大制盐公司未按本合同约定向皖江租赁公司支付租金以及其他应付款项,久大制盐公司应当自支付日起就逾期金额按日万分之五向皖江租赁公司支付迟延利息。

自2018年2月25日起,久大制盐公司未能按期向皖江租赁公司支付租金,各担保人亦未履行担保责任。皖江租赁公司诉至法院,请求判令久大制盐公司支付到期未付租金、迟延利息,各担保人承担相应担保责任,在清偿上述债务前,租赁物所有权归皖江租赁公司所有等。

(撰写人:于 蒙、韩学会)

6 售后回租交易构成融资租赁法律关系
——古城投资公司与金控租赁公司融资租赁合同纠纷申请再审案

- **案　　号**　（2021）最高法民申 5014 号
- **合议庭成员**　张淑芳、李敬阳、吴凯敏
- **关 键 词**　商事 / 售后回租 / 融资租赁
- **相关法条**　《最高人民法院关于审理融资租赁合同纠纷案件适用法律问题的解释》第 2 条

【裁判要旨】

售后回租交易可以构成融资租赁法律关系，售后回租交易与典型的融资租赁交易一样，包含租赁合同与买卖合同两个合同，且租赁合同中的出租人同时为买卖合同中的买受人，区别为在售后回租交易下，租赁合同中的承租人同时也是买卖合同中的出卖人。

【案情摘要】

富阳食品公司将自有及从富阳农业公司购买的鸡宰杀生产线、冷库及配套设备、饲料生产设备等出售给金控租赁公司，金控租赁公司将所购买的上述设备等出租给富阳食品公司使用。金控租赁公司实际支付了租赁物的买卖价款，富阳食品公司实际占有、使用租赁物，并支付部分租金。金控租赁公司与富阳食品公司之间的关系符合售后回租形式的融资租赁合同法律关系特征。

（撰写人：张淑芳）

保理合同 ▶▶▶

1 应收账款债权人和债务人虚构应收账款债权，违反约定解除基础交易合同，导致保理人损失的，构成共同侵权
——北京银行与中再公司、乾坤公司等保理侵权纠纷上诉案

- 案　　号　（2019）最高法民终 1847 号
- 合议庭成员　杨永清、张雪楳、梅芳
- 关　键　词　商事 / 保理 / 侵权 / 混合过错
- 相关法条　《中华人民共和国侵权责任法》第 8 条①、第 26 条②，《中华人民共和国合同法》第 122 条③

【裁判要旨】

应收账款债权人和债务人虚构现实存在的应收账款债权获得保理款，违反约定解除双方之间签订的《工业品买卖合同》使应收账款消灭的，对保理人构成共同侵权。保理人对是否存在现实应收账款债权未尽审核义务，对其保理款损失也有过错的，可以减轻侵权人的责任。

【案情摘要】

乾坤公司以其享有的《工业品买卖合同》项下对中再公司的应收账款债权为基础，向北京银行申请保理融资款。北京银行与乾坤公司签订《有追索权保理额度主合同》，并于同日向中再公司送达了《应收账款债权转让通知书》，载明乾坤公司将其与中再公司签署的《工业品买卖合同》项下的应收账款以及就该部分应收账款所享有的全部债权及债权的从属权利等相关权益转让给北京银行，请中再公司向北京银行履行上述应收账款项下的付款义务。本次应收账款转让以及上述收款账户若需变更或取消，则乾坤公司须出具经北京银行加盖公章并签署同意意见的书面文件方为有效。乾坤公司收到北京银行发放的保理融资款后，在未依约征得北京银行同意

---

① 对应《中华人民共和国民法典》第 1168 条。
② 对应《中华人民共和国民法典》第 1173 条。
③ 参见《中华人民共和国民法典》第 186 条。

的情况下,与中再公司解除了《工业品买卖合同》。北京银行遂起诉请求中再公司、乾坤公司对共同侵权行为承担损害赔偿连带责任,赔偿北京银行保理融资款本金及利息损失等。

(撰写人:张雪楳)

2 不存在应收账款的,保理关系不能成立
——平安银行、卢某凤与中粮公司、粮丰公司等
金融借款合同纠纷申请再审案

- 案　　号　(2021)最高法民申 208 号
- 合议庭成员　刘崇理、黄年、潘勇锋
- 关 键 词　商事/合同/保理
- 相关法条　《中华人民共和国民法典》第 761 条

【裁判要旨】

本案保理合同订立时,保理人没有向应收账款债务人核实应收账款是否存在。后保理人向应收账款债务人主张应收账款债权时,债务人否认该债权存在,认为系虚构,则保理人应当证明保理合同订立时该应收账款债权存在。现保理人没有证据证明,不能认定保理法律关系成立。

【案情摘要】

平安银行与粮丰公司签订《保理合同》,约定了粮丰公司的保理融资额度为人民币 4 亿元,但所列附件中包括《应收账款转让通知确认书》等内容全部为空白。平安银行主张该合同所涉保理业务所针对的系粮丰公司与中粮公司之间《玉米采购合同》项下应收账款,中粮公司则主张其与粮丰公司之间确实存在玉米采购合同,但均采取现货交易、货款即时结清方式,发票于货款结清后约一个月内开具,平安银行提交的《玉米采购合同》系虚构伪造,本案中其与粮丰公司之间不存在应收账款。中粮公司提交了由其盖章确认、粮丰公司认可的《玉米采购合同》等传真合同文本予以佐证。平安银行并未提供充分证据证明本案所涉应收账款存在。中粮公司主张其从未收到过债权转让通知。对于平安银行提交的《应收账款转让通知确认书》《应收账款余额对账单》中所加盖印章真实性及经办人员"张某"签名真实性均予以否

认，并提出鉴定申请。平安银行亦不同意进行鉴定且未能提供其他证据证明《应收账款转让通知确认书》《应收账款余额对账单》等证据的真实性。平安银行所提供照片上的"张某"与中粮公司提供身份证上的"张某"存在较大差异，明显不是同一人，现有证据不能证明平安银行所述"张某"为中粮公司的员工。

（撰写人：潘勇锋）

3 主合同当事人双方协议以新贷偿还旧贷，除保证人知道或者应当知道的外，保证人不承担民事责任

——招商银行长沙分行与旭日公司、金石公司、吕某文、吕某香合同纠纷申请再审案

- **案　　号**　（2021）最高法民申 2989 号
- **合议庭成员**　熊劲松、孙祥壮、冯文生
- **关 键 词**　商事 / 合同纠纷 / 保证人 / 借新还旧
- **相关法条**　《最高人民法院关于适用〈中华人民共和国担保法〉若干问题的解释》第 39 条①

【裁判要旨】

保理融资与金融借款本质均是资金融通行为，而保证人向保理人出具的《不可撤销担保书》，系为保障保理人涉案债权的实现所设定的担保。因此，该担保行为仍应受担保法律制度的规制。当《国内保理业务协议（有追偿权）》《不可撤销担保书》并未约定融资款用途，且保理人也未提供相应的证据证明保证人明知或者应当知道涉案保理融资款系用于归还债权人"旧贷"时，保理人无权请求保证人承担连带责任。

【案情摘要】

2013 年 10 月 21 日，金石公司、吕某文、吕某香分别向招商银行长沙分行出具《不可撤销担保书》，均约定："鉴于招商银行长沙分行同意向旭日公司提供借款 / 商

---

① 该解释已失效，参见《最高人民法院关于适用〈中华人民共和国民法典〉有关担保制度的解释》第 16 条。

业汇票承兑／票据贴现，金额总计为人民币叁仟肆佰捌拾万元整，并于 2013 年 10 月 8 日和旭日公司签订国内保理业务协议。经旭日公司请求本保证人同意出具本担保书，自愿为旭日公司在国内保理业务协议项下的全部债务承担连带责任保证。"期限届满后，债务未能清偿，招商银行长沙分行遂提起本案诉讼。

（撰写人：熊劲松）

4 职务外观并不包含相应职权的，不构成表见代理
——台新公司与四会公司、凯嘉工贸公司等
保理合同纠纷申请再审案

- 案　　号　（2021）最高法民申 3746 号
- 合议庭成员　梅芳、葛洪涛、苏蓓
- 关　键　词　商事／保理合同纠纷／表见代理
- 相关法条　《中华人民共和国民法总则》第 170 条①、第 171 条②、第 172 条③

【裁判要旨】

若应收账款债务人的员工不具备代表公司签订保理相关合同的权利外观，相关行为也没有得到公司的授权或追认，且保理合同的外观形式具有瑕疵时，原审法院可据此认定保理合同并非应收账款债务人的真实意思表示，因此，应收账款债务人不受保理合同法律关系约束。

【案情摘要】

台新公司作为保理人与凯嘉工贸公司签订《保理主合同》。该合同落款为应收账款债务人四会公司的《同意书》先由凯嘉工贸公司盖章后寄送给四会公司，由四会公司员工王某玉、黄某首确认债权并盖章后寄送给台新公司。王某玉曾为四会公司员工，任职供应链管理部经理，黄某首为四会公司在职员工，为供应链管理部、供应商开发管理。经鉴定，《同意书》中加盖的"广东四会 ABB 互感器有限公司"的

---

① 对应《中华人民共和国民法典》第 170 条。
② 对应《中华人民共和国民法典》第 171 条。
③ 对应《中华人民共和国民法典》第 172 条。

印章印文与样本中的印章印文不是同一枚印章盖印。

（撰写人：苏　蓓、李大何）

5 应收账款债务人向保理人出具承诺书对转让债权金额、付款账户等确认后，不能以意思表示不真实为由主张不承担责任

——天原化工公司与大山化工公司、工行朝天门支行金融借款合同纠纷申请再审案

- 案　　号　（2021）最高法民申 6968 号
- 合议庭成员　李相波、张爱珍、郭凌川
- 关 键 词　商事 / 金融借款合同 / 保理合同 / 应收账款
- 相关法条　《中华人民共和国民法典》第 761 条、第 762 条

【裁判要旨】

应收账款债权人将应收账款转让给保理人，应收账款债务人签收转让通知，并对债务金额、付款账号等作出承诺后，又以其出具承诺并非真实意思表示为由主张不承担保理责任的，除有充分证据证明保理人、应收账款债权人、应收账款债务人间存在恶意串通行为的，否则人民法院不予支持。

【案情摘要】

工行朝天门支行与大山化工公司签订《国内保理业务合同》，约定大山化工公司将其对天原化工公司享有的应收账款 8680815 元转让给工行朝天门支行，工行朝天门支行为大山化工公司提供 648 万元的公开型有追索权的保理融资。后大山化工公司、工行朝天门支行共同向天原化工公司发出《应收账款确认及转让通知书》，天原化工公司在回执上加盖公司及法定代表人印章予以确认。工行朝天门支行依约向大山化工公司发放了融资款 648 万元，但天原化工公司未支付任何款项至保理银行账户。工行朝天门支行提起诉讼，天原化工公司主张回执上加盖公司及法定代表人印章不是真实意思表示，不应承担责任。一、二审法院均判决天原化工公司应承担款项支付责任。天原化工公司申请再审。

（撰写人：李相波、梁　楷）

6 保理人与应收账款债权人之间借新还旧的约定并不能当然改变保理人与应收账款债务人之间的债权债务关系
——上药控股公司与平安银行科韵支行、广东华强公司、广药公司等合同纠纷申请再审案

- **案　　号**　（2021）最高法民申 7373 号
- **合议庭成员**　熊劲松、孙祥壮、冯文生
- **关 键 词**　商事 / 合同纠纷 / 保理合同 / 债权转让 / 借新还旧
- **相关法条**　《最高人民法院关于适用〈中华人民共和国担保法〉若干问题的解释》第 39 条①

【裁判要旨】

在有追索权的保理合同法律关系中，应收账款的债务人系因债权转让的事实而向保理人承担付款义务。保理人与债权人关于借新还旧的约定并未加重债务人的负担，则保理人仍有向债务人主张应收账款的权利。

【案情摘要】

2013 年 8 月，平安银行科韵支行与广东华强公司约定有追索权的明保理，由平安银行科韵支行向广东华强公司授予 3 亿元授信额度并发放贷款，期限为 2013 年 8 月 5 日至 2014 年 8 月 4 日。广东华强公司将其应收账款转让登记至平安银行科韵支行名下，并提供其他担保。2014 年 10 月，平安银行科韵支行受让广东华强公司对上药控股公司、广药公司的应收账款债权已陆续到期，上药控股公司、广药公司未履行付款义务，广东华强公司亦未能清偿。2014 年 12 月，平安银行科韵支行再次向广东华强公司发放贷款，用途为借新还旧。期限届满后，上药控股公司、广药公司收到《应收账款催款通知书》后未支付已到期的应收账款，广东华强公司亦未清偿保理融资款。平安银行科韵支行遂提起本案诉讼。

---

①　该解释已失效，参见《最高人民法院关于适用〈中华人民共和国民法典〉有关担保制度的解释》第 16 条。

建设工程合同 ▶▶▶

1 承包人按发包人指令以收取的工程款代为偿还发包人其他债务或退还发包人的行为，是否影响担保人责任承担及承包人建设工程价款优先受偿权范围

——灯塔公司、虹泰公司与陈某仁、德杰公司及农商行蒲江支行建设工程施工合同纠纷上诉案

- **案　　号**　（2019）最高法民终 585 号
- **合议庭成员**　葛洪涛、黄年、王海峰
- **关 键 词**　民事 / 规避工程款资金用途监管 / 建设工程价款优先受偿权放弃 / 工程款担保责任
- **相关法条**　《中华人民共和国合同法》第 286 条①

【裁判要旨】

为规避法律及贷款银行资金用途监管，承包人按照发包人指令以收取的工程款代为偿还发包人其他债务或退还发包人的，应当给予否定性评价，并认定对善意担保人而言相应数额的工程款已付清。认定担保人是否善意，应当结合担保人是否与当事人存在实际控制关系或者利益关联、是否对承包人行为事先知晓或者事后追认等因素综合判断。承包人将高额工程款代发包人转付或者退还，放弃了原本能够实际受偿的权利，在不影响其向工人支付工资报酬前提下，同样导致承包人建设工程价款优先受偿权丧失，工程款转化为普通债权。

【案情摘要】

虹泰公司（发包方）与灯塔公司（承包方）签订建设工程施工合同。项目建设过程中，虹泰公司以支付工程款的名义向灯塔公司转账约 3.5 亿元。灯塔公司收款后，按照虹泰公司指令，代其向虹泰公司的债权人支付了约 1.2 亿元，又向虹泰公司退还了约 0.6 亿元。农商行蒲江支行收到灯塔公司自愿放弃建设工程价款优先受偿权的承诺之后发放了贷款，以案涉项目签订最高额抵押合同并办理了抵押登记。

---

① 对应《中华人民共和国民法典》第 807 条。

德杰公司、陈某仁共同向灯塔公司出具《质押偿债承诺书》，以德杰公司代陈某仁持有的普天公司43.2%股权为案涉工程款提供担保，但未办理质押登记。因虹泰公司欠付工程款，灯塔公司提起诉讼。一审法院经审理认定，根据虹泰公司与灯塔公司的内部约定和结算，虹泰公司还应付灯塔公司工程款6800余万元；但因虹泰公司与灯塔公司恶意串通规避工程款资金用途监管，对善意"外部人"来说，工程款已支付完毕。一审法院判令德杰公司、陈某仁不承担担保责任，灯塔公司不享有建设工程价款优先受偿权。灯塔公司、虹泰公司均提起上诉，二审法院依据新证据查明陈某仁系虹泰公司的实际控制人和案涉项目的主要投资者，不属于"外部人"，改判其承担担保责任。

（撰写人：葛洪涛、刘　静）

2 发包人不得以案涉工程已经实际销售为由主张承包人不享有建设工程价款优先受偿权

——兴华公司与现代城公司建设工程施工合同纠纷申请再审案

- 案　　号　（2020）最高法民申6050号
- 合议庭成员　张淑芳、李敬阳、吴凯敏
- 关　键　词　民事 / 建设工程施工合同纠纷 / 建设工程价款优先受偿权
- 相关法条　《最高人民法院关于建设工程价款优先受偿权问题的批复》[①] 第2条

【裁判要旨】

《最高人民法院关于建设工程价款优先受偿权问题的批复》第2条规定的内容，是对承包人的建设工程价款优先受偿权与商品房消费者权益冲突时的优先顺位规定。建设工程施工合同的发包人并不享有该条款规定的请求权。

【案情摘要】

在现代城公司（发包方）与兴华公司（承包方）建设工程施工合同纠纷案中，二审法院判决认定兴华公司对案涉工程的商铺及地下车库享有建设工程价款优先受

---

① 该解释已失效，《最高人民法院关于商品房消费者权利保护问题的批复》已于2023年4月20日施行。

偿权。现代城公司申请再审称，因涉案高层的商铺已经实际销售以及地下车库系人防工程不能销售，依据《最高人民法院关于建设工程价款优先受偿权问题的批复》第 2 条"消费者交付购买商品房的全部或者大部分款项后，承包人就该商品房享有的工程价款优先受偿权不得对抗买受人"的规定，兴华公司对相关高层商铺不再享有优先受偿权。对此最高人民法院认为，本案为建设工程施工合同纠纷，判断承包人是否享有工程价款优先受偿权，是依据当时有效的《合同法》第 286 条的规定予以判定。而《最高人民法院关于建设工程价款优先受偿权问题的批复》第 2 条规定的内容，是对承包人的建设工程价款优先受偿权与商品房消费者权益冲突时的优先顺位规定。建设工程施工合同的发包人并不享有该条款规定的请求权。故现代城公司以此条款否定兴华公司的工程价款优先受偿权的再审申请理由不能成立。

（撰写人：张淑芳）

3 转承包合同未约定结算标准应如何确定实际施工人的工程价款

——金鼎公司与曹某峰、杨某新等建设工程施工合同纠纷再审案

- **案　　号**　（2020）最高法民再 205 号
- **合议庭成员**　万挺、潘杰、于蒙
- **关 键 词**　民事 / 工程价款结算
- **相关法条**　《最高人民法院关于审理建设工程施工合同纠纷案件适用法律问题的解释》第 2 条①

【裁判要旨】

个人借用有资质的施工单位名义与发包人签订施工协议，又以个人名义将案涉工程转包给第三人实际施工，工程承包协议和转包协议虽因违反法律的禁止性规定而无效，但建设工程经竣工验收合格，实际施工人请求转包人、收取管理费并参与工程款结算的资质出借人（承包人）支付工程款的，人民法院应予支持。工程款结算标准属于施工合同重要事项，与实际施工人的履行利益密切相关，实际施工人不可能不关注。在先签订的工程承包协议约定了工程款结算标准，在后签订的转承包

---

① 该解释已失效，参见《中华人民共和国民法典》第 793 条。

协议未约定结算标准，但实际施工人在承包协议、转承包协议签订前已进场以承包人名义施工，施工过程及工程款结算中始终未就工程款结算标准问题与转承包人进行过协商或提出异议，应视为实际施工人同意在承包协议约定的结算标准之内与转承包人结算工程款。实际施工人应得工程款，应在承包协议约定的工程价款之内予以支持。按照开工前工程预算价鉴定的工程造价，高于按照承包协议约定计价标准和实际工程量鉴定的实际工程造价，二审法院判决以转承包合同未约定结算标准为由，采信按照开工前工程预算价计算的工程造价，造成承包人、转承包人应支付给实际施工人的工程价款，超出其从发包人处按承包协议约定结算所得的工程价款，存在不当。

【案情摘要】

2015年7月25日，丰茂公司与金鼎公司签订工程承包合同，由金鼎公司承建丰茂公司的丰茂公馆项目，合同约定包工包料以及具体的结算标准。合同落款处由金鼎公司委托代理人杨某新签名。2016年3月28日，金鼎公司作为甲方、杨某新作为乙方，与案外另两方当事人共同签订四方协议，约定金鼎公司将案涉工程项目全部交由杨某新施工。2016年4月12日，杨某新作为甲方、曹某峰作为乙方双方签订转承包协议，约定丰茂公馆工程全部由曹某峰承建，杨某新及金鼎公司只收取1%的管理费。曹某峰于2016年3月至6月期间进场，以金鼎公司名义对案涉工程进行了实际施工。曹某峰收取的部分工程款由金鼎公司支付。2016年10月底，因施工证照无法办理，案涉工程停工，施工人员全部撤场。2017年3月，丰茂公司将未施工完成的案涉工程另行发包给他人施工。其后，曹某峰提起本案诉讼，追索剩余工程款，并申请工程造价鉴定。

鉴定机构出具了三种鉴定意见：第一种鉴定意见是开工前工程预算价格，该鉴定意见与承包协议完全无关，总造价为61484735.24元。第二种鉴定意见是按照承包协议约定计价标准进行结算，总造价为50801175.51元。第三种鉴定意见案件未涉及，且当事人均不认可。庭审中，曹某峰、金鼎公司原则上同意第一种鉴定意见，丰茂公司原则上同意第二种鉴定意见。

二审法院以杨某新与曹某峰的转承包协议未约定结算标准为由，依据第一种鉴定意见认定实际施工人曹某峰应得工程款数额。最高人民法院再审认为，应在承包协议约定的工程价款内支持实际施工人曹某峰的应得工程款，遂作出改判判决。

（撰写人：潘　杰）

4 建设工程价款的利息不能优先受偿
——昌隆公司与苏中建设建设工程施工合同纠纷再审案

- **案　　号**　（2020）最高法民再206号
- **合议庭成员**　万挺、潘杰、于蒙
- **关 键 词**　民事/建设工程价款优先受偿权
- **相关法条**　《最高人民法院关于审理建设工程施工合同纠纷案件适用法律问题的解释（二）》第21条①，《最高人民法院关于审理建设工程施工合同纠纷案件适用法律问题的解释（一）》第40条

【裁判要旨】

《民法典》第807条规定，建设工程的价款就该工程折价或者拍卖的价款优先受偿。建设工程价款的利息虽属于工程价款的法定孳息，但承包人就逾期支付工程价款的利息主张优先受偿的，人民法院不予支持。因为建设工程价款优先受偿权作为法定优先权，不仅优先于普通债权，且可优先于抵押权，具有对抗第三人的效力，对发包人及其债权人、建设工程的抵押权人和交易安全影响巨大。在坚持立法精神的同时，应做好各方当事人的利益平衡。为保护建筑工人的利益，减少诉讼成本和便于操作，《最高人民法院关于审理建设工程施工合同纠纷案件适用法律问题的解释（二）》第21条已将承包人的利润纳入建设工程价款优先受偿权的保护范围，就不宜再将逾期支付工程款的利息纳入建设工程价款优先受偿权的保护范围，这也体现了坚持保护弱者与利益平衡的原则。《最高人民法院关于审理建设工程施工合同纠纷案件适用法律问题的解释（一）》第40条，承继了《最高人民法院关于审理建设工程施工合同纠纷案件适用法律问题的解释（二）》第21条的规定。

【案情摘要】

2010年8月18日，昌隆公司与苏中建设签订协议，昌隆公司将金色河畔项目住宅、公寓式写字楼、地下车库等建筑安装工程委托苏中建设施工，并对承包内容、工程范围、结算方式等进行了约定。2013年5月25日，由建设单位、勘察单

---

① 该解释已失效，参见《最高人民法院关于审理建设工程施工合同纠纷案件适用法律问题的解释（一）》第40条。

位、监理单位、施工单位、设计单位五方在《竣工验收会议纪要》上加盖公章，同意交付使用。2013年5月，苏中建设交房。2013年10月21日，由建设单位、监理单位、施工单位、设计单位四方签署了单位（子单位）工程质量竣工验收记录，综合验收结论均为合格。现涉案工程大部分已出售给业主使用。工程造价经鉴定总计为184141918.20元，昌隆公司已支付款项为121220609.51元。苏中建设起诉请求昌隆公司支付剩余工程款，并就未售出的建筑物享有优先受偿权。

河北省高级人民法院二审判决判令苏中建设在欠款（含质保金）本息范围内，对承建工程未售出部分享有建设工程价款优先受偿权；最高人民法院再审认为二审法院认定工程欠款利息属于优先受偿权的范围，存在不当，依法予以纠正，改判苏中建设在欠款（含质保金）本金范围内，对承建工程未售出部分享有建设工程价款优先受偿权。

（撰写人：潘　杰）

5 建设工程承包合同无效，但建设工程经竣工验收合格，实际施工人请求参照合同约定支付工程价款的，法院应予支持

——杜某桂与方泰公司、金泉公司建设工程施工合同纠纷上诉案

- **案　　号**　（2020）最高法民终332号
- **合议庭成员**　汪军、薛贵忠、杜微科
- **关 键 词**　民事/建设工程施工合同纠纷/建设工程实际施工人权利
- **相关法条**　《最高人民法院关于审理建设工程施工合同纠纷案件适用法律问题的解释》第2条[①]

【裁判要旨】

建设工程承包合同无效，但建设工程经竣工验收合格，实际施工人请求参照合同约定支付工程价款的，应予支持。承包人主张应从中扣除管理费、利润、措施费等的，不予支持。

---

① 该解释已失效，参见《中华人民共和国民法典》第793条。

【案情摘要】

2014年1月28日，发包人金泉公司与承包人方泰公司订立《施工合同》；在签订上述合同后，方泰公司于2014年5月28日与杜某桂签订《承包合同》，约定由杜某桂全面履行前述《施工合同》及相关文书中施工方的所有责任和义务。杜某桂组织人员进场施工，施工完毕后，工程通过竣工验收并完成验收备案。后杜某桂向法院起诉请求方泰公司支付工程款及利息。经法院认定，杜某桂与方泰公司订立的《承包合同》无效。方泰公司以此主张案涉工程款应扣除企业管理费、利润、措施费等工程取费。法院认为，建设工程承包合同无效，但建设工程经竣工验收合格，实际施工人可以请求参照合同约定支付工程价款，因此对方泰公司的主张不予支持。

（撰写人：汪　军）

6 当事人就同一建设工程订立的数份建设工程施工合同均无效，但建设工程质量合格，应参照实际履行的合同结算建设工程价款

——苏中公司与包头京奥港公司等建设工程施工合同纠纷上诉案

- 案　　号　（2020）最高法民终507号
- 合议庭成员　刘银春、司伟、赵风暴
- 关 键 词　民事 / 建设工程施工合同纠纷 / 实际履行的合同 / 工程价款
- 相关法条　《最高人民法院关于审理建设工程施工合同纠纷案件适用法律问题的解释（二）》第3条、第11条①

【裁判要旨】

发包人与承包人在备案合同之外，已就投标价格、投标方案等实质性内容进行了实质性磋商，违反《招标投标法》第43条、第55条之规定，双方就案涉工程签订的《建设工程施工合同》《总承包合同》均应认定为无效。但因案涉工程已经竣工验收合格，承包人可以请求参照合同约定支付工程价款，应认定《总承包合同》为

---

① 该解释已失效，参见《最高人民法院关于审理建设工程施工合同纠纷案件适用法律问题的解释（一）》第6条、第24条。

双方真实意思表示且为双方实际履行之合同，并以《总承包合同》作为认定案涉工程价款的依据。

【案情摘要】

2012年11月1日，发包人包头京奥港公司与承包人苏中公司就京奥港花园三期B区签订《建设工程施工合同》。2012年11月9日，双方签订《总承包合同》。施工中存在变更，形成多份变更单。2014年7月31日，建设单位、勘察单位、监理单位、施工单位、设计单位出具关于京奥港花园三期B区工程17#楼、22#楼及商业的单位（子单位）工程质量竣工验收记录，竣工日期2014年7月30日，综合验收合格。之后，双方签订《关于包头帝景三期A区及三期B区结算付款事宜的协议》及《包头市京奥港帝景三期A、B区工程相关结算补充协议》，对工程款的支付条件、后续工程付款事宜、争议解决的方式作出约定。因包头京奥港公司未按期足额支付工程款，苏中公司提起本案诉讼。

（撰写人：刘银春）

7 施工合同解除，承包人行使建设工程价款优先受偿权的起算时间如何确定
——南通二建与万方公司建设工程施工合同纠纷上诉案

- **案　　号**　（2020）最高法民终738号
- **合议庭成员**　张纯、汪军、谢爱梅
- **关 键 词**　民事 / 建设工程施工合同 / 建设工程价款优先受偿权 / 起算时间
- **相关法条**　《最高人民法院关于审理建设工程施工合同纠纷案件适用法律问题的解释（二）》第22条①

【裁判要旨】

发包人未及时支付工程款导致工程停工。发包人与承包人对于合同是否解除未达成一致意见，承包人起诉请求法院判决解除合同并支付工程款，法院予以支持，

---

① 该解释已失效，参见《最高人民法院关于审理建设工程施工合同纠纷案件适用法律问题的解释（一）》第6条、第41条。

承包人起诉之日系发包人应当给付工程款之日，承包人行使建设工程价款优先受偿权自该日起算。

【案情摘要】

发包人未及时支付工程款导致工程停工，发包人与承包人对于合同是否解除未达成一致意见。承包人起诉请求法院判决解除合同、支付工程款并主张行使建设工程价款优先受偿权，法院认定承包人有权行使合同解除权。

（撰写人：谢爱梅）

8 当事人按约定比例进行合作分成，对合作中增加的成本亦应当进行合理分担

——华翔公司与张庄合作社等合资、合作开发房地产合同纠纷上诉案

- 案　　号　（2020）最高法民终 745 号
- 合议庭成员　刘银春、汪治平、赵风暴
- 关 键 词　民事 / 合资合作开发房地产合同 / 增加的成本
- 相关法条　《最高人民法院关于审理涉及国有土地使用权合同纠纷案件适用法律问题的解释》第 17 条①

【裁判要旨】

根据《合作开发合同》《合作开发补充协议》的约定，案涉项目后续因享受优惠政策而返还的部分由合同一方享有，是双方当事人的真实意思表示。虽然在用语上使用返还土地出让金的表述，但实际指向的是因享受优惠政策发生返还的款项，内容并不违反当地政策，也符合双方当事人签订合同时的真实意愿。双方关于优惠政策的具体内容缺乏明确约定，引以为据的两个政府文件规定得较为原则，加之当地旧村改造优惠政策在项目开发过程中发生变化等诸多因素，导致本案双方当事人之间产生纠纷。双方关于合作方式、各自投入及合作利润的分配等在合同中是有约定的，按约定比例进行合作分成，对合作中增加的成本亦应当进行合理分担。对导致项目增加的这部分成本，双方均无法证明完全系对方原因所致，双方应当各自承担

---

① 该解释已于 2020 年修正，此处法条对应第 14 条。

相应的后果。

【案情摘要】

华翔公司与张庄合作社根据潍坊市政府9号文件、25号文件规定，签订《合作开发合同》《合作开发补充协议》，双方采取由张庄合作社提供土地使用权，华翔公司进行建设的方式，进行合作开发。华翔公司根据合同约定，通过招拍挂程序取得案涉土地使用权并进行了工程建设。华翔公司竞得案涉地块共缴纳了土地出让金621670350元，除已获得返还的部分和应缴纳的报建费、项目贷款分摊本息以及暂扣的保证金之外，未返还部分争议款项为218214903.4元。华翔公司向一审法院起诉请求张庄合作社返还土地出让金及因土地"招拍挂"溢价造成的损失，形成本案诉讼。

（撰写人：刘银春）

9 对于当事人多次变更诉讼请求的情形下，其是否主张工程价款优先受偿权的认定
——江建公司与金大门房产公司、包某建设工程施工合同纠纷上诉案

- **案　　号**　（2020）最高法民终840号
- **合议庭成员**　吴兆祥、陈宏宇、张梅
- **关 键 词**　民事 / 建设工程施工合同纠纷 / 变更诉讼请求
- **相关法条**　《中华人民共和国招标投标法》第3条，《中华人民共和国城乡规划法》第40条，《最高人民法院关于适用〈中华人民共和国民事诉讼法〉的解释》第328条①

【裁判要旨】

增加确认建设工程价款优先受偿权的诉讼请求，并不需要补交诉讼费，因原告在本案一审中变更诉讼请求时主张了建设工程价款优先受偿权，后因未补交诉讼费确认以第一次的诉讼请求为准。对于不需要补交诉讼费的建设工程价款优先受偿权的诉讼请求，人民法院应当向原告释明是否继续主张，未释明的应当视为原告主张

---

① 该解释已于2022年修正，此处法条对应第326条。

建设工程价款优先受偿，人民法院应当进行审理。

【案情摘要】

2015年8月20日，江建公司因案涉工程向新疆维吾尔自治区高级人民法院伊犁州分院起诉金大门房产公司、包某等，在该案中江建公司于2015年10月14日变更诉讼请求时主张金大门房产公司支付工程款，但其在该案中并未主张工程价款优先受偿权。该案的审理中，江建公司于2018年6月23日申请撤回起诉，新疆维吾尔自治区高级人民法院伊犁州分院裁定准许江建公司撤回起诉。江建公司又于2018年11月16日提起本案诉讼，其在立案时递交的起诉状中并未主张建设工程价款优先受偿权，之后其在2019年4月15日增加了确认其建设工程价款优先受偿权并增加了利息、损失等赔偿数额的诉讼请求，因江建公司未补交诉讼费，江建公司在一审法院2020年4月14日的笔录中，明确称以第一次的诉讼请求为准。

（撰写人：张　梅、张义敏）

10 工程违法转包，实际施工人对发包人的诉请不能突破合同相对性
——盛谐建设公司与油田开发公司、逯某梅建设工程施工合同纠纷上诉案

- **案　　号**　（2020）最高法民终1008号
- **合议庭成员**　余晓汉、李盛烨、季伟明
- **关 键 词**　民事／建设工程施工合同／合同相对性／利息
- **相关法条**　《最高人民法院关于审理建设工程施工合同纠纷案件适用法律问题的解释》第26条①

【裁判要旨】

依据《最高人民法院关于审理建设工程施工合同纠纷案件适用法律问题的解释》规定，承包人取得工程后违法转包的，发包人只在欠付工程价款范围内对实际施工人承担责任，该规定确定了发包人的有限责任和相对责任。发包人与实际施工人未

---

① 该解释已失效，参见《最高人民法院关于审理建设工程施工合同纠纷案件适用法律问题的解释（一）》第43条。

直接建立合同关系，在认定发包人具体责任内容譬如尚欠工程款利率标准时，应以发包人与承包人合同而非承包人与实际施工人合同为准，不能突破合同相对性原则。

【案情摘要】

2011年5月1日，油田开发公司与盛谐建设公司签订建设工程施工合同，约定油田开发公司将案涉工程发包给盛谐建设公司，其中，通用条款约定了发包人延迟付款的利息按专用条款约定执行，专用条款约定了发包人迟延付款按中国人民银行存款利率执行。2011年5月24日，盛谐建设公司与逯某梅签订协议，将案涉工程转包给逯某梅，盛谐建设公司收取1%管理费，关于工程欠款利息未予约定。2013年10月，案涉工程竣工，因工程款尚未全额给付，实际施工人逯某梅将盛谐建设公司、油田开发公司诉至法院。双方存在多处争议，其中，尚欠工程款利息利率方面，油田开发公司主张应按施工合同专用条款执行存款利率，逯某梅主张按贷款利率计算。

（撰写人：李伟明）

11 转包合同约定的管理费应否支持
——刘某洋等与江西四建公司等建设工程施工合同纠纷上诉案

- 案　　号　（2020）最高法民终1181号
- 合议庭成员　张纯、方芳、谢爱梅
- 关　键　词　民事/建设工程施工合同纠纷/转包合同约定的管理费
- 相关法条　《中华人民共和国合同法》第58条①

【裁判要旨】

转包合同约定转包人按工程结算总造价的3%收取管理费。因转包合同无效，转包人未举证其在施工过程中履行过管理义务，其主张在应付实际施工人工程款中扣除管理费，不予以支持。转包人因案涉项目的材料商等起诉，代实际施工人垫付了款项，其已经通过诉讼向实际施工人予以追偿，转包人代垫费用与施工中履行管理义务并不相同。

---

① 参见《中华人民共和国民法典》第157条。

【案情摘要】

转包合同约定转包人按工程结算总造价的 3% 收取管理费。转包人主张在应付实际施工人工程款中扣除管理费。转包人因案涉项目的材料商等起诉，代实际施工人垫付了款项，其已经通过诉讼向实际施工人予以追偿。转包人主张派驻项目经理及其他管理人员在现场进行管理，但是未提交充分证据证明。其在诉讼中曾陈述"未参与项目施工"。

（撰写人：谢爱梅）

12 工程未竣工结算，能够根据约定确定应付工程价款时间的，发包人破产管理人确认债权的时间不能作为建设工程价款优先受偿权的起算时间

——六建公司与鲁南化肥厂建设工程价款优先受偿权纠纷申请再审案

- **案　　号**　（2021）最高法民申 330 号
- **合议庭成员**　汪治平、吴晓芳、王丹
- **关 键 词**　民事 / 建设工程价款优先受偿权纠纷 / 起算时间
- **相关法条**　《最高人民法院关于审理建设工程施工合同纠纷案件适用法律问题的解释（二）》第 22 条①

【裁判要旨】

工程未竣工结算，但根据约定能够确定应付工程价款时间的，承包人应当在 6 个月内行使建设工程价款优先受偿权。发包人破产，破产管理人调查债务人财产状况，制作财产状况报告，管理和处分债务人的财产是其应当履行的法定职责。破产管理人对债权人的债权数额进行审计确认，系依法履行管理职责的行为，其确认工程价款债权数额的时间不能作为《最高人民法院关于审理建设工程施工合同纠纷案件适用法律问题的解释（二）》第 22 条规定的应当给付建设工程价款的起算日期。

---

① 该解释已失效，参见《最高人民法院关于审理建设工程施工合同纠纷案件适用法律问题的解释（一）》第 41 条。

【案情摘要】

六建公司承建鲁南化肥厂发包的建设工程，合同约定鲁南化肥厂收到六建公司竣工结算书之日起 30 日内完成工程决算审核，如在 45 个日历天内仍未审核完毕，应按六建公司上报的工程结算价款为准支付。2016 年 3 月，六建公司向鲁南化肥厂报送了结算材料。后法院受理鲁南化肥厂破产清算申请，于 2020 年 4 月 10 日确认六建公司 6822129.32 元债权。2020 年 1 月 3 日，鲁南化肥厂破产管理人向六建公司确认债权数额为 6822169.32 元。六建公司主张应当以 2020 年 1 月作为建设工程价款优先受偿权的起算时间。一审法院驳回了六建公司的诉讼请求，二审法院予以维持。六建公司不服，向最高人民法院申请再审。

（撰写人：王　丹、徐　上）

13 是否为实际施工人应结合是否订立书面协议、是否组织施工、是否实际发放工人工资等因素综合进行判断
——郑某文与临高城投公司、河南高速公司建设工程施工合同纠纷申请再审案

- **案　　号**　（2021）最高法民申 1676 号
- **合议庭成员**　于明、贾清林、朱科
- **关 键 词**　民事 / 建设工程施工合同纠纷 / 实际施工人的认定
- **相关法条**　《最高人民法院关于审理建设工程施工合同纠纷案件适用法律问题的解释》第 26 条[①]

【裁判要旨】

当事人虽提供了承包合同，但其既未证明其就案涉工程自行组织施工、购买材料、发放工人工资等事实，也未证明与承包人之间关于案涉工程款的资金往来情况的，不宜认定为实际施工人。

[①] 该解释已失效，参见《最高人民法院关于审理建设工程施工合同纠纷案件适用法律问题的解释（一）》第 43 条。

【案情摘要】

河南高速公司作为承建单位与临高城投公司签订《临高县临城镇二环西路（桥梁）工程项目施工合同》，对工程价款与支付、工程变更、竣工验收与结算等发包人与承包人双方的权利义务等事项进行了约定。河南高速公司与郑某文签订《施工项目经营、管理责任承包合同》，约定河南高速公司聘任郑某文为临高县临城镇二环西路（桥梁）工程项目负责人，对项目的各项指标承包经营管理。但郑某文未提交证据证明其就涉案工程自行组织施工、购买材料、发放工人工资等事实，亦未提供证据证明其与河南高速公司之间关于涉案工程款的资金往来情况，涉案工程的施工资料及工程签证中也未出现郑某文的姓名。

（撰写人：曾泳源）

14 建设工程价款优先受偿权的享有，不以工程完工并竣工验收为前提

——华府公司与鹏翔公司建设工程施工合同纠纷申请再审案

- 案　　号　（2021）最高法民申2651号
- 合议庭成员　汪治平、王丹、肖峰
- 关 键 词　民事 / 建设工程施工合同 / 优先受偿权
- 相关法条　《中华人民共和国合同法》第286条①，《最高人民法院关于审理建设工程施工合同纠纷案件适用法律问题的解释（二）》第20条②

【裁判要旨】

优先受偿权是对承包人工程价款实际受偿权利的保护，不以工程完工并竣工验收为前提。发包人未按约支付工程价款，导致案涉《建设工程施工合同》解除，工程未完工并非承包人原因所致。发包人也未提交证据证明已完工程存在质量不合格的事实，二审法院认定承包人享有建设工程价款优先受偿权并无不当。

---

① 对应《中华人民共和国民法典》第807条。
② 该解释已失效，参见《最高人民法院关于审理建设工程施工合同纠纷案件适用法律问题的解释（一）》第39条。

【案情摘要】

鹏翔公司与华府公司签订建设工程施工合同,承建商住楼工程。工程未竣工验收。因华府公司未按时支付工程款,鹏翔公司起诉请求解除合同、支付工程款及利息和停工损失、对全部价款就其承建工程部分折价或者拍卖的价款享有优先受偿权。

(撰写人:王 丹、徐 上)

15 施工人在发包人的破产程序中申报建设工程价款优先权的,应符合有关行使期限的规定

——李某青等4人与桂林安模公司破产债权确认纠纷申请再审案

- **案　　号**　(2021)最高法民申3776号
- **合议庭成员**　孙祥壮、冯文生、刘少阳
- **关 键 词**　民事 / 建设工程价款优先受偿权 / 行使期限
- **相关法条**　《最高人民法院关于审理建设工程施工合同纠纷案件适用法律问题的解释(二)》第22条,《最高人民法院关于审理建设工程施工合同纠纷案件适用法律问题的解释(一)》第41条

【裁判要旨】

建设工程价款优先受偿权的行使期间为不变期间,施工人在超过法定期间之后再主张优先权的,不予支持。施工人在发包人的破产程序中申报建设工程价款优先受偿权,也应符合有关行使期限的规定。

【案情摘要】

李某青等4人的工程款债权在发包人桂林安模公司的破产程序中被管理人核定为普通债权,李某青等4人向管理人提出异议,主张其工程款债权为享有建设工程价款优先受偿权的优先债权,管理人认为该异议不成立。李某青等4人遂向人民法院提起破产债权确认之诉。

(撰写人:孙祥壮)

16 发包人收到竣工结算文件后未在约定期限内答复，是否应按照竣工结算文件计算工程价款

——环境水质公司与中太公司建设工程施工合同纠纷申请再审案

- **案　　号**　（2021）最高法民申 5256 号
- **合议庭成员**　于明、贾清林、朱科
- **关 键 词**　民事 / 建设工程施工合同 / 竣工结算 / 工程价款
- **相关法条**　《最高人民法院关于审理建设工程施工合同纠纷案件适用法律问题的解释（一）》第 21 条

【裁判要旨】

当事人之间虽约定工程造价以审计部门审计结果为准，但鉴于工程已竣工并交付使用，无法按照合同约定提交审计，且未提交审计的原因在于发包人收到竣工结算文件后未在约定期限内答复，故承包人请求按照竣工结算文件结算工程价款的，人民法院应予支持。

【案情摘要】

环境水质公司与中太公司签订《施工合同》，约定工程最终造价以审计有关部门审计的结果为准。工程竣工后已实际交付使用。之后中太公司、环境水质公司及河南海华工程建设监理公司在《竣工结算书》上盖章确认了该项目的竣工结算价款，但环境水质公司在收到竣工结算文件后未在约定期限内答复。之后该市市政府出台的《市政府竣工结算办法》明确审计局仅对工程竣工结算进行审计监督，不再以国家审计结果作为工程竣工结算依据，涉案项目现已无法进行审计。

（撰写人：周　伟）

17 建设工程施工合同约定发包方代缴营业税，"营改增"后能否判令承包人开具增值税发票

——丰和公司与隆德公司建设工程施工合同纠纷上诉案

- **案　　号**　（2021）最高法民终 9 号
- **合议庭成员**　耿宝建、黄西武、刘少阳
- **关 键 词**　民事 / 建设工程施工合同 / 增值税发票
- **相关法条**　《中华人民共和国发票管理办法》第 19 条

【裁判要旨】

"营改增"后，建设工程施工合同发包人请求承包人开具发票时，承包人开具何种发票，应根据税收征收管理的相关法律法规并结合合同约定来确定。开具增值税发票并不必然增加收款方的税务负担。

【案情摘要】

2010 年 5 月 8 日，隆德公司与丰和公司签订《施工合同》，约定隆德公司将案涉项目发包给丰和公司施工，建安税由隆德公司代扣代缴。案涉项目施工后多次停工，并于 2016 年最终停工。丰和公司起诉请求隆德公司支付工程款本金和利息。隆德公司反诉请求停工损失以及丰和公司、庄某宝于判决生效之日起 10 日内向隆德公司开具已付工程款的增值税发票；支付剩余工程款（本诉所判工程款金额）前开具等额增值税发票。

（撰写人：高晓丹）

18 拆迁工程的承包人因违约行为不能实现合同目的的认定标准
——航运集团与廖某发合同纠纷上诉案

- **案　　号**　（2021）最高法民终 1208 号
- **合议庭成员**　耿宝建、孙祥壮、贾清林、刘少阳、黄西武
- **关 键 词**　民事 / 合同纠纷 / 合同目的的识别
- **相关法条**　《中华人民共和国合同法》第 94 条第 4 项①

【裁判要旨】

拆迁工程承包合同的承包人长期逾期未新增签约业主、未对拆迁工作作出实质性推进和贡献，未能依约完成补偿安置拆迁业主、拆除地上建筑物等合同义务，未能如期完成合同约定的拆迁工作，在发包人催告其应提出解决方案后仍不能作出合理回应的，视为承包人存在违约行为致使不能实现合同目的。

【案情摘要】

深圳市人民政府拟收回航运集团名下某地块，同意由航运集团作为拆迁人，负责具体的拆迁补偿和安置工作，限期 8 个月内交地。2008 年 11 月，航运集团与廖某发签订《承包合同》，约定廖某发承包案涉项目，保证拆迁项目在政府允许期限内保质保量完成。廖某发与部分业主签订《房屋拆迁补偿协议书》后，未能拆除任何房屋。2016 年 12 月，航运集团向廖某发寄送函件要求其提供可行性方案，逾期未提供则视为其同意案涉合同在收到该函之日起解除，廖某发未作答复。2018 年 8 月，深圳市人民政府方向航运集团发函，载明：航运集团未能按 2008 年拆迁协议约定及时完成拆迁工作，早已构成违约。航运集团提起本案诉讼，请求解除其与廖某发签订的承包合同。

（撰写人：孙祥壮）

---

① 对应《中华人民共和国民法典》第 563 条第 1 款第 4 项。

19 当事人对建设工程的工程量有争议且未验收的，是否可以按照向总承包人移交同一工程时确定的工程量进行认定

——美利公司与水亿公司建设工程施工合同纠纷申请再审案

- **案　　号**　（2021）最高法民申 6282 号
- **合议庭成员**　王海峰、陈纪忠、龙飞
- **关 键 词**　民事 / 建设工程施工合同 / 工程量
- **相关法条**　《最高人民法院关于审理建设工程施工合同纠纷案件适用法律问题的解释》第 19 条[①]

【裁判要旨】

当事人在合同中约定，合同金额为暂定，最终按实际工程量结算。案涉工程已由唯一施工人实际施工完毕并通过分包人移交给了总承包人，总承包人向分包人支付了工程进度款。分包人与实际施工人对工程量未能达成一致意见而没有验收结算的，可以根据分包人与总承包人之间就同一工程确定的工程量进行认定。

【案情摘要】

水亿公司和美利公司签订了《岸滩补砂工程劳务分包合同》，约定承包人为美利公司，分包人为水亿公司，暂定工程总量 60 万立方米，合同最终按实际工程量结算。双方均确认案涉工程已经施工完毕，但对水亿公司施工工程量及价款未能达成一致意见而没有验收结算。同时，美利公司已将涉案工程交付总承包人，总承包人向美利公司支付了进度款。水亿公司与美利公司就施工工程量不能达成一致，因美利公司向总承包人移交的案涉分包工程完全由水亿公司施工完成，美利公司与总承包人确认了实际工程量为 51 万立方米。在美利公司没有充分的证据足以反驳的情况下，原判决按照美利公司与总承包人确认的实际工程量认定本案工程量并无不当。

（撰写人：陈纪忠、李训民）

[①] 该解释已失效，参见《最高人民法院关于审理建设工程施工合同纠纷案件适用法律问题的解释（一）》第 20 条。

20 房屋置换协议中双方当事人权利义务关系的认定
——远大集团与中坤公司合同纠纷申请再审案

- **案　　号**　（2021）最高法民申 11 号
- **合议庭成员**　万挺、潘杰、于蒙
- **关 键 词**　建设工程施工合同 / 房屋置换 / 工程款折抵
- **相关法条**　《中华人民共和国民事诉讼法》第 200 条①

【裁判要旨】

房屋置换协议中约定由承包方完成交钥匙工程，发包方置换给总包方相应房屋折抵工程款。合同履行过程中，因双方原因未能及时结算，发包方为推进工程进度，与实际施工人直接结算。在确定总包方应得置换房屋面积时，应查明发包方、总包方与实际施工人相互之间的权利义务关系，以总包方实际负担的投资额占案涉工程实际成本比例，确定其实际应得的置换房屋面积。

【案情摘要】

远大集团与中坤公司签订《合作协议》约定由远大集团完成案涉中央空调系统项目交钥匙工程，中坤公司置换给远大集团公司 1 万余平方米房屋。《合作协议》履行过程中，远大集团授权长沙远大公司将工程项目分包施工。由于远大集团与中坤公司对项目业态变化情况预计不足，对项目调整约定不明，对因工程量变化导致成本增加缺乏充分有效沟通，影响到工程结算。中坤公司多次催促远大集团与施工单位完成结算，远大集团未能完成结算，中坤公司为推进工程进度，自行筹措资金与施工单位订立合同并完成结算。远大集团起诉中坤公司请求依照《合作协议》约定的面积向其交付房屋。

（撰写人：张　闻）

---

① 对应《中华人民共和国民事诉讼法》（2023 年修正）第 211 条。

21 非发包人的相对人不享有建设工程价款优先受偿权
——邓某洲与中房公司及华盛公司等建设工程施工合同纠纷申请再审案

- **案　　号**　（2021）最高法民申 51 号
- **合议庭成员**　刘少阳、黄西武、高燕竹
- **关 键 词**　民事／建设工程施工合同／优先受偿权
- **相关法条**　《最高人民法院关于审理建设工程施工合同纠纷案件适用法律问题的解释（二）》第 17 条[①]

【裁判要旨】

工程价款优先受偿权的行使主体仅限于与发包人存在直接合同关系的承包人。当承包人将案涉工程通过《内部承包协议》的形式对外发包时，若承包人已经向项目部派驻了相关工作人员以确保工程质量、参与了合同履行过程中各阶段协议的签订、对工程款的收付亦进行了管理，此时，承包人与下游施工人之间并非挂靠或转包关系，下游施工人亦没有完全替代承包人履行施工合同。因此，与发包人没有合同关系的下游施工人不享有优先受偿权。

【案情摘要】

华盛公司在中标中房公司的"中房富程国际广场"项目后，任命邓某洲为项目部项目负责人，委派了项目经理、项目技术负责人、施工员、质检员、安全员、预算员、材料员、资料员。华盛公司与中房公司签订了《协议书》，约定华盛公司作为承包人对案涉项目进行施工；同日，华盛公司与乙方邓某洲签订了《工程承包协议书》《安全生产承包责任状》，约定项目由邓某洲独立承包、独立核算、自负盈亏，甲方收取 10 万元的管理费另加劳务公司 8 万元管理费，项目中的质量安全事故全部由乙方承担。随后，华盛公司向中房公司出具了给邓某洲的授权委托书。邓某洲向项目部支付押金 400 万元，并组织人员进场施工。因工程款问题，邓某洲与业主方发生冲突后诉至法院。

（撰写人：杨少慧）

---

① 该解释已失效，参见《最高人民法院关于审理建设工程施工合同纠纷案件适用法律问题的解释（一）》第 35 条。

22 将工程进度款支付的约定变更为承包人垫资施工，应认定为对合同的实质性变更

——春雨学校与元筑公司建设工程施工合同纠纷申请再审案

- **案　　号**　（2021）最高法民申 1006 号
- **合议庭成员**　张淑芳、李敬阳、吴凯敏
- **关 键 词**　民事 / 建设工程施工合同 / 实质变更
- **相关法条**　《最高人民法院关于审理建设工程施工合同纠纷案件适用法律问题的解释（一）》第 2 条

【裁判要旨】

工程价款支付系建设工程施工合同的必备条款，不仅包括最终结算价款的支付，也包括进度款的支付，将工程进度款支付的约定变更为承包人垫资施工，此种变更应认定为对合同的实质性变更。

【案情摘要】

春雨学校综合教学楼、秦厅楼、学生宿舍楼及附属工程对外公开招标，经评审，确定元筑公司为中标人。2016 年 1 月 28 日，双方签订《建设工程施工合同》，并提交备案。关于进度款支付，《建设工程施工合同》约定："主体封顶后 5 日内付合同总价 50%；主体完工后 5 日内付合同总价 20%；内外粉刷完工后 5 日内付合同总价 10%；水电、门窗完工后达到交工条件 5 日内付至合同总价的 90%；竣工验收合格后 1 个月内除保修金（3%）外结清余款。" 2016 年 1 月 29 日，双方又签订《工程施工合同》，变更付款方式为"工程竣工验收合格后 15 日内甲方支付工程结算总价的 50%，剩余结算总造价工程款在竣工验收之日起，2 年内分 3 次甲方向乙方结清支付"。

（撰写人：李敬阳）

23 双方在中标合同备案后签订补充协议变更工程价款支付方式的，是否构成合同实质性内容变更

——蚌埠建安公司与冠宜置业公司建设工程施工合同纠纷申请再审案

- **案　　号**　（2021）最高法民申1013号
- **合议庭成员**　王富博、万会峰、于蒙
- **关 键 词**　民事 / 建设工程施工合同纠纷 / 建设工程施工合同实质性变更
- **相关法条**　《中华人民共和国招标投标法》第46条，《最高人民法院关于审理建设工程施工合同纠纷案件适用法律问题的解释（一）》第2条

【裁判要旨】

中标合同实质性内容包括工程范围、建设工期、工程质量、工程价款等。本案中未备案的补充协议主要涉及工期延误责任、工程款支付方式等内容，双方在签订《项目合作意向协议》时应已预见到工程款支付方式存在不确定性，双方之间的工程价款大部分按照补充协议约定的方式支付，并不足以构成对双方当事人权利义务内容的实质性变更。承包人主张补充协议无效，人民法院不予支持。

【案情摘要】

冠宜置业公司（发包人）与蚌埠建安公司（承包人）于2014年8月25日、2015年1月10日签订了2份《建设工程施工合同》（以下简称《备案合同》），并均已备案。此外，双方于2014年1月25日签订了《项目合作意向协议》，2014年8月1日签订了《吴湾路安置房建设工程总承包协议》，2014年10月20日、2015年2月21日就上述2份《备案合同》，双方签订了《吴湾路安置房项目〈建设工程施工合同〉补充协议》（以下简称《补充协议》）。《补充协议》中约定，《补充协议》优先于《备案合同》解释顺序，《备案合同》中与《补充协议》不一致或相冲突条款，均以《补充协议》为准。未备案的4份协议主要涉及工期延误责任、工程款支付方式等内容，双方未按照《备案合同》内容实际履行。蚌埠建安公司主张工程款支付方式的变更变相降低了工程价款、改变了工程期限，构成合同实质性内容变更，主张补充协议无效。

（撰写人：王富博）

24 BT 合同中投资方与建设方之间就案涉合同融资属性的资金安排，并不必然免除建设方向施工方支付工程款的义务

——中业公司与投资公司、生态公司建设工程施工合同纠纷申请再审案

- 案　　号　（2021）最高法民申 1175 号
- 合议庭成员　何波、徐霖、张梅
- 关 键 词　民事 / 建设工程施工合同纠纷 /BT 合同
- 相关法条　《中华人民共和国合同法》第 65 条①

【裁判要旨】

在 BT 项目中，投资方与建设方之间就案涉合同融资属性的资金安排，并不必然免除建设方向施工方支付工程款的义务。此外，案涉合同中有"本工程价款应当由投资方代建设方支付给施工方"的约定，投资方只是代为支付，建设方仍然承担支付工程款的责任。

【案情摘要】

2014 年 1 月 19 日，投资公司（建设方）与中业公司（施工方）、生态公司（投资方）签订 1 份《陕西省建设工程施工合同》，约定由投资公司将陕西太白山旅游区 ×× 段发包给中业公司施工，工程价款由生态公司代投资公司支付给中业公司。现案涉工程项目已经投入使用。中业公司向一审法院提起诉讼，请求判令投资公司、生态公司共同支付工程欠款。一审法院判决生态公司支付中业公司工程款。二审法院改判投资公司、生态公司共同支付中业公司工程款。

（撰写人：何　波）

---

① 对应《中华人民共和国民法典》第 523 条。

25 BT项目模式中是否认定投资建设方为发包人身份
——六冶公司与捷鸣公司、新长城公司、
国资公司建设工程施工合同纠纷申请再审案

- **案　　号**　（2021）最高法民申1513号
- **合议庭成员**　张淑芳、李敬阳、吴凯敏
- **关 键 词**　民事/建设工程施工合同/BT项目/投资人/实际施工人
- **相关法条**　《最高人民法院关于审理建设工程施工合同纠纷案件适用法律问题的解释》第26条[①]

【裁判要旨】

基于对实际施工人合法权益保障的考虑，在建设工程施工合同纠纷案件中有限地突破合同相对性原则，符合客观实际，但鉴于BT建设模式下法律主体众多，相较于一般建设工程施工合同有其特殊性，在实践中是否认定BT项目的投资建设方为发包人身份存在争议，从而对实际施工人付款责任主体的认定产生影响。本案BT项目的投资建设方在整个项目中承担融资、项目管理及施工建设等多重角色，实际上承担了类似于发包人的职能，故实际施工人可诉请BT项目的投资人在欠付工程款范围内承担责任。

【案情摘要】

2014年7月9日，六冶公司作为投资人，国资公司作为回购人，双方签订BT合同，约定投资人负责项目工程的建设和资金筹措，进行项目的投融资、建设和移交。2014年9月26日，六冶公司作为总承包方、六冶公司第一分公司作受托管理方、新长城公司作为分包方签订分包合同，约定六冶公司委托六冶公司第一分公司对分包工程进行全面管理，新长城公司负责本合同工程施工等。同日，六冶公司、六冶公司第一分公司、新长城公司又签订补充条款，约定：本分包合同的主合同是BT合同，分包方必须严格按照主合同约定的方式进行投资、施工、交工，否则无条件承担主合同中相关的违约责任。2014年10月12日，新长城公司（甲方）与捷

[①] 该解释已失效，参见《最高人民法院关于审理建设工程施工合同纠纷案件适用法律问题的解释（一）》第43条。

鸣公司（乙方）签订路基土方工程承包合同。2015年1月，新长城公司（甲方）与捷鸣公司（乙方）就新增部分工程量交与乙方施工，签订路基土方工程承包合同补充协议。2015年9月15日，国资公司与六冶公司签订BT合同补充协议，双方就国资公司提前支付回购款对应的计算利率标准、计算期间及抵扣方式达成一致意见。2016年10月2日，新长城公司郑州分公司与捷鸣公司就承包合同终止履行及其相关事宜签订承包合同补充协议，即六冶公司将工程转包给新长城公司，新长城公司把其中一个标段转包给捷鸣公司，也就是本案的实际施工人。案涉工程已经施工完成，竣工验收。国资公司共向六冶公司付款39743.148684万元，目前，六冶公司与国资公司仍没有完成工程款结算，且不能确定结算完成时间。捷鸣公司自认收到工程款共计2700万元，后捷鸣公司起诉要求支付工程款。

（撰写人：吴凯敏）

26 发包人不能向无合同关系的实际施工人反诉主张违约责任

——翔如公司与李某生、新世纪公司等建设工程施工合同纠纷申请再审案

- **案　　号**　（2021）最高法民申1606号
- **合议庭成员**　曹刚、于蒙、关晓海
- **关 键 词**　民事/建设工程/实际施工人/违约责任
- **相关法条**　《最高人民法院关于审理建设工程施工合同纠纷案件适用法律问题的解释》第26条①

【裁判要旨】

发包人在欠付工程价款范围内对实际施工人承担责任，系为保护实际施工人等特殊群体权益而作出的特殊法律规定。实际施工人可以向发包人主张承担欠付工程价款范围内的清偿责任，但发包人反诉请求实际施工人承担工期延误违约责任，则无法律依据。发包人应当根据《建设工程施工合同》约定，向合同相对方承包人主张相应违约责任。

---

① 该解释已失效，参见《最高人民法院关于审理建设工程施工合同纠纷案件适用法律问题的解释（一）》第43条。

【案情摘要】

2014年1月10日，翔如公司作为发包方与新世纪公司签订《建设工程施工合同》，约定由新世纪公司承建天怡华景住宅小区工程。2014年4月21日，新世纪公司与刘某启签订《工程项目承包合同》，将该工程项目转包给刘某启施工。2014年8月31日，刘某启将该工程项目中的土建、水电安装及消防部分又转包给李某生等人。李某生等人施工后，于2017年6月28日交付翔如公司使用，但工程款尚未全部支付。李某生、李某科、李某福、王某明、李某友起诉，请求翔如公司和新世纪公司支付拖欠的工程款及利息。翔如公司反诉，请求李某生等人承担工期延误违约金等责任。法院审理认为《最高人民法院关于审理建设工程施工合同纠纷案件适用法律问题的解释》第26条是为保护农民工特殊群体的合法权益而作出的特殊法律规定。该条款仅赋予了实际施工人突破合同相对性向发包方主张工程价款的权利，但发包人并不享有该项权利。李某生等人请求翔如公司在欠付范围内向其直接支付工程款，符合法律规定。翔如公司反诉主张的工期延误违约金等，属于合同违约产生的违约责任。翔如公司与李某生等人不具有合同关系，其突破合同相对性向实际施工人李某生等人主张违约责任，不符合法律规定。翔如公司依法应当按照《建设工程施工合同》约定，向合同相对方新世纪公司主张权利。

（撰写人：曹　刚）

27 签订实际履行合同并施工后，再招投标并签订备案合同的，两份合同均无效

——广西建工公司与景华公司建设工程施工合同纠纷申请再审案

- **案　　号**　（2021）最高法民申1759号
- **合议庭成员**　朱科、于明、贾清林
- **关 键 词**　民事/建设工程施工合同纠纷/合同效力
- **相关法条**　《中华人民共和国招标投标法》第43条、第55条，《必须招标的工程项目规定》，《必须招标的基础设施和公用事业项目范围规定》

【裁判要旨】

《招标投标法》的规范对象为在我国境内进行的所有招标投标活动，双方当事人

选择了以招标投标方式确定施工人，就应当平等适用规制招标投标行为的法律规定，即应受《招标投标法》的约束。在建设工程招标之前签订实际履行合同并进行施工的，是明显的先行接触行为，《招标投标法》中有关禁止未招先定为效力性强制性规定，违反相关规定的合同无效。相关建设工程是否属于依法必须招标投标的项目不影响合同效力认定。

【案情摘要】

广西建工公司与景华公司签订了两份《建设工程施工合同》，一份是签订于2012年12月12日没有备案的实际履行合同，另一份是签订于2013年12月10日的备案合同。广西建工公司在签订了实际履行合同后，于2013年7月1日进场施工，于2013年12月10日中标案涉工程。后广西建工公司起诉要求景华公司支付欠付工程款。一审法院判决支持广西建工公司的请求。二审法院依职权对案涉合同效力进行审查后，认为一审法院判决的认定有误，并认定案涉两份合同无效。广西建工公司申请再审。

（撰写人：朱 科）

28 以工程款判决作出之日为建设工程价款优先受偿权起算点的主张不能成立

——苏华建设公司与鸿基米兰热力公司建设工程价款优先受偿权纠纷申请再审案

- **案　　号**　（2021）最高法民申1848号
- **合议庭成员**　麻锦亮、周其濛、季伟明
- **关 键 词**　民事/建设工程价款优先受偿权/起算点
- **相关法条**　《最高人民法院关于审理建设工程施工合同纠纷案件适用法律问题的解释（二）》第22条①，《最高人民法院关于审理建设工程施工合同纠纷案件适用法律问题的解释》第18条②

---

① 该解释已失效，参见《最高人民法院关于审理建设工程施工合同纠纷案件适用法律问题的解释（一）》第41条。

② 该解释已失效，参见《最高人民法院关于审理建设工程施工合同纠纷案件适用法律问题的解释（一）》第27条。

【裁判要旨】

依据相关司法解释规定,承包人行使建设工程价款优先受偿权的期限,应自发包人应当给付建设工程价款之日起算。当事人对付款时间没有约定或者约定不明的,建设工程已实际交付之日、提交竣工结算文件之日、当事人起诉之日均可认定为付款时间。工程款数额的确定与建设工程价款优先受偿权行使并无冲突,亦无裁判确定工程款数额后方能主张该优先受偿权的强制要求。承包人主张以工程款判决作出之日为建设工程价款优先受偿权起算点的,不应支持。

【案情摘要】

2013年5月,苏华建设公司与鸿基米兰热力公司签订《建设工程施工合同》。现案涉工程已完工,并交付鸿基米兰热力公司使用。双方于2014年11月两次形成《工程资料交接书》,苏华建设公司向发包方提供工程资料决算书。因工程款给付等情况发生纠纷,苏华建设公司于2016年诉至一审法院,该案中,苏华建设公司未主张建设工程价款优先受偿权。法院于2019年9月作出一审民事判决,判令由鸿基米兰热力公司给付工程款36348186.12元及利息。苏华建设公司不服,上诉至二审法院,现该案在审理中。

本案系苏华建设公司单独就要求行使建设工程价款优先受偿权提起诉讼,其主张确定工程款的诉讼尚未形成判决,故其在2016年未提出优先权请求不超过法定权利行使期间。

(撰写人:季伟明)

29 发包人能否以承包人未开具发票为由拒绝支付工程款

——联诚公司与天意公司等建设工程施工合同纠纷申请再审案

- **案　　号**　(2021)最高法民申1913号
- **合议庭成员**　周其濛、季伟明、麻锦亮
- **关 键 词**　民事 / 建设工程 / 工程款支付 / 开具发票
- **相关法条**　《中华人民共和国合同法》第66条①,《最高人民法院关于审理建设

---

① 对应《中华人民共和国民法典》第525条。

工程合同纠纷案件适用法律问题的解释（一）》第 21 条

【裁判要旨】

建设工程施工合同中，发包人将工程发包给承包人施工，在工程竣工验收后负有支付工程款的义务，承包人承接工程后应当依照合同约定按时完成工程施工，并保证工程质量。在工程价款结算时，发包人往往以承包人未开具发票为由拒绝支付工程款，对此，税务发票体现的是国家和纳税人之间的关系，是一种行政管理行为而非合同法上的对待给付义务。当事人在合同中将开具发票作为支付价款的条件时，一方未开具发票，对方有权依据合同约定拒绝支付价款；当事人未将开具发票作为支付价款的条件时，其并不能构成对待给付义务，发包人以此拒绝支付工程款则构成违约。

【案情摘要】

2016 年至 2018 年，联诚公司与天意公司签订《建设工程施工合同》，约定由天意公司对联诚公司的厂房和综合楼进行改造建设，计划竣工时间为 2019 年 8 月。2018 年 12 月 7 日，天意公司与联诚公司签订《工程款还款协议书》，约定根据双方签订的施工合同，天意公司已经按约定完成施工，经相关单位共同验收合格后交付给联诚公司，现经双方核算至 2018 年 11 月 29 日尚欠工程款 28796402.71 元未付，经共同协商于协议签订后分三次还清天意公司工程款。后联诚公司未依约支付工程款，天意公司提起本案诉讼。

（撰写人：麻锦亮、杨泽宇）

30 无效建设工程施工合同中的让利条款可否作为确定工程价款的依据

——温泉公司与昊通公司等建设工程施工合同纠纷申请再审案

- **案　　号**　（2021）最高法民申 1940 号
- **合议庭成员**　谢勇、张艳、李赛敏
- **关 键 词**　民事 / 建设工程施工合同纠纷 / 让利条款
- **相关法条**　《最高人民法院关于审理建设工程施工合同纠纷案件适用法律问题

的解释》第1条第3项、第2条①

【裁判要旨】

建设工程施工合同存在"先定后招"情形的，合同因违反《招标投标法》的强制性规定而无效。建设工程施工合同无效，但建设工程质量合格，一方当事人请求参照实际履行的合同关于工程价款的约定折价补偿承包人的，人民法院应予支持。建设工程施工合同中的让利条款系当事人真实意思表示，且合同约定让利条款属于结算条款的，可以作为确定工程价款的依据。

【案情摘要】

昊通公司（发包人）与温泉公司（承包人）于2011年3月12日签订《建设工程施工合同》，其中在"承包方式及结算办法"中约定温泉公司按工程结算总造价的2%让利。昊通公司与温泉公司自认双方于2011年6月12日签订的《青岛市建设工程施工合同》仅为备案合同，未实际履行。温泉公司在中标前已经进场施工。昊通公司、温泉公司与监理单位签署的主体工程质量验收备案报告载明质量等级评定情况为"质量验收为合格"。涉案工程已交付昊通公司。温泉公司认为昊通公司拖欠工程款，遂向法院提起本案诉讼。

（撰写人：张 艳）

31 不是必须进行招标的建设工程通过招标的方式进行发包的，建设工程施工合同是否因违反《招标投标法》的强制性规定而无效

——昌盛公司与海峰公司建设工程施工合同纠纷申请再审案

- **案　　号**　（2021）最高法民申1972号
- **合议庭成员**　谢勇、张艳、李赛敏
- **关 键 词**　民事/建设工程施工合同纠纷/招标投标
- **相关法条**　《最高人民法院关于审理建设工程施工合同纠纷案件适用法律问题

---

① 该解释已失效，参见《最高人民法院关于审理建设工程施工合同纠纷案件适用法律问题的解释（一）》第1条第1款第3项，第2条已被删除。

的解释》第 1 条第 3 项[①]

【裁判要旨】

不是必须进行招标的建设工程通过招标的方式进行发包的，有关的招投标活动应符合公开、公平、公正的原则。签订于中标通知书之前的建设工程施工合同因违反《招标投标法》的强制性规定而无效。

【案情摘要】

海峰公司（发包人）、昌盛公司（承包人）以住宅小区住宅楼为标的于 2013 年 7 月 10 日签订建设工程施工合同。2013 年 8 月 26 日，昌盛公司获得中标通知书。昌盛公司施工后，将涉案工程交付海峰公司。海峰公司认为涉案工程存在质量问题。昌盛公司主张海峰公司未足额支付工程款。海峰公司提起本案诉讼，请求昌盛公司继续履行合同、赔偿经济损失、承担违约责任。昌盛公司提起反诉，请求海峰公司给付工程款本金并支付利息。

（撰写人：张　艳）

32 建设工程价款优先受偿权的行使方式
——龙鑫能源与中治天工与破产有关的纠纷申请再审案

- **案　　号**　（2021）最高法民申 2026 号
- **合议庭成员**　张淑芳、李敬阳、吴凯敏
- **关 键 词**　民事 / 建设工程施工合同 / 优先受偿权
- **相关法条**　《中华人民共和国合同法》第 286 条[②]，《最高人民法院关于建设工程价款优先受偿权问题的批复》第 4 条，《最高人民法院关于审理建设工程施工合同纠纷案件适用法律问题的解释（二）》第 22 条[③]

---

① 该解释已失效，参见《最高人民法院关于审理建设工程施工合同纠纷案件适用法律问题的解释（一）》第 1 条第 1 款第 3 项。
② 对应《中华人民共和国民法典》第 807 条。
③ 该解释已失效，参见《最高人民法院关于审理建设工程施工合同纠纷案件适用法律问题的解释（一）》第 41 条。

【裁判要旨】

建设工程价款优先受偿权是一种法定的优先权，法律并未规定建设工程价款优先受偿权必须以何种方式行使，只要建设工程承包人在法定期间内主张过优先受偿的权利，即可认为其已经行使了优先受偿权。在工程催款函中宣示优先受偿权的，应认定已经行使。

【案情摘要】

在案涉建设施工合同履行过程中，项目停止建设，龙鑫能源和中冶天工双方委托山西临汾正负零造价咨询有限公司对已完工的工程进行了审核。2008年7月15日，双方在《关于认定山西龙鑫恒泰焦化工程结算的报告》中确认该工程已完工，并对工程结算进行了认定，2008年7月16日由双方最终盖章确认，并对工程最终价款进行了确认，双方之间的建设工程施工合同所涉及的工程已结束。2008年1月8日、2008年11月1日、2010年8月30日、2010年10月26日、2012年10月24日、2014年10月23日、2016年10月20日中冶天工先后向龙鑫能源发出工程催款函，并在催款函中宣示该项优先受偿权。

（撰写人：张淑芳）

33 有瑕疵的工程签证如何认定
——富宏劳务公司与亳州大唐公司
破产债权确认纠纷申请再审案

- 案　　号　（2021）最高法民申2027号
- 合议庭成员　张淑芳、李敬阳、吴凯敏
- 关 键 词　民事/建设工程施工合同纠纷/鉴定/现场勘测
- 相关法条　《最高人民法院关于审理建设工程施工合同纠纷案件适用法律问题的解释》第19条[①]

[①] 该解释已失效，参见《最高人民法院关于审理建设工程施工合同纠纷案件适用法律问题的解释（一）》第20条。

【裁判要旨】

建筑工程鉴定过程中，承包人提供不符合要求的签证单等工程施工材料进行鉴定，鉴定机构未予认可。承包人要求按照工程签证单等工程施工资料给付工程价款，但承包人未能提供其他施工资料证明工程内容确已完成的，不予认可。

【案情摘要】

2015年10月25日，富宏劳务公司与亳州大唐公司签订《亳州大唐国际城4#、5#楼装饰抹灰劳务工程施工合同》，约定富宏劳务公司承建内墙面抹灰、楼地面找平、楼体装饰抹灰，工程承包方式为包人工费、包质量、包验收、包安全、包工期、包文明施工。合同签订后，富宏劳务公司进行了施工。2017年7月26日，安徽省亳州市中级人民法院作出（2017）皖16破申3号民事裁定书，裁定受理对亳州大唐公司的破产清算申请。其后富宏劳务公司向亳州大唐公司管理人申报债权23492581元，亳州大唐公司管理人认定尚欠富宏劳务公司工程类债权7305762元和普通债权2716916元。对本案争议的5073653元债权，亳州大唐公司管理人未予确认。

（撰写人：吴凯敏）

34 不应将光伏电站并网发电以及承包人在诉讼过程中向发包人邮寄告知函和钥匙的情形认定为发包人擅自使用

——夜明珠公司与许继集团建设工程施工合同纠纷申请再审案

- 案　　　号　（2021）最高法民申2041号
- 合议庭成员　张淑芳、李敬阳、吴凯敏
- 关　键　词　民事 / 建设工程施工合同纠纷 / 擅自使用
- 相关法条　《最高人民法院关于审理建设工程施工合同纠纷案件适用法律问题的解释》第13条①

---

① 该解释已失效，参见《最高人民法院关于审理建设工程施工合同纠纷案件适用法律问题的解释（一）》第14条。

【裁判要旨】

案涉光伏电站发电项目存在严重的质量问题，且主要责任在于承包人。在承包人的整改情况、案涉项目是否经过国家验收、是否达到付款条件等事实未查清的情况下，不应将案涉工程并网发电以及承包人在诉讼过程中向发包人邮寄告知函和钥匙的情形认定为符合《最高人民法院关于审理建设工程施工合同纠纷案件适用法律问题的解释》第13条规定的"建设工程未经竣工验收，发包人擅自使用"的情形。

【案情摘要】

夜明珠公司将案涉光伏发电项目工程发包给许继集团施工建设，双方合同约定工程内容包括：满足金太阳验收标准，通过金太阳验收；保证足额装机容量。合同约定付款条件包括工程要通过竣工验收。工程基本完工后，在验收阶段发生争议。验收阶段，案涉工程并网发电，发电量为设计发电量的一半。许继集团在诉讼过程中直接向夜明珠公司邮寄1份告知函和20把钥匙。经法院委托鉴定，案涉工程存在严重的质量问题，且主要责任在于许继集团。许继集团起诉请求夜明珠公司支付所欠的工程款、利息、违约金等，夜明珠公司反诉请求许继集团支付发电损失、火灾损失等。

（撰写人：吴凯敏）

35 施工方所提交的技术交底资料的证明效力应高于先期形成的施工方案

——四建公司与保税中心建设工程施工合同纠纷申请再审案

- **案　　号**　（2021）最高法民申2043号
- **合议庭成员**　张淑芳、李敬阳、吴凯敏
- **关 键 词**　民事 / 建设工程施工合同纠纷 / 技术交底资料 / 施工方案
- **相关法条**　《最高人民法院关于审理建设工程施工合同纠纷案件适用法律问题的解释》第17条①，《最高人民法院关于适用〈中华人民共和国民事诉讼法〉的解释》第105条

---

① 该解释已失效，参见《最高人民法院关于审理建设工程施工合同纠纷案件适用法律问题的解释（一）》第26条。

【裁判要旨】

在工程完工后，当双方对某项施工工艺出现重大分歧时，施工人应对其所主张的施工工艺承担举证责任。技术交底资料是施工人在工程完工后就其施工方式、技术参数等，向发包人出具的资料，是对施工行为的一种确认。在无法通过其他证据及现场勘探的方式等推翻技术交底资料所载明的施工工艺时，应根据证据优势原则及举证证明责任认定技术交底资料的证明力高于施工方案的证明力。

【案情简要】

本案系建设工程施工合同纠纷，保税中心为发包人，四建公司为承包人。工程完工后，双方因结算问题发生纠纷。四建公司遂起诉要求支付工程款等。经双方申请，一审法院委托鉴定机构进行造价鉴定。对于争议较大的除锈费用（是分抛丸除锈还是喷砂除锈），鉴定机构列出两种除锈费用，由法院决定。四建公司主张依据施工方案为喷砂除锈。保税中心主张依据四建公司提交的技术交底资料为抛丸除锈。原审判决根据证据优势原则及举证证明责任认定技术交底资料的证明力高于施工方案的证明力，认定为抛丸除锈。四建公司申请再审称，原审判决认定工程款等有误，其中仅除锈费用即少算3000万余元。

（撰写人：张淑芳）

36 发包人向实际施工人的付款行为应视为其支付工程款的行为

——鹿慧公司与徐某、森纳公司建设工程合同纠纷申请再审案

- **案　　号**　（2021）最高法民申2128号
- **合议庭成员**　何波、陈宏宇、张梅
- **关　键　词**　民事/建设工程合同纠纷/实际施工人/支付工程款
- **相关法条**　《最高人民法院关于审理建设工程施工合同纠纷案件适用法律问题的解释》第26条[①]

[①] 该解释已失效，参见《最高人民法院关于审理建设工程施工合同纠纷案件适用法律问题的解释（一）》第43条。

【裁判要旨】

实际施工人与发包人就案涉工程形成了事实上的建设工程施工合同关系。在双方并不存在其他经济往来的情形下，发包人向实际施工人支付的款项应认定为案涉工程款。人民法院不能以实际施工人没有得到承包人的授权为由，而对发包人向实际施工人支付的工程款不予认可。

【案情摘要】

2014年4月，鹿慧公司与森纳公司签订《建设工程施工合同》，约定由鹿慧公司施工建设天正花园××、××号楼。案涉工程的实际施工人为徐某。案涉工程于2016年10月竣工验收合格，森纳公司委托陕西智鑫工程造价咨询公司对工程进行了结算审核，金额为83851820.72元，鹿慧公司在其上盖章确认。徐某于2018年5月提起本案诉讼，请求判令鹿慧公司立即支付徐某欠付工程款2100万元及利息。

（撰写人：张　梅、张义敏）

37 依法应招标投标而未招标投标的建设工程施工合同无效

——陆某、刘某林、锦州辽西肿瘤医院有限公司及江苏天腾建设集团有限公司债权转让合同纠纷申请再审案

- **案　　号**　（2021）最高法民申2291号
- **合议庭成员**　麻锦亮、周其濛、季伟明
- **关 键 词**　民事 / 建设工程施工合同 / 未招投标 / 合同效力
- **相关法条**　《最高人民法院关于审理建设工程施工合同纠纷案件适用法律问题的解释》第1条、第2条[①]

【裁判要旨】

建设工程项目如属于应招标而未招标的，则建设工程施工合同无效，无效的施

[①] 该解释已失效，此处法条分别参见《最高人民法院关于审理建设工程施工合同纠纷案件适用法律问题的解释（一）》第1条、第2条。

工合同支付工程价款前提为工程验收合格。在工程未竣工也未验收合格的情况下，承包人无权主张工程价款。

【案情摘要】

锦州辽西肿瘤医院有限公司将案涉工程发包给江苏天腾建设集团有限公司，该工程依照法律规定属于应当经过招投标程序而未予招投标，后双方签订施工合同，江苏天腾建设集团有限公司对工程进行施工，在工程未完工未结算的情况下，江苏天腾建设集团有限公司将工程款债权转让给第三人陆某、刘某林，后二人起诉锦州辽西肿瘤医院有限公司索要工程款。

（撰写人：李知博）

38 当事人对建设工程价款结算达成协议，一方当事人申请对工程造价进行鉴定的，人民法院不予准许

——瑞祥公司与星宜佳公司装饰装修合同纠纷申请再审案

- 案　　号　（2021）最高法民申 2337 号
- 合议庭成员　陈宏宇、徐霖、张梅
- 关　键　词　民事 / 装饰装修合同纠纷 / 价款结算 / 司法鉴定
- 相关法条　《最高人民法院关于审理建设工程施工合同纠纷案件适用法律问题的解释（二）》第 12 条①

【裁判要旨】

装饰装修合同约定以双方共同确认的施工图纸面积为准计算工程价款。工程验收合格后，双方经结算签订《结算汇总表》对结算金额最终作出确认的，人民法院对当事人提出的就案涉工程造价进行鉴定的申请不予准许。

【案情摘要】

装饰装修合同当事人在案涉装修工程验收合格后，双方经结算签订《结算汇总

---

① 该解释已失效，参见《最高人民法院关于审理建设工程施工合同纠纷案件适用法律问题的解释（一）》第 29 条。

表》，最终确认结算金额为 31885641.49 元。后施工方主张对工程造价进行司法鉴定。

（撰写人：陈宏宇、赵 静）

39 建设工程价款优先受偿权是法定优先权利，其享有者"承包人"不包括实际施工人
——汪某华与华丰发展公司等建设工程施工合同纠纷申请再审案

- **案　　号**　（2021）最高法民申 2486 号
- **合议庭成员**　王朝辉、郎贵梅、刘丽芳
- **关 键 词**　民事 / 建设工程施工合同纠纷 / 建设工程价款优先受偿权 / 实际施工人
- **相关法条**　《中华人民共和国合同法》第 286 条①，《最高人民法院关于审理建设工程施工合同纠纷案件适用法律问题的解释（二）》第 17 条②

【裁判要旨】

建设工程价款优先受偿权不是一种合同权利，而是直接依据法律享有的法定优先权利，不能由当事人协商确定。根据《合同法》第 286 条及《最高人民法院关于审理建设工程施工合同纠纷案件适用法律问题的解释（二）》第 17 条规定，享有建设工程价款优先权的"承包人"仅指与发包方存在直接的施工合同关系的承包人，而不包括实际施工人。因此，实际施工人主张建设工程价款优先受偿权的，人民法院不予支持。

【案情摘要】

2009 年 6 月 6 日，滇池管委会将案涉工程按照 BT 模式交由华丰发展公司施工建设，后由滇池国投公司实际行使业主滇池管委会的权利义务。2009 年 6 月 29 日，华丰发展公司将案涉工程第二合同段发包给泸西路桥公司。2009 年 11 月 10 日，泸西路桥公司任命汪某华为案涉工程项目经理，由汪某华负责案涉工程的实施。2018 年 8 月 17 日，滇池工程建设指挥部出具情况证明，确认工程质量全部合格。经审

---

① 对应《中华人民共和国民法典》第 807 条。
② 该解释已失效，参见《最高人民法院关于审理建设工程施工合同纠纷案件适用法律问题的解释（一）》第 35 条。

计，汪某华施工部分的造价为 65588587.76 元，华丰发展公司已经支付的款项为 54553481 元。后汪某华就案涉工程款问题提起本案诉讼，主张其享有案涉工程价款优先受偿权。

（撰写人：王朝辉、施荣鑫）

40 当事人达成执行和解协议并履行完毕，再审申请应如何处理

——湖南第六工程公司与北投公司建设工程施工合同纠纷申请再审案

- **案　　号**　（2021）最高法民申 2494 号
- **合议庭成员**　陈宏宇、徐霖、张梅
- **关 键 词**　民事 / 建设工程施工合同纠纷 / 执行和解
- **相关法条**　《最高人民法院关于适用〈中华人民共和国民事诉讼法〉的解释》第 402 条[①]

【裁判要旨】

当事人达成执行和解协议并履行完毕且在该协议中亦未声明不放弃申请再审的权利的，对当事人提起的再审申请，人民法院应当终止审查。

【案情摘要】

湖南第六工程公司与北投公司在执行程序中签订《和解协议书》，该协议未载明双方不放弃申请再审的权利。后湖南第六工程公司就原判决向人民法院申请再审。

（撰写人：陈宏宇、赵　静）

[①] 该解释已于 2022 年修正，对应第 400 条。

41 行政机关基于行政管理职责作出的意思表示不应视作债务加入或担保行为

——贵安公司与湄潭县交通局、湄潭县政府、湄潭县财政局建设工程施工合同纠纷申请再审案

- **案　　号**　（2021）最高法民申 2507 号
- **合议庭成员**　张爱珍、孙建国、郭艳地
- **关 键 词**　民事 / 建设工程施工合同纠纷 / 连带责任
- **相关法条**　《中华人民共和国民法总则》第 178 条第 3 款①

【裁判要旨】

承包人就行政机关在工程建设中出具的函件、批复等文件主张行政机关对工程款承担连带责任，若行政机关仅基于行政管理职责作出相关文件，不应认定行政机关具有债务加入或担保的意思表示，对于承包人的该项主张不应支持。

【案情摘要】

贵安公司与湄潭县政府签订框架协议，与湄潭县交通局签订 BT 合同，约定采用 BT 模式改造省道工程。工程竣工后，湄潭县政府出具《承诺函》，保证用县级财政资金按期支付回购款；湄潭县财政局出具《关于确认并支付回购款的函》，明确该项目纳入对应年度财政基金支出预算。贵安公司主张湄潭县交通局按审计金额支付工程欠款，湄潭县政府、湄潭县财政局承担连带清偿责任。

（撰写人：张爱珍、郁华冰）

---

① 对应《中华人民共和国民法典》第 178 条第 3 款。

42 BT投资合同中建设方通过自有资金或业主融资完成建设项目并由业主回购的，业主不具备发包人主体资格

——苏林公司与世纪华丰公司等建设工程施工合同纠纷申请再审案

- **案　　号**　（2021）最高法民申2706号
- **合议庭成员**　王朝辉、郎贵梅、刘丽芳
- **关 键 词**　民事/建设工程施工合同纠纷/发包主体认定
- **相关法条**　《中华人民共和国合同法》第286条①，《最高人民法院关于审理建设工程施工合同纠纷案件适用法律问题的解释（二）》第22条②

【裁判要旨】

BT项目通常由建设方通过自有资金或对外融资完成建设，并由政府或政府平台企业回购。业主方为推进项目建设提前进入BT项目，其本质是建设方向业主方融资，双方形成债权债务关系，不因此使业主成为联合建设方或联合发包人。

【案情摘要】

2009年6月6日，滇池管委会将案涉工程按照BT模式交由世纪华丰公司施工建设。2009年6月8日，世纪华丰公司将案涉工程"发包"给华丰建设公司，世纪华丰公司系华丰建设公司的全资子公司。2009年9月，滇池管委会、滇池国投公司、世纪华丰公司签订《补充协议书》，约定项目资金配比调整为世纪华丰公司自有资金1，滇池国投公司配拨3。2010年12月20日，华丰建设公司与苏林公司签订《绿化工程施工承包合同》，将案涉工程的景观工程分包给苏林公司。后苏林公司就工程款欠付问题提起本案诉讼。

（撰写人：王朝辉、张东一）

---

① 对应《中华人民共和国民法典》第807条。
② 该解释已失效，参见《最高人民法院关于审理建设工程施工合同纠纷案件适用法律问题的解释（一）》第41条。

43 建设工程合同履行过程中瑕疵验收签证的效力如何认定

——亿金公司与宜投集团建设工程合同纠纷申请再审案

- **案　　号**　（2021）最高法民申 2719 号
- **合议庭成员**　王朝辉、郎贵梅、刘丽芳
- **关 键 词**　民事/建设工程合同纠纷/瑕疵验收签证的效力
- **相关法条**　《中华人民共和国合同法》279 条[①]

【裁判要旨】

监理人颁发（出具）的载明"合格"的验收证书是办理竣工结算和竣工付款的关键依据。验收证书上虽然有项目监理机构盖章和总监理工程师签字，但其并未显示具体明确的相关意见，不能直接代表监理单位对该验收报告的认可，不能作为监理机构同意其工程质量的证据。此种情况下判断工程是否合格，应结合发包方、承包方、监理方相关往来函件综合认定。

【案情摘要】

宜投集团与亿金公司签订施工合同，与元丰公司签订监理合同。合同履行过程中，亿金公司向宜投集团、元丰公司要求进行竣工验收，元丰公司、宜投集团明确回复工程不具备验收条件。其后，监理元丰公司在亿金公司提交的《竣工工程申请验收报告》中加盖项目监理机构盖章和总监理工程师签字，但未签署"符合竣工验收"的意见。亿金公司申诉称：不论监理元丰公司是否在亿金公司提交的《竣工工程申请验收报告》中签署了"符合竣工验收"的意见，该报告应被视为已经过监理的审核和批准，工程未竣工验收的责任应由宜投公司承担。

（撰写人：王朝辉、张东一）

[①] 对应《中华人民共和国民法典》第 799 条。

44 发包人逾期结算并不必然导致以承包人提交的竣工结算文件作为结算依据的后果
——中汇公司与华寓公司建设工程施工合同纠纷申请再审案

- **案　　号**　（2021）最高法民申 2760 号
- **合议庭成员**　张淑芳、李敬阳、吴凯敏
- **关　键　词**　民事 / 建设工程施工合同纠纷 / 逾期结算 / 结算依据
- **相关法条**　《最高人民法院关于审理建设工程施工合同纠纷案件适用法律问题的解释》第 20 条①

【裁判要旨】

在建设工程施工合同领域，为防止发包人怠于结算，损害承包人合法权益的情况发生，双方可约定如发包人逾期结算，则按承包人提交的竣工结算文件作为结算依据。同时，因承包人提交的竣工结算文件一般系其单方制作，承包人可能利用发包人不具备专业知识等虚报工程款。如果只要发包人在收到竣工结算文件后未予答复，一律按照承包人提交的竣工结算文件结算，势必造成不公平，损害发包人的合法权益。所以，发包人逾期结算，并不必然发生以承包人提交的竣工结算文件为结算依据的后果，仍然应以双方存在此种约定为前提。

【案情简要】

本案系建设工程施工合同纠纷，华寓公司为发包人，中汇公司为承包人。关于一期工程，《一期施工合同》约定："工程结算价依据发包人、承包人、审计部门三方确认为准""发包方应于 60 日内决算审定完毕，逾期则视为认可"等，其后的《补充施工合同》约定"工程结算价依据发包人、承包人、审计部门三方确认为准""本补充合同若与正式合同相矛盾处，以本合同为准"。关于二期工程，《二期施工合同》约定："依双方确认的预算价 * 93% 作为付款依据。（竣工结算价等于工程审计决算价 * 93% 为准）。""工程竣工验收后，承包人向发包人递交竣工结算报告及完整的结算资料，双方按照协议书约定的合同价款及专用条款约定的合同价款调整

---

① 该解释已失效，参见《最高人民法院关于审理建设工程施工合同纠纷案件适用法律问题的解释（一）》第 21 条。

工程造价，进行工程竣工结算。"工程完工后，中汇公司报送了决算价。其后，华寓公司委托第三方出具审核报告。双方因工程结算问题发生本案纠纷。中汇公司提起本次诉讼，称华寓公司未在约定期限内答复，应以其提交的决算价作为本案的结算依据。

（撰写人：张淑芳）

45 为履行合同支出的前期费用如何认定
——广东勤上公司与南梁红色景区管理委员会
建设工程施工合同纠纷申请再审案

- **案　　号**　（2021）最高法民申 2818 号
- **合议庭成员**　何波、徐霖、吴笛
- **关 键 词**　民事 / 建设工程施工合同 / 前期费用
- **相关法条**　《中华人民共和国民法典》第 577 条

【裁判要旨】

承包人提交的证据不足以证明其主张的主材及辅材产品系依据案涉项目定制，无法在其他项目另行使用，酌情认定相应损失。

【案情摘要】

2016 年 3 月 13 日，南梁红色景区管理委员会作为发包人与广东勤上公司作为承包人签订《建设工程施工合同》，合同约定了工程内容、承包范围、计划开工日期、计划竣工日期、合同价等。合同签订后，广东勤上公司为履行合同，做了前期准备工作。后广东勤上公司工作人员接南梁红色景区管理委员会口头通知需待原施工现场基础项目改、扩建完成后再予整体实施。案涉工程至今未开工。

（撰写人：徐　霖）

46 原告提起诉讼应当符合《民事诉讼法》规定的起诉条件
——李某顾与二建公司、骏景公司建设工程施工合同纠纷申请再审案

- 案　　　号　（2021）最高法民申 2829 号
- 合议庭成员　曹刚、于蒙、关晓海
- 关　键　词　民事 / 建设工程施工合同纠纷 / 诉讼主体资格
- 相关法条　《中华人民共和国民事诉讼法》第 122 条

【裁判要旨】

《民事诉讼法》第 122 条规定，起诉必须符合下列条件：（1）原告是与本案有直接利害关系的公民、法人和其他组织；（2）有明确的被告；（3）有具体的诉讼请求和事实、理由；（4）属于人民法院受理民事诉讼的范围和受诉人民法院管辖。若原告是与案外人签订合同，与各被告之间均不具有合同关系，那么其依据与案外人所签订的合同起诉各被告要求支付工程款，不符合合同相对性原则，与本案不具有直接利害关系，不符合起诉条件。

【案情摘要】

2012 年 10 月 17 日，二建公司作为甲方，连某东作为乙方，双方签订了《工程项目联营协议书》，约定乙方以直属项目部作为内部管理机构进行业务洽谈，承接建筑工程。2013 年 9 月 30 日，骏景公司与二建公司签订《许昌骏景莲城中央花园二期工程施工合同》，约定了承包范围、计价方式、开竣工日期等内容。2013 年 11 月 1 日，连某东与李某顾签订《合伙投资协议书》，约定各出资 50%，共同投资骏景公司二期 ×× 号、×× 号、×× 号、×× 号、×× 号楼地下车库、西区及后期工程项目。双方利益共享、风险共担。连某东主要负责对外关系、协调工作；李某顾主要负责对内各种管理工作，如质量、安全、进度及施工队伍选定与管理，材料的选购等内部事项。

在另案中，二建公司请求骏景公司支付欠付的工程款及利息并赔偿损失，同时请求享有建设工程优先受偿权。连某东及李某顾均未在另案中申请参加诉讼。

本案中，李某顾作为原告，以二建公司和骏景公司作为被告，提起诉讼，要求工程款。一审法院、二审法院以李某顾与案涉诉讼没有直接利害关系、提起本案诉

讼主体不适格为由裁定驳回起诉。

（撰写人：于 蒙、王利萍）

47 当事人在合同无效情形下所获利益不应大于合同有效时所获利益
——王某与天筑公司、阜阳市房屋管理局建设工程施工合同纠纷申请再审案

- **案　　号**　（2021）最高法民申 2918 号
- **合议庭成员**　曹刚、于蒙、关晓海
- **关 键 词**　民事/建设工程施工合同/合同无效/管理费
- **相关法条**　《最高人民法院关于审理建设工程施工合同纠纷案件适用法律问题的解释》①第 4 条

【裁判要旨】

涉案《工程项目责任经营承包合同书》因非法转包而无效，此时如对管理费不予扣除，则会出现当事人在合同无效情形下所获利益大于合同有效时所获利益的情况，故不应支持相关请求。

【案情摘要】

天筑公司经招投标程序，中标由阜阳市房屋管理局建设的阜阳市三角洲东岸人居环境综合治理工程安置小区和谐佳苑项目三标段工程。2011 年 6 月 13 日，天筑公司与阜阳市房屋管理局签订《建设工程施工合同》，该合同约定了承包方的工程内容。2011 年 11 月 18 日，天筑公司与王某签订《工程项目责任经营承包合同书》，该合同约定将案涉三标段《建设工程施工合同》范围内的工程转包给王某，王某按约定交纳了施工保证金 1500 万元。2011 年 6 月 16 日，王某领取案涉工程开工令，并开始组织施工。后因工程款纠纷，王某提起本案诉讼。

（撰写人：关晓海）

---

① 该解释已失效。

48 代建单位与发包人就支付工程款责任所作约定能否约束承包人

——石沟社区居委会与新城公司等建设工程施工合同纠纷申请再审案

- 案　　号　（2021）最高法民申 2970 号
- 合议庭成员　何抒、张纯、谢爱梅
- 关 键 词　民事 / 建设工程施工合同 / 代建单位 / 合同变更
- 相关法条　《中华人民共和国合同法》第 65 条①

【裁判要旨】

发包人与承包人签订建设工程施工合同，发包人应对承包人承担支付工程款责任。代建单位与发包人约定"超出政府部门确定的安置房建设成本的差额由代建单位承担"，并不能变更发包人与承包人之间的建设工程合同约定。

【案情摘要】

发包人与承包人签订建设工程施工合同，约定发包人应承担支付工程款义务。发包人、承包人、代建单位签订《协议书》约定，承包人与代建单位对工期延误和质量、竣工验收承担连带责任。协议第 5 条约定，安置房的成本超出政府部门确定的安置房建设成本，差额部分由代建单位承担。该约定并未明确免除发包人对承包人的付款责任。发包人在一审中对承担支付工程款义务无异议，并认可代建单位无直接付款义务。发包人二审主张超出政府部门确定的安置房建设成本的差额部分由代建单位承担。

（撰写人：谢爱梅）

---

① 对应《中华人民共和国民法典》第 523 条。

49 发包人审核承包人报送的结算资料期间自何时起算
——天华公司与中润公司建设工程施工合同纠纷申请再审案

- 案　　号　（2021）最高法民申 3100 号
- 合议庭成员　何抒、张纯、谢爱梅
- 关 键 词　民事 / 建设工程施工合同 / 工程结算
- 相关法条　《中华人民共和国合同法》第 61 条①

【裁判要旨】

建设工程施工合同约定发包人收到承包人提供的相关结算资料后 90 天内完成最终结算，逾期完成视为认可承包人提交的结算报告书及报审结算总价。发包人的审核期间自承包人固定其报审数额之后起算，较为合理。

【案情摘要】

发包人与承包人签订的《补充协议》约定："发包人收到承包人提供的相关结算资料后 90 天内完成最终结算，逾期完成视为认可承包人提交的结算报告书及报审结算总价。"该约定并未明确是否需要提交所有结算资料之后开始计算审核时间。从记载的材料交接过程看，承包人虽主张在 2019 年 1 月已完成结算资料报审义务。但 2019 年 3 月 26 日，双方对部分材料价格未确定，最终预算仍待调整，至 2019 年 7 月 16 日，施工单位仍需明确材料价格。2019 年 7 月 26 日的报审数额较此前提交的结算价格有所调整。二审法院判决认定承包人直至 2019 年 7 月 26 日尚在向发包人提交微信版结算资料。承包人主张于 2019 年 1 月已经完成报审义务依据不足。

（撰写人：谢爱梅）

---

① 对应《中华人民共和国民法典》第 510 条。

50 挂靠的实际施工人不适用《最高人民法院关于审理建设工程施工合同纠纷案件适用法律问题的解释（二）》第 24 条规定

——徐某波、中国石油天然气股份有限公司辽宁丹东销售分公司与吉林石化工程设计有限公司、丹东市第二建筑工程公司建设工程施工合同纠纷申请再审案

- 案　　号　（2021）最高法民申 3259 号
- 合议庭成员　麻锦亮、周其濛、孙勇进
- 关 键 词　民事 / 建设工程施工合同 / 实际施工人 / 挂靠
- 相关法条　《最高人民法院关于审理建设工程施工合同纠纷案件适用法律问题的解释（二）》第 24 条①

【裁判要旨】

《最高人民法院关于审理建设工程施工合同纠纷案件适用法律问题的解释（二）》第 24 条规定："实际施工人以发包人为被告主张权利的，人民法院应当追加转包人或者违法分包人为本案第三人，在查明发包人欠付转包人或者违法分包人建设工程价款的数额后，判决发包人在欠付建设工程价款范围内对实际施工人承担责任。"故该条规定适用于建设工程转包和违法分包情形。对于挂靠的实际施工人，如其未与发包人形成事实上的法律关系，则无权直接向发包人主张工程价款。

【案情摘要】

中国石油天然气股份有限公司辽宁丹东销售分公司将案涉工程发包给吉林石化工程设计有限公司，吉林石化工程设计有限公司又将工程部分分包给丹东市第二建筑工程公司，徐某波借用丹东市第二建筑工程公司的资质，对案涉工程进行了实际施工，现其起诉发包人中国石油天然气股份有限公司辽宁丹东销售分公司索要工程款。

（撰写人：李知博）

---

① 该解释已失效，参见《最高人民法院关于审理建设工程施工合同纠纷案件适用法律问题的解释（一）》第 43 条。

51 《总包合同》中约定禁止转包或分包，承包方通过招标程序选定实际施工方，并向发包方报备审核且发包方予以认可的情况下，承包方与施工方的分包合同是否无效

——韵然公司与五冶集团建设工程分包合同纠纷申请再审案

- **案　　号**　（2021）最高法民申 3468 号
- **合议庭成员**　张爱珍、孙建国、孙晓光
- **关 键 词**　民事／建设工程施工合同纠纷／分包合同／效力
- **相关法条**　《中华人民共和国建筑法》第 29 条，《中华人民共和国招标投标法》第 3 条

【裁判要旨】

《总包合同》中虽约定禁止转包或分包，承包方与发包人签订《总包合同》后，系通过招投标程序选定具有相应资质的公司作为案涉工程的施工方，且承包方亦向发包方告知该事并将中标公司相关资质文件报发包人审核，发包人对此予以认可。基于此，承包方与施工方签订的《分包合同》不违反法律规定，该合同有效。《分包合同》有效，该合同中关于结算条款的约定亦有效，施工方关于该条款违反法律规定、损害社会公共利益的主张缺乏证据证明，不予支持。

【案情摘要】

2015 年 2 月 28 日，龙禹公司作为发包人与作为承包人的五冶集团签订案涉《总包合同》，约定由五冶集团对案涉项目进行施工。《总包合同》中约定：承包人不得将其承包的全部工程转包给第三人，或将其承包的全部工程肢解后以分包的名义转包给第三人……《总包合同》签订后，五冶集团对其中的绿化工程进行招标，2015 年 4 月 14 日，韵然公司中标了宜宾市翠屏区"南线"改造提升项目绿化工程。《分包单位资格报审表》中，监理单位四川省城市建设工程监理有限公司签署同意分包意见并加盖公章。2015 年 4 月 15 日，五冶公司向宜宾市翠屏区城市建设南线项目区指挥部和龙禹公司发出《关于选择高速公路南出口至两路桥市政道路新建绿化景观工程专业分包的函》，告知两家单位五冶集团选择中标单位韵然公司作为工程绿

化专业的分包人,并将韵然公司相关资质文件报龙禹公司审核。2015年4月20日,龙禹公司向五冶集团发出回函,告知上述函件龙禹公司已收悉,希望五冶集团督促专业分包队伍尽快进场施工,如期完成施工任务。2015年5月15日,五冶集团作为承包人与作为分包人的韵然公司签订案涉《分包合同》。

(撰写人:张爱珍、宋　扬)

52 发包人的后期改建行为能否免除承包人的质量保修义务

——翔鹭公司与吉兴公司建设工程施工合同纠纷申请再审案

- 案　　号　(2021)最高法民申3486号
- 合议庭成员　刘丽芳、郎贵梅、王朝辉
- 关 键 词　民事/建设工程施工合同纠纷/质量保修义务
- 相关法条　《中华人民共和国合同法》第281条①

【裁判要旨】

建设工程施工合同中,承包人最主要的义务和责任是向发包人按期提供质量合格的建筑产品,工程质量不仅关乎承包人能否获得工程款,更关乎社会公共利益及安全。因承包人的原因致使建设工程质量不符合约定的,发包人有权要求施工人在合理期限内无偿修理或者返工、改建。发包人的后期改建行为,并不能免除承包人承担质量问题修复费的义务。

【案情摘要】

2011年1月1日,翔鹭公司与吉兴公司签订《丽江翔鹭纳西生态住宅会所工程施工合同书》。2011年7月25日,翔鹭公司与吉兴公司签订《纳西生态住宅二期土建工程施工合同书》。协议第7项约定:"乙方的施工质量无法达到法定及合约约定标准,经甲方要求整改乙方无正当理由拒绝整改的,或未于甲方要求期限内改善至合约要求的,甲方得径行解除契约。"2013年6月27日,翔鹭公司向吉兴公司发出《解约通知》,该通知载明,2012年9月20日,翔鹭公司以"工程设计方案进行大

---

① 对应《中华人民共和国民法典》第801条。

范围的修改及调整"为由通知吉兴公司停工，经核查，初步确认吉兴公司承建的翔鹭公司的云南纳西生态住宅及酒店项目工程存在严重工程质量问题，工期严重滞后，故依据双方签订的《工程施工合同书》约定，决定解除与吉兴公司之间的所有工程合同。该《解约通知》于2013年7月8日送达吉兴公司。

（撰写人：刘思陶）

53 违法转包方与实际施工人在工程竣工验收后签订《财务结算协议书》能否作为双方结算及确认工程款支付情况的依据

——范某燕与锦辉公司、荣城公司建设工程施工合同纠纷申请再审案

- 案　　号　（2021）最高法民申3613号
- 合议庭成员　张爱珍、孙建国、孙晓光
- 关　键　词　民事 / 建设工程施工合同纠纷 / 合同无效 / 结算协议效力
- 相关法条　《最高人民法院关于审理建设工程施工合同纠纷案件适用法律问题的解释》第1条[①]，《最高人民法院关于审理建设工程施工合同纠纷案件适用法律问题的解释（二）》第24条[②]

【裁判要旨】

违法转包方与实际施工人在工程竣工验收后签订结算协议，系工程竣工后双方就工程款的核算及支付所达成的一致意思表示。双方此前签订的转包合同无效，不影响双方在工程竣工验收合格后就工程结算所达成协议的效力。在该协议已实际履行的情况下，实际施工人以转包合同无效则该结算协议亦无效为由，主张双方并未实质办理工程款对账财务结算、工程款未付清，不予支持。

【案情摘要】

锦辉公司范某燕签订《项目经济责任书》，约定由范某燕任案涉项目管理责任

[①] 该解释已失效，参见《最高人民法院关于审理建设工程施工合同纠纷案件适用法律问题的解释（一）》第1条。
[②] 该解释已失效，参见《最高人民法院关于审理建设工程施工合同纠纷案件适用法律问题的解释（一）》第43条。

人，组建项目经理部，负责案涉工程的施工等。案涉工程竣工验收完毕后，范某燕与锦辉公司签订《财务结算协议书》，该协议载明：根据"新津罗山新居"工程的实际情况，双方本着友好协商的原则，在此双方就该项目结算方面的具体事项意见达成一致。双方声明："此次结算该项目所有工程账目及其他事宜均已核算完毕，正确无误，无任何遗留事宜，现已支付完毕，双方不得再提出任何问题……该协议签订后甲方支付给乙方 500 万元补偿款，乙方必须首先用于支付其管理人员工资和涉及该工程的其他费用……该协议生效后乙方和该项目无任何关联关系，款账两清……五、双方在签署本协议时，对各自的权利、义务、责任清楚明白，意思表达真实一致并愿意按协议严格履行……"其后，锦辉公司向范某燕转款 500 万元。

（撰写人：张爱珍、宋　扬）

54 承包人出具虚假的工程款收款证明后，就其实际未获清偿的工程款是否享有建设工程价款优先受偿权

——南通二建与上海农商行浦东分行、佳程房产公司等建设工程施工合同纠纷申请再审案

- 案　　号　（2021）最高法民申 3629 号
- 合议庭成员　汪军、薛贵忠、杜微科
- 关 键 词　民事 / 建设工程施工合同纠纷 / 建设工程价款优先受偿权
- 相关法条　《中华人民共和国合同法》第 286 条①，《最高人民法院关于审理建设工程施工合同纠纷案件适用法律问题的解释（二）》第 23 条②

【裁判要旨】

建设工程价款优先受偿权是建设工程承包人享有的一项法定优先权，但承包人不得滥用该项权利，且在特定情形下，因承包人自身存在过错行为，其还可能丧失建设工程价款优先受偿权。承包人为配合发包人获取银行贷款而出具虚假的工程款收款证明，其后就该部分工程款主张享有建设工程价款优先受偿权的，人民法院不予支持。

---

① 对应《中华人民共和国民法典》第 807 条。
② 该解释已失效，参见《最高人民法院关于审理建设工程施工合同纠纷案件适用法律问题的解释（一）》第 42 条。

【案情摘要】

佳程房产公司与南通二建签订了施工合同,后双方签订《补充协议》,约定南通二建配合佳程房产公司在项目开发贷款监管方所要求的资金确认函上盖章,该确认函内容不作为南通二建实际收款依据等。南通二建取得上海农商行浦东分行向佳程房产公司发放的贷款,因未到施工合同约定的支付进度款的时间节点,根据佳程房产公司的要求,将部分贷款返还给佳程房产公司。佳程房产公司获取银行贷款后,将本应用于支付工程款的贷款挪作他用。因佳程房产公司未能按约支付工程款,南通二建提起本案诉讼,请求判令佳程房产公司支付工程款,并确认南通二建对该部分工程款享有建设工程价款优先受偿权等。

(撰写人:汪 军)

55 当事人在判决作出后,另行单方委托其他鉴定机构对鉴定结论进行审核的意见可否作为定案依据

——海熙公司与东源公司建设工程施工合同纠纷申请再审案

- **案　　号**　(2021)最高法民申 3667 号
- **合议庭成员**　李延忱、黄鹏、郁琳
- **关　键　词**　民事 / 建设工程施工合同纠纷 / 鉴定意见
- **相关法条**　《中华人民共和国民事诉讼法》第 79 条

【裁判要旨】

根据《民事诉讼法》以及民事诉讼法司法解释规定,当事人可以就查明事实的专门性问题向人民法院申请鉴定。经当事人协商确定或者人民法院指定的鉴定机构出具的鉴定结论在送交当事人后,鉴定人员就当事人对鉴定结论的内容作出解释、说明或者补充的,或者出庭作证并接受当事人询问的,该鉴定结论可以作为认定案件事实的证据。当事人在二审判决后另行单方委托鉴定机构进行审核的结论,不能作为推翻生效判决认定事实的依据。

【案情摘要】

海熙公司与东源公司约定由东源公司施工建设案涉工程,后双方就工程发生争

议，对工程造价亦不能达成一致，因此双方在原审法院主持下共同协商选定鉴定机构及鉴定人员对工程造价进行鉴定，原审法院依据鉴定报告对工程造价作出认定。海熙公司认为一审法院、二审法院的鉴定报告程序严重违法，故在二审判决后，自行委托其他鉴定机构对原审鉴定报告进行审核，并出具《结算造价审核书》，据此向法院申请再审，认为该《结算造价审核书》足以推翻原审依据鉴定报告关于工程造价的认定。

（撰写人：李延忱、高　玥）

56 建设工程施工合同纠纷中，当事人申请对案涉工程进行造价鉴定，法院允许并已进行造价鉴定，据以作出判决，二审判决生效后，当事人又申请以审计结果作为结算依据并据以申请再审的，不予支持

——欣旺劳务与中铁九局成都分公司、中铁九局、中铁股份建设工程施工合同纠纷申请再审案

- 案　　号　（2021）最高法民申 3690 号
- 合议庭成员　孙建国、张爱珍、孙晓光
- 关 键 词　民事 / 建设工程施工合同纠纷 / 司法鉴定 / 审计结果
- 相关法条　《最高人民法院关于审理建设工程施工合同纠纷案件适用法律问题的解释》第 1 条、第 2 条、第 14 条、第 17 条、第 18 条、第 26 条①

【裁判要旨】

《施工框架协议》《分包合同》约定：结算总价以审计后的金额为基准。《工程完工确认书》约定：发包人承诺在确认书签章之日起 6 个月内必须完成审计，若未能按约定期限完成审计，承包人保留通过法律途径解决的权利。因承包人通过诉讼方式主张工程价款，但审计仍未完成，承包人申请对案涉工程进行造价鉴定。因此，系承包人放弃选用审计结果作为工程结算的依据，而选用司法鉴定方式确定案涉工程造价。现承包人要求以二审判决生效后，第三方审计公司作出的审计结果，即

---

① 该解释已失效，第 2 条已被删除，此处法条分别参见《最高人民法院关于审理建设工程施工合同纠纷案件适用法律问题的解释（一）》第 1 条、第 9 条、第 26 条、第 27 条、第 43 条。

《审核报告书》作为结算依据，有违诚信原则。

【案情摘要】

2013年12月10日中铁九局成都分公司（甲方）与欣旺劳务（乙方）签订《施工框架协议》，约定天府大道南延线三期3标工程内K26＋170至以最终确定的终点桩号为准段路基土石方作为乙方施工范围。2014年4月1日，中铁九局成都分公司（承包人、甲方）与欣旺劳务（分包人、乙方）签订《桥梁工程施工专业分包合同》，其中协议书主要约定，工程承包范围为K25＋585、K26＋395桥梁全部工作内容（预制箱梁除外）。2015年6月19日，中国中铁天府新区工程指挥部天府大道三期三项目部（甲方）与欣旺劳务（乙方）签订《补充协议》，对管理费进行了调整。案涉工程于2015年5月12日完工，但一审、二审期间均未出具审计报告，故经过双方同意，一审法院委托第三方公司进行了鉴定，并根据鉴定结果对工程款进行了判决，但欣旺劳务不同意部分鉴定结论，且以二审判决生效后作出的工程竣工结算审核报告书为新证据申请再审。

（撰写人：董　宁）

57 借用有资质的建筑施工企业名义签订建设工程施工合同的施工人可否以发包人为被告主张欠付工程款

——王某军与仁永公司、家福公司、双港公司、中太公司建设工程施工合同纠纷申请再审案

- **案　　号**　（2021）最高法民申3766号
- **合议庭成员**　谢勇、张艳、李赛敏
- **关　键　词**　民事/建设工程施工合同纠纷/实际施工人
- **相关法条**　《最高人民法院关于审理建设工程施工合同纠纷案件适用法律问题的解释》第26条第2款①

---

① 该解释已失效，参见《最高人民法院关于审理建设工程施工合同纠纷案件适用法律问题的解释（一）》第43条第2款。

【裁判要旨】

缺乏资质的个人借用有资质的建筑施工企业名义签订建设工程施工合同的,施工人并非转承包人或者违法分包承包人,其依据《最高人民法院关于审理建设工程施工合同纠纷案件适用法律问题的解释(一)》第43条以发包人为被告主张欠付工程款的,人民法院不予支持。

【案情摘要】

涉案项目的招投标备案建设单位为家福公司,双港公司系该项目招投标备案的总包施工单位。家福公司与双港公司签订建设工程施工合同。仁永公司实际参与涉案项目的开发建设。王某军借用中太公司名义与仁永公司签订涉案项目部分建筑工程施工协议书。王某军负责施工的涉案工程已竣工验收合格。仁永公司及双港公司分别给付王某军部分工程款。王某军向法院提起本案诉讼,请求双港公司、仁永公司给付欠付工程款及违约金;家福公司在欠付工程款范围内承担给付责任。

(撰写人:张　艳)

58 没有资质的实际施工人借用有资质的建筑施工企业名义签订的建设工程施工合同无效
——东方公司、黄某国与亚星公司建设工程施工合同纠纷申请再审案

- **案　　号**　(2021)最高法民申3897号
- **合议庭成员**　王涛、马成波、杨心忠
- **关 键 词**　民事／建设工程施工合同纠纷／合同效力
- **相关法条**　《最高人民法院关于审理建设工程施工合同纠纷案件适用法律问题的解释》第1条①

【裁判要旨】

借用具有法定资质条件的建筑施工企业名义对外承揽工程虽是一种普遍现象,

---

①　该解释已失效,参见《最高人民法院关于审理建设工程施工合同纠纷案件适用法律问题的解释(一)》第1条。

但其规避了行政管理机关对建筑施工企业资质条件的管理，扰乱了建筑市场正常秩序，严重影响了建设工程的质量。借用具有法定资质企业名义承揽工程的合同，人民法院应认定无效。

【案情摘要】

亚星公司与东方公司就黄岗寺城中村改造项目签订《建设工程施工合同》，由没有资质的实际施工人黄某国施工。后案涉工程竣工，五大主体竣工验收合格。亚星公司与东方公司签订《工程结算协议书》《工程决算手续办理、工程款支付、质保金退还、后续手续办理协议书》等，亚星公司已支付工程款。后黄某国以《建设工程施工合同》及相关补充协议无效，东方公司、亚星公司向黄某国支付剩余工程款为由向法院起诉而引发本案纠纷。

（撰写人：杨心忠）

59 并非真实意思表示的备案合同不能作为结算依据
——泰地公司与鲁园公司建设工程施工合同纠纷申请再审案

- 案　　号　（2021）最高法民申 3933 号
- 合议庭成员　曹刚、于蒙、关晓海
- 关 键 词　民事／建筑工程施工合同／标前合同／虚伪表示
- 相关法条　《中华人民共和国民法总则》第 146 条[①]

【裁判要旨】

行为人与相对人以虚假的意思表示实施的民事法律行为无效。以虚假的意思表示隐藏的民事法律行为的效力，依照有关法律规定处理。本案中，根据一审、二审法院查明的事实，在承包人对涉案建设工程项目招标之前，发包人已与承包人签订标前合同，承包人也已进场施工并完成了过半工程量，双方之间实际履行的系标前合同，且承发包双方所签订的标前合同与中标合同在工程价款、建设工期、工程质量等方面均存在实质差异。二审法院据此认定中标合同虽在相关部门进行了备案，但并非双方当事人真实意思表示并不缺乏依据。

---

① 对应《中华人民共和国民法典》第 146 条。

【案情摘要】

2016年3月1日，鲁园公司与泰地公司签订的《唐街C地块商住楼C3、C4、C5项目施工协议书》，约定由鲁园公司对泰地公司开发的竟陵唐街C地块商住楼开发项目进行施工，工程承包范围为经审查修改及备案后C地块C3、C4、C5楼施工图纸中的土建工程、防水保温工程、安装工程、强弱电工程等施工内容（含图纸会审）。鲁园公司在施工过程中形成工程量签证单据和施工日志，其中部分单据没有监理单位签章，只有鲁园公司的签章和泰地公司的员工陈某新、王某等的签字。2017年6月20日，泰地公司与鲁园公司签订《竟陵唐街C地块商住楼工程补充协议》。2017年3月1日至2017年5月1日，工程处于半停工状态，后因泰地公司未按照补充协议的约定支付200万元，鲁园公司就于此后全面停工。双方产生纠纷。

（撰写人：关晓海）

60 当事人一方自行委托审计形成的报告可否作为认定工程价款的依据

——白马置业公司与白马建筑公司、宿州五建公司建筑工程施工合同纠纷申请再审案

- **案　　号**　（2021）最高法民申3937号
- **合议庭成员**　曹刚、于蒙、关晓海
- **关 键 词**　民事／建筑工程施工合同／自行委托／工程价款审计
- **相关法条**　《最高人民法院关于审理建设工程施工合同纠纷案件适用法律问题的解释》第16条、第19条、第20条①

【裁判要旨】

当事人一方自行委托工程价款审计形成的报告，经双方共同盖章确认，付款义务人在该审计报告作出后的数年内均未对审计报告提出异议，且按照审计报告确定的工程款数额实际履行的，该审计报告可以作为工程款的认定依据。

---

① 该解释已失效，此处法条分别参见《最高人民法院关于审理建设工程施工合同纠纷案件适用法律问题的解释（一）》第19条、第20条、第21条。

【案情摘要】

白马置业公司将白马商城一期东区室外工程发包给宿州五建公司承包，后白马建筑公司、白马置业公司、宿州五建公司及王某签订协议，案涉工程实际由王某及白马建筑公司挂靠宿州五建公司施工。工程完工后，白马置业公司委托淮海公司对包括案涉工程在内的白马商城工程价款进行审计。后因白马置业公司欠付工程款，白马建筑公司将白马置业公司诉至法院。一审、二审法院均以淮海公司的审计报告为认定工程款依据，判决白马置业公司支付相应工程款及利息。白马置业公司不服，申请再审。

（撰写人：于 蒙、刘依珊）

61 工程质量问题可修复解决，人民法院在支持发包人有关修复费用等损失诉求的同时，可判令承包人就已完工部分的折价或拍卖价款享有优先受偿权

——枫格置业公司与福建六建公司等建设工程施工合同纠纷申请再审案

- 案　　号　（2021）最高法民申 4005 号
- 合议庭成员　陈宏宇、吴笛、张梅
- 关 键 词　民事 / 建设工程施工合同纠纷 / 建设工程价款优先受偿权 / 工程质量
- 相关法条　《最高人民法院关于审理建设工程施工合同纠纷案件适用法律问题的解释（二）》第 20 条[①]

【裁判要旨】

建设工程已完工部分虽存在质量问题，但鉴定意见明确质量问题可经修复解决，人民法院在认定承包人承担修复费用等损失的同时，可判令承包人就已完工部分的折价或拍卖价款在欠付工程款范围内享有优先受偿权。

---

① 该解释已失效，参见《最高人民法院关于审理建设工程施工合同纠纷案件适用法律问题的解释（一）》第 39 条。

【案情摘要】

福建六建公司承建的案涉工程已完工部分存在质量问题。鉴定意见载明质量问题可经修复予以解决。发包人主张质量问题的修复款项，承包人主张建设工程价款优先受偿权。人民法院可否在判令承包人承担修复费用的同时，支持承包人主张建设工程价款优先受偿权的主张。

（撰写人：陈宏宇、赵　静）

62 内容不完整的工程结算协议不影响一方主张权利
——中建一局与晟科公司等建设工程施工合同纠纷申请再审案

- **案　　号**　（2021）最高法民申 4117 号
- **合议庭成员**　麻锦亮、周其濛、季伟明
- **关 键 词**　民事 / 建设工程施工合同 / 结算协议 / 权利义务清理
- **相关法条**　《中华人民共和国合同法》第 91 条①，《建设工程价款结算暂行办法》第 14 条，《建筑工程施工发包与承包计价管理办法》第 19 条，《北京市高级人民法院关于审理建设工程施工合同纠纷案件若干疑难问题的解答》第 24 条，《广东省高级人民法院关于审理建设工程施工合同纠纷案件若干问题的意见》第 4 条

【裁判要旨】

工程结算协议作为终结建设工程施工合同法律关系的重要依据，原则上应能体现各方对于了结施工合同权利义务的洽商过程，包括对合同履行情况的总结和评价，以及各自权利义务的检视和妥协，内容应包括工程结算范围、工程结算造价、权利义务的保留或放弃及监理单位确认等主要条款。如协议仅是双方以表格的形式对案涉工程量及对应价款进行简单罗列和确认，无前述权利义务清理内容，则并不是最终完整结算协议，不影响一方后续主张协议未载明的对方责任。

【案情摘要】

2015 年 8 月，发包人晟科公司与承包人中建一局签订《总承包工程施工合同》，

---

① 对应《中华人民共和国民法典》第 557 条。

约定竣工时间为 2016 年 10 月，中建一局进行施工后工程进度出现延误，对于延误原因双方各执一词，中建一局主张系工程款拨付不到位、晟科公司相关工程拖延，晟科公司主张系中建一局内部施工延误，案涉工程相继于 2016 年、2017 年竣工，晟科公司尚欠部分工程款。

2018 年 10 月至 2018 年 11 月双方进行工程结算，并形成《工程（结）算书总表》，该表仅有案涉工程量及对应价款，无文字总结。在双方进行结算时，晟科公司并未提出因中建一局逾期竣工而追究中建一局的违约责任。2019 年 4 月，中建一局提起诉讼，诉请主要为索要尚欠工程款。晟科公司反诉，诉请主要为主张工程逾期违约金。

（撰写人：季伟明）

63 合同当事人在开工进场后未对约定的场地"暂定尺寸"明确异议，是否可推定为以默示方式认可场地尺寸

——思安公司与大东海公司建设工程施工合同纠纷申请再审案

- 案　　号　（2021）最高法民申 4504 号
- 合议庭成员　李延忱、黄鹏、郁琳
- 关　键　词　民事 / 建设工程施工合同纠纷 / 推定意思表示
- 相关法条　《中华人民共和国合同法》第 125 条①

【裁判要旨】

合同约定场地尺寸为"暂定"，即双方均应预见到案涉场地数据并未最终确认。从合同公平角度考虑，对于建设工程施工合同履行过程中相应场地等事项的要求，各方均有权提出相应调整。从实际履行情况考虑，场地最终按照发包方调整后的尺寸实际履行。因此暂定尺寸不能作为最终确认约定尺寸的依据。

【案情摘要】

大东海公司与思安公司签订承包合同约定由思安公司承建大东海公司的工程，合同签订后思安公司安排人员进场做开工前准备工作，并在双方会议纪要中明确场

---

① 对应《中华人民共和国民法典》第 142 条。

地尺寸暂定 130 米 * 30 米布置。开工第二天，思安公司施工人员在放线过程中发现大东海公司单方将场地尺寸调整为 130 米 * 28.5 米。随后据此场地变化发出工程联系单，要求大东海公司按约定清理施工场地，双方之间就案涉工程的进展发生争议。后大东海公司更换承包方，由案外人按照场地尺寸 130 米 * 28.5 米完成工程建设。

（撰写人：李延忱、高　玥）

64 实际施工人应对其身份及施工关系成立承担举证责任
——张某、郑某武与泛华建设集团有限公司建设工程施工合同纠纷申请再审案

- 案　　号　（2021）最高法民申 4627 号
- 合议庭成员　麻锦亮、周其濛、季伟明
- 关 键 词　民事 / 建设工程施工合同纠纷 / 实际施工人 / 事实上施工关系
- 相关法条　《最高人民法院关于适用〈中华人民共和国民事诉讼法〉的解释》第 91 条

【裁判要旨】

《最高人民法院关于适用〈中华人民共和国民事诉讼法〉的解释》第 91 条规定，主张法律关系存在的当事人应当对产生该法律关系的基本事实承担举证证明责任。建设工程施工合同中，主张作为工程实际施工人的，应就与发包方、承包方成立建设工程施工合同关系承担举证责任。实际施工人一般是指对相对独立的单项工程，通过筹集资金、组织人员机械等进场施工，在工程竣工验收合格后，与业主方、被挂靠单位、转承包人进行单独结算的自然人、法人或其他组织。

【案情摘要】

泛华建设集团有限公司作为案涉工程的发包方，张某、郑某武主张其与泛华公司之间虽未签订建设工程承包合同，但张某、郑某武提供了人（施工人员）、财（支付施工人员劳务费、管理费、差旅费等）、物（建材）等包工包料完成案涉工程施工和管理工作的证据，能够证明张某、郑某武对案涉工程进行了实际施工，与泛华建设集团有限公司之间存在事实合同关系，继而提出索要工程款的诉讼请求。

（撰写人：李知博）

65 建设工程材料供应商货款不属于建设工程价款优先受偿权的范围

——安庆文泰公司与中联公司等买卖合同纠纷申请再审案

- **案　　号**　（2021）最高法民申 4710 号
- **合议庭成员**　张淑芳、曹刚、李敬阳
- **关 键 词**　民事／建设工程合同纠纷／优先受偿权
- **相关法条**　《中华人民共和国合同法》第 286 条[①]，《最高人民法院关于审理建设工程施工合同纠纷案件适用法律问题的解释（二）》第 17 条[②]

【裁判要旨】

施工方拖欠建设材料供应商货款，供应商基于买卖合同享有相应债权，但该债权不属于法律规定的建设工程价款优先受偿权范围。

【案情摘要】

2011 年至 2013 年间，池州永华公司和中联公司签订建设工程施工合同，约定将滨江名城部分工程发包给中联池州公司施工，承包方式为包工不包料，材料由池州永华公司提供。2011 年 9 月 8 日，安庆文泰公司与池州永华公司签订《钢材购销合同》，约定安庆文泰公司向池州永华公司出售钢材用于滨江名城工程施工建设。2014 年 7 月 8 日，安庆文泰公司与池州永华公司对账，确认了池州永华公司欠安庆文泰公司钢材款的事实。2016 年 11 月 11 日，法院裁定受理中联公司对池州永华公司的破产清算申请。安庆文泰公司于 2017 年 1 月 24 日向池州永华公司破产管理人申报债权 9823055.00 元。安庆文泰公司于 2018 年 9 月 20 日向池州永华公司破产管理人发出《关于请求依法认定建筑工程材料款为优先债权的函》，要求认定其钢材货款债权为工程款类优先受偿债权。池州永华公司破产管理人经审查核实认为，安庆文泰公司与池州永华公司之间系买卖合同关系，确认其债权不属于工程款类优先债权。安庆文泰公司提出诉讼，请求确认其对池州永华公司钢材货款债权享有优先受

[①]　对应《中华人民共和国民法典》第 807 条。
[②]　该解释已失效，参见《最高人民法院关于审理建设工程施工合同纠纷案件适用法律问题的解释（一）》第 35 条。

偿债权。法院经审理认为，案涉钢材货款系履行买卖合同产生的债权，不属于建设工程类债权，不在法律规定的优先受偿债权范围之内。安庆文泰公司要求确认为案涉债权为优先受偿债权的诉讼请求，于法无据，不应支持。

（撰写人：曹　刚）

66 单方提交的工程决算书可否作为认定工程款的依据
——安徽万泉公司与武汉镇安公司等建设工程施工合同纠纷申请再审案

- **案　　号**　（2021）最高法民申4800号
- **合议庭成员**　曹刚、于蒙、关晓海
- **关 键 词**　民事 / 建设工程施工合同纠纷 / 工程造价
- **相关法条**　《最高人民法院关于审理建设工程施工合同纠纷案件适用法律问题的解释》第19条、第20条①

【裁判要旨】

双方协议约定承包人向发包人送达工程决算书后，发包人未在约定时间内答复或提出异议的，视为对工程决算书认可。承包人已向发包人送达工程决算书，发包人未在约定时间内答复或提出异议。在诉讼中，发包人不认可该工程决算书，经人民法院释明，又不申请工程造价鉴定的，发包人应承担举证不能的法律后果，该工程决算书可作为工程款的认定依据。

【案情摘要】

安徽万泉公司（甲方、发包人）将万泉青年城项目发包给武汉镇安公司（乙方、承包人）承建，双方协议中约定"若甲方收到结算资料后30天内未书面告知审核结果，视同认可结算书全部内容，并同意按乙方结算书工程总价支付工程款"。工程完工后，武汉镇安公司向安徽万泉公司寄达工程决算书，在约定时间内安徽万泉公司未答复，亦未提出异议。后因安徽万泉公司欠付工程款，武汉镇安公司向法院提出索要工程款及利息的诉请，一审、二审法院依据工程决算单认定工程款，作出判决

---

① 该解释已失效，此处法条分别参见《最高人民法院关于审理建设工程施工合同纠纷案件适用法律问题的解释（一）》第20条、第21条。

后，安徽万泉公司不服，申请再审。

（撰写人：于 蒙、刘依珊）

67 未查明发包人所欠承包人的工程款具体数额即判令发包人向实际施工人承担工程款支付责任的，属于认定基本事实不清
——邹某荣与朝阳公司、南江土储中心、亨通建设公司建设工程合同纠纷申请再审案

- 案　　号　（2021）最高法民申 4957 号
- 合议庭成员　张爱珍、郭凌川、孙建国
- 关 键 词　民事 / 建设工程施工合同 / 欠付建设工程价款范围 / 实际施工人
- 相关法条　《最高人民法院关于审理建设工程施工合同纠纷案件适用法律问题的解释（二）》第 24 条①

【裁判要旨】

依据《最高人民法院关于审理建设工程施工合同纠纷案件适用法律问题的解释（二）》第 24 条规定，建设工程施工合同纠纷案件中，判决发包人在欠付建设工程价款范围内对实际施工人承担责任，应以查明发包人欠付转包人或者违法分包人工程款数额为前提。截至原审法院作出本案判决时，发包人与承办人并未就案涉工程进行结算，发包人所欠承包人的工程款数额尚不确定。在此情形下，原审法院判决发包人承担本案支付责任，属于认定基本事实不清。

【案情摘要】

南江土储中心与朝阳公司签订案涉《BT 模式投资建设合同》后，朝阳公司与亨通建设公司签订《BT 模式投资建设施工合同》将工程转包给亨通建设公司。邹某荣挂靠亨通建设公司修建案涉工程的部分工程并经竣工验收、交付使用。此后各方另行签订《回购及投资收益资金计算表》中盖章确认邹某荣投资修建工程的审计金，

---

① 该解释已失效，参见《最高人民法院关于审理建设工程施工合同纠纷案件适用法律问题的解释（一）》第 43 条。

所附《回购资金及收益、资金占用费、违约金计算表》对违约金的计付进行了约定。邹某荣以建设工程施工合同纠纷起诉亨通建设公司、朝阳公司支付工程款等。原审判决在未查明发包人欠付工程款范围情况下，即判决发包人向实际施工人承担支付工程款责任。邹某荣向最高人民法院申请再审后，最高人民法院经审查认为此种情形属于基本事实认定不清。

（撰写人：张爱珍、仇彦军）

68 当事人约定分期支付工程款的，建设工程价款优先受偿权行使期限自最后一期工程款应付款之日起算

——斯努特啤酒公司与项胜建筑公司建设工程施工合同纠纷申请再审案

- **案　　号**　（2021）最高法民申4949号
- **合议庭成员**　王朝辉、郭凌川、刘丽芳
- **关 键 词**　民事 / 建设工程施工合同纠纷 / 建设工程价款优先受偿权 / 权利行使期限
- **相关法条**　《最高人民法院关于审理建设工程施工合同纠纷案件适用法律问题的解释（二）》第22条①

【裁判要旨】

建设工程价款优先受偿权是为保障承包人工程款债权而依据合同法设立的法定优先权利，在发包人与承包人约定分期支付案涉工程款的情形下，应付工程总价款与分期支付的工程款具有整体性、同一性。基于保护承包人工程款债权之目的，建设工程价款优先受偿权不宜分段行使，应当自最后一期工程款应付款之日起算。

【案情摘要】

2015年8月18日，斯努特啤酒公司将案涉工程发包给项胜建筑公司施工。2016年9月5日，双方共同申请相关单位组织验收，但工程并未实际通过竣工验收，未取得竣工验收备案登记证。2017年1月19日，双方对涉案工程进行了结算，第三

---

① 该解释已失效，参见《最高人民法院关于审理建设工程施工合同纠纷案件适用法律问题的解释（一）》第41条。

方审计机构审定工程实际造价为 33742031.71 元。2017 年 8 月 4 日，双方签订《付款协议书》，约定斯努特啤酒公司分期向项胜建筑公司支付工程款。后双方就工程款支付问题发生争议，项胜建筑公司提起本案诉讼。

（撰写人：王朝辉、张东一）

69 仅为工程承包流转环节一环且未实际施工的主体不属于实际施工人
——凯某齐与重庆德感公司、盘南管委会等建设工程施工合同纠纷申请再审案

- 案　　号　（2021）最高法民申 5114 号
- 合议庭成员　王朝辉、郭凌川、刘丽芳
- 关 键 词　民事 / 建设工程施工合同纠纷 / 实际施工人认定
- 相关法条　《最高人民法院关于审理建设工程施工合同纠纷案件适用法律问题的解释》第 18 条[①]

【裁判要旨】

实际施工人是通过筹集资金、组织人员机械、支付农民工工资或劳务报酬等实际从事工程项目建设的主体，包括挂靠、转包、违法分包、支解分包等情形下的自然人、法人或其他组织，有别于承包人、施工班组、农民工个体等。在层层转包、多次违法分包、挂靠后再次转包或违法分包等情形下，实际施工人仅指最后进场施工的民事主体，工程承包流转中仅为其中流转一环的转包人、违法分包人、挂靠人等不属于实际施工人，无权突破合同相对性，越过其合同相对方直接向发包人主张工程款的权利。

【案情摘要】

2013 年 3 月 15 日，盘南管委会作为发包人与重庆德感公司作为承包人签订了《建设工程施工合同》，凯某齐作为重庆德感公司的委托代理人在该合同上签字。重

[①] 该解释已失效，参见《最高人民法院关于审理建设工程施工合同纠纷案件适用法律问题的解释（一）》第 27 条。

庆德感公司与凯某齐签订《工程项目内部承包经营合同》，约定凯某齐自愿作为工程项目的内部承包人经营工程项目。之后，重庆德感公司与盘南管委会的承发包关系解除，项目的发包主体变更为贵州申安公司。2015年12月23日，贵州申安公司与重庆德感公司重新签订施工合同，重庆德感公司和发包人贵州申安公司建立合同关系，凯某齐并未再以重庆德感公司代理人身份参与合同签订。之后，重庆德感公司将案涉项目通过支解分包、非法分包等形式，交由多位实际施工人施工，但凯某齐并未进行实际施工。凯某齐认为自己属于实际施工人，起诉要求业主盘南管委会向其支付工程款。

（撰写人：王朝辉、张东一）

70 在建设工程施工关系中主张侵权的一方当事人应承担相应举证证明责任

——润昌置业公司与南京中洲公司、芮某祥、陈某清、芮某韡侵权责任纠纷申请再审案

- 案　　号　（2021）最高法民申5127号
- 合议庭成员　张淑芳、李敬阳、吴凯敏
- 关 键 词　民事 / 侵权 / 建设工程 / 工程造价
- 相关法条　《最高人民法院关于适用〈中华人民共和国担保法〉若干问题的解释》[①]第19条

【裁判要旨】

当事人因建设工程施工合同发生纠纷依据《侵权责任法》规定请求判令返还侵占财产并赔偿损失，经法院释明仍坚持以侵权为由主张权利的，当事人应就存在侵权行为及其损失承担举证责任。

【案情摘要】

芮某祥系润昌置业公司股东，也是南京中洲公司的股东和法定代表人，陈某清是芮某祥妻子，是南京中洲公司的监事，芮某韡是芮某祥女儿，是南京中洲公司的

---

① 该解释已失效。

股东。润昌置业公司因宣城建材装饰大市场土方回填工程、临时办公室工程、宣城建材装饰大市场场内附属工程施工需要，分别与南京中洲公司于2007年1月12日、2007年3月10日和2009年5月10日签订施工合同。南京中洲公司完成施工后，润昌置业公司委托南京卓诚公司对三项工程的造价进行了结算审核，南京卓诚公司审核后于2011年5月20日和2011年5月24日分别出具三份咨询报告书，报告载明的审定价款分别为土方回填工程9432698.06元，办公室、售楼部装饰工程2020741.32元，附属工程18564785.77元，合计30018225.15元。润昌置业公司作为建设单位，南京中洲公司作为施工单位在三份审核定单中分别盖章确认。此后，南京中洲公司将预先领取的部分工程款与工程结算款进行了抵销，并通过指定芮某韡及他人购买润昌置业公司房屋的方式抵销了部分工程结算款。润昌置业公司认为，南京中洲公司所施工的附属工程的工程价款应为6468054.66元，因南京中洲公司的法定代表人芮某祥作为润昌置业公司的股东和高管，在工程结算审核中报送虚假资料，骗取工程造价咨询单位出具审定价为30018225.15元的虚假咨询报告，南京中洲公司现已实际领取工程款（包含房屋抵扣款）23012714元，润昌置业公司要求南京中洲公司返还无果，故诉至一审法院，请求判如所请。本案审理中，一审法院依据润昌置业公司申请，裁定对南京中洲公司、芮某祥、陈某清、芮某韡的财产在2000万元范围内予以冻结或查封。

（撰写人：吴凯敏）

71 付款方在施工方已经完成基本工程情况下无法履行付款义务，可以认定付款期限已到期

——中丹公司与富昇公司建设工程施工合同纠纷申请再审案

- **案　　号**　（2021）最高法民申5309号
- **合议庭成员**　郎贵梅、王朝辉、刘丽芳
- **关 键 词**　民事/建设工程施工合同/加速到期
- **相关法条**　《中华人民共和国合同法》第108条①

---

① 对应《中华人民共和国民法典》第578条。

【裁判要旨】

付款方在施工方已基本完成主体工程情形下，即使部分工程款未到支付期限，但有证据证明付款方明确表示不履行付款义务，或以自己的行为表明不履行付款义务，或存在被吊销营业执照、被注销、丧失商业信誉等无法履行付款义务的情形的，人民法院可以认定付款期限已经到期。

【案情摘要】

中丹公司作为发包人与承包人富昇公司签订《建设工程施工合同》，富昇公司依约进行施工并完成主体工程，由于中丹公司未支付工程款，富昇公司于2016年正式停工。停工后，富昇公司一直派人看守工地，但中丹公司以其法定代表人查找不到为由怠于处理后续工作，也未接管已完成的工程。在未经竣工结算情况下，经富昇公司委托鉴定，实际完成工程量及造价工程款为18754443.34元。

一审法院以鉴定工程款金额，扣除政府实际拨付的金额，判决中丹公司支付工程款10154843.34元及停工损失20万元。二审法院维持了一审判决。中丹公司以双方在二审中认可剩余20%工程尾款应在竣工验收后支付，且不存在合同解除的情形为由认定原审判决错误，申请再审。

（撰写人：郎贵梅、陈　艺）

72 当事人能否以财政评审中心未出具审核结论为由拒绝结算工程款

——吉林市政集团与江苏宝利公司建设工程施工合同纠纷申请再审案

- 案　　号　（2021）最高法民申5454号
- 合议庭成员　周其濛、麻锦亮、孙勇进
- 关 键 词　民事 / 建设工程施工合同纠纷 / 工程结算 / 财政评审
- 相关法条　《最高人民法院关于审理建设工程施工合同纠纷案件适用法律问题的解释》①第2条，《最高人民法院关于审理建设工程施工合同纠纷案件适用法律问题

---

① 该解释已失效。

的解释（二）》第 11 条①

【裁判要旨】

财政评审中心作出的审核结论一般不能作为工程结算的依据，其是国家对建设单位基本建设资金的监督管理，并不影响当事人之间的合同效力及履行。当事人明确约定以财政评审中心出具的审核意见为最终结算依据的，审核结论应当作为结算的依据。

【案情摘要】

吉林市政府计划建设市政大桥，江苏宝利公司未经招投标程序即承建市政大桥项目，江苏宝利公司与吉林市政集团先后签订《吉林市新城大桥工程合作协议书》《建设工程施工合同》，约定由吉林市政集团承担该项目，《吉林市新城大桥工程合作协议书》约定，工程价款以吉林市财政投资评审中心最终审定的施工图预算建安费下浮 1% 的工程造价为准。市政大桥竣工验收后，吉林市政集团向江苏宝利公司主张工程款，江苏宝利公司以财政评审中心的审核结论尚未出具为由拒付，吉林市政集团诉至法院。

（撰写人：麻锦亮、李 薇）

73 承包人在诉讼过程中破产，仍由承包人自己而非其管理人委托诉讼代理人参加诉讼，发包人以此为唯一理由申请再审的，不予支持

——巴中广建与重庆十建建设工程施工合同纠纷申请再审案

- **案　　号**　（2021）最高法民申 5648 号
- **合议庭成员**　孙建国、张爱珍、郭凌川
- **关 键 词**　民事 / 破产 / 破产管理人
- **相关法条**　《中华人民共和国企业破产法》第 25 条

---

① 该解释已失效，参见《最高人民法院关于审理建设工程施工合同纠纷案件适用法律问题的解释（一）》第 24 条。

【裁判要旨】

根据《企业破产法》第25条第1款第7项的规定，管理人的职责是代表债务人参加诉讼、仲裁或者其他法律程序，而不是以自己的名义参加诉讼，本案系承包人依据双方签订的《建设工程施工合同》及相关补充协议起诉发包人，承包人已经参加诉讼，不存在遗漏案件当事人的问题。

【案情摘要】

2010年11月25日，巴中广建、重庆十建签订了《建设工程施工合同》，后又陆续签订系列补充协议。2011年1月3日，重庆十建入场施工，重庆十建完成部分施工后，双方因工程质量、工程价款等问题发生纠纷，2014年2月18日，重庆十建向一审法院提起诉讼，2014年5月22日，巴中广建提起反诉。一审法院审理中，双方当事人对鉴定意见第一项的工程造价无异议。双方当事人均认可已付工程款为33399015元，欠付工程款7061707元，重庆十建主张巴中广建应当支付工程款7061707元的请求成立，一审法院予以支持，二审法院维持。一审法院审理期间，重庆市江北区人民法院裁定准许重庆十建的重整申请，并裁定其管理人为诉讼代表人，但重庆十建管理人未作为重庆十建的诉讼代表人在本案中出庭，重庆十建的委托诉讼代理人仍由该公司而非该公司管理人出具委托代理手续。

（撰写人：董　宁）

74 在债务人未脱离合同关系的前提下，第三人与债权人就债务承担达成协议应视为加入债务

——重庆佳信公司与坭坝乡政府等建设工程施工合同纠纷申请再审案

- 案　　号　（2021）最高法民申5699号
- 合议庭成员　刘丽芳、郎贵梅、王朝辉
- 关 键 词　民事 / 合同 / 债务转移 / 加入债务
- 相关法条　《中华人民共和国民法典》第551条、第552条

【裁判要旨】

债务转移对债权人实现债权影响甚巨，需征得债权人明确同意。若债权人与第

三人就债务承担达成的协议中，未明确原债务人脱离原合同关系，免除原债务人债务，则第三人与原债务人承担的债务是并存的，应认定第三人构成加入债务，而非债务转移。

【案情摘要】

2013年9月6日，重庆佳信公司与坭坝乡政府签订《建设工程施工合同》，约定重庆佳信公司承建案涉工程。2013年9月17日，千亿公司的高级管理人刘某刚、屈某雨作为甲方与重庆佳信公司的项目负责人彭某作为乙方针对案涉工程签订《支付工程款和收取保证金的专用协议》，该协议约定甲方按合同约定向乙方支付相应合格部分工程量的工程款，在乙方提交相应资料后拨付给坭坝乡政府。2013年9月20日，鳇部园区管委会与坭坝乡政府、千亿公司签订《工程垫款协议书》，约定案涉工程款由千亿公司代坭坝乡政府进行垫付。坭坝乡政府、千亿公司分别向彭某支付工程款200万元、120万元。一审、二审判决认定构成债务转移，坭坝乡政府不承担支付工程款责任，重庆佳信公司对此不服，申请再审。

（撰写人：刘丽芳、王　欣）

75 建设工程施工合同纠纷案件中如何认定当事人之间属于挂靠关系还是内部承包关系
——朱某成与新华公司、海广公司建设工程施工合同纠纷申请再审案

- 案　　号　（2021）最高法民申5704号
- 合议庭成员　李延忱、王珅、郁琳
- 关 键 词　民事/建设工程施工合同纠纷/内部承包/挂靠
- 相关法条　《最高人民法院关于审理建设工程施工合同纠纷案件适用法律问题的解释（一）》第1条

【裁判要旨】

承包人与第三人订立了无固定期限劳动合同和目标管理责任书，聘用第三人作为承包人分公司负责人，自主经营，自负盈亏，每年向承包人交纳固定利润，自行承担分公司职工工资及社保等全部费用，并以个人资产作抵押对目标管理责任负责。结合第三人的经营管理客观事实，其与承包人另行签订目标管理责任书，每年向承

包人固定利润，不同于挂靠关系中按工程项目的固定比例交纳管理费，当事人之间更符合内部承包关系的特征。

【案情摘要】

新华公司与海广公司签订建设工程施工合同约定新华公司承建案涉工程项目。合同签订后，项目由朱某成实际施工。案涉项目承包前，朱某成已与新华公司签订了无固定期限劳动合同，新华公司聘用朱某成为新华公司南通分公司负责人，朱某成的社会养老保险以新华公司职工名义交纳。朱某成与新华公司还分别签订了目标管理责任书，约定每年向新华公司上交固定利润，朱某成个人负责施工人员用工手续，承担职工工资、福利和社会保险等所有费用。

（撰写人：李延忱、高 玥）

76 招投标过程中的投标价能否成为工程款结算标准

——吴某松等与华美公司等建设工程施工合同纠纷申请再审案

- 案　　号　（2021）最高法民申 5723 号
- 合议庭成员　曹刚、于蒙、关晓海
- 关 键 词　民事 / 建设工程施工合同纠纷 / 工程款结算
- 相关法条　《最高人民法院关于审理建设工程施工合同纠纷案件适用法律问题的解释》第 16 条、第 19 条①

【裁判要旨】

《建筑工程施工合同书》、备案合同和中标通知书均已载明工程价款金额，应当根据上述证据认定工程价款金额。当事人主张以投标价格结算工程款，但投标价没有经双方约定成为合同价，故对其主张不予支持。

【案情摘要】

华美公司与安装公司签订《建筑工程施工合同书》，合同签订后，吴某松、熊某俊、高某元进入华美家居建材城 × 区施工。工程经竣工验收后，交付给华美公司并

---

① 该解释已失效，此处法条分别参见《最高人民法院关于审理建设工程施工合同纠纷案件适用法律问题的解释（一）》第 19 条、第 20 条。

投入使用。各方没有对工程进行最后结算。华美公司已付部分工程款。后双方对工程量及工程价款产生争议，吴某松等人将华美公司诉至法院要求支付欠付工程款及利息。一审、二审判决后，吴某松等人对法院认定的工程范围、工程价款不予认可，申请再审。

（撰写人：于　蒙）

77 实际施工人是否享有建设工程价款优先受偿权
——曹某兴与黄某荣建设工程施工合同纠纷申请再审案

- 案　　号　（2021）最高法民申 5733 号
- 合议庭成员　薛贵忠、汪鸿滨、杜微科
- 关　键　词　民事 / 建设工程施工合同纠纷 / 建设工程价款优先受偿权
- 相关法条　《中华人民共和国合同法》第 286 条[1]，《最高人民法院关于审理建设工程施工合同纠纷案件适用法律问题的解释》第 26 条第 2 款[2]，《最高人民法院关于审理建设工程施工合同纠纷案件适用法律问题的解释（二）》第 17 条[3]

【裁判要旨】

依据《合同法》第 286 条规定，工程价款优先受偿权的主体只能为承包人。《最高人民法院关于审理建设工程施工合同纠纷案件适用法律问题的解释》第 26 条第 2 款规定，发包人只在欠付工程价款范围内对实际施工人承担责任，即实际施工人有条件向发包人主张工程价款，但并未规定实际施工人享有工程价款的优先受偿权。因此，实际施工人享有建设工程价款优先受偿权没有法律依据。

【案情摘要】

昌源公司承包富泰公司某项目建筑安装工程后，实际将工程交由曹某兴、黄某荣进行施工。后富泰公司无法按约定支付工程进度款致工程停工。曹某兴、黄某荣

---

[1] 对应《中华人民共和国民法典》第 807 条。
[2] 该解释已失效，参见《最高人民法院关于审理建设工程施工合同纠纷案件适用法律问题的解释（一）》第 43 条第 2 款。
[3] 该解释已失效，参见《最高人民法院关于审理建设工程施工合同纠纷案件适用法律问题的解释（一）》第 35 条。

在主张欠付工程款时，向法院诉请对其所施工工程行使建设工程价款优先受偿权，未得到法院支持。

（撰写人：薛贵忠）

78 实际施工人借用资质签订的建设工程施工合同效力认定的法律依据
——伟太公司与金石园公司、胡某忠、李某贵建设工程施工合同纠纷申请再审案

- 案　　号　（2021）最高法民申5820号
- 合议庭成员　王涛、闫燕、杨心忠
- 关　键　词　民事 / 建设工程施工合同纠纷 / 借用资质
- 相关法条　《最高人民法院关于审理建设工程施工合同纠纷案件适用法律问题的解释》第1条①

【裁判要旨】

没有资质的实际施工人借用有资质的建筑施工企业名义签订的建设工程施工合同，应当根据《合同法》第52条第5项的规定，认定无效。《民法典》颁布实施后，将其认定无效的法律依据，变更为"应当依据民法典第一百五十三条第一款的规定，认定无效"，即违反法律、行政法规的强制性规定的民事法律行为无效。

【案情摘要】

发包人金石园公司与承包人伟太公司签订《建设工程施工合同》，胡某忠在伟太公司委托代理人一栏处签字。伟太公司与胡某忠签订《工程项目内部责任承包协议书》，约定伟太公司将"金石清水城×楼"工程承包给胡某忠。金石园公司与胡某忠、李某贵签订《金石清水城×号楼项目合作协议》。后作为甲方的金石园公司与作为乙方的伟太公司签订《关于原"金石清水城×号楼建设工程施工合同"经双方商议后的补充协议》，胡某忠、李某贵在乙方代表人处签字，约定按施工总承包的方

---

① 该解释已失效，参见《最高人民法院关于审理建设工程施工合同纠纷案件适用法律问题的解释（一）》第1条。

式进行建设施工。本案中，胡某忠并非伟太公司员工，且无相关施工资质，其与伟太公司属于挂靠关系，胡某忠系借用伟太公司资质对案涉工程进行施工，上述合同应为无效合同。

（撰写人：张海玲）

79 转包合同被确认无效，实际施工人能否主张按照发包人与承包人签订的合同中所约定的合同价款作为计算应付工程款

——欧某、伦某与陕西中业公司、阿里水利项目中心等建设工程施工合同纠纷申请再审案

- 案　　号　（2021）最高法民申 5875 号
- 合议庭成员　张爱珍、郭凌川、孙建国
- 关 键 词　民事 / 建设工程施工合同纠纷 / 转包合同无效 / 应付工程款
- 相关法条　《中华人民共和国合同法》第 8 条、第 272 条、第 279 条[①]，《中华人民共和国建筑法》第 28 条，《最高人民法院关于审理建设工程施工合同纠纷案件适用法律问题的解释》第 1 条、第 2 条、第 13 条、第 26 条[②]

【裁判要旨】

发包人与承包人签订的《施工合同》与承包人和实际施工人签订的《工程承包协议》系不同当事人之间签订的合同，根据合同相对性原则，各方应按各自为当事人的合同主张权利、履行义务，合同效力问题不影响这一原则的适用。实际施工人系《工程承包协议》而非《施工合同》的当事人，《工程承包协议》无效，其应参照《工程承包协议》中关于工程固定价款的约定主张折价补偿款。实际施工人主张应按发包人与承包人签订的《施工合同》约定的价款认定应付工程款，不予支持。

【案情摘要】

2017 年 9 月 7 日，陕西中业公司中标阿里地区水利局发包的阿里地区措勤

[①] 对应《中华人民共和国民法典》第 465 条、第 791 条、第 799 条。
[②] 该解释已失效，第 1 条、第 13 条、第 26 条分别参见《最高人民法院关于审理建设工程施工合同纠纷案件适用法律问题的解释（一）》第 1 条、第 14 条、第 43 条，第 2 条已被删除。

县吃阿玖藏布曲洛乡防洪工程项目，并签订《建设工程施工合同》，合同价为16122386.61元，雄玛村段合同价为10609615.04元。该案涉工程由陕西中业公司委托陕西中业西藏分公司具体负责施工。陕西中业公司与阿里水利项目中心签订承包合同后将案涉项目转包给了嘎某等四人。2017年9月25日，嘎某等四人又将案涉项目中雄玛村段以800万元的合同造价转包给欧某、伦某，并签订了《工程承包协议》。2018年4月2日，嘎某等四人与欧某、伦某签订了《劳务协议》作为补充协议，该工程在实际履行过程中，陕西中业公司承继了《工程承包协议》的权利义务，后续款项均由陕西中业公司直接向欧某、伦某支付。案涉工程已投入使用。

（撰写人：张爱珍、宋 扬）

80 建设工程价款诉讼时效从工程价款应付未付之日起算
—— 中铁公司与郑州供电公司建设工程施工合同纠纷申请再审案

- 案　　号　（2021）最高法民申6006号
- 合议庭成员　张淑芳、曹刚、李敬阳
- 关 键 词　民事 / 建设工程 / 诉讼时效
- 相关法条　《最高人民法院关于审理民事案件适用诉讼时效制度若干问题的规定》第6条①

【裁判要旨】

建设工程价款债权的诉讼时效，依法应从工程价款应付未付之时起算。当事人未对工程结算价款达成一致，不影响承包人依法主张工程价款的权利，不构成诉讼时效中断的事由。

【案情摘要】

2003年2月20日，中铁公司与郑州供电公司签订《建设工程施工合同》，约定由中铁公司建设凤凰变配套项目电缆隧道工程。合同对竣工结算约定，发包方收到竣工结算报告及结算资料后28天内无正当理由不支付工程竣工结算价款，从第29天起向承包人按照同期银行贷款利率支付拖欠工程款的利息，并承担违约责任。工

---

① 该解释已于2020年修正，对应第4条。

程交付安装使用的日期为2005年9月15日,实际验收的日期为2008年9月30日。中铁公司主张其曾于2008年11月25日向郑州供电公司告递交工程竣工决算书,郑州供电公司收到后一直未予回复。郑州供电公司主张中铁公司2006年8月向其提交竣工决算资料,其于2006年12月26日审定工程款,审定的工程数额与中铁公司提交的结算数额相差较大。中铁公司2020年5月起诉,请求判令郑州供电公司支付所欠工程款及利息。法院审理认为,无论2006年还是2008年中铁公司将结算书报送郑州供电公司后,均应知道郑州供电公司按照合同约定支付工程款的时间。双方虽然未对工程竣工结算价款的数额达成一致,但不影响中铁公司依法主张工程价款的权利。郑州供电公司未按约支付工程价款时,中铁公司即应知悉权利遭受侵害的事实,依法应当在诉讼时效届满前主张权利。中铁公司直到2020年5月才提起本案诉讼,已经超过法律规定的诉讼时效,对其诉讼请求依法不应支持。

（撰写人：曹　刚）

81 待证事实须经司法鉴定而当事人拒不配合的,应承担不利后果

——太平洋公司与雪松管委会建设工程施工合同纠纷申请再审案

- **案　　号**　（2021）最高法民申6126号
- **合议庭成员**　麻锦亮、季伟明、孙勇进
- **关 键 词**　民事 / 司法鉴定 / 举证责任 / 不利后果
- **相关法条**　《最高人民法院关于民事诉讼证据的若干规定》第31条

【裁判要旨】

人民法院根据案件实际和合同约定,认为案涉价款须通过司法鉴定予以确定的,可以向对该待证事实负有举证责任的当事人释明由其提出鉴定申请,当事人拒不提出鉴定申请或不预交鉴定费用或拒不提供相关材料,致使待证事实无法查明的,依法应当承担举证不能的不利后果。

【案情摘要】

沈阳浑河商务城管理委员会（后更名为雪松管委会）与太平洋公司于2010年8月14日签订了两份《合同书》,发包沈阳浑河商务城2010年基础设施建设项目,涉

案工程于 2014 年 10 月 20 日验收并交付使用。2015 年 9 月初次向沈阳市苏家屯区财政事务服务中心报审,因缺少相关必要材料且未得到补充,导致审核工作暂停,直至 2020 年 11 月 11 日审核结束。因核定总造价与工程报审造价相差过大,太平洋公司依照合同约定总造价向法院提起诉讼。因双方对案涉工程造价数额存在争议,一审、二审法院在审理中均向太平洋公司释明本案应对工程造价进行鉴定,但太平洋公司均拒绝提出鉴定申请。因案涉工程造价未经司法鉴定,法院无法确定实际数额,太平洋公司属于举证不能,故判决驳回其诉讼请求。

(撰写人:孙勇进)

82 当事人委托咨询工程价款但未表示接受咨询意见约束,人民法院可以另行委托造价鉴定
—— 宏弘公司与澳鸿公司等建设工程施工合同纠纷申请再审案

- 案　　号　(2021)最高法民申 6154 号
- 合议庭成员　曹刚、于蒙、关晓海
- 关　键　词　民事 / 建设工程施工合同 / 鉴定
- 相关法条　《最高人民法院关于审理建设工程施工合同纠纷案件适用法律问题的解释(二)》第 13 条①

【裁判要旨】

当事人诉前虽共同委托咨询机构就工程价款出具咨询意见,但未明确表示接受咨询意见的约束,且于诉讼期间不认可该咨询意见。人民法院准许当事人另行鉴定的申请并据以裁判,不违反法律规定。

【案情摘要】

因建设工程结算,澳鸿公司、宏弘公司、河北中阳造价公司和河南省原阳县审计局签订《工程造价咨询协议》,约定澳鸿公司和宏弘公司共同委托河北中阳造价公司对案涉工程项目进行结算编制。宏弘公司后因涉案工程纠纷将澳鸿公司和原阳县

---

① 该解释已失效,参见《最高人民法院关于审理建设工程施工合同纠纷案件适用法律问题的解释(一)》第 30 条。

政府起诉。一审法院审理过程中，宏弘公司申请对停工损失部分鉴定，澳鸿公司申请对涉案工程部分造价鉴定。法院委托众惠鉴定公司对双方申请鉴定的内容进行了鉴定，众惠鉴定公司出具两份鉴定意见。一审法院判决后，宏弘公司上诉认为仍然应以河北中阳造价公司之前出具的咨询意见为依据认定工程价款。二审法院审理认为，宏弘公司与澳鸿公司虽然在诉讼前共同委托河北中阳造价公司就案涉工程的价款出具了咨询意见，但双方均未明确表示接受该咨询意见的约束，且在一审诉讼期间不认可该咨询意见。一审法院根据澳鸿公司申请委托众惠鉴定公司对工程价款进行鉴定并据以作出裁判，并无不当。

（撰写人：曹　刚）

83 建设工程价款优先受偿权行使的相关问题
——海天公司与宇丰公司建设工程施工合同纠纷申请再审案

- **案　　　号**　（2021）最高法民申 6178 号
- **合议庭成员**　张淑芳、李敬阳、吴凯敏
- **关　键　词**　民事 / 建设工程价款优先受偿权 / 协议折价支付工程款
- **相关法条**　《最高人民法院关于审理建设工程施工合同纠纷案件适用法律问题的解释（二）》第 19 条①

【裁判要旨】

建设工程质量合格的，《最高人民法院关于审理建设工程施工合同纠纷案件适用法律问题的解释（一）》实施前，承包人可自发包人应付工程价款之日起 6 个月内行使工程价款优先受偿权，行使的方式包含协议折价或申请人民法院拍卖等。承包方与发包方在结算协议中约定以部分房屋折价支付工程价款的，该约定构成工程价款优先受偿权的行使。

【案情摘要】

海天公司是取得建筑业企业资质证书的建筑企业，宇丰公司为房地产开发企业。2012 年 12 月 10 日双方签订了建设工程施工承包协议。宇丰公司为发包单位，海

---

① 该解释已失效，参见《最高人民法院关于审理建设工程施工合同纠纷案件适用法律问题的解释（一）》第 38 条。

天公司为承包单位。协议主要内容：工程为绛县宇丰东城天韵二期工程，工程造价约9000万元，以实际结算为准，工程质量标准为合格（符合国家标准），争创优质；承包方式为包工包料（总承包）；工期为2012年12月20日至2014年12月20日，协议还约定了工程价款支付方式、验收结算、竣工等内容。海天公司按协议进场施工完工后，对×楼、×区商铺进行了验收，竣工验收证明书有建设单位、监理单位、设计单位、勘察单位、施工单位加盖公章确认。2015年12月，海天公司、宇丰公司进行了工程结算，双方确认最终工程结算总价为7096万元。

2016年1月9日双方达成协议，主要约定：宇丰公司2016年元月支付300万元，2016年8月1日前支付100万元；其余2689.31万元抵房，预留工程保证金359.8万元全部抵房，抵房价格2770元/平方米，C区商铺4300元/平方米；2016年9月30日起算保修期，保修时间及支付按原合同执行；工程款抵房部分，详见明细表。2016年1月10日抵房明细表，具体载明：以79套住宅按2770元/平方米，7套商铺按4300元/平方米的单价，抵顶部分工程款。

海天公司因工程款给付问题诉至法院，原审法院支持海天公司部分诉请，驳回海天公司关于工程价款优先受偿权的诉求。

海天公司不服二审判决，向最高人民法院申请再审，请求改判海天公司就涉案绛县宇丰东城天韵二期×号、×号楼、×区项目工程的折价或拍卖价款在3219.11万元内享有优先受偿权。

（撰写人：张淑芳）

84 施工合同无效，实际施工人能否主张其与转包方签订的带有结算性质的补充协议无效

——陈某与昭阳公司、远华公司、中建四局三公司
仁怀城投公司建设工程施工合同纠纷申请再审案

- 案　　号　（2021）最高法民申6250号
- 合议庭成员　张爱珍、郭凌川、孙建国
- 关　键　词　民事/建设工程施工合同纠纷/合同无效/结算补充协议
- 相关法条　《最高人民法院关于审理建设工程合同纠纷案件适用法律问题的解

释》第1条、第2条、第17条、第18条①，《最高人民法院关于审理建设工程施工合同纠纷案件适用法律问题的解释（二）》第24条②

【裁判要旨】

转包方与实际施工人签订的《施工合同》虽因实际施工人不具有建设工程的资质应属无效，但双方签订的《补充协议》主要内容是确定实际施工人的结算总金额，即《补充协议》系结算性质的协议。实际施工人以《施工合同》无效为由主张该具有结算性质的《补充协议》无效，不予支持。

【案情摘要】

2014年7月8日，仁怀城投公司与中建四局三公司签订《建设工程施工合同》约定，由仁怀城投公司将案涉工程发包给中建四局三公司承建。中建四局三公司承建上述改造工程后，将工程分包给远华公司、昭阳公司、泸州长盛建筑劳务公司实施，均签订了分包合同。2014年9月27日，远华公司（甲方）与陈某（乙方）签订《施工合同》，将茅台镇河滨路及长征路老建筑风貌改造工程项目转包给陈某承建。2017年8月26日，远华公司（甲方）与陈某（乙方）签订案涉《补充协议》，约定：（1）原合同范围内的工程总价变更为：2017年8月26日以前甲方已经付款总金额再加2000万元为乙方的结算总金额，即甲方从2017年8月26日起，只支付乙方工程款2000万元。（2）本协议签订后，原合同中甲乙双方的权利和义务全部终止，即原合同已废除……协议签订后，远华公司依约向陈某支付了200万元。2019年1月30日，昭阳公司（甲方）与陈某（乙方）签订《承诺书》约定昭阳公司承继远华公司在《补充协议》中的权利义务，并实际向陈某支付工程款900万元。

（撰写人：张爱珍、宋　扬）

---

① 该解释已失效，第1条、第17条、第18条参见《最高人民法院关于审理建设工程施工合同纠纷案件适用法律问题的解释（一）》第1条、第26条、第27条，第2条已被删除。

② 该解释已失效，参见《最高人民法院关于审理建设工程施工合同纠纷案件适用法律问题的解释（一）》第43条。

85 承包人将工程分包给不具备相应资质条件单位的合同无效

——葛某华与海天公司、瑞昌公司建设工程分包合同纠纷申请再审案

- 案　　号　（2021）最高法民申 6507 号
- 合议庭成员　王涛、张代恩、杨心忠
- 关 键 词　民事 / 建设工程分包合同纠纷 / 合同效力
- 相关法条　《中华人民共和国合同法》第 272 条①

【裁判要旨】

建设工程可以依法分包。总承包人或者勘察、设计、施工承包人可以将自己承包的部分工作交由第三人完成，但分包应当符合法律规定的条件，法律特别禁止承包人将工程分包给不具备相应资质条件的单位。

【案情摘要】

瑞昌公司作为发包人、海天公司作为承包人，双方就瑞昌市大唐新区三项工程（安置房建设工程、市政道路建设工程和三个活动中心工程）签订《施工合同》。海天公司与葛某华签订《经营责任书》，约定：海天公司委派葛某华作为三个活动中心项目的经营负责人对工程实施经营承包。案涉工程竣工验收备案，并正式向工程使用方瑞昌市大唐新区管委会移交。后葛某华向法院起诉请求海天公司支付工程款、利息、违约金而引发本案纠纷。

（撰写人：杨心忠）

---

① 对应《中华人民共和国民法典》第 791 条。

86 承包方与分包方的资金往来性质及账户内资金所有权应当根据实际控制和使用情况进行认定
——中浩公司与装饰公司、孙某辉装饰装修合同纠纷申请再审案

- **案　　号**　（2021）最高法民申 6566 号
- **合议庭成员**　熊劲松、孙祥壮、冯文生
- **关 键 词**　民事 / 装饰装修工程 / 返还工程款
- **相关法条**　《最高人民法院关于审理建设工程施工合同纠纷案件适用法律问题的解释》第 4 条①

【裁判要旨】

同一实际施工人分别与承包方及装饰工程分包方存在挂靠关系，且承包方与分包方皆未实际参与工程承包和分包。相关承包合同和分包合同均为无效。实际施工人同时为建设项目的实际承包方和装饰工程的实际分包方。根据实际控制和使用情况可认定承包方与分包方账户往来资金的所有权为实际施工人。被挂靠的承包方仅根据账户资金往来认定对分包方超付工程款并主张对方返还，无事实和法律依据。

【案情摘要】

烟草公司（发包人）与中浩公司（承包人）签订建设工程施工合同，将烟草物流园建设项目发包给中浩公司建设，中浩公司又将该项目的装饰装修部分分包给装饰公司（分包人）。此外，中浩公司与第三人孙某辉签订协议，约定由孙某辉借用中浩公司资质实施烟草物流园建设项目，同时孙某辉也挂靠于装饰公司一方承包装饰装修工程。后案涉装饰装修工程未完成全部工程内容即退场，装饰公司提起另案诉讼请求中浩公司支付剩余工程款。在该案中，双方认可已支付工程款为 1 亿余元，鉴定机构鉴定项目装饰工程造价为 5000 万余元，但该案由于装饰公司未按时交纳诉讼费已按撤诉处理。中浩公司根据该案确定的事实认为中浩公司并未欠付工程款，反而超付工程款，遂提起本案诉讼。

（撰写人：熊劲松）

---

① 该解释已失效，参见《最高人民法院关于审理建设工程施工合同纠纷案件适用法律问题的解释（一）》第 1 条。

87　原审数字计算错误可以裁定补正的，不属于应予再审的情形

——贵州恒鑫公司与重庆凌志公司建设工程施工合同纠纷申请再审案

- 案　　号　（2021）最高法民申 6736 号
- 合议庭成员　张代恩、王涛、杨心忠
- 关 键 词　民事／建设工程施工合同纠纷
- 相关法条　《中华人民共和国民事诉讼法》第 200 条①

【裁判要旨】

根据本案具体案情，原审在计算欠付工程款时即使存在数字计算错误，亦可通过对原判决进行补正等适当方式予以解决，而不属于《民事诉讼法》第 200 条规定的应予再审的情形。

【案情摘要】

重庆凌志公司提起本案诉讼，请求贵州恒鑫公司支付工程款及利息，并赔偿损失。原审法院部分支持了重庆凌志公司的诉讼请求，但计算贵州恒鑫公司欠付工程款有误。按照原审法院认定的金额及品类进行计算，欠付工程款应为 17599008.33 元，而非 17799008.33 元。贵州恒鑫公司申请再审。

（撰写人：张代恩）

---

① 对应《中华人民共和国民事诉讼法》（2023 年修正）第 211 条。

88 《联合开发协议书》中负有交付约定地块的合作方在尚未交付完毕地块的前提下,是否有权要求对方按约定支付欠付项目建设资金

——蓝鼎公司与宇亿公司建设工程施工合同纠纷申请再审案

- **案　　号**　（2021）最高法民申 6987 号
- **合议庭成员**　张爱珍、郭凌川、孙建国
- **关 键 词**　民事 / 施工合同纠纷 / 互负义务 / 先履行义务
- **相关法条**　《中华人民共和国合同法》第 67 条[①]，《中华人民共和国民事诉讼法》第 64 条第 1 款，《最高人民法院关于适用〈中华人民共和国民事诉讼法〉的解释》第 90 条

【裁判要旨】

《联合开发协议书》中虽约定双方共同投资开发案涉项目，但双方互负义务，且甲方应向乙方交付案涉两个地块，系乙方提供项目建设资金的前提。但在该合同履行过程中，合同项下地块二商住用地尚未由乙方取得。故根据该协议履行情况以及案涉工程尚未结算情况，对甲方要求乙方支付欠付项目建设资金的主张，不予支持。

【案情摘要】

2014 年 6 月 2 日，蓝鼎公司（甲方）与宇亿公司（乙方）签订《联合开发协议》，约定共同投资开发案涉项目《联合开发协议书》第 2 条第 5 款虽约定"甲、乙双方共同投资开发建设教育用地上师大四中幼儿园、小学校区及配套学校项目，其中乙方提供项目建设资金人民币 8000 万元，不足部分由甲方提供"，但该协议第 1 条第 2 款第 2 项约定"与幼儿园、小学用地选址同地块配套商住用地共两块，其中地块一（目前编号 G-11-01）约 84.84 亩；地块二（目前编号 G-09-02）约 25.98 亩"，第 3 条第 1 款第 4 项约定"在乙方与政府签订商住用地《国有土地使用权出让合同》的前提下，按本协议第 2 条第 5 款的方式与乙方共同出资建设教育用地上的学校……"，第 5 条第 2 项约定"……甲方负责协调使商住用地 25.98 亩地块与学校

[①] 对应《中华人民共和国民法典》第 526 条。

建设进程同步"。上述合同履行中，双方共同开发的案涉项目已交付蓝鼎公司使用，但合同项下地块二商住用地尚未由宇亿公司取得。

（撰写人：张爱珍、宋　扬）

89 名为合作实为挂靠属于双方通谋虚伪的法律行为，隐藏的挂靠行为因违反法律强制性规定而无效

——水木清华公司、中铁公司与中发公司建设工程施工合同纠纷申请再审案

- 案　　　号　（2021）最高法民申 7145 号
- 合议庭成员　郁琳、李延忱、王玶
- 关 键 词　民事 / 建设工程施工合同纠纷 / 挂靠行为
- 相关法条　《中华人民共和国建筑法》第 26 条

【裁判要旨】

挂靠人以被挂靠人名义参与投标并签订建设工程合同后，挂靠人收取高额运作费用，被挂靠人则另行转包、分包营利，案涉《工程项目合作合同》《工程项目施工合作协议》及《协议书》系双方通谋虚伪的民事行为，其中隐藏的真实意思是挂靠行为，目的在于谋取巨额利益，违反《建筑法》第 26 条的规定，以及违反社会公共利益而无效。

【案情摘要】

中发公司与中铁公司签订案涉《工程项目合作合同》，约定中发公司以中铁公司名义参加该工程的资格预审及投标，负责投标实务操作及投标报价的编制等，并承担资格预审和包括 670 万元投标保证金在内的所有费用以及不能中标造成的已支付费用无法收回的风险，而中铁公司仅需提供企业资质、资信等相关资料，无需支付费用。工程中标后，若双方分别承担部分工程施工，为弥补中发公司前期投标策划运作等费用，中铁公司需按所承担施工的路基工程结算金额的 13%、所承担施工的桥梁工程结算金额的 4.5% 向中发公司支付费用。后中发公司将工程款债权转让给水木清华公司，水木清华公司向法院起诉要求中铁公司支付工程款，经一审、二审后向最高人民法院申请再审。

90 当事人以未经其上级审批为由主张已实际履行的合同变更条款无效的，法院不予支持
——建管公司与中铁四局建设工程施工合同纠纷申请再审案

- **案　　号**　（2021）最高法民申 7162 号
- **合议庭成员**　麻锦亮、季伟明、孙勇进
- **关　键　词**　民事 / 合同纠纷 / 合同变更 / 诚信原则
- **相关法条**　《中华人民共和国合同法》第 77 条①，《中华人民共和国民法典》第 7 条

【裁判要旨】

当事人协商一致可以依法变更合同。合同履行中，双方当事人对合同条款协商变更并实际履行，一方当事人在已实际获得利益的情况下，又提出该合同条款变更未依其内部程序报经上级单位审批，主张该合同条款变更不能成立的，有违诚信原则，人民法院对此主张不予支持。

【案情摘要】

2009 年 9 月 10 日，中铁四局与建管公司签订辽宁中部环线高速公路新民至铁岭段项目工程承包合同，在该合同签订时，为解决履行该合同的取土问题，新民市规划和国土资源局与中铁四局方签订《新民市采矿权出让合同》，约定中铁四局有权就指定区域开采山皮石。后因政府对取土场加强控制导致中铁四局无法充分利用原设计取土场，为保证工期，中铁四局对取土场进行变更，并对取土产生额外的费用要求建管公司方承担。对该项变更，中铁四局提交了由建管公司、设计单位、项目指挥部、监理单位共同盖章的《工程设计变更报告审批单》。工程于 2012 年 10 月 29 日竣工验收。后建管公司未支付工程设计变更款项，主张该项变更需要得到省交通厅审批后方能生效。法院对建管公司该项主张未予支持。

（撰写人：孙勇进）

---

① 对应《中华人民共和国民法典》第 543 条。

91 承包人主张建设工程价款优先受偿权后与发包人重新达成付款协议，是否影响优先受偿权行使期限起算时间
——胡某礼与双联公司等建设工程施工合同纠纷申请再审案

- 案　　号　（2021）最高法民申 7425 号
- 合议庭成员　王富博、于蒙、李敬阳
- 关 键 词　民事/建设工程施工合同纠纷/建设工程价款优先受偿权
- 相关法条　《最高人民法院关于审理建设工程施工合同纠纷案件适用法律问题的解释（一）》第 38 条、第 41 条

【裁判要旨】

建设工程价款优先受偿权作为法定优先权，其行使的合理期间自发包人应当给付建设工程价款之日起算，不因当事人达成新的付款协议而重新起算。

【案情摘要】

胡某礼在不具备建筑企业施工资质的情况下与双联公司口头协商承建了相应工程。2015 年 4 月 28 日，双方签订建筑工程结算单，确认双联公司尚欠胡某礼工程款 2687252 元。后因双联公司未付款，2015 年 8 月 6 日，原告胡某礼向法院提出了法定优先受偿权的申请，法院经审理后作出民事调解书，主要内容为："双联公司欠胡某礼工程款 2480000 元，于协议生效后三日内用其在夏邑县农业银行被查封的 100000 元存款及夏邑县农业发展银行被查封的 70000 元存款给付胡某礼的工程款，于 2016 年 2 月 8 日前给付胡某礼工程款 810000 元，于 2016 年 7 月 1 日前给付胡某礼 600000 元，于 2016 年 12 月 31 日前给付胡某礼 600000 元，若双联公司逾期不能履行给付诉讼标的款，由双联公司承担胡某礼诉讼主张的利息损失 27 万元（2013 年 12 月至 2015 年 7 月），以后利息按原利率计算。"在夏邑信用社与昕益园公司及双联公司金融借款合同纠纷一案中，法院判决昕益园公司支付借款本金 3000 万元及利息，双联公司用其名下的相关房产和土地对借款本金及利息承担抵押担保责任，夏邑县信用社享有优先受偿权。因昕益园公司和双联公司未履行义务，夏邑县信用社申请执行抵押房地产。2020 年 6 月 3 日，胡某礼以夏邑县信用社、双联公司等为被告提起诉讼，要求确认其享有建设工程优先受偿权。

(撰写人：王富博)

92 分包人是否享有建设工程价款优先受偿权
——熊某荣与红岭创投公司案外人执行异议之诉纠纷申请再审案

- **案　　号**　（2021）最高法民申 7514 号
- **合议庭成员**　张淑芳、李敬阳、吴凯敏
- **关 键 词**　民事 / 案外人执行异议之诉 / 建设工程价款优先受偿
- **相关法条**　《最高人民法院关于人民法院办理执行异议和复议案件若干问题规定》第 27 条，《最高人民法院关于审理建设工程施工合同纠纷案件适用法律问题的解释（二）》第 17 条[①]

【裁判要旨】

根据《最高人民法院关于审理建设工程施工合同纠纷案件适用法律问题的解释（二）》第 17 条规定，享有建设工程价款优先受偿权的主体是与发包人订立建设工程施工合同的承包人。在当事人不能提供与发包人签订建设工程施工合同、实际施工以及结算的相关证据情况下，其关于系案涉工程承包人并享有建设工程价款优先受偿权的主张缺乏事实和法律依据，不予支持。

【案情摘要】

红岭创投公司与瀚兴公司、付某全、宋某伟、屈某卫、付某霞，第三人焦作中旅银行股份有限公司金融借款合同纠纷一案，法院判决红岭创投公司对瀚兴公司抵押的在建未售房产及土地使用权享有优先受偿权，后裁定查封瀚兴公司所有的位于济源市星湖湾住宅小区房产 139 套。其中包括熊某荣女儿居住的一套房屋。熊某荣就此提出案外人执行异议，称该房屋系其组织工人做星湖湾项目土建工程时瀚兴公司冲抵的拖欠农民工工资。该执行异议被驳回后，熊某荣提起本案诉讼。

(撰写人：苟振伟)

[①] 该解释已失效，参见《最高人民法院关于审理建设工程施工合同纠纷案件适用法律问题的解释（一）》第 35 条。

93 建设工程施工合同无效，承包人有权请求工程价款利息

——尹某林与锦昌公司建设工程施工合同纠纷申请再审案

- **案　　号**　（2021）最高法民申 7696 号
- **合议庭成员**　黄鹏、汪军、李绍华
- **关 键 词**　民事 / 建设工程施工合同纠纷 / 合同无效 / 工程价款利息
- **相关法条**　《最高人民法院关于审理建设工程施工合同案件适用法律问题的解释》第 17 条[①]

【裁判要旨】

建设工程的交付是一种交易行为，承包人进行工程建设，发包人应当付款，该款就产生利息，欠付的工程价款利息与工程价款之间存在随附关系，发包人欠付承包人工程价款时就应当支付利息。建设工程施工合同被认定无效后，承包人依法有权就竣工验收合格的部分请求参照合同约定支付工程价款，故亦有权请求支付相应利息。

【案情摘要】

锦昌公司（发包人）与尹某林（承包人）先后签订两份签订建设工程施工合同，约定由尹某林承建锦昌公司永新县铜产业园标准厂房 10 栋。尹某林实际施工了 9 栋厂房，其中 4 栋厂房已竣工验收合格，尹某林就其施工部分提起本案诉讼，主张工程价款及利息。

（撰写人：黄　鹏）

[①]　该解释已失效，参见《最高人民法院关于审理建设工程施工合同纠纷案件适用法律问题的解释（一）》第 26 条。

94 工程存在工期延误能否推断出施工过程中存在停工、窝工事实

——海天公司与益茂公司建设工程施工合同纠纷申请再审案

- **案　　号**　（2021）最高法民申 7787 号
- **合议庭成员**　郁琳、李延忱、王珅
- **关 键 词**　民事 / 合同 / 建设工程施工合同纠纷 / 停工 / 窝工
- **相关法条**　《最高人民法院关于适用〈中华人民共和国民事诉讼法〉的解释》第 90 条

【裁判要旨】

工期延误与工程停工、窝工之间并无必然的联系，工程存在工期延误的事实不能推断出施工过程中存在停工、窝工事实的结论。由于承包人未提供任何证据证明施工过程中存在停工、窝工事实，虽然委托鉴定单位出具的鉴定报告显示存在工程停工、窝工损失数额，但是难以确证相关损失的直接发生以及导致相关损失可能发生的直接原因，人民法院对承包人主张的停工、窝工损失应不予采信。

【案情摘要】

益茂公司（发包人）与海天公司（承包人）签订建设工程施工合同，约定由海天公司承建益茂公司首府花园项目。案涉工程约定竣工日期为 2013 年 4 月 11 日，实际竣工验收日期为 2014 年 6 月 11 日，工程延误期间为 426 天。委托鉴定单位出具的鉴定报告显示，工程因签证变更增加的时间为 13 天，因施工方原因造成的工期延误为 1 天，扣除春节 25 天后，因发包方原因造成的工期延误期间为 387 天；又依据合同约定的"因非施工方原因导致累计停工、窝工在 30 天以内的，施工方不得要求索赔"，得出停工、窝工天数为 357 天的鉴定结论。此外，海天公司未提供与停工、窝工事实有关的任何签证或者其他证据证明其客观上存在停工、窝工的事实，海天公司亦从未向益茂公司索赔过停工、窝工损失。

（撰写人：郁　琳）

95 实际施工人向发包人主张权利的范围

——张某与冠隆公司、实华公司、本钢三建公司、四冶建设公司、金泰建筑公司等建设工程施工合同纠纷再审案

- **案　　号**　（2021）最高法民再 84 号
- **合议庭成员**　周其濛、麻锦亮、季伟明
- **关 键 词**　民事 / 建设工程施工合同 / 借用资质 / 转包 / 实际施工人
- **相关法条**　《最高人民法院关于审理建设工程施工合同纠纷案件适用法律问题的解释（二）》第 24 条①

【裁判要旨】

总承包合同有效，其他施工合同均因借用资质、转包或违法分包而无效时，实际施工人向发包人、转包人或违法分包人主张权利的，发包人仅依照总承包合同与转包人或者违法分包人进行结算，在欠付转包人或者违法分包人工程价款数额的范围内对实际施工人承担责任，不能简单认定发包人对转包人或者违法分包人欠付实际施工人的全部工程款承担责任。

【案情摘要】

冠隆公司与本钢三建公司签订《建设工程施工合同》，约定本钢三建公司承建新城雅居项目，合同价款采用固定单价方式确定。本钢三建公司与实华公司就新城雅居项目的建设签订《合作施工合同书》，约定由本钢三建公司办理项目施工手续，实华公司承担各项费用并管理整个施工过程。后本钢三建公司、实华公司作为发包方，金泰建筑公司、王某华（以四冶建设公司名义）作为承包方就新城雅居的建设签订《建筑工程施工补充协议》，约定该工程执行的取费标准、结算依据等内容。张某与王某华签订《合同承包工程协议》，约定双方合伙承包新城雅居工程，张某以现金出资。张某垫资并组织建设新城雅居项目其中的五栋楼，现向本钢三建公司和实华公司主张拖欠的工程款、利息及停窝工损失，并要求冠隆公司在欠付工程价款范围内对前述诉讼请求承担连带责任。

（撰写人：麻锦亮、李　薇）

---

① 该解释已失效，参见《最高人民法院关于审理建设工程施工合同纠纷案件适用法律问题的解释（一）》第 43 条。

96 承包人对宜折价、拍卖的输气管道项目工程享有优先受偿权

——凌众公司与思南峻岭公司、贵州峻岭公司、重庆峻岭公司建设工程施工合同纠纷再审案

- **案　　号**　（2021）最高法民再91号
- **合议庭成员**　郎贵梅、王朝辉、刘丽芳
- **关 键 词**　民事 / 建设工程施工合同纠纷 / 建设工程价款优先受偿权
- **相关法条**　《中华人民共和国合同法》第286条[1]，《最高人民法院关于审理建设工程施工合同纠纷案件适用法律问题的解释（二）》第17条[2]

【裁判要旨】

案涉输气管道项目工程属于社会资金投资建设的燃气管道，投资方有权转让，行政主管部门也允许案涉工程相关权益可以转让或依法拍卖，权利人将案涉工程作为抵押物向银行申请贷款等事实本身也表明案涉工程可以在市场上流通。综合考虑上述情形，案涉输气管道工程属于宜折价、拍卖的工程，承包人在未受偿工程款的范围内，对案涉工程享有优先受偿权。

【案情摘要】

思南峻岭公司将湄潭至思南燃气长输管道项目工程（以下简称案涉工程）发包给凌众公司施工。因思南峻岭公司欠付工程款，凌众公司起诉请求思南峻岭公司支付工程欠款及违约金，并请求确认凌众公司在未受偿工程款范围内就案涉工程折价或者拍卖的价款享有优先受偿权。

一审法院支持凌众公司请求，认定其在欠款范围内对案涉工程价款享有优先受偿权。二审法院认为，案涉工程属于不宜折价、拍卖的建设工程，判决凌众公司对案涉工程价款不享有优先受偿权。凌众公司申请再审。

（撰写人：郎贵梅、梁　欣）

---

[1] 对应《中华人民共和国民法典》第807条。
[2] 该解释已失效，参见《最高人民法院关于审理建设工程施工合同纠纷案件适用法律问题的解释（一）》第35条。

97 实际施工人以发包人为被告主张工程款的认定问题
——佳和公司与得发公司、董某东等建设工程施工合同纠纷再审案

- **案　　号**　（2021）最高法民再147号
- **合议庭成员**　吴兆祥、何波、陈宏宇
- **关 键 词**　民事 / 建设工程施工合同纠纷 / 实际施工人 / 发包人 / 工程款认定
- **相关法条**　《最高人民法院关于审理建设工程施工合同纠纷案件适用法律问题的解释（二）》第24条①

【裁判要旨】

实际施工人以发包人为被告主张工程款时，人民法院应查明发包人欠付承包人工程款的数额。发包人在欠付工程款范围内对实际施工人承担责任，应受发包人欠付承包人工程款数额、转包人欠付实际施工人工程款数额的双重限制。实际施工人就转包人欠付其工程款数额承担举证责任，发包人应当对其已付工程款数额承担举证责任。发包人如果不能证明其已付工程款数额的，应当承担举证不能的后果，即按照转包人欠付实际施工人的工程款数额承担付款责任。

【案情摘要】

佳和公司（发包人）就案涉项目与得发公司（承包人）签订《建设工程施工合同》，约定合同价款以审计后的工程结算价为准。得发公司（转包人）与董某东（实际施工人）签订《施工协议书》，由董某东施工案涉工程，施工方式为包工包料。得发公司于2014年5月21日出具付款明细，并记载此款项同意转入杨某刚账户内，由杨某刚统一支付。案涉工程已经竣工验收并备案。董某东起诉请求杨某刚、得发公司及佳和公司向其支付工程款及利息。一审法院判决由得发公司、杨某刚向董某东支付工程款。杨某刚不服上诉，二审法院判决得发公司、杨某刚向董某东支付工程款，佳和公司在得发公司、杨某刚欠付工程款范围内承担付款责任。佳和公司不服二审法院判决向最高人民法院申请再审。

（撰写人：陈宏宇、赵　静）

---

① 该解释已失效，参见《最高人民法院关于审理建设工程施工合同纠纷案件适用法律问题的解释（一）》第43条。

98 公司负责人涉嫌刑事犯罪时，原告将该公司作为被告提起的民事诉讼是否应进入实体审理
——谭某忠与中铁十五局二公司昆明分公司、中铁十五局二公司建设工程施工合同纠纷再审案

- 案　　号　（2021）最高法民再 148 号
- 合议庭成员　吴兆祥、何波、陈宏宇
- 关　键　词　民事 / 建设工程合同纠纷 / 刑民交叉 / 同一事实
- 相关法条　《最高人民法院关于在审理经济纠纷案件中涉及经济犯罪嫌疑若干问题的规定》第 1 条、第 3 条、第 10 条、第 12 条，《最高人民法院、最高人民检察院、公安部关于办理非法集资刑事案件适用法律若干问题的意见》第 7 条，《最高人民法院关于审理民间借贷案件适用法律若干问题的规定》第 5 条

【裁判要旨】

公司负责人以单位名义签订合同涉嫌非法集资犯罪，合同相对人起诉公司承担合同项下的民事责任的，人民法院在判断刑事案件与民事案件是否是"同一事实"时，应当将公司是否在刑事程序中涉嫌单位犯罪作为重要的考量因素，以协调刑事案件与民事案件的责任承担，避免在刑事案件不能解决民事责任承担的情况下，合同相对人以公司为被告提起的民事案件得不到受理。

【案情摘要】

中铁十五局二公司中标案涉工程，之后谭某忠与中铁十五局二公司昆明分公司就上述工程签订了《劳务施工合同》，也签订协议对保证金的返还和损失赔偿进行了约定。谭某忠起诉请求：中铁十五局二公司昆明分公司、中铁十五局二公司立即退还履约保证金并赔偿其损失等。中铁十五局二公司以昆明分公司负责人李某光伪造公司印章为由向公安机关报案。一审法院认为本案与相关李某光刑事案件属于同一事实，李某光系中铁十五局二公司总经理助理、昆明分公司负责人，同时是案涉青海共玉项目的项目经理，故裁定驳回起诉，谭某忠不服上诉，二审法院维持原裁定。谭某忠遂申请再审。

（撰写人：陈宏宇、赵　静）

99 借用资质的情况下，如何认定建设工程施工合同法律关系的主体

——宏达公司与静建公司、李某勤、刘某建设工程施工合同纠纷再审案

- **案　　　号**　（2021）最高法民再 178 号
- **合议庭成员**　陈宏宇、吴笛、张梅
- **关　键　词**　民事 / 建设工程施工合同纠纷 / 借用资质 / 责任主体
- **相关法条**　《最高人民法院关于审理建设工程施工合同纠纷案件适用法律问题的解释（二）》第 24 条①

【裁判要旨】

建设工程施工合同的发包人与承包人均为借用资质，除名义发包人与名义承包人之间签订了建设工程施工合同外，实际发包人与实际承包人亦签订了建设工程施工合同的，名义承包人有权起诉请求名义发包人和实际发包人支付折价补偿款，名义发包人与实际发包人均应承担支付折价补偿款的责任。

【案情摘要】

李某勤、刘某借用静建公司的开发资质开发案涉项目。李某虎借用宏达公司的名义承包案涉工程。经招投标程序，宏达公司（承包人）与静建公司（发包人）就案涉工程签订《建设工程施工合同》并进行备案。后李某勤就案涉工程与李某虎签订《施工合同书》。案涉工程已经完成，其中部分工程项目甩项给第三方完成，李某勤向案外人支付了部分工程款。宏达公司起诉请求静建公司、李某勤、刘某共同支付案涉工程款。一审法院判决李某勤、刘某向宏达公司支付工程款及利息。宏达公司、李某勤不服提出上诉，二审法院撤销原一审判决并驳回宏达公司全部诉讼请求。宏达公司不服，向最高人民法院申请再审。

（撰写人：陈宏宇、赵　静）

---

① 该解释已失效，参见《最高人民法院关于审理建设工程施工合同纠纷案件适用法律问题的解释（一）》第 43 条。

100 基坑等工程与主体工程密切相关，属于建设工程价款优先受偿范围

——中成煤建公司与鸿昌嘉泰公司建设工程施工合同纠纷再审案

- **案　　　号**　（2021）最高法民再188号
- **合议庭成员**　郎贵梅、王朝辉、刘丽芳
- **关 键 词**　民事 / 建设工程施工合同 / 建设工程价款优先权
- **相关法条**　《中华人民共和国合同法》第286条①，《最高人民法院关于审理建设工程施工合同纠纷案件适用法律问题的解释（二）》第17条②

【裁判要旨】

建设工程价款优先受偿范围不局限于单独的建筑物或构筑物，案涉基坑支护、降水、土石方挖运工程，从设计到具体施工，均与总包方密切联系，与主体工程的施工严密配合，交叉进行，属于案涉建设工程不可缺少的内容，已经物化于整个建筑物之中，与建筑物不可分割。该工程的承包人在未受偿工程款范围内有权就案涉建设工程折价或者拍卖的价款优先受偿。

【案情摘要】

鸿昌嘉泰公司将案涉工程的基坑支护、降水、土石方挖运等工程承包给中成煤建公司完成，双方约定各工程完成需经甲方、监理方、总包方及相关职能部门验收合格等。中成煤建公司根据《成都市建筑工程深基坑施工管理办法》办理了案涉基坑支护等建设工程施工许可证。工程停工后，中成煤建公司就所完成的工程主张工程款及享有建设工程价款优先权，一审、二审法院未支持其优先受偿权而申请再审。

（撰写人：郎贵梅）

---

① 对应《中华人民共和国民法典》第807条。
② 该解释已失效，参见《最高人民法院关于审理建设工程施工合同纠纷案件适用法律问题的解释（一）》第35条。

101 承包人被迫迟延竣工结算的合理期间不应作为起算建设工程价款优先受偿权的时限

——林业公司与江湾公司建设工程施工合同纠纷再审案

- **案　　　号**　（2021）最高法民再 256 号
- **合议庭成员**　麻锦亮、孙勇进、季伟明
- **关　键　词**　民事 / 迟延竣工结算 / 合理期间 / 优先受偿权
- **相关法条**　《最高人民法院关于审理建设工程施工合同纠纷案件适用法律问题的解释（二）》第 22 条①，《最高人民法院关于审理建设工程施工合同纠纷案件适用法律问题的解释（一）》第 27 条

【裁判要旨】

依据《最高人民法院关于审理建设工程施工合同纠纷案件适用法律问题的解释（二）》规定，建设工程价款优先受偿权自发包人应当给付建设工程价款之日起算。发包人与承包人已经约定以工程结算为全部工程款付款要件，因发包人资金问题未能及时竣工结算或提交结算文件，如能够排除双方恶意串通拖延损害银行等其他债权人利益的情形，则正式结算前的合理期间，属于双方协商特别是承包人被迫延后结算的时段，不应即行起算建设工程价款优先受偿权时限，而仍应以正式结算时间点起算。

【案情摘要】

2014 年 7 月，发包人江湾公司与承包人林业公司签订施工合同，约定了工程竣工后 1 个月内承包人上报工程结算资料，发包人在 3 个月内审核完工程结算，办理完结算后 2 个月内发包人扣除质保金，其余工程款全部结算。

2017 年 12 月，江湾公司出具《通知》，内容为：虽林业公司所承包施工的工程已达竣工条件，但只是全部工程一部分，江湾公司由于资金问题，其他工程尚未竣工，故无法达到整体验收入住条件，按国家有关规定不能入住。可由林业公司派人自行看护，待条件具备时，整体办理入住。

---

① 该解释已失效，参见《最高人民法院关于审理建设工程施工合同纠纷案件适用法律问题的解释（一）》第 41 条。

2019年8月29日，双方进行工程结算，江湾公司现欠付工程款约4000万元，林业公司遂提起本案诉讼，诉请中包括行使优先受偿权，江湾公司主张自2017年12月起已超过6个月行使期限。

（撰写人：季伟明）

102 当事人在诉讼前已经对建设工程价款结算达成协议，在没有其他证据推翻的情况下，应以该协议作为结算依据

——东阳南方建筑公司与石嘴山智园房地产公司合同纠纷申请再审案

- 案　　　号　（2021）最高法民申1640号
- 合议庭成员　宋冰、陈宏宇、徐霖
- 关　键　词　民事/结算协议
- 相关法条　《最高人民法院关于审理建设工程施工合同纠纷案件适用法律问题的解释》第12条①

【裁判要旨】

依据《最高人民法院关于审理建设工程施工合同纠纷案件适用法律问题的解释》第12条规定："当事人在诉讼前已经对建设工程价款结算达成协议，诉讼中一方当事人申请对工程造价进行鉴定的，人民法院不予准许。"故基于双方已经达成结算协议的事实，在原一审、二审法院向其释明鉴定事宜后，当事人坚持不申请鉴定，符合法律规定。在没有其他证据推翻的情况下，应以该协议作为结算依据。

【案情摘要】

依据《最高人民法院关于审理建设工程施工合同纠纷案件适用法律问题的解释》第12条规定："当事人在诉讼前已经对建设工程价款结算达成协议，诉讼中一方当事人申请对工程造价进行鉴定的，人民法院不予准许。"故基于双方已经达成结算协议的事实，在原一审、二审法院向其释明鉴定事宜后，当事人坚持不申请鉴定，符

---

① 该解释已失效，参见《最高人民法院关于审理建设工程施工合同纠纷案件适用法律问题的解释（一）》第13条。

合法律规定。《工程结算协议书》经过双方签字盖章，法律赋予其合法的效力，在无其他证据能够推翻《工程结算协议书》的情况下，应以该协议作为双方结算工程款的依据。

（撰写人：宋　冰）

103 承包人依法享有的建设工程价款优先受偿权不受发包人破产的影响
——通达公司与阳鹿公司普通破产债权确认纠纷再审案

- 案　　号　（2021）最高法民再292号
- 合议庭成员　贾清林、于明、朱科
- 关 键 词　商事 / 普通破产债权确认纠纷 / 建设工程价款
- 相关法条　《中华人民共和国合同法》第286条[①]

【裁判要旨】

承包人对发包人享有的债权系建设工程价款的一部分，在发包人破产的情况下，属于破产债权；发包人破产不影响承包人依法对案涉工程折价或者拍卖的价款享有优先受偿的权利。

【案情摘要】

阳鹿公司（发包人）与通达公司（承包人）签订《广西阳朔至鹿寨高速公路土建工程第3号合同段施工合同协议书》，后该合同段完成施工。因阳鹿公司不能清偿到期债务且资产不足以清偿全部债务，南宁市中级人民法院裁定受理阳鹿公司的破产重整申请，并指定管理人。通达公司对阳鹿公司管理人确认的破产债权有异议，遂提起诉讼请求补充确认部分建设工程款为破产债权，并有权就建设工程折价、拍卖、变卖所得价款优先受偿。一审判决支持通达公司的建设工程价款优先权的诉求，二审判决改判。通达公司不服二审判决，向最高人民法院申请再审；最高人民法院经审查提审，遂成本案。

（撰写人：贾清林、乔希木）

---

① 对应《中华人民共和国民法典》第807条。

104 建设工程施工合同无效，质保金仍应保留
——百城公司与南昌三建建设工程施工合同纠纷再审案

- **案　　号**　（2021）最高法民再 297 号
- **合议庭成员**　黄鹏、李延忱、郁琳
- **关 键 词**　民事 / 建设工程施工合同纠纷 / 质保金条款效力
- **相关法条**　《最高人民法院关于审理建设工程施工合同纠纷案件适用法律问题的解释（二）》第 11 条[①]

【裁判要旨】

质保金是指发包人与承包人在建设工程承包合同中约定，从应付的工程款中预留，用以保证承包人在缺陷责任期内对建设工程出现的缺陷进行维修的资金，是一种法定义务，不应以合同效力为认定前提。

【案情摘要】

南昌三建与百城公司就案涉工程签订两份建设工程施工合同。工程完工后，南昌三建本诉要求百城公司支付工程款、利息和违约金，百城公司反诉要求南昌三建支付逾期违约金、质量修复费用和退还相关费用。一审判决认定案涉合同有效，根据中标合同确定案涉工程的造价并支持南昌三建的部分本诉请求和百城公司的部分反诉请求。双方当事人均提起上诉。二审判决认定上述合同涉及"明招暗定"均为无效，依照实际履行合同确定工程造价并进行改判。百城公司申请再审，最高人民法院提审改判。

（撰写人：黄　鹏）

[①] 该解释已失效，参见《最高人民法院关于审理建设工程施工合同纠纷案件适用法律问题的解释（一）》第 24 条。

105 公路验收两年才能竣工验收的规定，一般不排除司法解释关于工程交付即计算工程款利息的规定
——贵州凯和公司与天柱县交通局等建设工程施工合同纠纷再审案

- 案　　号　（2021）最高法民再318号
- 合议庭成员　王朝辉、郎贵梅、刘丽芳
- 关 键 词　民事 / 建设工程施工合同纠纷 / 工程款利息计算
- 相关法条　《中华人民共和国侵权责任法》第6条[①]

【裁判要旨】

当建设工程已经交付时，对讼争建设工程实际控制已经由承包人转变为发包人，发包人有权依据法律规定对建设工程行使占有、使用、收益的权利。在这种情况下，发包人已经受益，应当支付承包人工程款。这是《最高人民法院关于审理建设工程施工合同纠纷案件适用法律问题的解释》规定工程交付即计算工程款利息的题中之义。《公路工程竣（交）工验收办法》第16条关于公路工程需交工验收通车试运营2年后才能进行竣工验收的规定，意在确保公路工程质量。在案涉工程未出现质量问题且当事人并未约定明确适用上述规定的情况下，该规定不能排除上述司法解释的适用。

【案情摘要】

王某兴以凯和公司名义完成了天柱县冷水溪至邦洞城市主干道项目（第一标段）工程，业主为天柱县交通局。该工程于2016年6月13日通过交工验收。之后，双方因为工程款发生纠纷，王某兴起诉要求天柱县交通局支付相关工程款。一审法院经过鉴定确定了工程款，因案涉工程并未竣工验收，遂根据《最高人民法院关于审理建设工程施工合同纠纷案件适用法律问题的解释》第18条规定，以交工时间即2016年6月13日为利息起算时间。其后，天柱县交通局上诉认为，按照《工程竣（交）工验收办法》第16条规定，公路工程需交工验收通车试运营2年后才符合竣工验收条件，应从2018年6月13日后起算利息。

（撰写人：王朝辉、张东一）

---

① 对应《中华人民共和国民法典》第1165条。

106 建设工程施工合同项下使用方是否应承担支付工程款责任

——海阅公司与东智公司、民生公司建设工程施工合同纠纷再审案

- **案　　号**　（2021）最高法民再339号
- **合议庭成员**　陈宏宇、徐霖、张梅
- **关 键 词**　民事 / 建设工程施工合同纠纷 / 使用方 / 工程款给付责任
- **相关法条**　《最高人民法院关于审理建设工程施工合同纠纷案件适用法律问题的解释》第26条①

【裁判要旨】

建设工程的使用方非建设工程施工合同法律关系的当事人，且合同约定，因使用方原因造成发包人未按时向承包人支付工程款则由使用方向发包人承担违约责任。在无证据证明系因使用方造成发包人未向承包人履行全部付款义务的情况下，使用方无须承担合同责任。

【案情摘要】

案外人金凤区服务中心（投资方）与民生公司（代建方）签订《代建协议书》，约定农民工租赁住房项目。之后案外人东大公司中标部分项目，东大公司与海阅公司（使用方）、民生公司（发包人）签订《建设工程施工合同》，后项目竣工验收并交付使用。上述三方还签订了《基本建设工程预（结）算审核定案表》，确认工程价款等，但至今仍有一部分工程款未付。随后，东大公司将其在上述《建设工程施工合同》所享有的权利转让给东智公司。东智公司诉至法院请求支付工程款，民生公司反诉称东智公司构成违约，一审法院判决民生公司支付工程款及逾期利息，海阅公司在欠付民生公司工程款范围内向东智公司承担责任，三方均不服上诉，二审法院维持原判，海阅公司申请再审。

（撰写人：陈宏宇、赵　静）

---

① 该解释已失效，参见《最高人民法院关于审理建设工程施工合同纠纷案件适用法律问题的解释（一）》第43条。

107 施工单位负有向建设单位交付完整工程资料的附随义务

——华西公司、华西西安分公司与汇通西安分公司、汇通公司建设工程施工合同纠纷上诉案

- 案　　号　（2021）最高法民终359号
- 合议庭成员　何波、陈宏宇、张梅
- 关　键　词　民事／建设工程施工合同纠纷／建设工程价款优先受偿权
- 相关法条　《中华人民共和国民法典》第509条

【裁判要旨】

在建设工程施工合同的履行过程中，施工单位除向建设单位交付建设成果以外，还负有向建设单位交付完整工程资料的附随义务。

【案情摘要】

2011年3月3日，汇通西安分公司（发包方、甲方）与华西西安分公司（承包方、乙方）签订《汇通太古城5#地土方工程施工合同》，约定承包范围为汇通太古城5#地施工图所涉范围内的全部土方工程，承包内容为约定承包范围内的土方开挖、装车、外运；暂定价款400万元整，工程须于2011年4月25日前全部完工。案涉工程承包人华西公司、华西西安分公司未在案涉工程完工后向汇通公司移交相关工程资料。

（撰写人：张　梅、张义敏）

108 债权债务转让所附条件未成就，债权债务概括性转移不成立

——新南洋公司与泸州十建公司、银泰公司等建设工程施工合同纠纷上诉案

- 案　　号　（2021）最高法民终 361 号
- 合议庭成员　何波、徐霖、张梅
- 关 键 词　民事 / 附条件 / 概括性转移
- 相关法条　《中华人民共和国合同法》第 60 条、第 45 条①

【裁判要旨】

附条件的债权债务概括转让中所附条件未能成就，原承包人并未放弃与发包人直接进行工程款结算的权利。且案涉工程款并未最终结算，发包方作为案涉工程的最终付款人和受益人，应当向原承包人承担付款责任。

【案情摘要】

2014 年 9 月 25 日，新南洋公司进行前期施工，但于 2015 年 4 月 10 日与银泰公司签订《解除施工合同协议》。后银泰公司与泸州十建公司签订《施工合同补充协议书》《建设工程施工合同》。在新南洋公司与泸州十建公司签订的《协议书》中，双方约定新南洋公司债权债务由泸州十建公司承接，但所附条件是"如泸州十建公司不能实现新南洋公司债权时，新南洋公司有权向银泰主张"，银泰公司未签署该协议。根据案涉《协议书》中关于"银泰公司向泸州十建公司按合同约定支付款项，新南洋公司放弃该项目的所有债权债务"的约定，以及 2015 年银泰公司与泸州十建公司签订的《建设工程施工合同》的约定，以及新南洋公司于 2018 年就提起本案诉讼向银泰公司主张权利的事实，新南洋公司提起本案诉讼。银泰公司应当依合同向泸州十建公司付款，新南洋公司就会依合同放弃该项目的债权债务。银泰公司向案外人易某祥支付工程款，但不能免除银泰公司对新南洋公司的付款责任。银泰公司未按照合同约定履行义务，银泰公司对向易某祥付款的产生的不利结果应当自行承

---

① 对应《中华人民共和国民法典》第 509 条、第 158 条。

担，不能以此对抗新南洋公司的付款请求。一审法院判决泸州十建公司承担责任。二审法院改判银泰公司、泸州十建公司一并向新南洋公司承担责任。

（撰写人：何　波）

109 建设工程价款优先受偿权不因房屋已经办理网签而消灭

——龙元公司与西部城乡公司建设工程施工合同纠纷上诉案

- 案　　号　（2021）最高法民终389号
- 合议庭成员　谢勇、张艳、李赛敏
- 关　键　词　民事/建设工程施工合同纠纷/建设工程价款优先受偿权
- 相关法条　《中华人民共和国合同法》第286条①

【裁判要旨】

商品房预售合同网签及备案是为规范商品房预售而采用的行政管理手段，二者与建设工程价款优先受偿权制度目的均不相悖。案涉工程建成的房屋已经办理网签或者被采取诉讼保全措施并不影响当事人对其享有建设工程价款优先受偿权。

【案情摘要】

西部城乡公司与龙元公司于2013年2月签订《通辽市阿利坦银河湾城市综合体项目建设工程施工合同》，约定由龙元公司完成案涉工程，双方于2013年4月3日办理本案所涉工程中标手续。后双方又就工程内容调整等事项签订补充协议，就工程款支付事项签订会议纪要。龙元公司完成大部分工程后，双方因工程质量、工期延误、工程款给付等问题发生纠纷，龙元公司停止施工且未复工，西部城乡公司已另行委托第三方完成剩余工程，双方均认可案涉工程已经全部完工、建成后的房屋大部分已经对外销售并办理网签备案。

龙元公司提起本案诉讼，请求西部城乡公司支付工程款及利息、赔偿停工损失和可得利益损失，并主张对案涉工程享有建设工程价款优先受偿权。西部城乡公司反诉请求龙元公司移交竣工验收资料并配合办理竣工验收手续、支付逾期竣工违约

---

① 对应《中华人民共和国民法典》第807条。

金、赔偿因工程质量缺陷而支出的维修费用。

一审判决西部城乡公司支付工程款和利息，龙元公司交付其施工部分的案涉工程施工资料并配合办理竣工验收手续，驳回双方其他诉讼请求或者反诉请求。龙元公司、西部城乡公司均不服一审判决上诉。

（撰写人：李赛敏）

110 工程确有质量问题时，人民法院应当对修复费用、责任归属等作出认定

——龙元公司与西部城乡公司建设工程施工合同纠纷上诉案

- 案　　号　（2021）最高法民终 389 号
- 合议庭成员　谢勇、张艳、李赛敏
- 关 键 词　民事 / 建设工程施工合同纠纷 / 建设工程价款优先受偿权
- 相关法条　《中华人民共和国合同法》第 286 条①

【裁判要旨】

发包人以工程质量存在缺陷为由主张承包人承担相关修复费用，且司法鉴定已认定工程确有影响正常使用的质量问题时，人民法院应当对工程质量缺陷修复费用、责任归属等作出认定，不能仅因已预留工程质量保修金而对工程质量缺陷修复费用不予处理。

【案情摘要】

西部城乡公司与龙元公司于 2013 年 2 月签订《通辽市阿利坦银河湾城市综合体项目建设工程施工合同》，约定由龙元公司完成案涉工程，双方于 2013 年 4 月 3 日办理本案所涉工程中标手续。龙元公司完成大部分工程后，双方因工程质量、工期延误、工程款给付等问题发生纠纷，龙元公司停止施工且未复工，西部城乡公司已另行委托第三方完成剩余工程，双方均认可案涉工程已经全部完工、建成后的房屋大部分已经对外销售并办理网签备案。

龙元公司提起本案诉讼，请求西部城乡公司支付工程款及利息等西部城乡公司

---

① 对应《中华人民共和国民法典》第 807 条。

反诉请求龙元公司移交竣工验收资料并配合办理竣工验收手续、支付逾期竣工违约金、赔偿因工程质量缺陷而支出的维修费用。

一审判决西部城乡公司支付工程款和利息，龙元公司交付其施工部分的案涉工程施工资料并配合办理竣工验收手续，驳回双方其他诉讼请求或者反诉请求。龙元公司、西部城乡公司均不服一审判决上诉。

（撰写人：李赛敏）

111 建设工程施工合同对工程计价标准约定不明的，可以参照定额规范确定

——潘某进、中铁十二局二公司与中铁十二局、成贵铁路公司、王某锋、忠诚公司建设工程施工合同纠纷上诉案

- **案　　号**　（2021）最高法民终412号
- **合议庭成员**　郎贵梅、王朝辉、刘丽芳
- **关 键 词**　民事/合同/建设工程施工合同/工程计价标准
- **相关法条**　《中华人民共和国合同法》第62条①，《最高人民法院关于审理建设工程施工合同纠纷案件适用法律问题的解释》第16条第1款②

【裁判要旨】

建设工程施工合同对工程计价标准约定不明，且无法达成补充协议，按照合同相关条款或者交易习惯亦无法确定的，应根据《合同法》或《民法典》关于合同内容补充的规定进行确定。铁路部门发布的预算定额属于政府指导价，可参照铁路定额及施工同期相关的计价文件确定工程造价。

【案情摘要】

实际施工人潘某进借用忠诚公司资质与中铁十二局二公司项目部签订《劳务作业（隧道工程）承包合同》，并对劳务单价进行约定。实际施工中，潘某进不仅组织劳务作业，实际进行了包括购买租赁设备在内的综合施工。其后，潘某进又与王某

---

① 对应《中华人民共和国民法典》第511条。
② 该解释已失效，参见《最高人民法院关于审理建设工程施工合同纠纷案件适用法律问题的解释（一）》第19条第1款。

锋签订《建设工程施工协议》，约定工程款参照成贵铁路公司（发包人）与中铁十二局（承包人）签订的《施工总价承包合同》进行结算。后来，潘某进在工程未完工时提前退场。

另案中，司法鉴定结果显示，按《劳务作业（隧道工程）承包合同》约定的单价，工程造价为 4302375.37 元；按铁路定额计算，工程造价为 6315376 元。潘某进起诉上述发包人、承包人请求按《施工总价承包合同》确定的单价结算工程款。

（撰写人：郎贵梅、牛伟强）

112 划拨土地使用权转让合同经批准后又被撤销，在原有规定已被修正的情况下，应参照新的规定认定有效

——香江公司、赤龙令公司与新华社海南分社、海口市资规局、民联公司建设用地使用权转让合同纠纷上诉案

- **案　　号**　（2021）最高法民终 445 号
- **合议庭成员**　贾清林、于明、朱科
- **关 键 词**　民事 / 建设用地使用权转让合同纠纷 / 划拨土地使用权转让
- **相关法条**　《中华人民共和国城市房地产管理法》第 39 条[①]，《中华人民共和国合同法》第 64 条[②]，《最高人民法院关于审理涉及国有土地使用权合同纠纷案件适用法律问题的解释》第 11 条，《最高人民法院关于适用〈中华人民共和国民法典〉时间效力的若干规定》第 8 条，《最高人民法院关于适用〈中华人民共和国民法典〉有关担保制度的解释》第 50 条第 2 款

【裁判要旨】

划拨土地使用权转让合同经有批准权的人民政府批准后又被撤销，在《民法典》及相关司法解释对原有规定已进行修正的情况下，关于划拨土地使用权转让合同的效力，如无其他法定无效或未生效情形，应参照新的规定精神，按有效处理。

[①] 对应《中华人民共和国城市房地产管理法》（2019 年修正）第 40 条。
[②] 对应《中华人民共和国民法典》第 522 条。

【案情摘要】

民联公司与新华社海南分社签订《协议书》，合作开发新华社海南分社名下的土地，并由民联公司当时的关联公司香江公司、赤龙令公司与新华社海南分社签订《划拨土地使用权转让合同》；该转让合同获得海口市人民政府批准后，该批准又因故被撤销。香江公司、赤龙令公司提起诉讼，要求新华社海南分社履行相关合同义务。香江公司、赤龙令公司不服一审判决，向最高人民法院提起上诉，遂成本案。

（撰写人：贾清林、乔希木）

113 发包方主张其已支付的某笔费用应计入已付工程款的，应当就该笔费用的负担承担举证责任

——合肥建工公司与合肥京商公司建设工程施工合同纠纷上诉案

- 案　　号　（2021）最高法民终 518 号
- 合议庭成员　曹刚、于蒙、关晓海
- 关　键　词　民事 / 建设工程施工合同纠纷 / 已付工程款
- 相关法条　《中华人民共和国合同法》第 60 条、第 269 条、第 286 条①

【裁判要旨】

工程发包方主张其已支付的修复清理款应当计入已付工程款的，应当举证证明该修复清理费用包含在案涉项目工程造价范围内，或者该笔费用应由施工方承担。否则，其主张不能成立。

【案情摘要】

合肥建工公司（乙方、承包方）与合肥京商公司（甲方、发包方）就合肥京商商贸城 K 地块签订系列施工合同，工程完工后，双方因工程款支付问题产生争议，合肥建工公司遂将合肥京商公司诉至法院。诉讼中，合肥京商公司主张其已经支付的 7657003 元道路修复清理款应当计入已付工程款，理由为合肥建工公司曾向合肥京商公司出具几份《委托付款函》，说明是委托付款，故该笔费用本应由合肥建工公

---

① 对应《中华人民共和国民法典》第 509 条、第 288 条、第 807 条。

司承担。一审法院判决将该笔费用计入已付工程款，合肥建工公司不服，提起上诉。二审法院结合举证责任、对《委托付款函》的理解和双方当事人会议纪要的约定等，对该部分进行了改判。

（撰写人：于　蒙、刘依珊）

114 备案中标合同无效时是否仍应参照中标合同结算建设工程价款

——中建四局与新子欣公司、新子欣永修分公司等建设工程施工合同纠纷上诉案

- **案　　号**　（2021）最高法民终 622 号
- **合议庭成员**　薛贵忠、汪军、杜微科
- **关 键 词**　民事 / 建设工程施工合同纠纷 / 结算工程价款的根据
- **相关法条**　《最高人民法院关于审理建设工程施工合同纠纷案件适用法律问题的解释》第 21 条①，《最高人民法院关于审理建设工程施工合同纠纷案件适用法律问题的解释（二）》第 11 条②

【裁判要旨】

《最高人民法院关于审理建设工程施工合同纠纷案件适用法律问题的解释》第 21 条规定的"备案的中标合同作为结算工程价款的根据"的前提是备案的中标合同有效。《最高人民法院关于审理建设工程施工合同纠纷案件适用法律问题的解释（二）》第 11 条规定的"数份建设工程施工合同"亦包括备案的中标合同。当备案的中标合同亦无效的情况下，应适用该条确定结算工程价款所参照的合同。

【案情摘要】

中建四局与新子欣永修分公司就案涉工程签订了《总包补充协议》。该协议签订后，中建四局中标案涉工程，双方签订《建设工程施工合同》并备案。施工过程中，

---

① 该解释已失效，参见《最高人民法院关于审理建设工程施工合同纠纷案件适用法律问题的解释（一）》第 22 条、第 23 条。

② 该解释已失效，参见《最高人民法院关于审理建设工程施工合同纠纷案件适用法律问题的解释（一）》第 24 条。

双方签订的《补充协议书》明确双方履行的是《总包补充协议》。后双方因工程款问题发生争议，诉讼中，新子欣公司、新子欣永修分公司主张应参照中标备案的《建设工程施工合同》结算建设工程价款，中建四局则主张应以实际履行的《总包补充协议》《补充协议书》结算工程价款。

（撰写人：薛贵忠、叶康喜）

115 二审法院对于一审法院未组织质证的补充鉴定意见，在二审期间组织质证后，补充鉴定意见可作为认定案件事实的依据

——广厦公司与昊鑫公司等建设工程施工合同纠纷上诉案

- 案　　号　（2021）最高法民终650号
- 合议庭成员　何波、徐霖、张梅
- 关　键　词　民事／建筑工程施工合同／补充鉴定意见
- 相关法条　《最高人民法院关于适用〈中华人民共和国民事诉讼法〉的解释》第103条

【裁判要旨】

对于补充鉴定意见，一审法院应当组织各方当事人进行质证。对于一审法院未组织质证的补充鉴定意见，二审法院可向各方当事人在二审程序中送达补充鉴定意见，并组织各方当事人进行质证，质证后的补充鉴定意见可以作为认定案件事实的依据。

【案情摘要】

关于安装工程造价。广厦公司主张造价认定少计取中水、加压供水设备一套计55.85万元，少计热水供水设备60万元。2019年11月15日经三方当事人及鉴定机构现场勘查确认后，中联茂源公司在2020年4月26日向一审法院出具的《关于庆阳市CBD商务中心陇东集团大厦工程造价补充鉴定回复意见书》中，第二部分回复异议7明确："安装工程关于中水、加压供水设备、热水供水设备已调整，调整造价详见附件。"该补充鉴定意见书附表显示该笔费用为1138695.7元。因一审法院未就上述补充鉴定意见组织质证，故二审法院向各方当事人在二审中送达该补充鉴定意

见，并开庭由各方当事人及鉴定机构人员出庭质证，可以认定该补充鉴定意见中涉及安装工程造价变更的部分属于上次鉴定漏算的部分，应计入工程鉴定总价。

（撰写人：张　梅、张义敏）

116 承包商应当是本案 EPC 合同中支付工程款的主体
——华东电力设计院与甘肃安装公司、金塔万晟公司建设工程施工合同纠纷上诉案

- 案　　号　（2021）最高法民终 662 号
- 合议庭成员　何波、徐霖、吴笛
- 关 键 词　民事 /EPC/ 建设工程施工合同纠纷
- 相关法条　《中华人民共和国合同法》第 44 条、第 60 条①

【裁判要旨】

案涉《合作协议》的承包模式为 EPC 总承包，在建设工程施工合同中明确约定总承包商的主要义务为提供合同约定的所需设备、材料并支付工程款，施工人的主要义务为完成施工以及本案不存在案涉合同实际由业主方履行的情形下，承包商应当是本案支付工程款的主体。

【案情摘要】

金塔万晟公司与华东电力设计院公司签订《合作协议》《总承包合同》约定华东电力设计院公司总承包甘肃金塔万晟光电 100MW 光伏电站工程，承包商负责的前期工作、勘测设计、采购及技术服务、项目管理等费用按固定总价为 2000 万元（含税，简称承包商费用）……后华东电力设计院公司以总承包商身份与甘肃安装公司签订《基础和组件支架安装施工合同》《土建施工合同》《电气一次、二次和系统二次安装施工合同》，甘肃安装公司进行了施工，并完成了光伏电站 57.6MW 光伏项目工程量及部分配套工程，案涉工程并网发电并使用至今。经鉴定工程欠款数额为 34766674.74 元。一审法院判决华东电力设计院向甘肃安装公司支付工程款 35866674.74 元及利息。二审法院驳回上诉维持原判。

（撰写人：何　波）

---

① 此处法条分别对应《中华人民共和国民法典》第 502 条、第 509 条。

117 监理单位、总包单位均在经济签证单上签字盖章，应视为对工程量增加、变更的认可

——无锡中粮公司与昌吉公司、天腾公司等建设工程施工合同纠纷上诉案

- **案　　号**　（2021）最高法民终 668 号
- **合议庭成员**　宋冰、徐霖、张梅
- **关 键 词**　民事 / 建设工程施工合同纠纷
- **相关法条**　《最高人民法院关于审理建设工程施工合同纠纷案件适用法律问题的解释》①第 2 条

【裁判要旨】

工程监理单位接受建设单位的委托，根据法律规定及合同约定，在施工阶段对建设工程质量、造价、进度进行控制。监理单位在签证单上签字，总包单位亦表示认可，应作为工程量变更增加的依据。

【案情摘要】

本案工程签证单载明："施工情况属实，由于土建施工合同由天腾公司和昌吉公司直接签订，因此施工过程中工程量的变更是否和施工合同和设计图纸相悖，必须经监理和甲方确认。"监理公司及总包单位无锡中粮公司均在签证单上签字盖章，说明对施工事实认可。从无锡中粮公司备注的内容分析，对工程量变更认可，但是否与设计合同及设计图纸相符，不是施工方的责任。故变更工程量部分应计入工程款。

（撰写人：宋　冰）

---

① 该解释已失效。

118 诉讼发生时建设工程已不需要必须招标的，可不再认定未招标施工合同无效
——海岸东方公司与博源公司建设工程施工合同纠纷上诉案

- 案　　　号　（2021）最高法民终 742 号
- 合议庭成员　麻锦亮、周其濛、季伟明
- 关　键　词　民事 / 合同效力 / 必须招标 / 从新原则
- 相关法条　《最高人民法院关于审理建设工程施工合同纠纷案件适用法律问题的解释（一）》第 1 条，《必须招标的工程项目规定》《必须招标的基础设施和公用事业项目范围规定》

【裁判要旨】

因国家政策调整，之前属于必须招标的工程项目，建设工程施工合同纠纷诉讼发生时已不需要必须招标的，虽签订施工合同时未进行招标，但可综合考虑争议合同系当事人真实意思表示、工程质量合格、违约方否定合同效力获利有违诚信等因素，参照从新原则，不再予以否定合同效力。

【案情摘要】

2009 年，海岸东方公司与博源公司签订协议，海岸东方公司作为发包人将案涉住宅小区工程发包给博源公司施工。施工过程中，因海岸东方公司基础工程未完成、手续不全，被有关部门通知停工。2014 年 5 月，海岸东方公司补充制作中标手续，双方重新签订建设施工协议，并在建设部门备案。因手续不全长期停工，2018 年 7 月，博源公司书面通知海岸东方公司解除各份协议，并诉至法院。诉讼中，海岸东方公司抗辩案涉各份协议均无效，理由是：2009 年协议签订时，商品房住宅是法定招投标项目，未招标直接施工，该协议无效；双方之后为办理工程手续，仅进行形式上的招投标，并签订备案的施工协议，违反法律规定，备案协议亦无效。

（撰写人：季伟明）

119 利息从应付工程价款之日计付，当事人对付款时间没有约定或者约定不明的，利息从建设工程实际交付之日计算
——天宇公司与立达公司建设工程施工合同纠纷上诉案

- **案　　号**　（2021）最高法民终752号
- **合议庭成员**　高晓力、宋冰、徐霖
- **关 键 词**　民事／建设工程施工合同纠纷／工程款利息
- **相关法条**　《最高人民法院关于审理建设工程施工合同纠纷案件适用法律问题的解释》第18条①

【裁判要旨】

建设工程施工合同虽然无效，但工程款利息是法定孳息，建设方因实际占用工程而受益却未及时向承包方支付工程款，应当承担利息损失。利息从应付工程价款之日计付，当事人对付款时间没有约定或者约定不明的，利息从建设工程实际交付之日计算。

【案情摘要】

利息从应付工程价款之日计付，当事人对付款时间没有约定或者约定不明的，利息从建设工程实际交付之日计算。本案立达公司与天宇公司协商移交场地。其后，西宁建安公司接受立达公司的委托看护施工现场。此时，立达公司已经实际占有工程，并享有使用、收益、处分的权利，故应以该日期作为实际交付日期。

（撰写人：宋　冰）

---

① 该解释已失效，参见《最高人民法院关于审理建设工程施工合同纠纷案件适用法律问题的解释（一）》第27条。

120 一方当事人对质量问题有异议，不通过鉴定程序无法认定的情况下，应当启动鉴定程序
——东营公司与工业设备安装公司建设工程施工合同纠纷上诉案

- 案　　　号　（2021）最高法民终839号
- 合议庭成员　宋冰、徐霖、董俊武
- 关　键　词　民事/建设工程施工合同纠纷/鉴定
- 相关法条　《中华人民共和国民事诉讼法》第170条第1款第3项①

【裁判要旨】

当事人一审对质量问题申请鉴定，但因原审法院告知鉴定需要关停电站，否则鉴定条件不成就，考虑到损失问题当事人未再坚持鉴定。二审中，根据当事人提供的《检验报告》以及向专业鉴定部门的咨询情况，涉案质量问题可以单项拆分进行鉴定，无需关停工程项目的运营。故鉴定条件发生变化，相关问题可以通过鉴定程序解决。

【案情摘要】

本案是建设工程施工合同纠纷案件，一方当事人对质量问题提出异议并申请鉴定，但因原审法院告知鉴定需要关停电站，否则鉴定条件不成就，考虑到损失问题当事人未再坚持鉴定。二审中，鉴定条件发生变化，涉案质量问题可以单项拆分进行鉴定，无需关停工程项目的运营。并且，考虑到电缆质量问题的专业性及鉴定的必要性，不通过鉴定程序，对电缆是否存在质量问题、是否需要更换、存在问题的原因及造成损失的数额均无法作出认定。故本案发回重审。

（撰写人：宋　冰）

---

① 对应《中华人民共和国民事诉讼法》（2023年修正）第177条第1款第3项。

121 案涉土地使用权已被收归国有，承包方主张建设工程价款优先受偿权时并未一并起诉土地使用权人，是否可指引当事人另行主张权利

——北京建工与汉高置业、汉高物流建设工程施工合同纠纷上诉案

- **案　　号**　（2021）最高法民终 885 号
- **合议庭成员**　张树明、向国慧、孙勇进
- **关 键 词**　民事 / 建设工程施工合同纠纷 / 建设工程价款优先受偿权 / 另行主张权利
- **相关法条**　《中华人民共和国合同法》第 94 条、第 286 条①

【裁判要旨】

因案涉土地使用权已被收归国有，而承包人在本案中未一并起诉土地使用权人，对此指引当事人另行主张权利，也保障了土地使用权人的辩论权利。

【案情摘要】

案涉工程为鸭绿江界河公路大桥丹东口岸工程的一部分，包括综合旅检大楼和服务大楼两栋建筑，案涉工程已停工多年，合同履行已经陷入僵局，合同约定解除的条件已经成就，北京建工向一审法院起诉，请求判定解除案涉《建设工程施工合同》及补充协议，并就工程价款进行结算，形成本案。

（撰写人：向国慧、周　健）

122 有虚假诉讼嫌疑能否裁定驳回起诉

——二十冶集团与正鼎公司建设工程施工合同纠纷上诉案

- **案　　号**　（2021）最高法民终 890 号
- **合议庭成员**　薛贵忠、汪鸿滨、杜微科

---

① 对应《中华人民共和国民法典》第 563 条、第 807 条。

- **关 键 词** 民事 / 建设工程施工合同纠纷 / 虚假诉讼
- **相关法条** 《中华人民共和国民事诉讼法》第 112 条、第 119 条[①]，《最高人民法院关于适用〈中华人民共和国民事诉讼法〉的解释》第 208 条第 3 款，《最高人民法院关于防范和制裁虚假诉讼的指导意见》第 11 条

【裁判要旨】

法院不能以双方没有纠纷、存在虚假诉讼为由，裁定驳回原告起诉。法院在审理中发现当事人之间恶意串通，企图通过诉讼、调解等方式侵害他人合法权益的，应当驳回其请求，并根据《民事诉讼法》第 112 条之规定作出相应处理。

【案情摘要】

二十冶集团向一审法院诉请解除其与正鼎公司签订的建设工程施工合同，请求正鼎公司支付工程款及利息等，并在起诉后申请对正鼎公司的相关资产进行财产保全。一审法院以诉讼中双方多次申请延期审理、拖延诉讼进程，二十冶集团提出解除合同的诉请仍继续施工、正鼎公司大量涉诉为由，认为有理由相信双方没有纠纷，双方涉嫌恶意串通，虚构纠纷，损害正鼎公司其他债权人的利益，据此裁定驳回二十冶集团的起诉。二十冶集团上诉至最高人民法院，认为并无证据证明双方有恶意串通、虚假诉讼的事实。二十冶集团多次申请调解且在调解期间继续施工，系因政府出面协调以期解决问题，并非双方没有纠纷，纠纷也并未解决，故本案应继续审理。

（撰写人：薛贵忠、叶康喜）

123 建设工程施工合同案件中挂靠人能否向发包人主张权利

——龙安建筑公司、建安集团与龙凤城投公司建设工程施工合同纠纷上诉案

- **案　　号** （2021）最高法民终 985 号
- **合议庭成员** 麻锦亮、孙勇进、季伟明
- **关 键 词** 民事 / 建设工程施工合同 / 挂靠 / 工程款 / 司法鉴定

[①] 对应《中华人民共和国民事诉讼法》（2023 年修正）第 115 条、第 122 条。

• **相关法条** 《最高人民法院关于审理建设工程施工合同纠纷案件适用法律问题的解释》①第1条、第2条,《最高人民法院关于民事诉讼证据的若干规定》第31条,《最高人民法院关于适用〈中华人民共和国民法典〉时间效力的若干规定》第2条第2款

【裁判要旨】

发包人在缔约时对挂靠人与被挂靠人的挂靠关系知情的,挂靠人可基于事实关系依据被挂靠人与发包人之间的合同向发包人主张权利;发包人不知情的,挂靠人无权向发包人主张权利。

建设工程施工合同中对工程结算程序有约定,当事人未按约定进行结算,不能径行向人民法院申请司法鉴定确定工程款。

鉴定机构采取哪种计价方式,由人民法院根据当事人申请及查明案件事实的需要确定,当事人不能要求鉴定机构按照其主张的计价方式开展鉴定工作。

【案情摘要】

为建设大庆市龙凤区吉祥馨苑小区一标段工程,经招投标,发包人龙凤城投公司与建安集团签订建设工程施工合同并备案。此后,发包人龙凤城投公司与建安集团陆续签订小区配套工程及剩余工程施工合同。建安集团签订上述合同后随即将工程全部以分包的名义交由龙安建筑公司承建。龙凤城投公司直接与龙安建筑公司沟通工程建设及工程款结算等事宜。工程竣工验收并交付使用后,龙凤城投公司委托咨询公司审计,龙安建筑公司对审计意见不予认可,但未按约履行复核程序。龙安建筑公司主张其系挂靠建安集团承建工程,向龙凤城投公司提起诉讼,要求支付工程款及利息。

(撰写人:麻锦亮、李 薇)

---

① 该解释已失效,此处法条分别参见《最高人民法院关于审理建设工程施工合同纠纷案件适用法律问题的解释(一)》第1条、第24条。

124 非必须招投标的项目确定采用招投标的方式订立合同应当受《招标投标法》的约束

——建投公司与天宝公司建设工程施工合同纠纷上诉案

- **案　　号**　（2021）最高法民终 1053 号
- **合议庭成员**　吴兆祥、张梅、赵敏
- **关 键 词**　民事 / 招标投标 / 合同效力
- **相关法条**　《中华人民共和国招标投标法》第 45 条,《最高人民法院关于审理建设工程施工合同纠纷案件适用法律问题的解释》第 1 条①

【裁判要旨】

无论是必须招投标的项目还是非必须招投标的项目,一旦确定采用招投标的方式订立合同即应当受《招标投标法》的约束。要通过规制招投标行为以维护建设工程领域的招投标秩序,否则,将导致招投标秩序规则的空设,损害其他不确定投标人的合法权益。

【案情摘要】

2013 年 9 月 18 日,建投公司通过招标、投标程序,中标天宝公司建设的兰州天宝时代广场项目。建投公司于招标前即 2013 年 8 月已经进场施工。2013 年 11 月 15 日,天宝公司与建投公司签订《建设工程施工合同》,之后签订多份补充协议书,双方当事人均认可实际履行的是三份补充协议书。施工过程中,双方当事人以各种形式的往来函件、报告、通知等文件,对项目经理问题、施工进度、停工、设计变更、工程款支付、工程质量等与工程施工有关的各项问题进行沟通、协商。2013 年、2014 年、2015 年分别对地基和基础、主体结构等进行了钢筋隐蔽验收、分部工程质量验收等分项验收。2017 年 12 月案涉工程消防验收合格。诉讼中,对案涉工程已完成的工程量造价进行了司法鉴定。

（撰写人：赵　敏）

---

① 该解释已失效,参见《最高人民法院关于审理建设工程施工合同纠纷案件适用法律问题的解释（一）》第 1 条。

125 实际施工人是否可以直接向转包人主张权利
——邱某辉与良友公司、中交二航三公司码头建造合同纠纷申请再审案

- **案　　　号**　（2021）最高法民申 3178 号
- **合议庭成员**　杨兴业、奚向阳、沈佳
- **关　键　词**　民事 / 建设工程施工合同 / 转包人
- **相关法条**　《最高人民法院关于审理建设工程施工合同纠纷案件适用法律问题的解释》第 26 条①

【裁判要旨】

从建设工程是劳务的物化的角度看，发包人是该劳务物化成果的享有者，实际施工人有权向发包人主张权利。考虑到案件的审理涉及两个合同法律关系，人民法院追加转包人或者违法分包人为案件当事人，有利于案件事实查清以及实际施工人实现自己权利。根据合同相对性原则，实际施工人不能向既不是发包人又与其无合同关系的转包人主张权利。

【案情摘要】

中化泉州石化有限公司（以下简称中化公司）为兴建原油码头工程，将该工程发包给 EPC 总承包商中交设计院公司。2012 年 5 月 9 日，中交设计院公司与中交二航三公司订立《施工分包合同》，约定由中交设计院公司委托施工分包商中交二航三公司进行 30 万吨级原油码头工程的施工建设。2012 年 11 月 25 日，良友公司与中交二航三公司订立《沉箱施工合同》。2012 年 12 月 11 日，良友公司与邱某辉订立《中化泉州 30 万吨级原油码头工程基槽施工合同》。案涉工程的承包流转顺序为：中化公司作为业主原油码头工程发包给 EPC 总承包商中交设计院公司，中交设计院公司将该工程全部转包给中交二航三公司，中交二航三公司又将该工程中的沉箱工程分包给良友公司，良友公司再将码头基础部分分包给邱某辉。后因工程结算问题发生纠纷，邱某辉诉至法院请求判令良友公司支付拖欠工程款及利息；中化公司对良友公司所欠工程款承担连带责任。

（撰写人：奚向阳）

---

① 该解释已失效，参见《最高人民法院关于审理建设工程施工合同纠纷案件适用法律问题的解释（一）》第 43 条。

126 建设工程合同中关于"固定总价"的约定应当作为结算工程价款的依据

——中海公司与北船公司船坞建造合同纠纷申请再审案

- **案　　号**　（2021）最高法民申 4372 号
- **合议庭成员**　奚向阳、杨兴业、沈佳
- **关 键 词**　民事 / 船坞建造 / 固定总价
- **相关法条**　《最高人民法院关于审理建设工程施工合同纠纷案件适用法律问题的解释（一）》第 28 条、第 32 条

【裁判要旨】

建设工程合同中约定了"固定总价"，合同当事人应当按照约定结算工程价款。人民法院在根据已完成工程量及固定总价的计算方式可以得出工程价款数额的情况下，不应再予同意当事人在诉讼中提出的对工程造价进行鉴定的申请。

【案情摘要】

2006 年 10 月 25 日，北船公司就青岛海西湾造修船基地造船区 1#、2# 造船坞建设工程项目进行公开招标，中海公司以 5.38 亿元的价格中标。双方签订《施工合同》，约定合同为固定总价合同。后因合同履行及北船公司欠付部分工程款问题，中海公司起诉提起 16 项支付请求，主要诉求是判令北船公司向中海公司支付工程款 2.73 亿元及逾期利息，并在一审诉讼中申请对工程价款进行司法鉴定，法院未予准许。一审法院对其中有证据证明的诉讼请求予以支持，判决北船公司支付中海公司 9880 余万元欠付工程款及利息等，二审法院判决维持原判。

（撰写人：沈　佳）

127 发包人和承包人约定了按期支付工程进度款并已确定数额,工程已竣工验收,但未最终结算,承包人有权要求发包人依约支付工程进度款

——绿宝石酒店与广西建工集团、广西建工集团贵州分公司建设工程施工合同纠纷申请再审案

- 案　　号　（2021）最高法民申 3436 号
- 合议庭成员　孙建国、张爱珍、孙晓光
- 关 键 词　民事/工程进度款/结算
- 相关法条　《中华人民共和国民法总则》第 143 条①,《中华人民共和国合同法》第 107 条②

【裁判要旨】

《建设工程施工合同》《补充协议》中均约定了发包人向承包人按月支付工程进度款。发包人认为《补充协议》变更了《施工合同》中关于按月支付工程进度款的规定,但其又在《申请书》中签字同意按月支付工程进度款,表明其认可按月支付工程进度款。虽然案涉工程已完工,尚未完成工程结算,但支付工程进度款并不影响工程的结算,发包人已支付的工程进度款应当在竣工结算中予以扣除。

【案情摘要】

2014 年 10 月,广西建工集团与绿宝石酒店签订《建设工程施工合同》,约定绿宝石酒店将其酒店建设项目发包给广西建工集团承建,合同价为 3681 万元。2014 年 12 月,双方签订《补充协议》。《建设工程施工合同》《补充协议》中均约定了发包人向承包人按月支付工程进度款。施工过程中,绿宝石酒店在广西建工集团提交的 10 张工程进度款支付申请表上签字、盖章,同意支付相应工程进度款,以上工程进度款合计 2430 万元,绿宝石酒店仅支付 1385 万元,余 1045 万元至诉讼前仍未支付。工程于 2017 年 8 月已投入使用,至今未办理工程结算。由于绿宝石酒店欠付

---

① 对应《中华人民共和国民法典》第 143 条。
② 对应《中华人民共和国民法典》第 577 条。

1045万元工程款,故广西建工集团提起本案诉讼。

(撰写人:董　宁)

其他合同纠纷 ▶▶▶

1 跨境股权交易中,就目标公司所签订的工程合同,受托人提供法律服务范围的认定

——天威新能源公司与达维律师事务所法律服务合同纠纷上诉案

- **案　　号**　(2019)最高法民终318号
- **合议庭成员**　陈宏宇、马东旭、李桂顺
- **关 键 词**　民事/法律服务合同/跨境股权交易
- **相关法条**　《中华人民共和国民法通则》①第145条,《最高人民法院关于适用〈中华人民共和国涉外民事关系法律适用法〉若干问题的解释(一)》第2条

【裁判要旨】

当事人约定就跨境股权交易提供法律服务,受托人的义务主要系就股权交易自身的相关法律问题提供法律意见。就目标公司已经签署的相关工程合同,受托人并非基于该工程合同当事人(业主或承包人)的立场,从签约的角度对工程合同的权利义务是否合理进行审查;而是为工程业主股权交易相对人即委托人的利益,就工程合同是否阻碍、影响股权交易等问题进行审查。

工程合同虽与案涉股权交易相关,但终非法律服务合同直接之所指,故当事人未作特别约定时,不应对受托人科以相关工程合同签订之时当事人律师所应尽到的注意义务,亦不应要求受托人对工程合同尽到和股权交易一样的审查义务。在不超出该股权交易目的之范围内,受托人对目标公司事先已经签署的工程合同的审查,限于合同是否存在诸如"控制权变更"条款等阻碍影响股权交易完成或者对股权交易有重大不利影响的约定。

---

① 该法已失效。

【案情摘要】

达维律师事务所与天威新能源公司形成法律服务合同关系，由前者对后者的跨境股权交易提供法律服务。在该股权交易完成后，天威新能源公司认为目标公司在收购之前与他人所签订的工程合同对目标公司有重大不利影响，达维律师事务所出具错误或误导性的法律意见使其作出错误投资决策，并提起本案诉讼，请求达维律师事务所赔偿损失人民币5亿元、退还已支付的律师费并承担本案全部诉讼费用。

（撰写人：陈宏宇、许英林）

2 居间合同免责条款的解释应当符合合同的目的、交易习惯以及诚信原则
——蓝宝石公司与东辉公司居间合同纠纷上诉案

- 案　　号　（2019）最高法民终402号
- 合议庭成员　陈宏宇、李桂顺、郭载宇
- 关　键　词　商事/居间合同/合同解释
- 相关法条　《中华人民共和国合同法》第125条、第425条①

【裁判要旨】

居间合同约定居间人"对其提供的建议或工作不承担责任"。居间人提出的相关建议仅系其自身的主观认识，在不构成欺诈或恶意串通的情况下，该建议不应认定为委托人作出独立商业判断的基础，居间人对"建议"不承担责任的约定符合居间合同的性质。鉴于居间人的如实报告义务系其在居间合同中的主要义务，有关其对"工作"不承担责任的约定，根据居间合同之目的、交易习惯及诚信原则，应解释为对居间服务所针对的交易结果不承担责任，而不宜认定居间人对履行包括如实报告义务在内的各项约定及法定义务均不承担责任。

【案情摘要】

蓝宝石公司为东辉公司的跨境收购提供居间服务。居间人蓝宝石公司在未依约全面履行合同义务的情况下，根据居间合同有关蓝宝石公司将对为东辉公司提供的

---

① 对应《中华人民共和国民法典》第142条、第962条。

建议或工作不承担责任的约定，主张相应报酬。

（撰写人：陈宏宇）

3 委托合同中任意解除权的行使与已完成受托任务给付报酬的认定
——陆河公司与君山律所委托合同纠纷再审案

- 案　　号　（2020）最高法民再 356 号
- 合议庭成员　王海峰、孙晓光、司伟
- 关 键 词　民事 / 委托合同 / 信赖丧失 / 任意解除权 / 报酬
- 相关法条　《中华人民共和国合同法》第 405 条、第 410 条[①]

【裁判要旨】

委托合同具有人身信赖性，这种信赖性是委托法律关系的基础，也是委托合同解除后认定责任的重要标准。《合同法》和《民法典》对于委托人或者受托人可以无条件解除委托合同的精神是一以贯之的。委托合同的信赖基础丧失后，任意解除权有助于委托人和受托人从委托法律关系中解脱出来。委托法律关系解除后，对于受托人已完成的工作，依据《合同法》相关规定，可以结合委托解除的原因、完成委托的工作量等要素，从公平角度出发酌情认定应支付的相应报酬。

【案情摘要】

自 2008 年起君山律所成为陆河公司聘请的常年法律顾问，代理陆河公司与文山晨光发电有限责任公司联营合同纠纷一案（以下简称晨光案），2014 年 2 月，晨光案起诉至当地法院，诉讼标的达 8562 万余元。为此，陆河公司与君山律所签订《委托合同》，君山律所接受陆河公司委托，指派该所律师担任晨光案中的诉讼代理人并实行风险代理收费，约定陆河公司胜诉后，君山律所均按调解或判决确定标的额的 30% 收取代理费。期间，君山律所在接受陆河公司委托处理其他事项时，给陆河公司造成 1000 万余元损失。后晨光案诉讼至二审法院，陆河公司以君山律所未认真履行相关代理协议，给陆河公司经营管理带来严重影响和巨大损失为由，解除了案涉

---

① 对应《中华人民共和国民法典》第 928 条、第 933 条。

委托合同。君山律所遂提起本案诉讼，请求人民法院判令陆河公司支付代理费 2471 万余元。

（撰写人：王海峰）

4 货物进口清关义务及其附随义务应根据当事人在合同中选择的贸易术语及准据法中关于履行合同的规定进行认定

——华瑞公司与马峰公司等合同纠纷申请再审案

- 案　　号　（2020）最高法民申 4754 号
- 合议庭成员　奚向阳、陈纪忠、龙飞
- 关 键 词　商事 / 国际货物销售合同 / 进口清关义务
- 相关法条　《国际贸易术语解释通则》CIF 贸易术语,《中华人民共和国合同法》第 60 条[①]

【裁判要旨】

当事人在缔结合同过程中，对如何办理进口报关、通关事宜进行了沟通，在合同中选择采用《国际贸易术语解释通则》中的 CIF 贸易术语。在履行合同过程中，双方就未能进口清关的责任承担问题产生争议，均主张应由对方承担进口清关义务。人民法院应当根据合同约定的《国际贸易术语解释通则》对 CIF 贸易术语的解释审查认定清关义务的承担主体，根据货物的实际状况确定附随义务的内容，并分配责任。

【案情摘要】

马峰公司与华瑞公司签订国际货物销售合同，约定华瑞公司向马峰公司进口 5870 吨轻循环油，采用《国际贸易术语解释通则》（2010 版）及其最新修订版中对 CIF 贸易的定义。华瑞公司作为 CIF 买方负有办理货物进口清关手续的义务。虽然 CIF 贸易术语项下货物卖方没有义务办理货物进口清关手续，但鉴于案涉货物在合同签订前已卸货存入保税仓库并以保税仓库货物贸易方式由第三人汇鸿公司向海关

---

① 对应《中华人民共和国民法典》第 509 条。

申报进口，根据《合同法》第60条第2款即"当事人应当遵循诚实信用原则，根据合同的性质、目的和交易习惯履行通知、协助、保密等义务"的规定，马峰公司作为卖方负有协助华瑞公司解决此权利瑕疵的义务，即协调原申报方汇鸿公司向海关申请将案涉货物的经营单位变更为华瑞公司。

（撰写人：陈纪忠、李训民）

5 原审法院对于案件基本事实认定不清或未进行审理的，应发回重审
——李某与朱某达、朱某宣合同纠纷上诉案

- **案　　号**　（2021）最高法民终439号
- **合议庭成员**　于明、贾清林、朱科
- **关 键 词**　民事 / 投资协议 / 合作开发 / 履行协议 / 分配利润
- **相关法条**　《中华人民共和国民事诉讼法》第170条①

【裁判要旨】

案涉投资协议的真实性、合法性存疑，且投资项目土地的面积以及与此相关的投资、占股事实未查清，应属基本事实认定不清或未进行审理，二审法院可裁定撤销原判，发回重审。

【案情摘要】

李某与朱某达、朱某宣签订投资协议，约定合作开发龙宇公司名下的房地产项目，并对投资、收益比例、风险责任、项目管理与监督等事项进行了约定。在合作开发的第一期项目收尾阶段，李某与朱某达、朱某宣再次签订协议，对投资、收益比例、风险责任、项目管理与监督等事项进行了重新约定，并对返还投资款、分配利润具体数额及支付办法进行了约定。因朱某达、朱某宣未按约定返还投资款和支付利润，李某向法院起诉，要求按照协议约定返还土地投资款和支付利润，形成本案诉讼。

（撰写人：彭青霞）

---

① 对应《中华人民共和国民事诉讼法》（2023年修正）第177条。

6 居间人提供虚假情况的，不得要求支付居间报酬
——董某珠、范某伍与任某歆等居间合同纠纷申请再审案

- 案　　号　（2021）最高法民申 1905 号
- 合议庭成员　麻锦亮、周其濛、季伟明
- 关 键 词　民事 / 居间合同 / 虚假情况
- 相关法条　《中华人民共和国合同法》第 425 条①

【裁判要旨】

居间人应当就有关订立合同的事项向委托人如实报告。居间人故意隐瞒与订立合同有关的重要事实或者提供虚假情况，损害委托人利益的，不得要求支付报酬并应当承担损害赔偿责任。

【案情摘要】

董某珠、范某伍受王某与八户村民双方委托并最终促成签订《果园承包转包合同》，在履行合同过程中，董某珠、范某伍二人作为居间人，虚报承包价格、隐瞒真实成交价格，后王某发现后起诉董某珠、范某伍二人要求返还多支付的承包费，诉讼过程中，王某去世，由其法定继承人任某歆等代为参与诉讼。

（撰写人：李知博）

7 部门规章所规制的企业国有资产交易行为，包括需在该规章施行后完成物权变更登记的国有资产转让行为
——福达公司与金桥公司项目转让合同纠纷申请再审案

- 案　　号　（2021）最高法民申 2155 号
- 合议庭成员　郁琳、李延忱、黄鹏
- 关 键 词　民事 / 合同纠纷 / 合同履行不能

---

① 对应《中华人民共和国民法典》第 962 条。

• **相关法条** 《中华人民共和国立法法》第 93 条，《中华人民共和国城市房地产管理法》第 39 条第 2 款，《企业国有资产交易监督管理办法》第 4 条、第 13 条、第 48 条、第 67 条

【裁判要旨】

《企业国有资产交易监督管理办法》的时间效力，应以企业国有资产交易行为发生的时间是否在该办法施行之后作为判断标准。此处的交易行为，规章中未区分是合同签订行为还是物权转让行为，也未明确排除在施行前已签订合同的适用。由于仅对交易签订转让合同无法完成产权和资产流转，同时考虑规章的施行旨在加强企业国有资产交易监督管理，防止国有资产流失，应将此处的交易行为理解为包括欲达到交易之目的所进行的变更登记的物权行为。

【案情摘要】

金桥公司与福达公司签订《预约协议》，约定金桥公司在自有地块上应福达公司要求建设符合福达公司需求的研发中心大楼，待在建工程项目用地和房屋达到政府和法律规定的允许转让的最低条件后 20 个工作日内，甲乙双方将就该项目签订《在建工程转让合同》，完成该项目的转让。期间，国务院国有资产监督管理委员会、财政部颁行《企业国有资产交易监督管理办法》。福达公司在发函催告金桥公司签订转让合同并办理在建工程项目转让手续时金桥公司回函称项目转让需严格按照规定，即需经评估后在产权交易机构公开进行。后福达公司向一审法院起诉请求金桥公司继续履行合同，遂成本诉。

（撰写人：郁　琳）

8 公司原审未否认债务但在再审审查时主张债务加入未经董事会决议不应承担责任的，不予支持
——诚通华亿公司与中珩迦公司、诚通嘉业公司合同纠纷申请再审案

• **案　　号**　（2021）最高法民申 2179 号
• **合议庭成员**　杨卓、杜军、葛洪涛
• **关 键 词**　民事 / 合同 / 债务加入 / 公司担保

• 相关法条 《中华人民共和国公司法》第 16 条①，《最高人民法院关于适用〈中华人民共和国民法典〉有关担保制度的解释》第 7 条

【裁判要旨】

公司在原审中仅主张债务利息过高，未主张债务加入未经董事会决议对公司不发生效力，判决生效后以上述理由申请再审的，人民法院不予支持。

【案情摘要】

中珩迦公司与诚通嘉业公司签订协议（协议 1）投入 3000 万元竞买涉案土地后，以诚通华亿公司为项目公司合作开发房地产；后合作双方签订退出协议（协议 2），诚通嘉业公司收购中珩迦公司目标股权及项下所有权益，对价为 3000 万元投资款及 2 亿元溢价款；之后，合作双方及目标公司三方签订协议 3 确认协议 2 的债务，诚通华亿公司承诺对债务承担共同偿还责任。因协议 3 未得到履行，中珩迦公司提起诉讼。一审、二审程序中，诚通嘉业公司、诚通华亿公司未否认协议 3 的真实性，仅主张款项为借款，借款利息过高；诚通华亿公司也未主张协议 3 系法定代表人越权代表签署。中珩迦公司的诉讼请求被二审判决支持后，诚通华亿公司以中珩迦公司未审查诚通华亿公司有关决议无权要求诚通华亿公司承担案涉债务等理由申请再审。

（撰写人：葛洪涛、杨　婷）

9 合同约定的股权补偿条件是否成就

——唐某镝与量子控股公司、量子信息公司其他合同纠纷申请再审案

- 案　　号 （2021）最高法民申 2464 号
- 合议庭成员 李延忱、黄鹏、郁琳
- 关 键 词 民事 / 其他合同纠纷 / 补偿条件成就
- 相关法条 《中华人民共和国合同法》第 45 条②

---

① 参见 2023 年修正、2024 年 7 月 1 日施行的《中华人民共和国公司法》第 15 条。
② 对应《中华人民共和国民法典》第 158 条。

【裁判要旨】

合同约定公司利润和市值两方面因素均满足合同约定的特定条件，相应股权补偿条件才得以成就。当事人在签署合同时未针对可能发生停牌事宜约定具体计算方式或责任承担，除非当事人能够证明合同相对方为自己利益不正当地阻止合同条件成就，否则难以认定股权补偿条件已经成就。

【案情摘要】

量子信息公司与唐某镝签订股权认购协议，约定唐某镝认购部分量子信息公司股份，后在唐某镝与量子控股公司、量子信息公司签订的补充合同中约定当量子信息公司达到净利润指标及市值指标时，量子控股公司应对唐某镝进行股权补偿，但各方在签署协议时未针对可能发生的停牌事宜约定具体的计算方式或责任承担。之后量子信息公司突发微博事件，对股份转让价格造成较大影响，量子信息公司依据《全国中小企业股份转让系统业务规则（试行）》的有关规定申请停牌。唐某镝认为量子信息公司、量子控股公司故意规避股权补偿条件成就，损害其合法利益。

（撰写人：李延忱、高　玥）

10 农村土地承包人与集体经济组织因承包地征收补偿费用分配问题形成的纠纷，属于人民法院民事诉讼受案范围

——田某华与南加村小组承包地征收补偿费用分配纠纷申请再审案

- **案　　号**　（2021）最高法民申 3645 号
- **合议庭成员**　张爱珍、孙建国、孙晓光
- **关 键 词**　民事 / 民事纠纷 / 受理 / 土地承包
- **相关法条**　《最高人民法院关于审理涉及农村土地承包纠纷案件适用法律问题的解释》第 1 条第 1 款、第 3 款

【裁判要旨】

集体经济组织成员与村集体签订土地承包合同，合同履行中双方因土地征收补偿费用分配发生纠纷，集体经济组织成员依据土地承包合同提起诉讼，请求村集体返还土地征收补偿款的，属于以承包人身份提起的诉讼，符合《最高人民法院关于

审理涉及农村土地承包纠纷案件适用法律问题的解释》第1条第1款第4项"承包地征收补偿费用分配纠纷"的规定，应属人民法院民事诉讼受理范围。原审裁定适用前引司法解释第1条第3款"集体经济组织成员就用于分配的土地补偿费数额提起民事诉讼的，人民法院不予受理"的规定，驳回集体经济组织成员（土地承包人）的起诉，适用法律不当。

【案情摘要】

南加村小组与田某华签订《承包荒山种植经济合同书》，将若干亩荒山承包给田某华，期限70年。后该土地因当地某企业改造扩建而被征用。土地补偿款由南加村小组领取。田某华起诉请求解除案涉承包合同，并由南加村小组返还田某华承包荒山补偿款。对于田某华解除合同的诉讼请求，因南加村小组亦同意解除合同，原审法院以双方当事人协商一致为由判决予以支持；对于田某华关于南加村小组返还田某华承包荒山补偿款的诉讼请求，原审法院以该纠纷不属于人民法院民事诉讼受案范围为由，裁定驳回起诉。由此，本案形成两份生效裁判文书，一份为判决、一份为裁定。田某华不服，分别对前述驳回诉讼请求的判决书、驳回起诉的裁定书向最高人民法院申请再审。最高人民法院经审查，对于田某华关于前述驳回诉讼请求的判决的再审申请，予以驳回。对于田某华关于驳回起诉裁定的申请再审理由，予以支持，遂裁定本案由最高人民法院提审。

（撰写人：张爱珍、仇彦军）

11 应依据当事人真实意思表示对合同内容进行解释
——陕西碧水环境公司与三原县人民政府、高新公司、三原县国资局、三原县自来水公司合同纠纷申请再审案

- **案　　号**　（2021）最高法民申3652号
- **合议庭成员**　宋冰、吴笛、张梅
- **关 键 词**　民事 / 合同纠纷 / 资金性质认定
- **相关法条**　《中华人民共和国民事诉讼法》第204条第1款①，《最高人民法院关于适用〈中华人民共和国民事诉讼法〉的解释》第395条第2款

---

① 对应《中华人民共和国民事诉讼法》（2023年修正）第215条第1款。

【裁判要旨】

双方当事人签订合作协议后,合作未能继续的原因是一方明确表示因融资无法实现故放弃项目后续工作,该方此时提出的退出合作的意思表示属于其在实施案涉项目期间基于客观情况作出的决定,并非合作不成功的情形。因此,当事人对于案涉项目是否合作成功应是看一方公司能否取得并实际实施案涉项目,而非案涉项目是否最终实施完成。否则一方公司若在项目实施的任何阶段都能以双方未继续合作为由要求另一方返还其出资,而不承担投资风险,并非当事人真实意思表示,亦不符合权利义务相统一的原则。

【案情摘要】

《PPP项目框架协议》明确约定北京碧水源公司向其在项目所在地成立的独资公司(即陕西碧水环境公司)注资8000万元用于案涉项目前期所需征地、拆迁等工作。《借款合同》亦约定北京碧水源公司的8000万元借款用于案涉项目前期所需征地、拆迁等工作。《借款合同》签订后,陕西碧水环境公司实际向高新公司账户转入4000万元,高新公司亦将该笔款项转入三原县财政局国有土地使用权出让收入资金账户,用途为"高新区征地拆迁款"。北京碧水源公司按照《PPP项目框架协议》及《借款合同》的约定实际出资4000万元用于案涉项目的征地、拆迁工作。根据《借款合同》的约定,只有在合作不成功的情况下,由三原县人民政府在借款期限届满时一次性偿还借款本息,如果合作成功,则借款转为项目资本金计入总投资。此后,北京碧水源公司与北京久安建设投资集团有限公司、汉中市建筑工程总公司组成的联合体被确定为案涉PPP项目的中标人,联合体与高新公司签订了《PPP项目合资经营合同》。陕西碧水环境公司起诉请求:(1)判令三原县人民政府偿还借款本金4000万元及利息;(2)三原县人民政府支付逾期还款违约金;(3)高新公司、三原县国资局、三原县自来水公司对上述借款本金及利息、违约金承担连带偿还责任。

(撰写人:张 梅、张义敏)

12 承包人是否可以基于内部承包协议提起民事诉讼

——丁某利与哈公交公司承包合同纠纷申请再审案

- 案 号 (2021)最高法民申3797号

- **合议庭成员**　周其濛、麻锦亮、季伟明
- **关 键 词**　民事 / 承包合同 / 主体资格
- **相关法条**　《中华人民共和国民事诉讼法》第 119 条①

【裁判要旨】

我国《民事诉讼法》调整的是平等民事主体之间因为财产关系和人身关系提起的诉讼，发包人与承包人签订的承包经营合同虽然对于双方均产生拘束力，但是合同主体就履行问题产生纠纷时能否提起民事诉讼，应当区分该协议是否为平等民事主体之间签订的民事合同。从承包经营合同的性质看，如果该合同是为了增强经营者的责任意识，确保生产指标任务的完成而订立，经营方各项开支均实施定额包干制，由发包人单独建立账户实行统收统支，应当据此认定该合同实际属于针对企业内部目标责任制或者岗位责任制实现而作出的管理性约定，合同主体就此产生争议并不属于民事案件的审理范畴。

【案情摘要】

2010 年 1 月 1 日，哈公交公司与第四营运部 338 车队领导班子及经营责任人丁某利签订《338 车队委托承包经营合同》约定，哈公交公司同意将其所属的 343 线路委托承包给乙方经营，经营方式车队领导班子采取委托经营方式，经营时间为三年，车队实行风险经营，合同签订前经营者须一次向甲方交纳风险经营金 10 万元，并制定了年度完成运营收入。车队运营成本、工资总额、燃料费、车辆保修材料费等实行定额包干制。管理人员收入由基础工资、岗位工资和效益工资组成。完成当月运营收入指标、成本指标、安全指标和管理指标，甲方按月足额支付其管理人员当月岗位工资。未完成当月运营收入指标、成本指标、安全指标和管理指标，甲方按实际欠缺额比例减发乙方管理人员当月岗位工资额。后双方在履行该协议中关于燃油补贴问题发生争议，丁某利提起诉讼。

（撰写人：麻锦亮、杨泽宇）

---

① 对应《中华人民共和国民事诉讼法》（2023 年修正）第 122 条。

13 人防工程的建设应当依法进行招标投标
——泰安佰亿公司与黑龙江佰亿公司合资、合作开发房地产合同纠纷申请再审案

- **案　　号**　（2021）最高法民申7630号
- **合议庭成员**　王涛、张代恩、杨心忠
- **关 键 词**　民事/合资、合作开发房地产合同纠纷/招标投标
- **相关法条**　《中华人民共和国招标投标法》第3条

【裁判要旨】

在中华人民共和国境内进行下列工程建设项目包括项目的勘察、设计、施工、监理以及与工程建设有关的重要设备、材料等的采购，必须进行招标：（1）大型基础设施、公用事业等关系社会公共利益、公众安全的项目；（2）全部或者部分使用国有资金投资或者国家融资的项目；（3）使用国际组织或者外国政府贷款、援助资金的项目。人防工程为公共设施，应依法进行招标投标，未经招投标程序直接签订开发建设协议，应属无效。

【案情摘要】

泰安市人民防空办公室在未经招标投标程序的情况下，直接与黑龙江佰亿公司签订《关于开发建设泰安市财源大街、火车站区域地下人防工程项目协议书》，约定开发地下商业街等人防工程，项目资金由黑龙江佰亿公司自筹投资。后黑龙江佰亿公司与泰安佰亿公司签订后续《协议书》，就双方有关权利义务进行了约定。该《协议书》系建立在泰安市人民防空办公室与黑龙江佰亿公司签订的前述地下人防工程项目协议书的基础上，并且存在黑龙江佰亿公司并未进行实际投资即将项目进行转包的情形，依法应属无效合同。

（撰写人：张海玲）

14 当事人主张的法律关系性质与人民法院认定不一致的，人民法院应当将法律关系性质作为焦点问题审理

——泰源公司、孙某宏、邹某霞与成工公司、天光公司等
合同纠纷申请再审案

- 案　　号　（2021）最高法民申 7810 号
- 合议庭成员　王涛、张代恩、杨心忠
- 关 键 词　民事 / 合同纠纷 / 法律关系性质认定
- 相关法条　《最高人民法院关于民事诉讼证据的若干规定》第 53 条

【裁判要旨】

诉讼过程中，当事人主张的法律关系性质或者民事行为效力与人民法院根据案件事实作出的认定不一致的，人民法院应当将法律关系性质或者民事行为效力作为焦点问题进行审理。但法律关系性质对裁判理由及结果没有影响，或者有关问题已经当事人充分辩论的除外。

【案情摘要】

神钢建机公司、神钢租赁公司、天光公司签订《三方协议书》，就融资租赁业务达成协议。天光公司、神钢建机公司分别签订了三个年度的《产品代销合作协议》《补充协议》，由天光公司代销神钢建机公司挖掘机。神钢建机公司与孙某宏、邹某霞、泰源公司签有《担保协议》《还款协议》。后神钢建机公司将其对天光公司及担保人的债权转让给成工公司。本案融资租赁模式包含了买卖、租赁、担保等多种法律关系。天光公司向神钢建机公司借款用于履行其对神钢租赁公司的担保责任只是其中一环，不应将借款关系单独剥离出来，故一审、二审法院从总体上认定当事人之间的法律关系为合同纠纷。泰源公司、孙某宏、邹某霞主张本案为担保追偿权纠纷，其不承担还款责任，理由不能成立。

（撰写人：张海玲）

合伙

1 在合伙协议没有禁止性约定时，有限合伙人向合伙人以外的人转让其财产份额并不违反效力性强制性规范

——长春中天能源公司与深圳英大公司、青岛中天资产公司等合同纠纷上诉案

- 案　　号　（2020）最高法民终 861 号
- 合议庭成员　周伦军、李伟、杜军
- 关 键 词　民事 / 合同纠纷 / 有限合伙 / 转让份额
- 相关法条　《中华人民共和国合同法》第 52 条①，《中华人民共和国合伙企业法》第 73 条

【裁判要旨】

根据《合伙企业法》第 73 条的规定，有限合伙人可以按照合伙协议的约定向合伙人以外的人转让其在有限合伙企业中的财产份额。案涉合伙协议对相关事项虽没有约定，但亦未禁止。考虑到有限合伙人以其认缴的出资额为限对合伙企业债务承担责任、不执行合伙事务、不对外代表有限合伙企业，且本案合伙企业通过股权转让实现退出已出现困难，故有限合伙人未经其他合伙人一致同意转让其持有的合伙企业份额，并不违反效力性强制性规范，转让有效。

【案情摘要】

长春中天能源公司、青岛中天资产公司作为承诺人向深圳英大公司出具《承诺函》载明，鉴于深圳英大公司发行资产管理计划募集资金合计 30000 万元投资于嘉兴盛天合伙企业的 LP 优先级份额，为确保深圳英大公司发行的本计划如期实现退出，长春中天能源公司同意无条件不可撤销受让深圳英大公司代表本计划持有的嘉兴盛天合伙企业的 LP 优先级份额，对应实缴出资额 30000 万元。嘉兴盛天合伙企业的合伙人共 8 个，其中普通合伙人 1 人，有限合伙人 7 人。深圳英大公司为有限合伙人之一。《合伙协议》未对合伙人转让其在合伙企业中的财产份额作出约定。案涉

---

① 对应《中华人民共和国民法典》第 154 条。

《承诺函》的签署未经嘉兴盛天合伙企业其他 7 名合伙人一致同意。

（撰写人：李 伟、李大何）

2 合伙企业事务执行人代表合伙企业作出的重大处分行为的法律效力的认定

——中山置业公司与百富盈公司、新天地公司、穆某损害公司利益责任纠纷上诉案

- 案　　　号　（2021）最高法民终 341 号
- 合议庭成员　高晓力、陈宏宇、张梅
- 关　键　词　民事 / 损害公司利益责任纠纷 / 执行合伙事务
- 相关法条　《中华人民共和国合伙企业法》第 26 条第 2 款、第 27 条、第 37 条、第 68 条第 1 款

【裁判要旨】

根据法律规定，合伙企业可以委托一个或者数个合伙人对外代表合伙企业，执行合伙事务。合伙企业事务执行人在执行合伙企业事务的过程中，代表合伙企业作出的重大处分行为，法律效力及于全体合伙人。合伙企业事务执行人执行合伙事务的行为是否符合合伙协议的约定、是否必须征得其他合伙人同意或得到事后追认、是否对其他合伙人构成侵权以及是否符合合伙企业设立之目的等问题，属于合伙企业的内部关系问题，不得对抗善意第三人。

【案情摘要】

2010 年，中山置业公司、百富盈公司与北泰方向公司签订《债权债务三方协议》约定，中山置业公司同意百富盈公司将其对中山置业公司所负两笔债务转让由北泰方向公司负责偿还。2013 年，中山置业公司、荣柯千章合伙企业、章某民、尹某慷、百富盈公司等签订《公司整体收购框架协议》约定，百富盈公司、崔某将持有的中山置业公司和港惠橘城公司 100% 股权及全部资产和负债整体转让给荣柯千章合伙企业、章某民和尹某慷；荣柯千章合伙企业、章某民、尹某慷承担北泰方向公司欠中山置业公司债务的偿还责任。此后，荣柯千章合伙企业与百富盈公司签订《股权转让合同》，章某民与百富盈公司签订《股权转让合同补充协议》，对股权转让

价款、债务豁免等事宜作出约定。中山置业公司出具《确认函》对债务豁免安排作出确认。中山置业公司以百富盈公司、新天地公司、穆某利用股东和实际控制人地位转移、侵占公司财产为由，提起本案诉讼。

（撰写人：高晓力）

3 加入合伙的合伙人身份认定问题
——刘某银、汪某火、周某强等与李某玲、百花洲公司合伙协议纠纷上诉案

- **案　　号**　（2021）最高法民终714号
- **合议庭成员**　杜微科、汪军、薛贵忠
- **关 键 词**　民事 / 合伙协议纠纷 / 新合伙人入伙
- **相关法条**　《中华人民共和国合伙企业法》第43条

【裁判要旨】

对于当事人与原合伙人签订合作协议加入合伙，虽然未有全体合伙人在合作协议中签字，但未签字合伙人理应知晓相关情形，且未提出异议的，人民法院可以认定当事人的新合伙人身份。

【案情摘要】

百花洲公司系曹县八里湾项目承包人。2013年6月16日，百花洲公司作为甲方，与刘某银、陈某银作为乙方（"丙方"一栏未填写）签订《项目合作协议书》，约定乙方占股份30%，丙方占股份6%。2014年1月26日，百花洲公司作为甲方，刘某银、陈某银作为乙方，与丙方周某强签订补充协议，约定《项目合作协议书》中，甲、乙同意让出总股份的6%给丙方，周某强等三人分别享有2%的份额。同年10月1日，李某玲、汪某火作为受让方，刘某银作为转让方，签订《合伙财产份额转让协议》，约定刘某银将其合伙项目中享有的合伙总份额的30%的合伙份额转让给李某玲、汪某火。后受让方未依约履行付款义务。

（撰写人：杜微科）

4 一方代表合伙取得的赔偿能否认定为合伙的利益
——拓某森与李某全、韩某民、杨某青、韩某、郭某林合伙协议纠纷上诉案

- 案　　号　（2021）最高法民终 4014 号
- 合议庭成员　宋冰、徐霖、吴笛
- 关 键 词　民事 / 合伙纠纷
- 相关法条　《中华人民共和国民法通则》第 30 条①

【裁判要旨】

当事人认可合伙协议书的真实性。入股协议、分类账及其他证据可以相互印证，证明入股协议的真实性。各当事人为合伙关系。其中一位合伙人代表全体合伙人对外签订租赁合同书，其依据另案生效裁判文书获得的赔偿款应当属于全体合伙人共同所有。

【案情摘要】

李某全与禾草沟煤矿签订《协议书》，租赁期内，李某全、韩某民与拓某森签订《入股协议》，李某全、拓某森、杨某青、韩某、郭某林 5 人签订《合伙协议书》。入股协议的签订主体为李某全、韩某民、拓某森，合伙协议书的签订主体为李某全、杨某青、韩某、郭某林、拓某森。李某全认可其名下三股中有郭某林和杨某青各一股，韩某民认可其名下两股中有韩某一股，合伙协议书并未废止入股协议，且两份协议均是针对案涉煤矿有关投资经营合伙事项的约定，拓某森与李某全、韩某民、杨某青、韩某、郭某林为合伙关系。因经营需要，拓某森与禾草沟煤矿签订《生产经营租赁合同书》。矿井仍由 6 人共同合伙承租经营。2006 年 4 月 29 日，原子长县瓦窑堡煤矿特大爆炸事故后，禾草沟煤矿被勒令停产整顿，后拓某森要求禾草沟煤矿赔偿其投入的资金及利息，经另案审理，法院判决禾草沟煤矿赔偿拓某森各项损失合计 26610690 元，拓某森于 2016 年 11 月 23 日在执行中领取全部款项。

（撰写人：徐　霖）

---

① 对应《中华人民共和国民法典》第 967 条。

5 有限合伙人被赋予对合伙企业的财产进行管理执行权利的，不对合伙企业债务承担连带责任

——蔡某明与博州国有资产投资公司、景某晨、博尔塔拉蒙古自治州金雪莲城市发展基金合伙企业执行异议之诉申请再审案

- **案　　号**　（2021）最高法民申 7544 号
- **合议庭成员**　陈宏宇、吴笛、张梅
- **关 键 词**　民事 / 执行异议之诉 / 有限合伙人 / 连带责任
- **相关法条**　《中华人民共和国合伙企业法》第 67 条、第 68 条，《最高人民法院关于民事执行中变更、追加当事人若干问题的规定》第 14 条、第 18 条、第 32 条、第 33 条

【裁判要旨】

有限合伙人虽然被赋予了对合伙企业的财产进行管理的执行权，但并不意味着由有限合伙人变更为普通合伙人，故作为缴足出资的有限合伙人不应对合伙企业的债务承担连带责任。

【案情摘要】

博尔塔拉蒙古自治州金雪莲城市发展基金合伙企业（以下简称金雪莲合伙企业）为有限合伙企业，成立日期为 2017 年 2 月 7 日，其中有限合伙人为博州国有资产投资公司、中邮证券有限责任公司（以下简称中邮证券公司），普通合伙人为宁夏亘信投资管理有限公司（以下简称宁夏亘信公司），合伙事务执行人为宁夏亘信公司。2017 年 1 月 25 日，普通合伙人宁夏亘信公司与有限合伙人博州国有资产投资公司、中邮证券公司签订无托管确认书，确认事项为经全体合伙人一致同意金雪莲合伙企业资金不委托金融机构托管，相关事项根据合伙人签订的《博尔塔拉蒙古自治州金雪莲城市发展基金合伙企业（有限合伙）》约定自行管理。博州国有资产投资公司向一审法院提出诉讼请求：判决不得追加博州国有资产投资公司作为（2018）甘 01 民初 621 号民事判决执行案件的被执行人。

（撰写人：张　梅、张义敏）

股东资格确认

1 外商投资企业的股权变更登记无须征得审批机关同意
——金鼎公司、正达公司与吴某好股东资格确认纠纷申请再审案

- 案　　号　（2021）最高法民申 1074 号
- 合议庭成员　杜微科、薛贵忠、汪军
- 关 键 词　商事 / 股东资格确认纠纷 / 外商投资企业 / 股权变更登记
- 相关法条　《中华人民共和国外商投资法》第 4 条第 1 款、第 2 款、第 28 条第 3 款

【裁判要旨】

根据《外商投资法》第 4 条有关"准入前国民待遇加负面清单管理"的规定，以及第 28 条有关对负面清单以外的领域"按照内外资一致的原则实施管理"的规定，外商投资企业的股权变更登记不属于负面清单管理范围的，无须征得外商投资企业审批机关同意。

【案情摘要】

金鼎公司为有限责任公司（台港澳与境内合资），经营范围为房地产开发（凭资质经营）。2013 年，金鼎公司召开股东会，形成《金鼎公司股东会议纪要》，对金鼎公司实际股东及股权进行确认，即金鼎公司工商登记在叶某滨和大地公司名下股权的实际股东及股权比例为：叶某滨占股 52.5%、吴某好股份 20%。叶某滨同意将登记在其名下的金鼎公司股份，依照会议确认的比例分别转让给吴某好等实际所有人成为显名股东。因叶某滨、金鼎公司未办理股权变更登记，吴某好提起本案诉讼。南通市中级人民法院一审判决叶某滨、金鼎公司将叶某滨持有的金鼎公司 20% 的股权变更登记至吴某好名下，驳回吴某好的其他诉讼请求。江苏省高级人民法院二审驳回金鼎公司和叶某滨上诉。金鼎公司、正达公司向最高人民法院申请再审。

（撰写人：杜微科）

2. 当事人虽仅提供证据复制件，但能够与其他证据相互印证，达到高度盖然性的民事证明标准，可证明待证内容的真实性

——凯星公司、周某铨与高某明、洪某惇等股东资格确认纠纷申请再审案

- 案　　　号　（2021）最高法民申1222号
- 合议庭成员　胡夏冰、贾清林、朱科
- 关　键　词　商事 / 股东资格确认纠纷 / 复印件 / 高度盖然性
- 相关法条　《最高人民法院关于民事诉讼证据的若干规定》第11条、第88条、第90条

【裁判要旨】

当事人提供的《投资合作协定》为复制件，系间接证据，但该协定与金钻公司注册资金来源、《金钻高生及周生总投资款》、洪某向周某铨发出的传真等证据材料及高某明、洪某与金钻公司关系等案件事实相互印证，形成完整的证据链，从而使其证明力达到高度盖然性的证明标准，故该协定所载明内容被人民法院所认定。

【案情摘要】

高某明（台）、洪某惇（台）、周某铨（港）三人于2006年12月在广东省惠州市投资设立金钻公司，遂制定了《公司章程》并签署了《投资合作协议》，约定高某明、洪某惇投入美元445万元，拥有74%的股权，周某铨投入美元155万元、拥有26%的股权。高某明、洪某惇先后两次将445万美元汇入金钻公司的账户后，周某铨和金钻公司认为该笔款项是向高某明、洪某惇的借款，否认高某明、洪某惇在金钻公司的股东资格，否认高某明、洪某惇共同拥有金钻公司74%的股权。高某明、洪某惇遂诉请确认股东资格。原一审法院认为，高某明、洪某惇是金钻公司的股东，依法共同享有74.17%的股权；金钻公司、凯星公司应协助高某明、洪某惇到政府相关职能部门办理股权变更登记、备案等手续。原二审法院认为，各方当事人之间的债权、债务关系以及款项往来的情况等基本事实未查清，撤销原一审判决，发回重审。重审后，一审法院认为高某明、洪某惇的主张证据不足，驳回高某明、洪某惇的诉讼请求。二审法院确认高某明、洪某惇是金钻公司的股东，高某明、洪某惇持

有金钻公司 74% 的股权；金钻公司、凯星公司应协助高某明、洪某忓办理上述股权的变更登记、备案手续。

（撰写人：丁　一）

3 当事人为公司的实际控制人及公司股东的实际控制人，不足以证明股份代持关系及其股东资格
——赖某蓉与桂某阳、佳源公司、中汽公司等股东资格确认纠纷申请再审案

- 案　　号　（2021）最高法民申 1804 号
- 合议庭成员　熊劲松、孙祥壮、冯文生
- 关　键　词　商事 / 股东资格确认 / 实际控制人
- 相关法条　《最高人民法院关于适用〈中华人民共和国公司法〉若干问题的规定（三）》第 22 条

【裁判要旨】

公司登记信息具有对外公示效力和较强的证明力。要证明公司登记的股东与实际股东不一致，存在股份代持关系，需要完成一定的举证责任。当事人仅为公司的实际控制人及公司股东的实际控制人的事实不足以证明代持关系及当事人的隐名股东资格。

【案情摘要】

佳源公司由香港佳源公司独资设立，香港佳源公司唯一股东为桂某阳。后香港佳源公司将其全部股份转让给黎某建、李某标及中汽公司。中汽公司和佳源公司登记的股东中虽未有桂某阳，但有一定证据证明桂某阳为佳源公司和中汽公司的实际控制人。桂某阳与赖某蓉原系夫妻，后经法院生效判决确认离婚。为厘清夫妻共同财产，赖某蓉遂向法院提起本股东资格确认之诉，请求确认桂某阳为佳源公司股东，登记在中汽公司名下的佳源公司股份实际拥有人为桂某阳。

（撰写人：熊劲松）

4 侵权追偿与股东权利认定问题
——纪某忠与宝山公司股东资格确认纠纷申请再审案

- **案　　号**　（2021）最高法民申 2269 号
- **合议庭成员**　杜微科、薛贵忠、汪军
- **关 键 词**　商事 / 股东资格确认纠纷 / 股权转让
- **相关法条**　《中华人民共和国公司法》第 32 条①

【裁判要旨】

在新设立公司过程中，股东处置原公司的资产，侵害了公司和公司其他股东的权益，其他股东应向该股东主张追偿，而不应直接要求确认在新公司享有股权。

【案情摘要】

2013 年 5 月 18 日，纪某忠与彭某辉共同设立凤凰桥公司，纪某忠投资占 87.78%，彭某辉投资占 12.22%。2017 年 3 月 13 日，凤凰桥公司和宝山采石场订立采石场整合协议书，约定两方整合成立新公司宝山公司，凤凰桥公司的资产总值作价 2041 万元，占宝山公司股权 78.5%，彭某辉任公司董事长。纪某忠未签字，但事后对该协议的效力予以认可。同年 4 月 18 日，彭某辉以凤凰桥公司股东及法定代表人身份、张某林以宝山采石场股东身份与刘某友订立股权转让协议，约定二人将其合法持有的宝山公司 100% 股权转让给刘某友。同年 5 月 3 日，彭某辉、张某林、刘某友登记为宝山公司股东。同年 6 月 1 日，凤凰桥公司召开股东会，决议解散公司，成立以彭某辉为组长、纪某忠为成员的清算组。2017 年 8 月 10 日，刘某友与刘某明、胡某淼签订公司股权转让协议，约定刘某友将宝山公司 100% 股权转让给刘某明、胡某淼。纪某忠起诉请求确认其在宝山公司处持有 68.9073% 的股权、刘某明返还股权并办理登记等。

（撰写人：杜微科）

---

① 参见 2023 年修正、2024 年 7 月 1 日施行的《中华人民共和国公司法》第 56 条、第 34 条。

5 原告不能证明其实际出资，其主张行使股东权利不能得到支持

——顾某琼与中进邦农公司、王某成、张某鹏等股东资格确认纠纷申请再审案

- **案　　号**　（2021）最高法民申4174号
- **合议庭成员**　何波、徐霖、吴笛
- **关 键 词**　商事/隐名股东/代持/股东资格确认
- **相关法条**　《最高人民法院关于适用〈中华人民共和国公司法〉若干问题的规定（三）》第22条，《最高人民法院关于适用〈中华人民共和国民事诉讼法〉的解释》第91条、第108条

【裁判要旨】

隐名股东是指实际出资，享有相应投资权益却未被记载于公司文件的投资者。其显著的法律特征在于隐名股东实际认缴公司资本，但其姓名或名称未记载于公司章程、股东名册、出资证明书、工商登记中。隐名股东是否对目标公司实际出资系代持法律关系认定的重要因素，原告既无证据证实实际出资，也无证据证实其与显名股东构成事实上的代持关系，法院应当认定股权代持协议未能实际履行以及原告未能实际出资。

【案情摘要】

2013年11月10日，王某成、张某鹏申请设立中进邦农公司。后白银铜城会计师事务（所）有限责任公司出具《甘肃中进邦农农贸有限公司2013年验资报告》，报告载明：中进邦农公司注册资本为1000万元，其中王某成认缴注册资本510万元、张某鹏认缴490万元；首期实收资本200万元，其中王某成出资额102万元、张某鹏出资额98万元。2013年11月30日，顾某琼、王某成、张某鹏签订《投资合作协议》。约定经王某成、张某鹏、顾某琼共同出资1000万元，各持有三分之一股份。顾某琼既无证据证实其实际出资，也无证据证实其与王某成、张某鹏构成事实上的代持关系，法院判决股权代持协议未能实际履行以及顾某琼未能实际出资。一审判决驳回顾某琼的诉讼请求。二审判决驳回上诉维持原判。最高人民法院裁定

驳回顾某琼再审申请。

（撰写人：何　波）

请求变更公司登记

依照公司章程被免除职务的法定代表人请求公司变更登记的，人民法院应予受理
——韦某兵与宝塔房地产公司、宝塔投资公司、嘉鸿公司请求变更公司登记纠纷申请再审案

- 案　　号　（2021）最高法民申 7049 号
- 合议庭成员　陈宏宇、张梅、赵敏
- 关 键 词　商事 / 请求变更公司登记 / 法定代表人
- 相关法条　《中华人民共和国公司法》第 13 条[①]

【裁判要旨】

依照公司章程被免除职务的法定代表人请求公司变更登记的，人民法院应予受理并进行实体审理。

【案情摘要】

宝塔房地产公司于 2013 年 3 月 26 日成立，宝塔投资公司持股 95% 和嘉鸿公司持股 5%，韦某兵担任宝塔房地产公司的董事长及法定代表人。2017 年 7 月 18 日，宝塔投资公司根据宝塔石化集团下发的《关于干部免职的决定》，向韦某兵发出免职通知书，免除韦某兵宝塔房地产公司董事长、法定代表人职务。韦某兵起诉请求判令宝塔房地产公司办理公司法定代表人工商变更登记，并由宝塔投资公司、嘉鸿公司予以配合。一审、二审法院判决驳回韦某兵的诉讼请求。

（撰写人：赵　敏）

---

① 参见 2023 年修正、2024 年 7 月 1 日施行的《中华人民共和国公司法》第 10 条。

股东出资

1 公司将资产评估增值部分转为资本公积金再转增注册资本是否属于股东虚假增资
——信托公司与乙公司等股东损害公司债权人利益责任纠纷再审案

- 案　　号　（2020）最高法民再77号
- 合议庭成员　王淑梅、奚向阳、郭载宇
- 关 键 词　商事/股东损害公司债权人利益责任纠纷/股东虚假增资
- 相关法条　《中华人民共和国公司法》第169条①，《中华人民共和国会计法》② 第25条、第26条

【裁判要旨】

依照《公司法》第169条的规定，资本公积金可以按照法定程序转为资本金。但为确保股东出资到位，防止股东虚增注册资本，《会计法》第25条等有关会计法律规章等规定对此进行了严格限制，公司必须严格依照相关规定进行转增操作。根据财政部的相关规定，资产评估增值只有在"法定重估"和"企业产权变动"的情况下，才能调整被评估资产账面价值。公司不存在国家统一会计制度规定可以调整有关资产账面价值的情形，却以资产评估增值计入资本公积金又转增注册资本，该方式不符合有关会计、财务规定，属于股东虚假增资。

【案情摘要】

甲公司的注册资本于2006年由10617万元增加至28000万元，增资17383万元。其中，原注册资本10617万元已缴足，新增的注册资本，信托公司现金缴纳870.65万元；乙公司现汇缴纳折合人民币474.9万元的美元；丙公司现金缴纳237.45万元。对于剩余的15800万元新增注册资本，经公司董事会决议，股东采取资本公积金转增资本的方式出资：信托公司转增8690万元；乙公司转增人民币4740万元的等值美元；丙公司转增2370万元。上述被转增资本的15800万元资本

---

① 参见2023年修正、2024年7月1日施行的《中华人民共和国公司法》第214条。
② 本法已于2024年6月28日修正。下同。

公积金，并非甲公司正常留存的资本公积金，而是经河南普华会计师事务所有限公司对甲公司的资产进行重新评估（尤其是对固定资产等实物资产采用"重置成本法"重估），得出净资产评估增值228105369.18元的评估结果后，将增值的228105369.18元全部调账计入原本为0的资本公积金而得来。

（撰写人：赵　珂）

2 "名股实债"属于债权投资还是股权投资
——郭某星、张某与国民信托公司、新里程公司股东出资纠纷上诉案

- **案　　号**　（2021）最高法民终35号
- **合议庭成员**　李伟、黄年、梅芳
- **关 键 词**　商事／股东出资纠纷／名股实债
- **相关法条**　《中华人民共和国公司法》第151条[①]，《最高人民法院关于适用〈中华人民共和国公司法〉若干问题的规定（三）》第12条

【裁判要旨】

"名股实债"的基本法律结构是，资本以股权方式进入公司，并以原股东（或者原股东指定的主体）回购的方式退出公司，从而实现资本增值。该种投资方式与传统的股权投资的区别在于，虽然形式上是以股权的方式投资于被投资企业，但本质上却具有投资人不参与分红，而是要求固定资金回报的特点。因此，按照各方当事人的交易安排，双方当事人之间的投资关系应认定为债权性质，而非股权性质。

【案情摘要】

瑞麟置业公司、孙某林、张某兴、孙某骏、郭某星、张某、国民信托公司共同签订《投资协议》，约定：新里程公司的注册资本为5000万元，原股东合计持有100%的股权。国民信托公司于信托计划成立日以及扩募完成日（增资日）以信托计划成立时以及信托计划成立后6个月内扩募时募集的资金，预计为4亿元向新里程公司进行增资，全部新增出资均计入新里程公司的实收资本。4亿元增资完成后，新里程公司的注册资本增加至4.5亿元，国民信托公司持有其89%的股权，原股东

[①] 参见2023年修正、2024年7月1日施行的《中华人民共和国公司法》第189条。

合计持有其11%的股权。国民信托公司及原股东同意委托瑞麟置业公司在委托管理期内负责新里程公司的日常经营管理及王家棚项目的开发、销售工作，由国民信托公司对瑞麟置业公司的管理行为进行监督。在瑞麟置业公司按期、足额支付权利维持费的前提下，在行权期内享有按照协议规定条件购买国民信托公司所持有的新里程公司股权的权利，如瑞麟置业公司未达成业绩目标或瑞麟置业公司发生其他违约行为，则国民信托公司有权按协议规定选择向瑞麟置业公司出售新里程公司股权或自行处置新里程公司股权，如国民信托公司选择向瑞麟置业公司出售新里程公司股权，瑞麟置业公司必须无条件购买。如瑞麟置业公司于行权期内未行使股权购买权，则国民信托公司在行权期结束后可自行处置新里程公司股权。

（撰写人：梅　芳）

3　如何认定抽逃出资

——万昌集团与双涵公司股东出资纠纷申请再审案

- **案　　号**　（2021）最高法民申1953号
- **合议庭成员**　刘崇理、黄年、潘勇锋
- **关 键 词**　商事/公司/抽逃出资
- **相关法条**　《最高人民法院关于适用〈中华人民共和国公司法〉若干问题的规定（三）》第12条

【裁判要旨】

股东认可存在资金转出行为，否认抽逃出资，但不能说明资金转出的合理用途，仅以公司经营状况良好、连年盈利，不足以证明股东不存在抽逃出资的行为。

股权价格往往以转让时目标公司净资产价值为基础，通过双方协商一致而达成，可能受到市场预期、当事人议价能力等多种因素的影响。另案生效法律文书认定股权受让人应当向原股东支付股权转让款本息并不能证明原股东没有抽逃出资。

【案情摘要】

双涵公司于2000年3月设立，设立时法定代表人为张某孔。股东为万昌集团、石化机械厂及多名自然人股东。其中，万昌集团注册资本为1800万元，出资比例56.25%。设立时，双涵公司收到的注册资金3200万元，来自石化机械厂、汇昌助剂

公司、万昌股份有限公司的银行贷款，验资后由双涵公司于2000年3月9日直接支付给石化机械厂2000万元、汇昌助剂公司1040万元、万昌股份有限公司33637.50元，双涵公司于2000年3月21日直接支付给万昌集团1566362.50元。万昌集团2000年3月9日支付给万昌股份有限公司1800万元，淄博万昌石化工程安装有限公司支付给汇昌助剂公司960万元。

2011年2月28日万昌集团与张某孔签订协议，将所持双涵公司以1800万元转让给张某孔。同日，双涵公司办理了工商变更登记，将万昌集团所持有的双涵公司56.25%的股权变更至张某孔名下。生效民事判决确定张某孔支付万昌集团股权转让款1800万元及相应利息。

双涵公司起诉请求万昌集团向双涵公司返还出资本金及利息。

（撰写人：潘勇锋）

4 应以公司章程或股东约定判断股东向公司汇款的性质
——万特公司与融盛公司借款合同纠纷申请再审案

- 案　　号　（2021）最高法民申1955号
- 合议庭成员　何波、徐霖、张梅
- 关 键 词　商事 / 借款合同纠纷 / 股东汇款性质认定
- 相关法条　《中华人民共和国公司法》第43条、第103条、第178条[①]

【裁判要旨】

公司股东为公司运营投入目标公司的款项，属于目标公司的债务，不是公司股东的投资款项。

【案情摘要】

万特公司注册资本1000万元。除股东陈某叨和建设兵团十四团实缴的1000万元出资外，为公司项目建设及正常经营，建设兵团十四团又汇给万特公司1100万元。后因推进国资国企改革，建设兵团十四团将经营性资产及负债移交融盛公司。融盛公司起诉请求返还1100万元借款及利息，万特公司主张案涉款项是股东投资，

---

① 参见2023年修正、2024年7月1日施行的《中华人民共和国公司法》第66条、第116条、第228条。

不应返还。原判决认为融盛公司所提供的资金超出注册资本范围，也不符合《公司法》及公司章程关于增加注册资金的规定，不属于股东出资。结合万特公司在部分领款单备注借款和在借款利息清单上加盖公司印章的事实，认定双方为借款合同关系。万特公司仍认为案涉款项是股东出资，向最高人民法院申请再审，最高人民法院依法驳回再审申请。

（撰写人：何　波）

5　股东抽逃出资的认定问题
——北方公司与乌鲁木齐县国有资产投资有限责任公司、新疆金正北方建设工程有限公司、张某岐、大峡谷公司股东出资纠纷申请再审案

- 案　　号　（2021）最高法民申 2317 号
- 合议庭成员　吴兆祥、陈宏宇、张梅
- 关 键 词　商事 / 股东出资 / 抽逃出资
- 相关法条　《最高人民法院关于适用〈中华人民共和国公司法〉若干问题的规定（三）》第 12 条

【裁判要旨】

根据《最高人民法院关于适用〈中华人民共和国公司法〉若干问题的规定（三）》第 12 条规定，对方当事人已经提供对股东履行出资义务产生合理怀疑的证据，股东应当就其已履行出资义务承担举证责任。股东在一审、二审及再审审查期间提交的证据和所作陈述不足以证明与公司之间存在形成该笔款项流转的债权债务关系或该笔转款经过法定程序确认，构成抽逃资金行为，致使公司财产减少，影响其从事生产经营活动，损害了公司利益。根据《最高人民法院关于适用〈中华人民共和国公司法〉若干问题的规定（三）》第 13 条的规定，股东应当履行出资义务，返还抽逃的款项，并承担占用该笔资金期间公司的利息损失。至于股东主张其与公司存在代垫工程款及借款的债权债务关系，可以另行通过合法途径主张权利。

【案情摘要】

2005 年 10 月 8 日，大峡谷公司法定代表人变更为张某岐。2007 年 9 月 15 日，大峡谷公司 2007 年第一次临时股东会决议记载由北方公司增资 2000 万元。2007 年

9月21日，北方公司向大峡谷公司转款2000万元。2007年10月12日，大峡谷公司向北方公司电汇2000万元，同日北方公司向大峡谷公司出具收据一张、记载收到收款事由为"往来款2000万元"。2006年至2007年期间，大峡谷公司与北方公司签订的工程合同书11份，在这些合同书中发包单位均为大峡谷公司，承包人均为北方公司。北方公司、大峡谷公司出具的财务票据均记载为垫付往来款、代垫款、往来款等内容。

（撰写人：孙明娟）

6 未足额缴纳出资额的股东应当承担全面履行出资义务的责任

——A公司与B公司股东出资纠纷申请再审案

- **案　　号**　（2021）最高法民申3114号
- **合议庭成员**　奚向阳、杨兴业、龙飞
- **关 键 词**　商事 / 股东出资纠纷 / 履行出资义务
- **相关法条**　《中华人民共和国公司法》第28条①，《最高人民法院关于适用〈中华人民共和国公司法〉若干问题的规定（三）》第13条

【裁判要旨】

股东应当按期足额缴纳公司章程中规定的各自所认缴的出资额。股东未履行或者未全面履行出资义务，公司或者其他股东请求其向公司依法全面履行出资义务的，人民法院应予支持。当事人无法举证证明已经足额缴纳出资，应当承担继续足额缴纳出资的责任，并按约定承担逾期付款的利息。

【案情摘要】

A公司、赵某、李某签订《中外合资经营B公司合同书》，明确约定合作三方的出资比例和出资方式。A公司应认缴出资555万元，但A公司在约定期限内仅缴纳了490360元。A公司作为认缴出资的股东之一，未全面履行出资义务，B公司起诉要求A公司继续足额缴纳出资，并按约定承担逾期付款的利息。

（撰写人：龙　飞）

---

① 参见2023年修正、2024年7月1日施行的《中华人民共和国公司法》第49条。

7 协议约定将房产作为增资回报是否间接构成抽逃出资
——东明物业公司与吉祥社区居委会、董某、十堰市强顺旅游发展股份公司确认合同效力纠纷申请再审案

- **案　　号**　（2021）最高法民申 3344 号
- **合议庭成员**　张淑芳、李敬阳、吴凯敏
- **关 键 词**　商事 / 确认合同效力 / 抽逃出资
- **相关法条**　《最高人民法院关于适用〈中华人民共和国民事诉讼法〉的解释》第 90 条，《最高人民法院关于适用〈中华人民共和国公司法〉若干问题的规定（三）》第 12 条

【裁判要旨】

在认定股东是否构成抽逃出资时，应看其行为是否违反了公司资本维持原则，破坏了公司法人人格独立，侵害了公司、其他股东及债权人的利益。在没有提供证据予以证明转出资金行为严重侵蚀了公司资本，减损了公司偿债能力，侵犯了债权人的合法权益，也未提供充分证据证明存在《合同法》第 52 条[①]规定的合同无效情形，则不认定为抽逃出资。

【案情摘要】

2004 年 4 月 3 日，董某与吉祥社区居委会签订《合作开发协议》，约定：吉祥社区居委会以拥有的十堰市人民南路 × 号土地（土地性质为国有划拨土地）使用权作为合作开发的投入，董某负责全部工程项目所需的资金投入。2004 年 4 月 3 日，双方又签订《重组协议》，东明物业公司重组后，注册资本仍为 1000 万元，吉祥社区居委会占 70%，董某占 30%。2009 年 1 月 20 日，董某与吉祥社区居委会签订《补充协议条款》，董某同意东明广场 10840 平方米房产和临街塔楼写字楼部分 1 万平方米及相应土地使用权归吉祥社区居委会所有，作为其资金投入和融资支持的回报。东明物业公司认为吉祥社区居委会通过非法手段使得公司资本实质性减少，其行为间接构成抽逃出资，遂提起本案诉讼。

（撰写人：吴凯敏）

---

① 该法已失效。

8 担保人承担担保责任后能否突破公司，直接向公司股东追偿

——贺某娟、岷山公司与嘉力公司等股东出资纠纷申请再审案

- 案　　　号　（2021）最高法民申 3916 号
- 合议庭成员　王富博、于蒙、李敬阳
- 关　键　词　商事 / 股东出资纠纷案 / 债务追偿
- 相关法条　《最高人民法院关于适用〈中华人民共和国公司法〉若干问题的规定（三）》第 13 条第 2 款，《最高人民法院关于适用〈中华人民共和国担保法〉若干问题的解释》①第 20 条第 2 款

【裁判要旨】

担保人承担担保责任向债务人追偿，想要突破债务人公司本身向其股东追偿。股东分为两类：一是原始出资是否到位的股东，二是增资时是否出资到位的股东。原始出资的股东存在以通过转让获得的土地使用权出资是否算作出资的问题，增资时股东存在是否实际到款的问题。原始股东以土地使用权出资是改制时期存在特殊情况的问题，可以算作出资财产。关于增资股东，原审已经查明是股东和公司账户混同情况下的出资，且已经查明了资金来源去向，股东应在未出资本息范围内对公司债务不能清偿的部分承担补充赔偿责任。

【案情摘要】

岷山公司为嘉力公司向银行借款、开立信用证提供担保，岷山公司承担保证责任偿还银行款项后，向嘉力公司及担保人贺某娟进行追偿。经原审法院审理，判决嘉力公司偿还岷山公司、贺某娟承担相应担保责任。执行过程中，岷山公司认为嘉力公司股东虚假出资，要求股东鞠某强、刘某钦、贺某娟、刘某强因虚假出资承担责任，赫朗会计师事务所违规出具虚假审计报告，向一审法院申请司法鉴定。一审法院委托中天银会计师事务所有限责任公司河南分所进行鉴定，因岷山公司未交纳鉴定费，致使鉴定无法进行，中天银会计师事务所有限责任公司河南分所退回鉴定。

---

① 该解释已失效，参见《最高人民法院关于适用〈中华人民共和国民法典〉有关担保制度的解释》第 13 条第 2 款。

原审依据岷山公司所举证据不足以证明鞠某强、刘某钦、贺某娟、刘某强虚假出资，赫朗会计师事务所违规出具虚假审计报告，岷山公司应当承担举证不能的责任。岷山公司要求鞠某强、刘某钦、贺某娟、刘某强承担虚假出资责任及刘某强承担保证责任，赫朗会计师事务所承担违规出具虚假审计报告责任，原审法院不予支持。后岷山公司提起二审上诉未得到支持，遂向最高人民法院申请再审。

（撰写人：王富博）

9 内部出资约定不影响股东按登记状况履行出资义务
——信诺公司、李某进与水体公司追收抽逃出资纠纷申请再审案

- 案　　号　（2021）最高法民申 4683 号
- 合议庭成员　熊劲松、孙祥壮、冯文生
- 关 键 词　商事／公司／追收抽逃出资
- 相关法条　《最高人民法院关于适用〈中华人民共和国公司法〉若干问题的规定（三）》第12条、第14条第1款

【裁判要旨】

根据商事法律的外观主义原则，商事行为的法律效果以商主体的行为外观为依据，以维护交易的安全。公司股东内部对出资金额、持股比例等问题的约定，不影响其按照公司增资程序完成增资义务后应当承担的维持公司注册资本的义务。

【案情摘要】

水体公司股东会决议由股东罗某和信诺公司各对公司注册资本增资440万元。信诺公司同意罗某采取委托中介的方式将440万元投资款汇入水体公司的验资账户后，次日就将出资款以往来款的形式全部转入晨源公司账户。一审、二审法院认定信诺公司的转出行为构成抽逃出资，判决信诺公司返还出资本息，水体公司法定代表人李某进承担连带责任。信诺公司、李某进不服，认为涉案增资登记是约定的虚假出资，其内部存在真实的、与工商登记不一致的出资约定，遂向法院申请再审。

（撰写人：熊劲松）

10 名义股东未从实际出资人抽逃出资中获益的，无需承担出资补足责任

——凯城公司与泛华建设公司及泛铠公司股东出资纠纷申请再审案

- 案　　　号　（2021）最高法民申5323号
- 合议庭成员　汪军、李绍华、黄鹏
- 关　键　词　商事／股东出资纠纷／实际出资人抽逃出资
- 相关法条　《最高人民法院关于适用〈中华人民共和国公司法〉若干问题的规定（三）》第26条第1款

【裁判要旨】

公司与其股东之间要求补足出资而产生的争议，不涉及债权人的权利损害，公司补足出资的责任并不当然由名义股东承担，而应根据实际出资情况及抽逃情形判定，如名义股东未从实际出资人抽逃出资中获益的，公司依据《最高人民法院关于适用〈中华人民共和国公司法〉若干问题的规定（三）》第26条第1款主张名义股东补足出资，人民法院不予支持。

【案情摘要】

2012年5月31日由泛华建设公司、泛铠公司出资设立凯城公司。泛华建设公司实缴注册资本6000万元，泛铠公司实缴注册资本4000万元。泛华建设公司在凯城公司成立后的次月即通过设立凯城公司的全资子公司泛华投资公司为形式，将凯城公司所有的8000万元款项作为投资款汇入泛华投资公司，泛华投资公司又在短时间内将款项回转至姜某、泛铠公司等名下。张家港市人民法院据此认定泛华建设公司、泛铠公司通过设立公司为形式，未经法定程序抽回出资。经查明，凯城公司设立时泛华建设公司系代姜某持有凯城公司60%的股份。后续抽逃出资也是实际股东姜某所实施。凯城公司向苏州市中级人民法院提起诉讼，要求泛华建设公司补足出资，一审、二审均被驳回，遂向最高人民法院申请再审。

（撰写人：汪　军）

11 抽逃出资的认定
——同实房地产公司与华宇置业公司、郝某福股东出资纠纷申请再审案

- 案　　号　（2021）最高法民申 5794 号
- 合议庭成员　黄年、潘勇锋、张颖
- 关 键 词　商事 / 公司 / 抽逃出资
- 相关法条　《最高人民法院关于适用〈中华人民共和国公司法〉若干问题的规定（三）》第 12 条

【裁判要旨】

公司设立时，原股东投入的注册资本金在验资后转出。但在公司运营过程中，该股东又陆续向公司投入资金运营，数额远超注册资金。在公司会计账册上股东投入的资金对应记载的名目多为"往来款"。从会计账簿记载来看，截至 2016 年 9 月 8 日，原股东向股权受让人交接公章、财务专用章、合同专用章之日，其从公司转出的包括注册资金在内款项的金额共计 286840112 元，而向公司转入款项金额共计 276102269.48 元，两者差额为 10737842.52 元，远少于应缴注册资本金 4900 万元。因此，在无其他证据证明的情况下，公司主张原股东将出资转出后未归还依据不足。

【案情摘要】

同实房地产公司系 2010 年 12 月 1 日设立，注册资本 5000 万元，股东为华宇置业公司等，其中华宇置业公司认缴出资额 4900 万元，持股比例 98%，出资时间为 2010 年 11 月 30 日。同实房地产公司于 2010 年 12 月 2 日、12 月 7 日分 4 笔将 4900 万元出资款转出，财务账簿上记载为华宇置业公司的"其他应收款"。后华宇置业公司与鹏翔置业公司签订转让协议，并委托资产评估公司对拟进行股权转让所涉及的同实房地产公司的全部资产和负债进行了评估。2016 年 8 月 24 日，同实房地产公司的股东由华宇置业公司变更为鹏翔置业公司，持股比例为 100%。截至 2016 年 9 月 8 日，同实房地产公司账务记载华宇置业公司的应付款数额为 10737842.52 元，其中转入 276102269.48 元，转出 286840112 元。同实房地产公司起诉请求华宇置业公司返还出资款 4900 万元及利息。

（撰写人：潘勇锋）

12 股东抽逃出资后对公司的投入能否认定为补足出资
——张某海、高某令与高康资本、姚某寒、
浩源公司股东出资纠纷申请再审案

- 案　　号　（2021）最高法民申 7206 号
- 合议庭成员　黄年、刘崇理、张颖
- 关 键 词　民事 / 股东出资 / 抽逃出资
- 相关法条　《中华人民共和国公司法》第 3 条第 2 款①，《最高人民法院关于适用〈中华人民共和国公司法〉若干问题的规定（三）》第 14 条

【裁判要旨】

股东抽逃出资后，即使事后对公司进行资金投入并成为公司的固定资产，但只能证明公司的资产状况，不能证明公司的注册资本状况。在不能证明股东抽逃出资后向公司所投入资金的性质的情形下，不能当然以此为由证明其已补足抽逃出资，仍应向公司承担返还抽逃出资本息的责任。

【案情摘要】

2012 年，浩源公司成立，注册资本为 2000 万元，股东为张某海、高某令，分别出资 1020 万元、980 万元。张某海、高某令在浩源公司成立之初即撤出验资资金，其二人对该事实无异议。后浩源公司经过两次增资，姚某寒、高康资本先后成为该公司股东。姚某寒、高康资本入股后，发现张某海、高某令存在抽逃出资行为，遂诉请其二人向浩源公司返还抽逃的出资款本金和利息。张某海、高某令则抗辩主张，其虽然存在初始抽逃出资行为，但此后向浩源公司存在大量投入行为，浩源公司增资之前已有固定资产 6500 多万元，说明其二人股本实际上到位，已经补足。

（撰写人：刘崇理、唐荣娜）

---

① 参见 2023 年修正、2024 年 7 月 1 日施行的《中华人民共和国公司法》第 4 条第 1 款。

13 新股东确认原股东出资到位后能否再要求原股东承担补足出资责任

——张某海、高某令与高康资本、姚某寒、浩源公司股东出资纠纷申请再审案

- **案　　号**　（2021）最高法民申 7206 号
- **合议庭成员**　黄年、刘崇理、张颖
- **关 键 词**　民事 / 股东出资 / 抽逃出资
- **相关法条**　《中华人民共和国公司法》第 3 条第 2 款①，《最高人民法院关于适用〈中华人民共和国公司法〉若干问题的规定（三）》第 14 条

【裁判要旨】

股东抽逃出资后，即使公司增资后加入的新股东在股东会记录中确认原股东实缴资本到位，但在无证据证明新股东在增资入股时明知或者应知原股东存在抽逃出资的情况下，不影响其事后发现要求原股东补足出资的权利，且原股东补足抽逃出资也系法定责任。

【案情摘要】

2012 年，浩源公司成立，注册资本为 2000 万元，股东为张某海、高某令，分别出资 1020 万元、980 万元。张某海、高某令在浩源公司成立之初即撤出验资资金，其二人对该事实无异议。后，浩源公司先后经过两次增资，姚某寒、高康资本先后成为公司股东。姚某寒、高康资本入股后，发现张某海、高某令存在抽逃出资行为后，遂诉请其二人向浩源公司返还抽逃的出资款本金和利息。张某海、高某令则抗辩主张，姚某寒、高康资本入股公司后，在股东会决议中确认张某海、高某令认缴 2000 万元，实缴 2000 万元，说明其二人的注册资金实际到位情况得到姚某寒、高康资本的确认。

（撰写人：刘崇理、唐荣娜）

---

① 参见 2023 年修正、2024 年 7 月 1 日施行的《中华人民共和国公司法》第 4 条第 1 款。

14 债权人能否仅以公司股东非货币出资未评估为由，主张股东出资不实

——杭州炳盛与长城铝业、国网郑电及鑫旺公司执行异议之诉申请再审案

- 案　　号　（2021）最高法民申 7457 号
- 合议庭成员　王富博、于蒙、李敬阳
- 关 键 词　商事 / 执行异议之诉 / 股东出资不实
- 相关法条　《中华人民共和国公司法》第 24 条①

【裁判要旨】

在注册资本实缴制度下，股东出资已经法定验资机构验资，债权人未提供初步证据证明出资不实，仅以出资时未评估为由主张股东出资不实的，人民法院不予支持。

【案情摘要】

鑫旺公司 1994 年公司章程载明："郑州市电业局（后变更为国网郑电）认缴出资额为 881 万元，其中人民币 400 万元，以供用电技术、咨询技术服务折价 481 万元，占投资总额的 10%；长城铝业以工业产权'雪山'牌商标 881 万元人民币出资，占投资总额的 10%，并提供 13000 吨氧化铝暂作流资。"郑州中庆会计师事务所 1994 年出具的鑫旺公司《企业注册资金审验证明书》载明："鑫旺公司申请注册资金总额为 88100000 元，其中……无形资产是长城铝业作为投资且已办理商标许可使用手续的雪山牌铝锭商标使用权（该使用权 881 万元）和郑州市电业局作为投资的供电技术咨询服务费（该服务费 481 万元）……根据资产交接手续及投资单位和巩义市第二铝厂的证明，各投资单位已投入的注册资本额如下：长城铝业应投入 881 万元，已投入 881 万元，占应投入的 100%。国网郑电应投入 881 万元，已投入 881 万元，占应投入的 100%。"杭州炳盛主张长城铝业、国网郑电的非货币出资未经评估，出资不实，请求对鑫旺公司案涉债务在未出资本息范围内承担连带清偿责任。

（撰写人：王富博）

---

① 2023 年修正的《中华人民共和国公司法》中已无对应条文。

15 股东对其已履行出资义务应负举证责任
——韩某与东巽公司等追收未缴出资纠纷申请再审案

- **案　　号**　（2021）最高法民申 7520 号
- **合议庭成员**　曹刚、于蒙、关晓海
- **关 键 词**　商事 / 追收未缴出资纠纷 / 股东未缴出资
- **相关法条**　《中华人民共和国公司法》第 28 条①，《最高人民法院关于适用〈中华人民共和国公司法〉若干问题的规定（三）》第 20 条②

【裁判要旨】

当事人之间对是否已履行出资义务发生争议，虽然被告提交了公司会计记账凭证等初步证据证明其履行了出资义务，但如果当原告提供对股东履行出资义务产生合理怀疑证据的，被告股东应当就其已履行出资义务进一步承担举证责任。

【案情摘要】

韩某与黄某东签订合作协议，约定共同出资设立东巽公司，其中，韩某以现金形式出资 216 万元，黄某东以 24 万元实物出资。东巽公司后注册成立，韩某为公司法定代表人，黄某东为公司总经理。韩某未依约定和公司章程将货币出资存入公司银行账户。后东巽公司经营不善，法院受理黄某东对东巽公司进行清算的申请。清算组委托会计师事务所出具资产负债状况专项审计报告，报告显示从公司账务反映韩某投入资本时以其他应收款投入，无法确认股东投入资本的真实性和准确性。东巽公司诉请韩某履行出资义务并支付资金占用费。庭审中，韩某未提交出资证明书等证明其实际认缴出资。

（撰写人：于　蒙、刘依珊）

---

① 参见 2023 年修正、2024 年 7 月 1 日施行的《中华人民共和国公司法》第 49 条。
② 该解释已于 2020 年修正，对应第 19 条。

16 股东应否就工商登记的股权金额与债转股金额的差额承担补足出资责任

——世纪润华公司与投资公司等合同纠纷申请再审案

- **案　　号**　（2021）最高法民申 7606 号
- **合议庭成员**　黄年、刘崇理、张颖
- **关 键 词**　商事 / 合同 / 出资不足
- **相关法条**　《中华人民共和国公司法》第 3 条第 2 款①，《最高人民法院关于适用〈中华人民共和国公司法〉若干问题的规定（三）》第 13 条

【裁判要旨】

债权人经过债转股成为公司股东，为满足工商管理部门关于出资比例与持股比例、表决权比例应当一致的要求，工商登记的其股权金额大于债转股金额，其差额部分并非股权转让形成。股东对公司债权人承担补充赔偿责任的前提是股东未履行或者未全面履行出资义务，债转股股东的出资数额为债转股数额，对公司的出资义务已经全面履行，公司债权人无权依据《公司法》第 3 条第 2 款，《最高人民法院关于适用〈中华人民共和国公司法〉若干问题的规定（三）》第 13 条要求债转股股东就上述差额承担补足出资责任。

【案情摘要】

投资公司通过受让债权的方式持有目标公司 16425 万元债权，后通过债转股成为目标公司股东。目标公司出具《股东出资证明书》确认投资公司出资额 16425 万元，享有的持股比例及表决权比例 67%（按照实际出资比例为 42.86%）。在申请工商注册变更登记时，由于工商登记要求公司股东的出资比例与持股比例及表决权比例原则上应当相同，为满足工商登记要求，投资公司受让目标公司其他股东股权，以达到 67% 持股比例及表决权比例。由此，投资公司工商登记的股权金额 24404.75 万元，与 16425 万债转股金额存在差额。目标公司的债权人世纪润华公司提起本案诉

---

① 参见 2023 年修正、2024 年 7 月 1 日施行的《中华人民共和国公司法》第 4 条第 1 款。

讼，主张投资公司应对前述差额承担出资不足的补充赔偿责任。

（撰写人：刘崇理、唐荣娜）

股权转让 ▶▶▶

1 股权转让不以配偶同意为必要但存在恶意串通的，配偶有权主张转让无效
——张某顺、张某与孙某雪及华能公司股权转让纠纷申请再审案

- 案　　号　（2019）最高法民申 4083 号
- 合议庭成员　郭载宇、陈宏宇、朱科
- 关 键 词　商事 / 股权转让 / 无需配偶同意 / 恶意串通 / 转让无效
- 相关法条　《中华人民共和国公司法》第 71 条①

【裁判要旨】

股权兼具人身权和财产权属性，其中人身权是专属于股东的权利，不存在与其配偶共有或共同行使的问题。股权的财产性收益在未确定前不具有独立性，不能成为夫妻共同共有的客体。转让股权是股东依法行使股权处分权的行为，无须征得其配偶的同意，未经配偶同意自不构成无权处分。但股权转让后所得的价款作为股权的财产性收益，可以成为夫妻共同共有的客体；转让所得价款依法属于夫妻共同财产。配偶有证据证明股东与第三人恶意串通损害其合法财产权益的，有权主张合同无效。

【案情摘要】

张某与孙某雪离婚诉讼中，孙某雪以张某未经其同意，将其持有的华能公司的股权转让给其父亲张某顺，且股权转让的价格明显低于市场价格，两者之间存在恶意转移财产的目的为由，请求宣告转让无效。张某、张某顺和华能公司称，股权转

---

① 参见 2023 年修正、2024 年 7 月 1 日施行的《中华人民共和国公司法》第 84 条。

让价格是否合理应受制于股东对市场等多种因素的判断。案涉股权转让是因张某投资的莫朗（江苏）电气有限公司急需注资，在相关行政机关的催促下，为避免承担更大的法律责任，为筹措资金才转让的案涉股权，并以公开拍卖的方式公开竞价，选择向价高者转让股权，本身就是以合理的方式为自己及配偶争取最大利益。转让已经华能公司股东同意，张某顺、张某并未恶意串通。该转让符合法律规定。股权交易属于商事活动，案涉股权转让协议的效力只要符合《公司法》的规定，即产生法律效力，无需孙某雪同意。即使案涉股权属于张某与孙某雪的夫妻共有财产，决定股权转让的权利只能由张某行使，孙某雪只对因股权产生并实际获得的财产性收益享有权利。

最高人民法院经审查认为，股权转让这一商事行为受《公司法》调整，股东个人是《公司法》确认的合法处分主体，股东对外转让登记在其名下的股权属于有权处分，并非必须经过其配偶同意，不能仅以股权转让未经配偶同意为由否认股权转让合同的效力。但是，股权具有财产价值，属于夫妻共同财产利益的组成部分，夫妻关系存续期间夫妻一方负有不得实施转移或变卖股权等方式严重损害夫妻共同财产利益行为的法定义务。如果夫妻一方所实施的不合理低价转让股权的行为，客观上减少了夫妻可供分割的共同财产，而股权受让人作为交易相对人亦知道或者应当知道该情形的，配偶作为债权受损方可以通过债权保全制度请求撤销。有证据证明受让人与出让人恶意串通损害出让人配偶合法权益的，则该配偶有权依法主张股权转让合同无效。从原判决查明的事实看，案涉股权转让价格远低于资产负债表所对应的张某持有股权的价值，股权转让时间发生在张某与孙某雪离婚诉讼期间，且张某系将股权转让给自己的父亲张某顺，张某顺对张某与孙某雪婚姻状况的知情程度不同于一般主体。虽然张某、张某顺主张标的公司华能公司存在虚假出资，故股权实际价值远低于资产负债表的记载，但其提供的审计报告系华能公司单方委托会计师事务所作出，《股东会纪要》等证据经鉴定存在日期倒签等诸多疑点。原判决在综合全案证据的基础上认定案涉股权转让合同无效，无明显不当，不存在认定基本事实缺乏证据证明和适用法律确有错误的应予再审情形。张某和张某顺申请再审的事由尚不足以启动本案再审程序。

（撰写人：郭载宇）

2 股权转让协议约定股权转让价格以资产审计评估值为准时，如何确定股权转让款

——新春公司、李某与范某燕、王某英、鑫彤飞公司股权转让纠纷上诉案

- **案　　号**　（2019）最高法民终 1989 号
- **合议庭成员**　张雪楳、梅芳、麻锦亮
- **关 键 词**　民事 / 股权转让合同 / 股权转让价款
- **相关法条**　《中华人民共和国合同法》第 60 条①，《中华人民共和国担保法》第 7 条②、第 18 条③

【裁判要旨】

股权转让协议约定股权转让价格以资产审计评估值为准，同时又明确了具体金额时，应考察协议签订前，当事人是否已委托评估公司进行评估。评估报告仅是当事人据以确定股权转让价款的参考，股权最终如何定价取决于当事人间的真实意思表示。在当事人认可评估报告结果，并通过签订补充协议的方式再次确认股权转让价格的情况下，评估报告可以作为确定股权转让价格的依据。

【案情摘要】

范某燕、王某英与新春公司、第三人李某签订《股权转让协议》，约定范某燕、王某英将持有的阳光公司 100% 股份转让给新春公司；股权转让价格以双方共同认可的评估公司对阳光公司资产审计评估值为准，净资产值为 35000 万元，股权转让价格为 35000 万元；新春公司应付范某燕、王某英的转让价款与范某燕应付新春公司的借款本息相抵后，新春公司应付范某燕、王某英剩余转让价款为 15000 万元；李某作为新春公司的担保人。各方签订《协议书》及《补充协议》，对转让款支付方式及债务承担等具体事项进行确认。范某燕及王桂英委托红旗评估公司评估阳光公司 2014 年 8 月 31 日净资产值，评估报告结论为 350971926.93 元，新春公司对该

---

① 对应《中华人民共和国民法典》第 509 条。
② 该法已失效。
③ 参见《中华人民共和国民法典》第 688 条。

报告不予认可，并委托正源和信评估公司对阳光公司企业净资产进行评估，结论为8010.5万元。新春公司认可没有向范某燕、王某英支付15000万元的股权转让款。新春公司、李某提起本案诉讼，请求变更股权转让价格、范某燕偿还新春公司借款本息。范某燕、王某英提出反诉，请求新春公司、李某继续履行《股权转让协议书》及相关《协议书》，支付剩余股权转让价款及逾期付款利息。

（撰写人：麻锦亮）

3 增资扩股系独立的法律关系还是股权转让合同的履行方式

——侯某、陆某旭与尚某然、邓某股权转让纠纷再审案

- **案　　号**　（2020）最高法民再127号
- **合议庭成员**　刘崇理、黄年、潘勇锋
- **关 键 词**　商事 / 股权转让纠纷 / 股权转让 / 增资扩股
- **相关法条**　《中华人民共和国公司法》第71条[①]

【裁判要旨】

在商事交易中，当事人之间为实现其交易目的或规避某些问题，常签订多个法律性质不同的合同或在合同、事实行为中建立多种法律关系，在发生矛盾纠纷后往往为己方诉讼利益枉顾真相各执一词。人民法院在审理判断中须运用穿透式审判思维，拨开法律事实的各种表现形式迷雾，透过现象看本质，在全面系统分析交易模式的基础上，按照交易常规、生活常理、常人常识探究当事人真实交易动机和交易目的，根据权利义务相一致原则，结合合同约定与履行事实，综合判断当事人之间真实权利义务关系的法律性质与效力。综合本案合同约定与履行事实，应当认定一方当事人取得目标公司股权的真实交易方式是股权转让，增资扩股只是双方股权转让合同项下的履行方式。

【案情摘要】

2011年9月15日《股权收购协议书》约定尚某然、邓某购买侯某、陆某旭持

[①] 参见2023年修正、2024年7月1日施行的《中华人民共和国公司法》第84条。

有的金鑫公司100%股权，股权转让价款为5000万元；同日签订的另两份补充《协议书》约定，侯某、陆某旭将两个探矿权过户到金鑫公司名下后，尚某然、邓某支付补偿费共计1.2亿元。在前述三份协议签订后，尚某然、邓某随即支付了1000万元股权转让款。此后，尚某然、邓某又先后支付侯某、陆某旭共计3000万元。

2011年10月28日金鑫公司工商登记的注册资本由60万元变更为2000万元，2012年5月21日金鑫公司注册资本由2000万元增加至3000万元，两次增资均是由尚某然、邓某出资，增资后侯某、陆某旭占股2%，尚某然、邓某占股98%。

尚某然、邓某诉讼请求解除《股权收购协议书》及两份《协议书》，侯某、陆某旭返还已支付的股权转让款4000万元及利息600万元。

（撰写人：黄　年）

4 双方当事人对合同的主要或关键内容均存在错误认识的情况下签订合同是否构成重大误解
——绿地公司与烟草公司股权转让纠纷上诉案

- **案　　　号**　（2020）最高法民终384号
- **合议庭成员**　张雪楳、黄年、麻锦亮
- **关　键　词**　商事 / 股权转让纠纷 / 重大误解
- **相关法条**　《中华人民共和国民法总则》第147条①，《中华人民共和国合同法》②第54条第1款第1项

【裁判要旨】

股权转让方将股权转让给受让方时，未履行全面、完整的披露义务，但主观上不存在故意或恶意。股权受让方亦未尽到调查义务，存在疏忽大意的过失。在双方当事人对合同的主要或关键内容均存在错误认识的情况下签订了合同，若该合同履行会给股权受让方造成重大损失，这与双方的真实意思相悖，符合重大误解的构成要件，可予以撤销。

---

① 对应《中华人民共和国民法典》第147条。
② 该法已失效。

【案情摘要】

烟草公司在山东产权交易中心挂牌交易润丰等四公司的国有股产权,重大事项披露内容中载明土地闲置原因包括总体规划调整等。润丰等四公司的主要资产为其项下3568亩土地,经评估润丰等四公司的股权价值为1500214679.2元。烟草公司与绿地公司签订4个《产权交易合同》,以1500214679.29元取得润丰等四公司100%国有产权。之后,烟草公司才向绿地公司移交了2014年9月至2015年10月期间润丰等四公司就规划调整问题向丁字湾管委会和莱阳市政府相关部门多次发函请求对规划中部分土地的用地性质与润丰等四公司国有土地出让时的用地性质不符的问题进行协调处理的相关资料。绿地公司通过前述相关资料知晓润丰等四公司明显待开发土地的部分(自行评估1066亩)用地性质由住宅、商住用地调整为城市公共配套用地的具体情况后,提起本案诉讼,主张烟草公司构成欺诈应撤销《产权交易合同》,返还已付股权转让款并赔偿损失。

(撰写人:黄 年)

5 不同的信托法律关系下款项支付,不产生双重受偿问题

——汇宸公司、鼎宸公司、赵某雄、曹某与天津信托股权转让纠纷上诉案

- **案 号** (2020)最高法民终389号
- **合议庭成员** 刘崇理、黄年、潘勇锋
- **关 键 词** 商事 / 合同 / 合同履行
- **相关法条** 《中华人民共和国合同法》第60条[①]

【裁判要旨】

本案当事人之间存在多个信托关系。天津信托和汇宸公司成立财产信托合同项下的信托关系,与汇宸公司和川财公司成立的定向资产管理计划项下的信托关系系不同的信托关系,两者分别独立。汇宸公司向川财公司支付的1.58亿元系定向资产管理计划项下的款项,川财公司向天津信托支付的1.58亿元系《债权受益权转让合

---

① 对应《中华人民共和国民法典》第509条。

同》项下标的的转让价款，款项性质不同。汇宸公司支付 1.58 亿元没有直接消灭其在合伙份额转让协议项下债务，而是新产生了定向资产管理计划项下受益权，不存在双重受偿问题。

【案情摘要】

2014 年 4 月 1 日，天津信托与汇宸公司、鼎宸公司、赵某雄签订合伙份额转让协议，约定天津信托将其持有的有限合伙份额 19800 万份全部转让给汇宸公司。汇宸公司按照合同约定的期限和回购价款数额从天津信托处回购其持有的城发景富中心的 19800 万元出资对应的合伙企业份额。后又签订补充协议，进行展期。天津信托与鼎宸公司签订相应《抵押担保合同》《质押担保合同》，赵某雄出具保证。2016 年 9 月 29 日，汇宸公司向天津信托偿还本金 4000 万元。自 2014 年 6 月 20 日至 2017 年 4 月 14 日，汇宸公司向天津信托偿还溢价款 75099340 元。天津信托自认，截至 2018 年 6 月 6 日汇宸公司不欠付溢价款。2014 年 5 月 30 日，天津信托向城发景富中心转账支付 19800 万元，同时备注为认缴合伙协议出资。

2017 年 4 月 13 日，汇宸公司与川财公司签订《川财稳通 70 号定向资产管理计划资产管理合同》，约定汇宸公司委托川财公司对委托资产进行投资运作及管理。后，汇宸公司向川财公司出具《投资指令》，请川财公司代表定向资管计划与天津信托签订《债权受益权转让合同》及相关文件，请川财公司在定向资管计划托管账户收到上述委托资金后将委托资产 15800 万元全部划入天津信托账户。2017 年 4 月 14 日，汇宸公司向川财公司川财稳通 70 号定向资产管理计划转账支付 15800 万元，汇款附言：购买理财产品。同日，天津信托与川财公司签订《债权受益权转让合同》，约定川财公司作为上述定向资管计划的管理人，受委托人的委托，作为受让方与出让方天津信托签订《债权受益权转让合同》。转让的债权受益权指天津信托基于上述案涉合伙份额转让协议和补充协议享有的汇宸公司承诺从天津信托回购的合伙企业份额的受益权，包括投资本金及收益、回购溢价款、罚息、违约金、损害赔偿金和行使相关权利等所获得的全部收入。川财公司受让债权受益权后，天津信托应为川财公司的利益，积极通过各种方式（包括但不限于司法程序）向债务人进行催收。天津信托自认收到了川财公司支付的上述转让对价 15800 万元。

2017 年 4 月 13 日，汇宸公司与天津信托签订《财产权信托合同（指定项目事务管理类）》，约定汇宸公司自愿将其合法拥有的财产委托给天津信托，天津信托为汇宸公司的利益对信托财产进行管理。信托财产为汇宸公司与川财公司签订的上述资管计划的受益权。信托财产终止后，信托财产采取维持信托终止时财产原状的方式，归属于委托人，并按照合同约定的方式分配、处理信托财产。

天津信托起诉请求判令汇宸公司向天津信托支付合伙份额回购价款1.58亿元及违约金，保证人承担保证责任，行使担保物权。一审判决汇宸公司向天津信托支付合伙份额回购价款15800万元以及相应违约金等，汇宸公司有权行使担保物权，保证人承担保证责任。汇宸公司、鼎宸公司等不服，提起上诉，认为已经履行了还款义务，请求驳回天津信托诉讼请求。二审判决驳回上诉，维持原判。

（撰写人：潘勇锋）

6 缺乏确切证据行使不安抗辩权，构成根本违约
——刘某闻与工会委员会股权转让纠纷上诉案

- **案　　号**　（2021）最高法民终1043号
- **合议庭成员**　杨卓、李伟、苏蓓
- **关 键 词**　商事 / 股权转让合同纠纷 / 不安抗辩权
- **相关法条**　《中华人民共和国合同法》第68条[①]

【裁判要旨】

债务人没有确切证据证明债权人有严重丧失商业信誉及可能丧失履行能力的情形，且其存在多次迟延支付股权转让款的事实。故债务人中止履行缺乏事实及法律依据，未支付第二期股权转让款的行为不属于其主张的行使不安抗辩权，而是构成根本违约。

【案情摘要】

工会委员会就向刘某闻转让所持莆运公司88%股份事宜，与刘某闻签订《股份收购协议书》及补充协议，刘某闻共计支付定金3784万元，未如期支付后续股份转让款。2018年6月，莆运公司职工及退休持股会员（股东）联名致信莆田市国资委、莆田市交通局，督促工会委员会追究刘某闻的违约责任，终止与其股权转让。刘某闻得知后，致函工会委员会，称联名信事件已使收购不能顺利进行，已对本次交易产生重大影响，刘某闻严重质疑工会委员会就本次交易的履约能力，刘某闻将可能解除相关交易协议，并要求工会委员会承担违约责任。工会委员会经多次催告

---

① 对应《中华人民共和国民法典》第527条。

无果后，向刘某闻发出律师函，单方解除签订的系列协议，终止本次股份转让。

（撰写人：李 伟、李大何）

7 股权转让登记未变更是否影响买受人支付剩余股权转让款
——杨某刚与鲁华公司股权转让纠纷申请再审案

- **案　　号**　（2021）最高法民申 145 号
- **合议庭成员**　刘崇理、潘勇锋、李晓云
- **关 键 词**　商事 / 股权转让合同 / 公开挂牌交易
- **相关法条**　《中华人民共和国公司法》第 71 条、第 73 条[①]

【裁判要旨】

原告在已经持有目标公司 60% 股权的情况下签订协议收购被告持有的 40% 股权，目的是实现对目标公司 100% 控股，该合同目的事实上已经实现，因为其早在数年前就已经取得了目标公司所属矿山、选矿厂的全部经营利润和亏损，后又自愿全部转让给案外人所有。故虽然被告迄今仍然登记持有目标公司 40% 股权，但该股权登记未变更，并不影响买受人支付剩余股权转让款。

【案情摘要】

2008 年 1 月，鲁华公司一方与杨某刚、万某纲等一方，通过签订《协议书》和《补充协议书》，由杨某刚等在支付 2400 万元股权转让款中的 1200 万元预付款后，鲁华公司将华德公司财务章移交给杨某刚，并且双方约定在截至山东省国资委批准鲁华公司转让其所持有的 40% 华德公司股权之日止的过渡期间，华德公司所属矿山、选矿厂全部经营利润和亏损归杨某刚、万某纲所有。万某纲后于 2010 年将其持有的《协议书》中受让的华德公司股权转让给杨某刚，所涉万某纲应承担的权利、义务及责任亦全部由杨某刚接续履行。杨某刚后又于 2011 年 12 月将其原先持有的 60% 华德公司股权转让给案外人韩某峰。杨某刚、鲁华公司、韩某峰三方并于 2011 年 12 月订立《协议书》，将前述过渡期间华德公司所属矿山和选矿厂全部经营

---

① 参见 2023 年修正、2024 年 7 月 1 日施行的《中华人民共和国公司法》第 84 条、第 87 条。

利润和亏损再转归韩某峰所有。鲁华公司在 2014 年 12 月取得山东省国资委批复同意其转让持有的华德公司 40% 股权后,在山东产权交易中心挂牌公告公开转让,截至 2015 年 4 月 8 日公告期满,没有单位或个人对该产权交易项目提出受让申请。鲁华公司迄今仍然登记持有华德公司 40% 股权,但自 2008 年 1 月起,鲁华公司就退出了华德公司的经营管理,未再享受华德公司所属矿山和选矿厂的全部经营利润和亏损。现鲁华公司诉请杨某刚继续支付剩余股权转让款。

(撰写人:李晓云)

8 配偶一方受让股权形成的债务是否属于夫妻共同债务
——李某国与翟某、刘某娟、华仁公司股权转让纠纷申请再审案

- **案　　号**　(2021)最高法民申 931 号
- **合议庭成员**　张树明、季伟明、孙勇进
- **关 键 词**　商事 / 个人名义 / 股权转让 / 夫妻债务
- **相关法条**　《最高人民法院关于审理涉及夫妻债务纠纷案件适用法律有关问题的解释》第 3 条①

【裁判要旨】

夫妻关系存续期间,一方以个人名义受让股权,另一方不知晓且未基于股权受让而受益,受让的股权亦未用于夫妻共同生活,因股权受让而产生的债务不应视为夫妻共同债务。

【案情摘要】

2015 年 7 月 16 日,李某国与刘某娟签订了《股权转让协议》,约定将李某国持有的(由案外人吕某华、张某军代持)锦和公司的 90% 股权转让给刘某娟,华仁公司承担连带保证责任。股权转让协议签订后,因刘某娟迟迟未支付股权转让款,李某国与刘某娟、华仁公司于 2017 年 7 月 17 日就股权转让价款事宜签订了《协议书》及《补充协议》,明确了李某国对刘某娟享有股权转让款债权,并重新约定了股权转让款的支付方式。协议书签订后,李某国办理了股权变更登记,但刘某娟未按约定

---

① 该解释已失效,参见《中华人民共和国民法典》第 1064 条第 2 款。

支付股权转让款，李某国遂诉至法院，要求刘某娟及其丈夫翟某共同偿还股权转让款及利息，由华仁公司承担连带保证责任。

（撰写人：孙勇进）

9 人民法院支持当事人请求对方支付股票转让款的同时，一并判令当事人返还相应的股票给对方，非一般意义上的超出诉讼请求范围进行裁判的情形

——深圳中科公司、单某双与中山中科公司合同纠纷申请再审案

- 案　　号　（2021）最高法民申 1244 号
- 合议庭成员　贾清林、于明、朱科
- 关 键 词　民事 / 合同纠纷 / 股票转让
- 相关法条　《中华人民共和国合同法》第 60 条第 1 款、第 396 条①

【裁判要旨】

当事人诉求对方当事人支付股票转让款获得支持后，该当事人亦应将相应的股票返还给对方，此系双方合同义务的对等履行；为减少当事人诉累，节省司法资源，人民法院对股票过户事宜一并处理，符合尽可能一次性解决纠纷的司法政策，并非一般意义上的超出诉讼请求范围进行裁判的情形，符合实质公平精神。

【案情摘要】

中山中科公司与深圳中科公司、单某双签订案涉《股票委托销售协议》及《补充协议》，约定深圳中科公司接受中山中科公司委托，作为唯一排他性的销售顾问代为销售中山中科公司认购的股票；委托销售期（两年）届满之日前，深圳中科公司应将标的股票销售完毕，到期未能销售完毕的，深圳中科公司按照协议补偿后，中山中科公司将剩余标的股票转让给深圳中科公司，补偿款视为受让剩余标的股票的转让款。单某双承担连带保证责任。各方在履行协议过程中发生纠纷，遂成本诉。

（撰写人：贾清林、乔希木）

---

① 对应《中华人民共和国民法典》第 509 条、第 919 条。

10 目标公司的实际控制人及股东故意提供虚假信息、故意隐瞒真实情况,对投资人接受股权转让条件构成欺诈

——广东宏业公司与天山生物公司股权转让纠纷申请再审案

- 案　　号　（2021）最高法民申 1599 号
- 合议庭成员　何波、徐霖、张梅
- 关 键 词　民事 / 股权转让纠纷 / 欺诈
- 相关法条　《中华人民共和国合同法》第 54 条①,《中华人民共和国公司法》第 164 条②,《中华人民共和国民法总则》第 149 条、第 155 条③

【裁判要旨】

股权转让合同纠纷中,目标公司存在虚增银行存款、利润情况不真实、虚构应收账款以及隐瞒担保及负债等情形,目标公司的实际控制人及股东故意提供虚假信息、故意隐瞒真实情况,对投资人接受股权转让条件构成欺诈,目标公司的实际控制人及股东需对其签订《购买资产协议》中存在的欺诈行为和自己的其他行为承担责任。

【案情摘要】

天山生物公司（系上市股份有限公司,合同甲方）与陈某宏、广东宏业公司等共计 36 名大象广告股份有限公司（非上市公众公司）股东（合同乙方）于 2017 年 9 月 7 日签订《购买资产协议》,约定根据深圳市鹏信资产评估土地房地产估价有限公司以 2017 年 6 月 30 日为基准日出具的评估报告,大象股份 100% 股权的评估值为 247060 万元。案涉《购买资产协议》还约定广东宏业公司保证及承诺所提供的资料真实、准确、完整,不存在虚假记载及重大遗漏的情形,亦未向甲方隐瞒任何一经披露便会影响本协议签署或履行的信息等。另经法院查明,目标公司大象广告公司存在虚增银行存款、利润情况不真实、虚构应收账款以及隐瞒担保及负债等情形。

广东宏业公司向一审法院提起诉讼请求判令天山生物公司立向广东宏业公司支

---

① 对应《中华人民共和国民法典》第 148 条、第 149 条。
② 参见 2023 年修正、2024 年 7 月 1 日施行的《中华人民共和国公司法》第 208 条。
③ 对应《中华人民共和国民法典》第 149 条、第 155 条。

付股权转让款等。天山生物公司提出反诉请求撤销天山生物公司与广东宏业公司之间的股权转让行为暨《购买资产协议》。一审判决驳回广东宏业公司的诉讼请求；撤销广东宏业公司与天山生物公司签订的《购买资产协议》中天山生物公司以支付99224252.31元现金购买广东宏业公司持有的大象广告股份有限公司4.023%股权的相关约定。二审判决驳回上诉，维持原判。最高人民法院依法驳回广东宏业公司的再审申请。

（撰写人：何　波）

11 股权转让预留款支付条件的认定与合同解释
——康田公司、阳光公司与和泰公司股权转让纠纷申请再审案

- **案　　号**　（2021）最高法民申1681号
- **合议庭成员**　黄鹏、李延忱、郁琳
- **关 键 词**　商事／股权转让纠纷／预留款／合同解释
- **相关法条**　《中华人民共和国合同法》第125条第1款①

【裁判要旨】

预留款本质上是股权转让价款的一部分，股权受让方按相关约定迟延支付或者不再支付给股权出让方，但预留应有合理期限和条件，权利义务不应长期处于不确定状态。当事人对合同条款的理解有争议的，应当按照合同所使用的词句、合同的有关条款、合同的目的、交易习惯以及诚信原则，确定该条款的真实意思。股权转让合同约定股权转让预留款用于支付拆迁费等，只要能够证明股权受让方无需再从预留拆迁款项支出费用，则应视为约定的支付预留款条件已成就，相应的预留款应向股权出让方支付。

【案情摘要】

2006年和2008年，和泰公司康田公司先后两次签订股权转让合同书，最终约定和泰公司将其持有的侨发公司44%股权作价11250万元转让给康田公司，康田公司先行支付和泰公司股权转让价款38030831.65元，余款（预留款项）用于清偿

---

① 对应《中华人民共和国民法典》第142条第1款、第466条第1款。

康田公司在合作期间代侨发公司垫付的各类款项及利息 12640355.26 元以及和泰公司可能承担但未清理的债务清偿或担保共计 61828813.09 元，康田公司需向和泰公司支付预留款项的利息。其中约定，因出于"鸿运馨境"项目拆迁安置考虑预留的 23043020.50 元，如和泰公司取得福州市国土资源局出具的函件证明该项目拆迁费用已清结或侨发公司无须支付或负责该项目产生的拆迁费用等类似文件，且已拆迁完毕，康田公司或侨发公司应在收到函件之日起 3 日内支付和泰公司上述款项及利息。2009 年，双方签订补充合同书，约定该部分拆迁预留款项如在 2010 年 6 月 30 日未全部付出或者未发生其他与拆迁有关的费用支出，则康田公司应自 2010 年 7 月 1 日起向和泰公司支付利息。和泰公司依约履行股权转让义务，侨发公司实际投入开发"鸿运馨境"项目并竣工销售。2012 年 8 月 6 日，福州市仓山区城门镇政府向侨发公司出具拆迁具结函，确认上述案涉地块预留款项合计 24638315.5 元。康田公司支付利息至 2016 年 6 月即停付，亦不向和泰公司支付剩余预留拆迁款项。双方发生纠纷并诉至法院，一审、二审法院均认为该预留款的支付条件已经成就。

（撰写人：黄　鹏）

12　名义股东投资性质的认定

——赵某军与农投公司、金馥公司股权转让纠纷申请再审案

- 案　　号　（2021）最高法民申 2040 号
- 合议庭成员　张淑芳、李敬阳、吴凯敏
- 关 键 词　商事 / 股权转让纠纷 / 名义股东 / 股权回购
- 相关法条　《中华人民共和国公司法》第 3 条、第 4 条

【裁判要旨】

股东之间约定一方不参与公司实际经营，按照确定股息率领取股利分红，投资资金可自由退出并由另一方无条件回购的，应认定前者不符合真实股东共享收益、共担风险的特征，双方之间实为借贷法律关系。

【案情摘要】

2009 年，农开公司（甲方）与赵某军（乙方）签订《股东协议书》约定，甲方以投资参股的形式同乙方进行合作，由甲方投资参股金馥公司，甲方认为需要时可

以自由退出投资资金，乙方应回购甲方股权。2014年1月22日，农开公司将所持有的金馥公司股权无偿划转到全资子公司农投公司。2016年9月13日，农投公司（甲方）、赵某军（乙方）与金馥公司（丙方）共同签订《股权转让意向书》，约定乙方以不低于3900万元购买甲方所持有的金馥公司49.05%股权。2016年10月31日至2018年7月27日，农投公司收取金馥公司分红款共计360万元。后因赵某军未依约支付3900万元，农投公司起诉请求判令赵某军支付股权退出款3900万元及违约金合计6182.9万元，金馥公司承担连带保证责任。

（撰写人：李敬阳）

13 目标公司为支付其自身股权转让款提供担保是否必然构成股东抽逃出资

——海诺公司与净雅公司及王某、章某乐股权等转让合同纠纷申请再审案

- 案　　号　（2021）最高法民申2177号
- 合议庭成员　黄年、潘勇锋、李晓云
- 关　键　词　商事 / 公司对外担保 / 股东抽逃出资
- 相关法条　《中华人民共和国公司法》第35条①，《最高人民法院关于适用〈中华人民共和国公司法〉若干问题的规定（三）》第12条

【裁判要旨】

法律并无禁止目标公司为支付其自身股权转让款提供担保的规定。现股权转让合同约定，出让方在将目标公司交接给受让方之后，由目标公司对受让方的付款义务承担连带清偿责任。目标公司承担该担保责任不一定构成股东抽逃出资，不宜仅以目标公司为支付其自身股权转让款提供担保即认定构成股东抽逃出资而否认该担保的效力。

【案情摘要】

净雅公司持有海诺公司100%的股权。2011年5月10日，净雅公司作为甲方，与王某、章某乐作为丁方，以及海诺公司作为丙方，另包括其他主体作为乙方、戊

---

① 参见2023年修正、2024年7月1日施行的《中华人民共和国公司法》第53条。

方,共同签订《协议书》一份。该《协议书》约定:甲方同意将持有的丙方100%的股权全部转让给丁方或丁方指定方,股权转让价款由丁方支付。同时约定:甲方将丙方交接给丁方后,就丁方向甲方的付款义务等责任,由丙方与丁方向甲方承担连带清偿责任。缔约各方当事人均在该《协议书》中签字或盖章,但海诺公司项下只加盖有印章,无代表人或代理人签字。缔约承担担保责任的公司均提交了公司股东会决议,同意提供连带责任保证;但海诺公司未提交股东会决议。现海诺公司对上述事实亦不持异议,仅主张该担保约定应为无效。

(撰写人:李晓云)

14 在当事人对个人所得税实际缴纳主体约定不明的情况下,应当由法定纳税义务人承担纳税义务

——杨某山与佳家豪公司股权转让纠纷申请再审案

- **案　　号**　(2021)最高法民申4455号
- **合议庭成员**　胡夏冰、于明、贾清林
- **关 键 词**　商事 / 股权转让纠纷 / 个人所得税 / 纳税义务人
- **相关法条**　《中华人民共和国个人所得税法》第2条、第9条

【裁判要旨】

在生产经营活动中产生的税费,当事人可以就实际纳税主体或代扣代缴等事宜进行约定。在诉讼过程中,当事人若不能举证证明存在前述约定,则应由我国相关税法所确定的法定纳税义务人承担纳税义务,因迟延纳税产生的滞纳金亦由法定纳税义务人承担。

【案情摘要】

佳家豪公司与杨某山等签订了合作开发合同,约定杨某山在收到佳家豪公司支付的项目税后收益6500万元后,向佳家豪公司提供正式的收款收据,并退出项目公司,此后不承担项目公司的一切债权债务及税费责任。双方后因付款期限等问题发生争议而提起仲裁,仲裁庭作出了裁决书,但对于6500万元收益的税收问题未作处置。在执行过程中,双方签订了执行和解协议。为了履行和解协议,双方又签订了股权转让协议书和保证书,其中保证书约定,"因股权转让事宜所产生的一切税费等

款项均由佳家豪公司全部承担，并由佳家豪公司负责办理相关手续"。此后，佳家豪公司已先后向杨某山支付了共6500万元及相应的利息，并就该股权转让支付了相应的税款（主要为印花税）。随后，东莞市地方税务局向杨某山追缴6500万元个人所得税的税款及相关的滞纳金，杨某山认为应由佳家豪公司缴纳该笔税款及滞纳金，遂提起诉讼。

（撰写人：丁 一）

15 股权受让人能否以公司资产发生变化为由要求解除股权转让协议
——张某祥与牟某政等股权转让纠纷申请再审案

- 案　　号　（2021）最高法民申4741号
- 合议庭成员　周其濛、麻锦亮、季伟明
- 关　键　词　商事/股权转让/公司资产/合同解除
- 相关法条　《中华人民共和国合同法》第94条①，《中华人民共和国公司法》第3条②

【裁判要旨】

公司资产状况与股权价值的确存在着密切关系，公司资产状况的变化客观上也会影响股权价值。在股权转让协议签订时，如果转让人隐瞒公司资产状况导致受让人错误估算股权价值的，受让人可以根据受欺诈或者显失公平等制度依法请求撤销股权转让协议。但公司对其资产享有的权利与股东对其目标公司享有的股权，毕竟是两种不同性质的权利。在股权转让协议签订后，目标公司资产的变化一般不影响股权转让协议的履行，股权受让人签订合同的目的是获得公司股权从而享有股东权利，原则上无权以公司的资产发生变化为由主张转让方构成根本违约，从而要求解除转让协议。

---

① 对应《中华人民共和国民法典》第563条。
② 参见2023年修正、2024年7月1日施行的《中华人民共和国公司法》第3条、第4条。

【案情摘要】

2008年12月18日，牟某政、李某利与富宏煤矿签订关于黑金选煤公司的《转让协议》协议，约定转让价款为3800万元，付款方式为富宏煤矿首付2500万元，6个月内付清剩余1300万元；待资金全部到位后，黑金选煤公司产权归富宏煤矿所有。《转让协议》签订后，牟某政、李某利将黑金选煤公司交付给富宏煤矿，富宏煤矿系张某祥个人独资企业，双方当事人之间无交接清单。2018年7月24日，黑河市国土资源执法监察局、爱辉区环保局下发整改通知和处罚决定书，责令黑金选煤公司整改，张某祥以此为由要求解除股权转让协议。

（撰写人：麻锦亮、杨泽宇）

16 股权转让合同主要权利义务履行完毕后，受让方以政策调整导致无法经营为由主张解除合同的请求不应得到支持

——飞天矿业与合兴实业等股权转让纠纷申请再审案

- **案　　号**　（2021）最高法民申5128号
- **合议庭成员**　张淑芳、李敬阳、张炎
- **关 键 词**　商事 / 股权转让纠纷 / 解除合同
- **相关法条**　《中华人民共和国民法典》第563条

【裁判要旨】

当事人明确约定股权出让方收齐全部转让款时即视为股权交割给受让方以及暂不办理股权过户手续的，受让人如约支付股权价款后，应认定合同的主要权利义务履行完毕，受让方获得股权的目的已经实现。受让方以政策调整导致无法经营为由主张解除合同的请求不应得到支持。

【案情摘要】

大冶市政府将周家园尾砂库尾矿委托给陈贵镇人民政府与合兴实业共同开发利用，双方共同组建合贵矿业。2011年3月11日，甲方合兴实业将持有的合贵矿业55%股权转让其中40%给与乙方飞天矿业，双方签订股权转让协议及补充协议，其

中约定:"在甲方收齐全部转让款时即视为交割给乙方。但双方一致同意暂不办理本协议股权转让的相关工商过户登记手续,乙方所受让的股权暂登记于甲方名下。"飞天矿业先后11次给付合兴实业股权转让款4500万元。后因政策调整,周家园尾矿库闭库。合贵矿业不能按照设立前的意向对周家园尾矿库开发利用。飞天矿业与合兴实业就返还股权转让款进行沟通未果,遂起诉要求解除股权转让协议及补充协议,合兴实业返还4500万元并支付占用资金和违约损失4050万元。

(撰写人:李敬阳、王利萍)

17 股权让与担保的认定问题

——益兴源公司与华天公司、俞某新股权转让纠纷申请再审案

- **案　　号**　(2021)最高法民申5341号
- **合议庭成员**　李延忱、王珅、郁琳
- **关 键 词**　商事/股权转让纠纷/让与担保
- **相关法条**　《全国法院民商事审判工作会议纪要》第71条

【裁判要旨】

债务人或者第三人与债权人订立合同,约定将财产形式上转让至债权人名下,债务人到期清偿债务,债权人将该财产返还给债务人或第三人,债务人到期没有清偿债务,债权人可以对财产拍卖、变卖、折价偿还债权的,人民法院应当认定合同有效。合同如果约定债务人到期没有清偿债务,财产归债权人所有的,人民法院应当认定该部分约定无效,但不影响合同其他部分的效力。当事人签订股权转让协议时原债务已届清偿期,且未约定债务人不清偿到期债务,股权归债权人所有,不符合让与担保的构成要件。

【案情摘要】

俞某新与华天公司签订商品房认购书,约定由俞某新向华天公司认购房产,后因房屋逾期无法继续交付,故华天公司负有向俞某新归还购房款的债务。双方约定的上述债务清偿期届满后,华天公司无法清偿债务。益兴源公司、华天公司遂与俞某新签订股权转让协议,约定益兴源公司将其持有华天公司51%股权转让给俞某新所有,俞某新支付部分转让费用,并以其对该上述转让股权已享有的抵押权益全额

冲抵应付股权转让款。

（撰写人：李延忱、高　玥）

18 合同解释方法的次序
——孙某凤、孟某培与科众公司、臣翊公司股权转让纠纷申请再审案

- **案　　号**　（2021）最高法民申 5843 号
- **合议庭成员**　郁琳、李延忱、王珅
- **关 键 词**　合同 / 股权转让纠纷 / 合同解释 / 文义解释
- **相关法条**　《中华人民共和国合同法》第 125 条第 1 款①

【裁判要旨】

对于合同条款的解释，文义解释在解释方法的次序上具有优先性。待文义解释无法阐述合同内容时，方适用整体解释、目的解释、习惯解释、诚信解释等方式进行合同解释，以确定当事人的真实意思表示。

【案情摘要】

科华公司、孙某凤在科众公司持股比例分别为 67%、33%。2015 年 6 月 30 日，科华公司与孙某凤签订《增资协议》，约定向科众公司新增注册资本 5000 万元，增资后孙某凤认缴 1650 万元，以持有臣翊公司 100% 股权认缴增资（增资前股权按评估价值作价 9755 万元中的 1405 万元缴纳，增资后以剩余 8350 万元缴纳）。同日，双方签订《股权转让协议》，约定孙某凤将臣翊公司 100% 股权转让给科众公司，零对价。协议第 7.5 条约定："转让股权所应承担的本次股权转让工商变更登记完成之前的所有债务由孙某凤自行承担。担保方对该等债务承担连带保证责任。目标公司在本次股权转让工商变更登记完成之前的所有债权，由目标公司自行处理。"因该条款语义不明，对于孙某凤是否需承担股权转让工商登记完成之前的臣翊公司债务，各方当事人发生争议。

（撰写人：郁　琳）

---

① 对应《中华人民共和国民法典》第 466 条。

19 债务人持股公司处置其财产的行为影响债务人财产状况并影响债权人债权的实现程度，但该处置行为与债权人是否具有直接利害关系需要具体判断以确定债权人作为原告的主体资格

——桂建公司与恒泰公司、中五库公司及覃某军、联壮公司确认合同无效纠纷申请再审案

- **案　　号**　（2021）最高法民申 6135 号
- **合议庭成员**　熊劲松、孙祥壮、冯文生
- **关 键 词**　民事 / 确认合同无效 / 原告主体资格
- **相关法条**　《中华人民共和国民事诉讼法》第 119 条①

【裁判要旨】

虽然原告不是涉案转让协议书的当事人，但原告是另案的申请执行人，股权转让方是被执行人的控股子公司，其对外转让股权会对被执行人持有的股权价值产生影响，从而影响原告在执行案中的债权实现程度。因此原告作为债权人，与涉案股权转让行为具有一定的利害关系，但是否具有直接利害关系，从而使债权人具有原告主体资格，需要结合案件事实进行具体判断。

【案情摘要】

桂建公司对联壮公司享有债权。经桂建公司申请，广西壮族自治区高级人民法院已对联壮公司持有的恒泰公司 95% 股权进行司法查封，但被执行人联壮公司的控股子公司恒泰公司将其持有的鸿地伟业公司 60% 的股权转让给中五库公司。桂建公司主张恒泰公司对外转让股权会对联壮公司持有恒泰公司的股权价值产生影响，从而影响桂建公司的债权实现程度，遂提起本案诉讼。

（撰写人：熊劲松）

---

① 对应《中华人民共和国民事诉讼法》（2023 年修正）第 122 条。

20 不完全符合无偿赠与的合同能否在权利转移之前撤销赠与

——袁某山与张某股权转让纠纷申请再审案

- **案　　号**　（2021）最高法民申 6258 号
- **合议庭成员**　张淑芳、李敬阳、吴凯敏
- **关 键 词**　商事 / 股权转让纠纷 / 赠与合同
- **相关法条**　《中华人民共和国合同法》第 185 条[①]

【裁判要旨】

赠与合同属于单务无偿合同，是受赠人纯获利益的合同。当事人双方签订协议，约定公司股东因公司员工为公司无息融资等情形，将其持有的部分股权奖励给该员工，在一定期限后将股权变更至该员工名下。该协议不完全符合无偿赠与的特征。协议是当事人真实意思表示，不存在违反法律法规禁止性规定的情形，应为合法有效。股东亦未在协议签订之日起一年内行使撤销权。故对股东在股权变更登记之前撤销赠与的主张不予支持。

【案情摘要】

2016 年 12 月，袁某山与张某签订《代持协议》，载明，因为张某为山水公司融资借款 2000 万元，且山水公司和袁某山未支付利息等费用，袁某山无任何条件将山水公司的股票 500 万股奖励给张某。协议还载明，2019 年 12 月 1 日前全部奖励到张某个人名下。后双方发生纠纷，袁某山主张其向张某无偿赠与 500 万股股票，在权利转移之前可以撤销赠与，故向一审法院起诉请求撤销其对张某 500 万股山水公司股份的赠与。

（撰写人：吴凯敏）

[①] 对应《中华人民共和国民法典》第 657 条。

21 当事人一方未履行约定的在先义务，另一方可否解除合同

——周某书、王某芳与信业公司股权转让纠纷申请再审案

- 案　　号　（2021）最高法民申 6550 号
- 合议庭成员　冯文生、刘少阳、熊劲松
- 关 键 词　商事 / 股权转让纠纷 / 合同法定解除
- 相关法条　《中华人民共和国合同法》第 94 条①

【裁判要旨】

股权转让合同约定以当事人一方履行土地使用权变更在先义务为股权转让前提条件的，因在先义务未履行致使合同约定的股权转让主要义务不具备先决条件而不能履行，且股权交易目的不能实现的，对方当事人可请求单方解除合同。

【案情摘要】

信业公司欲收购周某书、王某芳持有的天维公司 67% 股权。双方签订《股权转让合同》，约定交易先决条件为项目地块全部"装入"天维公司名下，若条件不能达成，则信业公司有权终止交易或另行协商交易条件。后项目地块未全部"装入"天维公司名下，部分地块变更登记到金瑞公司名下。信业公司遂起诉至法院要求解除涉案合同。

（撰写人：谭晓芳）

---

① 对应《中华人民共和国民法典》第 563 条。

22 当事人在股权转让合同中除约定股权转让条款外还约定了其他义务，如其他义务与支付股权转让款不具有对价或牵连性，受让方不能就此主张同时履行抗辩权

——河南金马公司、马某明与辽宁丰盛公司及鼎洋公司、贵州西洋公司股权转让纠纷申请再审案

- 案　　号　（2021）最高法民申 7035 号
- 合议庭成员　李相波、张爱珍、郭凌川
- 关 键 词　商事／合同／股权转让纠纷／同时履行抗辩权
- 相关法条　《中华人民共和国合同法》第 66 条①

【裁判要旨】

同时履行抗辩权成立的重要前提是双方当事人互负债务之间具有对价或牵连性。当事人在股权转让合同中除约定股权转让外还赋予股权转让方其他义务的，除非合同明确约定该义务与支付股权转让款具有对价或牵连性，否则股权受让方以转让方未履行该义务为由不支付股权转让款的，同时履行抗辩权不能成立。

【案情摘要】

贵州西洋公司、鼎洋公司与河南金马公司签订《股权转让合同》，约定贵州西洋公司、鼎洋公司向河南金马公司转让股权，河南金马公司支付股权转让款 1200 万元，同时约定贵州西洋公司、鼎洋公司为河南金马公司提供复合肥委托加工业务，若未依约提供，河南金马公司有权在股权转让金中扣除相应损失。后河南金马公司支付 300 万元股权转让款，贵州西洋公司、鼎洋公司将剩余 900 万元股权转让款债权转让给辽宁西洋公司。因河南金马公司未履行债务，辽宁西洋公司起诉河南金马公司、马某明请求支付股权转让款。一审判决以河南金马公司、马某明未提供证据证明损失是因贵州西洋公司、鼎洋公司产生为由支持辽宁西洋公司，河南金马公司、马某明不服提起上诉，二审维持一审判决。河南金马公司、马某明申请再审，主张

---

① 对应《中华人民共和国民法典》第 525 条。

其享有同时履行抗辩权,有权拒绝履行其合同义务。

(撰写人:李相波、华章玮)

23 以股权转让形式的让与担保
——永隆公司与银清龙公司、国利能源公司、国兴公司、鑫茂公司、新崇基公司等股权转让纠纷申请再审案

- **案　　号**　(2021)最高法民申7209号
- **合议庭成员**　潘勇锋、丁俊峰、李晓云
- **关 键 词**　商事/股权转让/让与担保
- **相关法条**　《中华人民共和国公司法》第71条①,《全国法院民商事审判工作会议纪要》第71条

【裁判要旨】

股权转让协议约定买受人仅以象征性价格获得转让价值巨大的股权,同时约定了出让人有权以一定方式计算的价款主张回购,但超过特定期限即不得再向买受人要求回购股权。该协议的实质是通过让与股权的形式解决融资需求,并担保了债务的履行,具有股权让与担保的性质。超过特定期限即不得再向买受人要求回购股权的实质就是以全部股权直接抵债,所以该约定构成流质。

【案情摘要】

2010年6月17日,永隆公司下属永隆装饰公司向华澳信托公司申请1.1亿元的两年期流动资金信托贷款,自2010年6月30日起至2012年6月29日。新崇基公司以其所有的国有土地使用权为该笔信托贷款提供了抵押担保。

2011年5月14日,银清龙公司和鑫茂公司签订股权转让合同,约定:鑫茂公司实际持有新崇基公司全部股份,新崇基公司股东会同意其对外转让70%股权。转让后银清龙公司与鑫茂公司分别持有新崇基公司70%和30%股份,股份转让价款为18900万元,支付时间为永隆公司与华澳信托公司签订的贷款合同还款期限内(2012年6月29日前),鑫茂公司负责解除新崇基公司名下的土地的抵押。

---

① 参见2023年修正、2024年7月1日施行的《中华人民共和国公司法》第84条。

2012年3月，新崇基公司股东登记变更为：银清龙公司持股70%，鑫茂公司持股30%。

2012年6月21日，银清龙公司作为甲方，鑫茂公司作为乙方，永隆公司作为丙方，国兴公司作为丁方，新崇基公司作为戊方，共同签订《股权转让框架协议》，主要约定：银清龙公司持有的新崇基公司70%股权转让给永隆公司，鑫茂公司持有的新崇基公司30%股权转让给国兴公司；永隆公司、国兴公司有权将公司股权质押给任意第三方；股权转让价款各对应为人民币1元；银清龙公司、鑫茂公司享有股权回购选择权，须一次性支付标的股权回购价款，回购全部标的股权，股权回购价款金额计算公式为：标的股权回购价款=113703333.33×（1+资金占用天数×36%/360）；如银清龙公司未能于2012年9月28日前一次性支付完毕全部标的股权回购价款，则自2012年9月28日起，银清龙公司、鑫茂公司不得再向永隆公司、国兴公司要求回购标的股权；永隆公司保证2012年6月26日前办理完毕股权转让手续，则华澳信托公司于2012年9月28日前不行使抵押权。

2012年6月28日，经永隆公司以及国兴公司的关联公司的筹措，案涉的1.1亿元贷款本息偿还完毕，华澳信托公司出具了还款手续。

银清龙公司本案诉请确认银清龙公司与鑫茂公司、永隆公司、国兴公司、新崇基公司之间签订的2012年6月21日《股权转让框架协议》无效，相关公司偿还银清龙公司股权款。

（撰写人：李晓云）

24 配偶一方能否对股权转让协议纠纷判决申请再审
——刘某与韩某宽等股权转让纠纷申请再审案

- **案　　号**　（2021）最高法民申7261号
- **合议庭成员**　麻锦亮、孙勇进、季伟明
- **关 键 词**　商事/股权转让/配偶/合同主体
- **相关法条**　《中华人民共和国民事诉讼法》第119条[①]

[①] 对应《中华人民共和国民事诉讼法》（2023年修正）第122条。

【裁判要旨】

在配偶一方非股权转让合同主体的情况下，其并非股权受让人也不是股权转让方，不享有股权转让合同项下的权利亦不承担该合同项下的义务，在当事人就股权转让合同履行发生纠纷时，除非股权转让合同项下的款项支付义务属于夫妻共同债务，一般不应列配偶一方作为股权转让纠纷的当事人，而涉及夫妻共同财产的分配问题，属于夫妻离婚后在执行阶段需要解决的事项。尽管配偶一方已经作为原审被告参加案件诉讼，但在并未判令其承担责任的情况下，其就原审判决申请再审缺乏诉的利益。

【案情摘要】

傅某霖与刘某系夫妻关系，2012年12月21日，韩某宽与傅某霖、案外人杜某林签订《阿克苏建元钒业发展有限责任公司股权转让合同》，韩某宽、杜某林同意将阿克苏建元钒业发展有限责任公司100%股权转让给傅某霖，股权转让价格为1769万元，傅某霖承诺保证于2015年春节前分三批全部支付完毕。后傅某霖未依约支付股权转让款，韩某宽以傅某霖和刘某为被告提起股权转让诉讼，原审判决判令傅某霖承担还款责任，刘某以该判决影响其夫妻共同财产为由申请再审。

（撰写人：麻锦亮、杨泽宇）

25 股权转让中，目标公司债权债务的分担应根据合同约定判断

——中恒公司与柳州市政公司股权转让纠纷再审案

- **案　　号**　（2021）最高法民再41号
- **合议庭成员**　孙祥壮、冯文生、黄西武
- **关 键 词**　商事 / 股权转让
- **相关法条**　《中华人民共和国合同法》第60条①

---

① 对应《中华人民共和国民法典》第509条。

【裁判要旨】

双方约定转让目标公司100%股权，虽然目标公司的债权债务在名义上归属于目标公司，但若双方明确约定由新股东或老股东享有及负担，目标公司也未提出异议，则应根据双方的约定，具体判断债权债务的归属。

【案情摘要】

中恒公司与柳州市政公司签订《股权转让合同》，约定中恒公司转让北部湾公司100%股权给柳州市政公司。在柳州市政公司支付首期款之前，北部湾公司产生的债权债务由中恒公司享有和承担，柳州市政公司支付首期款之后，北部湾公司产生的债权债务由柳州市政公司享有和承担。

（撰写人：孙祥壮）

26 股权转让前公司债权债务未完成清算，是否影响股权转让款支付条件的成就

——经义和公司与鸿和公司、旭嘉和公司股权转让纠纷再审案

- **案　　号**　（2021）最高法民再74号
- **合议庭成员**　李延忱、黄鹏、郁琳
- **关　键　词**　商事／股权转让纠纷／支付条件
- **相关法条**　《中华人民共和国合同法》第142条[①]

【裁判要旨】

股权受让方在股权转让协议签订后，依约支付第一期股权转让款，并在向公司原股东发出股权转让款收款告知函中，自认股权转让款的付款条件已经成就。虽然收款告知函载明协议未约定具体股权转让款具体收款人、账户信息、收款信息，但不影响股权转让款支付条件的成就。公司未清理的债权债务可在股权转让款中扣减。

---

① 对应《中华人民共和国民法典》第604条。

【案情摘要】

经义和公司与鸿和公司签订股权转让协议,约定鸿和公司受让经义和公司持有的旭嘉和公司股权。协议签订后,鸿和公司依约支付了第一期股权转让款,其在向经义和公司、旭嘉和公司原股东发出《股权转让款收款告知函》中,自认股权转让款的付款条件已成就,并称"转让价款及支付方式没有约定上述股权转让款具体的收款人、开户银行、账号以及贵方各股东的具体收款金额。现我公司财务无法向你们办理资金支付"。鸿和公司主张因旭嘉和公司原股东之间一直未就公司债权债务清算,未能确定有具体金额的付款对象,因此鸿和公司无法付款,股权转让款的付款条件尚未成就。

(撰写人:李延忱、高 玥)

27 一人公司股东是否应就未变更公司所持股权的登记承担违约责任

——金某龙与物资公司、国投公司、中恒江苏公司、中恒香港公司股权转让纠纷再审案

- 案　　号　(2021)最高法民再245号
- 合议庭成员　李延忱、王珅、郁琳
- 关 键 词　商事 / 股权转让纠纷 / 违约责任
- 相关法条　《中华人民共和国合同法》第107条①

【裁判要旨】

股权转让协议仅约定一人公司转让其持有的股权,未约定一人公司股东关于股权变更的具体合同义务及违约责任。当事人请求一人公司股东履行股权变更登记及承担迟延变更登记的违约责任,缺乏合同和法律依据,不应予以支持。

【案情摘要】

金某龙、物资公司、国投公司、中恒江苏公司、中恒香港公司等签订《股权转

---

① 对应《中华人民共和国民法典》第577条。

让协议》，约定中恒香港公司将其持有的 40% 中恒江苏公司的股权变更登记到国投公司名下，逾期变更登记，中恒香港公司应承担违约责任。金某龙为中恒香港公司唯一股东。后中恒香港公司未变更登记股权，物资公司、国投公司主张中恒香港公司、金某龙应配合完成股权变更登记，并对迟延变更登记承担违约责任。

（撰写人：李延忱、高　玥）

28 义务教育机构属于禁止外商投资项目，外商投资企业受让具有义务教育办学内容的学校股权的股权转让协议无效

——李某晋、洪某馨与汇忠公司及陈某策股权转让纠纷上诉案

- **案　　号**　（2021）最高法民终 332 号
- **合议庭成员**　奚向阳、李桂顺、丁广宇
- **关 键 词**　商事 / 股权转让 / 禁止外商投资项目
- **相关法条**　《中华人民共和国民办教育促进法》第 10 条、《指导外商投资方向规定》第 4 条

【裁判要旨】

根据我国法律和行政法规，普通高中教育机构属于限制外商投资项目，义务教育机构属于禁止外商投资项目。泉州科技中学的办学内容包括全日制义务教育，属于禁止外商投资产业项目，汇忠公司作为在境外注册成立的公司受让案涉股权主体不适格，双方签订的《泉州科技中学收购协议书》《补充协议书》违反法律、行政法规的强制性规定，应认定无效。

【案情摘要】

泉州科技中学的办学内容为初中、高中普通教育。2015 年 9 月 11 日，李某晋与在英属维尔京群岛注册成立的汇忠公司签订《泉州科技中学收购协议书》约定：李某晋将其持有的泉州科技中学 100% 的股权及相关资产全部转让给汇忠公司，争议之解决等适用《合同法》。汇忠公司按照约定指令尚领环球有限公司向李某晋配偶洪某馨的账户支付了第一期股权转让款港币 24318000 元。汇忠公司起诉请求解除合同，判令李某晋、洪某馨返还已付股权转让款。一审法院释明案涉合同系无效合同，

汇忠公司将解除合同的诉讼请求变更为确认合同无效。李某晋、洪某馨认为，案涉合同有效，应当继续履行。

（撰写人：李桂顺、冯哲元）

29 当事人应当按照约定全面履行自己的义务
——大华公司、李某阳与杨某波、姜某、嘉德公司股权转让纠纷上诉案

- 案　　号　（2021）最高法民终 451 号
- 合议庭成员　张淑芳、李敬阳、吴凯敏
- 关 键 词　商事 / 股权转让纠纷 / 付款条件
- 相关法条　《中华人民共和国合同法》第 60 条①

【裁判要旨】

当事人应当严格按照合同的约定履行自己的义务。本案为股权转让纠纷，转让方和受让方约定，在项目公司和未完工的工程所涉及的全部债务清偿完毕（包括所有债务、隐形债务）后，受让方支付后续的股权转让款。故在债务未清偿完毕之前，转让方要求受让方支付后续的股权转让款的条件不成就，其主张不能得到支持。

【案情摘要】

大华公司与嘉德公司签订《项目合作开发协议》，约定大华公司以 1.63 亿元收购嘉德公司 100% 股权和包括土地使用权、建筑物所有权等在内的项目 100% 所有权益。协议约定 1.63 亿元分期支付，其中第一期 600 万元和第二期 2000 万元已经达到付款条件且已经支付完毕。第三期 2500 万元的付款条件包括嘉德公司将项目公司和未完工的工程所涉及的全部债务清偿完毕（包括所有债务、隐性债务），嘉德公司已出具全部清偿完毕否则承担所有责任的承诺函等。双方已对嘉德公司工商信息进行了变更登记，对印章、证照、文件材料等进行了移交，但嘉德公司的债务并未清偿完毕。嘉德公司原股东杨某波、姜某向一审法院起诉，要求大华公司、李某阳支付所欠股权转让款及违约金等。

（撰写人：吴凯敏）

---

① 对应《中华人民共和国民法典》第 509 条。

30 对数个相互冲突的诉讼请求的处理问题
——金龙工贸公司、闽翔公司与唐某瑞、中庚集团公司、中庚公司、连龙公司股权转让纠纷上诉案

- **案　　号**　（2021）最高法民终1100号
- **合议庭成员**　杜微科、汪鸿滨、薛贵忠
- **关　键　词**　商事 / 股权转让纠纷
- **相关法条**　《中华人民共和国合同法》第8条①

【裁判要旨】

当事人既请求回购案涉股权，又请求继续履行转让约定，对于相互冲突的诉讼请求，人民法院应根据当事人实际履行约定情况作出裁判。

【案情摘要】

2017年1月13日，金龙工贸公司与闽翔公司签订《股权转让协议》，约定金龙工贸公司将其持有的连龙公司31.5%股权以及其对连龙公司债权转让给闽翔公司。同月22日，闽翔公司向金龙工贸公司依约出具了《承诺书》，载明其同意金龙工贸公司在一个半月内回购上述股权，若到期无法回购，将在期限内付清全部转让款。同年5月5日，闽翔公司与中庚集团公司签订股权转让协议，将连龙公司99%的股权转让给中庚集团公司。同年11月6日，中庚集团公司与中庚公司签订股权转让协议，将连龙公司50%的股权转让给中庚公司。闽翔公司未向金龙工贸公司付款金额已被法院超额冻结。金龙工贸公司起诉请求确认闽翔公司、中庚集团公司、中庚公司签订的股权转让协议及增资扩股协议无效；继续履行《承诺书》回购之约定；闽翔公司支付股权转让价款及相应利息等。

（撰写人：杜微科）

---

① 对应《中华人民共和国民法典》第465条。

股东知情权 ▶▶▶

股东会计账簿查阅权的限制与突破
——阿特拉斯公司与河北阿特拉斯公司股东知情权纠纷再审案

- **案　　号**　（2020）最高法民再170号
- **合议庭成员**　马东旭、杨兴业、郭载宇
- **关 键 词**　商事 / 股东知情权纠纷 / 会计账簿 / 原始凭证
- **相关法条**　《中华人民共和国公司法》第33条[①]，《最高人民法院关于适用〈中华人民共和国公司法〉若干问题的规定（四）》第8条

【裁判要旨】

《公司法》第33条第2款规定股东可以要求查阅公司会计账簿，但并未规定股东可以查阅原始凭证和记账凭证，其规范意旨在于保障股东查阅权的同时，防止小股东滥用知情权干扰公司的正常经营活动。本案中，中外股东在合资公司中的持股比例均为50%，不存在小股东滥用股东权利妨碍公司正常经营的情形。合资合同约定合资一方有权自行指定审计师审计合资公司账目，因审计账目必然涉及原始凭证和记账凭证，在合资双方存在特别约定的情形下，股东知情权的范围不应加以限缩，否则将与设置股东知情权制度的目的背道而驰。公司未能举证证明股东查阅会计账簿具有不正当目的，应当允许合资一方查阅包括原始凭证在内的会计账簿。

【案情摘要】

2005年7月16日，阿特拉斯公司与河北阿特拉斯公司的中方股东签订《合同、章程的修改协议》，阿特拉斯公司通过股权转让成为河北阿特拉斯公司的股东，中外股东双方持股比例均为50%。后因阿特拉斯公司与中方股东存在矛盾，合营公司陷入僵局。阿特拉斯公司起诉合营公司，要求行使会计账簿查阅权。

（撰写人：许英林）

---

① 参见2023年修正、2024年7月1日施行的《中华人民共和国公司法》第57条。

公司决议 ▶▶▶

❶ 公司法定代表人不具有否认股东会决议的权力
——坤光公司与新好景公司建设工程施工合同纠纷申请再审案

- 案　　号　（2021）最高法民申 16 号
- 合议庭成员　曹刚、朱燕、关晓海
- 关 键 词　商事 / 公司 / 股东会决议
- 相关法条　《中华人民共和国公司法》第 98 条 ①

【裁判要旨】

股东大会是公司的权力机构，公司法定代表人不具有否认或超越股东会决议的权力。在有证据证明公司多数股东决定不提起诉讼的情况下，公司法定代表人无权再以公司名义提起诉讼。

【案情摘要】

坤光公司法定代表人乔某勇代表坤光公司起诉，请求判令新好景公司支付工程款及赔偿损失。法院审理期间，案外人高某利向法院递交加盖坤光公司印章的授权委托书及撤诉申请。乔某勇称高某利系坤光公司股东，其持有公司印章并拒绝还给公司。乔某勇认可其以坤光公司名义提起本案诉讼时，使用的是另外一枚未经备案的公章，起诉时也不持有公司营业执照和备案公章。高某利称坤光公司工商登记的股东虽为乔某勇和高某利，但实际有 3 名股东，并向法院提供了乔某勇、高某利及另一名股东朱某红签订的《股东入股合作协议书》。乔某勇对高某利提供的协议书没有异议。法院经审查认为，坤光公司股东会作为公司权力机构，有权对公司治理重大事项作出决议。乔某勇虽担任公司法定代表人，但不由此具有否认或超越股东会决议的权力。坤光公司工商登记股东为乔某勇、高某利，但乔某勇、高某利均认可坤光公司由三人合伙开办。《股东入股合作协议书》约定公司重大事项由股东协商表决，按照少数服从多数的原则执行。拥有坤光公司三分之二表决权的股东高某利、朱某红，现明确反对乔某勇以坤光公司名义提起本案诉讼，故乔某勇以公司名义提

---

① 参见 2023 年修正、2024 年 7 月 1 日施行的《中华人民共和国公司法》第 111 条。

出的本案起诉不符合法律规定，应当裁定予以驳回。

（撰写人：曹　刚）

2 被生效判决确认股权来源无效的股东形成的股东会决议无效

——鑫德亿公司与焦某莉、李某等公司决议效力确认纠纷申请再审案

- **案　　号**　（2021）最高法民申 38 号
- **合议庭成员**　包剑平、张淑芳、杜军
- **关 键 词**　商事 / 公司决议效力确认纠纷 / 股权转让协议无效
- **相关法条**　《中华人民共和国民法通则》① 第 58 条，《中华人民共和国民法典》第 157 条

【裁判要旨】

已生效民事判决认定受让股东取得股权的股权转让协议无效，受让股东取得的股东身份不具有合法性，其行使股东权利召开股东大会形成的股东决议不能发生法律约束力。

【案情摘要】

鑫德亿公司的股东潘某通过签订《郑州金氏实业有限公司股权转让协议》，受让郑州金氏实业有限公司股权。后各方因该股权转让协议发生纠纷诉至法院。经多次审理，法院认定《郑州金氏实业有限公司股权转让协议》为无效协议。潘某在双方股权转让协议纠纷诉讼期间，召集股东会议并形成案涉的股东会决议和补充协议。原审法院认定因股权转让协议无效，潘某通过上述股权转让协议取得的股东身份不具有合法性，其以股东身份召开股东会议形成的案涉的股东会决议和补充协议不能发生法律约束力。鑫德亿公司对原审判决不服申请再审。

（撰写人：杜　军）

---

① 该法已失效。

盈余分配 ▶▶▶

1 股东会决议无具体分配方案时，公司利润分配不应通过诉讼方式处理

——张某现与双诚公司公司盈余分配纠纷申请再审案

- **案　　号**　（2021）最高法民申6191号
- **合议庭成员**　王富博、于蒙、吴凯敏
- **关 键 词**　商事/公司盈余分配纠纷/无具体分配方案股东会决议
- **相关法条**　《最高人民法院关于适用〈中华人民共和国公司法〉若干问题的规定（四）》第14条

【裁判要旨】

公司利润分配属于公司内部经营事宜，在无对应载明具体分配方案股东会决议的情况下，不宜通过诉讼方式由法院裁决直接分配。

【案情摘要】

张某现持有双诚公司的股权比例为20%。张某现认为双诚公司自2002年5月成立以来，长期处于盈利状态，但一直未分配利润。对此，张某现要求分配利润，遂提起本案诉讼。一审法院认为张某现提交的双诚公司2010年审计报告显示该公司曾在2010年对累计利润进行分配。据此支持了其部分诉讼请求。张某现不服提起上诉，二审法院判决驳回上诉，维持原判。张某现仍不服二审判决，向最高人民法院申请再审。

（撰写人：陈宜芳、石克链）

2 股份合作制企业的劳动者失去该企业职工身份后，不再具有该企业股东资格
——邹某等与同心橡胶厂、孙某民、常某梅、陈某公司盈余分配纠纷申请再审案

- 案　　号　（2021）最高法民申 6392 号
- 合议庭成员　麻锦亮、季伟明、孙勇进
- 关　键　词　商事 / 盈余分配 / 股东权利 / 股份合作制企业
- 相关法条　《国家体制改革委员会关于发展城市股份合作制企业的指导意见》[①]第 5 条

【裁判要旨】

股份合作制企业是实行劳动合作和资本合作相结合的一种经济形态，兼有合作制和股份制的特征。该类企业的劳动者失去该企业职工身份后，相应不再具有该企业股东的资格，不再具有查阅企业资料、分配盈余等股东权利。如有尚未转让的股份利益以及离岗前的企业盈余分配的问题，可依企业章程另行解决，企业应当依法保障其合法权益。

【案情摘要】

同心橡胶厂原系双鸭山矿务局集体企业 1997 年根据政策实施企业改制，1998 年设立股份合作制企业，企业股份的构成为员工个人股，核心层股，员工量化股三类。2015 年 10 月 13 日双鸭山市工商行政管理局查询的《企业基本注册信息查询单》载明：邹某等 67 人为双鸭山市同心橡胶厂股东。现邹某等 67 人已陆续退休或离岗。邹某等 67 人认为同心橡胶厂自 1998 年改制以来从不进行盈余分配、账目不清、私售原企业资产，严重损害其股东利益，诉至法院请求行使查阅企业账目、股东会记录以及分配盈余等股东权利。因其 67 人均已不是企业职工，法院依据相关规定，对其诉讼请求未予以支持。

（撰写人：孙勇进）

---

① 该意见已失效。

3 项目公司的股东要求分割项目利润的,应当符合《公司法》规定以及合同约定
——华耀成公司与恒大郑州公司等合资、合作开发房地产合同纠纷申请再审案

- 案　　号　（2021）最高法民申 7144 号
- 合议庭成员　曹刚、于蒙、梁爽
- 关　键　词　商事 / 合资、合作开发房地产合同纠纷 / 利润分配
- 相关法条　《最高人民法院关于适用〈中华人民共和国公司法〉若干问题的规定（四）》第 15 条

【裁判要旨】

合作成立项目公司的股东要求分割项目利润的,应当符合合作协议关于利润分配的约定。若同时属于对公司利润的分配的,还应当符合《中华人民共和国公司法》相关规定。《最高人民法院关于适用〈中华人民共和国公司法〉若干问题的规定（四）》第 15 条规定:股东未提交载明具体分配方案的股东会或者股东大会决议,请求公司分配利润的,人民法院应当驳回其诉讼请求,但违反法律规定滥用股东权利导致公司不分配利润,给其他股东造成损失的除外。案件审理中,应根据上述规定和合同约定作出准确判断。

【案情摘要】

华耀城公司作为甲方,恒大郑州公司作为乙方签订了《合作开发协议》,约定通过共同持股项目公司的方式合作开发项目。各方按照协议约定进行了案涉项目的开发。二审期间,合作项目尚未全部完工并交房,销售仍未全部结束,工程款、税费等款项尚未全部确定并支付完毕。华耀城公司向人民法院诉请分配合作项目的整体利润。二审判决支持了其部分诉请,其不服,申请再审。

（撰写人:于　蒙、刘依珊）

4 原股东在有合同依据的情况下可以主张分配公司利润
——合盛公司与德翔公司、和翔公司盈余分配纠纷申请再审案

- 案　　号　（2021）最高法民申 7631 号
- 合议庭成员　陈宏宇、吴笛、张梅
- 关 键 词　商事 / 盈余分配纠纷 / 利润分配
- 相关法条　《中华人民共和国民事诉讼法》第 204 条①,《最高人民法院关于适用〈中华人民共和国民事诉讼法〉的解释》第 395 条②

【裁判要旨】

股权转让时公司尚未作出分红决议，利润分配请求权是股权的一部分，不能独立出来单独保留。公司只需向现股东分红即可，现股东需要与原股东根据双方达成的协议确定该款项最终归属。

【案情摘要】

和翔公司成立于 2005 年 8 月 11 日，2010 年 11 月 23 日，德翔公司受让刘某在和翔公司的股份，成为和翔公司的股东，出资额占和翔公司注册资本的 20%。2018 年 3 月 19 日。德翔公司将其拥有的和翔公司 20% 的股权转让给合盛公司，双方签订了《股权转让意向书》《股权转让协议书》《投资补偿协议书》，约定在股权交割日之前，协议项下的股份对应产生的权利和义务由德翔公司享有和承担；自股权交割之日起，协议项下的股份对应产生的权利义务由合盛公司享有和承担。双方在履行股权转让协议的过程中发生争议，经一审法院和新疆维吾尔自治区高级人民法院审理，生效的（2020）新民终 144 号民事判决认为：股权交割日之前标的公司项下的股份对应产生的权利和义务由德翔公司承担，该权利指德翔公司享有的在股权交割日前应享有的 20% 的股权在标的公司相对应的股东权利，主要包括分红权等但不限于分红权。德翔公司于 2020 年 4 月 15 日起诉请求判令和翔公司支付 2018 年 3 月 19 日前的未分配利润 71587868.57 元及利息。

（撰写人：张　梅、张义敏）

---

① 对应《中华人民共和国民事诉讼法》（2023 年修正）第 215 条。
② 对应《最高人民法院关于适用〈中华人民共和国民事诉讼法〉的解释》（2022 年修正）第 393 条。

5 公司股东会决议载明的利润分配方案是否有具体的认定标准

——乾金达公司与万城公司盈余分配纠纷再审案

- 案　　号　（2021）最高法民再 23 号
- 合议庭成员　刘崇理、黄年、潘勇锋
- 关 键 词　商事 / 盈余分配纠纷 / 具体利润分配方案
- 相关法条　《最高人民法院关于适用〈中华人民共和国公司法〉若干问题的规定（四）》第 14 条

【裁判要旨】

法院支持股东要求公司分配利润的必要条件是提交载明具体分配方案的股东会决议。一项具体的利润分配方案应当包括待分配利润数额、分配政策、分配范围以及分配时间等具体分配事项内容，判断利润分配方案是否具体的关键在于能否综合现有信息确定主张分配的权利人根据方案能够得到的具体利润数额。公司股东会决议确定了待分配利润总额以及分配时间，结合公司章程中关于股东按照出资比例分取红利的分配政策之约定，能够确定每一股东根据方案应当得到的具体利润数额。此种情形下，该股东会决议载明的利润分配方案应当认为是具体的。

【案情摘要】

乾金达公司持有万城公司 52.5% 股份。2014 年 2 月 19 日，德彰会计师事务所对万城公司进行 2013 年度财务审计，作出审计报告，其中利润及利润分配表载明，2013 年度万城公司净利润为 169649601.28 元，可供股东分配利润 218930221.51 元，已付股利为 16200 万元，未分配利润为 56930221.51 元。2014 年 3 月 27 日，万城公司股东紫金矿业集团股份有限公司、巴彦淖尔紫金有色金属有限公司及乾金达公司三方召开股东会议，并形成万城股字（2014）2 号股东会决议，决定：公司 2013 年度实现利润总额 227050779.10 元，可供股东分配的利润为 218930221.51 元，本年度已分配支付利润 16200 万元，剩余未分配利润 56930221.51 元暂未支付，决定于 2014 年 6 月之前，将这部分剩余未分配利润分配完毕。2014 年 6 月 25 日，紫金矿业集团股份有限公司、乾金达公司召开 2014 年第二次临时股东会，并形成《临时股东会议纪要》，该会议纪要第 6 条为：会议同意对万城公司 2013 年未分配利润在 7 月底之前进行分红，2014 年按季度分红。2015 年 1 月 28 日，德彰会计师事务所对万城公司进行 2014 年度财务审计，并作出审计报告，其中利润及利润分配表载明，2014 年度净利润为 53583822.26 元，2013 年度未分配利润 56930221.51 元，可供股东分配利润 105423880.44 元，应付股利为 4000 万元，未分配利润 65423880.44 元。

2015 年 9 月 24 日，乾金达公司将其持有的万城公司 52.5% 股权转移登记到乾金达公司下属全资子公司乾金达资产管理公司名下。2015 年 6 月 18 日，乾金达公司与赵某堂签订《股权转让协议书》，乾金达公司以 48000 万元将其全资子公司乾金达资产管理公司 100% 的股权转让给赵某堂。2015 年 12 月 17 日，乾金达资产管理公司 100% 的股权从乾金达公司名下转移登记到案外人赵某堂名下。2017 年 10 月 10 日，乾金达公司向万城公司、紫金矿业集团股份有限公司、巴彦淖尔紫金有色金属有限公司、乾金达资产管理公司、赵某堂送达一份《公司函件》，函件主要内容为：乾金达公司要求万城公司向乾金达公司支付 2015 年 6 月 18 日前的利润 34732804.98 元。乾金达公司通过顺丰速递向万城公司、万城公司股东及赵某堂邮寄送达了该函件，各公司相关人员对该函件进行签收。

2012 年度万城公司执行万城股字（2013）1 号股东会决议，以现金形式向各股东按持股比例分配了利润。

乾金达公司起诉请求：（1）判令万城公司给付乾金达公司 2013 年度未付的利润款人民币 29888366.29 元；（2）判令万城公司给付乾金达公司 2014 年度未付的利润款人民币 4459170.94 元；（3）判令万城公司承担逾期付款造成乾金达公司的损失；（4）诉讼费用由万城公司承担。

一审法院作出（2018）内 08 民初 60 号民事判决，认为（2014）2 号股东会决议、2014 年《临时股东会议纪要》已明确 2013 年度万城公司未分配利润为 56930221.51 元及分配时间。根据万城公司 2012 年度的分配原则，按乾金达公司持股比例 52.5% 计算，万城公司应给付乾金达公司 2013 年度未付利润款。2014 年度未付利润款没有具体利润分配方案，且该纪要亦非股东会有效决议，不予支持。乾金达公司是万城公司控股股东及公司主要经营管理人，属于既是权利人又是义务人的双重身份，无法实现自己向自己主张权利，故应从乾金达公司 2015 年 12 月 17 日退出万城公司即乾金达公司已非万城公司控股股东之日起计算诉讼时效，未超法定诉讼时效期间。判令：一、万城公司自该判决生效之日起 15 日内给付乾金达公司 2013 年度应分得的利润 29888366.29 元，并从 2018 年 9 月 12 日起按中国人民银行同期同类贷款利率承担该利润的利息，至实际清偿之日止；二、驳回乾金达公司其他诉讼请求。

二审法院作出（2019）内民终349号民事判决，认为：万城公司2014年2号股东会决议以及2014年万城公司第二次临时股东会决议并非具体明确。对于每位股东应当分配的利润尚未确定具体明确的分配方案。虽然万城公司章程中规定按照股东持股比例进行分红，但公司章程并不能代替股东会决议。一审判决万城公司给付乾金达公司2013年度利润及利息事实、法律依据不足。判令：一、撤销内蒙古自治区巴彦淖尔市中级人民法院（2018）内08民初60号民事判决；二、驳回乾金达公司的诉讼请求。

最高人民法院2021年12月17日作出（2021）最高法民再23号民事判决，认为二审判决部分裁判理由不当，已予纠正；其裁判结果正确，予以维持。判令维持内蒙古自治区高级人民法院（2019）内民终349号民事判决。

（撰写人：潘勇锋）

6 股东具体性的利润分配请求权独立于股权，股权转让时，如无特殊约定，不随股权而转让

——乾金达公司与万城公司盈余分配纠纷再审案

- 案　　号　（2021）最高法民再23号[①]
- 合议庭成员　刘崇理、黄年、潘勇锋
- 关　键　词　商事 / 盈余分配纠纷 / 抽象性利润分配请求权 / 具体性利润分配请求权
- 相关法条　《最高人民法院关于适用〈中华人民共和国公司法〉若干问题的规定（四）》第14条

【裁判要旨】

载明具体分配方案的股东会决议一经作出，抽象性的利润分配请求权即转化为具体性的利润分配请求权，权利性质发生变化，从股东的成员权转化为独立于股东权利的普通债权。股东转让股权时，抽象性的利润分配请求权将随之转让，而具体的利润分配请求权则不然。除非合同中有明确约定，否则具体利润分配请求权并不随股权转让而转让。

---

① 与本案相关的裁判要旨还包括"公司股东会决议载明的利润分配方案是否具体的认定标准"和"股东具体利润分配请求权的诉讼时效期间起算点"。

【案情摘要】

略，同前案。

（撰写人：潘勇锋）

7 股东具体利润分配请求权的诉讼时效期间起算点
——甘肃乾金达矿业开发集团有限公司与万城商务东升庙有限责任公司盈余分配纠纷再审案

- 案　　号　（2021）最高法民再23号①
- 合议庭成员　刘崇理、黄年、潘勇锋
- 关 键 词　商事/盈余分配纠纷/利润分配请求权
- 相关法条　《最高人民法院关于适用〈中华人民共和国公司法〉若干问题的规定（四）》第14条

【裁判要旨】

载明具体分配方案的利润分配决议一经作出，则股东的利润分配请求权由期待性的权利转化为确定性的权利，性质上转化为普通债权。当分配利润时间届至而公司未分配时，股东可以直接请求公司按照决议载明的具体分配方案给付利润。

【案情摘要】

略，同前案。

（撰写人：潘勇锋）

---

① 与本案相关的裁判要旨还包括"股东具体性的利润分配请求权独立于股权，股权转让时，如无特殊约定，不随股权而转让"和"公司股东会决议载明的利润分配方案是否具体的认定标准"。

8 隐性合伙人的投资收益分配问题
——陈某斌与李某明侵害企业出资人权益纠纷再审案

- 案　　号　（2021）最高法民再 61 号
- 合议庭成员　杜微科、薛贵忠、汪军
- 关 键 词　商事 / 侵害企业出资人权益纠纷 / 投资收益分配
- 相关法条　《中华人民共和国合伙企业法》第 33 条

【裁判要旨】

当事人通过合伙体成员间接投资案涉项目，是否有权直接请求按照投资比例分配项目相应收益款项，应结合在先关联案件生效判决、其他合伙体成员意见等全面查清事实，综合作出判断。

【案情摘要】

李某明与案外人林某、吴某瑞、刘某一签订股东会决议，约定共同开发宁德市保障性住房项目，其中林某占 40%，李某明负责筹集、承担所有项目开发建设资金投入。陈某斌或其妻子通过银行转账方式向林某、李某明、吴某瑞汇款共计 3950.5 万元。林某出具案涉项目份额实际持有确认书，载明其在案涉项目中拥有 40% 份额，投资约为 1.6 亿元，其合伙人份额中的 25% 系陈某斌投资。2017 年 5 月 2 日，福建省高级人民法院作出（2016）闽民终 636 号生效民事判决，确认陈某斌享有林某所占的李某明案涉项目地块中 3950.5 万元投资款相应的投资权益。陈某斌起诉请求对案涉项目地块进行财务清算、李某明向其支付投资分配款。本案申请再审阶段经最高人民法院审委会讨论决定由最高人民法院提审。

（撰写人：杜微科）

损害公司利益责任

1 小股东是否可以对侵犯公司合法权益的受托管理人提起股东代表诉讼
——电力公司与贾某、燃料公司、国强煤业公司与公司有关的纠纷申请再审案

- **案　　号**　（2021）最高法民申 992 号
- **合议庭成员**　张淑芳、李敬阳、吴凯敏
- **关 键 词**　商事 / 与公司有关的纠纷 / 他人侵犯公司合法权益
- **相关法条**　《中华人民共和国公司法》第 151 条第 3 款 ①

【裁判要旨】

公司的控股股东未取得小股东同意，擅自将公司委托他人经营管理。该受托人在未取得小股东同意、未形成股东会决议的情况下，对公司采取停产措施，对小股东多次提出的复产建议均无作为。受托人的行为属于《公司法》第 151 条第 3 款规定的"他人侵犯公司合法权益，给公司造成损失"的情形。公司小股东要求公司对控股股东、受托管理人提起民事赔偿诉讼未果后提起股东代表诉讼，符合《公司法》规定的股东代表诉讼起诉程序。受托人应承担损失赔偿责任。

【案情摘要】

燃料公司与电力公司签订《委托管理协议》，将其对国强煤业公司行使的所有管理权限托管给电力公司，由电力公司对包括生产、建设、安全、经营、人事及党群工作等方面进行全面管理。燃料公司与电力公司签订《委托管理协议》既没有召开股东会形成决议，也没有经另一股东贾某同意。电力公司在未经国强煤业公司股东会决议的情况下，要求国强煤业公司组织实施停产保井工作。股东会决议显示贾某仅同意临时停产整顿。国强煤业公司在电力公司的管理之下，长期停产。虽贾某多次向中国国电集团公司、电力公司等提出复产建议，电力公司均无作为。贾某致函国强煤业公司要求对电力公司、燃料公司提起民事诉讼，赔偿公司的一切经济损失。

---

① 参见 2023 年修正、2024 年 7 月 1 日施行的《中华人民共和国公司法》第 189 条第 3 款。

国强煤业公司收到后，未提起民事诉讼，贾某遂提起本案股东代表诉讼。

（撰写人：吴凯敏）

2 公司法定代表人、控股股东向他人转让股权时，约定由公司向其本人支付补偿款，属于滥用股东权利损害公司利益

——樊某峰与焦作远大公司、冯某军、冯某君、管某新、段某霖股权转让纠纷申请再审案

- **案　　号**　（2021）最高法民申 1357 号
- **合议庭成员**　张淑芳、李敬阳、吴凯敏
- **关 键 词**　民事 / 股权转让纠纷 / 滥用股东权利
- **相关法条**　《中华人民共和国公司法》第 20 条第 1 款①

【裁判要旨】

公司是企业法人，有独立的法人财产，享有法人财产权。公司股东应依法行使股东权利，不得滥用股东权利损害公司的合法权益。公司法定代表人、控股股东向他人转让股权时，约定由公司向其本人支付补偿款，该约定属于滥用股东权利损害公司合法权益的情形。

【案情简要】

2015 年 6 月 15 日，冯某军、南通远大公司与樊某峰、管某新签订《2015 年协议》后，冯某军、南通远大公司依约将其所持有的焦作远大公司 51% 股权转让给樊某峰，并办理了股权和法定代表人工商变更登记。但樊某峰在取得焦作远大公司 51% 股权并成为公司法定代表人后，未按照《2015 年协议》约定向冯某军、南通远大公司支付任何股权转让款，构成违约。2016 年 6 月 1 日冯某军通过公证方式向樊某峰、管某新、焦作远大公司送达《解除协议通知书》，该通知书主要内容为：《2015 年协议》签订至今，樊某峰、管某新及焦作远大公司始终未能按照协议约定支付冯某军任何股权转让金及投资款。故此，冯某军现通知樊某峰、管某新及焦作

---

① 参见 2023 年修正、2024 年 7 月 1 日施行的《中华人民共和国公司法》第 21 条第 1 款。

远大公司，解除各方之间 2015 年 6 月 15 日签订的股权转让性质的《2015 年协议》，将相应股权全部返还给冯某军。2016 年 6 月 21 日，樊某峰与焦作远大公司、冯某军签订《2016 年协议》，约定樊某峰将其持有的焦作远大公司 51% 股权全部转让给冯某军，将法定代表人变更为冯某军，冯某军无需向樊某峰支付任何股权转让款，等。其中，《2016 年协议》第 2 条、第 5 条、第 7 条中约定，焦作远大公司应向樊某峰支付回报款为税后 5000 万元及相关房产、车库。其后，冯某军、焦作远大公司起诉要求撤销 2016 年 6 月 21 日协议中有关 5000 万元等条款，樊某峰反诉要求支付已到期的 3000 万元等。

（撰写人：张淑芳）

3 董事、监事、高管人员对母公司所负的忠实和竞业禁止义务应延伸至子公司
——李某与美谷佳公司、华佗在线公司损害公司利益责任纠纷申请再审案

- 案　　号　（2021）最高法民申 1686 号
- 合议庭成员　孙祥壮、冯文生、刘少阳
- 关 键 词　民事 / 公司纠纷 / 忠实和竞业禁止义务
- 相关法条　《中华人民共和国公司法》第 147 条、第 148 条 ①

【裁判要旨】

董事、监事、高管人员对公司负有法定的忠实义务和竞业禁止义务，不得篡夺公司商业机会、损害公司利益。基于公司利益的一致性，该忠实义务和竞业禁止义务应不限于董事、监事、高管人员所任职的公司自身，还应包括公司的全资子公司、控股公司等，如此方能保障公司及其他股东的合法权益，实现法律设置忠实义务、竞业禁止义务的立法本意。

【案情摘要】

2015 年 4 月前，李某担任美谷佳公司法定代表人、董事长、总经理职务。2013

---

① 参见 2023 年修正、2024 年 7 月 1 日施行的《中华人民共和国公司法》第 179 条、第 180 条、第 181 条、第 182 条、第 186 条。

年6月，华佗在线公司设立，美谷佳公司通过代持的方式对华佗在线公司享有实际的股东权利并有权获得相应的投资收益。2014年1月，省二医和华佗在线公司签订《合作框架协议》，约定双方合作共建线上医疗项目，同年9月，双方终止合作。2014年11月，友德医公司与省二医签订合作协议，决定合同共建线上医疗项目。李某通过代持的方式享有友德医公司的实际股东权利。美谷佳公司、华佗在线公司提起本案诉讼，请求李某赔偿侵权行为导致的损害。

（撰写人：孙祥壮）

4 股东是否能以出资系赠与且未实际交付为由主张撤销
——青岛昌盛源公司、王某、山东昌盛源公司与一林公司、孙某英及中外运公司等损害公司利益责任纠纷申请再审案

- 案　　号　（2021）最高法民申1770号
- 合议庭成员　李伟、杨卓、葛洪涛
- 关　键　词　民事 / 公司 / 股东会决议
- 相关法条　《中华人民共和国公司法》第35条①

【裁判要旨】

股东会决议不是单纯的股东之间的合作合意，不能仅以一方的函件解除或终止。股东会决议作出后，对各股东均具有约束力，各股东均应按照股东会决议的约定履行义务。股东的出资不是赠与，无论是否实际交付，均不能抽逃出资。股东以出资的性质为赠与且未实际履行主张撤销的，人民法院不予支持。

【案情摘要】

一林公司通过股东会决议，青岛昌盛源公司将约定配套设施及所占用的场地使用权作价2000万元，作为长期投资投入一林公司。股东决议签订以后，章程变更的情况也备案于工商部门。后青岛昌盛源公司称山东昌盛源公司、大港分公司以及第三人中外运公司不同意变更，并向一林公司发送了停止合作的函，主张两名股东的投资协议终止，赠与行为撤销。一林公司起诉青岛昌盛源公司损害公司利益，青岛

---

① 参见2023年修正、2024年7月1日施行的《中华人民共和国公司法》第53条。

昌盛源公司一审、二审均败诉，后申请再审。

（撰写人：杨　卓）

5 股东主张高级管理人员损害公司利益的，应承担举证责任
——川主科技公司与刘某龙等损害公司利益责任纠纷申请再审案

- 案　　号　（2021）最高法民申1968号
- 合议庭成员　郎贵梅、王朝辉、刘丽芳
- 关　键　词　商事/与公司有关的纠纷/损害公司利益/高级管理人员/主观过错/损失
- 相关法条　《中华人民共和国公司法》第21条、第147条、第148条、第149条、第151条①

【裁判要旨】

在损害公司利益责任纠纷案件中，股东主张法定代表人兼执行董事损害公司利益的，应对此承担举证责任。法定代表人兼执行董事构成损害公司利益的前提是其主观存在过错，行为违反法定义务，并造成公司损失。

【案情摘要】

2013年10月，川主科技公司与龙泰房开公司签订联合开发协议，约定对案涉地块进行房地产开发。后双方确定项目公司为川主置业公司，龙泰房开公司、川主科技公司分别持股60%、40%，法定代表人为刘某龙（执行董事）。2015年9月，政府同意将案涉地块予以征收。经政府与川主科技公司共同委托评估，案涉地块使用权评估价为8454.50万元。2016年7月，川主科技公司法定代表人黎某军代表川主置业公司签订《房屋土地征收补偿安置协议书》，约定政府占用部分案涉土地，评估价值为3455.79万元，后政府实际支付3400万元。2019年1月，刘某龙代表川主置业公司签订《国有土地使用权收回补偿协议书》，约定政府将该案涉地块剩余部分征

---

① 参见2023年修正、2024年7月1日施行的《中华人民共和国公司法》第22条、第179~182条、第186条、第188条、第189条。

收完毕，案涉地块补偿费总价为 8454.50 万元，扣除已实际支付 3400 万元，政府仍需支付 5054.5 万元。川主科技公司认为刘某龙以不合理低价处置公司资产，给川主置业公司造成巨大的经济损失。

（撰写人：刘丽芳）

6 监事会可以在公司董事和高级管理人员侵害公司利益时，代表公司提起诉讼

——李某章、金建公司与姚某明、金达成公司以及青海保信会计师事务所有限公司等合同纠纷申请再审案

- 案　　号　（2021）最高法民申 2454 号
- 合议庭成员　何波、徐霖、张梅
- 关 键 词　商事 / 合同纠纷 / 监事会代表公司提起诉讼
- 相关法条　《中华人民共和国公司法》第 151 条[①]

【裁判要旨】

目标公司不设监事会，由依法选举的监事可以参照公司法相关规定代表公司委托诉讼代理人。

【案情摘要】

2014 年 6 月 12 日，姚某明通过债权转让方式，受让了对金达成公司的债权本金 1370 万元。但从受让之日起，金达成公司一直未能清偿上述债务。2011 年 11 月 16 日，金达成公司成立，注册资本 3000 万元，股东李某章和金建公司分别认缴 2600 万元和 400 万元，但李某章并未履行出资义务，应对公司上述债务承担补充赔偿责任。金建公司作为公司的发起人，应与其承担连带责任。本案系公司与法定代表人之间发生纠纷，因金达成公司不设监事会，由依法选举的监事郑某参照公司法相关规定代表公司委托诉讼代理人是现实可行的，也符合立法精神。最高人民法院依法驳回金建公司和李某章的再审申请。

（撰写人：何　波）

---

① 参见 2023 年修正、2024 年 7 月 1 日施行的《中华人民共和国公司法》第 189 条。

7 未经股东会决议，高管从公司领取高额报酬，如对公司造成损害，应当承担相应责任

——李某民与胡某翠、博泰氟公司损害公司利益责任纠纷申请再审案

- 案　　号　（2021）最高法民申 2883 号
- 合议庭成员　曹刚、于蒙、关晓海
- 关 键 词　抽逃出资 / 董事会 / 报酬 / 损害公司利益
- 相关法条　《中华人民共和国公司法》第 37 条①

【裁判要旨】

有关董事、监事的报酬事项应由公司股东会决议。公司高管从公司领取报酬，未经股东会决议，如对公司造成损害，应承担相应责任。高管自身也具有股东身份等并非构成不召开股东会的法定免责理由。

【案情摘要】

2007 年 2 月 8 日，李某民出资 255 万元，张某归（系李某民妻子）出资 245 万元成立博泰氟公司，注册资本 500 万元，李某民任法定代表人（执行董事）。2009 年 7 月 3 日，李某民及张某归转让部分股权给李某来、胡某翠。后，胡某翠以李某民担任公司执行董事期间，未经股东会、董事会决议从公司领取高额报酬、报销个人费用等损害公司利益为由提起本案诉讼。

（撰写人：关晓海）

8 股东利益受损主张的赔偿数额不等同于其出资金额

——倪某林与彭某秀、包头市新领信合置业有限公司损害股东利益责任纠纷申请再审案

- 案　　号　（2021）最高法民申 2961 号

---

① 参见 2023 年修正、2024 年 7 月 1 日施行的《中华人民共和国公司法》第 59 条。

- 合议庭成员　　潘勇锋、丁俊峰、张颖
- 关 键 词　　商事 / 滥用股东权利 / 损害赔偿
- 相关法条　　《中华人民共和国公司法》第 20 条第 2 款①

【裁判要旨】

公司股东主张其他股东滥用股东权利致其损失应予赔偿，则应举证证明该股东存在滥用股东权利的行为、该行为给其造成损失、该行为与其损失之间存在因果关系等事实。本案中提起诉讼的一方持有公司 70% 股权，作为控股股东主张另一股东以冒用其名义、伪造其签字及会议决议等违法手段侵害其利益，却未能提交相应证据予以证明，有违常理。且亦未提交充分证据证明其实际损失的数额，该损失数额不能简单等同于股东出资金额。

【案情摘要】

信合公司股东为倪某林和彭某秀，倪某林持有该公司 70% 的股权，彭某秀持有该公司 30% 的股权，倪某林任该公司执行董事，彭某秀任监事，法定代表人为公司执行董事。2015 年 11 月 23 日，信合公司申请工商信息变更登记，变更彭某秀为公司法定代表人，倪某林为监事，并由彭某秀担任公司执行董事兼经理。2017 年 10 月 18 日，信合公司就其经营范围办理了工商登记变更。2019 年 5 月 27 日，信合公司的住所地办理了工商登记变更，并将执行董事、经理、法定代表人由彭某秀变更为郭某峰。2018 年，倪某林以信合公司为被告、彭某秀为第三人提起诉讼，请求确认信合公司于 2015 年 11 月 23 日、2017 年 10 月 18 日、2019 年 5 月 14 日及 2019 年 5 月 27 日作出的股东会决议不成立，并判令信合公司到工商管理部门撤销依据上述股东会决议进行的工商登记变更登记。该案正在审理中。本案中，倪某林以彭某秀滥用股东权利给其造成损失为由，请求彭某秀赔偿倪某林 2100 万元。倪某林称其损失的数额即是其在信合公司成立时实缴的注册资金，并未提交证明其损失的具体数额的证据。

（撰写人：张　颖）

---

① 参见 2023 年修正、2024 年 7 月 1 日施行的《中华人民共和国公司法》第 21 条第 2 款。

9 损害公司利益责任的承担须以实际损失为前提
——王某波与范某、云南腾冲农村商业银行股份有限公司、杜鹃王公司损害公司利益责任纠纷申请再审案

- 案　　号　（2021）最高法民申 3685 号
- 合议庭成员　郎贵梅、王朝辉、刘丽芳
- 关 键 词　商事 / 公司 / 损害公司利益责任 / 实际损失
- 相关法条　《中华人民共和国公司法》第 20 条、第 21 条、第 151 条①

【裁判要旨】

损害公司利益责任的承担应以存在实际损失为前提。案涉合同已经成立，并未被撤销或者被确认无效，公司依据合同支付的款项不能认定为公司实际损失。股东可以待损失确定后，另行主张权利。

【案情摘要】

杜鹃王公司股东兼法定代表人范某未经股东会决议与一阁公司签订《装饰装修合同》，并支付预付款 996 万元。杜鹃王公司大股东王某波要求监事提起诉讼未果，以自己名义提起本案诉讼要求范某赔偿 996 万元。一审、二审均驳回了王某波的诉讼请求，王某波申请再审。

（撰写人：郎贵梅、唐　敏）

10 聘用合同对竞业限制期限无约定的，公司高管在合同解除后即不负有此义务
——麻雀公司与汪某损害公司利益责任纠纷申请再审案

- 案　　号　（2021）最高法民申 6043 号

---

① 参见 2023 年修正、2024 年 7 月 1 日施行的《中华人民共和国公司法》第 21 条、第 22 条、第 23 条、第 189 条。

- **合议庭成员** 麻锦亮、季伟明、孙勇进
- **关 键 词** 忠实义务／竞业限制／劳动合同
- **相关法条** 《中华人民共和国公司法》第148条①，《中华人民共和国劳动法》第23条、第24条

【裁判要旨】

公司高级管理人员在公司聘用期间，对公司负有《公司法》第148条规定的忠实义务和竞业禁止义务。依据《劳动法》第24条规定，若聘用合同对竞业限制期限没有约定，公司高级管理人员在合同解除及实际离职后即不负有忠实义务和竞业禁止义务。

【案情摘要】

2012年麻雀公司与汪某签订《聘用合同》，聘用汪某为总经理，聘用期限为2012年1月1日起至2014年12月31日，合同中并无离职后的竞业限制条款。合同到期后，双方未续签合同，但汪某在2015年1月至7月期间签批多份文件，实际行使总经理职权。2015年1月30日，汪某参股成立一秒装饰公司，2015年8月后又陆续参股成立多家装饰公司，经营范围与麻雀公司重合。麻雀公司认为汪某利用职务便利为自己或者他人谋取属于公司的商业机会，参股成立多家公司经营与所任职公司同类业务，违反竞业禁止义务，应予赔偿。鉴于对汪某投资成立一秒装饰公司，麻雀公司及其执行董事和股东赵某鸣均知情且未表示反对，而麻雀公司另一股东冯某冬与赵某鸣系夫妻关系，法院据此认定汪某的上述行为未违反竞业禁止义务。

（撰写人：孙勇进）

11 股东代表公司提起诉讼的主体资格认定

——大森公司与中基公司等确认合同无效纠纷申请再审案

- **案　　号** （2021）最高法民申6066号
- **合议庭成员** 麻锦亮、孙勇进、季伟明
- **关 键 词** 商事／合同无效／股东代表诉讼

---

① 参见2023年修正、2024年7月1日施行的《中华人民共和国公司法》第181条、第182条、第186条。

• **相关法条**　《中华人民共和国公司法》第151条[①],《中华人民共和国民事诉讼法》第119条[②]

【裁判要旨】

1. 公司作为企业法人,具有民事权利能力和民事行为能力,依法独立享有民事权利和承担民事义务。公司与其股东是两个民事主体,除《公司法》明确规定的股东可以提起代表诉讼的情形外,股东原则上不得以公司名义提起诉讼。

2. 我国《公司法》第151条和第152条[③]分别规定了股东代表公司诉讼和股东直接诉讼的情形,前者主要为董事、监事、高级管理人员执行公司职务时违反法律、行政法规或者公司章程的规定,给公司造成损失的,符合一定条件的股东有权要求公司监事、执行董事提起诉讼,在公司怠于提起诉讼时,符合一定条件的股东才能提起公司代表诉讼,且必须满足法律规定的前置程序,否则应当裁定驳回起诉;后者主要表现为作为股东享有的剩余财产分配请求权遭受损害因而请求损害赔偿,该情形下股东提起诉讼的被告为公司的董事、高级管理人员,并不包括公司以外的他人。

【案情摘要】

中基公司设立于2001年10月30日,邢某是该公司的法定代表人,大森公司于2004年11月通过增资方式认缴中基公司出资款500万元,成为持有其20%股权的股东。中基公司于2020年2月13日作出《股东会决议》,同意中基公司将其享有的土地等资产转让给精诚公司,大森公司认为上述转让行为存在恶意串通损害其合法权益的行为,遂提起本案诉讼。

(撰写人:麻锦亮、杨泽宇)

---

① 参见2023年修正、2024年7月1日施行的《中华人民共和国公司法》第189条。
② 对应《中华人民共和国民事诉讼法》(2023年修正)第122条。
③ 参见2023年修正、2024年7月1日施行的《中华人民共和国公司法》第190条。

12 公司监事与法定代表人共同实施了损害公司利益行为的，应当承担连带责任

——张某民、朱某燕与丰镐公司损害公司利益责任纠纷申请再审案

- 案　　号　（2021）最高法民申 6621 号
- 合议庭成员　陈宏宇、吴笛、张梅
- 关 键 词　商事 / 损害公司利益责任纠纷 / 连带责任
- 相关法条　《中华人民共和国公司法》第 53 条、第 149 条①

【裁判要旨】

根据《公司法》第 53 条的规定，监事负有检查公司财务及对董事、高级管理人员执行公司职务的行为进行监督的职权，当董事、高级管理人员的行为损害公司的利益时，监事应当要求董事、高级管理人员予以纠正等。在明知公司法定代表人实施损害公司利益的行为时，同时作为公司的财务人员的监事，不仅未予制止，还按照法定代表人的要求执行了损害公司利益行为的，应当认定其未尽到监事的勤勉义务，与该法定代表人对公司的损失承担连带赔偿责任。

【案情摘要】

朱某燕与张某民系朋友关系，于 2007 年经张某民介绍进入丰镐公司工作，担任监事及财务工作人员。2009 年 4 月 16 日，张某民通过提交虚假资料将另一股东孙某卫名下的公司股权变更至其妻名下，将公司法定代表人、董事长由孙某卫变更为自己。2013 年 5 月 31 日，经孙某卫举报，陕西省工商行政管理局撤销了 2009 年的变更登记，将丰镐公司的工商登记恢复至变更前的状态，在此期间（2009 年 4 月至 2013 年 1 月），张某民实际控制丰镐公司，共实施了如下损害丰镐公司利益的行为：（1）向其女儿担任法定代表人的公司借款 100 万元，借款期限 2 个月，约定利息 50 万元。（2）以"劳务费""工程款""还款"等名义共计支出款项 326 万元。（3）丰镐公司以还款的名义转给朱某燕 300 万元，由朱某燕分别转给他人。丰镐公司向一审法院提出诉讼，请求：（1）判令张某民向丰镐公司返还 756 万元，并赔偿损失；

---

① 参见 2023 年修正、2024 年 7 月 1 日施行的《中华人民共和国公司法》第 78 条、第 188 条。

（2）朱某燕承担连带清偿责任。

（撰写人：张　梅、张义敏）

13 滥用股东权利损害公司债权人利益的应当承担连带责任
——博润公司与城建股份公司、浦煜公司股东损害公司债权人利益责任纠纷申请再审案

- 案　　号　（2021）最高法民申 6759 号
- 合议庭成员　陈宏宇、张梅、赵敏
- 关 键 词　商事/滥用股东权利/损害公司债权人利益
- 相关法条　《中华人民共和国公司法》第 20 条①，《全国法院民商事审判工作会议纪要》第 11 条

【裁判要旨】

公司的唯一股东对公司过度支配与控制，将公司资产用于给股东的债权提供抵押担保，导致债权人的债权无法实现，属于《公司法》第 20 条规定的滥用股东权利损害公司债权人利益的情形，应当对公司所欠债权人的工程款及利息承担连带责任。

【案情摘要】

博润公司与方新小贷公司、浦曌公司、浦煜公司签订的《框架合作协议》；浦曌公司、浦煜公司、齐某与博润公司订立的《欠据》。博润公司对浦煜公司的原股东浦曌公司享有债权，在博润公司成为浦煜公司股东之前，浦煜公司并未以自己的资产为该债权提供担保，博润公司受让成为浦煜公司的股东后，利用浦煜公司的资产为自己对浦曌公司的债权提供抵押担保，并在浦煜公司的同一营业地址成立了与浦煜公司经营范围相同的昌吉德润物流公司，将通过执行程序以物抵债获得的浦煜公司案涉十一项房产转移至该公司名下。在博润公司实施上述行为的同时，城建股份公司与浦煜公司之间的建设工程施工合同纠纷也在诉讼及执行过程中，博润公司对于案涉十一项房产系由城建股份公司垫资施工完成、浦煜公司欠付城建股份公司工程

---

① 参见 2023 年修正、2024 年 7 月 1 日施行的《中华人民共和国公司法》第 21 条、第 23 条。

款的事实明知。

（撰写人：赵　敏）

14 股东有权为公司利益以自己的名义向人民法院提起诉讼

——李某与周某峰、刘某芝、鞍山中兴公司损害公司利益责任纠纷申请再审案

- 案　　号　（2021）最高法民申 7393 号
- 合议庭成员　王涛、马成波、杨心忠
- 关 键 词　商事 / 损害公司利益责任纠纷 / 股东代表诉讼
- 相关法条　《中华人民共和国公司法》第 149 条、第 151 条[①]

【裁判要旨】

当公司的合法权益受到侵害，而公司怠于起诉时，股东有权为了公司的利益以自己的名义直接向人民法院提起诉讼，所获利益归于公司。公司股东虽经公司股东会议退股，但工商登记信息显示该股东所持股份数额并未变化，公司亦未清算，则该股东仍有权提起股东代表诉讼。在此类诉讼中，法院应审查股东所提供的证据能否证明他人具有侵害公司的行为并造成公司损失。

【案情摘要】

李某、周某峰、刘某芝共同出资成立了鞍山中兴公司，企业性质为股份有限公司。李某占 34% 股份，周某峰、刘某芝各占 33% 股份。后股东会议纪要记载，李某退股辞职，三股东一致同意对公司清算。关于李某是否有权提起股东代表诉讼的问题，周某峰、刘某芝主张李某已实际撤股，其不具备鞍山中兴公司股东身份，无权提起本案诉讼。根据工商登记资料记载，李某自 1996 年鞍山中兴公司成立起即持有该公司 34% 股份，周某峰、刘某芝亦认可李某所持股份数额至今并无变化，鞍山中兴公司尚未清算等事实。故在周某峰、刘某芝与李某签订的撤股决议尚未履行，且相应工商登记尚未变更的情况下，李某仍是鞍山中兴公司股东，其有权提起

---

① 参见 2023 年修正、2024 年 7 月 1 日施行的《中华人民共和国公司法》第 188 条、第 189 条。

本案诉讼。

（撰写人：张海玲）

15 控股股东将对公司的出资变更为公司对外债务以实现抽回，是否构成抽逃出资

——西安正大与安康正大、佑邦公司损害公司利益责任纠纷申请再审案

- 案　　号　（2021）最高法民申 7655 号
- 合议庭成员　宋冰、吴笛、董俊武
- 关 键 词　商事 / 损害公司利益责任纠纷 / 抽逃出资
- 相关法条　《最高人民法院关于适用〈中华人民共和国公司法〉若干问题的规定（三）》第 12 条

【裁判要旨】

新股东通过股权变更登记成为安康正大控股股东以及修订公司章程、委派足够数量董事控制公司董事会等方式实现对公司的控制后，具备了将自己的意志通过公司的内部治理机制对外予以表达的可能。如无充分且直接的证据证明其积极履行办理报批手续或实际存在不能办理报批手续的客观障碍，将本应充实目标公司资信能力的出资以账目调整的名义变更为公司对外债务、增加公司负债，有违新股东取得目标公司股权的合同目的以及目标公司被其控制前董事会的相关决议精神，也背离了合同法律制度中最为基本的诚信原则，具有相当程度的可归责性。

【案情摘要】

2007 年 11 月 28 日西安正大与安康市人民政府签订的《股权转让合同》约定，西安正大对安康正大新增总额 3000 万元的注册资本金。2007 年 11 月 30 日，安康正大召开董事会，经表决一致确认并同意了上述合同内容。其后西安正大实际履行完毕增资义务。由于安康正大的特殊性质，增资情况需要进行报批，然而经安康市人民政府国有资产监督管理委员会、安康市工商行政管理局先后作出文件，督促安康正大完成增资事宜之后，西安正大仍怠于履行相关报批义务。2011 年 12 月 16 日，西安正大把已经计入安康正大实收资本的 3000 万元增资款调拨至安康正大对西安正大的"其他应付款"项目。安康正大于一审诉请法院判令西安正大向安康正大

返还出资款 3000 万元及利息等，该请求得到一审法院支持。双方不服一审判决均提起上诉，二审法院维持原判。现西安正大提出再审申请。

（撰写人：董俊武）

16 关联交易在公平价格和营业常规方面均明显违背独立交易原则，造成公司利益不当流出的，应认定关联交易损害公司利益

——陕鼓汽轮机公司与高某华、程某公司关联交易损害公司利益责任纠纷再审案

- 案　　号　（2021）最高法民再 181 号
- 合议庭成员　何波、徐霖、张梅
- 关　键　词　商事 / 关联交易损害公司利益纠纷 / 公允价格
- 相关法条　《中华人民共和国公司法》第 21 条[①]，《最高人民法院关于适用〈中华人民共和国公司法〉若干问题的规定（五）》第 1 条

【裁判要旨】

公司的控股股东、实际控制人、董事、监事、高级管理人员不得利用其关联关系损害公司利益。董事及公司经营层人员执行公司职务时违反法律、行政法规或者公司章程的规定，给公司造成损害的，应当依法承担赔偿责任。关联公司所获利益应当归公司所有。关联交易损害公司利益为侵权责任纠纷，应从知道或应当知道公司利益受损之日起两年行使诉讼权利。

【案情摘要】

高某华、程某是陕鼓汽轮机公司董事，钱塘公司是二人的关联公司。钱塘公司在市场上采购产品后，加价转售给唯一客户陕鼓汽轮机公司。在高某华主持工作期间，关联交易总额及比例均大幅上升，在公司监事会发现并出具报告要求整改后，关联交易急速减少并消失。高某华、程某未向公司披露关联交易，造成利益不当流向钱塘公司。原判决认为案涉采购配件无统一市场定价，不能证明关联交易价格不

[①] 参见 2023 年修正、2024 年 7 月 1 日施行的《中华人民共和国公司法》第 22 条。

合理，不构成侵权。陕鼓汽轮机公司向最高人民法院申请再审。最高人民法院裁定提审后认为，判断价格是否公允不应仅从具体金额考虑，要综合考虑陕鼓汽轮机公司从钱塘公司采购支付额外价格的必要性。以往的交易模式中，生产厂家将产品直接送达陕鼓汽轮机公司，陕鼓汽轮机公司在关联交易结束后从生产厂家直接采购相关产品。高某华、程某不能证明从关联公司进行采购的必要性，在成交价格和营业常规均明显违背独立交易原则时，共同侵权人应承担相应侵权责任。

（撰写人：何　波）

以股东名义提起损害公司利益责任诉讼的，首先要确定原告是否具备股东资格

——刘某与卢某、林某松、陈某及 A 公司损害公司利益责任纠纷上诉案

- 案　　号　（2021）最高法民终589号
- 合议庭成员　奚向阳、杨兴业、龙飞
- 关 键 词　商事 / 股东代表诉讼 / 损害公司利益责任
- 相关法条　《中华人民共和国公司法》第151条[①]

【裁判要旨】

有限责任公司的股东，可以书面请求监事会或者不设监事会的有限责任公司的监事向人民法院提起诉讼。在监事会、监事、董事会、执行董事拒绝提起诉讼，或者自收到请求之日起30日内未提起诉讼，或者情况紧急、不立即提起诉讼将会使公司利益受到难以弥补的损害的，一般情形下，股东有权为了公司的利益以自己的名义直接向人民法院提起诉讼。但是，提起股东代表诉讼的前提是当事人必须具备股东资格。在当事人没有证据证明自己是工商登记或公司章程记载的股东的情况下，其提起股东代表诉讼不符合公司法规定，不具有原告主体资格，人民法院应当驳回其起诉。

【案情摘要】

A 公司成立时注册登记的股东为卢某和阮某，后阮某将其股权转让给林某佃，并进行了股东变更登记。后卢某去世，其配偶王某继承了卢某的遗产。A 公司召开

---

① 参见2023年修正、2024年7月1日施行的《中华人民共和国公司法》第189条。

股东会形成股东会决议，由王某继承卢某在 A 公司的股权，股东变更为王某和林某佃，并进行了股权变更登记。刘某认为其曾与卢某签订合伙经营协议，出资参与 A 公司"华府景城"房地产开发项目，是 A 公司的股东。刘某认为卢某、林某松、陈某虚开发票的犯罪行为损害了 A 公司的利益，遂提起股东代表诉讼。

（撰写人：龙　飞）

18 未经铁路专用线产权人同意，公司控股股东将专用线交他人使用，构成侵权

——杨某军与大陆桥公司、中铁物流公司、中铁外服公司以及天博公司损害公司利益责任纠纷上诉案

- 案　　号　（2021）最高法民终 1052 号
- 合议庭成员　陈宏宇、张梅、赵敏
- 关　键　词　商事 / 损害公司利益 / 侵权
- 相关法条　《中华人民共和国公司法》第 21 条[①]，《中华人民共和国铁路法》第 2 条第 4 款，《铁路专用线专用铁路管理办法（试行）》第 2 条、第 34 条

【裁判要旨】

铁路专用线的产权人通过《股东会及董事会决议》约定铁路专用线不采取对外承包经营，由公司行使经营权。该约定不违反法律规定。公司控股股东违反公司决议将本应属于公司经营的运输业务交由其关联公司经营，实际上减少了公司可能获得的业务机会，给公司造成了损失，应当承担赔偿责任。

【案情摘要】

博钢铁路专用线的产权单位为天博公司，大陆桥公司占股 51%，杨某军占股 49%。2006 年 12 月 1 日，天博公司《股东会及董事会决议》第 6 条载明"公司在 2006 年 11 月 2 日所作的股东会及董事会决议中第 1 条、第 2 条撤销，不采取对外承包经营方式，仍由公司行使经营权"。2013 年至 2018 年，大陆桥公司的关联公司中铁物流公司经由该专用线运输与天博公司经营业务相同的国内发送物流业务，未

---

① 参见 2023 年修正、2024 年 7 月 1 日施行的《中华人民共和国公司法》第 22 条。

经另一股东杨某军同意。杨某军提起股东代表诉讼。

（撰写人：赵 敏）

人格混同及损害债权人利益

1 利用关联交易侵害债权人利益的，应承担责任
——安发达公司与中国农业银行股份有限公司福州鼓楼支行、绿得公司、胜龙公司、福建闽越花雕股份有限公司股东侵害公司债权人利益责任纠纷申请再审案

- 案　　号　（2021）最高法民申 228 号
- 合议庭成员　张代恩、贾劲松、王朝辉
- 关 键 词　民事 / 关联交易 / 滥用控制权 / 债权人利益
- 相关法条　《中华人民共和国公司法》第 20 条第 3 款 ①

【裁判要旨】

公司人格独立和股东有限责任是《公司法》的基本原则。公司控股股东或者实际控制人控制多个子公司或者关联公司，滥用控制权使多个子公司或者关联公司财产边界不清、财务混同，利益相互输送，丧失人格独立性，沦为控股股东或者实际控制人的工具或者躯壳，严重损害公司债权人利益，应当否认子公司或者关联公司法人人格，承担连带责任。

【案情摘要】

从安发达公司设立过程、高管交叉任职情况、持股情况等看，神龙国际公司、安发达公司、绿得公司、胜龙公司系同一实际控制人陈某根控制的关联公司。安发达公司、绿得公司、胜龙公司在胜龙公司、绿得公司负债累累的情况下，利用安发达与胜龙公司、绿得公司之间的关联关系，通过虚假诉讼等方式将绿得公司、胜龙

---

① 参见 2023 年修正、2024 年 7 月 1 日施行的《中华人民共和国公司法》第 23 条。

公司巨额资产转移至安发达公司，并将绿得公司的生产线迁移至安发达公司处无偿使用，致使债权人对其到期债权无法如期获得清偿。据此可认定，关联公司缺乏独立意志，不具有独立人格，应承担连带责任。

（撰写人：付中华）

2 一人有限责任公司的股东证明公司财产独立的举证问题

——万合置业公司与武某平等执行异议之诉申请再审案

- 案　　号　（2021）最高法民申 1537 号
- 合议庭成员　王富博、于蒙、李敬阳
- 关 键 词　商事 / 执行异议之诉 / 公司财产独立
- 相关法条　《中华人民共和国公司法》第 62 条、第 63 条①

【裁判要旨】

《公司法》第 62 条规定："一人有限责任公司应当在每一会计年度终了时编制财务会计报告，并经会计师事务所审计。"诉讼期间形成且由股东单方提供的年度审计报告并非一人公司在运营过程中依规定进行的正常年度审计，不能客观真实地反映公司财务状况，无法证明一人公司股东财产与公司财产独立，一人公司股东因举证不充分而应当对公司债务承担连带责任。

【案情摘要】

武某平诉焦作东方金铅有限公司、中州桂冠公司、张某兵借款合同纠纷一案，经焦作市中级人民法院主持调解，达成调解协议申请执行后，因被执行人中州桂冠公司不能履行生效法律文书确定的义务，武某平申请追加珠海荣宝贸易有限公司、万合置业公司为被执行人，万合置业公司为中州桂冠公司的唯一股东。万合置业公司提交了其单方制作的记账凭证、资产负债表、利润表及诉讼期间形成的年报审计报告，以证明其与中州桂冠公司的财产相互独立。

（撰写人：王富博）

---

① 2023 年修正的《中华人民共和国公司法》中已无对应条文。

3 公司股东滥用股东权利导致公司责任财产减少损害债权人利益，应当承担法律责任

——潘某谓与金鑫公司等股东损害公司债权人利益责任纠纷申请再审案

- **案　　号**　（2021）最高法民申 2009 号
- **合议庭成员**　曹刚、于蒙、关晓海
- **关 键 词**　商事／股东责任／公司法
- **相关法条**　《中华人民共和国公司法》第 20 条[①]

【裁判要旨】

公司股东决议免除公司债务人的债务，导致公司责任财产减少，对外清偿债务能力降低，严重影响公司债权人债权获偿，构成滥用股东权利的行为，应当依法承担相应法律责任。

【案情摘要】

潘某谓和徐某担任新城公司股东期间，在为杭州禾辰实业有限公司和潘某满提供担保的过程中，先后召开股东会议决议免除杭州禾辰实业有限公司 1440 万元的债务和潘某满 3820 余万元的债务。金鑫公司诉新城公司建设用地使用权转让合同纠纷一案，湖北省随州市中级人民法院判令新城公司向金鑫公司支付土地转让款 3300 万元及利息。该案经金鑫公司申请强制执行，新城公司以其名下一块土地抵偿部分债务后，资产不足以清偿剩余债务。金鑫公司遂提起诉讼，请求判令徐某、潘某谓等股东承担连带清偿责任。法院经审理认为，潘某谓和徐某作为新城公司股东，召开股东会议决议免除债务人债务的行为，导致公司清偿能力显著降低，严重损害公司债权人利益，构成滥用股东权利的行为。在其未能证明新城公司尚有其他财产可以清偿人民法院生效判决所确定债务的情况下，徐某、潘某谓应对公司债务承担连带清偿责任。

（撰写人：曹　刚）

[①] 参见 2023 年修正、2024 年 7 月 1 日施行的《中华人民共和国公司法》第 21 条、第 23 条。

4 公司之间存在关联关系不必然构成人格混同
——博瑞投资公司与吉龙集团公司、宋某洪、宋某星、宋某玉及吉龙实业公司、莱阳宏顺食品有限公司金融不良债权追偿纠纷申请再审案

- 案　　号　（2021）最高法民申 2882 号
- 合议庭成员　黄年、丁俊峰、李晓云
- 关 键 词　商事／公司法人人格混同／股东滥用控股权
- 相关法条　《中华人民共和国公司法》第 20 条第 3 款①，《全国法院民商事审判工作会议纪要》第 10 条、第 11 条

【裁判要旨】

认定公司控股股东滥用控股权对公司过度支配与控制的标准，是该公司完全丧失独立性，沦为控股股东的工具或躯壳。当公司之间并不存在直接投资关系，仅以二者存在关联关系，尚不能认为公司的财产已经混同且无法区分。故在证据不足以认定公司已不具有独立意思和独立财产的情况下，不能仅以公司因有共同的股东故而存在关联关系即认定关联企业人格混同。

【案情摘要】

2002 年，作为吉龙实业公司股东的宋某洪、宋某星、宋某玉三人出资设立了吉龙集团公司。宋某洪等三人 2002 年将吉龙实业公司的资金 4900 万元对外转账至吉龙集团公司至今未予归还。博瑞投资公司要求认定吉龙实业公司与吉龙集团公司人格混同，并进而要求吉龙集团公司为吉龙实业公司的债务承担连带责任。博瑞投资公司起诉请求：判令被告宋某洪在抽逃吉龙集团公司出资 2000 万元本息的范围内对上述债务承担责任；判令被告宋某星在抽逃吉龙集团公司出资 2000 万元本息的范围内对上述债务承担责任；判令被告宋某玉抽逃吉龙集团公司出资 1000 万元本息的范围内对上述债务承担责任。

（撰写人：李晓云）

---

① 参见 2023 年修正、2024 年 7 月 1 日施行的《中华人民共和国公司法》第 23 条。

5 债权人能否向由债务人股东过度支配与控制的关联公司主张权利

——刘某先与威远实业公司、威远房地产公司民间借贷纠纷申请再审案

- 案　　号　（2021）最高法民申 4706 号
- 合议庭成员　周其濛、麻锦亮、孙勇进
- 关 键 词　商事 / 民间借贷 / 公司人格否认 / 过度支配与控制
- 相关法条　《中华人民共和国公司法》第 20 条①，《最高人民法院关于适用〈中华人民共和国民法总则〉诉讼时效制度若干问题的解释》② 第 2 条

【裁判要旨】

担任多家公司的控股股东或实际控制人代表其中一家公司对外借款时，指示债权人将借款汇入指定账户供其支配和使用；作出还款承诺时，承诺由与该公司有关联关系的其他公司所涉项目收益作为还款来源。此种情况下，应当综合案件事实，当控股股东或实际控制人滥用控制权使得关联公司之间的财产边界模糊，财务混同，利益相互输送，丧失人格独立性时，可以否认关联公司法人人格，判令承担连带责任，但不能简单认定关联公司基于债务加入等原因承担责任。

【案情摘要】

蔡某君向刘某先借款，刘某先按照蔡某君的指示向指定账户陆续转款，威远房地产公司出具收据确认借款。蔡某君偿还部分借款，尚有欠款，刘某先催要后，蔡某君向刘某先出具还款承诺，称还款来源出自由威远实业公司参与"敦化项目"的收益。而蔡某君同时担任威远房地产公司和威远实业公司的法定代表人，并持有威远实业公司 55% 的股权。因威远房地产公司未能偿还剩余借款，刘某先诉至法院，要求威远房地产公司偿还借款，威远实业公司对上述债务承担连带责任。

（撰写人：麻锦亮、李　薇）

---

① 参见 2023 年修正、2024 年 7 月 1 日施行的《中华人民共和国公司法》第 21 条、第 23 条。
② 该解释已失效。

6 关联公司之间构成人格混同，损害债权人利益的，应当对公司债务承担连带清偿责任

——兰州大雁公司与九强公司、甘肃大雁公司、安捷通公司、吴某兵、洪某碧、马某芳买卖合同纠纷申请再审案

- **案　　号**　（2021）最高法民申 4938 号
- **合议庭成员**　郎贵梅、王朝辉、刘丽芳
- **关 键 词**　商事/公司人格混同/关联公司
- **相关法条**　《中华人民共和国公司法》第 20 条[①]

【裁判要旨】

《公司法》第 20 条第 3 款规定："公司股东滥用公司法人独立地位和股东有限责任，逃避债务，严重损害公司债权人利益的，应当对公司债务承担连带责任。"关联公司构成人格混同，损害债权人利益，其危害性与《公司法》第 20 条第 3 款规定的股东滥用公司法人独立地位的股东有限责任的情形相当，应当承担连带清偿责任。

【案情摘要】

九强公司、兰州大雁公司与安捷通公司系手机销售合作关系。甘肃大雁公司与九强公司签订《合作协议》，约定九强公司向甘肃大雁公司订购手机终端，甘肃大雁公司对货物进行保管，并承担货物盗抢或者遗失的相应责任。其间，甘肃大雁公司、兰州大雁公司、安捷通公司先后与九强公司签订数百份《订货合同》，安捷通公司多次以甘肃大雁公司的名义向九强公司出具《库存确认函》。因库存货物金额上升，安捷通公司的股东吴某兵向九强公司出具加盖兰州大雁公司印章的《担保函》。因甘肃大雁公司未按约定付款，九强公司要求将库存货物拉走，才发现吴某兵已将货物变卖且不能说明货物资金去向。九强公司起诉请求甘肃大雁公司、安捷通公司向九强公司给付货款本金及相应利息，兰州大雁公司对上述债务承担连带责任。一审、二审法院认为兰州大雁公司与甘肃大雁公司人格混同，应对案涉债务承担清偿责任。

---

① 参见 2023 年修正、2024 年 7 月 1 日施行的《中华人民共和国公司法》第 21 条、第 23 条。

兰州大雁公司申请再审。

（撰写人：郎贵梅、梁　欣）

7 债权人主张一人有限公司与股东财产混同时，举证责任如何分配

——望江公司与华仪电气公司、华仪风能公司买卖合同纠纷申请再审案

- **案　　号**　（2021）最高法民申 5102 号
- **合议庭成员**　汪军、李绍华、黄鹏
- **关 键 词**　商事 / 一人有限公司 / 财产混同
- **相关法条**　《中华人民共和国公司法》第 63 条[①]

【裁判要旨】

债权人主张一人有限公司与股东财产混同时，股东应承担公司财产和股东自己的财产独立的证明责任；不能证明公司财产独立于股东自己的财产的，股东应对公司债务承担连带责任。

【案情摘要】

华仪风能公司系华仪电气公司作为法人股东投资设立的一人有限责任公司。望江公司与华仪风能公司存在采购合同关系，华仪风能公司欠付望江公司款项无力偿还。望江公司向浙江省温州市中级人民法院提起诉讼，主张华仪风能公司和华仪电气公司存在人格混同，请求判令华仪电气公司对华仪风能公司承担连带清偿责任。一审法院认为华仪电气公司提交的证据不足以证明华仪风能公司与华仪电气公司财产相互独立，判决华仪电气公司对华仪风能公司承担连带清偿责任。华仪电气公司不服，提起上诉。二审法院认为华仪电气公司提交的证据可以证明两公司之间不存在人格混同的情形，依法改判。望江公司不服，向最高人民法院申请再审。

（撰写人：汪　军）

---

① 2023 年修正的《中华人民共和国公司法》中已无对应条文。

8 一人公司股东不能证明公司财产独立于股东自己的财产的，应当对公司债务承担连带责任

——冀东公司、沈阳亿顺通混凝土有限公司与中建一局、中建一局沈阳分公司、瑞丰公司及华晨宝马汽车有限公司买卖合同纠纷申请再审案

- 案　　号　（2021）最高法民申 6901 号
- 合议庭成员　张代恩、贾劲松、王朝辉
- 关 键 词　商事／独立财产／一人公司／连带责任
- 相关法条　《中华人民共和国公司法》第 63 条①

【裁判要旨】

瑞丰公司的唯一股东是冀东公司，冀东公司如不能证明瑞丰公司的财产与其财产相互独立，则应当对瑞丰公司的债务承担连带责任。冀东公司、瑞丰公司在诉讼中提供的验资报告和审计报告以及会计报表、人员结构和经营合同等证据，虽可以证明工商注册或者变更登记时公司的出资等客观情况，但不能证明瑞丰公司的财产独立于冀东公司的财产；或者虽然反映了瑞丰公司 2015 年度和 2017 年度的经营成果和现金流量等企业基本情况，可以表明该公司具有法人资格并对外独立从事经营活动，但无法证明瑞丰公司财产与股东财产相互独立。

【案情摘要】

中建一局与瑞丰公司签订《商品混凝土采购合同》，约定瑞丰公司供应商品混凝土，还约定因瑞丰公司混凝土质量问题造成损失的，其应承担赔偿责任。冀东公司是瑞丰公司的唯一股东。后因案涉混凝土质量问题造成损失，中建一局提起本案诉讼，要求冀东公司与瑞丰公司承担连带责任。冀东公司辩称，瑞丰公司资产独立，冀东公司作为瑞丰公司的股东已完成全部出资义务，不应承担连带责任。

（撰写人：张代恩）

---

① 2023 年修正的《中华人民共和国公司法》中已无对应条文。

9 一人公司的股东提交证据能够证明公司与股东财产独立的，不能认定股东对公司债务承担连带责任

——凌志公司与赛迪集团公司、上海赛迪公司装饰装修合同纠纷申请再审案

- 案　　号　（2021）最高法民申 7320 号
- 合议庭成员　李相波、王朝辉、刘丽芳
- 关 键 词　商事 / 公司 / 一人公司人格否认 / 连带责任
- 相关法条　《中华人民共和国公司法》第 63 条①

【裁判要旨】

一人有限责任公司的股东提交的证据能够充分证明公司财产独立于股东财产的，不应按照《公司法》第 63 条的规定认定股东对公司债务承担连带责任。

【案情摘要】

凌志公司与上海赛迪公司签订的《合同协议书》《补充协议》《家具补充协议》约定，由凌志公司承包案涉项目，上海赛迪公司向其支付款项。其后，上海赛迪公司未能支付全部款项。凌志公司诉请解除上述协议，由上海赛迪公司支付相应款项，并请求上海赛迪公司的唯一股东赛迪集团公司对此承担连带责任。诉讼中，赛迪集团公司、上海赛迪公司提交了上海赛迪公司的年度审计报告、验资报告等，证明两家公司财产独立。

（撰写人：李相波、华章玮）

10 揭开公司面纱所涉及的追偿权问题

——王某武、宋某萍与高红公司、王某明追偿权纠纷再审案

- 案　　号　（2021）最高法民再 180 号
- 合议庭成员　何波、徐霖、张梅

---

① 2023 年修正的《中华人民共和国公司法》中已无对应条文。

- 关 键 词　商事 / 揭开公司面纱 / 追偿权 / 人格混同
- 相关法条　《中华人民共和国公司法》第 20 条①，《中华人民共和国民法典》第 178 条

【裁判要旨】

股东与公司出现人格混同，在否认公司独立人格要求股东对公司的债务承担连带责任后，股东依法向公司行使追偿权。追偿权是法定权利，不因股东与公司出现人格混同而丧失。

【案情摘要】

王某明与高红公司、王某武、宋某萍合作开发房地产纠纷一案，生效判决高红公司返还王某明投资款 346416500 元及利息，王某武、宋某萍对上述债务承担连带责任。后王某明向法院申请执行，评估公司作出《评估报告》结果为：高红公司资产 2952617300 元，负债 2400976200 元，净资产 551641100 元。执行法院将被执行人王某武、宋某萍分别持有高红公司 90%、10% 的股权以流拍价 413730832 元交付给王某明，用以抵偿高红公司所欠王某明 413730832 元债务。王某武、宋某萍认为，王某明在上述股权拍卖以物抵债中实际取得了两个 413730832 元，遂提起本诉，请求法院判令高红公司偿还王某武、宋某萍代为清偿的债务 413730832 元及利息。

（撰写人：何　波）

11 认定公司与股东人格是否混同，应以是否具有独立意思和独立财产作为根本判断标准
——华亿新兴公司与西洋实业公司、西洋肥业公司等金融不良债权追偿纠纷上诉案

- 案　　号　（2021）最高法民终 741 号
- 合议庭成员　麻锦亮、周其濛、季伟明
- 关 键 词　商事 / 人格混同 / 独立意思 / 独立财产

---

① 参见 2023 年修正、2024 年 7 月 1 日施行的《中华人民共和国公司法》第 21 条、第 23 条。

• **相关法条** 《中华人民共和国公司法》第 20 条第 3 款 ①，《全国法院民商事审判工作会议纪要》第 10 条

【裁判要旨】

认定公司人格与股东人格是否存在混同，最根本的判断标准是公司是否具有独立意思和独立财产，最主要的表现是公司的财产与股东的财产是否混同且无法区分。而人员、业务、住所仅是人格混同可能存在的外观表现和补强情形，并非根本判断标准。在被诉公司、股东已提交有效证据证明各自具有独立意思和独立财产的情况下，不能仅根据外观表现径行认定二者人格混同。

【案情摘要】

西洋肥业公司 2000 年成立，为当地较有影响力企业，2014 年左右，该公司因经营不善、拖欠银行巨额贷款而陷入困境。当地政府从社会稳定，经济发展等方面考虑，积极引进商会成立西洋实业公司，通过租赁西洋肥业公司资产支付年租金 5000 万元的形式全面接盘。西洋肥业公司与西洋实业公司股东构成不重合，互不持股。2016 年，华亿新兴公司受让了部分银行对西洋肥业公司的债权。后西洋肥业公司于 2019 年破产，华亿新兴公司提起本案诉讼，以西洋实业公司主导西洋肥业公司企业改制逃债、与西洋肥业公司人格混同及对其过度支配等为由，主张其应对西洋肥业公司债务承担连带责任。

（撰写人：季伟明）

公司减资

1 大股东侵害小股东权利是否为公司法定解散事由
——邢某平等与白天鹅公司解散纠纷申请再审案

• 案　　号　（2021）最高法民申 304 号

---

① 参见 2023 年修正、2024 年 7 月 1 日施行的《中华人民共和国公司法》第 23 条。

- 合议庭成员　黄年、刘崇理、潘勇锋
- 关　键　词　商事/公司解散/公司僵局
- 相关法条　《中华人民共和国公司法》第182条[①],《最高人民法院关于适用〈中华人民共和国公司法〉若干问题的规定（二）》第1条

【裁判要旨】

大股东滥用股东权利、侵害小股东利益，由此虽导致大、小股东之间存在矛盾冲突，但大股东压迫小股东并非我国法律规定的公司强制解散情形。判断公司应否解散，应当严格根据《最高人民法院关于适用〈中华人民共和国公司法〉若干问题的规定（二）》第1条之规定判断。

【案情摘要】

邢某平等人作为小股东起诉请求解散白天鹅公司，理由为白天鹅公司的大股东侵害小股东知情权，在小股东不知情的情况下，擅自对白天鹅公司所有的酒店大楼进行拆除改造，并加盟亚朵酒店。同时，邢某平等人还在再审审查过程中，提交证据证明大股东通过关联交易、虚构费用或债务等方式掏空白天鹅公司资产，造成公司经营亏损，公司继续存续将导致小股东利益受损，故要求解散公司。

（撰写人：刘崇理、唐荣娜）

2 再审审查中提起公司解散之诉的原告持股比例已不满足法定持股比例，其再审申请能否予以支持
——邢某平等与白天鹅公司解散纠纷申请再审案

- 案　　　号　（2021）最高法民申304号
- 合议庭成员　黄年、刘崇理、潘勇锋
- 关　键　词　商事/公司解散/公司僵局
- 相关法条　《中华人民共和国公司法》第182条[②],《最高人民法院关于适用〈中华人民共和国公司法〉若干问题的规定（二）》第1条第1款

---

① 参见2023年修正、2024年7月1日施行的《中华人民共和国公司法》第231条。
② 参见2023年修正、2024年7月1日施行的《中华人民共和国公司法》第231条。

【裁判要旨】

二审判决不予解散公司后，大股东通过收购公司其他股东股权，持股比例达到90%以上，绝对控股公司，能够召开股东会并作出有效决议。提起公司解散诉讼的原告合计持有的股份已经不足法定的持股比例要求，不符合《最高人民法院关于适用〈中华人民共和国公司法〉若干问题的规定（二）》第1条之规定。

【案情摘要】

2017年，白天鹅公司小股东邢某平等人提起公司解散诉讼，其合计持有公司全部股东表决权共计16.57%。原审期间，白天鹅公司存在增减资行为。原审法院认为，2015年7月15日，白天鹅公司召开股东会，至邢某平等人2017年5月17日起诉时不足两年，说明白天鹅公司能够形成有效决议，股东之间的其他矛盾虽然对抗很大，但未形成公司僵局，故驳回邢某平等人的诉讼请求。二审判决作出后，白天鹅公司大股东东弘公司通过收购其他股东股权，登记的持股比例高达91.1992%，邢某平等人的持股比例下降至不足10%，邢某平等人申请再审要求解散公司。

（撰写人：刘崇理、唐荣娜）

3 公司减资但未经登记是否产生法律效力
——华晨公司、中猛公司、长银公司、新河公司与陈某康等与公司有关的纠纷申请再审案

- **案　　号** （2021）最高法民申1235号
- **合议庭成员** 冯文生、刘少阳、黄西武
- **关 键 词** 商事 / 与公司有关的纠纷 / 公司减资
- **相关法条** 《中华人民共和国公司法》第177条[1]、第179条[2]，《中华人民共和国公司登记管理条例》第31条，《中华人民共和国民法总则》第64条、第65条[3]

---

[1] 参见2023年修正、2024年7月1日施行的《中华人民共和国公司法》第224条。
[2] 2023年修正的《中华人民共和国公司法》中已无对应条文。
[3] 对应《中华人民共和国民法典》第64条、第65条。

【裁判要旨】

从《公司法》和《民法典》等相关规定来看，我国采用法人登记信息公示原则。公司减少注册资本，应当依法向公司登记机关办理变更登记。未经登记，实际情况与登记的事项不一致的，不得对抗善意相对人，视为减资程序尚未完成。

【案情摘要】

华晨公司作为广州雄丰实业公司的债权人，在广州雄丰实业公司不能清偿到期债务时，要求广州雄丰实业公司的股东中猛公司、长银公司、新河公司在未全面履行出资义务范围内承担补充赔偿责任。中猛公司、长银公司、新河公司认为在债权形成时，广州雄丰实业公司已完成减资程序：广州市荔湾区外经贸局已回复"同意办理，请登报声明减资至 2700 万港元"并加盖公章；广州雄丰实业公司在《广州日报》上三次刊登公告；已通知债权人。虽未办理减资变更登记，但系因公司已歇业，属客观不能，故广州雄丰公司事实上已经完成减资程序，其股东并不存在未足额履行出资义务的情形。华晨公司认为广州雄丰实业公司并未完成减资程序。双方产生分歧。

（撰写人：陈倩倩）

公司解散

1 在股东会僵局中股东纷争应与公司权力运行机制失灵存在因果关系

——程某新与中麟公司、朱某麟、卜某磊公司解散纠纷申请再审案

- **案　　号**　（2021）最高法民申 1438 号
- **合议庭成员**　何波、徐霖、张梅
- **关 键 词**　商事 / 公司解散纠纷 / 法定事由

• **相关法条** 《中华人民共和国公司法》第182条[①],《最高人民法院关于适用〈中华人民共和国公司法〉若干问题的规定（二）》第1条

【裁判要旨】

当事人未能提供证据证明解散公司的法定要求的，请求解散公司的诉讼请求，不予支持。

【案情摘要】

中麟公司共计三名股东，程某新持有33%的股权，卜某磊持有33%的股权，朱某麟持有34%的股权。根据中麟公司章程和《公司法》，卜某磊、程某新、朱某麟均有权提议召开股东会。程某新以中麟公司存在公司僵局，股东朱某麟侵占中麟公司财产等事由请求法院判决解散中麟公司。程某新未举证证明其曾提议召开股东会或因三方股东矛盾造成股东会无法召开的事实，不能证明中麟公司因股东利益冲突导致决策机制瘫痪，程某新也可通过起诉朱某麟的方式对进行权利救济，其诉请事由不符合公司强制解散的法定条件。故原判决驳回程某新的诉讼请求。程某新不服向最高人民法院申请再审，最高人民法院依法驳回其再审申请。

（撰写人：何　波）

2　可以通过股权回购协议实现股权收购的，不符合股东请求解散公司的前置条件

——昱成公司与新盛公司、新盛工贸公司解散纠纷申请再审案

• **案　　号**　（2021）最高法民申1623号
• **合议庭成员**　何波、徐霖、张梅
• **关 键 词**　商事/公司解散纠纷/通过其他途径不能解决
• **相关法条**　《中华人民共和国公司法》第182条[②],《最高人民法院关于适用〈中华人民共和国公司法〉若干问题的规定（二）》第1条

[①]　参见2023年修正、2024年7月1日施行的《中华人民共和国公司法》第231条。
[②]　参见2023年修正、2024年7月1日施行的《中华人民共和国公司法》第231条。

【裁判要旨】

股东间存在股权回购条款，享有回购请求权的股东可以要求其他主体回购案涉股权，属于可以通过其他途径解决公司僵局的情形，不符合公司解散的法定条件。

【案情摘要】

新盛公司设立时的股东为黄河集团公司和新盛工贸公司。2008年，鑫远公司、黄河集团公司、新盛工贸公司签订《合作协议书》，约定鑫远公司受让黄河集团公司持有的新盛公司股权，赋予了鑫远公司或其指定机构按照约定价款主张回购股权的权利，并约定了资产重组事宜。随后各方办理了工商变更登记。2015年，昱成公司继受了鑫远公司的股东资格及《合作协议书》中的权利。2016年，相关资产重组协议未通过，引发纠纷。黄河集团公司起诉请求回购案涉股权，最高人民法院作出（2019）最高法民终955号民事判决，认为合同没有赋予黄河集团、新盛工贸公司主动要求回购的权利，其诉讼请求不能成立。昱成公司向法院起诉请求判令解散新盛公司，原判决认为昱成公司未提供证据证明存在公司僵局，且股东间存在其他救济途径，判决驳回其诉讼请求。昱成公司不服向最高人民法院申请再审，最高人民法院依法驳回其再审申请。

（撰写人：何　波）

3　人民法院对于公司应否解散的审查重点为是否已形成"公司经营管理发生严重困难"，只要公司经营管理严重困难的局面已经形成，即应视为公司解散条件之一已成就

——泰基公司与涟钢集团公司解散纠纷申请再审案

- **案　　号**　（2021）最高法民申1689号
- **合议庭成员**　孙祥壮、冯文生、刘少阳
- **关　键　词**　商事/公司解散纠纷/公司经营管理发生严重困难
- **相关法条**　《中华人民共和国公司法》第182条[①]，《最高人民法院关于适用〈中华人民共和国公司法〉若干问题的规定（二）》第1条

---

① 参见2023年修正、2024年7月1日施行的《中华人民共和国公司法》第231条。

【裁判要旨】

公司解散诉讼的实体审查要件之一是"公司经营管理发生严重困难",该要件的侧重点是对公司现实经营管理状态的评判,而无需去探寻导致此种状态发生的原因。只要公司经营管理严重困难的局面已经形成,即应视为公司解散条件之一已成就。

【案情摘要】

泰基公司于2006年成立,股东是涟钢集团和庄胜公司,分别持股40%和60%。泰基公司的主营业务为生产销售矿渣水泥,水渣是其生产矿渣水泥不可或缺的原材料。依据涟钢集团和庄胜公司签订的《合资合同》约定,涟钢集团承担水渣供应义务。但是自2011年始,泰基公司股东双方因水渣供应量及价格发生矛盾。为此,庄胜公司于2013年至2015年期间先后两次向北京中国国际经济贸易仲裁委员会申请仲裁,要求涟钢集团履行合同、赔偿损失。在两方股东分歧期间,泰基公司虽然召开了董事会,但是仅就公司董事调整形成了决议,未能就公司治理等问题达成有效处理决议。为此,涟钢公司向法院提起公司解散之诉。

（撰写人：孙祥壮）

4 法院以工商登记及股东名册为依据认定原告具有提起公司解散的股东身份并无不当

——西北车辆公司与兰驼公司、常银公司、万通公司、崔某波公司解散纠纷申请再审案

- 案　　号　（2021）最高法民申2928号
- 合议庭成员　何波、陈宏宇、吴笛
- 关 键 词　商事 / 公司解散纠纷 / 股东身份认定 / 股东名册
- 相关法条　《中华人民共和国公司法》第182条①,《最高人民法院关于适用〈中华人民共和国公司法〉若干问题的规定（二）》第1条

---

① 参见2023年修正、2024年7月1日施行的《中华人民共和国公司法》第231条。

【裁判要旨】

人民法院可以工商登记及股东名册为依据，认定原告具有提起公司解散的股东身份。

【案情摘要】

兰驼公司持有西北车辆公司29%股份，向法院请求解散西北车辆公司。西北车辆公司认为兰驼公司未完成其股东出资义务，依法不享有请求公司解散的股东权利。原判决认为公司对于未履行出资义务的股东仅能限制其财产收益权等自益权，对于股东享有的共益权并未作出限制，兰驼公司存在公司法定解除情形，应予以解散。西北车辆公司向最高人民法院申请再审。最高人民法院裁定驳回再审申请。

（撰写人：何　波）

5 不存在解决公司僵局的其他途径，是解散公司的必要条件

——七星湖公司与李某升等合同纠纷申请再审案

- 案　　号　（2021）最高法民申3023号
- 合议庭成员　李伟、杨卓、葛洪涛
- 关 键 词　商事/公司纠纷/解散公司/公司僵局
- 相关法条　《中华人民共和国公司法》第182条[①]

【裁判要旨】

其他方法不能解决公司僵局，人民法院组织评估竞价，一方当事人无正当理由拒绝，导致不存在解决公司僵局的其他途径，另一方当事人主张解散公司的，人民法院应予支持。

【案情摘要】

李某升系七星湖公司的小股东，七星湖公司自2006年9月至今，未能形成有效

---

① 参见2023年修正、2024年7月1日施行的《中华人民共和国公司法》第231条。

的股东会决议或董事会决议。李某升多次通过诉讼方式主张其股东权利，但均未能得到解决；盛泰房地产公司也因李某升的出资问题向公安机关提出控告。自2012年至今，盛泰房地产公司和李某升之间的各种诉讼一直持续。

经二审法院主持，李某升和盛泰房地产公司均同意通过对七星湖公司资产进行评估，待评估数值确定后，采用一方退出一方经营的方式或竞价的方式解决公司僵局。为此，双方共同选定了评估机构并预付了部分费用，后因七星湖公司未提交资产评估所需的基础评估资料，致评估未能进行。二审法院审理后判决解散公司，七星湖公司不服申请再审。

（撰写人：杨　卓）

6　公司无法通过有效的股东会决议管理公司并非公司解散的唯一条件，是否能够解散公司需要依照《公司法》规定的要件

——张某成与天懋公司、曹某公司解散纠纷申请再审案

- 案　　号　（2021）最高法民申3042号
- 合议庭成员　朱科、于明、贾清林
- 关 键 词　商事/公司解散纠纷/公司僵局/司法解散
- 相关法条　《中华人民共和国公司法》第182条①

【裁判要旨】

公司无法通过有效的股东会决议管理公司并非公司解散的唯一条件，是否能够解散公司需要依照《公司法》规定的要件，结合案件的具体情况作出判断。《公司法》规定的公司经营管理发生严重困难主要是指管理方面存在严重内部障碍，若公司成立时便没有通过股东会运作，后由于股东之间的矛盾造成无法通过有效股东会决议，但不影响公司开展正常经营活动的，不足以认定为《公司法》规定的经营管理严重障碍。

司法解散是在用尽其他救济方式后的终极处理措施。公司具有永久存续性特征，解散公司必将对公司的职员、债权人、消费者及其他利益相关者产生或大或

---

① 参见2023年修正、2024年7月1日施行的《中华人民共和国公司法》第231条。

小的影响，故应尽量避免以公司解散的方式解决出现的公司僵局，只有在穷尽其他途径不能解决纠纷或无法打破僵局时，才可通过公司司法解散来获得对纠纷的最终解决。

【案情摘要】

张某成、曹某共同注册成立天懋公司，各自持股50%，自公司注册成立至2016年11月底，由张某成主持公司经营管理活动，自2016年12月起换由曹某主持公司经营管理，公司从未召开过股东会，重大事项由张某成和曹某二股东通过其他方式协商决策。2018年4月，天懋公司聘任第三方团队对公司的管理活动进行经营，曹某于2019年被刑事拘留后，天懋公司至今仍由第三方团队继续运营。现两位股东产生了激烈的矛盾，无法作出股东会决议，张某成认为损害了自身权益、公司构成解散的条件，故向法院起诉请求解散天懋公司，一审、二审法院驳回后，张某成申请再审。

除本案之外，张某成与天懋公司之间有多个诉讼正在进行，其中包括与张某成股东身份、股东权益直接相关案件。

（撰写人：朱　科）

7　公司经营管理发生严重困难无法解决，股东可以请求解散公司
——宝里公司与国星光电公司等公司解散纠纷申请再审案

- **案　　号**　（2021）最高法民申4986号
- **合议庭成员**　曹刚、于蒙、关晓海
- **关 键 词**　商事/公司/解散
- **相关法条**　《中华人民共和国公司法》第182条[①]，《最高人民法院关于适用〈中华人民共和国公司法〉若干问题的规定（二）》第1条

【裁判要旨】

在没有证据表明存在其他途径解决公司僵局，且符合公司解散法定标准的，股

---

① 参见2023年修正、2024年7月1日施行的《中华人民共和国公司法》第231条。

东请求解散公司的，可以准许。

【案情摘要】

2011年9月14日，国星光电公司与西成公司签订协议约定共同投资设立宝里公司，双方签订宝里公司章程约定分别持有宝里公司60%和40%的股份，并在2011年10月31日前分别出资1500万元和1000万元，已完成第一期出资认购。国星光电公司与西成公司第一期出资认购到位后，均未再出资。2012年9月23日，宝里公司出资2000万元从洛阳玉华钼业有限公司购买龙宇公司100%的股权，拟利用该公司采矿权进行经营。龙宇公司的采矿证又因过期被政府部门收回，宝里公司一直未能生产经营。2018年6月19日，国星光电公司起诉请求判决确认登记在西成公司名下的宝里公司40%股份属其所有，被法院判决驳回。西成公司又起诉请求撤销国星光电公司提议召开的宝里公司股东会决议，获得法院判决支持。西成公司起诉请求判令国星光电公司向西成公司缴纳增资款3000万元。国星光电公司提起本案诉讼，请求判决解散宝里公司。法院经审理认为，宝里公司设立后一直未能投产经营，股东会长期无法召开，公司决策机制失灵，股东之间诉讼纠纷不断，业已失去合作基础。宝里公司经营管理发生严重困难，继续存续会使股东利益受到重大损失。宝里公司虽称国星光电公司继续增资即可解决公司僵局，但继续增资问题本身也已无法通过公司正常机制予以解决，所以依法应当判决解散宝里公司。

（撰写人：曹　刚）

8　股东能否以经营出现分歧要求解散公司
——包某军与天源公司等公司解散纠纷申请再审案

- 案　　号　（2021）最高法民申5433号
- 合议庭成员　周其濛、麻锦亮、孙勇进
- 关 键 词　商事 / 公司解散 / 股东权益
- 相关法条　《中华人民共和国公司法》第182条①

---

① 参见2023年修正、2024年7月1日施行的《中华人民共和国公司法》第231条。

【裁判要旨】

根据我国《公司法》第 182 条的规定，公司经营管理发生严重困难，继续存续会使股东利益受到重大损失，通过其他途径不能解决的，持有公司全部股东表决权 10% 以上的股东，可以请求人民法院解散公司。据此，只有当公司经营管理发生严重困难，继续存续会使股东利益受到重大损失，而且通过其他途径不能解决时，才可以通过司法途径解散公司。在判断公司经营管理是否发生严重困难时，主要从公司组织机构的运行状态综合分析，包括股东会机制是否长期失灵、内部管理是否有严重障碍、公司是否已经陷入僵局状态等方面。

【案情摘要】

2018 年 2 月 27 日，包某军与裴某收签订《合作协议书》。裴某收于 2016 年 10 月 10 日注册白山蜂收蜂制品科技开发有限公司，经营项目和范围为蜜蜂养殖、蜂产品深加工、蜂蜜酒、蜂蜜醋加工等。包某军以现金方式投资入股公司。包某军出资 400 万元，占公司 51% 股份，裴某收占公司 49% 股份。包某军出任公司董事长，负责公司财务、融资及发展，裴某收出任总经理兼法定代表人，负责公司日常运营及管理工作。公司印章由包某军委派负责人员管理，按公司规定使用并登记。后包某军以裴某收注册经营同类公司，致使天源公司存在经营困难且股东之间意见存在分歧为由，要求解散公司。

（撰写人：麻锦亮、杨泽宇）

公司清算 ▶▶▶

1 未经清算注销登记，可以依法追加清算义务人为被执行人

——朱某红与雅佳丽公司等执行异议之诉申请再审案

- 案　　号　（2021）最高法民申 1011 号
- 合议庭成员　曹刚、朱燕、关晓海

- **关　键　词**　商事 / 公司 / 清算 / 执行异议
- **相关法条**　《最高人民法院关于民事执行中变更、追加当事人若干问题的规定》第 21 条

【裁判要旨】

公司清算时未依法通知已知债权人即注销登记，清算程序不符合法律规定。在再行清算客观上已无实现可能的情况下，人民法院可以依法追加相关清算义务人作为被执行人承担清偿责任。

【案情摘要】

金成公司成立于 2002 年 12 月 23 日，注册资本 100 万元，系有限责任公司，主要经营粮食加工新技术的研究、开发等。雅佳丽公司就其与金成公司、时某芳等财产损害赔偿纠纷向法院提起诉讼，经过法院多次审理后作出生效民事判决，雅佳丽公司申请强制执行。2016 年 2 月 23 日，金成公司召开由股东朱某红、郭某鸽参加的股东会，以公司经营不善为由，决定公司解散，成立公司清算组，朱某红任清算组负责人，郭某鸽为清算组成员。2016 年 2 月 26 日，金成公司清算组在《河南科技报》发布金成公司解散和进行清算的公告。2016 年 4 月 19 日，金成公司清算组组长朱某红以金成公司名义向工商部门提交《公司注销登记申请书》并附《清算报告》，以金成公司无对外投资、无债权债务为由，申请注销公司登记。《清算报告》载明："支付清算费用 0 元，支付职工工资 0 元，支付社会保险费用和法定补偿金 0 元，缴纳所欠税款 0 元，清算公司债务 0 元，剩余财产 0 元。"郑州市工商行政管理局核准金成公司注销登记。执行法院将朱某红追加为被执行人后，朱某红提起执行异议之诉。法院经审理认为，金成公司作为相关案件当事人参加诉讼，对于法院判决确定的雅佳丽公司债权显然知悉。朱某红作为金成公司法定代表人对雅佳丽公司的债权理应知情。金成公司未履行前述判决义务，在未通知雅佳丽公司情况下即清算并注销公司，不符合法律规定。金成公司财务资料不够完整齐备且已注销，再行清算客观上并无可能。执行法院以金成公司未经清算办理注销登记导致公司无法进行清算为由，将朱某红追加为被执行人，符合法律规定。

（撰写人：曹　刚）

2 清算组未依法履行通知义务导致债权人未申报债权，清算组成员应当承担赔偿责任

——闫某青、陈某发、李某与东方资产管理公司河南分公司等借款合同纠纷申请再审案

- 案　　　号　（2021）最高法民申 2048 号
- 合议庭成员　曹刚、于蒙、关晓海
- 关　键　词　民事 / 公司 / 清算 / 赔偿责任
- 相关法条　《中华人民共和国公司法》第 185 条[①]，《最高人民法院关于适用〈中华人民共和国公司法〉若干问题的规定（二）》第 11 条

【裁判要旨】

公司清算组成员明知公司对外负有担保责任，没有依照法律规定履行通知义务，导致担保权人未能依法申报债权，应在公司所负担保债务范围内承担赔偿责任。

【案情摘要】

农发行南阳市宛城区支行与天骄公司签订多份流动资金借款合同，向天骄公司出借资金。农发行南阳市宛城区支行与明仁公司签订保证合同，约定明仁公司为前述借款提供连带责任保证。后因借款未按时清偿发生诉讼，明仁公司在参加法院第一次庭审后即注销。明仁公司注销时未编制资产负债表和财产清单，未通知农发行南阳市宛城区支行申报债权。闫某青、陈某发、李某为明仁公司清算时的清算组成员。农发行南阳市宛城区支行起诉请求判令闫某青、陈某发、李某在明仁公司承担连带责任范围内承担赔偿责任。法院经审理认为，闫某青、陈某发、李某作为明仁公司清算组成员，明知明仁公司对农发行南阳市宛城区支行负有担保责任且于诉讼之中，依法应当自清算组成立之日起法定时间内通知农发行南阳市宛城区支行申报债权，但其未依法履行通知义务，导致农发行南阳市宛城区支行未能及时申报债权，依法应当在明仁公司相应债务范围内承担赔偿责任。

（撰写人：曹　刚）

---

① 参见 2023 年修正、2024 年 7 月 1 日施行的《中华人民共和国公司法》第 235 条。

3 公司经营期限届满尚未形成延期决议，仍然正常运作的，不符合解散条件

——陕汽公司因与万方销售公司、东方农牧公司强制清算纠纷申请再审案

- **案　　号**　（2021）最高法民申 2310 号
- **合议庭成员**　陈宏宇、徐霖、张梅
- **关 键 词**　商事 / 强制清算纠纷 / 强制清算
- **相关法条**　《中华人民共和国公司法》第 180 条、第 181 条①，《最高人民法院关于适用〈中华人民共和国公司法〉若干问题的规定（二）》第 7 条，《最高人民法院关于审理公司强制清算案件工作座谈会纪要》七、第 13 条

【裁判要旨】

人民法院受理公司清算案件的前提是公司已经解散并怠于清算，如果公司的营业期限已经届满，但是公司治理机构及治理状态正常运作，公司内部对是否延长经营期限、是否解散并未形成决议，在此情形下并无公司解散的法律事实，人民法院应不予受理该公司的清算申请。

【案情摘要】

万方销售公司成立于 2013 年 7 月 26 日，注册资本 1000 万元，分别由陕汽公司和东方农牧公司作为股东投资设立，申请人出资 490 万元，占股 49%，东方农牧公司出资 510 万元，占股 51%。万方销售公司章程虽然规定公司经营期限为 5 年，即自 2013 年 7 月 26 日至 2018 年 7 月 26 日，但万方销售公司在工商部门取得的营业执照上载明公司经营期限为长期。陕汽公司起诉请求指定成立清算组对万方销售公司进行清算。

（撰写人：张　梅、张义敏）

---

① 参见 2023 年修正、2024 年 7 月 1 日施行的《中华人民共和国公司法》第 229 条、第 230 条。

4 债权人申请人民法院指定清算组进行清算，应当提交证据证明存在法律规定的强制清算情形

——张某贵、马某与瑞翔公司申请公司清算纠纷申请再审案

- 案　　号　（2021）最高法民申 2336 号
- 合议庭成员　高晓力、陈宏宇、张梅
- 关　键　词　商事 / 申请公司清算 / 强制清算
- 相关法条　《中华人民共和国公司法》第 183 条①，《最高人民法院关于适用〈中华人民共和国公司法〉若干问题的规定（二）》第 7 条

【裁判要旨】

《公司法》规定了以公司自行清算为原则，法院组织的强制清算为补充的清算体系，只有在出现特殊情形时，债权人才可以请求人民法院介入公司清算事务。债权人以公司存在《最高人民法院关于适用〈中华人民共和国公司法〉若干问题的规定（二）》第 7 条第 2 款第 2 项规定的情形为由，申请人民法院对公司进行强制清算，应当提交证据证明公司存在怠于清算的事实，人民法院亦应关注公司自行清算的开展、推进情况，作出综合判断。

【案情摘要】

瑞翔公司股东为田某军、马某、张某贵，公司经营期间，因各股东产生矛盾，马某、张某贵将瑞翔公司、田某军诉至人民法院，请求判令解散瑞翔公司，人民法院生效判决支持了马某、张某贵的诉讼请求。张某贵、马某认为，瑞翔公司未在解散事由出现之日起 15 日内依法成立清算组，后虽然成立清算组，并委托会计师事务所进行审计，但一直故意拖延清算，且瑞翔公司、田某军有侵吞、隐瞒公司资产之嫌，故请求人民法院指定清算组对瑞翔公司进行清算。

（撰写人：高晓力）

---

① 参见 2023 年修正、2024 年 7 月 1 日施行的《中华人民共和国公司法》第 232 条、第 233 条。

5 股东对公司财产分配的权利劣后于公司债权人
——兴高公司、远华公司、西阳煤业案外人执行异议之诉申请再审案

- 案　　号　（2021）最高法民申 3919 号
- 合议庭成员　张淑芳、李敬阳、吴凯敏
- 关 键 词　商事 / 案外人执行异议之诉 / 公司财产分配 / 劣后
- 相关法条　《中华人民共和国公司法》第 186 条第 3 款①

【裁判要旨】

公司注销过程中，公司财产在未依法清偿公司债务前，股东之间或股东与公司之间达成债务抵顶协议，约定将公司债权转让给股东以抵顶公司欠付股东债务的，人民法院应当查明公司欠付股东债务的真实性，股东主张对公司财产分配的权利优先于公司外部债权人的，不予支持。

【案情摘要】

兴高公司与西阳煤业、李某明买卖合同纠纷另案判决西阳煤业支付兴高公司煤款 6617449.17 元及利息。兴高公司申请强制执行后，西阳煤业被政策性关闭。由于西阳煤业向高平市财政局缴纳的资源价款（采矿权价款）涉刑事案件，在短时间内不能退付，一审法院裁定中止执行。西阳煤业两股东远华公司和西阳村委以西阳煤业注销为由另案提起行政诉讼，要求高平市政府、高平市财政局将西阳煤业缴纳的资源价款（采矿权价款）736.857 万元退还给两股东。另案法院作出行政判决支持其主张，并将该款划到另案法院账户。后一审法院根据兴高公司提供的执行财产线索及财产保全申请，冻结并划拨另案法院账户上的西阳煤业资源价款（采矿权价款）736.857 万元至一审法院账户。西阳煤业的登记状态为"存续"。远华公司起诉请求不得执行资源价款（采矿权价款）736.857 万元，确认该款返还给远华公司。一审判决驳回诉讼请求，二审改判支持诉讼请求。

（撰写人：李敬阳）

---

① 参见 2023 年修正、2024 年 7 月 1 日施行的《中华人民共和国公司法》第 236 条第 3 款。

6 如何理解《最高人民法院关于审理公司强制清算案件工作座谈会纪要》第 13 条中的例外情形

——郭某武与国林公司以及海原县住房和
城乡建设局申请强制清算申请再审案

- 案　　号　（2021）最高法民申 7534 号
- 合议庭成员　陈宏宇、吴笛、张梅
- 关 键 词　商事 / 申请强制清算 / 例外情形
- 相关法条　《最高人民法院关于适用〈中华人民共和国公司法〉若干问题的规定（二）》第 7 条，《最高人民法院关于审理公司强制清算案件工作座谈会纪要》七、第 13 条

【裁判要旨】

《最高人民法院关于审理公司强制清算案件工作座谈会纪要》第 13 条规定，申请公司清算应当同时满足两个条件，即申请人具备申请资格和发生公司解散事由。被申请人对上述两个条件中的任何一个提出异议的，人民法院对清算申请均不予受理，由当事人对异议另行诉讼解决。该条但书规定的"以及发生被吊销企业法人营业执照、责令关闭或者被撤销等解散事由有明确、充分证据"，应理解为仅指被申请人就是否发生解散事由提出异议的情形。

《民法典》第 70 条以及 2021 年 1 月施行的《最高人民法院关于适用〈中华人民共和国公司法〉若干问题的规定（二）》第 7 条将申请强制清算的主体扩大至其他利害关系人，司法实践中应将《最高人民法院关于审理公司强制清算案件工作座谈会纪要》中的申请强制清算的主体扩大至利害关系人。申请强制清算的主体扩大至利害关系人，申请人是否属于利害关系人仍需要通过诉讼程序予以确认，被申请人对利害关系人身份提出异议的，除有生效法律文书能够证明其利害关系人身份外，人民法院应当告知其另行诉讼解决，对强制清算申请裁定不予受理。

【案情摘要】

2010 年，国林公司将砖厂包给案外人齐某礼，承包期为 2011 年 3 月 20 日至 2018 年 3 月 20 日止。2010 年 6 月 23 日，郭某武与齐某礼家属宁某梅签订转让协

议，约定将该砖厂承包合同转让给郭某武。后郭某武一直未办理营业执照和相关经营手续。2011年2月28日，当地工商行政管理局下达行政处罚决定，吊销国林公司营业执照。国林公司至今未办理注销登记。2017年3月23日，新疆维吾尔自治区博乐市发改委审批同意在案涉砖厂内的垃圾处理项目开工建设。随后，博乐市国土资源执法监察大队以案涉砖厂未办理采矿许可证不得开采黏土为由作出责令停止违法行为通知书，郭某武在受送达人处签名。2009年8月24日，博乐市财政局作出批复决定自2009年8月31日将国林公司划转至阳光农业公司。

郭某武曾以侵权为由起诉阳光农业公司和博乐市贝林哈日莫墩乡政府，该案一审、二审法院均判决驳回诉讼请求。随后，郭某武向一审法院提出本案申请。

（撰写人：张　梅、张义敏）

对赌协议 ▶▶▶

1　对赌协议中，约定目标公司对合同履行承担保证责任的，目标公司承担保证责任时需以完成减资程序为前提

——中航公司等与国瑞公司等、经新投资中心（有限合伙）合同纠纷上诉案

- **案　　号**　（2020）最高法民终762号
- **合议庭成员**　万会峰、谢勇、沈佳
- **关 键 词**　商事/合同/对赌协议/保证责任/目标公司
- **相关法条**　《中华人民共和国公司法》第35条、第142条、第166条①

【裁判要旨】

"对赌协议"中，约定目标公司对收购事项所涉债务向投资方承担保证责任，当

---

①　参见2023年修正、2024年7月1日施行的《中华人民共和国公司法》第53条、第162条、第210条。

投资方诉请目标公司承担连带付款责任即需要目标公司回购本公司股权时，人民法院应当主动审查目标公司是否存在足够利润、具备履行股份回购和金钱补偿责任的条件以及是否完成减资程序，避免抽逃出资的情况发生。

【案情摘要】

经新投资中心与中航公司、武林公司、咏华公司、浩荣公司、蒋某明、戚某慧签订的《关于合肥中航新能源科技有限责任公司之投资协议》以及《补充协议》《补充协议二》《补充协议三》等系列合同，系"对赌协议"。其中约定，甲方中航公司（即目标公司），乙方武林公司、咏华公司、浩荣公司（目标公司的实际控制人），丙方蒋某明、戚某慧（亦为目标公司实际控制人）就收购事项所涉全部相关债务向丁方经新投资中心（有限合伙、投资方）提供如下不可撤销之保证责任：乙方、丙方以其所持有的全部公司或个人资产，向丁方提供连带保证责任。据此，在案涉"对赌协议"中，目标公司即中航公司虽不参与"对赌"，但需为"对赌协议"的履行提供连带责任保证。后投资人经新投资中心方面诉请甲方、乙方、丙方依照合同约定，连带收购经新投资中心所持有的目标公司 11.11% 的股权并支付相应股权收购款。一审法院判决乙方回购经新投资中心持有的中航公司 11.11% 的股权并支付相应股权收购款，甲方和丙方对乙方的上述债务承担连带付款责任。

（撰写人：沈　佳）

② 投资方与目标公司股东的对赌协议回购条款效力应区分内部效力与外部效力

——株洲兆富公司与新余和岚中心等合同纠纷申请再审案

- **案　　号**　（2021）最高法民申 6387 号
- **合议庭成员**　麻锦亮、孙勇进、季伟明
- **关 键 词**　商事 / 对赌 / 内部效力 / 外部效力 / 共同责任
- **相关法条**　《中华人民共和国公司法》第 3 条第 2 款[①]，《全国法院民商事审判工作会议纪要》第 5 条

---

① 参见 2023 年修正、2024 年 7 月 1 日施行的《中华人民共和国公司法》第 4 条。

【裁判要旨】

目标公司股东作为合同主体与投资方签订对赌协议,并约定股份回购条款。在双方协议中仅约定投资方有权要求签约股东回购全部股份,而未明确按股东持股比例回购的情况下,对于该回购条款效力,应区分内部效力与外部效力。作为一致行动人的签约股东对外应承担共同回购义务;股东提出的公司内部持股比例,仅具有《公司法》规定的有限责任公司的股东以其认缴的出资额为限对公司承担责任的内部效力,股东之间就支付方式和比例等问题进行内部协商或诉讼不影响其共同承担回购义务的对外义务。

【案情摘要】

投资方上海和君企业与目标公司大连尚能公司的全体股东株洲兆富公司等,以目标公司上市为预期签订增资扩股协议,由投资方委托的新余和岚中心履行。新余和岚中心后与全体股东签订补充的对赌协议,约定了如目标公司未能上市,有权要求目标公司或原股东回购新余和岚中心所持有的全部目标公司股份(未约定按股东持股比例回购或连带回购),以及股东共同连带保证促使董事会、股东大会同意股份回购及在相应的董事会和股东大会投票同意并签署一系列法律文件。后目标公司未能上市,新余和岚中心诉请判令株洲兆富公司等全部股东回购股份。

(撰写人:季伟明)

其他公司纠纷 ▶▶▶

1 公司转让协议中对债权债务的约定能否对抗作为公司股东的债权人
——王某清与广盛源公司、王某明、苦李树煤矿民间借贷纠纷申请再审案

- 案　　号　(2021)最高法民申 4673 号
- 合议庭成员　王富博、于蒙、李敬阳
- 关 键 词　商事 / 民间借贷纠纷 / 连带清偿责任

- **相关法条** 《中华人民共和国合同法》第 174 条、第 176 条、第 179 条①

【裁判要旨】

债务人将采矿权转让给公司，并约定公司不承担债务人的债权债务。债权人作为公司股东，其对债务人与公司签订的采矿权转让协议约定的内容是明知且同意的。债权人起诉公司承担连带清偿责任有违诚信原则，人民法院不予支持。

【案情摘要】

苦李树煤矿（债务人）与广盛源公司签订采矿权转让协议，并约定广盛源公司不承担苦李树煤矿债权债务。王某清（债权人、广盛源公司股东）作为广盛源公司股东参与签订股权转让协议的股东会，该股东会讨论签署苦李树煤矿采矿权转让内部协议书方案，股东一致同意按苦李树煤矿与集团公司签订的补充协议为准，并签订名称为《煤矿采矿权转让协议书》的书面协议书。该协议书载明，苦李树煤矿所有债权、债务均由苦李树煤矿承担，与广盛源公司无关；苦李树煤矿发生所有纠纷（如经济纠纷等一切纠纷），由苦李树煤矿承担全部责任。同时，王某清作为法定代表人的另一家公司也与广盛源公司签订了类似协议。王某清以苦李树煤矿债权人的身份起诉主张广盛源公司承担连带清偿责任。

（撰写人：王富博）

2 股东依约完成向公司出借款项义务后将债权转让他人，是否构成违约

——朗铭公司、旭博辉公司与皖新公司等合同纠纷申请再审案

- **案　　号** （2021）最高法民申 5611 号
- **合议庭成员** 张淑芳、李敬阳、吴凯敏
- **关 键 词** 商事 / 合同纠纷 / 债权转让
- **相关法条** 《中华人民共和国合同法》第 107 条②

---

① 对应《中华人民共和国民法典》第 646 条、第 648 条、第 651 条。
② 对应《中华人民共和国民法典》第 577 条。

【裁判要旨】

股东依约完成向公司出借款项义务后，基于自身融资目的将对公司的债权转让给第三人。该债权转让行为与前期出借行为并非同一法律关系，不能以此认定股东未完成出借义务。并且，该债权转让行为未导致公司所取得的股东借款减少，也未改变公司债务的期限和数额，亦不违反合同约定，故该债权转让行为不构成违约。

【案情摘要】

皖新公司竞得国有建设用地使用权后，成立项目公司文华公司。郎铭公司欲与皖新公司合作，三方签订《合作协议》，约定以郎铭公司及其关联公司对文华公司增资扩股的形式共同建设开发，郎铭公司和皖新公司各自以股东借款的形式向文华公司提供资金。皖新公司完成出借款项义务后，基于自身融资目的，将对文华公司的债权转让给国元信托。但国元信托并未向文化公司主张过权利，文化公司亦从未向国元信托偿还过债务，皖新公司后向国元信托偿清借款本息。朗铭公司及其关联公司提起诉讼，主张皖新公司转让债权的行为已构成违约，应承担违约责任。

（撰写人：吴凯敏）

3 公司实际控制人要求公司偿还债务时，债务的真实性应当如何认定

——经某与新能公司、刘某才合同纠纷申请再审案

- 案　　号　（2021）最高法民申6372号
- 合议庭成员　麻锦亮、孙勇进、季伟明
- 关 键 词　商事/借款合同/实际控制人/利益冲突
- 相关法条　《中华人民共和国合同法》第196条①，《中华人民共和国公司法》第20条、第21条②

---

① 对应《中华人民共和国民法典》第667条。
② 参见2023年修正、2024年7月1日施行的《中华人民共和国公司法》第21~23条。

【裁判要旨】

根据我国《公司法》的规定，公司的实际控制人不得利用其对于公司的控制关系，损害公司和第三人合法权益。公司实际控制人保管公司公章并与公司之间存在交易时，公司实际控制人既代表公司又代表自己，身份上具有双重属性，存在利益上的冲突，应当按照规定如实进行财务记载，确保公司法人的独立地位和债权人的合法权益。此时，在其仅依据加盖公司印章的付款明细表而无法提供公司财务账目、借款合同等直接证据的情况下，不足以说明公司的实际控制人与公司之间存在真实的借款关系。

【案情摘要】

刘某才系新能公司的股东和法定代表人，因其对经某存在到期债务，将其对于新能公司的股权转让给经某但未办理股权变更手续，经某实际控制新能公司期间，向新能公司及案外人多次汇款。经某主张上述款项均系新能公司经营期间向其借款，但无法提供借款合同和原始财务账册，两审法院最终驳回经某的诉讼请求，经某申请再审。

（撰写人：麻锦亮、杨泽宇）

票据付款请求权 ▶▶▶

返还票据请求权严格限定于有直接债权债务关系的当事人之间
——广电甘肃公司与上海澳润公司、甘肃澳广公司票据付款请求权纠纷上诉案

- 案　　号　（2021）最高法民终1055号
- 合议庭成员　陈宏宇、张梅、赵敏
- 关 键 词　商事／返还票据请求权／背书转让
- 相关法条　《中华人民共和国票据法》第10条、第12条、第26条，《最高人

民法院关于审理票据纠纷案件若干问题的规定》第2条、第14条、第22条

【裁判要旨】

票据债务人返还票据请求权应当严格限定于与其有直接债权债务关系的当事人之间，对已经背书转让票据的持票人进行抗辩的，人民法院不予支持。

【案情摘要】

2016年，广电甘肃公司与甘肃澳广公司签订多份采购合同，前述合同已实际履行。2017年9月22日，广电甘肃公司向甘肃澳广公司出具7张商业承兑汇票支付货款。甘肃澳广公司将上述7张商业承兑汇票背书转让给上海澳润公司。上海澳润公司委托交通银行上海杨浦支行对上述7张商业承兑汇票进行托收。2018年3月23日，广电甘肃公司在接到付款提示后出具7份《情况说明》，告知因相关资金未到位，账户余额不足，无法兑付上述汇票。2018年3月26日，广电甘肃公司以相关资金未到位，账户余额不足为由填写了拒绝付款理由书，拒绝依上述汇票付款。

（撰写人：赵　敏）

票据追索权

1 以协议约定方式放弃票据追索权的效力认定
——贵州有色矿业公司与贵州圣杰煤炭公司、贵州金属材料公司、贵州省外商投资企业物资供销公司、广西物资集团公司票据追索权纠纷申请再审案

- 案　　号　（2021）最高法民申5052号
- 合议庭成员　王朝辉、郭凌川、刘丽芳
- 关 键 词　商事 / 票据追索权纠纷 / 协议放弃票据追索权
- 相关法条　《中华人民共和国票据法》第27条、第33条、第61条，《最高人民法院关于审理票据纠纷案件若干问题的规定》第15条

【裁判要旨】

各方当事人在票据出票之前已经预计到了票据未能兑付的风险，以签订协议的方式约定放弃追索权，系当事人之间真实且合法的意思表示，应为合法有效。背书是指在票据背面或者粘单上记载有关事项并签章的票据行为。以签订协议的方式约定放弃追索权不属于票据的背书行为，不违反票据背书不得附条件的法律规定。

【案情摘要】

自2015年以来，贵州有色矿业公司、贵州圣杰煤炭公司、贵州金属材料公司、贵州省外商投资企业物资供销公司、广西物资集团公司、贵州广电公司等多家单位进行贸易往来，形成相互的债权债务关系。上述几家公司为开展对账平账于2017年10月24日达成《会议备忘录》，约定由圣杰煤炭公司开具商业承兑汇票，通过商票流转进行平账，后又于2017年11月1日达成《会议备忘录（二）》对《会议备忘录》进行修订，约定各方互相不得追索。上述2份备忘录除贵州金属材料公司外其余5家公司均签章。后贵州有色矿业公司未收到票款，遂诉至一审法院主张票据追索权。

（撰写人：王朝辉、张东一）

2 原告与票据具有直接利害关系，不能以原告不是持票人为由驳回起诉

——大友分公司与宝塔财务公司、恒旺公司票据追索权纠纷再审案

- 案　　号　（2021）最高法民再182号
- 合议庭成员　何波、徐霖、张梅
- 关　键　词　商事 / 票据追索权纠纷 / 起诉条件
- 相关法条　《中华人民共和国民事诉讼法》第119条[①]，《最高人民法院关于审理票据纠纷案件若干问题的规定》第1条

---

① 对应《中华人民共和国民事诉讼法》（2023年修正）第122条。

【裁判要旨】

票据纠纷是因行使票据权利或者《票据法》上的非票据权利而引起的纠纷。凡符合《民事诉讼法》规定的起诉条件，人民法院都应当受理。直接利害关系是指原告与票据在权益上的关联性，原告与票据存在权益上的关联性，不能以原告不是持票人为由驳回起诉。原告是否已享有票据或非票据权利属于实体审理范畴，不能以此为由驳回起诉。

【案情摘要】

大友分公司依法取得案涉票据后，又买断式贴现给嘉峪关分行。嘉峪关分行在汇票到期后向承兑人宝塔财务公司提示付款遭拒。嘉峪关分行向大友分公司发出追索函，大友分公司清偿了票据款项。后大友分公司向法院起诉宝塔财务公司、前手恒旺公司行使追索权。原裁定认为大友分公司并非持票人，票据权利未转移，无权行使票据权利，裁定驳回起诉。大友分公司不服，向最高人民法院申请再审。最高人民法院认为原裁定驳回起诉错误，并指令一审法院进行审理。

（撰写人：何　波）

3 票据具有文义性，票据权利的内容应以票据上记载的文字为准

——侗乡投资公司与旺徽丰公司票据付款请求权纠纷申请再审案

- 案　　号　（2021）最高法民申 4950 号
- 合议庭成员　刘丽芳、郎贵梅、王朝辉
- 关 键 词　商事／票据／文义性／票据质押
- 相关法条　《最高人民法院关于审理票据纠纷案件若干问题的规定》第 54 条

【裁判要旨】

根据票据的文义性，票据权利的内容应以票据上记载的文字为准。案涉商业承兑汇票，未背书"质押"字样，也未在电子商业汇票系统中进行质押登记，且在该汇票"能否转让"一栏记载了"可以转让"的字样。虽然当事人主张案涉商业承兑汇票系用于质押担保，并无转让的意思表示，但根据票据上记载的"可以转让"字

样，基于合法法律关系取得案涉商业承兑汇票的旺徽丰公司，在被拒绝承兑汇票后，依法享有票据追索权。

【案情摘要】

2019年2月2日，侗乡投资公司向中四冶公司出具3份《电子商业承兑汇票》，每份1000万元共计3000万元。出票人侗乡投资公司，汇票付款日期为2020年2月2日，性质为可以转让，承兑人到期无条件付款。旺徽丰公司系中四冶公司材料供应商，2016年起陆续向其承建项目提供钢材，并签订一系列合同。为支付旺徽丰公司货款，中四冶公司通过背书转让方式将上述3份《电子商业承兑汇票》共计3000万元向旺徽丰公司支付货款。到期后，旺徽丰公司提示付款，上述3份电子商业承兑汇票经提示付款后全部被拒付。

（撰写人：刘丽芳、李晓晴）

伪造票据

第三人以出票人虚构票据基础法律关系而提起的侵权责任之诉，应提供相应证明
——泰瑞公司与民生银行侵权责任纠纷申请再审案

- 案　　号　（2021）最高法民申6848号
- 合议庭成员　刘崇理、张小洁、李晓云
- 关 键 词　商事/侵权责任/票据关系
- 相关法条　《中华人民共和国票据法》第10条

【裁判要旨】

第三人以出票人虚构票据基础法律关系而提起侵权责任之诉，既需要证明票据基础法律关系虚假，又需要证明出票人的出票行为存在故意或重大过失，并且应当按照侵权行为最起码的构成要件证明存在侵权行为、损害后果、因果关系。如不能实现证明目的，则该侵权责任之诉缺乏事实基础。

【案情摘要】

因泰瑞公司作为被执行人的财产被司法拍卖,上海双晟置业有限公司作为竞买人参加,以民生银行开立的汇票交纳了保证金。泰瑞公司遂以民生银行违反国家法律,伪造开户许可证,开立虚假银行账户,没有真实票据流转行为,要求判决民生银行赔偿其为调查票据真伪,减少财产损害所支付的调查报告费用5000万元。

(撰写人:李晓云)